35
ANOS

MODERNISMOS
1922—2022

22

GÊNESE
ANDRADE
(organizadora)

JORGE
SCHWARTZ
(consultor)

MODERNISMOS 1922—2022

Companhia Das Letras

APRESENTAÇÃO

O Brasil teve "modernismos" multiplicados por todo o país, ora para fazer coro com os paulistas, como tentativa de sintonização com a "nova sensibilidade", ora para se contrapor, como foi o caso das correntes nacionalistas. [...] o caráter altamente programático da Semana deu aos princípios modernistas uma sólida base de projeção histórica. [...] A grandeza do projeto modernista reside não apenas nos atributos individuais dos fundadores do movimento, mas no caráter interdisciplinar do mesmo [...]

JORGE SCHWARTZ,
"Prólogo à 2ª ed.". In: *Vanguardas latino-americanas*, 2008.

Às vésperas do centenário da Semana de 22, o imponderável nos assola. Por ironia do destino, o mesmo clima pandêmico que em 1918 fez toda a população mundial confinar-se em suas casas sob a ameaça da gripe espanhola se repete em 2020 e se prolonga ainda, mas desta vez o temor é cientificamente chamado de covid-19. O impacto da situação na saúde pública, no urbanismo e na sociabilidade não pode ser negligenciado.

Inescapavelmente, as efemérides revivem os fatos, reavaliam-nos, põem-nos em xeque e os festejam, e o autoritarismo que marcou o cinquentenário do evento, sob a sombra da ditadura, novamente nos abate em um cenário de retrocesso político jamais previsto por aqueles que lutaram pela volta da democracia e menos ainda por aqueles que cresceram desfrutando dessa conquista.

Nesse contexto, que é também o do bicentenário da Independência, revisitar a Semana de 22 envolve avanços e recuos, novas perguntas e respostas em aberto numa reflexão centenária que gira em torno da ideia de mito (positiva ou negativamente), antecedentes e desdobramentos, sobre os quais não há consenso.

É instigante perceber que o tema não se esgota, ressurgem documentos esquecidos, imagens ausentes geram interrogações e interpretações canônicas são postas à prova. Todos os eventos, debates, concursos, editais, artigos e livros que questionam e festejam a Semana de Arte Moderna dão a medida de que aqueles dias de fevereiro de 1922 que reuniram escritores, artistas plásticos e visuais, música e dança não foram irrelevantes e se tornaram um marco.

O adjetivo "futuristas" que pairou sobre as manifestações estéticas consideradas inovadoras que ocorreram no Brasil a partir de 1917 foi sobrepujado por "modernistas", não sem polêmicas e discussões nas páginas de jornais conservadores e revistas de variedades ou de vanguarda, nos salões da elite paulista, nas casas dos intelectuais do período e nos estabelecimentos comerciais do hoje chamado centro velho de São Paulo.

O termo "Modernismo" com que se convencionou chamar o período teve sua polêmica ampliada com o "pré" e o "pós" a ele apostos para fins didáticos e tanto sua data inicial como a final ainda geram controvérsias.

Mais ainda, a denominação "Modernismo paulista" passou a ser, com o tempo, uma especificação para o que, aos olhos de alguns críticos, foi principalmente autopromoção, mas, aos olhos de outros, é uma parte importante de algo maior e plural: Modernismos, com ênfase no "s" final.

Se no momento de sua realização a Semana de Arte Moderna pouco repercutiu fora de São Paulo, o espaço ocupado por seus protagonistas na grande imprensa e a circulação das publicações nos anos subsequentes, especialmente as revistas, propiciaram que as novas ideias estéticas cruzassem as fronteiras dos estados e até mesmo as dos países vizinhos, chegando à Europa já em 1923, pela atuação dos artistas que foram a Paris estudar, ampliar seus conhecimentos estéticos e assim estabeleceram relações com os vanguardistas europeus que lhes abriram portas no exterior, vieram nos visitar e propiciaram a ampliação de nosso olhar sobre a própria cultura. De Natal a Porto Alegre, incluindo a Amazônia de Macunaíma, os livros e revistas foram pontes, desdobramentos e contrapontos para a reflexão sobre identidade, diversidade, novas e antigas manifestações estéticas, amizades e polêmicas.

Não há dúvidas de que o que faz os Modernismo*s* propriamente são as produções artísticas que se sucederam a 1922, mas sem aqueles encontros multiartísticos tão comentados, dos quais não há registros fotográficos, provavelmente a repercussão dessas obras de arte não seria a mesma.

No contexto da reivindicação das minorias e da representatividade, as ausências e silêncios falam mais alto nas reflexões do século XXI sobre a Semana e seus desdobramentos.

À icônica fotografia do Theatro Municipal altivo e vazio, no Anhangabaú pouco povoado e sem arranha-céus, no registro preto e branco de Guilherme Gaensly, de *c.* 1920, sobrepõe-se o esboço feito por Yan de Almeida Prado, nos anos 1970, no qual ganha relevo o lugar ocupado pelas mulheres artistas no saguão do Theatro por ocasião da exposição da Semana de 22.

As mesmas mulheres estão ausentes da fotografia de 1924, no Hotel Terminus, durante anos legendada como sendo "do grupo da Semana de Arte Moderna", que Carlos Augusto Calil revelou ser o registro de outro e posterior encontro, ao qual compareceram apenas os modernistas do sexo masculino. Ainda maior é a ausência da reflexão sobre a literatura escrita por mulheres na bibliografia do período, pois elas eram presença forte nas revistas de variedades e nas publicações das principais casas editoriais, mas não nas revistas de vanguarda. Será apenas em 1928 que a tese do "matriarcado de Pindorama" irá abrir espaço para as reflexões que dialogam com o pensamento feminista e ecoam nas herdeiras da Antropofagia que marcam a literatura e a música contemporânea.

Em 2019, a imagem do Theatro circula em vídeos e fotografias coloridas — lotado de jovens que ali entram pela primeira vez, vindos de bairros distantes e com referências sociais e culturais as mais diversas —, em evento capitaneado por Emicida, que, entre outros temas fundamentais, revisita a Semana acima de tudo para questionar o lugar dos negros na cultura brasileira, seu ocultamento ao longo do tempo, o pouco destaque dado à negritude de Mário de Andrade, o diálogo dos Modernismo*s* com a cultura popular e as questões sociais. Não é um dado menor que a democratização do acesso ao Theatro só se deu nos anos 1930, graças à atuação do mesmo Mário de Andrade à frente do Departamento de Cultura da cidade de São Paulo.

A representação do negro nas artes visuais, especialmente na tela *A negra*, de 1923, de Tarsila do Amaral, durante tanto tempo naturalizada como valorização do primitivo, do exótico, do autóctone, passa a ser vista — principalmente a partir da exposição *Tarsila Popular*, no Masp, em 2019, que propiciou às novas gerações o acesso à obra da artista de forma mais ampla e crítica — como um registro de nosso passado escravocrata, do anonimato a que os negros foram relegados em nossa história — aqui simbolizado pela omissão do nome da ex-babá de Tarsila que inspira a obra e, sem nome nem sobrenome, se perpetua deformada, impondo-se o estético sobre a subjetividade e sobre a memória. Como alerta a crítica de arte mais contundente, representação do negro e representatividade do negro são questões bem diferentes nesse caso e em outros da história da arte brasileira. O diálogo de Lima Barreto com os modernistas e a polêmica em torno de *Klaxon* também suscitam a reflexão sobre exclusão e preconceito de cor.

A temática negra na obra de Mário de Andrade, a questão da homossexualidade e da sexualidade — ainda mais polêmica, por ser menos discutida e estudada —, e ainda a apropriação da temática indígena seja em *Macunaíma*, na Antropofagia ou na obra de Rego Monteiro ainda geram interpretações e reflexões sobre as quais não há consenso.

Há controvérsias também sobre as relações dos modernistas com a política, as elites, as oligarquias. No cenário das comemorações oficiais do centenário da Independência, da fundação do Partido Comunista e das greves operárias, não são poucos os questionamentos sobre o fato de que o marco de 1922 seja, em nosso imaginário, mais estético que político. O envolvimento da família Prado com a galeria brasileira de 1889 e com a Semana de Arte Moderna, o papel de político e mecenas de Freitas Valle, o vínculo dos modernistas com os jornais governistas, o abandono da cidade pelos mesmos modernistas durante a Revolução de 1924, a omissão deles quanto à mão de obra escravizada nas fazendas de seus ancestrais, a filiação ao Partido Comunista e a arte engajada após a crise de 1929, o mea culpa de

Mário de Andrade em 1942, a aceitação de cargos públicos durante a ditadura Vargas por alguns deles e a entrada de outros na Academia Brasileira de Letras rendem perguntas e julgamentos nem sempre isentos e às vezes injustos. É preciso esquivar-se do esteticismo, do anacronismo, da leitura ingênua ou tendenciosa para não supervalorizar nem depreciar essa produção artística, reconhecendo às vezes sua coerência, às vezes suas contradições.

A bandeira brasileira e as cores verde e amarela, que foram capa de livro em 1925 e nome de movimento com vínculos fascistas a partir de 1924, ou de movimento de jovens verdes prestes a amadurecer em 1927, ganham novos significados nas produções artísticas contemporâneas que revisitam o *ready-made*, incluídas em releituras e novas capas de livros de poesia.

Não é por acaso que a Antropofagia é nossa manifestação cultural mais revisitada pelos artistas nacionais, mais estudada e festejada no exterior, e o *Abaporu* é nossa tela mais valorizada no mercado de arte, ícone de exposições em torno dos Modernismo*s* e dos modernistas, sendo até mesmo considerada, ironicamente ou não, nossa *Monalisa* da era da selfie e das redes sociais. Igualmente antropofágico, *Macunaíma* também suscita releituras no teatro e no cinema, incluindo a oralidade, a música e a dança como eixos da transcriação da obra para outras linguagens.

Se a Semana de Arte Moderna pode ser considerada hoje como nossa primeira performance de grande repercussão é porque, mais do que com as *serate* futuristas, ela flertou com a vocação para a oralidade e o improviso de nossa cultura, com a força de nossa música, com a importância da visualidade em um cenário ainda hoje de forte analfabetismo. E mais ainda, ela foi movida pela vontade de tornar público o desejo de uma arte nova e independente, que se desdobrou na defesa da fala brasileira, das cores caipiras, dos sons da mata, do Carnaval e de uma arte para exportação.

A força do design gráfico de nossos livros e revistas de vanguarda, a controversa relação de Tarsila do Amaral com a moda parisiense, o vínculo de nossa consolidada Residência artística com o Pensionato Artístico passam sem dúvida pelas vanguardas europeias, mas a crítica, tanto a consagrada como a contemporânea, tem demonstrado que a tensão entre modernidade e periferia, nacional e estrangeiro, regional e cosmopolita, erudito e popular, elite e povo ruma para a distensão no sentido de responder às novas indagações e suscitar novas perguntas.

Este é o objetivo dos ensaios reunidos neste livro: festejar sem deixar de questionar, preencher lacunas, provocar novas reflexões, ser um elo entre a Semana de 22 e seus desdobramentos, revisitar suas memórias e sua fortuna crítica, provocar revisões e fazer valer o sentido dos manifestos: tornar públicas e trazer para o debate as manifestações e as obras artísticas modernistas, reconhecendo suas virtudes e controvérsias, seu caráter agregador e polêmico, as relações com seu contexto político, social e cultural de produção e recepção, ao longo desses cem anos, com o mesmo vigor que moveu seus protagonistas.

Gênese Andrade
São Paulo, julho de 2021

SÃO PAULO EM MOVIMENTO: A CIDADE NO MODERNISMO E O MODERNISMO NA CIDADE

ANDERSON KAZUO NAKANO

INTRODUÇÃO

A Semana de Arte Moderna de 1922 irá comemorar seu centenário em 2022.[1] Essas datas indicam importantes momentos de inflexão histórica no Brasil e na cidade de São Paulo. Tal inflexão advém de mudanças em processos locais, com fortes ligações globais. Quando a Semana de Arte Moderna aconteceu em 1922, o país caminhava para o fim da República Velha (1891-1930) e início do governo autoritário de Getúlio Vargas (1930-1945). Dava sinais das transformações ocorridas durante esse governo e em períodos posteriores, provocadas pela expansão do capitalismo industrial periférico no século XX, com suas contradições internas presentes na ampliação da produção e consumo de massa com uso intenso de tecnologias eletromecânicas. Essas tecnologias foram largamente utilizadas na Primeira Guerra Mundial que tinha terminado havia poucos anos.

Atualmente, apesar de não termos rupturas democráticas, jurídicas e institucionais nos processos políticos em curso no Brasil, vislumbram-se manifestações de forças conservadoras e reacionárias que almejam realizar guinadas na vida sociopolítica do país. Com isso, é provável que o centenário da Semana de Arte Moderna de 1922 venha a acontecer em 2022 com a sociedade brasileira caminhando para o encerramento do ciclo político da Nova República, iniciado com o fim da ditadura militar em meados da década de 1980. A redemocratização da Nova República se iniciou recheada de contradições relacionadas com a persistência de conflitos e desigualdades sociais do passado. As prováveis guinadas na vida sociopolítica aliam-se às mudanças no capitalismo brasileiro que, nas próximas décadas do século XXI, poderá seguir rumo a configurações pós-industriais que, provavelmente, reforçarão as contradições ligadas à globalização, ao neoliberalismo e à financeirização, com seus correspondentes usos intensivos das tecnologias eletroeletrônicas. Essas tecnologias transformaram profundamente os modos contemporâneos de guerrear.

Além daqueles paralelos históricos, há mais um elo entre os anos de realização da Semana de Arte Moderna de 1922 e seu centenário em 2022: ambas as datas sucedem o desencadeamento de epidemias mundiais provocadas pela disseminação de vírus letais causadores de doenças respiratórias e outros problemas. O ano de 1922 sucedeu às epidemias de febre amarela do final do século XIX e à epidemia da chamada gripe espanhola que, em 1918, atingiu a cidade de São Paulo e outras cidades do mundo. O ano de 2022 sucederá aos sucessivos surtos de dengue, ocorridos na passagem do século XX para o XXI, e ao início da pandemia de covid-19, que atingiu esta cidade em 2020 e mantém seu curso durante o ano de 2021, com fortes possibilidades de continuação no ano de 2022.

Na cidade de São Paulo do início do século XX, as epidemias influenciaram o governo local e a regulação urbana e, com isso, "as teses de medicina forneceram um paradigma para orientação e forma de construir moradias"[2] e "a observação médica e a teoria do contágio deslocaram-se do meio físico para o meio social, e do espaço público para o espaço privado, responsabilizando pela propagação de epidemias os hábitos e o modo de vida dos miseráveis urbanos".[3] Rolnik afirma ainda que:

> Doença, imoralidade e pobreza se enredaram numa trama maldita de tal modo que as condições de moradia precárias eram imediatamente associadas a imoralidade e a doenças, demarcando um território rejeitado na cultura urbanística da cidade. Essa visão permanece na legislação urbana até hoje.[4]

Mas por que mencionar os paralelos entre os contextos políticos, econômicos, tecnológicos e epidemiológicos do ano de realização da Semana de Arte Moderna de 1922 e de seu centenário em 2022 no início de um texto sobre as marcas do modernismo na cidade de São Paulo e vice-versa?

Porque é possível crer que há um liame comum na vida urbana paulistana que permanece, com modificações, no período entre 1922 e 2022. Trata-se da multidão atravessada: pelos processos políticos que envolvem direta ou indiretamente a sociedade como um todo; pela produção e consumo em massa de mercadorias materiais e imateriais; pela disseminação de informações e aparelhos tecnológicos e pela ocorrência de epidemias que afetam massivamente a população urbana. Seja em 1922, seja em 2022, a multidão atua em lutas políticas coletivas; opera nas infraestruturas e superestruturas de produção e consumo dos vários tipos de mercadorias materiais e imateriais; utiliza redes e dispositivos sociotécnicos instalados nos espaços urbanos ou acoplados aos corpos e sofre com os impactos de patógenos altamente contagiosos que infectam homens e mulheres, provocando adoecimentos e mortes.

Este texto visa a apresentar a multidão urbana como a marca que liga o modernismo artístico e cultural da Semana de Arte Moderna de 1922 à modernização social e tecnológica da cidade de São Paulo. Em estudo sobre as relações entre sociedade e cultura nessa cidade na década de 1920, Nicolau Sevcenko afirma que "A multiplicação ciclópica das escalas do ambiente urbano tinha como contrapartida o encolhimento da figura humana e a projeção da coletividade como um personagem em si mesmo".[5] Essa "projeção da coletividade" pode ser entendida como a entrada da multidão na cena urbana. Como foco do presente texto, essa multidão é vista como um ícone fugidio do modernismo e da modernização, envolvido nos fluxos de ações que interagem com os elementos fixos da cidade. Segundo Milton Santos, essas interações entre fluxos e fixos são constitutivas dos espaços nos quais os "sistemas de ações" interagem com os "sistemas de objetos". Entende-se que, nos espaços da cidade modernista e em processo de modernização, a multidão é o fator de interação entre esses sistemas na medida em que realiza diversas ações executadas no "meio técnico-científico-informacional".[6]

Não é tarefa fácil apreender os espaços da cidade a partir das interações entre os fluxos das ações multitudinárias e os fixos urbanos. Diante de tal dificuldade, propõe-se utilizar as elaborações de Nicolau Sevcenko sobre as experiências extáticas da multidão no cruzamento entre o modernismo e a modernização da cidade de São Paulo nos inícios do século XX. Propõe-se também abordar alguns textos publicados na revista *Klaxon*, editada pelos organizadores, participantes e aliados da Semana de Arte Moderna de 1922. Em certa medida, alguns desses traços multitudinários extrapolam para a cidade atual.

No início do século XX, a experiência extática propiciada, vivenciada e exposta pela multidão de habitantes e visitantes da cidade de

São Paulo conjugou-se com um momento de intenso crescimento e expansão populacional e territorial, cujas características já davam a ver evidências de desigualdades e segregações socioespaciais entre os "bairros residenciais das camadas de alta renda" e os "bairros residenciais das camadas populares", conforme denominação utilizada por Flávio Villaça[7] em estudo sobre os processos de estruturação intraurbana da cidade de São Paulo.

No início do século XXI, essa experiência multitudinária continua a ser vivenciada pelos milhões de habitantes da cidade de São Paulo, a qual foi profundamente transformada pelos processos ocorridos ao longo do século XX. Após superar a marca dos 10 milhões de habitantes nesse início do século XXI, a cidade de São Paulo já não cresce nem se expande tão freneticamente quanto no começo do século XX. Porém, continua a agregar novos membros à sua população gigantesca, que conforma uma multidão extática vivendo e circulando em seus espaços urbanos, estruturados por meio de clivagens produzidas pelas profundas desigualdades e segregações socioespaciais, que se ampliaram e se agravaram qualitativa e quantitativamente ao longo desse período.

Entre os inícios dos séculos XX e XXI, a multidão extática da cidade de São Paulo cresceu e se amoldou às transformações dos espaços públicos e privados que se transfiguraram sob a égide do modernismo e da modernização transitória e permanente dos diferentes tempos e espaços da urbanização capitalista periférica. Expressos em manifestos, poemas, romances, pinturas, esculturas, monumentos, edificações e músicas criados pelos protagonistas da Semana de Arte Moderna de 1922, o modernismo se fez presente na cidade de São Paulo. Entende-se que a modernização associada a esse modernismo se desdobrou no decorrer do século XX até atingir o começo do século XXI em condições bastante diferentes daquelas existentes cem anos atrás, porém, com a presença constante da multidão urbana imersa em fluxos de ações, em interações com os objetos fixos de aparatos técnicos e tecnológicos.

Desse modo, assume-se que a multidão sempre animou o desenrolar da vida urbana no tempo histórico moderno ao longo do qual se constituíram as etapas distintas da modernização capitalista. Essas etapas se relacionaram e continuam a se relacionar com diferentes formas mutantes de vida urbana presentes nas variações da multidão urbana constituída por relações cambiantes entre o individual e o coletivo, o micro e o macro, o molecular e o molar, o subjetivo e o objetivo, o imaterial e o material, o efêmero e o permanente, o processual e o estrutural. Assim, as formas mutantes da vida urbana multitudinária se constituem segundo a lógica agregativa do e... e... e... e... e. Essa lógica faz da multidão uma presença caleidoscópica na cidade, que envolve ações transitórias apreendidas parcial e momentaneamente em experiências fragmentárias e passageiras. Charles Baudelaire expôs, no século XIX, a importância da multidão para o "pintor da vida moderna", cuja "paixão e profissão é *desposar a multidão*" na qual se entra "como se num reservatório de eletricidade".[8] Para o poeta, o artista moderno é comparável "a um espelho tão imenso quanto essa multidão; a um caleidoscópio dotado de consciência, que, a cada um dos seus movimentos, representa a vida múltipla e o encanto cambiante de todos os elementos da vida".[9] Assim, o eu do artista moderno é "um *eu* insaciável do *não eu*, que a cada instante o revela e o exprime em imagens mais vivas do que a própria vida, sempre instável e fugidia".[10]

AS EXPERIÊNCIAS MULTITUDINÁRIAS NA CIDADE MODERNISTA

As atividades da Semana de Arte Moderna de 1922 ocuparam os espaços arquitetônicos ecléticos e superornamentados do Theatro Municipal de São Paulo, projetado por Domiziano Rossi, com a colaboração de Claudio Rossi. Segundo Aracy Amaral, o arquiteto Domiziano Rossi trabalhou com Ramos de Azevedo durante 31 anos. Para essa autora, "o projeto, execução e abertura do Theatro Municipal era indício da febricitante movimentação humana nos inícios da industrialização da cidade".[11] Essa "febricitante movimentação humana" pode ser entendida como o indício da presença multitudinária na cidade de São Paulo, que se tornava maior e mais populosa na passagem do século XIX para o XX. Essa ligação entre o Theatro Municipal e a presença multitudinária na cidade perdurou até a atualidade.

Guilherme Gaensly, Theatro Municipal, c. 1920.

Hoje, no começo da segunda década do século XXI, ele se encontra em um ponto do centro histórico principal da gigantesca mancha urbana que se espalha tentacularmente em todas as direções. Atualmente, o Theatro Municipal de São Paulo é envolvido por milhares de estabelecimentos comerciais e prestadores de serviços públicos e privados que são diariamente utilizados por centenas de milhares de pessoas. Por causa disso, suas escadarias, esculturas, vitrais e ornamentos são permanentemente tangenciados pela multidão que se movimenta de forma intensa ao seu redor, em contextos marcados por fortes sinais de deterioração urbana, desgastes das edificações, popularização econômica e degradação das condições de vida e das relações sociais, percebida sobretudo dentre a população sem moradia que vive nas ruas do centro da cidade.

A Semana de Arte Moderna de 1922 ocorreu em um momento de intenso crescimento populacional da cidade de São Paulo, conforme se observa na Tabela 1. Tal crescimento foi provocado principalmente pelos fluxos de ex-escravizados e de imigrantes europeus portugueses, italianos e espanhóis, dentre outros, que se dirigiram para essa cidade. No final do século XIX, os incrementos foram de 106,9% entre 1872 e 1890 e de 269,3% entre 1890 e 1900. No início do século XX, tais incrementos foram de 141,4% entre 1900 e 1920, e de 129% entre 1920 e 1940. Esses grandes incrementos populacionais demonstram as forças centrípetas que Richard Morse destaca como característica dos processos de modernização da cidade de São Paulo, iniciados na passagem do século XIX para o XX. Conforme esse autor, "São Paulo é a cidade que ilustra de maneira mais dramática o que se chamou de estágio 'centrípeto' de desenvolvimento urbano da América Latina".[12]

TABELA 1: POPULAÇÃO DA CIDADE DE SÃO PAULO NOS CENSOS DEMOGRÁFICOS REALIZADOS NO PERÍODO ENTRE 1872 E 2010

ANO	POPULAÇÃO	VARIAÇÃO NO PERÍODO INTERCENSITÁRIO	VARIAÇÃO NO PERÍODO INTERCENSITÁRIO	VARIAÇÃO PERCENTUAL NO PERÍODO INTERCENSITÁRIO	VARIAÇÃO PERCENTUAL NO PERÍODO INTERCENSITÁRIO
1872	31385	33549		106,9%	
1890	64934		174886		269,3%
1900	239820	339213		141,4%	
1920	579033		747228		129,0%
1940	1326261	871835		65,7%	
1950	2198096		1627255		74,0%
1960	3825351	2153626		56,3%	
1970	5978977		2608688		43,6%
1980	8587665	1039229		12,1%	
1991	9626894		778973		8,1%
2000	10405867	847636		8,1%	
2010	11253503				

FONTE: IBGE — Censo Demográfico.[13]

Claude Lévi-Strauss, avenida São João, c. *1937*.

O crescimento populacional da cidade de São Paulo foi contínuo ao longo de todo o século XX e, na passagem para o atual século XXI, sofreu arrefecimento ocasionado tanto pela redução da taxa de fecundidade como pela migração de retorno de pessoas que vieram para a cidade de São Paulo e decidiram voltar para seus locais de origem.

O salto no número de habitantes da cidade de São Paulo de 239 820 pessoas em 1900 para 579 033 em 1920 e para 1 326 261 em 1940 mostra a magnitude populacional que gerou e continua a gerar a multidão urbana paulistana, composta de indivíduos que se agregam e desagregam em fluxos de ações diversas, realizadas na interação com os objetos que conformam os espaços urbanos.

A relação entre o indivíduo e a multidão aparece de um modo bastante provocativo no terceiro número da revista *Klaxon*, lançada no mesmo ano de realização da Semana de Arte Moderna de 1922, por seus mentores intelectuais e participantes. Nessa revista, há um texto assinado pelo vanguardista português António Ferro, intitulado "Nós".[14] Os conteúdos desse texto consistem na intercalação entre declarações sonoras emitidas, de um lado, pelo polo denominado "Eu" e, de outro lado, por outro polo denominado "A Multidão". Eles parecem buscar em vão uma sintonia e comunicação mútua, com o polo "Eu" afirmando enfaticamente seu modernismo ao reivindicar a atenção para si e colocar-se como "Ser de hoje, **Ser hoje!!!...**". Ao afirmar seu ser hodierno, "Eu" diz não precisar "trazer relógio, nem perguntar que horas são...", pois, declara: "**Somos a Hora!** Não há que trazer relógios no pulso, nós próprios somos relógios que pulsam..." (grifo do autor). Com isso, o "Eu" moderno e hodierno encarna em si mesmo os pulsos e as partições matemáticas do tempo domesticado pelos relógios. Em contraponto ao "Eu", "A Multidão" avisa que "Não se ouve nada, não se ouve nada" e em seguida pede para que se "Fale mais alto". Ao afirmar o presente, "Eu" ecoa a intenção modernista da revista, declarada pelos membros da redação logo na abertura do primeiro número. Dentre as várias declarações de intenções que abrem esse número, lê-se que "KLAXON não se preoccupará de ser **novo**, mas de ser **actual**" (grifo do autor).[15]

A ânsia por sintonia e comunicação mútua entre o "Eu" e "A Multidão" perpassa todo o texto, com o primeiro propondo que "Oxigenemos, com electricidade, os cabelos da Epoca", "Não olhemos para traz", que "É preciso gerar, crear", que "sacudam a poeira desta sala de visitas que é a nossa Arte", que "Sejamos rebeldes, revolucionários... Proclamemos, a valer, os direitos do homem!", enquanto a segunda pede que se fale "Mais alto, mais alto ainda", pois, esclarece, "Não se ouve bem" e, portanto, pede que "Falem mais claro...".

Após "A Multidão" perguntar "Mas que desejam?", o "Eu" responde "A Grande Guerra na Arte!". E depois do "Eu" enfileirar os "homens livres, homens-livros, homens de hontem, de hoje e de amanhã, carregadores do Infinito" mencionando a "cidade virgem num espasmo", "A Multidão" responde: "Doidos varridos, doidos varridos...". A isso o "Eu" retruca nomeando os seres ultrapassados como "embalsamados, balsemões, retardatarios, tatibitates, monoculos, lunetas, lorgnons, cegos em terra de reis" e "A Multidão" reage ofendendo e ameaçando o "Eu", chamando-o de "Insolente! Insolente!" e avisando "Vamos bater-lhe". Diante dessa ofensa e ameaça, o "Eu" emite suas palavras finais, explicitando seu tom provocativo e bélico que exalta a si e ao presente: "Morram, morram vocês, ó etceteras da Vida!... Viva eu, viva EU, viva a Hora que passa... Nós somos a Hora oficial do Universo: meio dia em ponto com o sol a prumo!".

A multidão aparece de maneiras diferentes em outros textos publicados na *Klaxon*. Ainda no primeiro número dessa revista, "As visões de Criton", assinado por Menotti Del Picchia,[16] relata uma visita ao "Braz", guiada pelo arquiteto Criton. Ao voltar a pé "do bairro confuso, cheirando a ulha e a miseria", o autor do relato diz que "Milhares de homens atrafegados e hediondos mexiam-se como formigas". Nesse caminho de volta, o autor e seu companheiro Criton pararam no alto da Colina do Carmo para observar o "Braz", visto como um "bairro violaceo no crepusculo [que] se empolava com os dardos hirtos das chaminés fisgadas no seu flanco" e em cujo "casario cor de chapa" vivia "o formigueiro humano, tragico e pululante". Para o arquiteto Criton, os membros desse "formigueiro humano", além de serem "settas disparadas para o caos, iluminadas pelo fulgor do minuto transitorio", lembravam "vermes na carcassa podre de um morto".

Em texto do quarto número de *Klaxon*, a multidão volta a aparecer nas palavras de Sérgio Buarque de Holanda, com o título "Antinous (fragmento)".[17] Diferentemente de Menotti Del Picchia, o autor apresenta-a com traços menos degradantes e pejorativos. No texto de Holanda, a multidão encontra-se no momento específico e transitório de um "Cortejo. Desfile de automoveis. Gritos. Charivari. Bum-bum dos tambores. Escravos de todas as cores curvados como canivetes. Espadas em branco que desfilam intermitentes e intermináveis...". Nesse momento, a multidão participa de um espetáculo público protagonizado por alguma autoridade que "A voz do orador" anuncia como sendo "O Imperador constructor por excellencia. Aquelle que soube submetter toda a natureza ás suas ordens e ás suas leis". Ao ouvir esse anúncio, "A multidão" se manifesta com "Muito bem. Bravos. Apoiado. Apoiadissi...", para ser interrompida quando "A voz do orador" volta a anunciar "O constructor, o reconstructor, o guerreiro, o vencedor, o...". Esse anúncio também é interrompido e atropelado no momento em que surge "A voz do outro orador", que também exalta "o Imperador architecto. O Imperador artista". Nessa sequência de interrupções e atropelos de falas dirigidas à multidão, "A voz do outro orador" indica "esta cidade monstro com seus edificios, seus arranha-céus, com suas ruas asphaltadas, com seus annuncios, com seus cinemas, seus cartazes...". Além disso, faz graça com "um palacio que tem o aspecto de um formidavel queijo de Minas" e termina com uma fala incompleta na qual menciona "a civilisação borborinhante que enche as nossas ruas, as nossas praças, os nossos boulevards, os nossos...". Diferentemente do "formigueiro humano" de Menotti Del Picchia, aqui a multidão se apresenta como uma "civilisação borborinhante" que observa os automóveis que passam em cortejo entre "Duas fileiras de escravos, dobrados como canivetes [que] estendem-se desde a porta principal do palacio até o Infinito". Sérgio Buarque menciona que, às doze horas, "A multidão aclama freneticamente o Imperador Adriano" que sai de um dos automóveis em cortejo e entra no palácio "acompanhado de um sequito". Em seguida, a "grande grade de ferro" fecha a porta do palácio, os escravos se retiram, a multidão aclama o Imperador e "Os oradores continuam a falar...".

A multidão se faz presente em dois momentos do sexto número da revista *Klaxon*. Em ambos, ela se encontra em agitadas situações passageiras de lazer e diversão urbana. O primeiro momento é "Cinema de arrabalde", de Ribeiro Couto,[18] acompanhado pelo título de seu livro *Um homem na multidão*, publicado somente em 1926. Nesse texto, a multidão divide-se entre um espaço interior e outro exterior. No primeiro espaço, ela é composta de animada audiência de um "cinema de arrabalde", cuja "sala sempre cheia é estreita e comprida":

> Na frente fica uma criançada barulhenta que applaude.
> Atraz, perdidos pela penumbra dos cantos,
> disfarçam-se pares de namorados cochichantes.

No segundo espaço, visível através das "largas portas lateraes" da sala do "cinema de arrabalde", a multidão se insinua por meio de indicações dos transeuntes da rua

onde passam a cada momento os bondes illuminados,
levando familias enormes em que ha mocinhas vestidas com um orgulhoso mau gosto,
familias que so freqüentam os cinematographos do centro da cidade e se presumem a aristocracia do arrabalde.

A segunda situação multitudinária aparece em um trecho do texto "Carnaval", escrito por Pedro Rodrigues de Almeida.[19] O espaço é o interior do "theatro" Apollo, onde se desenrolava um baile de Carnaval. A narrativa começa "no passador acanhado em que a multidão se esmagava, radiosa e feliz" e segue depois

> Nos corredores, nos camarotes, [onde] o povo hurrava frenetico; homens e mulheres, esfregando-se, no simulacro de uma lucta de morte, fazendo-se engulir mutuamente mãos cheias de confetti, cosinhando os olhos com esguichos de ether causticante, enrolando os pescoços em rodilhas de papel, viviam por um anno inteiro. Na plateia, o movimento canalha, sacudido, nevrotico, unia corpos a corpos, mixturava as animalidades, fundia as vontades com as chammas do sangue, egualava os desejos em grupos de carne; e a totalidade das cores, — das cores conhecidas, das cores combinadas, das cores sonhadas, — vestia com uma tunica só essa massa quebrada e una em que todos queriam intermesclar-se, confundir alma e musculos, coração e banhas, espirito e pellos, para formar um mesmo corrupio de delirio, uma mesma palpitação de dynamismo animal, um único e immenso novello de loucura.

Ao ler esse trecho do texto, é fácil imaginar o frenesi da multidão que, ao entregar-se ao baile de Carnaval, forma um grande corpo constituído por "desejos em grupos de carne", inseridos na "massa quebrada e una em que todos queriam intermesclar-se, confundir alma e musculos, coração e banhas, espirito e pellos". Vale reter essa ideia da multidão como mescla de corpos a "formar um mesmo corrupio de delirio, uma mesma palpitação de dynamismo animal, um único e immenso novello de loucura". Com certeza, essa ideia se aplica a outras situações e condições multitudinárias.

É interessante notar que o já citado trabalho de Nicolau Sevcenko sobre as relações entre sociedade e cultura na cidade de São Paulo nos "frementes anos 20" inicia com relatos e cenas do Carnaval de 1919 captadas em crônicas publicadas no jornal *O Estado de S. Paulo* pelos jornalistas S. e P., que vivenciaram essa diversão multitudinária de maneiras diferentes. O primeiro misturou-se à multidão mergulhando na diversão de maneira "imoderada". Levado pelas "expansões populares", entregou-se "a uma exaltação tão elevada, a uma vibração tão intensa, a um entusiasmo tão comunicativo e sadio".[20] O segundo jornalista "se manteve à parte da pândega geral e se pôs a vagar pelas ruas na condição de observador distante".[21] Desse modo, é ele quem escreve de modo mais direto e explícito sobre o envolvimento da multidão no Carnaval daquele ano de 1919, ocorrido na avenida Paulista.

Em recortes dos textos do jornalista P., Sevcenko expõe as três partes da multidão urbana que participaram do corso realizado nessa avenida numa noite de segunda-feira. A avenida Paulista tinha sido recém-construída no topo do espigão mais alto da cidade, rodeado pelas várzeas de seus principais rios, o Tietê a norte, Pinheiros a oeste e Tamanduateí a leste. Em 1919, já contava com alguns de seus suntuosos palacetes construídos em diversos estilos arquitetônicos, caracterizados invariavelmente pelos efusivos ornamentos apegados aos seus elementos construtivos. Esses palacetes eram habitados pelos empresários, fazendeiros, políticos e profissionais liberais que compunham as classes sociais endinheiradas da época. No primeiro recorte da crônica de P., transcrito por Sevcenko, lê-se o seguinte:

> Na Avenida Paulista. Onze da noite de segunda-feira de Carnaval. Já não é mais a agitação, o bulício alegre, o *brouhaha* festivo do corso, o rumor confuso de mil vozes e mil ruídos diversos no torneio de serpentinas e de facécias — o mais expansivo, o mais vibrante e o mais pitoresco espetáculo que em São Paulo se tem visto.[22]

Em outro recorte da mesma crônica, o historiador traz a segunda parte da multidão carnavalesca que surgiu naquela "noite de segunda-feira de Carnaval" na avenida Paulista. Trata-se da multidão de "crianças e mulheres do povo, curvadas aqui e ali, a ensacar as serpentinas servidas". Diante disso, o jornalista continuou a crônica exclamando "Pobres criaturas! Os outros divertem-se ainda e elas já vêm à colheita do lixo — do lixo que decerto lhes mata a fome...". A terceira parte da multidão carnavalesca surgiu logo em seguida com "os carroções da Limpeza Pública, com um séquito enorme de operários"[23] que disputavam o lixo com a segunda parte da multidão. Sevcenko designa essas três partes da multidão carnavalesca como "os mascarados exultantes nos carros em disparada, as catadeiras com o rosto esquálido de aflição, as caras empoeiradas dos lixeiros apressados".[24] Como protagonistas de uma peça de teatro urbano realizada em três atos, formam o espetáculo multitudinário que alimenta tanto as criações modernistas como a vida social na cidade de São Paulo em processo de modernização.

O começo do século XXI trouxe o renascimento e a expansão do Carnaval de rua na cidade de São Paulo. Nos dias de diversão e festa multitudinária que ocorrem em vários lugares dessa cidade, tanto no centro como nas periferias, é possível que aquele teatro urbano se repita com os três atos encenados na mesma sequência. Porém, atualmente, "as catadeiras com o rosto esquálido de aflição" somam-se aos catadores que não catam mais as "serpentinas servidas", mas as latas coloridas de alumínio das quais a multidão bebe milhões de litros de cervejas, refrigerantes e outros líquidos aditivados com álcool e outros produtos químicos.

Com as apreciações iniciais sobre as crônicas de S. e P. sobre o Carnaval, o trabalho de Nicolau Sevcenko mostra que, nos idos da década de 1920, a multidão estava presente nas sensibilidades e em outros textos desses jornalistas, utilizados pelo autor como parte das vozes que emitiam e formavam a opinião pública manifesta nos jornais e revistas e dirigida à multidão de leitores. Essas publicações nutriam os fluxos de informações que circulavam nos circuitos da vida urbana. Esses veículos de comunicação e de disseminação da opinião pública abordavam, inclusive, os dados e fatos relativos à modernização desigual da cidade, bem como emitiam críticas, comentários, polêmicas e controvérsias alimentadas por defensores e detratores do modernismo.

Sevcenko afirma que, de um lado, para o jornalista S., a experiência multitudinária é "forte e coesiva", pois as "multidões de indivíduos [...], embora estranhos entre si, se submetem a um mesmo conjunto de motivações e estímulos para a ação" e, de outro lado, para o jornalista P., "as novas condições de vida na grande cidade esfacelam os grupos, dispersam as ações, dissociam as percepções, precipitam antagonismos, interrompem as comunicações, selam diferenças irredutíveis".[25] Nos textos dos dois jornalistas de *O Estado de S. Paulo*, a experiência multitudinária envolve, portanto, união e separação, junção e disjunção, coesão e fragmentação.

Ademais, "a experiência de S. é de se unir, de se integrar às legiões de estranhos", enquanto "a de P. é de observá-las, contido, à parte".[26] O que S. busca ao juntar-se à multidão é a excitação de se tornar algo diferente de si mesmo como parte de um corpo gigantesco constituído por "estranhos que adquirem uma nova identidade capaz de exaltá-los e libertá-los, graças a uma fonte externa e artificial de incitamento". Em paralelo,

> P. por sua vez também encontra excitação ao reduzir a multidão com seu olhar perscrutador ao mais completo grau de estranhamento: uma estranheza que tanto o atrai quanto o desafia e o comove, em doses iguais, mas sobretudo excita os seus sentimentos e os dos seus leitores, arrastando-os a um grau superior de percepção não verbalizada.[27]

Talvez o êxtase e a excitação de S. venham da exaltação e libertação experimentada em meio a indivíduos estranhos que se identificam com a multidão, enquanto para P. talvez venham do simples ato de observar a multidão. Esse ato provoca em P. não somente êxtase e excitação, mas também sentimentos de desafio e de comoção. Os sentimentos de identificação de S. e de estranhamento de P. em relação à multidão podem ter suas origens nas fricções, acomodações, conflitos e imbricações entre o eu e o outro, o novo e o velho, o moderno e o arcaico, o urbano e o rural, o presente e o passado, o progresso e o retrocesso. Todas essas características estavam presentes no modernismo e na modernização da cidade de São Paulo no início do século XX e contextualizavam a Semana de Arte Moderna de 1922, animada por habitantes e visitantes que experimentavam os êxtases da vida urbana multitudinária e cosmopolita. Segundo Sevcenko, naquele período

São Paulo não era uma cidade nem de negros, nem de brancos e nem de mestiços; nem de estrangeiros e nem de brasileiros; nem americana, nem europeia, nem nativa; nem era industrial, apesar do volume crescente das fábricas, nem entreposto agrícola, apesar da importância crucial do café; não era tropical, nem subtropical; não era ainda moderna, mas já não tinha mais passado. Essa cidade que brotou súbita e inexplicavelmente, como um colossal cogumelo depois da chuva, era um enigma para seus próprios habitantes, perplexos, tentando entendê-lo como podiam, enquanto lutavam para não serem devorados.[28]

Nessa cidade indefinida e enigmática, cujos habitantes "carecem, com urgência, de um eixo de solidez que lhes dê base, energias e um repertório capaz de impor sentidos a um meio intoleravelmente inconsistente",[29] surgiu

[...] toda uma nova série de hábitos, físicos, sensoriais e mentais, [que] são arduamente exercitados, concentradamente nos fins de semana, mas a rigor incorporados em doses metódicas como práticas indispensáveis da rotina cotidiana: esportes, danças, bebedeiras, tóxicos, estimulantes, competições, cinemas, shopping, desfiles de moda, chás, confeitarias, cervejarias, passeios, excursões, viagens, treinamentos, condicionamentos, corridas rasas, de fundo, de cavalos, de bicicletas, de motocicletas, de carros, de avião, tiros-de-guerra, marchas, acampamentos, manobras, parques de diversões, boliches, patinação, passeios e corridas de barco, natação, saltos ornamentais, massagens, saunas, ginástica sueca, ginástica olímpica, ginástica coordenada com centenas de figurantes nos estádios, antes dos jogos e nas principais praças da cidade, toda semana.[30]

Essa "nova série de hábitos" sugere uma sequência energética e vertiginosa de imagens com indivíduos e multidões realizando atividades e movimentos corporais dos mais variados tipos, repousados e dinâmicos, lentos e acelerados, inseridos em diversas paisagens e contextos urbanos e rurais, internos e externos, públicos e privados. Essas imagens mentais remetem tanto ao passado como ao presente, comprovando a permanência desses hábitos na vida urbana paulistana ao longo de sua história. Hábitos que mobilizam multidões em espetáculos nos quais se pode vivenciar, como S., ou observar, como P., as intensas ativações e solicitações sentimentais, perceptivas e sensoriais de corpos em "mobilização permanente". Corpos adestrados e disciplinados para as práticas massificadas de esportes, festas, diversões, exibições, trabalhos, deslocamentos, dentre outras práticas, realizadas invariavelmente no interior de fluxos de ações executadas por meio de interações com os objetos fixos dos espaços urbanos. Práticas multitudinárias inscritas em espaços construídos e implementadas a partir das interações mútuas que enlaçam, simultaneamente, "os sistemas de ação" e os "sistemas de objetos", para utilizar os termos do geógrafo Milton Santos. Segundo esse autor, tais interações constituem o espaço com a formação de um "conjunto de fixos e fluxos" no qual

> Os elementos fixos, fixados em cada lugar, permitem ações que modificam o próprio lugar, fluxos novos ou renovados que recriam as condições ambientais e as condições sociais, e redefinem cada lugar. Os fluxos são um resultado direto ou indireto das ações e atravessam ou se instalam nos fixos, modificando a sua significação e o seu valor, ao mesmo tempo em que, também, se modificam.[31]

Desde o início do século xx, a modernização socialmente desigual da cidade de São Paulo ocorreu e continua a ocorrer com os fluxos de ações multitudinárias atravessando ou se instalando em meio aos fixos de "cada lugar", no qual interagem com objetos que estruturam e conformam os espaços. Os elementos fixos dos lugares urbanos infraestruturam os fluxos de ações multitudinárias realizadas individual e/ou coletivamente por agentes muitas vezes acoplados a aparatos e instrumentos tecnológicos que, de acordo com Nicolau Sevcenko, criam "a noção de que o corpo humano em particular e a sociedade como um todo são também máquinas, autênticos dínamos geradores de energia".[32]

A acoplagem entre corpo, máquina e cidade é expressão do modernismo. Aparece, por exemplo, no poema "O aeroplano", de Luis Aranha, publicado no segundo número da revista *Klaxon*.[33] Nele, há um desejo de sobrevoar a "cidade de meu berço" e, assim, estar "Muito rente do azul quasi a sumir no ceu/ Longe da casaria que diminue/ Longe, bem longe deste chão de asphalto...". Nesse voo desejado, o corpo do aviador e o aeroplano formam uma unidade, um amálgama "Como um athleta elastico de aço". E, caso o "corpo escapasse do aeroplano" em um momento súbito de desacoplamento, haveria de cair "Cortando o ar em extase no espaço" e cantando "A symphonia da velocidade..." até tombar "Entre os braços abertos da cidade...".

A acoplagem entre corpo, máquina e cidade ocorre de modo diferente em outro poema de Luis Aranha, publicado no sexto número da revista *Klaxon*.[34] Intitulado "Crepusculo", aí tal acoplagem se dá com o carro, com o automóvel. Assim, ao invés de observar a cidade à distância a partir de um olhar externo de sobrevoo, experimenta-se seu maquinismo em uma caminhada por seu interior através do "Pantheon de cimento armado". Essa caminhada urbana é feita em um momento crepuscular no qual "A luz tomba" e enche a cidade com o "Refluxo de cores/ Mel e ambar". Nesse final de tarde na cidade coberta com cores ambarinas, o corpo do caminhante, com seus "Musculos elasticos", corporifica as forças da modernização tecnológica e institucional, inclusive a das máquinas, especificamente dos automóveis, das usinas, das indústrias e dos trens. Ao caminhar pela cidade, o corpo se põe a "Andar com a força de todos os automoveis/ Com a força de todas as usinas/ Com a força de todas as associações commerciaes e industriaes/ Com a força de todos os bancos/ Com a força de todas as empresas agricolas e as explorações de linhas férreas". O eu poético do caminhante funde-se com a máquina e declara "Sou um trem/ Um navio/ Um aeroplano".

O maquinismo corporal e social urbano expresso em tais poemas tem relação com a disseminação das práticas esportivas, principalmente o futebol, que se inserem na citada "nova série de hábitos" adotados pela multidão na cidade em modernização. As corridas e competições entre aeroplanos e automóveis tornam-se parte dos espetáculos que envolvem, objetiva e subjetivamente, a multidão de habitantes da cidade de São Paulo. Sevcenko chama a atenção para a associação de tais práticas esportivas com "o adestramento físico e as suas necessárias implicações, em termos de hábitos de higiene, profilaxia, alimentação e regularização da vida cotidiana". Essas práticas multitudinárias encontraram guarida principalmente entre os mais jovens, que adotaram "um novo estilo de vida, desembaraçado dos entraves de um passado recente mas já obsoleto".[35] E nesse "novo estilo de vida", percebe-se que

> [...] o esporte se torna a moda e a moda adquire um acento desportivo. [...] As roupas se tornam mais leves, mais apegadas aos contornos da anatomia, mais coloridas e estampadas, mais adequadas à movimentação do corpo, assumindo inspirações suscitadas em parte pelos fardamentos militares, em parte pelos trajes desportivos.[36]

A multidão de mulheres também adere ao "novo estilo de vida" moderna e isso aparece em suas roupas que renunciam "aos adereços, enchimentos, agregados de roupas brancas, perucas, armações e anquinhas".[37] Esse vestuário despojado e sem ornamentos era condizente com as exigências de praticidade das atividades urbanas do dia a dia e também com os preceitos da arquitetura modernista europeia, que estavam começando a ser incorporados em criações locais como, por exemplo, na residência do arquiteto Gregori Warchavchik de 1927, construída na rua Santa Cruz, atual distrito de Vila Mariana. Ao ganharem o espaço público, as mulheres "estavam em toda parte, a qualquer hora".[38] Nicolau Sevcenko apresenta o ir e vir urbano das mulheres com tanta vivacidade multitudinária que vale transcrever sua descrição integralmente:

> Tecelãs, costureiras e aprendizes, cedo pela madrugada, em busca das fábricas e oficinas de modas. Balconistas, atendentes e serviçais do comércio logo depois. No início da manhã, colegiais, aias e professoras se dirigiam às escolas e conservatórios. Daí até o meio-dia, o agito indiscriminado das compras trazia mulheres de todas as classes, etnias e idades para o centro. As operárias saíam às ruas para o curto repouso das doze horas, enquanto as senhoras e moças das casas conspícuas se recolhiam para o almoço moroso e a sesta. A partir das dezesseis horas, se estabelecia o "footing" no circuito de lojas finas do Triângulo, cujo ápice era o

chá das cinco nos salões do Mappin Stores e o refluxo, o "rush" das seis. Nesse horário, os homens deixavam os escritórios e bancos; as moças de família retornavam aos lares, dando início à "toilette" dos eventos noturnos; as operárias regressavam a pé ou nos bondes em legiões ruidosas. No ínterim as moças-sem-família afluíam ao Triângulo, em manobras sedutoras pelos bares e cervejarias, combinando com os cavalheiros os encontros tardios que eles teriam, depois de deixarem em casa as senhoras e senhoritas que levaram ao teatro, restaurantes e cinemas.[39]

Como as demais porções multitudinárias, a multidão feminina se impunha nos espaços urbanos da cidade de São Paulo e realizava seus fluxos de ações individuais e coletivas em interações com os objetos e com fixos dos espaços urbanos.

No início do século xx, a modernização desses espaços contou com a atuação de empresas estrangeiras que exploraram os mercados, as terras, os serviços e as infraestruturas dessa cidade de São Paulo. Com isso, constituíram os capitais urbanos na cidade multitudinária embolsados pelos endinheirados nacionais e internacionais.

OS CAPITAIS URBANOS NA CIDADE MULTITUDINÁRIA

O modernismo da Semana de Arte Moderna de 1922 e a modernização da cidade de São Paulo no início do século xx possuem relações diretas com a efervescência das mudanças produzidas pela industrialização da província de São Paulo, financiada pelas riquezas acumuladas com a produção e comercialização do café durante a passagem do século xix para o xx. Segundo Warren Dean, "A industrialização de São Paulo dependeu, desde o princípio, da procura provocada pelo crescente mercado estrangeiro do café".[40] E ainda, "O café era a base do crescimento industrial nacional, primeiro que tudo, porque proporcionava o pré-requisito mais elementar de um sistema industrial — a economia monetária".[41] Essa composição de capitais cafeeiros, comerciais, financeiros e industriais, em associações nacionais e internacionais, entrelaçava as economias rurais e urbanas de modo cada vez mais estreito. Conforme Dean,

A própria terra adquiriu valor monetário e converteu-se num fator volátil de troca. Era vendida para a obtenção de capital, talvez para a compra de máquinas agrícolas ou de ações de uma firma comercial; ou um negociante comprava terra, ou executava uma hipoteca, a fim de entrar no negócio do café. Os novos bancos, cujos fundos se investiam originalmente em transações de café a curto prazo, poderiam usar parte da sua capacidade de criação de crédito para financiar industriais. Os agricultores passaram a interessar-se mais pelos aspectos comerciais e financeiros do seu negócio; viviam com maior frequência nas cidades e alguns se dedicaram às atividades imobiliárias, bancárias, ao fomento de estradas de ferro e à exportação.[42]

Portanto, o capital cafeeiro induziu, no contexto da Semana de Arte Moderna de 1922, processos que promoveram a industrialização do estado e da cidade de São Paulo em estreito entrelaçamento com as frações comerciais[43] e produtivas do capital urbano e rural. Segundo Warren Dean,

> Nos meados da década de 1920, as atividades industriais de exportadores e de importadores convertidos em manufatores, impressionantemente variadas e requintadas, incluíam o controle de todas as fases da manufatura têxtil, da moagem, do engarrafamento de cerveja e de bebidas, da manufatura de ferragens, da forja do aço e do latão, da laminação de metais, da estampagem do alumínio, da esmaltagem do ferro fundido, do fabrico do papel, da refinação de óleos vegetais e de toda a sorte de máquinas feitas de encomenda — elevadores, caldeiras, fornos, bombas, balanças e equipamento de moagem.[44]

Obviamente, a realização de todas essas atividades industriais requeria o dispêndio de energias de uma multidão de trabalhadores e trabalhadoras, entre crianças, jovens e adultos, que recebiam baixos salários em troca de extensas e extenuantes jornadas. Os conflitos entre os detentores do capital industrial e a força de trabalho multitudinária davam origem a greves operárias (como as de 1917 e 1919) que eram reprimidas pelas polícias e combatidas com iniciativas de controle e perseguição aos insurgentes. Segundo Warren Dean, o Centro das Indústrias de Fiação e Tecelagem de São Paulo "foi a primeira associação de empregadores a utilizar a política como fura-greves".[45]

Dean menciona um relatório do cônsul dos Estados Unidos em São Paulo que se refere às classes trabalhadoras dessa cidade como "sempre excitáveis" e "sempre sujeitas a 'enxamear'".[46] O termo "enxamear" denota a dimensão multitudinária dos protestos e manifestações dos trabalhadores em suas lutas sociais. É fácil imaginar os protestos e manifestações das multidões nas ruas e espaços públicos da cidade que passavam por processos de modernização com a implantação de diferentes sistemas de infraestrutura urbana. Na década de 1920, "constituíram-se companhias para fornecer energia elétrica, bondes, serviços de água, telefones e para empreender pretensiosas construções públicas".[47] Desnecessário afirmar que tais companhias produziram mudanças importantes nos espaços urbanos das cidades paulistas, principalmente da capital. Tais mudanças impactaram fortemente os modos de vida urbana e as interações entre os fluxos multitudinários e os fixos que configuram os espaços das cidades. Iniciaram processos de produção e transformação da estrutura da cidade de São Paulo, diretamente relacionados com a estruturação do capitalismo industrial periférico brasileiro, dependente das economias centrais de países europeus.

O primeiro destaque a ser feito em relação aos processos de produção e transformação dos espaços e da estrutura urbana da cidade de São Paulo refere-se à expansão física de sua área urbanizada. Essa expansão se fez com os tentáculos da mancha urbana estendendo-se em todas as direções, agregando loteamentos urbanos originários de parcelamentos do solo realizados em chácaras localizadas nas periferias da cidade. Esses loteamentos se constituíram em núcleos periféricos de urbanização, construídos em locais distantes e desconectados do restante das áreas urbanas mais antigas. Desse modo, a cidade de São Paulo se expandiu de maneira fragmentada, gerando grandes glebas desocupadas entre espaços urbanos novos e antigos. Essas glebas eram mantidas desocupadas no aguardo de investimentos públicos, principalmente provisão de serviços e infraestruturas urbanas que as valorizassem e, com isso, criassem oportunidades para obtenção de lucros maiores com a realização de loteamentos e comercialização de lotes urbanos. Essa "retenção especulativa" da terra que norteou a expansão do espaço urbano da cidade de São Paulo era anterior aos anos 1920 e perdurou por décadas do século XX. Isso fez com que essa expansão ocorresse de modo vertiginoso, conforme se observa na Tabela 2. No período entre 1881 e 1914, o incremento no tamanho dessa mancha foi de 1220%; de 1914 a 1929, 164,8%; de 1929 a 1949, 179%; e de 1949 a 1962, 212,9%.

Os incrementos no tamanho da mancha urbana paulistana, ocorridos na passagem do século XIX para o XX, iniciaram a produção de padrões e características estruturais da cidade que persistem até os dias de hoje, dentre os quais se destaca o surgimento da segregação socioespacial entre os bairros habitados pelas "camadas de alta renda" e os bairros de moradia das "camadas populares", conforme as definições de Flávio Villaça. Segundo esse autor, tal segregação foi condicionada pelo sítio natural e pela implantação, ocorrida em 1867, da Ferrovia São Paulo, que ligava Santos a Jundiaí. Desse modo, "a cidade em expansão se viu diante de apenas duas possíveis direções para seu crescimento, a partir do Triângulo: para leste, além-Tamanduateí, ou para oeste, além-Anhangabaú".[48] Villaça esclarece ainda que

> Para leste, a expansão urbana teria que vencer a ampla e inundável várzea do Carmo e ainda cruzar a estrada de ferro [Ferrovia São Paulo]. Uma vez superados esses obstáculos, tinha-se acesso a um sítio natural plano e monótono. Para oeste era necessário apenas saltar o vale do córrego Anhangabaú, um vale mais estreito que o do Tamanduateí e sem várzea alagável; além disso, após superado o obstáculo, tinha-se acesso a uma sequência de morros levemente ondulados que levavam ao platô de Santa Efigênia e Campos Elíseos e depois às colinas de Vila Buarque e Santa Cecília. A expansão para oeste era bem mais vantajosa que para leste. Assim, as classes de mais alta renda se expandiram para oeste e as de mais baixa renda e as indústrias, para leste.[49]

Tanto os bairros das "classes de mais alta renda" como os das classes "de mais baixa renda" e das indústrias surgiram a partir de loteamentos urbanos resultantes dos parcelamentos dos solos de chácaras.

TABELA 2: EVOLUÇÃO DA ÁREA DA MANCHA URBANA DA CIDADE DE SÃO PAULO ENTRE 1881 E 2002

<table>
<tr><th>ANO</th><th>ÁREA DA MANCHA URBANA EM KM²</th><th>INCREMENTO PERCENTUAL NA ÁREA DA MANCHA URBANA</th><th>INCREMENTO PERCENTUAL NA ÁREA DA MANCHA URBANA</th></tr>
<tr><td>1881</td><td>3,0</td><td rowspan="2">1220,0%</td><td></td></tr>
<tr><td>1914</td><td>39,6</td><td rowspan="2">164,8%</td></tr>
<tr><td>1929</td><td>100,9</td><td rowspan="2">179,0%</td></tr>
<tr><td>1949</td><td>281,5</td><td rowspan="2">212,9%</td></tr>
<tr><td>1962</td><td>881,0</td><td rowspan="2">11,2%</td></tr>
<tr><td>1974</td><td>980,0</td><td rowspan="2">4,7%</td></tr>
<tr><td>1980</td><td>1026,0</td><td rowspan="2">6,0%</td></tr>
<tr><td>1985</td><td>1087,8</td><td rowspan="2">2,7%</td></tr>
<tr><td>1992</td><td>1117,5</td><td rowspan="2">0,6%</td></tr>
<tr><td>1997</td><td>1123,8</td><td rowspan="2">7,1%</td></tr>
<tr><td>2002</td><td>1203,1</td><td></td></tr>
</table>

FONTE: Elaboração própria a partir de mapeamento digital das manchas urbanas do município de São Paulo da extinta Empresa Paulista de Planejamento Metropolitano S/A (Emplasa), obtido na Prefeitura do Município de São Paulo.

Podemos dizer que os negócios realizados com a produção e comercialização desses loteamentos constituíram uma das frações dos capitais urbanos da cidade de São Paulo. Essa fração constituída pelo capital fundiário e imobiliário operou com submercados que, de acordo com Raquel Rolnik, lidavam com "as casas de negócio do Triângulo, os quartos e casas de aluguel residencial em vários bairros da cidade, os loteamentos elegantes, as glebas para lotear".[50]

Nas primeiras décadas do século XX, a maior parte das "glebas para lotear" foi utilizada para a implantação de loteamentos destinados à moradia das classes de mais baixa renda. Nos rastros do "subúrbio popular" surgido nas décadas finais do século XIX, esses loteamentos desprovidos de infraestrutura urbana básica impulsionaram a "expansão não regulada na zona rural",[51] garantindo lucratividade aos loteadores.

Enquanto os loteamentos na zona rural não tinham um mercado cativo de compradores, os loteamentos implantados nas glebas para lotear localizadas nos altos e nas encostas sudoeste do espigão da avenida Paulista, bem como nas várzeas do rio Pinheiros, tinham destinatários claramente predefinidos por seus empreendedores em coalizão com membros do governo local. Essas glebas com destino privilegiado foram aproveitadas para a implantação do primeiro bairro residencial destinado às classes abastadas, projetado pelo escritório dos ingleses Barry Parker e Raymond Unwin segundo os preceitos da cidade-jardim e empreendido pela City of São Paulo Improvements Company, mais conhecida como Companhia City. Trata-se do elitizado bairro Jardim América, que atualmente se chama Jardim Paulista.

Além da fração comercial, industrial, fundiária e imobiliária dos capitais urbanos, havia a fração ligada à provisão e exploração de serviços e infraestruturas construídas e operadas por empresas privadas de capitais nacionais e internacionais, notadamente ingleses. Obviamente, essas frações dos capitais urbanos não se separam rigidamente. Pelo contrário, imbricam-se em processos de especulação imobiliária na busca pela obtenção de lucros cada vez maiores:

> [...] os bairros residenciais exclusivos [habitados pela classe endinheirada] expunham, como chamariz mercadológico, a presença das redes de infraestrutura já implantadas, elevando, logo a princípio, o patamar dos preços. Mas nos bairros populares a infraestrutura básica — como água encanada e esgotos, iluminação pública, eletricidade, limpeza, pavimentação e drenagem — poderia tardar anos, ou décadas.[52]

Rolnik esclarece ainda que, "Já desde o final do século XIX, o município havia transferido boa parte de suas responsabilidades públicas, como eram definidas no período colonial, para a iniciativa privada".[53] Com isso, a cidade de São Paulo passou a contar com a Companhia Cantareira de Águas e Esgotos, de 1875, que era responsável pelo saneamento básico; a São Paulo Railway Company, de 1860, que implantou a Ferrovia São Paulo, também conhecida como Santos-Jundiaí; a Light & Power Company, de 1900, que detinha a concessão dos serviços de bondes, produção e fornecimento de energia elétrica e de iluminação pública; a São Paulo Gas Company Ltd., de 1869, subsidiária da Light & Power Company e responsável pelo fornecimento do gás; e a Empresa de Limpeza Pública, responsável pela limpeza dos logradouros públicos, nos quais eram instalados todos os serviços e infraestruturas urbanas operacionalizados por essas empresas privadas.

Na realidade urbana paulistana, caracterizada por desigualdades e segregações socioespaciais surgidas com os processos de modernização da cidade desde o final do século XIX, os agentes dos capitais urbanos atuavam e continuam a atuar principalmente em benefício dos bairros habitados pelos membros das classes com maior poder político e econômico. Em São Paulo, esses bairros se localizam perto das áreas que exercem funções centrais com maior concentração de estabelecimentos comerciais, prestadores de diversos serviços públicos e privados, administrativos, empresariais, dentre outros, instalados em edifícios cada vez mais altos, construídos com andares sobrepostos acessados por meio do sobe e desce de elevadores. Essa tecnologia viabilizou a concretização de um dos principais ícones da modernização do espaço urbano: o arranha-céu. Dois anos após a realização da Semana de Arte Moderna de 1922, o centro da cidade de São Paulo recebeu seu primeiro arranha-céu, localizado na atual rua Líbero Badaró, o edifício Sampaio Moreira, construído pelo engenheiro Christiano Stockler das Neves, com catorze andares e cinquenta metros de altura. Esse edifício serviu como precedente para o edifício Martinelli, localizado entre as atuais ruas Líbero Badaró e São Bento, e inaugurado em 1929, com 25 andares e 72,5 metros de altura.

A partir da década de 1920, aos primeiros arranha-céus soma-se a modernização concretizada com a construção de ruas e grandes avenidas destinadas à circulação dos primeiros automóveis introduzidos na cidade e que logo se tornaram item de consumo recorrente dentre os membros das classes abastadas. Utilizados inicialmente como instrumentos de lazer e práticas esportivas, os automóveis se disseminaram nas décadas seguintes como meio de transporte urbano. Isso exigiu adaptações nos espaços públicos e sistemas viários da cidade, os quais se consolidaram com um perfil eminentemente rodoviarista, priorizando a circulação dos automóveis em detrimento dos pedestres. Em 1924, a cidade recebe de Francisco Prestes Maia a proposta para um Plano de Avenidas, composto de anéis perimetrais conectados com vias radiais que partem dos bairros centrais e se dirigem às áreas periféricas, estruturando o rápido crescimento horizontal da cidade. Com os altos arranha-céus e as extensas avenidas, traçam-se as linhas dos destinos da cidade de São Paulo que, nos bairros centrais, erguem-se com a verticalização dos edifícios e, nos bairros periféricos, estendem-se com a horizontalidade dos leitos carroçáveis que conectam bairros populares. Para cima e para frente, com conflitos e contradições, a cidade condenada ao moderno cumpre seus destinos modernistas e de modernização.

CONSIDERAÇÕES FINAIS

Não cabe encerrar este texto com afirmações conclusivas, pois nele não se busca verificar hipóteses nem demonstrar teses. Trata-se de detectar as marcas do modernismo expresso e defendido pelos mentores intelectuais, criadores e participantes da Semana de Arte Moderna de 1922 na cidade de São Paulo do início do século XX. Assume-se que essas marcas podem repercutir atualmente. Diante desse objetivo, percebe-se que a multidão urbana constitui a marca que articula o modernismo e a modernização presentes na vida social e nas manifestações artísticas e culturais paulistanas.

A partir dos elementos apresentados, compreende-se que a multidão urbana é, ao mesmo tempo, produto e produtora da estruturação do capitalismo industrial periférico e dependente que se territorializa na cidade de São Paulo, cujos espaços urbanos são constituídos como locais de produção e consumo de mercadorias, de moradia de diferentes classes sociais que vivem em condições urbanas e habitacionais desiguais e de provisão discrepante de serviços e infraestruturas de uso coletivo. Essa marca multitudinária guarda conflitos e contradições inerentes àquele capitalismo, que atravessam necessariamente o modernismo e a modernização da cidade paulistana.

Edifício Martinelli, c. 1928.

Certamente, esses atravessamentos geram outras marcas tanto nas manifestações artísticas e culturais como nos espaços urbanos da cidade de São Paulo. Este texto debruçou-se sobre uma dessas marcas. Outras poderão vir a ser rastreadas em estudos futuros nos quais se poderá abordar outras modernidades. As diferentes etapas de expansão capitalista, inseridas em contextos e tempos históricos distintos, geram marcas na multidão que expressam as transitoriedades e permanências das modernidades de novos contextos e tempos históricos. Que se prossiga com as percepções e pensamentos atentos a essas marcas.

NOTAS

1. Este texto foi escrito em abril de 2021.
2. Raquel Rolnik, *A cidade e a lei: Legislação, política urbana e territórios na cidade de São Paulo*. São Paulo: Fapesp; Studio Nobel, 1997, p. 40.
3. Id., ibid.
4. Id., ibid., p. 41.
5. Nicolau Sevcenko, *Orfeu extático na metrópole: São Paulo — sociedade e cultura nos frementes anos 20*. São Paulo: Companhia das Letras, 1992, p. 19.
6. Milton Santos, *A natureza do espaço: Técnica e tempo — razão e emoção*. São Paulo: Hucitec, 1997, pp. 190-2.
7. Flávio Villaça, *Espaço intra-urbano no Brasil*. São Paulo: Studio Nobel; Fapesp, 2001.
8. Charles Baudelaire, "O pintor da vida moderna". In: *Poesia e prosa*. Rio de Janeiro: Nova Aguilar, 2006, p. 857.
9. Id., ibid.
10. Id., ibid.
11. Aracy Amaral, *Artes plásticas na Semana de 22*. São Paulo: Perspectiva; Edusp, 1972, p. 35.
12. Richard Morse, *Formação histórica de São Paulo: De comunidade à metrópole*. São Paulo: Difel, 1970, p. 19.
13. IBGE, tabela 1287 — População dos municípios das capitais e percentual da população dos municípios das capitais em relação aos das unidades da federação nos Censos Demográficos. Disponível em: <https://sidra.ibge.gov.br tabela/1287#resultado>. Acesso em: 13 maio 2021.
14. António Ferro, "Nós". *Klaxon: Mensário de Arte Moderna*, São Paulo, n. 3, pp. 1-2, 15 jul. 1922. *Brasiliana Digital*. Disponível em: <https://digital.bbm.usp.br/handle/bbm-ext/1267>. Acesso em: 28 abr. 2021.
15. A Redação, "Klaxon". *Klaxon: Mensário de Arte Moderna*, São Paulo, n. 1, pp. 1-2, 15 maio 1922. *Brasiliana Digital*. Disponível em: <https://digital.bbm.usp.br/handle/bbm-ext/1267>. Acesso em: 28 abr. 2021.
16. Menotti Del Picchia, "As visões de Criton (D'O *Homem e a Morte*)". *Klaxon: Mensário de Arte Moderna*, São Paulo, n. 1, pp. 5-6, 15 maio 1922. *Brasiliana Digital*. Disponível em: <https://digital.bbm.usp.br/handle/bbm-ext/1267>. Acesso em: 28 abr. 2021.
17. Sérgio Buarque de Holanda, "Antinous (fragmento)". *Klaxon: Mensário de Arte Moderna*, São Paulo, n. 4, pp. 1-2, 15 ago. 1922. *Brasiliana Digital*. Disponível em: <https://digital.bbm.usp.br/handle/bbm-ext/1267>. Acesso em: 28 abr. 2021.
18. Ribeiro Couto, "Cinema de arrabalde". *Klaxon: Mensário de Arte Moderna*, São Paulo, n. 6, p. 4, 15 out. 1922. *Brasiliana Digital*. Disponível em: <https://digital.bbm.usp.br/handle/bbm-ext/1267>. Acesso em: 28 abr. 2021.

19. Pedro Rodrigues de Almeida, "Carnaval". *Klaxon: Mensário de Arte Moderna*, São Paulo, n. 6, pp. 10-2, 15 out. 1922. *Brasiliana Digital*. Disponível em: <https://digital.bbm.usp.br/handle/bbm-ext/1267>. Acesso em: 28 abr. 2021.
20. Apud Nicolau Sevcenko, *Orfeu extático na metrópole*, op. cit., p. 25.
21. Id., ibid., p. 26.
22. Id., ibid., p. 27.
23. Id., ibid.
24. Id., ibid., p. 28.
25. Id., ibid., pp. 28-9.
26. Id., ibid., p. 29.
27. Id., ibid.
28. Id., ibid., p. 31.
29. Id., ibid.
30. Id., ibid., p. 33.
31. Milton Santos, *A natureza do espaço*, op. cit., p. 50.
32. Nicolau Sevcenko, *Orfeu extático na metrópole*, op. cit., p. 50.
33. Luis Aranha, "O aeroplano". *Klaxon: Mensário de Arte Moderna*, São Paulo, n. 2, pp. 7-8, 15 jun. 1922. *Brasiliana Digital*. Disponível em: <https://digital.bbm.usp.br/handle/bbm-ext/1267>. Acesso em: 28 abr. 2021.
34. Id., "Crepusculo". *Klaxon: Mensário de Arte Moderna*, São Paulo, n. 6, pp. 3-4, 15 out. 1922. *Brasiliana Digital*. Disponível em: <https://digital.bbm.usp.br/handle/bbm-ext/1267>. Acesso em: 28 abr. 2021.
35. Nicolau Sevcenko, *Orfeu extático na metrópole*, op. cit., p. 49.
36. Id., ibid.
37. Id., ibid., p. 50.
38. Id., ibid.
39. Id., ibid., pp. 50-1.
40. Warren Dean, *A industrialização de São Paulo*. Trad. de Octavio Mendes Cajado. São Paulo: Difusão Europeia do Livro; Edusp, 1971, p. 9.
41. Id., ibid., p. 10.
42. Id., ibid., pp. 11-2.
43. Conforme Warren Dean, o capital comercial dos primórdios da industrialização paulista era detido principalmente por importadores de bens manufaturados de produção (agrícola e industrial) e de consumo. Na década de 1920, surgem antagonismos entre os interesses desses importadores e os maiores industriais paulistas. Um exemplo desse antagonismo ocorreu na eleição de 1928 para a diretoria da Associação Comercial de São Paulo, em que se apresentou uma chapa dissidente, composta exclusivamente de industriais, em oposição à chapa oficial, que continha somente comerciantes. Desse antagonismo, surgiu o Centro das Indústrias do Estado de São Paulo, rebatizado posteriormente como Federação das Indústrias do Estado de São Paulo, a conhecida Fiesp.
44. Warren Dean, *A industrialização de São Paulo*, op. cit., p. 35.

45. Warren Dean, *A industrialização de São Paulo*, op. cit., p. 178.
46. Id., ibid.
47. Id., ibid., p. 45.
48. Flávio Villaça, *Espaço intra-urbano no Brasil*, op. cit., p. 193.
49. Id., ibid.
50. Raquel Rolnik, *A cidade e a lei*, op. cit., p. 102.
51. Id., ibid., p. 129.
52. Id., ibid., p. 131.
53. Id., ibid., p. 147.

A GALERIA BRASILEIRA DE 1889 COMO ORIGEM DAS ARTES VISUAIS NA SEMANA DE ARTE MODERNA

FELIPE CHAIMOVICH

Sob iniciativa de Paulo Prado, sobrinho e herdeiro das qualidades aristocráticas e intelectuais do escritor Eduardo Prado, organizou-se uma semana de arte moderna brasileira.

OSWALD DE ANDRADE

As artes visuais foram proeminentes na Semana de Arte Moderna. Durante o evento, realizou-se uma exposição com catorze pintores, escultores e arquitetos, no Theatro Municipal de São Paulo: Alberto Martins Ribeiro, Anita Malfatti, Antônio Garcia Moya, Antônio Paim Vieira, Emiliano Di Cavalcanti, Ferrignac, Georg Przyrembel, John Graz, Hildegardo Leão Velloso, Vicente do Rego Monteiro, Victor Brecheret, Wilhelm Haarberg, Yan de Almeida Prado e Zina Aita.[1] A própria formação do núcleo inicial do grupo envolvido na Semana eclodiu com a mostra da pintora Anita Malfatti, em 1917, como ainda se recordava Mário de Andrade em 1942: "parece absurdo, mas aqueles quadros foram a revelação".[2]

A exposição *Fantoches da Meia-Noite*, de Di Cavalcanti, em novembro de 1921, também foi decisiva,[3] pois, ao visitá-la em São Paulo, Graça Aranha resolveu pedir ao pintor que o apresentasse a jovens literatos e artistas da cidade, donde nasceria a Semana inaugurada três meses depois, em fevereiro de 1922. "Graça Aranha tinha uma ligação de amizade com Paulo Prado, personalidade que nenhum de nós conhecia e muito menos sabíamos ser um erudito da história do Brasil", recorda-se Di Cavalcanti em suas memórias:

> Graça Aranha explicou quem era Paulo Prado e suas disposições em relação ao nosso movimento. Partindo para o Rio, Graça deu-me um cartão de apresentação a Prado e fui eu, do grupo modernista, o primeiro a conhecer aquela figura nobre e elegante de civilizado paulista educado pelo tio Eduardo Prado, por Eça de Queiroz, amigo de Claudel, homem que conheceu Oscar Wilde, dançarinas do tempo de Degas e o próprio Degas. Lá fui eu me encontrar com Paulo Prado na avenida Higienópolis e, da conversa com aquele grande homem que possuía um passado e uma vida intelectual e de boa vida parisiense, nasceu a ideia da Semana de Arte Moderna.[4]

Paulo Prado já era um partidário do grupo artístico de Di Cavalcanti antes mesmo de se conhecerem. Ele adquirira o quadro *A onda*, na mostra de Anita Malfatti de 1917, e, diferentemente dos compradores que haviam devolvido suas obras em reação a uma crítica depreciativa de Monteiro Lobato,[5] mantivera a tela, exibida em sua casa. Ademais, Paulo Prado foi o primeiro a trazer um quadro cubista ao Brasil, tela de Léger com dedicatória feita pelo pintor em Paris a "Monsieur Prado",[6] além de ter possuído obras de Brancusi, Braque, Gris, Lhote, Matisse, Modigliani e Picasso. Assim, o encontro entre Di Cavalcanti e Paulo Prado torna as artes visuais ainda mais relevantes para a gênese da Semana de Arte Moderna.

No início de 1922, Paulo Prado passa a garantir a sustentação social e econômica do evento. Além de conceber, junto com sua esposa Marinette Prado e com Di Cavalcanti, o formato de um festival com duração de uma semana, acolheu a ideia de Graça Aranha para a formação de um comitê organizador, em janeiro daquele ano, presidido por René Thiollier a pedido de ambos.[7] Paulo Prado controlava as despesas e conseguiu contribuições financeiras no âmbito familiar e no círculo de suas relações.[8] Ele também era o filho primogênito de Antônio e Catarina Prado, e fora seu pai quem fizera construir o Theatro Municipal durante a gestão como prefeito de São Paulo, entre 1899 e 1911. Antônio Prado já havia sido concessionário do Teatro São José, na mesma capital, entre 1875 e 1887,[9] e um dos locatários frequentes dessa casa de espetáculos era Alexandre Thiollier, pai de René Thiollier,[10] a quem foi cedido o Theatro Municipal para a realização da Semana de Arte Moderna, em alvará datado de 6 de fevereiro de 1922.

Naquele momento, Paulo Prado presidia a Casa Prado Chaves & Cia. havia 25 anos, sendo o segundo maior produtor de café de São Paulo, estado responsável por 90% do café do Brasil, país que provia 80% do café mundial;[11] a empresa exportava igualmente o produto, operando no mercado internacional desde sua fundação, em 1887. Paulo Prado também estava enfrentando uma polêmica pública sobre sua participação no convênio de 1917 entre a França e o Brasil. Em plena guerra mundial, ele negociara um acordo em nome do país com o embaixador francês Paul Claudel, enquanto era o representante de São Paulo na Comissão de Valorização do Café, entre 1913 e 1916: o Brasil permitiu que os franceses arrestassem duzentos navios alemães em seus portos, enquanto a França comprou 2 milhões de sacas de café estocadas em Santos.[12] Embora o convênio beneficiasse diversos produtores, toda a mercadoria deveria ser exportada pela Casa Prado Chaves, cujo faturamento em 1918 foi o maior de sua história.[13] Além de artigos na imprensa questionando o envolvimento de Paulo Prado nas negociações com a França, Epitácio Pessoa, ao assumir a presidência da República, declarou em 1919 que o convênio fora prejudicial ao Brasil sob pressão dos Estados Unidos, excluídos do acordo.[14]

Foi nesse contexto que, no mesmo ano de 1919, Paulo Prado e Paul Claudel organizaram uma mostra de arte francesa no Theatro Municipal de São Paulo, resultado colateral das negociações do convênio franco-brasileiro que elevava a transação entre ambos à esfera desinteressada das artes. São Paulo já abrigara três mostras de arte francesa desde 1912, tendo sido a maior delas inaugurada em 7 de setembro de 1913, no Liceu de Artes e Ofícios, com 255 artistas apenas na seção de belas-artes, dentre os quais Henri Rousseau, Maurice Denis e Rodin. A terceira mostra ocorreu no Theatro Municipal, em agosto de 1918,[15] seguida pelo evento promovido por Paulo Prado e Claudel em janeiro do ano seguinte, quando foram exibidos quadros dos impressionistas e esculturas de Bourdelle, Laurens e Rodin no saguão, e executadas peças de César Franck e Debussy na sala de espetáculo.[16] Três anos depois, ainda envolto na polêmica do convênio franco-brasileiro, Paulo Prado promoveria a Semana de Arte Moderna. Quando Di Cavalcanti chegou à avenida Higienópolis, em fins de 1921, ainda ressoavam as exclamações indignadas de seu anfitrião, publicadas num artigo de jornal no ano anterior: "de que me acusam? A quem lesei? Que abuso cometi?".[17]

A adesão imediata de Paulo Prado à iniciativa de um jovem pintor que via pela primeira vez e seu empenho pessoal na concretização da Semana de 22, inaugurada apenas três meses após o encontro inicial entre ambos, podem ser compreendidos a partir de uma história de promoção de exposições de arte como expressão de interesses familiares. Eduardo Prado, tio paterno e mentor de Paulo,[18] fora o primeiro a incluir uma galeria de quadros num evento conexo aos negócios da família: o Pavilhão do Brasil na Exposição Universal de Paris de 1889.

Eduardo foi o primeiro agente financeiro da família Prado[19] a residir permanentemente em Paris, viajando frequentemente a Londres a negócios.[20] Ele partira para uma viagem ao redor do mundo, em 1881, após se formar em direito, na Faculdade do Largo de São Francisco, tal como seu irmão mais velho Antônio. Com a abertura da Casa Prado Chaves, em 1886, os Prado passaram a competir com as casas exportadoras inglesas, devendo atuar como capitalistas internacionais. A família já negociava com o capital britânico desde 1868, quando se tornara controladora minoritária da Companhia Paulista de Vias Férreas e Fluviais, incorporando a estrada de ferro de Santos a Jundiaí, construída por uma companhia inglesa com capital brasileiro do barão de Mauá; em 1878, a Companhia Paulista contraiu um empréstimo de 150 mil libras na Inglaterra, quitado somente em 1898.[21] Porém, a nova posição internacional dos Prado na década de 1880 propiciava a permanência de Eduardo no epicentro do capitalismo globalizado: em 1888, ele negociou o primeiro empréstimo estrangeiro para a Província de São Paulo, no valor de 785500 libras, a 5% de juros, junto à firma londrina Cohen and Sons.[22] No mesmo ano, tornou-se o responsável pela construção do Pavilhão Brasileiro.

A participação do Brasil na Exposição Universal de 1889 foi obra de Antônio Prado. Ele foi o primeiro dos filhos de Martinho e Veridiana Prado a viajar para a Europa como parte da formação para gerir os negócios da família e exercer cargos políticos,[23] tendo visitado a Exposição Universal de Londres, em 1862, tal como registrou em cartas à família, analisando a indústria, o empreendedorismo e o progresso.[24] Duas décadas depois, como ministro dos Negócios da Agricultura, Comércio e Obras Públicas, Antônio Prado declarou no Senado imperial que o Brasil participaria da futura Exposição Universal de Paris, logo após o anúncio oficial do evento na França, em novembro de 1884. Entretanto, a escolha da data da mostra repeliu as monarquias europeias, que se recusaram a tomar parte numa celebração do centenário da Revolução Francesa; na Corte do Rio de Janeiro, não foi diferente.[25] Assim, quando Antônio Prado perdeu o cargo no governo, o Brasil cancelou sua participação em janeiro de 1888.[26] Contudo, dois meses depois, Antônio Prado foi convidado para o posto de ministro dos Estrangeiros, equacionando as tensões ao conceber uma participação gerida pela iniciativa privada, por intermédio de um Comitê Franco-Brasileiro, criado ainda em março daquele ano: embora viesse a operar com verba pública e contasse com o apoio da família imperial, a representação estaria a cargo de particulares, definindo uma presença apenas semioficial do país.[27] O Brasil, então, retrocedeu e reconfirmou seu lugar em Paris. O controle de Antônio sobre a execução do projeto seria garantido pela nomeação de seu irmão Eduardo como Comissário Geral Adjunto do Comitê Franco-Brasileiro e Presidente do Comitê de Construção do Pavilhão.

Naquele março de 1888, Antônio Prado começara também a redigir o projeto da lei sobre o fim da escravidão no Brasil, promulgada pela princesa Isabel dois meses depois, sendo ele o grande aliado do presidente do Conselho de Ministros, João Alfredo Correia de Oliveira, na causa abolicionista. Antônio Prado fora inicialmente um opositor da abolição: tendo se tornado proprietário da fazenda Santa Veridiana em 1868, declarara aos escravizados sua intenção de ser "bom senhor", esperando em troca "que eles fossem bons escravos".[28] Os Prado exerceram o poder de proprietários rurais de escravos desde que Martinho e Veridiana adquiriram a Campo Alto, sua primeira fazenda, em 1839. Em 1871, Antônio Prado votou contra a Lei do Ventre Livre, quando era deputado geral. Em 1882, Martinico pediu o relaxamento da proibição paulista do comércio interprovincial de escravos, visando à exploração de suas terras na região de Ribeirão Preto. Contudo, a partir do início da década de 1870, a família começa a participar de iniciativas promotoras da imigração, transitando para uma posição favorável à abolição, desde que ocorresse somente após o estabelecimento de uma nova fonte segura de mão de obra. Assim, em 1871, Antônio tornou-se vice-presidente da Associação Auxiliadora de Colonização e Imigração, e seu pai Martinho Prado trouxe o primeiro grupo de dez famílias de imigrantes brancos europeus para suas fazendas. Nos anos seguintes, Antônio Prado passa a planejar uma política para a imigração de mão de obra europeia livre como solução econômica para a substituição dos escravizados, por considerar a troca mais produtiva.[29] Em 1886, seu irmão Martinico, junto com outros fazendeiros paulistas, toma a iniciativa de fundar uma companhia para promover a imigração em massa, aproveitando-se da política europeia de incentivo ao êxodo de trabalhadores rurais e urbanos que enfrentavam o desemprego no continente e ameaçavam as classes dominantes por meio de greves e rebeliões.[30] A Sociedade Promotora da Imigração é fundada em junho de 1886, com a participação de Antônio e de Paulo Prado, sendo Martinico eleito seu primeiro presidente e viajando em seguida à Itália para organizar o recrutamento de trabalhadores. A promoção da imigração de europeus para o Brasil torna-se parte dos negócios da família Prado: embora a Sociedade Promotora não tivesse fins lucrativos, todas as transações financeiras eram realizadas por intermédio da casa bancária do patriarca Martinho.[31] Foi somente então, no início de 1887, que Antônio Prado se tornou um abolicionista declarado.

O ponto de vista econômico utilitarista passa a caracterizar as posições da família Prado sobre a escravidão, permanecendo após a abolição. Em 1889, Eduardo responsabiliza os colonizadores portugueses pela vinda para o Brasil, sob forma escrava, de negros da África, assim como pela captura e escravização de índios. Em seu texto "Imigração", o principal argumento de Eduardo contra a escravidão é moral, mas revela o interesse econômico de base: a escravidão desonra o trabalho, afastando o imigrante europeu livre. A abolição teria sido concebida por Dom João VI, mas tivera que esperar a ação decisória dos paulistas:

> podemos dizer que a questão da escravidão no Brasil foi resolvida na província de São Paulo. Sem a imigração branca e sem um grande número de trabalhadores europeus que valorizavam as terras, a abolição não poderia ter se realizado em 1888 da maneira admirável pela qual é aplaudida, num acordo bem raro em tais matérias, por todos os espíritos práticos e corações generosos.[32]

Paulo Prado, durante a ascensão do nazismo, não deixaria de explicitar a ambiguidade da posição utilitarista defendida por sua família perante a escravização da população negra e suas consequências do ponto de vista da teoria racial do período:

> e o sul [...], no fundo, é São Paulo. Na luta pela existência [...], a diferente dosagem étnica (permitindo uma mais rápida arianização, diria um hitleriano), [...] a intensa imigração que sucedeu à substituição previdente do trabalho escravo — todo o complexo racial, telúrico e histórico — explicam de sobejo a situação privilegiada das populações paulistas.[33]

Por outro lado, Paulo Prado identificava, em personagens negros e mestiços da guerra contra os holandeses, o nascimento da nacionalidade brasileira:

> na colônia do Brasil, a guerra holandesa — primeira das manifestações de nossa incipiente nacionalidade — foi a prova da incapacidade portuguesa, dirigida pela retórica teatral de Antônio Vieira, diplomata [...] que apregoava o abandono de Pernambuco ao holandês [...] ao contrário do que predizia [...] Vieira, os negros de Henrique Dias, os mazombos de Vidal Negreiros, os caboclos de Camarão, e toda a turba heteróclita dos nacionalistas inconscientes da colônia, deram ao grande jesuíta o desmentido que a sua visão de diplomata europeu não imaginara.[34]

Com a característica posição utilitarista da família sobre o tema da escravidão, Antônio Prado sabia ser premente anunciar à Europa o fim do regime escravocrata assim que o fato se consumou. Na segunda metade do século XIX, os países colonialistas europeus tinham ressalvas à emigração para o Brasil, devido à subsistência do trabalho escravo no país. O governo já havia reconhecido o problema causado a sua imagem internacional nos textos oficiais produzidos para as Exposições Universais de 1867, em Paris, e de 1873, em Viena, indicando que a escravidão viria a desaparecer, embora não se comprometesse a estabelecer um término concreto.[35] A abolição de maio de 1888 foi um ponto de mudança para a política imigratória brasileira, que deveria ser acelerada para substituir a mão de obra da população negra liberta por um contingente massivo de europeus brancos, como defendia o ministro dos Estrangeiros Antônio Prado. Nessas circunstâncias, decidiu-se qual seria o foco da representação brasileira em Paris: promover a emigração de europeus e divulgar a recente abolição no país.

O pintor negro Estêvão Silva foi o artista em destaque na galeria do Pavilhão do Brasil de 1889. Desde a primeira Exposição Universal, em 1851, as belas-artes eram uma das categorias de produtos exibidos.[36] A partir da Exposição de Filadélfia, em 1876, os países participantes passaram a construir seus próprios edifícios para acomodar a pluralidade de objetos à mostra. Assim, o projeto do Pavilhão Brasileiro da Exposição Universal de Paris acomodava no térreo uma galeria de belas-artes, cujas obras foram selecionadas a partir de uma Exposição Preparatória no Rio de Janeiro, a cargo do Comitê Franco-Brasileiro, ocorrida no Cassino Fluminense e inaugurada pelo imperador em 1888.[37] Estêvão Silva foi um dos participantes selecionados, tendo sido diplomado na Exposição Preparatória por "quadros de frutas". Porém, nada antecipava o destaque obtido na galeria brasileira de Paris: dentre os catorze artistas participantes, Estêvão Silva apresentava 26 quadros a óleo; seguido por Abigail de Andrade, com seis; e Aurélio de Figueiredo, com cinco; enquanto os demais expunham de uma a três obras apenas.[38] Estêvão Silva foi um escravo liberto, ou filho de escravos, como indica o termo "africano" em seu documento de inscrição na Academia Imperial de Belas-Artes do Rio de Janeiro, cujas aulas passa a frequentar em 1863.[39] Sua posição social era comum entre os alunos da instituição, pois a pintura e a escultura eram identificadas às artes mecânicas no Brasil, atraindo para a Academia os filhos de artesãos ou de pequenos comerciantes, ex-escravizados e filhos de escravizados[40] que assim poderiam profissionalizar-se.

Por outro lado, Estêvão Silva representava o artista que se torna independente da instituição oficial, embora dela se beneficie, sobrevivendo do nascente mercado de arte do Rio de Janeiro. Em 1879, ainda como aluno da Academia, ele recusou publicamente um prêmio diante do monarca, como se recordava seu colega Antônio Parreiras:

> depois do agradecimento do Diretor ao Imperador pela sua presença, começava a chamada dos alunos que iam ser premiados. Estávamos convencidos de que o primeiro prêmio seria conferido a Estêvão Silva. Mas foi outro o distinguido pela Congregação. Estevão ficou como aniquilado. [...] íamos nos revoltar. Silêncio! Eu sei o que fazer. [...] Finalmente, o

> nome de Estêvão Silva ecoou pela sala. Calmo, passou entre nós. A passos lentos atravessou o salão. Aproximou-se do estrado onde estava o Imperador. Depois, belo — oh! Muito belo — aquele negro ergueu arrogantemente sua cabeça, e forte gritou: Recuso![41]

Como consequência, o aluno foi punido com suspensão de um ano da Academia, em 1880.[42] Seu caráter levou-o a se desentender em seguida com um comendador que lhe encomendara um retrato. Nessa época, Estêvão Silva pintava também naturezas-mortas, gênero que aprendera na Academia com o professor Agostinho da Motta e pelo qual aparentemente já era reconhecido, pois, ao expor o retrato do comendador na Casa Moncada, na rua do Ouvidor, ouviu dos colegas que o nariz do modelo parecia um caju: "Que novidade! Pois eu não sou um pintor de frutas?". Mas o retratado estava também no estabelecimento, ouviu a conversa e cancelou o pagamento pelo trabalho feito, dizendo: "não fico com o retrato. Minha cara não é tabuleiro de frutas". "No dia seguinte", continua Parreiras,

> lá estava na Moncada outro retrato. A loja estava cheia. Todos riam. Estêvão tinha acrescentado na testa do Comendador dois chifres e, saindo por baixo da cadeira, um grande rabo. Num pedaço de papel, lia-se: "Retrato do Diabo". Foi o artista chamado à polícia.[43]

O entrevero com o comendador custou-lhe o fim das encomendas de retratos,[44] levando Estêvão Silva a ter de sobreviver da menos rentável[45] pintura de naturezas-mortas a partir de 1882. Porém, com sua habilidade no gênero, foi premiado, na Exposição Geral da Academia de 1884, por um conjunto de catorze quadros de frutas. A premiação foi seguida de duas exposições individuais em lojas particulares, na Corte: em 1885, expõe "dois estudos de frutas do país" na Casa Moncada e, em 1887, pratos de frutas na Casa Vieitas.[46]

Estêvão Silva vai se consagrando como pintor de frutas brasileiras [imagem n. 1], tema muito mais presente em suas obras de maturidade do que nos quadros de seu mestre Agostinho da Motta, cujas naturezas-mortas mais frequentemente incluíam as caras frutas europeias como sinal de riqueza dos clientes.[47] Em 1888, o crítico Gonzaga-Duque compara Estêvão Silva com o modelo grego para construir um elogio à presença de "nossa natureza" em suas naturezas-mortas:

> conta-se que Zêuxis [...] pintou um cacho de uvas tão perfeito que os pássaros vieram debicá-lo, iludidos pela frescura, cor e forma dos preciosos bagos. Será possível que a imaginação dos pósteros, talvez menos pitoresca que a dos gregos, venha a procurar forma condigna para caracterizar a maestria com que Estêvão Silva pinta os frutos dessa nossa natureza tropical.[48]

São esses os quadros majoritariamente levados a Paris, no ano seguinte: cambucás, bananas, araçás, cajus, jambos rosados, carambolas, pitangas, frutas-do-conde, mamões, sapotis, mangas, abacaxis e melancias, completados por um conjunto menor de frutas europeias como romãs, laranjas, limões, uvas, melões e morangos.

O predomínio da natureza-morta na representação brasileira de 1889 contrastava com o partido tomado nas Exposições Universais anteriores. Na década de 1870, o Brasil se fizera representar privilegiando o gênero da pintura histórica. Na Exposição de Viena, em 1873, foram levados *Batalha de Campo Grande*, de Pedro Américo, e uma batalha naval de Eduardo de Martino, além da tela alegórica *A carioca*, também de Pedro Américo; devido à exiguidade das peças enviadas, o Brasil não foi acolhido na principal galeria de arte da mostra, tendo as duas telas de Pedro Américo sido expostas na seção da Bélgica, e a de Martino, na da Espanha.[49] Ambos os quadros históricos em Viena figuravam eventos da Guerra do Paraguai, partido retomado na Exposição de Filadélfia, em 1876: entre as dez pinturas levadas aos Estados Unidos, estavam a *Batalha naval de Riachuelo* e a *Passagem de Humaitá*, de Victor Meirelles, além do *Passo da Pátria* e da *Defesa da Ilha da Cabrita*, de Pedro Américo. Ainda no gênero histórico, foi exibida *A primeira missa no Brasil*, de Victor Meirelles; completavam o conjunto exposto um retrato do imperador, por Henschel, dois temas católicos — *Caridade* e *Vista da Catedral de São Pedro de Roma* — atribuídos à Academia, uma paisagem de Montevidéu, por Martino, e um pôr do sol, pelo conde d'Eu, cinco esculturas de gesso, aquarelas com vistas do Brasil, por Insley Pacheco, e miniaturas.[50]

Na Exposição de 1889, contudo, o gênero histórico foi minoritário entre pinturas e desenhos, representado apenas por uma *Abolição*, óleo sobre tela de Daniel Bérard, e uma *Proclamação da Independência do Brasil*, estudo de Pedro Américo para quadro. Ainda assim, o restrito conjunto de história é eloquente ao tratar de um feito inaugural da nacionalidade ocorrido em São Paulo e do recente fim da escravidão a ser propagandeado por iniciativa dos Prado. Como tema católico, havia um *Cristo na tumba*, mais seis retratos, sete cenas de gênero, três tipos brasileiros — caipira, cabocla e negra — e quinze paisagens, sendo seis do Rio de Janeiro, entre Corte e Província, uma do Maranhão e uma de Pernambuco. A natureza-morta foi, contudo, o gênero em evidente destaque na galeria de belas-artes do Pavilhão Brasileiro, com as 26 telas de Estêvão Silva somadas ainda a uma de Aurélio de Figueiredo. A ênfase nos frutos brasileiros ornava o produto comercial em destaque no pavilhão como um todo e no próprio centro da galeria em particular: o café. Os quadros foram dispostos ao redor de amostras do principal produto de exportação do Brasil, arrumadas em recipientes de vidro.[51] Assim, os produtos da natureza brasileira eram mostrados de modo elevado como tema de belas-artes, evitando-se uma indesejada percepção internacional do país como exótico, resultado diagnosticado como negativo após a participação do Brasil em Filadélfia.[52]

O destaque de Estêvão Silva na galeria brasileira pode ser interpretado à luz das críticas de Eduardo Prado ao ensino acadêmico do país. Além de ser jurado único da categoria de "aplicação usual das artes do desenho" no júri internacional de recompensas do Império do Brasil na mostra de Paris, ele também escreveu o capítulo sobre arte na principal publicação brasileira para a Exposição de 1889. Embora Eduardo Prado mencione Estêvão Silva apenas como um dos "jovens artistas de mérito"[53] do país, ele se opõe abertamente à situação da Academia Imperial de Belas-Artes, contra a qual o pintor se rebelara no final da década de 1870. "Conta-se [no Brasil] com a Academia de Belas-Artes fundada pelo rei João VI com a missão francesa de que falamos. Esse estabelecimento não deu grandes resultados. Presentemente se encontra quase desorganizado."[54] A posição de Eduardo Prado segue uma linha construída pela crítica de arte carioca, na década de 1880.

Tal reação da crítica contra o ensino da Academia teve início em 1879, quando a mostra *Coleção de Quadros Nacionais Formando a Escola Brasileira*, por ocasião da Exposição Geral, então realizada anualmente, explicitou o apreço da instituição ao tema da identidade da arte nacional.[55] Angelo Agostini foi o primeiro crítico a questionar o sentido de brasilidade nos quadros ali reunidos, concluindo a respeito da Academia: "é necessária, indispensável uma reforma completa, uma substituição do pessoal docente", sem a qual "o ensino acadêmico será forçosamente nocivo, corruptor, fatal às artes".[56] Em 1888, Gonzaga-Duque acompanha Agostini na crítica ao ensino acadêmico como empecilho a uma arte do país: "se a nossa arte não tem uma estética nem no seu ensinamento existem tradições, como admitir a existência de uma *Escola Brasileira*?".[57] A posição de Eduardo, embora igualmente crítica, preserva, entretanto, a origem monárquica da Academia por meio do elogio ao projeto pedagógico de Dom João VI.[58] Nesse sentido, reafirma-se a lealdade da família Prado às instituições joaninas, tal como o Banco do Brasil, do qual o barão de Iguape, avô do autor, se tornara acionista e diretor em São Paulo, em 1850.[59] Por outro lado, Eduardo mantinha a independência crítica que marcava a aliança dos Prado com a casa reinante desde a década de 1820.[60]

Eduardo Prado propõe, então, uma nova política nacional para a educação artística no Brasil, que corrigisse o equivocado sistema de bolsas de estudo para a Europa, concedidas pelo imperador desde 1845: "chegou-se a criar, com esse sistema [de bolsas], um movimento artístico estéril, pois não é enviando para a Europa crianças mais ou menos prodigiosas ou gênios mais ou menos incompreendidos que se chegará a encorajar a arte brasileira".[61] A solução para formar a arte nacional estaria em importar professores, ao invés de exportar talentos locais:

> parece que o governo esqueceu repetidas vezes essa verdade no Brasil: é materialmente impossível que essa educação estética nacional se faça por ela mesma, sem o concurso do estrangeiro. [...] Precisamos apenas de professores, e seria preciso buscá-los nos países onde se os encontra.[62]

Tal política seria sustentada por uma aliança entre o setor público e o privado: "se o governo toma em mãos essa causa nacional, se os particulares a protegem, o porvir artístico do Brasil poderá ser brilhante".[63]

Duas semanas após o encerramento da Exposição Universal de Paris, a proclamação da República mudaria repentinamente a posição política dos Prado no Brasil, afastando-os do centro do poder.[64] A proximidade da família à casa reinante começara na época da chegada dos Bragança ao Rio de Janeiro, quando o futuro barão de Iguape se mudou para a cidade de São Paulo, ao herdar uma casa do sogro, na rua São Bento, tornando-se comerciante e coletor de impostos para a Coroa, sargento de milícias da cidade, em 1819, e vereador, até 1822.[65] Era ele quem hospedava Dom Pedro em setembro de 1822, por ocasião da Independência do Brasil. Foi nomeado Cavalheiro da Ordem Real de Cristo, em 1826, tendo as portas da Corte carioca abertas diante de si. Sua defesa da monarquia durante uma revolta em São Paulo, em 1842, levou à concessão do título de barão de Iguape, em 1848. Os batismos e casamentos da família eram oficiados no Rio de Janeiro, onde os netos do barão iam estudar, no Colégio Pedro II, antes de ingressar na Faculdade de Direito de São Paulo. Havia, contudo, dissidências na família, como Martinico Prado, republicano declarado até 1890. Porém, a instauração do novo regime militar após a queda da monarquia foi unanimemente repudiada pelos Prado, e Eduardo liderou a reação desde os primeiros instantes. Escreve ele em 30 de novembro de 1889:

> Há dez dias que o cabo submarino tem transmitido da América do Sul para a Europa, na concisão do estilo telegráfico, notícias surpreendentes, que chamam para aquela parte do mundo a atenção de todos, mesmo dos que, em tempos ordinários, jamais pensam no que vai pelo Ocidente, ao sul do Equador.[66]

Eduardo Prado inicia, assim, uma série de seis artigos contra o novo regime, publicados em Lisboa, por intermédio do amigo Eça de Queiroz,[67] a partir de dezembro de 1889. Sua posição é clara, como se vê neste texto de janeiro de 1890:

no Brasil, a questão hoje não está já posta entre a República e a Monarquia. A luta é entre liberdade e tirania. A luta vai ser entre o exército estragado pelos jornalistas ambiciosos, pelos professores pedantes, entre esse exército político, servido por seus escribas e que não quererá largar a rendosa tirania, e a sociedade civil que terá de reagir ou de se aniquilar.[68]

Em maio, Paulo Prado chega a Paris, para morar com o tio Eduardo, apenas nove anos mais velho. Seguia a dinâmica familiar da viagem de formação pela Europa após se graduar em direito, em São Paulo, na última turma do período monárquico. É do apartamento parisiense de Eduardo que Paulo começa a acompanhar o afastamento de seu pai e dos tios em relação à vida política nacional brasileira, embora os negócios privados continuassem a prosperar e Antônio Prado viesse a ser prefeito de São Paulo no final daquela década. O período de convívio entre tio e sobrinho marcaria a vida de Paulo, que passou a escrever a convite de Eduardo, iniciando como correspondente europeu do *Jornal do Commercio* de São Paulo, de propriedade dos Prado, em 1892. Foi também nesse período que o anfitrião semeou em seu hóspede o hábito do estudo da história brasileira,[69] tal como aprendera com o amigo José Paranhos, barão do Rio Branco.

A reação dos Prado à República federativa levou Paulo a desenvolver uma trajetória de ensaios históricos que viriam a conceituar uma São Paulo isolada do resto do Brasil. Essa mudança de eixo de poder familiar passa pelo apoio à criação do Instituto Histórico e Geográfico de São Paulo, fundado em 1894: além de Paulo e Eduardo, associam-se Antônio, Martinico e sua mãe Veridiana, e a instituição passa a defender a tese de que "a história de São Paulo é a própria história do Brasil".[70] Em benefício dessa posição, o *Jornal do Commercio* de São Paulo publica um texto fundamental para as novas pretensões historiográficas paulistas: o artigo "Caminhos antigos e povoamentos do Brasil", de Capistrano de Abreu, em 1899. Apresentado ao sobrinho pelo tio Eduardo, Capistrano de Abreu passa a orientar Paulo Prado na redação de seu primeiro ensaio de história: "O caminho do mar", iniciado em 1920 e publicado dois anos depois.[71]

No início de 1922, contudo, o isolamento político dos Prado se agrava, pois Antônio rompe com o governador paulista Washington

Luís, perante divergências na política imigratória de italianos para o Brasil,[72] enquanto Paulo é atacado pelo presidente da República. Era o momento do contra-ataque: um festival de arte moderna para semear um novo projeto para a cultura de São Paulo, reagindo contra a arte oficial do Rio de Janeiro. Contudo, entre a mostra da galeria brasileira da Exposição Universal de 1889 e a Semana de Arte Moderna, a restrição do eixo de poder familiar a São Paulo alterou o sentido do projeto dos Prado para a arte brasileira. Tal mudança é visível no confronto entre as posições de Eduardo e Paulo sobre Rodolpho Bernardelli: para o tio, "o jovem escultor tem as qualidades de um grandíssimo artista, cuja potência de criação e de execução são admiráveis";[73] para o sobrinho,

> ficamos [...] nas estátuas de Bernardelli, que faz parte, há mais de trinta anos, de uma oligarquia artística, tão deprimente e vergonhosa, numa terra livre como a dos tiranetes da política. [...] basta uma visita ao *Salon* anual do Rio para se ter uma ideia da nossa pobreza artística.[74]

Para Eduardo, até novembro de 1889, ainda cabia uma reforma da Academia Imperial, mas, para Paulo, a arte oficial do Rio de Janeiro compactuava com a tirania lá instalada a partir da proclamação da República, cabendo somente a ruptura. Assim, Paulo chama a Semana de Arte Moderna de "anárquica", em carta a René Thiollier, de março de 1922:

> é o desenvolvimento da tese que eu, se fosse escritor e jornalista, escreveria [...] com esse título — A Arte Moderna e Niilismo... Isto É Reação — reação contra as oligarquias artísticas e políticas, contra o mau gosto e a má política, contra os Pachecos e os Bernardes...

Portanto, o objetivo da Semana de 22, para Paulo Prado, só é nacional por oposição à arte oficial carioca, mas seu público é o paulista: "e não veja a Arte Moderna na insuficiência dos nossos recursos de cidade e província, mas sinta, como nós todos sentimos, o sopro vivificador que há nessas tentativas modestas de renovação e liberdade".[75]

O papel seminal da Semana de Arte Moderna para Paulo indica, contudo, a continuidade na busca dos Prado por uma arte brasileira como superação de um presente estéril, nas palavras de Eduardo. Tal sentido se mostra nas ações subsequentes que dariam diretrizes para o desenvolvimento do grupo de 1922. No mesmo ano da Semana, Paulo Prado passa a integrar o corpo editorial da revista *Klaxon*, defendendo uma linha internacional para a publicação e até mesmo projetando uma revista ainda mais conectada com o estrangeiro: *Knock Out*.[76] Por outro lado, seu engajamento com o estudo da história brasileira foi decisivo para a guinada nacional dos modernistas, que passam a frequentar sua casa com regularidade, como se recordava Mário de Andrade:

> Havia o salão da avenida Higienópolis que era o mais selecionado. Tinha por pretexto o almoço dominical, maravilha da comida luso-brasileira. Ainda aí a conversa era estritamente intelectual, mas variava mais e se alargava. Paulo Prado com seu pessimismo fecundo e seu realismo, convertia sempre o assunto das livres elocubrações artísticas aos problemas da realidade brasileira.[77]

Paulo Prado foi o anfitrião do poeta suíço-francês Blaise Cendrars no Brasil, além de ter custeado sua vinda em 1924. Como parte das atividades para o convidado, Mário de Andrade organiza uma viagem por Minas Gerais, durante a Semana Santa, cujo resultado marcaria uma inflexão no movimento modernista com a "descoberta do Brasil".[78] Para Paulo, a virada nacionalista daquele ano seria o correlato cultural da Inconfidência Mineira e da Revolta da Armada, fundando um projeto revolucionário de brasilidade:

> A mais bela inspiração, e a mais fecunda, encontra a poesia "pau-brasil" na afirmação desse nacionalismo que deve romper com os laços que nos amarram desde o nascimento à velha Europa, decadente e esgotada. Em nossa história já uma vez surgiu esse sentimento agressivo, nos tempos turbados da revolução de [18]93, quando o "pau-brasil" era o jacobinismo dos Tiradentes de Floriano. Sejamos agora de novo, no cumprimento de uma missão étnica e protetora, jacobinamente brasileiros. Libertemo-nos das velhas civilizações em decadência.[79]

Assim, entre 1889 e 1922, permanecem os valores da reação contra o ensino acadêmico oficial, da proeminência da individualidade artística que se opõe ao sistema dominante e do incentivo à vinda de ensinamentos europeus que fundassem uma escola no Brasil.[80]

NOTAS

1. Ver Aracy Amaral, *Artes plásticas na Semana de 22*. 5. ed. São Paulo: Ed. 34, 1998, pp. 243-61.
2. Mário de Andrade, *O movimento modernista*. Rio de Janeiro: Casa do Estudante do Brasil, 1942, p. 17.
3. Cf. Aracy Amaral, *Artes plásticas na Semana de 22*, op. cit., p. 127.
4. Apud Aracy Amaral, *Artes plásticas na Semana de 22*, op. cit., p. 128.
5. Cf. Paulo Mendes de Almeida, *De Anita ao Museu*. São Paulo: Perspectiva, 1976, p. 12.
6. Sérgio Miceli, *Nacional estrangeiro: História social e cultural do modernismo artístico em São Paulo*. São Paulo: Companhia das Letras, 2003, pp. 9-13.
7. Cf. Carlos Eduardo Berriel, *Tietê, Tejo, Sena: A obra de Paulo Prado*. Campinas: Ed. da Unicamp, 2013, pp. 114-5.
8. Cf. Thais Waldman, *Moderno bandeirante: Paulo Prado entre espaços e tradições*. São Paulo: FFLCH-USP, 2010, p. 170. Dissertação (Mestrado em Antropologia Social). Disponível em: <https://teses.usp.br/teses/disponiveis/8/8134/tde-11122009-100211/publico/2010_ThaisChangWaldman_VCorr.pdf>. Acesso em: abr. 2021.
9. Ver Antônio Amaral, *História dos velhos teatros de São Paulo: Da Casa da Oferta à inauguração do Theatro Municipal*. São Paulo: Governo do Estado, 1979; Ayala Levy, "Stages of a State: From São Paulo's Teatro São José to the Theatro Municipal, 1854-1911". *International Planning History Society Proceedings*, v. 15, n. 1, 2012. Disponível em: <http://www.usp.br/fau/iphs/abstractsAndPapersFiles/LEVY.PDF>. Acesso em: abr. 2021.
10. Cf. Alexandre Thiollier, "René Thiollier, meu pai". *Revista da Academia Paulista de Letras*, n. 114, 2001. Disponível em: <https://migalhas.uol.com.br/quentes/59894/amoroso-artigo-de-alexandre-thiollier-sobre-o-seu-pai-rene-thiollier>. Acesso em: abr. 2021.
11. Cf. Carlos Eduardo Berriel, *Tietê, Tejo, Sena: A obra de Paulo Prado*, op. cit., p. 77.
12. Cf. Carlos Augusto Calil, "Um brasileiro de São Paulo". In: Paulo Prado, *Paulística etc*. Org. de Carlos Augusto Calil. São Paulo: Companhia das Letras, 2004, pp. 36-7.
13. Cf. Darrel E. Levi, *A família Prado*. São Paulo: Cultura 70, 1977, p. 257.
14. Cf. Carlos Augusto Calil, "Um brasileiro de São Paulo", op. cit., pp. 36-7.
15. Cf. Mirian Rossi, "Circulação e mediação da obra de arte na *Belle Époque* paulistana". In: *Anais do Museu Paulista*, v. 6/7, pp. 98-9; 111-2, 1998/99-2003. Disponível em: <https://www.scielo.br/pdf/anaismp/v6-7n1/05.pdf>. Acesso em: abr. 2021.
16. Cf. Carlos Eduardo Berriel, *Tietê, Tejo, Sena: A obra de Paulo Prado*, op. cit., pp. 94-5.

17. Paulo Prado, "O convênio franco-brasileiro". In: *Paulística etc.*, op. cit., p. 333.
18. Cf. J. F. Almeida Prado, "Paulo Prado e a época de sua formação". In: José Villela (Org.), *Sociologia e História: 4 precursores brasileiros, 3 filósofos da história*. São Paulo: Sesc; Senac; Instituto de Sociologia e Política, 1956, p. 100.
19. A família Prado é aqui considerada como o ramo que une as gerações do barão e da baronesa de Iguape; de Martinho e Veridiana Prado; de seus filhos Antônio, Martinico e Eduardo; e do primogênito de Antônio e Catarina Prado, Paulo. Ver Darrel E. Levi, *A família Prado*, op. cit., pp. 38-9.
20. Cf. Darrel E. Levi, *A família Prado*, op. cit., p. 184; Ulisses Lampazzi, *Em busca do império: A trajetória intelectual e política de Eduardo Prado*. Franca: Unesp, 2012, p. 79. Dissertação (Mestrado em História). Disponível em: <https://repositorio.unesp.br/bitstream/handle/11449/93205/lampazzi_up_me_fran.pdf?sequence=1&isAllowed=y>. Acesso em: abr. 2021.
21. Cf. Carlos Eduardo Berriel, *Tietê, Tejo, Sena: A obra de Paulo Prado*, op. cit., p. 80.
22. Cf. Darrel E. Levi, *A família Prado*, op. cit., p. 184.
23. Cf. Ulisses Lampazzi, *Em busca do império*, op. cit., pp. 33-4.
24. Cf. Darrel E. Levi, *A família Prado*, op. cit., pp. 140-1.
25. Cf. Lilia Schwarcz, *As barbas do imperador*. São Paulo: Companhia das Letras, 1998, p. 403.
26. Cf. "L'Empire du Brésil à l'Exposition Universelle de 1889". In: M. de Santa-Anna Nery (Ed.), *Le Brésil en 1889*. Disponível em: <http://www2.senado.leg.br/bdsf/handle/id/518666>. Acesso em: abr. 2021.
27. Cf. Gabriela Ferreira et al., "'O Brasil em 1889': Um país para consumo externo". *Lua Nova*, São Paulo: Cedec, n. 81, p. 85, 2010. Disponível em: <https://www.scielo.br/pdf/ln/n81/a05n81.pdf>. Acesso em: abr. 2021.
28. Cf. Darrel E. Levi, *A família Prado*, op. cit., pp. 163-4.
29. Cf. id., ibid., p. 170.
30. Cf. Eric Hobsbawn, *A era do capital: 1848-1875*. Rio de Janeiro: Paz e Terra, 1997, pp. 279-80; *A era dos impérios: 1875-1914*. 7. ed. Rio de Janeiro: Paz e Terra, 2002, p. 59.
31. Cf. Tabita Tiede Lopes, "A família Prado em São Paulo: Imigração e branqueamento em fins do século XIX". In: Adriana Campos et al. (Orgs.), *Anais do Seminário Internacional Brasil no Século XIX*. Disponível em: <https://www.seo.org.br/images/Anais/Arthur/Tabita%20Tiede%20Lopes.pdf>. Acesso em: abr. 2021.
32. Eduardo Prado, "Immigration". In: Frederico José Santa-Anna Nery (Ed.), *Le Brésil en 1889*. Paris: Charles Delagrave, 1889, p. 491. Disponível em: <https://www2.senado.leg.br/bdsf/handle/id/518666>. Acesso em: abr. 2021.
33. Paulo Prado, "Prefácio à 2ª edição". In: *Paulística etc.*, op. cit., p. 52.
34. Id., "O Caminho do Mar". In: *Paulística etc.*, op. cit., p. 73.
35. Cf. Gabriela Ferreira et al., "'O Brasil em 1889': Um país para consumo externo", op. cit., pp. 82-3.

36. Cf. Lilia Schwarcz, *As barbas do imperador*, op. cit., p. 388.
37. Cf. "L'Empire du Brésil à l'Exposition Universelle de 1889", op. cit.
38. Ver *Exposition Universelle de Paris 1889. Empire du Brésil. Catalogue Officiel*. Paris: Chaix, 1889, pp. 17-20. Disponível em: <https://gallica.bnf.fr/ark:/12148/bpt6k1173271l/f22.item>. Acesso em: abr. 2021.
39. Cf. Alexandre Pessôa, *Estêvão Silva e a pintura de naturezas-mortas no Brasil do século XIX*. Rio de Janeiro: UFRJ, 2002, p. 90. Dissertação (Mestrado em História e Teoria da Arte). Disponível em: <https://pantheon.ufrj.br/bitstream/11422/5161/1/612585.pdf>. Acesso em: abr. 2021.
40. Cf. José Carlos Durand, *Arte, privilégio e distinção: Artes plásticas, arquitetura e classe dirigente no Brasil, 1855-1985*. São Paulo: Perspectiva, 2009, p. 6.
41. Antônio Parreiras, *História de um pintor contada por ele mesmo: Brasil — França, 1881-1936*. 3. ed. Niterói: Niterói Livros, 1999, pp. 9-10.
42. Cf. Alexandre Pessôa, *Estêvão Silva e a pintura de naturezas-mortas no Brasil do século XIX*, op. cit., p. 104.
43. Cf. Antônio Parreiras, *História de um pintor contada por ele mesmo*, op. cit., pp. 48-9.
44. Cf. Alexandre Pessôa, *Estêvão Silva e a pintura de naturezas-mortas no Brasil do século XIX*, op. cit., pp. 109-10.
45. Cf. José Carlos Durand, *Arte, privilégio e distinção*, op. cit., p. 37.
46. Cf. Alexandre Pessôa, *Estêvão Silva e a pintura de naturezas-mortas no Brasil do século XIX*, op. cit., p. 102.
47. Id., ibid., pp. 114-8.
48. Luiz Gonzaga-Duque Estrada, *A arte brasileira*. Campinas: Mercado de Letras, 1995, pp. 218-9.
49. Cf. Sven Schuster, "'The Pursuit of Human Perfection': Brazil at the Vienna Universal Exhibition of 1873". *Historia Crítica*, Bogotá, n. 55, p. 53, 2015. Disponível em: <http://www.scielo.org.co/pdf/rhc/n55/n55a04.pdf>. Acesso em: abr. 2021.
50. Comissão Brasileira na Exposição de Philadelphia, *Catalogue of the Brazilian Section. Philadelphia International Exhibition, 1876*. Filadélfia: Hallowell & Co., 1876, pp. 50-1. Disponível em: <https://quod.lib.umich.edu/m/moa/abl5941.0001.001/51?page=root;size=100;view=image>. Acesso em: abr. 2021.
51. Ver Heloisa Barbuy, "O Brasil vai a Paris em 1889: Um lugar na Exposição Universal". In: *Anais do Museu Paulista*, v. 4, 1996, p. 222. Disponível em: <https://www.scielo.br/pdf/anaismp/v4n1/a17v4n1.pdf>. Acesso em: abr. 2021.
52. Cf. Gabriela Ferreira et al., "'O Brasil em 1889': Um país para consumo externo", op. cit., p. 85.
53. Eduardo Prado, "L'Art". In: Frederico José Santa-Anna Nery (Ed.), *Le Brésil en 1889*. Paris: Charles Delagrave, 1889, p. 534. Disponível em: <https://www2.senado.leg.br/bdsf/handle/id/518666>. Acesso em: abr. 2021.

54. Eduardo Prado, "L'Art", op. cit., p. 559.
55. Cf. Tadeu Chiarelli, "Gonzaga-Duque: a moldura e o quadro da arte brasileira". In: Luiz Gonzaga-Duque Estrada, *A arte brasileira*, op. cit., pp. 16-9; Sonia Pereira, *Arte, ensino e academia: Estudos e ensaios sobre a Academia de Belas-Artes do Rio de Janeiro*. Rio de Janeiro: Mauad; Faperj, 2016, pp. 98-104.
56. Angelo Agostini, "Rio, dezembro de 1879". *Revista Illustrada*, Rio de Janeiro, ano IV, n. 187, 1879. Disponível em: <http://www.dezenovevinte.net/artigos_imprensa/criticas_agostini.htm>. Acesso em: dez. 2020.
57. Luiz Gonzaga-Duque Estrada, *A arte brasileira*, op. cit., p. 259.
58. Cf. Eduardo Prado, "L'Art", op. cit., p. 532.
59. Cf. Darrel E. Levi, *A família Prado*, op. cit., pp. 80-1.
60. Cf. Luiz Felipe D'Ávila, *Dona Veridiana*. São Paulo: Girafa, 2004, pp. 44-8.
61. Eduardo Prado, "L'Art", op. cit., p. 557.
62. Id., ibid., p. 560.
63. Id., ibid., p. 561.
64. Cf. Darrel E. Levi, *A família Prado*, op. cit., pp. 275-309.
65. Cf. id., ibid., pp. 52-3; 59-60.
66. Eduardo Prado, *Fastos da ditadura militar no Brazil*. 5. ed. São Paulo: Livraria Magalhães, 1923, p. 3.
67. Ver Cândido Motta Filho, *A vida de Eduardo Prado*. Rio de Janeiro: José Olympio, 1967, pp. 36-50.
68. Eduardo Prado, *Fastos da ditadura militar no Brazil*, op. cit., pp. 45-6.
69. Cf. J. F. Almeida Prado, "Paulo Prado e a época de sua formação", op. cit., p. 105.
70. Cf. Thais Waldman, *Moderno bandeirante*, op. cit., pp. 106-9.
71. Cf. Carlos Eduardo Berriel, *Tietê, Tejo, Sena: A obra de Paulo Prado*, op. cit., pp. 163-78.
72. Cf. Thais Waldman, *Moderno bandeirante*, op. cit., pp. 43-5.
73. Eduardo Prado, "L'Art", op. cit., p. 535.
74. Paulo Prado, "Brecheret e a Semana de Arte Moderna". In: *Paulística etc.*, op. cit., p. 303.
75. Id., ibid.
76. Cf. Thais Waldman, *Moderno bandeirante*, op. cit., pp. 78-9.
77. Mário de Andrade, *O movimento modernista*, op. cit., pp. 35-6.
78. Cf. Thais Waldman, *Moderno bandeirante*, op. cit., p. 187.
79. Paulo Prado, "Poesia Pau-Brasil". In: *Paulística etc.*, op. cit., pp. 312-3.
80. Agradecimentos a Aracy Amaral, Marcos Moraes, Regina Teixeira de Barros e Museu de Arte Moderna de São Paulo.

1922: O EVENTO-VESÚVIO E OS TEMPOS RENEGADOS

ELIAS THOMÉ SALIBA

Na noite de 17 de setembro de 1911, no luxuoso "arcano da comunidade e estandarte da cidade" — o novíssimo e recém-inaugurado Theatro Municipal —, a elite política paulista se reuniu para assistir *La Bohème*, de Puccini, com artistas mundialmente conhecidos como Alessandre Bonci, Pascale Zanatello e Titta Ruffo. Mas alguns líderes políticos que estavam presentes, como Rubião Junior, Luiz de Toledo Piza, Washington Luís e o próprio presidente do estado — Albuquerque Lins —, perderam grande parte do espetáculo porque tiveram que se retirar de seus camarotes familiares para uma conversa urgente, ansiosos por definir o nome do futuro candidato ao governo de São Paulo. É certo que o público percebeu, pois todos se retiraram ao mesmo tempo. A pressa justificava-se em face da situação delicada do estado no cenário político que resultara da Campanha Civilista, em 1910, que marcou a primeira grande derrota política significativa das elites paulistas em nível nacional, com a vitória de Hermes da Fonseca sobre Rui Barbosa.

Um forte sentimento de preocupação dos líderes paulistas, acompanhado de temores, sobretudo de movimentos militares que visassem à invasão de São Paulo — o que poderia ameaçar a credibilidade internacional, decisiva para a economia cafeeira —, mais do que justificava a gafe de uma saída apressada da sala de espetáculos. Da improvisada reunião, surgiu a decisão de que tais perigos só poderiam ser conjurados com a volta de um ex-presidente da República à chefia do estado: Rodrigues Alves, nome prestigiado e que o marechal Hermes da Fonseca dificilmente teria coragem de hostilizar. Encontraram-se ainda, no foyer, com Antonio Prado e membros de sua família: ali todos assentiram que São Paulo deveria assumir também, ainda que ao longo dos próximos anos, o papel de liderança cultural do país. Quando os quatro políticos voltaram, a ópera já se aproximava de seu final; mas como posteriormente ocorreria inúmeras outras vezes, a articulação improvisada funcionou e, no ano seguinte, o conselheiro voltou a governar o estado.[1]

No mesmo ano de 1911, mas num outro teatro paulista, o Santana — que não tinha a magnificência do Municipal e seria demolido no ano seguinte para a construção de um viaduto —, vários membros da elite paulista também perderam grande parte do espetáculo — cuja atração principal era a atriz Mina Lanzi — em confabulações e conversas para fundar uma associação — o Showing Club — cujo objetivo era a exibição de seus membros mais ilustres no cenário de uma cidade cosmopolita, cheia de viadutos, cinematógrafos, automóveis e uma vida mundana moderna. Estavam ali presentes o dr. Gustavo da Luz, o dr. Archanjo Barreto, o comendador Júlio Marcondes, o coronel Rogério Lopes, o dr. Orthépio Gama, o barão de Athayde e os senhores Leivas Gomes e Juvenal de Faria Leme. Enfim, a nata da plutocracia citadina, que também sonhava em garantir o poderio paulista no cenário nacional — só que de uma forma um tanto esquisita, atabalhoada e anárquica, já que a liderança central caberia a Juvenal de Faria Leme, descrito como

> paulista da gema e, por força de atavismos, neto de descendentes diretos de Fernão Dias Paes Leme e bisneto do tenente Francisco Bueno Garcia Leme, um dos 30 felizes membros que testemunharam o imprevisto desarranjo intestinal do príncipe regente, ocorrido na tarde do célebre 7 de setembro.[2]

Apesar das origens nobiliárquicas, mormente quando em leve estado etílico, Juvenal (conhecido como "Juvenal Paulista") revelava certo desequilíbrio emocional, transformando-se, não raro, numa espécie de clown, um observador atento, irreverente por natureza, da cidade de São Paulo, designando o Guarany como "o café dos bacharéis em perspectiva" e a Rotisserie Sportsman como "o lugar mais apropriado da cropofilia intelectual".[3]

A primeira cena realmente aconteceu em 11 de setembro de 1911. Já a segunda foi apresentada pelo pontiagudo cutelo da sátira de um escritor que se autodenominava José Agudo, e constituiu parte de uma das inúmeras paródias anárquicas da narrativa satírica de *Gente rica*, primeiro romance publicado pelo autor, em 1912,[4] com o significativo subtítulo *Scenas da vida paulistana*. Ausente das histórias literárias,[5] e, quando presente, visto apenas como um escritor menor, de dotes modestos, foi esse professor da Escola de Comércio Alvares Penteado, português de nascimento, chamado José da Costa Sampaio, quem escreveu uma série de romances que buscaram retratos instantâneos e humorísticos da belle époque paulista.

Todos os outros personagens presentes no Teatro Santana e pretendentes a sócios do Showing Club eram nascidos sob o signo de famílias tradicionais — porém, se pareciam mais com caricaturas verbais, em que se acentuam os contrastes entre a ambição arrivista (em busca de um bom casamento) e a realização de objetivos prosaicos que beiravam ao ridículo. O comendador Júlio Marcondes é descrito como "um genuíno paulista descendente de Aimberé e do sargento-mor Marcondes" — mas só consegue ascender socialmente graças a um bom matrimônio. Seguindo a "tradição avoenga de um João Ramalho", tinha três projetos em mente: "transformar a Várzea do Carmo num imenso parque de diversões; bater o recorde na aquisição de gravatas e ser diretor de todas as 'mútuas' existentes na cidade".[6] Já Leivas Gomes, engenheiro pela Politécnica, "conseguiu entrar na política casando-se com a filha de um Conselheiro notável". O mesmo aconteceu com o dr. Gustavo da Luz, um médico "dotado de enorme vocação para generalizar, tornando-se especialista em medicina, agronomia e zootecnia" — entretanto, para garantir seu sustento, acabaria unindo-se, em concorrida festa no Showing Club, com a "filha de um medalhão dos Penteado".

Porém, é sempre o intuito cômico que prevalece, já que Agudo parecia dominar, como poucos, algumas das modernas estratégias de distanciamento, quando, por exemplo, pouco antes do final da trama romanesca, ele confidenciava ao leitor:

> E o fato de convivermos durante mais de treze meses com doze ou treze personagens, sem ter morrido nenhum deles, não é também digno de ser admirado? Não houve um só assassinato, um só suicídio, nem sequer um só esmagamento por automóvel ou bonde electrico...[7]

Tal atitude não será mesmo incomum nos restantes livros da série de "scenas da vida paulistana". Seus romances tinham todas as características de folhetins humorísticos, com lances confusos, quiproquós diversos, troca constante de narradores e, sobretudo, as excessivas intervenções do autor, que, certamente, quando não impacientavam os leitores, complicavam bastante a resolução dos episódios. Nada a estranhar a esse respeito, quando o próprio Agudo definia o gênero romance como "o realejo dos factos diversos" — referindo-se, com ironia, aos seus próprios livros, cujos capítulos — quando lidos em separado — nada perderiam se fossem publicados sob a forma de episódios semanais nos jornais.[8] Mas, como veremos adiante, Agudo nunca chegaria nem perto dos periódicos paulistas da época — pois sua pena satírica apontava para o ridículo de um certo atavismo de teor nativista das elites paulistas.

Numa conjuntura de forte incremento de um ambiente nacionalista, onde todos começavam a respirar um oxigênio mental de confronto e mobilização, produzido pelo confronto bélico mundial, iniciado em 1914, o semanário *O Pirralho* irrompe na cena paulista como um exemplo de publicação pitoresca, mas nem sempre divertida. Porém, começa brilhar e a receber algum apoio oficial, quando destaca um evento que significaria um importante reforço no investimento cultural bandeirante: foi quando Olavo Bilac, numa visita solene a São Paulo, em outubro de 1915, receberia várias homenagens e pronunciaria uma série de conferências — uma delas na Faculdade de Direito, num salão lotado de estudantes. Era uma das muitas etapas de sua campanha nacionalista, incrementada pela eclosão, um ano antes, da Primeira Guerra Mundial.

Grande destaque em manchete, a conferência de Bilac seria integralmente transcrita em *O Pirralho*.[9] Juó Bananére, articulista do periódico que já se tornara hábil em parodiar o próprio veículo, perpetrou uma versão anárquica da fala de Bilac, em sua coluna "As Cartas d'Abax'o o Piques":

> A vesta do Bilacco
>
> Quartaffera tive a nunciada visita du Bilacco, o principe dus poete brasiléiro, o Dante anazionalo! Uh! mamma mia, che succcesso! O saló stavo xíigho piore du garnevalo na rua 15. Os lustre di gais stavo xiigno di genti pindurada. Gada lustro apparicia un gáxo di banana di gente.
>
> Bilacco dissi moltos sunetto gotuba.

Na sequência, publicada na edição seguinte do jornal, a paródia envereda por lances mais delicados, por exemplo, quando o próprio humorista se compara a Bilac: "Non é só o Bilacco che é uomo de lettera! Io també scrivo verso, io també scrivo livro di poisies chi o Xiquigno vai inditá i chi vudio vô vê si-non é migliore dus livro du Bilacco!".

Em seguida, como convidado para uma "circunferenza na Cademia di Cumerço du Braiz", sempre em seu estropiado macarrônico, o calunga imita a retórica de Bilac — chegando a propor a substituição de Rodrigues Alves pelo Duque de Abruzzo:[10]

> — Signori!
>
> Io stó intirigno impegnorato con ista magninifica rôcepiçó chi vuceio acaba di afazê inzima di mim. É moltos onra p'run pobri marqueiz! (Tuttos munno grita: nó apuiado! nó apuiado?)
>
> Io ê di si ricordá internamente, i con molta ingratidó distu die di oggi! I aóra mi permittano che io parli un pocco da golonia intaliana in Zan Baolo, istu pidaço du goraçó da Intalia, atirado porca sorte inzima distas pragana merigana. É una golonia ingollossale! maise di mezzo milhió de intaliano stó ajugado aqui, du Braiz ô Bó Ritiro, i du Billezigno ô Bixigue! I chi faiz istu mundo di intaliano chi non toma gonta du Cumerçu, das Fabbrica, da pulittica, du guvernimo, i non botta u Duche dus Abruzzo come prisidenti du Stá nu lugáro du Rodrigo Alveros?

Finalmente, Bananére conclui sua arenga anárquica, com sua versão do célebre repto de retórica de Bilac, quando o príncipe dos poetas perorava: "O que se tem feito, o que se está fazendo, para a definitiva constituição da nacionalidade?". Já Bananére, sem economizar sutilezas, perguntava irreverente: "I quali é a cunsequenza diste relaxamento? É chi os intaliano aqui non manda nada, quano puteva inveiz aguverná ista porcheria!// Quale é a consequenza da bidicaçó da nostra forza i du nostro nazionalisimo?". A resposta vem sob forma de uma punhalada satírica nas propaladas tradições atávicas:

> É chi nasce una grianza, a máia é intaliana, o páio é intaliano e illo nasce é un gara di braziliano!
>
> Istu non podi ingontinuá, no! A voiz chi sono giovani i forte cumpette afazê a reacçó, cumbatté, vencê i dinominá istu tudo!
>
> Tegno ditto.

Rompi una brutta sarva di parma. Mi begiáro, mi giugáro flore i mi liváro acarregado até o bondi inlectrico.[11]

Na realidade, não aconteceram nem beijos nem a esperada chuva de pétalas. Testemunhos memorialísticos contam que, no dia seguinte, um grupo de estudantes da Faculdade de Direito esteve na redação de *O Pirralho*, que se localizava na rua XV de Novembro, e pediu o afastamento do humorista. Alguns estudantes mais afoitos chegaram a ameaçar o empastelamento do periódico.[12] Outras fontes mencionam que a saída de Bananére ocorreu logo em seguida ao afastamento de Oswald de Andrade da direção de *O Pirralho*. Quase ao mesmo tempo, um pouco mais para o final daquele ano, abriu-se uma daquelas passageiras dissidências no interior das elites do PRP — com o lançamento da polêmica candidatura de Altino Arantes. Júlio de Mesquita, que não apoiava Arantes e buscava contrapor-se a *O Pirralho* (que se tornara partidário de Arantes), criou outro semanário — *O Queixoso* — e, em janeiro do ano seguinte, convidaria Juó Bananére para trabalhar nele. Por alguns meses, houve uma batalha satírica, com alguns petardos bastante agressivos, entre os dois periódicos.

Por outro lado, José Agudo continuaria completamente ausente da cena cultural paulista se não tivesse a impertinência de enviar um exemplar de seu segundo livro, *Gente audaz* — uma sátira aos intelectuais e escritores paulistas da época —, acompanhado da seguinte dedicatória: "Aos pirralhos d'*O Pirralho*, of. José Agudo, para eles dizerem o que bem entenderem".[13]

A resposta de *O Pirralho* foi imediata: falando em nome do periódico, Joachin da Terra atacou violentamente o livro e o autor, execrando sobretudo o suposto erro gramatical de José Agudo na dedicatória. Passando por cima de quaisquer referências às qualidades literárias do romance, Joachin da Terra limitava-se a atacar a trajetória pessoal de Agudo, ao escrever:

> Porque *Gente Audaz*, não é romance, não é livro de philosofia nem de sciencia nem de critica, não é reunião de contos ou chronicas esparsas — é simplesmente uma vergonhosa declaração de amor próprio do autor de *Gente Rica*.
>
> [...]

> Como querem os snrs. que interesse pelo seu valor narrativo a história de uma pessoa que escreveu mais de duzentos livros de contabilidade, depois escreveu um de satyra que fez escandalo, depois ficou muito satisfeito e acabou.
>
> [...]
>
> E vamos confessar agora que o próprio snr. José Agudo seria capaz de tornar interessante um assumpto réles como o que escolheu para *Gente Audaz*, se não fosse hoje um *raté*.
>
> [...]
>
> Que se convença o sr. José Agudo, que é preciso ter-se o talento mais ou menos como o de Nietzsche para se falar de si mesmo sem dar rata nem cair no melado.[14]

A polêmica é longa, ocupando duas edições de *O Pirralho* — e só termina com um aviso de toda a redação "ao Sr. José Agudo", solidarizando-se com o sr. Joachin da Terra e advertindo: "[...] Diante porém, de uma carta insultuosa para toda a redação, carta de negro boçal e, talvez bêbado, escrita pelo sr. José Agudo...", seguindo-se aí toda uma série de impropérios e xingamentos pessoais. Na edição seguinte, contudo, a última palavra ainda fica com Joachin da Terra, que encerra o assunto, "com uma versalhada dedicada *ao Sr. José Agudo*", acusando-o de fazer um reclame pessoal de si mesmo à custa do periódico.[15] Em resumo, Agudo continuará a sofrer com as portas fechadas de toda a imprensa paulistana. Para não dizer que ele desaparece totalmente, quase dois anos depois, o articulista de *O Pirralho*, numa seção intitulada "como escrevem os nossos homens de letras", inventa uma entrevista fictícia com o escritor, deplorando sua função de professor e guarda-livros para, ao final, acabar designando Agudo como um "estreante vitalício das letras paulistas".[16]

Joachin da Terra era, então, um dos pseudônimos do jovem Oswald de Andrade, que, aos 26 anos, já havia marcado o início de sua carreira com as peças *Mon Cœur balance* e *Leur Âme*, escritas em francês, em parceria com Guilherme de Almeida, no final do ano de 1915. A primeira era uma comédia em quatro atos e a segunda um drama em três atos e quatro quadros. Não faltaram publicidade, nem vários artigos elogiosos, incluindo um, de Dolor de Brito, publicado com destaque em *O Pirralho*,[17] e outro, de Antonio Define, com rasgados elogios, embora este último lamentasse o fato de as peças estarem na língua francesa.[18] Impressas em elegantes volumes, eram distribuídas pelos teatristas aos amigos e à gente da ribalta. Os dois autores, Oswald à frente, passaram a montar guarda, dias seguidos, à porta do hotel da Rotisserie Sportsman, à espera de personalidades ilustres que viriam atuar no Municipal. A primeira que encontraram foi a bela atriz francesa Juanita de Fredia, que, logo no primeiro dia, foi abordada pelos dois jovens autores: Guilherme, cheio de receios; Oswald, mais arrojado, arrastando o companheiro quase com violência. Juanita, amável, recebeu o volume, correu os olhos pela capa, examinou os dois da cabeça aos pés, agradeceu e sorriu maliciosamente: é que os autores tiveram o cuidado de colocar na capa a indicação: "Théâtre Brésilien" e, curiosamente, reservaram para si próprios os "direitos de tradução".[19]

Alguns dias depois, com a chegada da companhia francesa dirigida por Lugné Poe, Oswald estabeleceu um cerrado cerco em torno de Poe, empurrando, ao mesmo tempo, o volume a todos os componentes da Companhia — e acabou conseguindo o que queria: *Mon Cœur balance* foi lida por Poe e Marthe Regnier durante o intervalo de uma comédia que a companhia apresentava no Theatro Municipal. Apesar do pouco público, que se retirara durante o intervalo, a leitura foi um sucesso, atenuada apenas pela cara feia que a francesada na plateia fazia ao ouvir os diálogos, aliás bem-feitos e em francês nada mau. Os dois jovens autores dedicaram a estreia parcial das peças a Washington Luís, então prefeito de São Paulo, o qual, menos de dois meses depois, oficializaria o célebre Brasão de Armas da cidade, elaborado por Guilherme de Almeida e Wasth Rodrigues, com a famosa divisa *Non Ducor Duco*. O célebre brasão seria reproduzido inúmeras vezes em diversas publicações, ganhando a capa e até mesmo substituindo a tradicional charge nas páginas de *O Pirralho*.[20]

Dois dias depois da leitura de uma das peças no Municipal, Juó Bananére, em nota no periódico *O Queixoso*, dizia ter certeza de que, se os autores houvessem escrito as peças em português, teriam passado inteiramente despercebidos do público e da imprensa. E completava, num desabafo: "[...] o brio nacional anda de rojo pelas sarjetas já que a etiqueta estrangeira vale cinquenta por cento mais do que a nacional". E, compungido, arrematava:

> Oh! Que bom seria se Deus, num largo gesto de misericórdia e piedade, desabasse contra nós um cataclismo que, fundindo o Brasil, de norte a sul, absorvesse estes vinte milhões de vencidos, que no meio de uma natureza exuberante e pródiga, rastejam e se rojam pela lama do cabotinismo, ou então que nos mandasse um novo Pedro Álvares Cabral, para recomeçarmos a vida.[21]

Oswald de Andrade, sem maiores cerimônias, respondeu, no mesmo dia, com um bilhete nada amável, dizendo:

> Bananére, antes de tudo uma banana por saudação natural. De certo, na notícia preciosamente escrita e colossalmente raciocinada que deu *O Queixoso* sobre *Mon Cœur Balance*, esqueceste este tópico: "Enfim, dos males o menor — antes ser cabotino do que raté!".[22]

A áspera crítica de Juó Bananére, além de traduzir algumas rixas pessoais do convívio anterior do bardo macarrônico com o diretor de *O Pirralho* — provavelmente acirrada pelo evento resultante da paródia de Bilac no ano anterior —, desdobrou-se da dissidência ocorrida no PRP, com a escolha de Altino Arantes como candidato à presidência do estado — já que *O Queixoso* foi, em sua curta existência de quatro meses, incentivado por Júlio de Mesquita. De qualquer forma, Bananére só voltaria a escrever em *O Pirralho* em março de 1917, com a coluna *O Féxa*. Mas a presença do bardo macarrônico duraria apenas três edições. Parece, entretanto, que, mesmo nesta efêmera aparição, ele não desistiria de molhar sua pena na tinta aguda da sátira, apresentando aos leitores sua versão paródica do brasão da cidade, desenhado por Voltolino e doravante completamente modificado com a inscrição *Non Cotuca*. Assim, algumas semanas depois de virar oficial, o *Non Ducor Duco* já se transformava no derrisório *Non Cotuca*. Lembre-se ainda que várias matérias publicadas em *O Pirralho* no mesmo ano de criação do brasão da cidade terminavam com o ufanista e truístico refrão: "São Paulo é São Paulo!".

Capa de* O Pirralho*, São Paulo, ano VI, n. 233, 27 mar. 1917.

De qualquer forma, uma análise superficial da obra paródica de Bananére mostra-nos que seu quadro de referência teatral, já nesta época, era muito menos o teatro mais culto ou dramático — como as óperas, ou peças escritas em francês — do que aquilo que poderíamos chamar de burletas, operetas cômicas, peças brejeiras do folclore popular ou do teatro de revista.

Mas o gosto teatral da elite paulista, muito pelo contrário, já estava percorrendo outras sendas, um tanto diferentes das óperas europeias e peças escritas em francês. Após a dramática conjuntura da Primeira Guerra Mundial, as preocupações quanto ao futuro da hegemonia paulista aumentaram com as sucessivas reviravoltas políticas que poderiam ferir o quase monopólio de que gozavam na cena política e social. Seja como for, por contingências imponderáveis ou ações sutilmente deliberadas, seria preciso ainda recorrer ao evangelho do passado, aquele universo onde quem quer que bata à porta acaba encontrando o que procura.

O Pirralho

O FÉXA

ORGANO DI INCRENCA

Proprietá da Sucietá Anonyma JUÓ BANANIÉRE

S. PAULO, 27 DE MARÇO DE 1917

Artigolo con fondo

O MINHO BRAZÓ

U Primiére féxa

Juó Bananére, "O migno brazó" [detalhe], em sua página "O Féxa". O Pirralho, *São Paulo, ano VI, n. 233, 27 mar. 1917.*

É assim que, em 1919, quase como um efeito de paramnésia coletiva ou, mais simplesmente, como uma didática aula de história, houve um retorno a um acontecimento dramático ocorrido no século XVIII. Felisberto Caldeira Brant, de tradicional linhagem paulista, foi um contratador de diamantes no Tijuco, que sofreu nas mãos dos portugueses, principalmente do Intendente Lanções e do Ouvidor Bacellar. Nas festas da Semana Santa, em 1752, a praça regurgita de gente, em trajes domingueiros, pitorescos e curiosos. Mas, de repente, irrompe um grupo que chama a atenção e a multidão grita: "Aleluia! São os negros", "uma porção de negros e negrinhos em trajes bizarros, cada qual com um cocar de penas e com o seu pandeiro, que iniciam a congada, dançando e cantando ao toque monótono dos atabaques e tambores".

A dança é interrompida com uma provocação e o início de uma briga entre o Ouvidor e o Contratador. Este último sai do recinto enraivecido e fala, indignado, ao povo: "Na conjuntura de agora, dizei, bandeirantes e filhos de bandeirantes! Dizei, paulistas, meus patrícios e companheiros: como se lava a honra ultrajada?". É que o Ouvidor havia, de forma atrevida, feito a corte à irmã de Caldeira Brant. Meses depois, o Contratador é preso, levado a Portugal e tem todos os seus bens confiscados. Mas, antes, ele consegue dirigir-se ao povo, dizendo que "estes grilhões simbolizam para mim a unidade perpétua e indissolúvel das capitanias. Um dia elas ainda representarão a solidariedade de todos os brasileiros na repulsa de todas as agressões e na defesa da liberdade com que sonhei!".[23] Era a voz presciente do passado que anunciava, pela voz do Contratador paulista, o atávico papel de São Paulo na defesa da liberdade nacional.

Embora baseada em episódio verídico, a história do *Contratador de diamantes* veio a público com a encenação da peça de Afonso Arinos, em montagem luxuosíssima e inédita na história do teatro paulista, no mês de maio de 1919. O prefeito Washington Luís cedeu o Municipal e custeou os cenários, a cargo de Wasth Rodrigues; o mobiliário e a prataria luxuosos foram emprestados pelas famílias Prado e Penteado, e a maioria dos atores, amadores, pertencia às mesmas famílias. Outro ineditismo da encenação foi — segundo uma descrição da época — "o congado, muito bem dançado, um dos elementos de sucesso da representação, pelo seu sabor característico, tanto mais que os intérpretes são pretos de verdade e dançadores e violeiros autênticos da roça". Foi um sucesso, ainda que acompanhado de um certo espanto e surpresa da plateia com os "pretos de verdade". Segundo um testemunho da época, "uma só palavra pode dizer de tudo o que foi o espetáculo: estupendo, simplesmente estupendo! [...] não foi uma simples festa de arte, mas sim uma vitória, ganha pela nossa sociedade, que obteve um trunfo afirmando, ao lado do seu fino gosto, a sua cultura e a sua raça...".[24]

Diversamente dos eventos anteriores, tais como o já mencionado espetáculo de 1911, não houve nenhuma retirada apressada de líderes políticos entre os espectadores. Pelo contrário, o sucesso foi tamanho que a Liga Nacionalista decidiu subsidiar uma nova temporada a preços populares, a fim de possibilitar a maior divulgação possível a esta "nova bandeira teatral que surgia nos campos de Piratininga".[25] Nenhum evento reuniu tão bem, em síntese única, a distinção social, o passado colonial das elites e suas profundas raízes nativistas, inoculando o vírus de uma expectativa de adesão total. Quaisquer vozes dissonantes ou a menor atitude dissidente soariam ressentidas e seriam rejeitadas. Foi, afinal, o equivalente do *non ducor duco* na cena teatral e já prenunciava aquele outro *tour de force* definitivo para a hegemonia paulista, que ocorreria três anos depois.

Mas, entre a ficção e a realidade, a história era caprichosa e, a cada nova volta do parafuso, novos eventos adentravam a cena, inesperáveis, perturbando a cadeia dos acontecimentos e a seta do tempo. A comédia de Agudo viraria tragédia. Aqueles temores por uma intervenção militar em São Paulo, revelados naquela retirada apressada dos próceres paulistas no intervalo de um espetáculo no Theatro Municipal, em 1911, seriam confirmados e se transformariam numa triste realidade no ano de 1924.

Porém, seria um evento completamente inesperado? Em 26 de junho de 1924, no Teatro São José, no Rio de Janeiro, o público se divertia com um dos quadros da peça de um teatro de revista, no qual uma corista se apresentava fantasiada de aranha e, logo após sua fala, o compadre comentava: "— Tem graça, a aranha!".[26] Era uma referência jocosa ao escritor Graça Aranha e ao seu rumoroso rompimento com a Academia Brasileira de Letras, ocorrido na semana anterior. Contudo, no mês seguinte, dez dias depois do rumoroso e festivo rompimento com a instituição, da qual o escritor sairia carregado por seus confrades modernistas, Graça Aranha seria preso. Não por sua briga com a Academia, é claro, mas por ser considerado suspeito de estar envolvido na trama que culminou na invasão de São Paulo pelos tenentes rebeldes em 5 de julho de 1924. Uma semana depois, por intercessão do Itamaraty, seria libertado, já que era "considerado incapaz de tramar seriamente, a não ser por palavras". Por outro lado, motivos não faltavam, pois Aranha — "confabulando na Garnier, nos cafés ou no Hotel dos Estrangeiros — estava sempre tecendo suas teias junto à família dos Prados, de São Paulo, que seguramente era suspeita de andar com o dedo em todas as tramas revolucionárias".[27] No governo de Artur Bernardes, as prisões de Aranha até já faziam parte do anedotário carioca, porém, o que ocorria em São Paulo, um dia antes da referida prisão, estava mais para tragédia do que para comédia.

A partir de 5 de julho daquele mesmo ano, as tropas rebeldes ocuparam pontos estratégicos da cidade de São Paulo e grande parte da área urbana, mas, sem a adesão da Força Pública do Estado e militarmente inferiorizadas, optaram por dominar as estações de trem e locais de entrada da cidade para bloquear as tropas federais. Prédios públicos também foram tomados e se abriram trincheiras até mesmo ao redor do Theatro Municipal. Quatro dias depois, quando os rebeldes já estavam perto de evacuar a capital, foram surpreendidos — após o ataque a alguns prédios públicos da área central — pela atitude do presidente do estado, Carlos de Campos: temendo o ataque ao palácio do governo, retirou-se precipitadamente para uma posição limítrofe do centro urbano, entregando a Pauliceia e sua população aos rebeldes — aguardando, junto aos membros de seu governo, acomodados num vagão de trem da Central, a chegada das tropas federais.[28] A trapalhada foi tamanha que, naturalmente, logo se prestou à sátira:

No dia 5 de julho,
Cá na terra do café,
Houve um tremendo barulho
Por causa do Seu Mé.

Carlos de Campos, coitado
Cujo destino deploro,
Viu-se bem atrapalhado
Ante as forças do Isidoro.

Vendo as tropas vencedoras,
Bem ligeiro, lampeirinho,
Ao som das metralhadoras,
Abriu o pé no caminho.[29]

Quando as tropas federais chegaram — e como os comandantes não conseguiam detectar as posições ocupadas pelos rebeldes —, eles ordenaram, com a anuência de Carlos de Campos, o bombardeio indiscriminado da cidade. A modernidade finalmente chegara à capital cosmopolita, visível, desta feita, no uso de um equipamento bélico de alta tecnologia para a época: tanques de guerra, canhões de calibres até 155 milímetros e aviões *Spad* e *Breguet* — os quais, durante dezenove dias, despejaram bombas de forma indiscriminada sobre a população civil, gerando um desespero coletivo como nunca se vira na cidade, sobretudo entre populações menos protegidas. Mais aterradora ainda foi a indiferença dos comandantes militares subordinados ao governo Artur Bernardes e seu cinismo em justificar aquela estratégia maluca de atacar a população civil. Algumas autoridades que improvisaram um governo provisório da cidade para tentar uma mediação entre as tropas chegaram a buscar pareceres de autoridades internacionais, como o do jurista da Universidade de Paris, Jules Badesvant, que registrou:

> Bombardear uma cidade inteira, de vasta extensão e de uma população importante, sob o pretexto de que alguns milhares de rebeldes ali se estabeleceram, pode ter unicamente um fim: aterrar a população, no intuito de obter que ela obrigue os rebeldes a atenuarem a resistência. É um bombardeio de terrorismo.[30]

Por quase vinte dias, a cidade sofreu aquele "bombardeio à alemã", sem qualquer consideração pelos edifícios, residências, serviços públicos, instalações urbanas ou pelo destino da população, homens, mulheres, crianças, idosos. Quando alguns cidadãos enviaram, por intermédio de um mensageiro, uma petição a Carlos de Campos clamando pelo fim dos bombardeios, ele respondeu: "Deixe que São Paulo arda, depois construiremos a cidade de novo". O poeta francês Blaise Cendrars, que perdera um braço na Primeira Guerra Mundial e chegara havia pouco tempo à cidade, iniciando sua visita ao país no início daquele mesmo ano, indignado com o bombardeio e com a chocante indiferença em relação à população civil, registrou:

> [...] Aviões dirigiam a operação, lançando bombas que caíam por toda a parte, e explodiam ao acaso.
>
> Esse absurdo bombardeio durou 29 dias e 29 noites. De noite, obuses incendiários tocavam fogo nos bairros operários da Luz e da Mooca, fazendo explodir reservatórios da Shell, e depósitos de café. Enquanto essas fogueiras se acendiam, um fogo de fuzis e de metralhadoras as acom-

panhava, durava até a madrugada e sua intensidade me lembrava os ataques maciços de Verdun. Mas o ataque não acontecia nunca. Durante o dia, os obuses recomeçavam a cair no centro da cidade. Percebia-se que os oficiais "legalistas" faziam isso de coração alegre. As ordens eram formais: era preciso esmagar a sedição, pior para a cidade, ela seria reconstruída![31]

A população, tomada de pavor em face da inaudita truculência, começou a simpatizar com os rebeldes. Um dos comandantes mais efusivos e conciliadores foi Isidoro Dias Lopes, que chegou a convencer seus próprios subordinados a organizarem o abastecimento da cidade naqueles dias confusos, com ruas bloqueadas e comércio e serviços inacessíveis. Nos dias finais, quando os rebeldes já começavam a retirada e o cenário ficava cada vez mais confuso, com o deslocamento de soldados, entre os quais não se distinguia mais quem era quem, as pessoas, nas ruas, começaram a brincar fazendo sinais codificados com os dedos formando um V e um I: "Viva Isidoro!". Já os rebeldes em fuga, pelas janelas dos comboios da Sorocabana, pelas cidades que passavam, respondiam com os dedos formando um I e um V: "Isidoro Volta!".[32] Cornélio Pires parodiou a traquinada, dando um leve toque de espera salvadora e messiânica, imaginando um diálogo quadrangular entre um italiano, um turco, um alemão e um caipira:

Italiano: I vucê, uê, o que sugere?
Caipira: Eu, prá falá verdade, desde qui num deixáro u Rui Barbosa sê imperadô, larguei mão dessas coisa. Eles lá são graúdo, qui se arranjem! Em festa de macuco, nhambú não pia. Cum tanto qui me deixem vivê sussegado, caçando viado e tocando minha viola, eu não s'importu. Mas, si o Isidoru vortá...
Turco: Que é qui vucê faiz?
Caipira: Si o Isidoru vortá...
Italiano: Ma veja, qui é qui vucê faiz?
Caipira: Si o Isidoru vortá...
Alemão: Qui é que vucê faiz se a Isidora vortá?
Caipira: Si o Isidoru vortá... eu faço cumo dotra veiz, eu garro o mato![33]

A volta de Isidoro, na versão de um certo sebastianismo galhofeiro de Cornélio Pires, não tinha nada de burla: se ele voltasse, a cidade seria novamente bombardeada e a única solução era fugir para o mato — já que a morte era quase certa. Eram as respostas da derrisão e do escárnio — únicas armas disponíveis para uma população emudecida em seu ódio e indignação com as autoridades.

Nunca se contaram os mortos dos bombardeios de 1924. Entre os pouco confiáveis números oficiais e os testemunhos da época, contabilizaram-se cerca de 720 mortos e 6840 feridos. Dos quase 700 mil habitantes da cidade, calcula-se que cerca de 200 mil fugiram para o interior, acotovelando-se nos trens ou utilizando-se de quaisquer outros veículos disponíveis. Depois de 23 dias, os rebeldes se retiraram da cidade e veio o rescaldo: cerca de 1800 imóveis completamente destruídos e a criação de um verdadeiro exército de miseráveis e famintos. Artur Bernardes silenciou a imprensa por meio da censura, prendendo jornalistas e diretores de jornais. As elites, que haviam se retirado para suas respectivas fazendas, no interior do estado, voltaram para a cidade.

Daí começou um longo processo, bem menos conhecido, de esquecimento dos trágicos eventos de 1924. Exceto pelos testemunhos escritos no calor da hora — que foram muitos, tanto dos rebeldes como dos legalistas —, o terrível bombardeio de 1924 transformou-se num daqueles acontecimentos silenciosamente recalcados pela memória brasileira. Concentrados no avassalador evento-vesúvio de 1922, foram poucos os modernistas que escreveram sobre os eventos trágicos daquele ano. A memória já funcionava como um holofote giratório, travado na iluminação da semana modernista. Naqueles dias de julho de 1924, Menotti Del Picchia, que, na época, era ligado ao PRP e escrevia no *Correio Paulistano*, chegando mesmo a engajar-se entre as forças legalistas, caracterizou a invasão de São Paulo como simples "insubordinação contra a legalidade", ignorando solenemente os mortos e feridos, e atribuindo as destruições e os saques a uma "mera ação localizada de criminosos, revoltados e oportunistas".[34]

Já Mário de Andrade, em carta a Sérgio Milliet — que estava em Paris — escrita em agosto de 1924, exime-se de dar maiores descrições em razão da censura, mas fala em "desastre" e em "vexame":

[...] Tua carta me encheu de relativa alegria. Relativa porque estes dias de pós-revolução não permitem alegria total. A gente começa a pensar sobre o Brasil, destinos do Brasil, o horror da aventura passada e não há como livrar-se de ideias acabrunhadoras. Não te descrevo nada. Dizem que a censura anda por aí e não quer que se saiba na Europa o que houve. Paciência. Quanto à cidade só te digo que arrasamento não houve. Quem anda pelos nossos lados quase nada percebe. Umas machucaduras pelos Campos Elíseos, outros na Florêncio de Abreu. Horrível ficou a Mooca.

E, provavelmente referindo-se ao círculo de seus confrades modernistas, completou:

Ninguém do nosso grupo se prejudicou, nem se meteu na revolução. Vai tudo bem. Imagino o pensamento trabalhando de vocês quando souberam aí da aventura. [...] O prejuízo não foi tanto físico e epidérmico. Mas por dentro, Sérgio, foi um desastre. 20, 30, quantos anos de atraso? Ainda não se pode imaginar bem. E o vexame sobretudo.[35]

"Ninguém do grupo se prejudicou..." Claro, pois todos, de alguma forma, como no impagável diálogo caipira de Cornélio Pires, "garraram o mato". Lobato foi para Santos; Menotti acompanhou Washington Luís na fazenda em Itapetininga; Oswald de Andrade e Tarsila do Amaral foram para a fazenda Sertão, em Indaiatuba, uma das muitas propriedades da família da pintora. Paulo Prado, Olívia Guedes Penteado, Guilherme de Almeida e os demais próceres de 1922 foram para suas fazendas. Apenas Mário de Andrade permaneceu em casa na maior parte do tempo, quase em quarentena, ao lado da mãe e das irmãs, com quem morava na rua Lopes Chaves: era mesmo perigoso para qualquer pessoa circular pelas ruas ou, ao menos, dar uma passadinha na Santa Casa de Misericórdia, que chegou a abrigar, nos 23 dias do bombardeio, cerca de 1600 feridos.

Noutro registro, este memorialístico, publicado no *Diário Nacional* em fevereiro de 1931, Mário de Andrade conta, sem mencionar o dia preciso daquele mês de julho de 1924, que finalmente havia saído de casa:

[...] pra saber o que tinha sucedido desde a tardinha da véspera, e apesar das ameaças de bombardeio, os corações estavam cheios de confiança. Confiança no Isidoro? Nesse caso não era propriamente confiança no Isidoro não. [...] O que fortificava a gente no caso, gente rapaz divertido, era mesmo aquele palpite egoísta que se tem diante dum perigo que escolhe vítimas no amontoado coletivo: caso o bombardeio viesse as bombas haviam de cair... na casa dos outros.[36]

O cronista mencionava o bombardeio indiscriminado e o "palpite egoísta" de que as bombas atingiriam a "casa dos outros"; ao encontrar o amigo Augusto na Praça Antonio Prado, foi efusivamente saudado com um abraço e com a pergunta que estava na boca dos impotentes habitantes da cidade bombardeada: "— Então sr. Mário, o Isidoro voltou ou não voltou?!". A resposta do cronista não se fez esperar:

Pros sebastianistas o Isidoro voltou. [...]

[...] Voltou no povo inculto isto é: estabeleceu-se no povo inculto uma espécie de divinização natural e histórica, o Isidoro era uma figura fácil de sebastianizar. [...]

[...] Isidoro Dias Lopes não renunciou aos privilégios sábios da sua invisibilidade. Voltou de corpo, nosso coração continuou querendo bem ele (nosso, de paulistas, falo) mas ele se conservou numa ausência elevadíssima, cheia de fadiga e de impiedade. Da mesma forma com que se revoltara contra os vencidos, não quis permanecer na ordem dos vencedores. [...]

[...] [Isidoro] é como um som escutado que não vive mais em nosso ouvido mas que a gente sabe andar eternamente na trepidação do espaço. É eminentemente poético e eminentemente perigoso. O mutismo dele é como um grito imenso, terrível...[37]

Assim, o cronista parece compartilhar afetivamente do mutismo de Isidoro e, de alguma forma, transferir esse mutismo — de forma pouco generosa, diga-se — ao "sebastianismo do povo inculto", ou para o estranho esquecimento dos traumáticos eventos de 1924, recalcados pelo cronista sob forma de um "grito imenso e terrível". O ano de 1922 começava mesmo a se parecer, em definitivo, com um vesúvio que fazia com que o tempo fluísse numa mesma direção e os eventos se petrificassem, arranjados numa narrativa *não do que foi, mas do que teve de ser*.

Um ano mais tarde, também sob forma retrospectiva, Menotti Del Picchia concebeu uma ficcionalização do episódio de 1924 no romance *A tormenta*, publicado em 1931.[38] Com uma narrativa crivada de alegorias um tanto rasas, com um protagonista homônimo do autor (Paulo), a "revolução" ocorre na cidade de Sidéria, parte do estado de Cruzeiro, uma das federações da "República Tropical". Com personagens em chaves facilmente reconhecíveis no mundo real, mistura, de forma indistinguível, a elite paulista com os artistas modernistas. Eles próprios eram, afinal, a elite. As alusões são óbvias: o casal Sancho Guerra e Sibila (Oswald de Andrade e Tarsila do Amaral), Saul Stop (Raul Bopp), Nabor (Villa-Lobos), Marciano (Cassiano Ricardo) e outros, os quais se misturam e não se distinguem com personagens como o dr. Lincoln (Washington Luís), o dr. Bonifácio (Carlos de Campos), o Ataualpa (Ataliba Leonel) e, único rebelde a integrar a narrativa, o general Teodoro (Isidoro Dias Lopes).

No romance *A tormenta*, a revolta se inicia repentinamente, logo após a festa de posse do dr. Bonifácio, e, de uma simples revolta de quartel, vira uma tormenta para a cidade de Sidéria: um instinto de destruição, emanado das forças elementares da vida, completamente inacessíveis ao intelecto e à cultura. Daí uma certa angústia que o protagonista percebe em seus companheiros Saul Stop, Sancho Guerra, Marciano e tantos outros, devotados à atividade intelectual. Daí também a conclusão amarga de Paulo, o narrador protagonista: o motim espiritual, equivalente óbvio da Semana de 1922, falhara, mas não completamente: o caos serviria como indício de um mundo novo que viria como uma "Nova Era". "Nesse caso" — escreve o narrador —, "benditos sejam todos os sacrifícios!"[39] O próprio autor já advertira, no início do livro, que a República da qual ele falava no romance "não era o Brasil"; e num assomo de sotaque spengleriano, completava:

> Pode ser o Brasil ou qualquer outra democracia organizada em curtos séculos sobre o trópico pela convergência de um cosmopolitismo no qual haja nítido predomínio da cultura ocidental. A formidável inquie-

tação da República Tropical é o movimento espasmódico de uma ciclópica matriz social parturejando a Era Nova. Toda a gestação é dolorosa e todo o parto cruento.[40]

Mas o parto cruento já se havia realizado, não? E como resíduo ficava apenas a inevitabilidade da história, o recalque e o ominoso trauma do esquecimento seletivo. Afinal, parecia um tanto difícil para aqueles intelectuais conseguirem processar o drama de se reconhecerem como cúmplices da cruenta insensibilidade das elites que enxergavam a cidade e sua população como meras extensões de seu poder político. O ano de 1924 entrou, portanto, no limbo daquelas temporalidades renegadas. Renegadas em função de um acontecimento ocorrido dois anos antes, naquele mesmo recinto do Theatro Municipal. Pelo jogo de efeitos deliberados ou por contingências imponderáveis da história brasileira, o evento de 1922 acabou transformando-se em um marco decisivo na elaboração furtiva de estratégias de esquecimento dos tempos renegados, celebrando uns e silenciando outros, inclusive — vale lembrar — os projetos diferenciados dos próprios líderes do movimento cultural paulista — esquecidos ou relegados no âmbito da concepção orgânica da cultura que se instalou ulteriormente no país. E as cenas aqui narradas, propositalmente escolhidas, ficam fora das cronologias retrospectivas que fazem tudo datar de 1922. Cenas efêmeras, perdidas nas fímbrias do tempo, algumas tingidas de anedotas protagonizadas por escribas obscuros, outras de tragédias coletivas, constituíram, afinal, uma perturbação na cadeia temporal da história cultural do modernismo brasileiro.

1922, portanto, se transmutou num autêntico vesúvio cultural, cuja erupção espargiu cinzas sobre a memória coletiva, obnubilando corações e mentes. A consecução final deste empuxo teleológico que força a flecha do tempo numa única direção seria consagrada e celebrada num discurso de Getúlio Vargas:

As forças coletivas que provocaram o movimento revolucionário do modernismo na literatura brasileira, que se iniciou com a Semana da Arte Moderna de 1922, em São Paulo, foram as mesmas que precipitaram, no campo social e político, a Revolução de 1930. A inquietação brasileira, fatigada do velho regime e das velhas fórmulas, que a rotina transformara em lugar-comum, buscava algo de novo, sinceramente nosso, mas visceralmente brasileiro.[41]

E, num tom de certezas triunfalistas, Getúlio completava:

> [...] passados os primeiros instantes e obtidas as primeiras conquistas, um e outro se fundiram num movimento mais amplo, mais geral, mais completo, simultaneamente reformador e conservador, onde foram limitados excessos, polidos os extremos sempre cheios de asperezas e harmonizadas as tendências mais radicais e divergentes.[42]

A propósito desse otimismo teleológico, naquele mesmo ano, ouviram-se mais as vozes lenientes do que os roucos protestos de uns poucos. "Os movimentos sociais e políticos se encaixam nas correntes intelectuais, como a tempestade na sua nuvem", registrou o escritor Pedro Calmon. "Todos os modernistas eram revolucionários, mas eram contra a ditadura", declarou Manuel Bandeira, logo após o discurso presidencial.[43]

Já Rivadavia Mendonça, meses depois da fala de Vargas, realizou, em suas próprias palavras, uma verdadeira "exumação" das cinzas do Vesúvio, ao escrever:

> Desde o discurso do sr. Getúlio Vargas em agosto de 1951, na Universidade do Brasil, encampando os efeitos da "Semana de 22", até os debates, artigos, entrevistas, depoimentos e notícias saídas nestes últimos meses, tudo revelou o evidente plano geral de alargar as proporções desse acontecimento, com o malicioso intuito de convencer o povo e os intelectuais brasileiros de que o "movimento de 22" colocou a cultura brasileira no caminho do progresso, da vanguarda e do renascimento fecundo.

E, num lampejo de lucidez misturada com uma pitada de ressentimento, concluiu:

> O que mais contribuiu para essa supervalorização da "Semana de 22" foi certamente o fato de haver o sr. Getúlio Vargas ligado esse acontecimen-

to do Municipal de São Paulo, à tentativa de esquema ideológico e cultural de seu golpe político de 1930 e de toda a sua atividade à testa do governo federal. Por outro lado, os "donos" da cultura, muitos deles participantes ou aderentes de primeira ou das posteriores horas, à Semana de Arte Moderna, trataram de ajudar a ressurreição deste acontecimento, porque isto resultava para eles mesmos, em uma consagração oficializada diante dos jovens intelectuais, consagração essa que não puderam conquistar por méritos efetivos.[44]

De qualquer forma, na fala do ditador, os dois eventos transformaram-se indistintamente em "revoluções", borrando quaisquer distinções entre arte e política, doravante colocadas no mesmo e inexorável fluxo temporal. A periodização varguista parece até didática em sua teleologia, na qual "foram limitados excessos, polidos os extremos sempre cheios de asperezas". Contudo, ela é notável menos por aquilo que afirma do que por aquilo que omite, consumando os tempos renegados. Não foi mera coincidência, portanto, que a fala de Vargas tenha ocorrido nas mesmas décadas nas quais se ampliavam os aparatos culturais e educacionais do país e se construía, por intermédio dos próprios modernistas, ou de seus seguidores — doravante constituídos em agentes de sua própria legitimação —, uma metanarrativa do modernismo brasileiro que começaria a engendrar os termos de sua própria canonização. O evento-vesúvio tornara-se parte do calendário rotineiro e tacitamente aceito como legítimo marco na história cultural brasileira.

Décadas depois, passados os efeitos da erupção daquele evento-vesúvio, sobreviveram imponderáveis resíduos das lembranças, operadas pela melancolia da distância e do esquecimento. Parte daqueles registros efêmeros, anedóticos ou trágicos, de imperceptíveis e silenciosas temporalidades renegadas, não passaria totalmente desapercebida pelos sismógrafos de poetas mais sensíveis, que tentavam, de qualquer forma, compensar os tempos renegados do esquecimento e do luto, por uma transferência poética, saturando outras figuras e outras imagens com sentidos diversos, buscando escapar de eventos que reafirmariam sua cumplicidade com o ajustado e o dominante. Entre muitos, esse parece ter sido o caso de Mário de Andrade, num momento em que o poeta amadurecido, um "homem cansado dos reveses que os figurões impuseram à sua visão renovadora de intérprete de nossa gente e da nossa cultura",[45] acabaria incorporando, em transfiguração poética, o papel daquele que ele designa como um "rio escravo", o Tietê:

Por que os homens não me escutam? Por que os governadores
Não me escutam? Por que não me escutam
Os plutocratas e todos os que são chefes e são fezes?
Todos os donos da vida?
Eu lhes daria o impossível e lhes daria o segredo,
Eu lhes dava tudo aquilo que fica pra cá do grito
Metálico dos números, e tudo
O que está além da insinuação cruenta da posse.
[...]
Por que os donos da vida não me escutam?[46]

Acompanhando a sinuosíssima imagem do rio, o qual, fora de qualquer seta retilínea do tempo, naqueles anos ainda serpenteava silencioso sobre os bairros mais pobres da cidade, o poeta sofre e chora os tempos sequestrados de um sonho de emancipação que nunca se realizou. Algum dia se realizará?

NOTAS

1. As cenas foram narradas por vários memorialistas. Para uma referência mais detalhada, ver Mário Guastini, *Na caravana da vida*. Rio de Janeiro: Pongetti, 1939, pp. 353-65; Jorge Americano, *São Paulo naquele tempo (1895-1915)*. São Paulo: Melhoramentos, 1962; Paulo Cursino de Moura, *São Paulo de outrora*. São Paulo: Edusp; Belo Horizonte: Itatiaia, 1979; e, em parte, registrado em Joseph Love, *A locomotiva: São Paulo na federação brasileira, 1889-1937*. Rio de Janeiro: Paz e Terra, 1962, pp. 261-4.
2. José Agudo, *Gente rica: Scenas da vida paulistana*. São Paulo: Typografia O Pensamento, 1912, pp. 42-3.
3. Id., ibid., pp. 19-26.
4. Id., ibid., pp. 42-3.
5. A exceção foi Wilson Martins, que analisou algumas das obras de Agudo. In: *História da inteligência brasileira*. São Paulo: Cultrix; Edusp, 1978, v. 5, pp. 535-6; v. 6, pp. 349-50.
6. Cf. José Agudo, *Gente rica*, op. cit., pp. 38-41. A Várzea do Carmo, como se sabe, era a região mais insalubre da cidade, que separava o centro urbano da região do Brás.
7. Id., ibid., p. 197.
8. Id., ibid., pp. 49-51.
9. *O Pirralho*, São Paulo, ano v, n. 204, [s.p.], 16 out. 1915.
10. Referência a Luigi Amedeo, Duque de Abruzzi, oficial da Marinha italiana, alpinista notável que atuou na Guerra Ítalo-Turca e na Primeira Guerra Mundial, e foi considerado um herói de guerra.
11. *O Pirralho*, São Paulo, ano v, n. 205, [s.p.], 30 out. 1915.
12. Frederico Branco. Depoimento ao autor. São Paulo, 20 de novembro de 1993, registro sonoro em fita cassete; Francisco de Assis Barbosa. Depoimento ao autor. São Paulo, 20 de janeiro de 1984, registro sonoro em fita cassete. Os dois depoimentos confirmam o evento, mas apenas Frederico Branco confirma a ameaça de empastelamento.
13. José Agudo, *Gente audaz: Scenas da vida paulistana*. São Paulo: Typografia O Pensamento, 1913.
14. *O Pirralho*, São Paulo, n. 83, [s.p.], 28 mar. 1913.
15. Joachin da Terra, "Para terminar" [carta aberta a José Agudo]; Pau d'Água, "A José Agudo" [poema]. *O Pirralho*, São Paulo, n. 87, [s.p.], 19 abr. 1913.
16. *O Pirralho*, São Paulo, ano v, n. 216, [s.p.], 4 abr. 1916.
17. *O Pirralho*, São Paulo, ano v, n. 210, [s.p.], 8 jan. 1916.
18. Antonio Define, "*Mon Cœur balance* e *Leur Âme*". *O Pirralho*, São Paulo, ano v, n. 221, [s.p.], 29 jul. 1916.
19. Mário Guastini, *Na caravana da vida*, op. cit., pp. 144-5.

20. Capa. *O Pirralho*, São Paulo, ano VI, n. 233, 27 mar. 1917.
21. *O Queixoso*, São Paulo, 11 mar. 1916.
22. Cf. Maria Eugenia Boaventura, *O salão e a selva: Uma biografia ilustrada de Oswald de Andrade*. São Paulo: Ex-Libris; Campinas: Ed. da Unicamp, 1995, pp. 43-4.
23. Os dois parágrafos constituem uma paráfrase do enredo principal da peça. Afonso Arinos, *O Contractador dos diamantes; Peça em 3 actos e um quadro, época 1751-1753*. São Paulo: Livraria Francisco Alves, 1917.
24. *O Estado de S.Paulo*, São Paulo, pp. 2-3, 15 maio 1919.
25. Id., ibid., p. 3.
26. "Cena glorificadora". In: Queiroz Junior, *Agrippino Grieco: O diabo jovial*. Rio de Janeiro: Conquista, 1943, p. 115.
27. As expressões entre aspas são de Alceu Amoroso Lima, "O diário modernista de Tristão de Ataíde". *Jornal do Brasil*, Rio de Janeiro, 8 set. 1991. Caderno Ideias, p. 3.
28. Estes parágrafos e os seguintes, a não ser quando haja indicações em contrário, foram baseados nas análises e relatos das seguintes publicações: Anna Maria Martinez Corrêa, *A rebelião de 1924 em São Paulo*. São Paulo: Hucitec, 1976; Moacir Assunção, *São Paulo deve ser destruída*. Rio de Janeiro: Record, 2015; Ilka Stern Cohen, *Bombas sobre São Paulo: A revolução de 1924*. São Paulo: Ed. da Unesp, 2007.
29. *1924: Cânticos revolucionários. Collectanea de poesias, 1922-1930* apud Ilka Stern Cohen, *Bombas sobre São Paulo*, op. cit., p. 31.
30. Citado por Moacir Assunção, *São Paulo deve ser destruída*, op. cit., capítulo 3, p. 7.
31. Blaise Cendrars, *Etc..., Etc... (Um livro 100% brasileiro)*. Trad. de Teresa Thiériot. São Paulo: Perspectiva; Secretaria da Cultura, Ciência e Tecnologia do Estado de São Paulo, 1976, pp. 84; 88.
32. Cf. Jorge Americano, *São Paulo nesse tempo (1915-1935)*. São Paulo: Melhoramentos, 1962, pp. 362-6.
33. Cornélio Pires, *Chorando e rindo: Episódios e anedotas da revolução paulista*. São Paulo: Cia. Editora Nacional, 1933, pp. 29-31. O diálogo já havia sido gravado em disco pelo próprio Cornélio Pires, que fazia todas as vozes, em 1929: 20010-B — *Agitação política em São Paulo*. Colúmbia, 1929.
34. Cf. Moacir Assunção, *São Paulo deve ser destruída*, op. cit., pp. 98-9.
35. Paulo Duarte, *Mário de Andrade por ele mesmo*. São Paulo: Edart, 1971, pp. 298-9.
36. Mário de Andrade, "Isidoro". In: *Taxi e crônicas no Diário Nacional*. Org. de Telê Porto Ancona Lopez. São Paulo: Livraria Duas Cidades; Secretaria da Cultura, Ciência e Tecnologia do Estado de São Paulo, 1976, p. 343.
37. Id., ibid., p. 344.
38. Paulo Menotti Del Picchia, *A tormenta*. São Paulo: Cia. Editora Nacional, 1931.
39. Id., ibid., pp. 38-41.

40. Paulo Menotti Del Picchia, *A tormenta*, op. cit., pp. 11-2.

41. Getúlio Vargas, "Discurso pronunciado na Universidade do Brasil, Rio de Janeiro em 28 de julho de 1951". In: *O Governo Trabalhista do Brasil*. Rio de Janeiro: José Olympio, 1952, p. 382.

42. Id., ibid., p. 383.

43. Cf. Cassiano Ricardo, *Viagem no tempo e no espaço: Memórias*. Rio de Janeiro: José Olympio, 1970, pp. 186-7.

44. Rivadavia Mendonça, "A exumação da 'Semana de 22'". *Fundamentos: Revista de Cultura Moderna*, São Paulo, n. 27, p. 8, 1952.

45. A expressão é de Antonio Arnoni Prado, em "Francisco de Assis Barbosa, o repórter que sonhava". In: *Cenário com retratos: Esboços e perfis*. São Paulo: Companhia das Letras, 2015, p. 241.

46. Mário de Andrade, "A meditação sobre o Tietê". In: *Poesias completas*. Ed. crítica de Diléa Zanotto Manfio. São Paulo: Edusp; Belo Horizonte: Itatiaia, 1987, pp. 393-4.

BIBLIOGRAFIA COMPLEMENTAR

O Estado de S. Paulo, São Paulo, 1915-23.

O Pirralho, São Paulo, 1911-18. Disponível em: <http://hemerotecadigital.bn.br/acervo-digital/pirralho/213101>. Acesso em: 19 jun. 2021.

O Queixoso, São Paulo, 1916.

AGUDO, José. *Gente rica: Cenas da vida paulistana*. São Paulo: Chão, 2021.

ANTUNES, Benedito. *Juó Bananére: As cartas d'Abax'o Pigues*. São Paulo: Ed. da Unesp, 1998.

BERRIEL, Carlos Eduardo O. *Tietê, Tejo, Sena: A obra de Paulo Prado*. Campinas: Papirus, 2000.

CANCELLI, Elisabeth. "A leniência e Vargas: Falas da História". *Estudos Históricos*, Rio de Janeiro: Ed. da FGV, v. 33, n. 71, pp. 448-68, 2020.

DE LUCA, Tania Regina. *Revista do Brasil: Um diagnóstico para a (n)ação*. São Paulo: Ed. da Unesp, 1999.

EULALIO, Alexandre. *A aventura brasileira de Blaise Cendrars*. Ed. rev. e ampl. por Carlos Augusto Calil. São Paulo: Edusp; Imprensa Oficial; Fapesp, 2001.

EVERDELL, Willian R. *The First Moderns: Profiles in the Origins of Twentieth-Century Thought*. Chicago: Chicago University Press, 1998.

FARIA, Daniel B. Andrade de. *O mito modernista*. Uberlândia: Ed. da UFU, 2006.

GAY, Peter. *Modernismo, o fascínio da heresia: De Baudelaire a Beckett e mais um pouco*. Trad. de Denise Bottmann. São Paulo: Companhia das Letras, 2009.

GOMES, Angela de Castro. *Essa gente do Rio... modernismo e nacionalismo*. Rio de Janeiro: Ed. da FGV, 1999.

GONÇALVES, Marcos Augusto. *1922: A Semana que não terminou*. São Paulo: Companhia das Letras, 2012.

GOUVEIA, Saulo. *The Triumph of Brazilian Modernism; The Metanarrative of Emancipation and Counter-Narratives*. Chapell Hill: University of North Caroline, 2014.

GUASTINI, Mário. *A hora futurista que passou e outros escritos*. Org. de Nelson Schapochnik. São Paulo: Boitempo, 2006.

HARDMAN, Francisco Foot. "Algumas fantasias de Brasil; o modernismo paulista e a nova naturalidade da nação". In: DECCA, Edgard de; LEMAIRE, Ria (Orgs.). *Pelas margens: Outros caminhos da história e da literatura*. Campinas: Ed. da Unicamp, 2000, pp. 317-31.

______. "Antigos modernistas". In: NOVAES, Adauto (Org.). *Tempo e história*. São Paulo: Companhia das Letras; Secretaria Municipal de Cultura, 1996, pp. 289-305.

______. "*Homus infimus*: A literatura dos pontos extremos". In: *A vingança da Hileia: Euclides da Cunha, a Amazônia e a literatura moderna*. São Paulo: Ed. da Unesp, 2009, pp. 306-18.

LARSEN, Neil. *Modernism and Hegemony: A Materialist Critique of Aesthetic Agencies.* Minneapolis: University of Minnesota Press, 1990.

MORAES, Marcos Antonio de. *Orgulho de jamais aconselhar: A epistolografia de Mário de Andrade.* São Paulo: Edusp; Fapesp, 2007.

MURARI, Luciana. *Natureza e cultura no Brasil (1870-1922).* São Paulo: Alameda Editorial; Fapesp, 2009.

PAZ, Octavio. "A tradição da ruptura". In: *Os filhos do barro.* Trad. de Olga Savary. Rio de Janeiro: Nova Fronteira, 1984, pp. 59-80.

PRADO, Antonio Arnoni. *Itinerário de uma falsa vanguarda: Os dissidentes, a Semana de 22 e o Integralismo.* São Paulo: Brasiliense, 1976.

PRADO, Paulo. *Retrato do Brasil: Ensaio sobre a tristeza brasileira.* 4. ed. São Paulo: Companhia das Letras, 1997.

SALIBA, Elias Thomé. "Cultura: As apostas na República". In: SCHWARCZ, Lilia M. (Org.). *História do Brasil Nação, 1808-2010.* 2. ed. São Paulo: Objetiva; Fundación Mapfre, 2013, v. 3. *A abertura para o mundo, 1889-1930*, pp. 240-94.

_______. "A dimensão cômica da vida privada na República". In: SEVCENKO, Nicolau (Org.). *História da vida privada no Brasil.* 11. reimp. São Paulo: Companhia das Letras, 2013, v. III, pp. 289-366.

_______. "Histórias, memórias, tramas e dramas da identidade paulistana". In: *História da cidade de São Paulo.* Org. de Paula Porta Fernandes. São Paulo: Paz e Terra, 2005, v. III, pp. 554-87.

_______. "Juó Bananére, o raté do modernismo paulista?". *Revista de História*, São Paulo: FFLCH-USP, n. 137, pp. 113-22, 1997.

_______. *Raízes do riso: A representação humorística na história brasileira.* São Paulo: Companhia das Letras, 2002.

SCHWARCZ, Lilia M. *Lima Barreto, triste visionário.* São Paulo: Companhia das Letras, 2017.

SCHWARTZ, Jorge. *Fervor das vanguardas: Arte e literatura na América Latina.* São Paulo: Companhia das Letras, 2013.

SCHWARZ, Roberto. "A carroça, o bonde e o poeta modernista". In: *Que horas são? Ensaios.* São Paulo: Companhia das Letras, 1987, pp. 11-28.

SEITLER, Dana. *Atavistic Tendencies: The Culture of Science in American Modernity.* Minneapolis: Minnesota University Press, 2008.

SEVCENKO, Nicolau. *Literatura como missão: Tensões sociais e criação cultural na Primeira República.* 2. ed. rev. e ampl. São Paulo: Companhia das Letras, 2003.

_______. *Orfeu extático na metrópole: São Paulo, sociedade e cultura nos frementes anos vinte.* São Paulo: Companhia das Letras, 1992.

_______. *Pindorama revisitada: Cultura e sociedade em tempos de virada.* São Paulo: Peirópolis, 2000.

TRAGTENBERG, Livio. *O que se ouviu e o que não seu ouviu na Semana de 22.* São Paulo: Proac, 2020.

PENSIONATO ARTÍSTICO PAULISTA: CONTEXTO SOCIOCULTURAL E RELAÇÕES COM AS ATUAIS RESIDÊNCIAS ARTÍSTICAS

MARCOS MORAES

A dimensão do "é preciso rever tudo" — o tempo todo —, máxima oswaldiana aqui ampliada, pode ser um eficiente mote para reflexões sobre o campo da produção e das práticas artísticas no contexto brasileiro, em particular aquelas relacionadas aos processos de formação, produção e difusão da arte, tendo como focos, de um lado, o Pensionato Artístico Paulista e, do outro, o atual conceito de residência artística, "separados por um século" e aproximados pela condição de oferecer alternativas a um ensino formal artístico, ambos, para além dos limites locais, de São Paulo.

Juntar-se ao coro que clama por esses processos de revisão não se configura em busca por mera atualização, alinhamento às pautas atuais ou oportunidade de fazer proselitismo, mas sim por rever e rever-se de uma perspectiva de questionamentos das construções históricas que defendem a hegemonia do discurso no qual gerações foram (in)formadas sobre a produção artística local.

Pensar sobre a formação em artes tornou-se, desde há muito, uma constante preocupação e mesmo ação de grande parte da comunidade que atua nesse ambiente e em suas ramificações. Esse pensamento, e o processo permanentemente transgressor característico da própria ideia da arte, traz e impregna aqueles que dessa concepção se aproximam, norteando esse desejo de comprometimento com os processos sociais, nos quais a educação e o ensino de arte atuam.

Refletindo sobre a perspectiva 1922-2022, na tentativa de propor caminhos para uma atualização de temas relacionados à educação e inserção profissional no sistema da arte, é possível estabelecer relações entre o Pensionato Artístico em seu ambiente de atuação e a concepção de residência artística na atualidade. Uma articulação dessa natureza pressupõe o estabelecimento de termos comuns que possam apontar paralelismos e ao mesmo tempo indicar condições da produção e formação nos distintos momentos e contextos, dentre elas o papel de cada uma das instituições e seus respectivos contributos nos processos de formação em artes.

Para uma tentativa de compreensão do papel e do âmbito de atuação da residência artística hoje, um olhar sobre prováveis origens[1] pode nos levar a associá-la, de início, aos processos de formação artística, levando diretamente às academias de arte, permitindo percebê-las como — além de uma estrutura oficial de formação artística — uma possibilidade de diferencial de estudo, quando, em 1664, a Academia Francesa propôs a criação do Prix de Rome, uma bolsa de residência na Académie de France, em Roma, institucionalizada dois anos mais tarde e em vigência até os dias atuais, embora com outras características.

O prêmio, considerado, então, o mais importante na área das "belas-artes", possibilitava, ao artista ou arquiteto recebedor da honraria, a permanência por quatro anos estudando, pesquisando e trabalhando. Dessa forma, por intermédio do prêmio, estabelecem-se os fundamentos para a permanência de jovens artistas em Roma, com a incumbência, entre outras, de copiar esculturas clássicas que seriam transpostas para os jardins de Versalhes. Esse raciocínio pode ser entendido como um dos prováveis inícios da ideia que hoje se identifica como residência artística, em sua condição de permitir o deslocamento e a inserção do artista/criador em outro ambiente cultural, oferecendo condições diferenciadas de tempo e espaço para esse mergulho em outro contexto, e uma condição de tempo distinta daquela habitual de viagens, no século XVII.

Propondo traçar paralelos, teríamos que a ampliação e generalização desse raciocínio, para os prêmios de viagem, dos salões oficiais, inclusive o brasileiro, poderia aproximá-lo desse modelo de residência artística. Porém, é preciso observar as características que o distanciam e enfatizar que, no caso francês, significa explicitamente manter a combinação do oferecimento de um tempo diferenciado e do espaço arquitetônico — a academia — em território romano, ao contrário dos demais, que se constituem quase que de forma exclusiva no aporte pecuniário, das pensões, para que o artista se mantenha no destino por ele escolhido, ou predefinido pelo prêmio.

Temporalmente ainda, e apenas nessa chave, buscando aproximações do raciocínio da origem do conceito de residência com as condições de produção brasileiras, e particularmente as paulistas, outro significativo momento pode ser identificado no século XIX, quando, em paralelo aos questionamentos da instituição acadêmica, surgem tentativas de criar meios alternativos para a formação — continuada — e difusão da produção artística. Inclui-se, nesse contexto, com especial destaque, o surgimento das colônias de artistas que tiveram um desenvolvimento, sem precedentes, ao longo daquele século.

Ainda que não tenham sido localizados registros ou referências à participação de artistas brasileiros, muito menos os vinculados ao Pensionato Artístico, nessa experiência europeia, ela é marcante no cenário do período. Nina Lübbren,[2] ao analisar as colônias rurais na Europa, cobrindo o período de 1870 a 1910, destaca o fato de existirem cerca de oitenta delas espalhadas pelas regiões nordeste e central do continente. Esse é um dado relevante e significativo do ponto de vista do surgimento de espaços de trabalho e criação artística, fora das cidades, em pleno processo de expansão e urbanização característico da segunda metade do século XIX.

É ainda pelas palavras de Lübbren que se depreende serem esses os espaços para os quais se dirigem centenas de artistas que abandonam os centros urbanos modernos e ditos civilizados, dominados pelos processos de industrialização, para lá se cercar de um espaço de proximidade com a natureza, com o campo e com a simplicidade da vida nessas condições, tendo como consequência, ainda, alterações nos processos de organização associativa para os quais canalizam suas expectativas e produção, articulando mostras e exposições.

Geográfica e culturalmente, esse circuito também pode ser deslocado para mais longe e ir aos extremos da Europa, adentrando a Rússia, com a Colônia Abramantsevo, posteriormente adquirida por Mamontov,[3] nos arredores de Moscou. Ou chegar aos Estados Unidos, com várias colônias instaladas pela vastidão do território, em um percurso da Península de Monterrey (1875-1907), na Califórnia, estendendo-se pelo traçado das Montanhas Rochosas, até o norte do país e adentrando o Canadá, ou atravessando-o até a Costa Leste, para chegar a Nova York, como pode ser depreendido na leitura dos levantamentos apontados por Snell.[4]

Podemos concluir que, por um lado, a perspectiva de prêmios e bolsas, patronos e mecenato para os artistas representa o meio — na maior parte das vezes, o único — para suprir a busca pelo deslocar-se para os centros da produção artístico-cultural europeia, para "aperfeiçoamento". Tais benefícios desempenham um papel fundamental ao proporcionar aos artistas condições para esse deslocamento e a concretização desse desejo. Por outro lado, artistas dessas capitais da modernidade buscam alternativas, refletindo o que autores como Micheli e Perry identificam como "os mitos da evasão" ou o "ir embora".[5]

Para produzir a salvo da cultura urbanizada, civilizada, fugia-se dos grandes centros urbanos modernos. Estes, com seus "ruídos", burburinho, agitação, excesso de movimentos e fluxos que marcam a vida moderna, deixaram de ser o lugar de trabalho por distrair a atenção. Interessados em aprofundar seu processo de criação, os artistas necessitavam de "condições especiais" para produzir, que já não encontravam nas cidades, e as buscavam, cada vez mais e alternativamente, nessas décadas que marcam a belle époque, em colônias rurais de artistas, pela Europa afora, de Giverny a Worpswede, ou Mathildenhöhe, em Darmstadt.

Esta proposição de uma breve leitura cronológica do surgimento, desenvolvimento e desaparecimento dessas instituições artísticas permite alguns apontamentos, mas é relevante remarcar a referência ao encerramento das atividades de grande parte dessas colônias rurais já a partir do início do século XX, quando esse conjunto sofre um desmantelamento, em especial ao longo da Primeira Guerra Mundial, agravado não só pela pandemia da gripe espanhola (1918 a 1920), que impediu, além da continuidade da própria vida, os deslocamentos mais livres e sem restrições, com a facilidade dos modernos meios de transporte, mas também pela alteração das fronteiras geopolíticas. Assim, se criaram formas e ações que contribuíram para a redução e impedimentos nos processos das trocas e aprendizado que se desenvolviam nesse contexto.

SÃO PAULO BELLE ÉPOQUE: CAMINHADA PARA O SÉCULO XX

A cidade que adentra o século XX com cerca de 200 mil habitantes é fruto de sucessivas modificações que culminam em processos e reformulações significativas para dotar a antiga vila de Piratininga de outros ares. Eram outros os tempos naquela que, em pouquíssimos anos, se transformaria na metrópole industrial, em importante entroncamento ferroviário, palco de transformações urbanísticas e em paradigma da modernização, incluindo a perspectiva cultural em seu espectro amplo de produção.

A cidade agiganta-se, cresce, amplia seus domínios geográficos e recebe, pouco antes da virada do século XIX, contingentes migratórios oriundos das oscilações decorrentes da cafeicultura, bem como parcela significativa dos fluxos de imigrantes estrangeiros. Imprescindível anotar a importância da imigração como fator de transformação: diferentes fontes de cultura, diversidade de informação, busca de referenciais da cultura materna e necessidade de adaptação a uma nova realidade constituem um duplo processo de interferência nas manifestações culturais da cidade.

Se, nas últimas décadas do século XIX, ela ainda parece manter traços de suas raízes coloniais à mostra, e vozes como a de Maria Paes de Barros nos relatam como, naqueles "tempos serenos, a cidade pobre não oferecia diversões. Não existia, portanto, a gana pelos divertimentos; ninguém se agitava sobremaneira, nem estavam os nervos expostos, como hoje, a incessantes ruídos",[6] outras vozes podem ser contrapostas à dela, com diferentes percepções, porque buscam outras panorâmicas,[7] ao assinalar, já a partir de 1864, uma mudança na perspectiva cultural da cidade, com a instalação do Teatro São José, sob o comando de Antônio Prado, que, futuramente, ocuparia a prefeitura da cidade, ou ainda com o "grande dínamo de transformações" culturais provocadas pela agitada vida estudantil da Faculdade de Direito.

Ou ainda se pode incorporar a esses fatores o "desenvolvimento ferroviário, que tem no ano de 1867 seu marco fundamental",[8] quando São Paulo se torna centro da grande malha que interligará, de forma rápida e acessível, a partir daquele momento, a cidade com o interior do estado, com o país, mas também com o mundo, ao receber produtos e objetos de consumo, bem como uma disseminação da imigração. Rever e ampliar as perspectivas pelas quais se examina a Pauliceia já indica a diversidade desta, em detrimento de um crescimento uniforme e planejado.

O período é marcado pela preocupação com a modernização e o embelezamento da cidade, de acordo com padrões europeus: "cidade provisória, em que tudo parecia incompleto e sujeito a remodelações contínuas".[9] Destacam-se, nesse processo de urbanização da cidade, figuras como a do prefeito (1899-1911) Antônio Prado e do engenheiro Joaquim Eugenio de Lima, este último realizando a abertura de ruas em suas propriedades, dando origem, em 1891, ao que a imprensa da época chama de "elegante avenida Paulista", o que claramente contribui para a imediata valorização de suas propriedades na região.

A economia cafeeira, que desde a segunda metade do século XIX impulsiona o desenvolvimento do estado, transformou a "cidade-entroncamento" — a capital — em centro, não apenas político e governamental, mas fundamentalmente econômico, financeiro e decisório. As elites aqui se estabelecem, bem como trabalhadores, oriundos do campo e os novos imigrantes, em busca deste novo "Paraíso da modernidade".

As novas residências, os palacetes, os novos bairros, tudo a inserir-se em um projeto estético de embelezamento e a refletir esta busca por uma referência ao modelo oficial de beleza que remete à cultura europeia e francesa, pretendem completar o retrato que esta sociedade quer de si mesma, como ideal de progresso. Há, porém, muitos outros olhares sobre a cidade, como os de António de Alcântara Machado, que, nos contos de suas *Novelas paulistanas*: *Brás, Bexiga e Barra Funda*

> tenta fixar tão-somente alguns aspectos da vida trabalhadeira, íntima e quotidiana desses novos mestiços nacionais e nacionalistas [...] Em suas colunas não se encontra uma única linha de doutrina. Tudo são fatos diversos. Acontecimentos de crônica urbana. Episódios de rua. O aspecto étnico-racial dessa novíssima raça de gigantes encontrará amanhã o seu historiador.[10]

Assim, traz outras perspectivas para a dimensão de dinamismo dessa modernidade: industrialização, operariado, diversidade cultural e linguística, outras formas de ocupação urbana e deslocamentos geográficos na cidade, tudo se confronta.

A eletricidade surge como nova forma de energia, na cidade, em 1900. A modernidade e, portanto, a velocidade se fazem presentes no novo meio de transporte: o bonde. As reformas tentam projetar o crescimento da área urbana com a substituição das antigas chácaras que a rodeavam por novos bairros. Percebe-se seu afrancesamento — ruas arborizadas, jardins, praças e outros equipamentos públicos — nos padrões e modelos "haussmanianos". Decorrente de todo esse processo, a aristocratização do comércio, localizado na região do Triângulo,[11] altera os hábitos da tradicional e conservadora comunidade. Despontam, ainda, na mesma região, hotéis de luxo e confeitarias.

O aumento de opções de lazer acarreta transformações nos costumes, bem como a disseminação da prática de esportes, apesar de estes ainda não serem muito bem vistos: surgem os clubes recreativos e esportivos.

As casas de espetáculos também se multiplicam no período: Teatro São José, Teatro Santana, Teatro Minerva, Provisório Paulistano, Ginásio Paulistano, Variedades Paulistanas, além (posteriormente, em 1916) do Boa Vista e os "improvisados", como o Politeama e o Eldorado. Em 1911, inaugura-se o Municipal.[12] As referências dão conta, assim, de uma manifestação organizada, com público cativo, uma vez que esses espaços, com capacidade para milhares de espectadores, apresentam permanentemente peças e espetáculos de todos os gêneros. É relevante registrar que alguns dos teatros privados estavam ligados às principais famílias da oligarquia paulista, como Alvares Penteado, Prado e Mesquita.

Em que pesem a extensão e a diversidade da atividade e dos espaços teatrais, é preciso identificá-la com uma ampliada dimensão, para além do "teatro tradicional" de texto e interpretação, para claramente relacioná-la ao entretenimento e, portanto, abarcar nessa multiplicidade a perspectiva do circo, circo-teatro, cabaré, teatros de variedade, cafés-concerto e quadros ligeiros, o cinema e até a patinação.

A música também se faz presente e são inaugurados o Salão Steinway, para concertos, em 1896, o Conservatório Dramático e Musical, em 1906, bem como a Sociedade de Cultura Artística, em 1912. A máquina, o movimento e a marcante presença das imagens saúdam a revolução da modernidade e todos esses elementos reunidos, no início do século XX, traduzem o espírito da inovação: "o cinematógrafo".

Para pensar nas divergentes leituras do período, pode-se observar as palavras de Sonia D'Elboux:

> [...] nos últimos anos do século XIX e, em especial, com a grande homenagem a Almeida Junior, ocorrida em 1900, e com a inauguração da Pinacoteca do Estado, em 1905, começa a haver um aumento crescente do interesse do paulistano pelas artes plásticas. De um modo geral, não havia público nem mercado para a arte em São Paulo nessa virada de século.[13]

De maneira um pouco diversa, pode-se perceber mais claramente, na revisão historiográfica levada a cabo nas últimas décadas, leituras que apontam para outras perspectivas, identificando que, passados menos de vinte anos, o constante incentivo e mesmo o surgimento de uma dimensão crítica na imprensa, no intuito de desenvolver um interesse pela produção artística e pela formação de um "mercado" que pudesse absorver essa produção, proporcionam o estabelecimento de diversos níveis de acesso: informação, apreciação, apreensão, apropriação e até mesmo aquisição.

As mudanças de comportamento, do "gosto" constituem-se, também, em aspecto fundamental que demandaria a retomada e aprofundamento de estudos sobre colecionismo, prática que adquire, naquele período, caráter de afirmação de valores pessoais e de classe, em sua formação. Nesse sentido, é relevante apontar que, ao olharmos o levantamento dos "lugares onde se expunha", no período de 1905 a 1930, se verifica um universo de "cerca de vinte exposições por ano; e elas eram, de alguma forma, divulgadas na imprensa".[14]

Essa "historiografia oficial" do modernismo ofereceu uma visão "única" sobre a produção no campo das artes visuais — bem como da crítica, dela decorrente — na virada do século e nas duas primeiras décadas do século XX, em São Paulo, sua difusão e consequente relação com a formação e o desenvolvimento de um "gosto" característico, como forma de distinção e valorização social de seus realizadores, iniciados, conhecedores e colecionadores.

Para os teóricos e críticos vinculados diretamente aos ideais modernistas, essa seria a manifestação artística primeira e de relevância, justificando-se por si só e por uma tentativa de fazer tabula rasa de tudo o que se produziu até a eclosão do advento modernista. Essa hegemonia, tanto geográfica como artisticamente já esgarçada, ainda pode ser indicadora de pistas a outros possíveis questionamentos, como aqueles da natureza educacional, ou mais precisamente, dos processos de formação em artes, uma vez que a escola, o instituto previsto em 1892-3, continuava letras mortas e o caminho possível era o aprimoramento fora da cidade. O Pensionato Artístico, portanto, assume relevante importância para aqueles que desejavam essa oportunidade, assim como aumentava o prestígio de quem o controlava.

A Semana de 22, nascida no seio da discussão sobre a dita necessidade de implantação de um projeto de modernização artística que acompanhasse e refletisse todo o amplo processo de modernização/industrialização da cidade, primava por uma recusa aos padrões acadêmicos — ainda fortemente ligados à tradição da Missão Artística — e ao passado, ainda que seja possível perceber que esses valores já estavam em claro processo de questionamento no interior de seu círculo original de produção, ou seja, aquele a partir da antiga Academia Imperial de Belas-Artes (AIBA) e, posteriormente, da Escola Nacional de Belas-Artes (ENBA).

Discutindo sobre a relação entre campo artístico e mercado, Coelho de Paula afirma que:

> A cobertura da imprensa aos eventos artísticos também era deficiente. Na ausência de uma crítica especializada, que só viria a aparecer no final da década de 30, as matérias de artes plásticas se resumiam a pequenas notas publicadas em colunas como "Artes e Artistas" de *O Estado de S. Paulo*, e "Registro de Arte", do *Correio Paulistano*, os jornais mais populares entre os grupos dominantes na época. As principais informações fornecidas por estas notícias, editadas quase sempre na mesma página das crônicas sociais, diziam respeito à origem social do artista, ao número de obras expostas, e à relação das pessoas que haviam visitado a exposição (na maior parte das vezes se tratavam de políticos e membros das elites tradicionais).[15]

Depreende-se, da leitura proposta pela autora, uma não distinção entre o que poderia ser a divulgação das atividades, como exposições, e o que poderia ser lido como institucionalização de uma crítica oficial. Ainda assim, percebem-se as limitações com que foram, ou têm sido, tratados os indícios das transformações no ambiente cultural.

Os veículos oficiais dos grupos dominantes, que realizavam leituras hoje discutidas e em revisão, não podem ser entendidos como os únicos meios de dar publicidade às atividades culturais. É o que demonstram os trabalhos de mapeamento e análise da produção periódica levados a cabo por Heloisa de Faria Cruz[16] e, particularmente, Ana Luiza Martins.[17] Ambas desenvolvem investigações nas quais a presença e a relevância do periodismo da época são apresentadas por intermédio de publicações de outra natureza — revistas e almanaques — e, além disso, apontam, inclusive, para o fato de, ao longo da segunda década do século XX, essas manifestações terem sido absorvidas pela chamada "grande imprensa", porta-voz da ideologia dominante. Com *Revistas em revista*, Martins articula — a partir dos capítulos "Capital artística" e "Palco da nacionalidade" — uma leitura da inserção no cenário cultural desses veículos, acrescentando um aspecto fundamental para a leitura dessas relações, qual seja, o da "contribuição paulistana ao periodismo do País, divulgando intensamente os feitos da cidade e do Estado".[18]

AMBIENTE CULTURAL DA NOVA "CAPITAL ARTÍSTICA"[19] E O PENSIONATO ARTÍSTICO PAULISTA

O ano de 1880 marca o início da formação da coleção de obras contemporâneas pela Academia Imperial de Belas-Artes, enquanto em São Paulo se consolida o enriquecimento — iniciado havia poucas décadas — por intermédio da cafeicultura, que impulsionará definitivamente o desenvolvimento industrial e urbano.

Fundamental na discussão sobre as dimensões de atuação da cultura é o espaço no qual ela se produz. Assim, a cidade, como elemento vital desta discussão, apresenta-se como seu campo de referência e de ação: a constituição de seus espaços e a constituição de novas linguagens. Nesta leitura de "mundo moderno", se presentifica a identificação de um pensamento de modernidade, revelado pelas rupturas de linguagens propostas, em um meio social e culturalmente resistente, de espírito conservador e, ao mesmo tempo, paradoxalmente moderno.

No dia 15 de novembro de 1890, um ano após a Proclamação da República, foi inaugurado o edifício-monumento às margens do Ipiranga, símbolo da Independência, que passaria a abrigar, a partir de 1893, o recém-criado Museu do Estado. Depois que o conjunto de coleções particulares doadas ao estado foi organizado pelo zoólogo Hermann von Ihering, a inauguração oficial se deu em 7 de setembro de 1895. Von Ihering também assumiu o posto de diretor do então renomeado Museu Paulista. A instituição[20] — a primeira nominalmente museológica criada na cidade — abrigava objetos e espécimes de história natural, antropológicos e históricos. De caráter enciclopédico e generalista, o Museu abria suas portas se prestando a apresentar um panorama da América do Sul e, por consequência, do Brasil.

Por sua importância como primeiro na cidade, o Museu tornou-se foco de atenção para as reflexões sobre a produção artística, uma vez que esta integra seu acervo na forma de pinturas, desenhos, gravuras e fotografias. Mas também é significativo notar que se estabeleceu uma hierarquia entre os objetos colecionados. As referências à aquisição, doação ou qualquer outra forma de entrada de obras de cunho artístico no acervo, bem como a atividades que não são especificamente museológicas — coleta, pesquisa ou exposição —, são significativamente menores que as menções ao "enriquecimento" do acervo com espécimes vegetais, minerais, artefatos, utensílios e objetos arqueológicos, entre outros.

Sobre essa questão, o estudo de Lilia Schwarcz não nos parece deixar margem para dúvidas quanto ao processo de formação dos museus no Brasil (1870-1910). Quando se debruça sobre o caso do Museu Paulista e ao mapear a produção científica que lhe confere esse status, a partir das publicações da instituição, a pesquisadora demonstra claramente a inexistência de referências a qualquer forma de produção e manifestação artística. A instituição assume, em seus anos iniciais de vida, o perfil de seu diretor, bem como o objetivo de buscar a cientificidade e "o modelo mimético de museus europeus e americanos".[21]

Se a criação do Museu pode ser vista como um indicador de interesse e preocupação científica e cultural, embora não explicitamente artístico, ainda na última década do século XIX, outros dados constituem um aparente indício de empenho em formar futuras gerações de artistas, assim como de interesse em criar as bases do que identificamos como sistema da arte. Por exemplo, os legisladores trabalhando na elaboração e na implantação de instituições. Assim temos que,

> Em 1892 foi lançado o projeto de criação de um Instituto Paulista de Belas-Artes e do Pensionato Artístico do Estado, programa de bolsas de estudos ao exterior concedido a paulistas natos para realizarem especializações nas áreas de música e artes plásticas. Em 1893 outro projeto visava a criação do Instituto de Belas-Artes de São Paulo.[22]

No panorama da formação em artes e da produção artística em São Paulo, a instituição de uma forma de apoio oficial como o Pensionato Artístico reconhece uma dupla necessidade, a do aprimoramento — como desdobramento da desejada formação inicial — e a da ampliação, em decorrência das limitações no campo do ensino artístico. Por outro lado, institucionaliza a relação de dependência aos padrões europeus, modelo dominante no país desde o advento da Missão Artística Francesa e "adaptado" à nova realidade modernizadora de São Paulo, como aponta Maria Izabel Branco Ribeiro:

> As bolsas distribuídas pelo Pensionato Artístico foram as únicas iniciativas do governo paulista quanto à formação de artistas. Desde a Proclamação da República o governo estadual enviava artistas para a Europa, sem definições bem determinadas quanto ao período de bolsas. O Pensionato Artístico foi regulamentado em 1912 e durante o período que vigorou, Freitas Valle desempenhou papel decisivo na escolha dos artistas. Tinha por finalidade complementar a formação de artistas que já tivessem percurso reconhecido, custeando sua permanência na Europa por dois anos, durante os quais deveriam frequentar cursos e artistas escolhidos, executar cópias e composições preestabelecidas, mandando os resultados para verificação do aproveitamento.[23]

A pesquisadora Marcia Camargos, em sua publicação sobre o mecenas Freitas Valle, dedica parte significativa de um capítulo a uma leitura sobre o Pensionato Artístico de São Paulo, após uma breve introdução sobre as condições do ensino de artes no Brasil, sua necessidade, importância e forma de institucionalização durante o período do reinado e do Império. A autora aponta a necessidade de mudança de "critérios herdados do regime anterior", que acompanharia as mudanças pós-Proclamação da República,[24] algo não alcançado na primeira fase do Pensionato, desde sua criação até a regulamentação, em 1912, e a passagem de comando para o "Morubixaba da estética oficial" — como seu articulador, o senador Freitas Valle, era identificado no ambiente cultural daqueles que frequentavam os salões, na Villa Kyrial, na rua Domingos de Moraes.

São Paulo não contava com instituição alguma encarregada da categoria de ensino artístico formal, uma vez que a proposição da "escola de artes" não encontrou espaço para além das propostas, decretos, relatórios governamentais, notícias de jornais e discursos, nem mesmo nas décadas seguintes, incluindo o primeiro momento modernista, com seu acontecimento consagrador que foi a "Semana de 22", e tampouco nas décadas posteriores, uma vez que a primeira "escola oficial de artes" seria criada apenas em 1970.[25]

Caberia, portanto, ao menos em princípio, ao Pensionato buscar suprir essa lacuna, dado que, das instituições oficiais mencionadas, apenas ele tinha existência e conseguia encontrar algum campo de atuação. Todavia, o que chama atenção de imediato, na leitura do texto da pesquisadora, é a ausência total de informação e menção a dados referentes aos acontecimentos que medeiam sua criação, em 1892, e a regulamentação vinte anos depois, em 1912, pelo então secretário do interior Altino Arantes, exatamente uma década antes da Semana de Arte Moderna.

Inúmeros e significativos são os estudos, pesquisas e publicações que enfrentam aquele período, em busca de outras perspectivas que não a da construção "hegemônica" decorrente do "festival de artes" ocorrido em fevereiro de 1922, nas dependências do Theatro Municipal de São Paulo, bem como de seus desdobramentos e dos primeiros estudos monográficos sobre seus atores. Podem ser destacadas as reflexões sobre a formação de coleções privadas e públicas, o mapeamento da produção de publicações periódicas e a realização de exposições, os trabalhos sobre a crítica, artistas predecessores da Semana, sobre o teatro, o circo, o cinema, ou, ainda mais recentemente, sobre a presença e a participação feminina nesse ambiente, entre outros aspectos anteriormente relegados.

No entanto, não seria ousadia questionar que o Pensionato em si, dentro desse quadro geral das revisões, parece carecer de outros olhares que o aproximem mais diretamente dos estudos de formação artística e educação em artes, ainda que ele tenha sido tratado sob ópticas acadêmicas investigativas de distintas naturezas, como economia, história, sociologia da cultura, museologia e mesmo jornalismo e memorialismo.

SÃO PAULO, 1911: DO THEATRO MUNICIPAL A *O PIRRALHO* E O "NOVO" PENSIONATO

Dentre as indagações e reflexões acerca das duas décadas iniciais do século XX e do ambiente cultural da cidade, um fato se apresenta como merecedor de maiores pesquisas e aprofundamento de leituras por seus indícios de uma construção de projeto de imaginário dessa modernidade propalada pelas transformações já visíveis na cidade. O ano de 1911 é marcado por uma sucessão de eventos e rupturas, e se apresenta como aquele no qual podemos identificar uma concentração de ações, fatos e acontecimentos marcantes dentro do panorama artístico, cultural e social de São Paulo. Por sua incidência e concentração temporal, o conjunto nos leva a pensar em um possível "projeto" — mesmo que não declarado, ou explicitado — de desenvolvimento, arquitetado para a metrópole pelos responsáveis, nas diferentes instâncias, pela modernização da cidade.

Como já mencionado anteriormente, é naquele momento que a cidade passa a ter seu Theatro Municipal, sendo incorporado à iniciativa pública o oferecimento de atividades cênicas, até então nas mãos da esfera privada — ainda que um exame mais detalhado sobre ações e concessões anteriores possa ser mais revelador da relação público versus privado.

Dentre as leituras desenvolvidas sobre a questão da metropolização, também foi possível identificar, em particular, que, no ano de 1911, a cidade recebeu especial atenção por parte do interesse público e privado, com estudos e planos para ela. Assim, três possibilidades — governo estadual, municipal e iniciativa privada — de intervenção no planejamento urbano surgem como pano de fundo para um período que se apresenta rico em possibilidades de identificação com os modelos de modernidade vigentes. Estas têm, claramente, uma vinculação com os planos de mudança de Paris e, nesse sentido, se apresenta como relevante e de interesse poder estudar e verificar as proximidades, semelhanças e inovações por elas apresentadas, mas que não foram implantadas, no que poderia ser um desejo de torná-la um afrancesamento da modernidade.

No campo da visualidade, é preciso mencionar a regulamentação da Pinacoteca do Estado, criada em 1905, que passou então a ter um direcionamento sobre suas funções e formas de atuação. Em seu estudo sobre Freitas Valle,[26] Camargos nos fornece dados sobre o papel do senador e, naquela altura, presidente da Comissão de Instrução Pública na reformulação e inserção da Pinacoteca como instituição com "razão de ser". O projeto aprovado significou a reforma e adequação do museu, que, assim remodelado, é franqueado ao público em 24 de dezembro de 1911, com a abertura da I Exposição Brasileira de Belas-Artes. Cumpre ressaltar que, nesse mesmo ano, também por iniciativa de Freitas Valle, houve a reconstituição da Biblioteca Pública.

Ainda no mesmo ano de 1911, é criada a Associação dos Arquitetos; é fundada a Sociedade Hípica Paulista; é iniciada a construção da Vila Maria Zélia, primeira vila operária na cidade (e primeira do Brasil); é formada a Companhia Teatral Paulista. Mais diretamente relacionada à produção em artes plásticas, podemos destacar a realização da Exposição Espanhola e da Exposição de Pintura Espanhola, esta última no Liceu de Artes e Ofícios, dentre tantas outras atividades, produções e manifestações. Caberia, ainda, ressaltar uma iniciativa que se destaca como provocadora e contestadora da situação vigente: a fundação e início de atividades da revista *O Pirralho*, que tem à sua frente Oswald de Andrade.

Nos estudos sobre a cidade de São Paulo do início do século xx, a questão da formação do olhar e as transformações possíveis no gosto — bem como pensá-lo como forma identitária, como um elemento fundamental no processo de distinção social — nos levam a buscar um delineamento do perfil de novas formas de veiculação da informação, que se coadunam com o ritmo, a velocidade e as mudanças desses novos tempos: as revistas e periódicos.

A quantidade, diversidade e importância desses veículos apontam, já naquele momento, para seu relevante e peculiar papel. Eles abordam a mais variada gama possível de temas, em diferentes idiomas, para todas as comunidades que viviam na cidade, no período em foco, oriundas das ondas migratórias que para cá se deslocaram desde a segunda metade do século xix. Em formatos e periodicidade variáveis e inconstantes, as publicações constituem-se em um documento de época significativo. Dentre as mais arrojadas, destaca-se a que, por iniciativa de Oswald de Andrade, começou a circular em 1911, "coincidentemente", no mesmo ano em que se inaugura na cidade aquele que será palco das manifestações modernistas de 1922, o Theatro Municipal.

Ao longo de sete anos, de 1911 a 1918 (fevereiro), *O Pirralho*, em suas 248 edições (de início semanalmente, para aos poucos perder-se o rigor da periodicidade), tornou-se um espaço de experimentação para o futuro modernista Oswald de Andrade,[27] mas também para outros que o acompanharam naquela aventura, como Voltolino, Di Cavalcanti, Ferrignac, além de intelectuais e escritores como Guilherme de Almeida, Cornélio Pires e os colaboradores cariocas, como Olavo Bilac e João do Rio. Em suas seções, desfilam novas abordagens, como as experiências "macarrônicas" de Juó Bananére, nas "Cartas d'Abax'o Piques", ou ainda o "Xornal Alemong".

A presença dessas alterações indica não só a existência de um meio artístico, mas também como este é dotado de características próprias e distintas, abordando a realidade da Pauliceia que, rápida e violentamente, se moderniza, com elementos determinados por injunções e fatores, a partir das transformações do "pacato burgo estudantil" de meados do século xix. Para isso, *O Pirralho* contribui decisivamente enquanto veículo publicado para uma elite que, assim, passa a conviver e a estreitar contato com uma forma estética arrojada. A publicação, pelos olhos de Oswald e seus companheiros, oferece uma visão global, aquela que reúne os indicadores e as marcas de ruptura com o pensamento vigente, fazendo dela um "balão de ensaio do modernismo".[28]

O periódico pode, assim, ser visto como um indício e um contributo para a compreensão dos processos de renovação da formação de um novo "gosto". Ele é fruto de seu tempo, em que o novo se insurge contra valores tradicionais, mas ainda muito presentes na vida da cidade que começa a romper os limites da colina encimada pela região do Triângulo, área considerada, naquele momento, como o coração da cidade de São Paulo.

Estreitamente ligada a um de seus criadores — Oswald de Andrade — desde sua origem aos momentos finais, mesmo não o tendo à sua frente, mesmo atravessando crises e transformações, a publicação se apresenta como um objeto de pesquisa em toda a sua extensão. O periódico reúne referências ao contraditório cenário em que se desenvolve o espetáculo da modernização paulistana. A revista traz a público, em suas edições, a perspectiva "da convulsa cena política do período em que circula [...] especialmente o registro do mandato de Hermes da Fonseca (1910-1914), que representou um momento de crise da política café com leite e da hegemonia paulista, defendida pelo impresso".[29]

O Pirralho foi, como descreve a pesquisadora Ana Maria Belluzzo, "[...] um cadinho cultural [...] Anotou o curso dos acontecimentos políticos, comentou os costumes da cidade, destacou as principais ocorrências artísticas — nas artes plásticas, no teatro, na literatura, na música, na época em que o cinema ainda era pretexto para a crônica mundana".[30] Pode-se perceber, dessa forma, estampada nas páginas do periódico, a diversidade de enfoques da vida paulistana e brasileira, abordados permanentemente com humor, ironia, irreverência e liberdade.

Caberia aqui reafirmar a hipótese de um momento particularmente revelador de inovações e transformações que culminam — do ponto de vista da produção cultural e nas relações da elite paulista com o governo do estado, aquela assumindo a função deste ao proporcionar o desenvolvimento artístico, suprindo-lhe a falha — e se traduzem na reformulação, em 1912, do Pensionato Artístico Paulista.

Ele corresponde ao período entre a proposição legal — ainda no início da Primeira República — tanto para a "escola de artes", nunca criada nem implantada, para a constituição da Pinacoteca do Estado, em 1905, somente regulamentada em 1911, como, ainda, para o Pensionato Artístico e sua regulamentação[31] e condução, por Freitas Valle, durante as duas décadas seguintes. A referência a 1893-1911 marca a existência do Pensionato ainda sem definições de critérios específicos de seleção. Para esses anos, temos reduzidas informações que nos permitam uma tentativa de compreensão sobre a atuação do apoio.

A ascensão, ou a tomada de poder decisório para si é um dado importante para a compreensão da condução do Pensionato. Nas palavras de Marcia Camargos: "reinava soberana a figura de José de Freitas Valle, que, de moto próprio, decidia quem seria agraciado com as bolsas";[32] a despeito das figuras relevantes da sociedade paulista[33] que se revezavam nas comissões indicadas pela autoridade competente, o secretário do Interior, era do senador a atribuição, desdobrada, ainda, no acompanhamento das definições dos destinos e da estadia dos residentes nas cidades europeias.

Particularmente, a análise de Pedro Nery[34] sobre o período, relacionado ao Pensionato e à pretensa implantação da "escola de artes", possibilita conjecturar, mesmo quando essa não é a proposição do autor, sobre as ações de caráter mais personalista de seus agentes, em detrimento de uma possível política pública que abarcasse a formação e a produção artística e sua difusão naquele momento. Porém, ainda precisamos examinar esse arco centenário e buscar uma efetiva ação nesse sentido, o que não parece ser possível afirmar, bastando um olhar para a fragilidade que ainda ameaça a existência das instituições artísticas e culturais, sem falar na quase inexistência de mecanismos oficiais e institucionalizados de apoio e incentivo.

Em sua análise do modernismo no Brasil, Ana Paula Nascimento traz uma leitura sobre o caso "sugestivo" do grupo de pensionistas que tem Paris como destino:

Entre os dezessete artistas plásticos agraciados por esse auxílio, treze dirigiram-se para Paris; a maioria — nove deles — optou por cursar a Académie Julian, e apenas Gastão Worms orientou-se para um ateliê claramente afinado com as vanguardas, o de Lhote. Ampliando o foco para egressos de outros pontos do país, é preciso lembrar, por exemplo, que também estavam na França, nesse período, pensionistas da Escola Nacional de Belas-Artes, como Angelina Agostini, Modestino Kanto, Manuel Santiago e o paulista Cândido Portinari, entre outros, o que conforma um panorama mais complexo do que a historiografia brasileira, em geral laudatória, costuma perceber.[35]

A esse breve levantamento, é possível acrescentar, dentre os pensionistas, Anita Malfatti, que permanece de 1923 a 1928 em Paris, onde manteve ateliê próprio e frequentou cursos, incluindo o do artista Maurice Denis, distanciando-se de suas "radicalidades modernistas" iniciais. Outro integrante do grupo é Victor Brecheret, que, com Malfatti, esteve diretamente relacionado à Semana de 22; ainda que ele não tenha estado presente, enviou doze trabalhos, entre esculturas e desenhos.[36] Dessa forma, as relações de artistas modernistas com o Pensionato são, mais do que tênues, quase inexistentes, e não apenas quantitativamente.[37]

No período de dezenove anos, após a reformulação, poucos nomes se destacam[38] — como o de Victor Brecheret e Anita Malfatti —, além daqueles da área da música, como Souza Lima e Francisco Mignone, ainda que outros tenham tido o apadrinhamento do senador e convivido, no Velho Continente, com a atmosfera provavelmente menos afeita às provocações das vanguardas, à medida que deveriam cumprir à risca as obrigações e regras determinadas no regulamento e, portanto, atender a uma orientação mais afeita à tradição do que aos ditames das rupturas já dominantes nos círculos das cidades da modernidade.

A figura identificada como "o mais importante mecenas em São Paulo no início do século XX, patrocinando, sobretudo, a arte dos salões [...] precursor da participação da iniciativa privada na vida cultural [...] tendo estimulado, também, a participação do governo nessa área, quase nula na época",[39] o "senhor da Villa Kyrial" encerra consigo o segundo momento de atuação do Pensionato,[40] quando sai da vida política, em função dos desdobramentos do movimento revolucionário que retiram o PRP, Partido Republicano Paulista, do poder e da "cassação" de seu mandato.

Tarefa praticamente impossível é tentar abarcar e analisar as distintas perspectivas que, cada vez mais, são elaboradas sobre a complexidade do ambiente cultural da cidade desde o início do século XX. Dessa forma, destacar desse panorama aspectos que possam aproximar-nos das políticas — e suas inexistências — de apoio e fomento da formação artística é, por si só, de relevância para o estabelecimento de futuras políticas públicas, uma vez que se torna visível a dimensão de entrelaçamento destas com os interesses privados que, ao mesmo tempo, tomam para si ações ainda não elaboradas e implementadas pelas esferas governamentais.

RESIDÊNCIA ARTÍSTICA COMO AFIRMAÇÃO DE CAMPO EXPANDIDO DE AÇÃO

Na tentativa de um breve e panorâmico olhar sobre origens e possíveis histórias de transformações processadas em um dos mecanismos relacionados com os processos de formação artística, é preciso ainda estabelecer um vínculo com uma das mais significativas e renovadoras instituições instaladas nos Estados Unidos na década de 1930, o BMC — Black Mountain College,[41] que perdurou até 1956. Não pode deixar de ser mencionado o caráter fundamentalmente experimental da proposta, e se deve pensá-la agora não mais em um contexto de "prêmio de viagem", ou um apoio para aperfeiçoar-se em outro contexto, mas antes como um espaço privilegiado para a experimentação, caracterizando-se pela convivência e trocas entre alunos e professores, e por uma proposta de vida comunitária; a crença no papel da prática e experiência artísticas.

O espaço privilegiado e geograficamente distanciado dos locais de produção, o tempo específico e "retirado" do cotidiano, a vida em comum, as trocas e os processos colaborativos decorrentes dessas condições especiais de vida, como também de trabalho, são elementos fundamentais para a aproximação entre a Black Mountain College e a concepção de residência artística que ganha força e se instaura no contexto artístico a partir da década de 1960.

Para retomar a proposta conexão cronológica iniciada nesta reflexão, é preciso inserir no cenário artístico paulista o encerramento do Pensionato Artístico, em 1931, mas também mencionar outras tentativas de articulação do meio com a criação, por parte dos integrantes da mesma elite cultural e econômica, deve-se frisar, da Sociedade Pró-Arte Moderna (Spam) e, particularmente, do Clube dos Artistas Modernos (CAM), este último trazendo aspectos de um experimentalismo não encontrado em outras ações dessa natureza, mesmo nas décadas seguintes, na cidade. Trata-se de uma referência fundamental quando nos debruçamos em olhares e análises sobre a ideia atual de residência artística.

Propor aproximações entre o Pensionato Artístico e a concepção atual de residência artística é um possível exercício comparativo, mas é preciso ressaltar que, além de conceitos como o de deslocamento e de tempo diferenciado, seria preciso identificar outros elementos característicos, como a convivialidade e a sociabilidade decorrente desta, e ainda a perspectiva das possíveis trocas entre artistas em residência com os demais integrantes do programa do qual participam e, em uma visão mais ampla, também com o circuito, a comunidade na qual se inserem e a própria cidade, características dificilmente identificáveis, ao menos na literatura disponível, nos relatos relativos aos processos dos artistas que participaram do Pensionato.

Essa categoria de análise comparativa ensejaria uma leitura focada em aspectos dessa natureza e direcionada aos relatórios e toda a sorte de documentos produzidos pelos bolsistas, bem como sua correspondência específica, para neles buscar indícios dessas articulações. Tal pesquisa tornou-se inviável desde que, em 1958, uma fogueira acesa no quintal da Villa Kyrial queimou o "legado da história cultural paulistana". Toda a documentação endereçada e arquivada na antiga chácara, que se tornara "uma espécie de órgão controlador das políticas e das práticas culturais em São Paulo, na Primeira República",[42] foi consumida pelas chamas, que apagam o passado e a história documentada.

Retomando, para encerrar este flerte com uma pretensa cronologia[43] da residência artística, dois momentos mais recentes devem ser apontados para estabelecer relações conceituais, além de cronológicas. No final da década de 1960, podem ser identificadas duas vertentes, representadas de um lado por uma busca de isolamento, em uma postura de retomada das utopias que propugnam por transformações, e, de outro, pela proposta de vida em comunidades urbanas. Neste último caso, no cenário nova-iorquino, até a década seguinte, na região abaixo da rua Houston, o South of Houston (SoHo), galpões industriais e espaços comerciais deteriorados e abandonados foram ocupados por artistas que criaram, naquela região não residencial, comunidades e as "AIR" ou "*artist in residence*", como foram denominadas oficialmente. Significativamente em contexto cultural e condições sociais, políticas e econômicas diversos, mas na mesma década, ergueu-se, no centro de Paris e às margens do rio Sena, a Cité Internationale des Arts. A inauguração, em 1964, de um edifício de características modernas, instalado no centro histórico da cidade, marcou o início das atividades daquela que pretendia dotar novamente a cidade de seu espírito de "capital cultural do mundo", perdido a partir da Segunda Guerra Mundial, reunindo centenas de artistas, oriundos de todas as regiões do globo.

Nesse mesmo complexo de ateliês/estúdios que é a Cité des Arts, a Fundação Armando Alvares Penteado (Faap), sediada em Higienópolis, São Paulo, mantém, desde 1996, um apartamento/ateliê para o qual envia, semestralmente, um bolsista selecionado que, a partir dessa premiação, permanece por seis meses na capital francesa, mergulhado em seus projetos e processos de investigação em arte contemporânea. De outro lado, e fortemente marcada por essa experiência, a Fundação criou e mantém em São Paulo, desde 2005, no Edifício Lutetia — a antiga Casa Lutetia, um projeto do escritório Ramos de Azevedo (*c.* 1923) —, a única residência artística em São Paulo, em que se aliam (instalações) condições de moradia, trabalho e sociabilidade, além do convívio com o ambiente formal do ensino de artes visuais.

Pode-se, de forma mais livre, propor uma leitura que articule estes fatos, estas instituições, bem como os ambientes culturais nos quais se inserem, e as relações de sociabilidade que se estabelecem,

Edifício Lutetia, antiga Casa Lutetia, onde está instalada a Residência Artística Faap, na praça do Patriarca, 78.

tanto temporal (1922-2022), como geográfica (São Paulo-Paris) e urbanisticamente: a Praça do Patriarca tendo o Viaduto do Chá como "ponte" para o Theatro Municipal [imagem p. 19].

A título de finalização do recorte cronológico proposto, é necessário mencionar o crescimento significativo, em números, e a diversidade de tipologias de residências que se estabelecem e são implantadas nas décadas de 1990 e 2000. Esse boom ganha contornos da globalização ao se disseminar, articulando-se em associações, networks, em redes sociais que congregam esses espaços, agora não mais distribuídas, fundamentalmente, pela Europa e pelos Estados Unidos, mas nos quatro cantos do mundo. Nesta era de cultura de redes, elas se articulam, tornando-se um elemento fundamental dentro da estrutura do sistema da arte contemporânea.

O conceito de residência artística, atualmente, abrange a possibilidade de reivindicar seu estatuto de espaço heterogêneo e heterotópico, no qual as trocas possam se processar, com o reconhecimento e a afirmação da singularidade. Que ela seja entendida como o ambiente no qual existe o tempo necessário para a disponibilidade dos encontros; que esses espaços possam ser reconhecidos em seu potencial de generosidade, de forma a participar de processos de discussão, mas, fundamentalmente, atuar nos processos de formação continuada do artista, contribuindo para o alargamento da percepção de suas ações no meio social, garantindo-lhe a possibilidade de participar das buscas por caminhos que levem às necessárias transformações sociais de um mundo, mais do que nunca, em ebulição e em processos "disruptivos".

Em meio aos processos de rediscussão das relações da arte com o mundo e em meio a uma série de ações que visam a repensar as formas e os espaços da atuação artística, esse modelo de prática artística das residências identifica-se como um mecanismo "alternativo" para os já tradicionais espaços de formação, criação, produção, difusão e reflexão, no campo artístico, ou da cultura visual, que pode ser alargado para os demais campos da criação.

Retomando o arco de um século — 1922-2022 — e, na perspectiva dos dias atuais, em tempos de pandemia, é fundamental pensar nas dificuldades de manter e desenvolver programas dessa natureza, com o fechamento de fronteiras, ondas de exacerbação de nacionalismos, a imposição de restrições e dificuldades ao deslocamento, e nesse conjunto de condições como fator determinante para um recrudescimento das residências artísticas e os instigantes e potentes processos de experimentação e trocas que elas proporcionam.

NOTAS

1. A base para este recorte de uma possível cronologia é Marcos Moraes, *Residência artística: Ambientes de formação, criação e difusão*. São Paulo: FAU-USP, 2009. Tese (Doutorado em Projeto, Espaço e Cultura). Essa pesquisa foi atualizada em Marcos Moraes, "Residência artística: De ambiente de produção e difusão das práticas artísticas contemporâneas, ou acerca da formação artística e das necessidades de resistência e persistência da pesquisa e experimentação". *Revista Farol*, Vitória: Ufes, ano 1, n. 23, pp. 37-54, 2021. Disponível em: <https://doi.org/10.47456/rf.v1i23.34028>.
2. Cf. Nina Lübbren, *Rural Artists' Colonies in Europe 1870-1919*. New Brunswick: Rutgers University Press, 2001.
3. Industrial e magnata russo com formação e interesse artístico, reúne ao seu redor, na propriedade de Abramantsevo, um círculo de artistas plásticos, poetas, escritores, músicos, dramaturgos, pensadores que irão constituir a denominada Colônia Mamontov.
4. Tricia Snell (Ed.), *Artists Communities. A Directory of Residencies in the United States That Offer Time and Space for Creativity*. 2. ed. Nova York: Allworth Press, 2000.
5. Mario de Micheli, "Os mitos da evasão". In: Mario de Micheli, *As vanguardas artísticas*. Trad. de Pier Luigi Cabra. São Paulo: Martins Fontes, 2004, pp. 39-58; Gill Perry, "O Primitivismo e o 'Moderno'". In: Charles Harrison et al., *Primitivismo, Cubismo e Abstração: Começo do século* XX. Trad. de Otacílio Nunes. São Paulo: Cosac Naif, 1998, pp. 8-45.
6. Maria Paes de Barros, *No tempo de dantes*. São Paulo: Paz e Terra, 1998, p. 5.
7. Julio Lucchesi Moraes, *São Paulo capital artística: A cafeicultura e as artes na Belle Époque (1906-1922)*. Rio de Janeiro: Beco do Azougue, 2013, pp. 42-52.
8. Id., ibid.
9. Apud Ernani Silva Bruno, *História e tradições da cidade de São Paulo*. Rio de Janeiro: Livraria José Olympio, 1954, pp. 911-2.
10. António de Alcântara Machado, *Novelas paulistanas: Brás, Bexiga e Barra Funda, Laranja da China, Mana Maria, contos avulsos*. Rio de Janeiro: J. Olympio, 1981, p. 8.
11. Região central da cidade formada pela confluência das ruas Direita, São Bento e XV de Novembro.
12. O projeto do Theatro Municipal data de 1903.
13. Sonia Maria D'Elboux, *A Exposição de Pintura Moderna Anita Malfatti (1917-8) no contexto sociocultural paulistano*. São Paulo: Mackenzie, 1998, pp. 11-2. Dissertação (Mestrado em Educação, Arte e História da Cultura).
14. Rejane Cintrão, *Algumas exposições exemplares: As salas de exposição na São Paulo de 1905 a 1930*. Porto Alegre: Zouk, 2011, p. 11.

15. Maria L. B. Coelho de Paula, *Artes plásticas no Brasil: Modernidade, campo artístico e mercado (de 1917 a 1964)*. São Paulo: PUC-SP, 1990, p. 75. Dissertação (Mestrado em Ciências Sociais).
16. Heloisa de Faria Cruz, *São Paulo em papel e tinta: Periodismo e vida urbana — 1890-1915*. São Paulo: Educ; Fapesp; Arquivo do Estado de São Paulo; Imesp, 2000; Heloisa de Faria Cruz (Org.), *São Paulo em revista: Catálogo de publicações da imprensa cultural e de variedades paulistanas 1870-1930*. São Paulo: Arquivo do Estado, 1997.
17. Ana Luiza Martins, *Revistas em revista: Imprensa e práticas culturais em tempos de República, São Paulo (1890-1922)*. São Paulo: Edusp; Fapesp; Imprensa Oficial do Estado, 2001.
18. Id., ibid., pp. 507; 533.
19. O título atribuído à cidade por Sarah Bernhardt, em 1893, ano de sua segunda visita (ela também esteve em São Paulo em 1886 e 1905), passou a ser incorporado, quer pela imprensa, quer pela burguesia paulista, que vislumbrou nele um verniz para distinção e projeção social.
20. Oriunda da compra pelo estado da coleção Sertório (conhecida como Museu Sertório) e do acervo do recém-criado Museu do Estado.
21. Lilia M. Schwarcz, "O nascimento dos museus brasileiros (1870-1910)". In: Sérgio Miceli (Org.), *História das Ciências Sociais no Brasil*. São Paulo: Vértice; Revista dos Tribunais; Idesp, 1989, v. 1, pp. 20-71.
22. Tadeu Chiarelli, *Um Jeca nos vernissages*. São Paulo: Edusp, 1995, p. 47. (Texto e Arte, 11).
23. Maria Izabel B. Ribeiro, *O museu doméstico. São Paulo 1890-1920*. São Paulo: ECA-USP, 1992, p. 77. Dissertação (Mestrado em Artes).
24. Marcia Camargos, *Villa Kyrial: Crônica da Belle Époque paulistana*. São Paulo: Senac, 2001, pp. 142-57.
25. Em junho de 1966, o governador do estado de São Paulo, Laudo Natel, baixa o decreto de criação da Escola de Comunicações Culturais. Em 1970, a instituição incorpora os cursos de Artes Plásticas e Música, passando a denominar-se Escola de Comunicações e Artes.
26. Marcia Camargos, *Villa Kyrial: Crônica da Belle Époque paulistana*, op. cit., pp. 172-3.
27. Ressalve-se que ele viaja para a Europa em 1912.
28. Ana Maria de Moraes Belluzo, *Voltolino e as raízes do modernismo*. São Paulo: Marco Zero; Secretaria de Estado da Cultura de São Paulo; Brasília: MCT/CNPq, 1992, p. 39.
29. Gênese Andrade; Maria de Lourdes Eleutério, "*O Pirralho* na cena cultural paulistana antes da Semana de 22". *Revista da Biblioteca Mário de Andrade*, São Paulo: Biblioteca Mário de Andrade, n. 68, pp. 53-68, 2012.
30. Ana Maria de Moraes Belluzo, *Voltolino e as raízes do modernismo*, op. cit., p. 43.

31. Regulamentado em abril de 1912, pelo decreto 2.234, e dissolvido em 11 de abril de 1931, pelo decreto 4.965 (Cf. Marcia Camargos, *Entre a vanguarda e a tradição: Os artistas brasileiros na Europa (1912-1930)*. São Paulo: Alameda, 2011, p. 54).
32. Marcia Camargos, *Villa Kyrial: Crônica da Belle Époque paulistana*, op. cit., p. 161.
33. Ramos de Azevedo, Oscar Rodrigues Alves Filho, Olívia Guedes Penteado, João Maurício Sampaio Viana e Carlos de Campos.
34. Pedro Nery, *Arte, pátria e civilização: A formação dos acervos artísticos do Museu Paulista e da Pinacoteca do Estado de São Paulo (1893-1912)*. São Paulo: Programa de Pós-graduação Interunidades em Museologia, USP, 2015. Dissertação (Mestrado em Museologia).
35. Ana Paula Nascimento, "Modernismo no Brasil: Campo de disputas". In: Fabiana Werneck Barcinski (Org.), *Sobre arte brasileira*. São Paulo: WMF Martins Fontes; Edições Sesc, 2014, pp. 232-63.
36. Marcia Camargos, *Entre a vanguarda e a tradição*, op. cit., pp. 133-309.
37. Nessa perspectiva, seria preciso desdobrar-se um espaço específico sobre os artistas brasileiros que estiveram na capital francesa, a partir da seminal pesquisa e reflexão de Marta Rossetti Batista, que resultou na publicação de *Os artistas brasileiros na Escola de Paris: Anos 1920*. São Paulo: Ed. 34, 2012.
38. Frequentemente incluído dentre os dezessete artistas do período, ressalve-se que José Wasth Rodrigues foi pensionista do momento anterior à regulamentação de 1912, portanto, não sob a "supervisão direta" de Freitas Valle.
39. Rejane Cintrão, *Algumas exposições exemplares*, op. cit., p. 41.
40. Momento (1931) em que também se extingue o Pensionato.
41. Escola fundada em 1933, na Carolina do Norte, Estados Unidos, e que permaneceu em atividade até 1956. Tinha como características: postura experimental, valorização da vida em comunidade, proposta de reunião de distintas formas de conhecimento e localização geograficamente deslocada dos centros urbanos de produção e ensino.
42. Marcia Camargos, *Entre a vanguarda e a tradição*, op. cit., pp. 11-3.
43. Uma perspectiva mais ampliada encontra-se em Marcos Moraes, "Residência artística: De ambiente de produção e difusão das práticas artísticas contemporâneas, ou acerca da formação artística e das necessidades de resistência e persistência da pesquisa e experimentação", op. cit.

BIBLIOGRAFIA COMPLEMENTAR

AMARAL, Aracy. "O mecenato em São Paulo de 1890 a 1920: Freitas Valle, o magnífico". In: *Arte e meio artístico: Entre a feijoada e o x-burguer*. São Paulo: Nobel, 1982, pp. 34-43.

ANDRADE, Oswald de. *Um homem sem profissão: Sob as ordens de mamãe*. Rio de Janeiro: Civilização Brasileira, 1976.

BATISTA, Marta Rossetti et al. (Orgs.). *Brasil: 1º tempo modernista — 1917/29. Documentação*. São Paulo: Instituto de Estudos Brasileiros, 1972.

BROCA, Brito. "*O Pirralho*, uma revista de transição". In: *Naturalistas, parnasianos e decadentistas: Vida literária do realismo ao pré-modernismo*. Campinas: Ed. da Unicamp, 1991, pp. 336-40.

DURAND, José Carlos. *Arte, privilégio e distinção*. São Paulo: Perspectiva; Edusp, 1989.

MAGALDI, Sábato; VARGAS, Maria Thereza. *Cem anos de teatro em São Paulo*. São Paulo: Senac, 2000.

MARIANO, Maíra. "O teatro em São Paulo no início do século XX: A Companhia Arruda". *Anais ABRACE*, Campinas, v. 9, n. 1, 2008. Disponível em: <https://www.publionline.iar.unicamp.br/index.php/abrace/article/view/1561>. Acesso em: jun. 2021.

MICHEL, Christian. *The Académie Royale de Peinture et de Sculpture: The Birth of the French School, 1648-1793*. Los Angeles: Getty Research Institute, 2018.

MORAES, Marcos. "Residência artística: Uma reflexão sobre os ambientes de formação, criação e difusão das práticas artísticas contemporâneas". In: *Políticas para as artes: Prática e reflexão*. Rio de Janeiro: Funarte, 2014, pp. 14-42.

_____. "Residência artística: Especificidades da pesquisa/produção". In: VASCONCELOS, Ana; BEZERRA, André (Orgs.). *Mapeamento de Residências artísticas no Brasil*. Rio de Janeiro: Funarte, 2014, pp. 39-49.

MOURA, Carlos E. M. de (Org.). *Vida cotidiana em São Paulo no século XIX: Memórias, depoimentos, evocações*. Cotia (SP): Ateliê Editorial; Fundação Ed. da Unesp; Imesp, Secretaria Estadual de Cultura, 1998.

POLÍTICAS para as artes: Prática e reflexão. Rio de Janeiro: Funarte, 2014.

SEGAWA, Hugo. *Prelúdio da metrópole: Arquitetura e Urbanismo em São Paulo na passagem do século XIX ao XX*. Cotia (SP): Ateliê Editorial, 2000.

SHIPP, S. *American Art Colonies, 1850-1930: A Historical Guide to America's Original Art Colonies and Their Artists*. Westport: Greenwood Press, 1996.

VASCONCELOS, Ana; BEZERRA, André (Orgs.). *Mapeamento de Residências artísticas no Brasil*. Rio de Janeiro: Funarte, 2014.

ZANINI, Walter (Org.). *História geral da arte no Brasil*. São Paulo: Instituto Walther Moreira Salles, 1983. 2 v.

AS MOLDURAS DO MODERNISMO

KENNETH DAVID JACKSON

UMA QUESTÃO DE MOLDURAS

Para as exibições de sua obra na Galeria Percier em 1926 e 1928, a artista Tarsila do Amaral encomendou para dez quadros novas molduras artísticas do conceituado designer francês Pierre Legrain, "[...] de uma concepção toda especial [...] para isolar os trabalhos de uma maneira menos rude e valorizar suas qualidades, harmonizando-as com os objetos que os cercam".[1] Destacaram seu exotismo e sua modernidade, diferenciando a obra e o mundo,[2] todas extravagantes no espírito dos *années folles*, das quais apenas uma sobrevive hoje: a tela *A cuca*, de 1924, atualmente no Museu de Grenoble [imagem n. 2]. O desejo da artista de encomendar molduras criativas que capturassem o momento parisiense, intensificando o efeito exótico de seus quadros na galeria, fala a respeito não apenas da função, mas também do limite das molduras. Como as molduras de Legrain, os termos que empregamos estão sujeitos da mesma maneira ao gosto da época, que proporciona um ambiente muito particular, porém inconstante, que muda de perspectiva de acordo com o tempo entre a obra e o mundo. Nesse sentido, para chegar a um entendimento crítico da Semana de 22 e do modernismo, seria preciso experimentar uma série de molduras, como se a Semana fosse um quadro, na tentativa de visualizar um evento e um movimento tão diversificados, cuja definição também evolve com o tempo. Pode ser que, como nos quadros de Tarsila, precisemos imaginar uma moldura de vanguarda para poder nos aproximar do significado da Semana em seu momento. E será possível emoldurar criticamente um movimento tão multiforme como o modernismo, que talvez ainda não tenha acabado, ou será que entramos numa galeria de espelhos?

Não obstante sua condição movediça, é preciso pensar em molduras para a Semana e o modernismo. Situá-los entre certos limites temporais e temáticos é um passo necessário para a compreensão de seu significado. Essas molduras impõem certos limites, criando contextos artísticos, históricos, geográficos e identificam precedentes e ramificações. As molduras, portanto, servem para destacar o modernismo, como as molduras de vanguarda que Tarsila do Amaral encomendou, e documentar diferentes interpretações críticas. Testemunham tanto as condições de sua formação como as influências e as consequências artísticas, encaixando a Semana como evento e como símbolo do estado das artes nacionais.

MODERNISMO OU VANGUARDA

A escolha da expressão "Arte Moderna" para caracterizar a Semana reflete o termo encontrado, entre outros exemplos, na obra de Guillaume Apollinaire, *La Peinture moderne* (1913), estudo que destaca o cubismo, um dos primeiros movimentos das vanguardas estéticas europeias do século xx. O adjetivo, emprestado de autores da cultura francesa, aparecia na revista popular de Monteiro Lobato, *A Vida Moderna* (1907-22). Foi o escolhido para a Semana de Arte antes de existir um movimento modernista nacional. Ao contrário do *modernismo* dos hispano-americanos, referência a uma herança parnasiana e simbolista na literatura e nas artes, o modernismo centrado na Semana tem um sentido anglo-europeu, ligado aos movimentos de vanguarda. Pretende cultivar no Brasil obras modernas, espelhando o conceito de modernidade da Europa, produzidas em contato com movimentos europeus, ou em consequência de sua influência. O termo "modernismo" é mais amplo do que "vanguarda"; há vanguardas dentro do modernismo, mas o modernismo inclui outras expressões modernas que não são necessariamente de vanguarda.

Os artistas, músicos e escritores da Semana não eram necessariamente os "jovens" de que se falava, visto que tinham nascido nas décadas de 1880 e 1890. Descontando a presença do diplomata José Pereira da Graça Aranha (54 anos), o mais velho era o artista polonês Georg Przyrembel (37 anos) e a mais jovem a artista Zina Aita (22 anos). A maioria dos participantes tinha por volta de trinta anos e quase todos — Villa-Lobos, os dois Andrades, Manuel Bandeira, Ronald de Carvalho, Sérgio Milliet — ainda estavam por produzir suas obras mais significativas. Sendo todos jovens nas fases iniciais da criação, com exceção de Anita Malfatti, pode-se dizer que a Semana foi moderna antes de tudo retrospectivamente, do ponto de vista das obras que se seguiram na década de 1920.

Para avançar em seu argumento estético, os organizadores precisavam do Theatro Municipal para criar uma atmosfera própria de contestação, do "antes e depois", pois só o recinto das artes mais consagrado da cidade serviria para promover o novo, pelo contraste. Dependia disso a própria definição de moderno indicada pela Semana, considerando que, em termos de vanguardas artísticas das primeiras duas décadas do século xx, já era tarde para proclamar a vitória da modernidade, depois do cubismo, do dodecafonismo, do imagismo, do futurismo, do Dadá, de uma avalanche de ismos. Aparecendo tardiamente, os propósitos estéticos da programação da Semana podem parecer modestos, fora o da consagração da arte moderna e da divulgação do espírito moderno no Brasil. Havia também propósitos políticos, ligados à alta burguesia cafeeira e à diplomacia, no ambiente do centenário da independência política. Entre os propósitos estéticos da Semana, encontra-se a implantação da modernização, quebrar o gelo do conservadorismo nas artes e apresentar artistas novos, sem necessariamente nenhum intuito de falar em vanguarda.

Nessa condição conflituosa de liberdade e de dependência, no meio do ambiente tradicional e conservador da cidade, a Semana não podia ser considerada de vanguarda. Faltavam manifesto, programa estético focalizado coerentemente e seguimento organizado. A Semana era de arte moderna, e não de arte modernista, porque ainda não se havia formado o movimento nacional, nem havia plataforma ou participação ampla numa entidade maior.

A novidade é que era valor supremo. A maioria das atividades artísticas, musicais e literárias que se seguiram à Semana também não podia ser considerada de vanguarda, porque eram manifestações dispersas, ainda sem programa estético comum, para o qual o "Prefácio interessantíssimo" de *Pauliceia desvairada*, de Mário de Andrade, e um editorial da revista *Klaxon* de 1922 eram as primeiras contribuições. A foto tradicional mais associada à Semana, dos homens modernistas reunidos depois de um almoço no Hotel Terminus, descobriu-se que fora tirada dois anos mais tarde, provavelmente em março de 1924, em homenagem ao mecenas Paulo Prado e ao "Manifesto da Poesia Pau-Brasil" de Oswald de Andrade, que acabava de ser publicado em um jornal do Rio de Janeiro.[3]

Mário de Andrade concluiu, na célebre conferência de 1942, que a aristocracia cafeeira de São Paulo que apoiou o modernismo e a Semana na verdade detestou os modernistas e a burguesia, encontrando-se como classe numa fase de dissolução e de autodestruição.[4] Os autores Patrícia Galvão e Oswald de Andrade irão denunciar a decadência financeira e sexual dessa aristocracia no romance *Parque industrial* (1933) e na peça *O Rei da Vela* (1937), respectivamente. Não obstante essas críticas tardias, o apoio de mecenas como Paulo Prado era essencial para a formação, atuação e sucesso dos artistas, músicos, escritores e arquitetos. Não apenas a Semana, mas também o modernismo como movimento dependia de seu apoio.

Da perspectiva do centenário da Semana de Arte Moderna, ainda não se entende bem seu significado no contexto de um movimento modernista em formação, também sem definição clara, porque ainda não existe uma avaliação definitiva do alcance de ambos, Semana e movimento. No caso da Semana, há estudos de antecedentes que supostamente teriam contribuído para sua realização, enquanto quase tudo que se seguiu é visto como consequência e, finalmente, legado. Será que foi necessária a Semana para dar impulso definitivo a um movimento de modernização? Será que foi consequência direta de uma determinada série de antecedentes? Para nos ajudar a compreender o status da Semana, vista do centenário, como evento-ícone da incipiente modernização do país, imaginemos que a Semana seja um quadro para o qual ainda não se escolheu a moldura. Como deveria ser escolhida hoje a moldura do quadro "Semana" para delimitar suas verdadeiras proporções, seu impacto duradouro, quando vistos e avaliados de nossa perspectiva hoje?

Vista com uma distância de cem anos, a Semana de Arte Moderna ganha um significado simbólico, quase mítico, que vai muito além da programação que animou o Theatro Municipal de São Paulo durante três dias de fevereiro de 1922. Definir molduras para a Semana serve à função de destacar e delimitar suas múltiplas dimensões: criar uma perspectiva sociopolítica e histórica de época, avaliar a Semana como performance e integrá-la no mundo das artes e da modernidade, apreciar as obras apresentadas e as personalidades. Agora que a Semana é mito, não é suficiente falar de precursores, como se ela fosse consequência inevitável de um conjunto de fatores, nem enumerar as obras e teorias que se seguiram. A moldura mais recomendada talvez seja uma colagem de materiais e estilos, composição expressionista que possibilite um entendimento de como a Semana contribuiu para a formação de um momento modernista em sua variedade e diversidade, para compreendermos por que se tornou mito, por que foi esse o evento que marcou e guiou a subsequente evolução de uma modernidade artística e nacional brasileira.

A qualidade mais vanguardista da Semana era possivelmente sua própria contradição conceitual, paradoxo que só a Antropofagia tentaria resolver seis anos mais tarde: como defender o talento nacional, os trabalhos artísticos e literários de jovens (relativamente) brasileiros, incorporando o folclore, a música e as imagens de um país novo, quando contrastado com a Europa, mas que dependia de uma profunda ligação com as artes e as novas vanguardas europeias para as condições de sua criação e para o reconhecimento dessa mesma nova arte nacional. A maior expressão desse paradoxo é o nome atribuído em 1921 à boate em Paris, 28 rue Boissy d'Anglas, *Le Bœuf sur le toit*, ideia de Jean Cocteau tirada do balé de Darius Milhaud, *Op. 58*, com base na marcha do Carnaval de 1918, *O boi no telhado*, de Zé Boiadeiro.[5]

Fala-se em desmitificar a Semana para poder entendê-la,[6] mas acho que é preciso o contrário, reconhecer, aceitar e estudar sua condição de mito, que é sua característica principal centenária, necessária para poder compreendê-la hoje. Mesmo na década de 1940, a musa antropófaga, Patrícia Galvão, defende, em letras maiúsculas, o impacto duradouro da Semana, que qualifica de "revolução artística", criando uma base para sua mitificação: "SÓ UMA OUTRA REVOLUÇÃO ARTÍSTICA PODE SUBSTITUIR NA HISTÓRIA E EVOLUÇÃO DA NOSSA SENSIBILIDADE E DA NOSSA INTELIGÊNCIA: A REVOLUÇÃO DE 1922".[7]

MODERNIDADE, MODERNO, MODERNISMO

Os conceitos de Modernidade, Moderno e Modernismo se complementam, mas cada termo tem um significado distinto. O vocábulo "moderno" vem do latim *modo* ou *modernus*, com o significado de "agora" ou "momento presente". Os termos Modernidade e Moderno são aplicados atualmente à história da Europa após os períodos clássico e medieval. Nesse contexto, o termo Modernidade é o mais amplo e abrangente dos três. Pode referir-se à história da Europa desde o fim do medievalismo, quando começou a figurar nas sociedades o humanismo e a transformação científica e tecnológica do conhecimento, do comportamento e dos governos, sendo o tempo presente a fase mais nova dessa era.

No mundo das artes, o termo Moderno, em contraste, refere-se a uma época de renovação estética, ligada à incipiente industrialização da Europa e ao crescimento da burguesia a partir da segunda metade do século XIX. É um período de crescimento urbano e de novas tecnologias de comunicação e deslocamento, entre outras. Desde a popularização do termo Pós-moderno, na década de 1970, pode referir-se a um Moderno "histórico", que chegou ao seu auge com os movimentos de vanguarda nas primeiras décadas do século XX.

O terceiro termo, Modernismo, é o mais limitado e específico dos três, pois se refere a um amplo movimento, que abrange as vanguardas todas, criando um período estético identificado por uma série de valores, práticas e características muito diversos em sua expressão e realização. É o grande *ismo* cuja função é de incorporar uma série de tendências ou *ismos* menores, que, em seu conjunto, fazem parte de um movimento estético maior, embora sem limites definidos.

OS CONTEXTOS DA MODERNIDADE: A OBRA PIONEIRA DE MENDONÇA TELES

Um dos estudos pioneiros sobre o modernismo brasileiro, de grande valor, que coloca a Semana numa moldura histórica e estética internacional, relacionando-a com os principais movimentos nas artes europeias, é a compilação de Gilberto Mendonça Teles, *Vanguarda europeia e modernismo brasileiro: Apresentação dos principais poemas, manifestos, prefácios e conferências vanguardistas, de 1857 até hoje* (1972).[8] Os exemplos de textos da modernidade nas artes começam com Baudelaire em 1857 e vão até os manifestos das neovanguardas, acabando apenas no ano de publicação da antologia, 1972, quando se comemora o cinquentenário da Semana. Como moldura teórica, põe os discursos da Semana na companhia de manifestos e textos teóricos de várias correntes estéticas, desde o simbolismo até as vanguardas históricas. Trata-se de um compêndio de documentos, ainda indispensável como obra de referência, que situa o modernismo brasileiro e a Semana numa posição-chave, como eixo na passagem de uma modernidade europeia precedente a uma produção nacional subsequente.

Mendonça Teles escolheu como fulcro do panorama da modernidade as comunicações que abriram a Semana: "A emoção estética na arte moderna", de José Pereira da Graça Aranha, homem de Estado e diplomata então recentemente aposentado, e a conferência "Arte moderna", de Menotti Del Picchia. Seguem-se a essa documentação outros textos teóricos brasileiros da década de 1920 — manifestos, prefácios e editoriais, estendendo-se ao poeta João Cabral de Melo Neto, à poesia concreta e ao experimentalismo dos anos 1960 e 70. Talvez a novidade crítica maior dessa coletânea seja a afirmação implícita da existência de uma grande unidade artística e estética, de um conceito abrangente de modernidade que incorpore e englobe o período de industrialização tecnológica, a partir de meados do século XIX até as neovanguardas. Privilegia também os textos teóricos, principais entre uma série de *ismos* que, em sua totalidade, definem as vanguardas históricas desse período designado de moderno. Antecipa em um quarto de século a antologia da destacada crítica Mary Ann Caws, *Manifesto: A Century of isms* (2000).

A moldura de textos teóricos que Mendonça Teles escolheu para o modernismo brasileiro, extremamente ampla e flexível, como convém a uma síntese de ismos, leituras e contatos transatlânticos, cria um panorama extremamente rico. Ao situar a Semana a meio caminho entre os primeiros exemplos de modernidade nas artes europeias e a produção literária nacional que se seguiu, porém, corre o risco de exagerar o significado da Semana, enquanto serve ao propósito de associar a modernidade artística brasileira à sua devida origem nos movimentos europeus. Para o Brasil, nesse mapa de cartografia estética, a Semana marca um novo começo da participação nacional, com referência a mais de um século de arte, moderna no sentido histórico, e que se fundamenta nos contatos entre o Brasil e a Europa, e sobretudo a França, desde a Missão Artística Francesa de 1816.

Não apenas compara o modernismo brasileiro às vanguardas europeias, como promete o título, mas, o que é mais importante, caracteriza-o como movimento teórico, herdeiro de uma sequência de manifestos com os quais dialoga, entre eles, o decadentismo, o simbolismo, o unanimismo, o futurismo, o dadaísmo e os manifestos da vanguarda portuguesa (o "Ultimatum" de Álvaro de Campos, o "Manifesto Anti-Dantas" e o "Manifesto Futurista" de Almada Negreiros). Depois da Semana, o panorama de Mendonça Teles inclui os dois manifestos de Oswald de Andrade ("Manifesto da Poesia Pau Brasil", de 1924, e "Manifesto Antropófago", de 1928), editoriais e manifestos das principais revistas, declarações estéticas, de Carlos Drummond a João Cabral, o "plano-piloto para a poesia concreta" e outros textos das fragmentadas neovanguardas. Assim, diante dessa antologia de manifestos e de textos críticos e estéticos, o modernismo se torna um fio condutor que não acaba, nem deveria ser limitado por períodos, por facções ou por datas de início e fim, pois surge da modernidade do século anterior europeu e sua influência se estende plenamente à produção literária e teórica moderna brasileira por mais um século.

OS CONTEXTOS DO TERMO MODERNISMO

O uso do termo Modernismo implica um contexto amplo e internacional, com participação nas tendências estéticas mais ativas e conhecidas. No início do modernismo brasileiro organizado, a Semana ficou dentro de uma moldura intelectual urbana e nacional. Não foi por acaso, certamente, que uma figura de grande prestígio, o diplomata e escritor Graça Aranha, escolhido por Machado de Assis e Joaquim Nabuco para a Cadeira 38 da Academia Brasileira de Letras, abriu as sessões com o discurso "A emoção estética na arte moderna", ilustrado com música e poesia. Diplomata recentemente aposentado, estivera com Nabuco em Londres, depois serviu em mais seis países da Europa, antes de voltar da França em 1919. Figura eminente, representa um alicerce fundado na tradição. Ronald de Carvalho, por sua vez, era diplomata ativo, havendo servido em Lisboa em 1914, e depois da Semana seguiria para Paris, com o embaixador Luís Martins de Souza Dantas. Abriu a segunda sessão do primeiro dia com a conferência "A pintura e a escultura moderna no Brasil".

Como evento de alcance nacional, a Semana tinha poucos precedentes, depois da inauguração do Museu do Ipiranga em 1895, entre eles o 3º Congresso Pan-americano (em 23 de julho de 1906), no recém-construído Palácio Monroe, e a Exposição Nacional (de 11 de agosto a 15 de novembro de 1908), ambos no Rio de Janeiro. A Semana, por sua vez, precede em poucos meses a Exposição Internacional do centenário da Independência (de 7 de setembro de 1922 a 23 de março de 1923). Em junho, os aviadores portugueses que fizeram o primeiro voo sobre o Atlântico Sul, Sacadura Cabral e Gago Coutinho, são recebidos no Rio de Janeiro, com um discurso, pelo deputado português Carlos Malheiro Dias no Gabinete Português de Leitura, comparando o voo à viagem marítima de Pedro Álvares Cabral. Sendo do mesmo ano, a Semana adquiriu inevitavelmente um papel político, ao lado do simbólico, por marcar a entrada do Brasil na modernidade artística e estética entre as nações, como nova travessia do Atlântico. Ganhou destaque por ser um dos poucos grandes eventos de alcance nacional, apoiado pelo poder econômico do estado. Foi aproveitando-se do simbolismo de 1922 que a Semana deu razão ao adjetivo "moderno" no contexto nacional brasileiro.

O termo Modernismo implica também a atuação coerente de um movimento nacional organizado, cujos participantes contribuem para um programa estético comum. Nesse sentido, os eventos da Semana formaram mais uma promessa de modernização, uma antecipação do futuro, do que a exposição de um movimento nacional efetivo. A Semana paulistana representou por isso o início de um possível movimento e não sua apoteose. Teve um efeito catalisador quase imediato, visto no "grupo dos cinco" (Mário de Andrade, Oswald de Andrade, Anita Malfatti, Menotti Del Picchia, Tarsila do Amaral), que se reunia na casa de Mário, em revistas novas como *Klaxon* e na primeira das grandes obras-primas do modernismo, poucos meses depois da Semana, *Pauliceia desvairada*, de Mário de Andrade.

No ano de 1922, a metrópole de São Paulo refletia décadas de intensa imigração europeia, inclusive entre vários participantes da Semana, como Georg Przyrembel (Polônia), Wilhelm Haarberg (Alemanha), Antonio García Moya (Espanha), John Graz (Suíça) e Victor Brecheret (Itália). A pianista Guiomar Novaes, voltando ao Theatro onde se apresentara em 1913, com prêmios do Conservatório de Música de Paris, iniciara em 1911 uma carreira internacional com tournées na Europa e nos Estados Unidos. A artista plástica Anita Malfatti viajou para a Alemanha em 1912 e depois para Nova York em 1915, voltando com os quadros expostos na celebrada e escandalosa *Exposição de Pintura Moderna* de 1917, em São Paulo. O arquiteto polonês Georg Przyrembel, com uma formação alemã, chegara ao Brasil em 1912, com 27 anos, enquanto o desenhista Wilhelm Haarberg, da escola expressionista alemã, veio a São Paulo em 1920. O escritor e poeta Sérgio Milliet, que morava na Europa desde 1912, veio da Suíça pouco antes do evento e voltou em 1923 para escrever suas "Cartas de Paris", sobre a presença de artistas brasileiros na capital francesa.

A Semana começou por adquirir um significado maior do que sua programação, em vista de suas ligações com o mundo da diplomacia e de seus profundos laços com a Europa, sobretudo a França e Portugal. Aproveitou-se desse pano de fundo, enquanto, pelo talento em exibição, instigava o retorno de muitos de seus participantes à Europa, onde se formaram como artistas, onde havia mestres e público para suas obras. Alguns outros, Villa-Lobos e Di Cavalcanti, viajariam pela primeira vez em 1923. Ainda outros se encontravam em Paris antes de 1922: Tarsila do Amaral, que não participou da Semana, e Victor Brecheret, que, ao voltar para a Europa, deixou esculturas para a exposição. O pianista Ernani Braga fora aluno de Vincent d'Indy em Paris, em 1913-4, e a violinista Paulina d'Ambrósio estudara na Academia de Bruxelas em 1905.

Na década de 1920, Paris teve um papel decisivo na origem de obras consideradas hoje em dia as mais importantes produzidas pelo modernismo brasileiro.[9] Anita viria a integrar o grupo de artistas brasileiros modernistas que passou o restante dos anos 1920 na capital francesa. Tarsila, Oswald e Villa-Lobos produziram suas obras principais em Paris, ao lado de Rego Monteiro e Di Cavalcanti. Estavam também em Paris, nesses anos, Brecheret, Angelina Agostini, o pianista João de Souza Lima, a soprano Elsie Houston e a pintora e ceramista Zina Aita, com o compositor Francisco Mignone na Itália e a escultora Elisabeth Nobiling na Alemanha.

No ano de 1923, o embaixador Luís Martins de Souza Dantas recebe alguns dos artistas da Semana e os mecenas Paulo Prado, dona Olívia Guedes Penteado e Arnaldo e Carlos Guinle. Depois da conferência de Oswald de Andrade na Sorbonne em 11 de maio, "L'Effort intellectuel du Brésil contemporain", organiza um jantar com Oswald, Tarsila, Rego Monteiro, Brecheret e personalidades da vanguarda artística francesa, Giradoux, Cendrars, Léger, Lhote, Milhaud, Romains. É um de muitos eventos em Paris que reforça as conquistas da Semana e onde a presença dos diplomatas Graça Aranha e Ronald de Carvalho atesta, quase antecipadamente, seu significado cultural e político, seu alcance europeu e as obras que vai desencadear.

Mas a maioria das obras que formariam o movimento modernista e teriam uma conexão direta com a Semana estava em 1923 ainda por realizar e, nesse sentido, a Semana nem teria chegado a comemorar os cem anos não fosse a produção conjunta em Paris nos restantes anos 1920 de artistas, músicos e escritores brasileiros. Villa-Lobos, numa exuberância criativa, compôs mais de cem peças. A Semana como evento único de um movimento maior — como se fosse teatro que espera composições musicais, ou galeria que aguarda quadros e esculturas — sofre as limitações observadas numa canção camoniana, "Não pode ser — lhe dize — limitada/ A água do mar em tão pequeno vaso".

A PRESENÇA DAS VANGUARDAS

Implícita no compêndio de Mendonça Teles é a profunda conexão entre a Semana, mesmo sendo evento nacional e paulistano, e as artes europeias. Sugere um relacionamento de intercâmbio de gêneros entre movimentos europeus e artistas brasileiros, necessário para a criação de obras de vanguarda. A Semana tinha profundas ligações com a Europa, algumas não evidentes, parte integral da incipiente internacionalização da produção artística brasileira.

Ronald de Carvalho é o primeiro dos poetas a viajar e escrever em ambos os lados do Atlântico: "Sempre luminoso de conversa, cheio de espírito, com uma carreira fulminante diante de si [...] uma das inteligências mais facetadas e dinâmicas da nossa geração".[10] Sua carreira está ligada à figura de Luís de Montalvor, secretário no Rio de Janeiro do ministro da República Portuguesa, Bernardino Machado. Ronald saiu do Brasil em 1913 para estudar na Sorbonne, entrando no serviço diplomático, em Portugal, em 1914, onde publicou poemas nas revistas *A Águia*, *Alma Nova* e *Atlântida*. Voltando ao Brasil no fim do ano, conhece Montalvor e colabora, com Eduardo Guimaraens, na celebrada revista ORPHEU (1915) como codiretor, "cuja primeira semente floriu ao pé das ondas de Copacabana perto dos barcos, dos poveiros e das redes de corda envelhecidas".[11] A revista estampa quatro das obras mais importantes da vanguarda portuguesa, a peça *O Marinheiro*, de Fernando Pessoa, e três odes de Álvaro de Campos. Em 2015, celebrava-se o centenário de uma das revistas mais importantes da modernidade europeia, com o volume comemorativo *1915 O ano do ORPHEU*.

Antes da Semana, o Brasil recebera artistas das vanguardas europeias: os Ballets Russes (1913, 1917), com os bailarinos Lydia Lopokova e Vaslav Nijinsky; a dançarina Isadora Duncan (1916), recepcionada por João do Rio e Oswald de Andrade; o pianista Arthur Rubinstein, figura indispensável na carreira de Villa-Lobos, e o compositor Darius Milhaud, que chega à Legação Francesa na rua Paissandu em 1917, ao lado do poeta Paul Claudel. Juntos compõem o balé *L'Homme et son désir*, com ambiente onírico de sonho numa floresta, apresentado em Paris em 1921. Milhaud insiste na importância da música brasileira, tangos, maxixes, sambas e cateretês. Leva a Paris a pianista Maria Virgínia Leão Velloso e o marido, o compositor Oswaldo Guerra, e em 1920 compõe as doze peças de *Saudades do Brasil*, cada uma levando o nome de um bairro do Rio ou de uma cidade brasileira. Descreve a estadia brasileira em suas memórias, *Notes sans musique* (1949).[12]

Cinco meses depois da Semana, viaja ao Brasil o escritor português António Ferro, também ligado a ORPHEU, para uma série de conferências, "A idade do Jazz-Band", no Rio, São Paulo, Recife e outras cidades. Nos discursos, considerados imprevistos, escandalosos e fascinantes, Ferro é acompanhado por um jazz-band ao vivo, que interrompe a conferência em momentos predeterminados: "Fazendo *raids*, assaltando reputações frágeis, alvejando todos os chapéus altos que passavam ao nosso alcance, vivi cerca de quatro meses com esses bons companheiros, numa camaradagem íntima de todas as horas, numa boémia de espírito que nunca mais esquecerei".[13] Seu manifesto, "Nós", é publicado no terceiro número de *Klaxon*, em julho de 1922, se bem que os klaxistas não acreditaram tanto, nem na preocupação pós-simbolista com o infinito nem no individualismo expressionista, constantes no vocabulário do vanguardismo português. No manifesto, já vinha a lista de seus antecedentes, "[...] elogiando, entre outros, d'Annunzio, Marinetti, 'boxeur de ideias', Picasso, Cocteau, Picabia, Stravinski, Bernard Shaw e Ramón Gomez de la Serna...".[14] A visita de Ferro serve de exemplo da energia das vanguardas e é contato direto importante entre o modernismo brasileiro e o português.

"C'est moi", falou o poeta franco-suíço Blaise Cendrars, ao chegar à Estação da Luz em 1924, o amigo de Tarsila do Amaral e Paulo Prado, cuja visita representa a conexão mais direta dos modernistas com a vanguarda francesa. Oswald de Andrade e Tarsila voltaram de Paris para recebê-lo. Cendrars capturou a viagem num livro de poesia, *Feuilles de route*, publicado no mesmo ano em Paris, com desenhos da pintora brasileira. Sua escrita "geográfica", desde *La Prose du Transsibérien* (1913) a *Le Panama* (1918), foi referência importante para Oswald de Andrade, que publicou *Pau Brasil* (1925) também em Paris, na Au Sans Pareil, com desenhos de Tarsila. Os modernistas visitaram o Carnaval do Rio e depois passaram duas semanas nas cidades coloniais mineiras, onde a pintora conheceu as cores vivas que irão caracterizar sua fase Pau Brasil. Em Paris, Cendrars convidava numerosos artistas para o ateliê de Tarsila, incluindo Picasso, Léger, Brancusi, Delaunay, Chagall, Cocteau, Supervielle, Larbaud, Romains, Satie e o marchand Vollard, para quem ela servia doce de bacuri e cigarros de palha, para acentuar o exótico. O poeta franco-suíço continuaria a nos visitar e a escrever sempre sobre o Brasil.[15]

Em 1926, chega Filippo Tommaso Marinetti, autor do "Manifesto Futurista" (1909), recebido com fascinação e nojo. As conferências promoveram a estética revolucionária, com o fim de melhorar sua imagem e relevância, enquanto levantavam o perfil de jovens artistas. Num texto inédito escrito durante sua estadia, "Velocità brasiliane", Marinetti julga o Rio pela velocidade de seus automóveis. Apesar da recepção tumultuosa de suas conferências, não atrai a atenção dos círculos literários. Comenta Mário de Andrade: "Marinetti criou a palavra em liberdade. Marinetti aliás descobriu o que sempre existira e errou profundamente tomando por um fim o que era apenas um meio passageiro de expressão. Seus trechos de palavras em liberdade são intoleráveis de hermetismo, de falsidade e monotonia".[16] A ideia de viajar ao Rio para recebê-lo provocou riso: "Vou buscar o Marinetti. Quá! Qua! Qua! O Viggiani é que paga. Qua! Qua! Qua! Sinão eu não ia. Qui! Qua! Qua! Qua!".[17]

No final da década, chega de Paris a dançarina Josephine Baker, famosa por *La Revue nègre*, para se apresentar no Teatro Cassino no Rio de Janeiro em novembro de 1929 e logo depois para 26 espetáculos em São Paulo nos teatros Santana, Odeon e República. Estava na pla-

Recepção a Filippo Tomaso Marinetti na 1ª Sociedade da Favela, Rio de Janeiro, 1926. (Marinetti, de fraque, e a esposa, Benedetta Cappa Marinetti, à sua esquerda).

teia o celebrado arquiteto Le Corbusier, também em visita ao Brasil para conferências no Rio e em São Paulo. Sobre o espetáculo, escreveu: "Quando [...] Josephine Baker, num espetáculo idiota de variedades, cantou Baby, ela transmitiu-lhe uma sensibilidade tão intensa e dramática que as lágrimas invadiram minhas pálpebras".[18] Le Corbusier pronuncia as conferências "Urbanismo: A revolução arquitetural" e "Arquitetura e revolução arquitetural", influentes no pensamento de Lúcio Costa e Oscar Niemeyer e antecedentes da arquitetura de Brasília.[19]

A criação de uma vanguarda brasileira só seria possível com a presença de modernistas em Paris — Tarsila, Di Cavalcanti, Rego Monteiro, Brecheret, Anita, Oswald de Andrade, Sérgio Milliet, Ronald de Carvalho, Villa-Lobos. O primeiro livro desse grupo que representa uma expressão de vanguarda é *Quelques visages de Paris* (1925), em que Rego Monteiro, à guisa de um Macunaíma futuro, inventa uma excursão fictícia ao Amazonas e diz receber desenhos de monumentos de Paris de um cacique turista.[20] Villa-Lobos chega a Paris em julho de 1923, com o fim de apresentar e publicar suas obras. Conclui rapidamente *Nonetto: Impressão rápida de todo o Brasil*, peça polirrítmica com percussão exótica. Organiza o primeiro concerto em 23 de outubro, na Salle des Agriculteurs, com a soprano Vera Janacópulos, e depois em fevereiro de 24, com o pianista espanhol Tomás Terán, na Salle Érard. Outros dois grandes concertos de Villa-Lobos, na Salle Érard e na Salle Gaveau, em 1927, introduziram instrumentos de Carnaval na orquestra, produzindo uma música rica de timbres e ritmos inusitados, com as peças célebres *Rudepoema*, dedicado a Rubinstein, e *Choro n. 10* para orquestra e coro. Apresenta-se, na resenha crítica de Lucie Delarue Mardrus, como "compositeur cannibale",[21] seis meses antes do "Manifesto Antropófago". Na exposição de Tarsila na Galerie Percier (de 18 de junho a 2 de julho de 1928), apareceu o celebrado quadro *Abaporu*, curiosamente com o título de *Nu*. Anuncia o movimento da Antropofagia, entre o quadro da Tarsila, o manifesto de Oswald e a *Revista de Antropofagia*, a única teorização de vanguarda produzida pelo modernismo, fruto do estudo de Tarsila com Léger e do constante diálogo de Oswald com textos europeus e crônicas coloniais, sementes do manifesto e da revista. A Antropofagia introduziu uma teoria de autonomia cultural, concebida como fusão, hibridismo e assimilação.

A Semana desencadeou um conjunto de trabalhos e de ideias de vanguarda, criados em grande parte na Europa até o final da década, que formaram o miolo do modernismo brasileiro.

ORIGENS E ANTECEDENTES

Há estudos que entendem a Semana, implicitamente, pela sequência de eventos que caracteriza a sociedade, cultura e artes nacionais na belle époque e nas primeiras décadas do século XX, principalmente a *História do modernismo brasileiro: Antecedentes da Semana de Arte Moderna*, de Mário da Silva Brito, e *O pré-modernismo*, de Alfredo Bosi. O argumento de tais estudos é que foi o efeito cumulativo de uma série de atividades e publicações, na segunda década do século, que culminou na organização da Semana, mesmo sem qualquer nexo específico, mais por uma questão de clima cultural e de discordância com o esteticismo, que vinha do século anterior, além da aplicação de talento individual. Brito comenta que, até 1915, "O grupo que faria a Semana de Arte Moderna [...] ainda não se congregara".[22] Entre os antecedentes, figuram a chegada do "Manifesto Futurista", o ensaio de Oswald sobre arte nacional ("Em prol de uma pintura nacional", 1915), a revista portuguesa ORPHEU, a mostra de Lasar Segall em 1913 e as exposições de Anita Malfatti de 1914 e 1917, com a crítica avassaladora de Monteiro Lobato. Ainda o encontro dos Andrades, Mário e Oswald, em 1917, e a sensação criada pela publicação do artigo "O meu poeta futurista", em 1921, o novo ambiente da imigração em massa e outras grandes mudanças sociais em curso. Bosi apresenta-nos uma história literária, erudita, mas sem especificar de que maneira o "pré" prepara ou afeta o modernismo a seguir. Sugere que a Semana resulta naturalmente de uma evolução estética, combinando o regionalismo, a prosa de arte, a transição do ornamento ao documento e a contribuição social e estética de vozes culturais importantes, Lima Barreto, Graça Aranha, Euclides da Cunha, Rui Barbosa.

A verificação de que a Semana era principalmente musical afeta nossa percepção sobre o início do modernismo brasileiro. Examinando a programação, nas três noites no Theatro Municipal, verifica-se que, dos dezesseis eventos apresentados no palco, doze eram musicais. Contavam com a participação da celebrada pianista Guiomar Novaes, internacionalmente famosa havia uma década. A programação no palco era predominantemente dedicada a obras do compositor Heitor Villa-Lobos, com dezoito composições apresentadas por treze músicos. Quando a controvérsia se intensifica no dia 15, com a leitura de poesia nova por um grupo de oito escritores, a pianista Guiomar Novaes acalma a plateia com composições de Blanchet, Debussy e Villa-Lobos. Depois que Mário de Andrade faz um discurso extemporâneo no saguão sobre arte moderna, onde encontra um público hostil armado de fruta, volta a música, com três peças de Villa-Lobos (*Festim*, *Solidão*, *Cascavel*) tocadas por Frederico Nascimento Filho e Lucília Villa-Lobos, seguidas pelo *Quarteto terceiro*. O último dia da Semana é inteiramente dedicado à música de Villa-Lobos, o *Trio para piano n. 3* para piano, violino e violoncelo (Paulina d'Ambrósio, Alfredo Gomes, Lucília Villa-Lobos); três *Historietas* de Ronald de Carvalho para voz e piano (*Lune d'octobre*, *Voilà la vie*, *Jouis sans retard, car vite s'écoule la vie*) com Maria Emma e Lucília Villa-Lobos; a *Sonata n. 2* para violino e piano (Paulina d'Ambrósio e Fructuoso Vianna); três peças para piano (*Camponesa cantadeira*, *Num berço encantado*, *Dança infernal*) tocadas por Ernani Braga; e o *Quarteto simbólico*, com o subtítulo "Impressões da vida mundana" (Pedro Vieira, Antão Soares, Ernâni Braga, Fructuoso de Lima Vianna).

Não obstante a conhecida foto de dezesseis homens, com Oswald de Andrade sentado no chão à frente, o sucesso da Semana dependia sobretudo da presença de três mulheres, as pianistas Guiomar Novaes e Lucília Villa-Lobos e a pintora Anita Malfatti. Costuma-se dizer que, dos artistas da Semana, apenas Anita e Villa-Lobos tinham uma obra bem desenvolvida; se Villa-Lobos brilha com dezoito peças na Semana, Anita domina com o maior número de quadros exibidos, 20 dos 64 (Di Cavalcanti, 12; John Graz, 8; Martins Ribeiro, 4; Zina Aita, 8; J. F. de Almeida Prado, 1; Ferrignac, 1; Rego Monteiro, 10).[23]

Heitor Villa-Lobos (1887-1959).

Guiomar Novaes (1894-1979).

A celebrada pianista Guiomar Novaes, estrela do Conservatório de Paris desde 1909 e solista internacional, com estreia em Nova York em 1915, tocou peças de E. R. Blanchet (*Au jardin du vieux Serail*) e Debussy (*La Soirée dans Granade* e *Minstrels*), ao lado de *O ginete do pierrozinho*, de Villa-Lobos, na segunda noite. Guiomar pode ser vista como o ícone que reforça a condição mítica da Semana, pois ela representa tudo o que os jovens desejam alcançar e a que a Semana aspira: uma carreira de artista respeitada, reconhecida internacionalmente com o status quase oficial de representante aclamada da arte brasileira no exterior.

Lucília Villa-Lobos, formada pela Escola Nacional de Música e casada com Villa-Lobos desde 1913, foi presença constante no palco, tocando a obra do marido nas três noites com o violoncelista Alfredo Gomes, os cantores Frederico Nascimento Filho e Mário Emma e a violinista Paulina d'Ambrósio. Havia ainda uma quinta mulher, a artista Zina Aita, com quatro anos de estudo em Florença.

Em vista do papel central da música, ao lado das artes plásticas, a origem do modernismo pode ser vislumbrada nas viagens de estudo e atuação na Europa de uma série de pianistas, a partir da primeira década do novo século. Em 1905, com vinte anos, a pianista Antonieta Rudge deu início a uma carreira internacional na Europa. Magdalena Tagliaferro, por recomendação de Pablo Casals, que a ouvira no Brasil, parte em 1906 para o Conservatoire de Paris, onde ganha o Premier Prix, o começo de uma carreira internacional. Guiomar Novaes conquista uma das poucas vagas no Conservatoire de Paris em 1909, e, dentro de um ano, dá início a uma carreira na Europa. Tagliaferro voltaria para ser professora no Conservatoire e Guiomar voltaria todo dezembro a Nova York para tocar no famoso Carnegie Hall. Com Villa-Lobos e Souza Lima, são os maiores intérpretes da cultura brasileira no exterior.

A COALESCÊNCIA DO MODERNISMO E SEUS LIMITES TEMPORAIS

A Semana é o ato inaugural que autoriza o modernismo brasileiro na sociedade, validando e autenticando tanto a obra de músicos e artistas que a anteciparam — sobretudo a pintora Anita Malfatti, que representa a vanguarda — como obras produzidas até ao final da década, principalmente em Paris. Existira apoio do estado desde 1912, na forma de bolsas do Pensionato Artístico do Estado de São Paulo, 1912-30. É com a combinação de talento individual e apoio financeiro que o modernismo é estabelecido. Mário de Andrade define suas conquistas, "o direito à pesquisa estética, a atualização da inteligência artística brasileira e a estabilização de uma consciência criadora nacional".[24] Numa coluna de 1948, a autora que participou na onda antropofágica, Patrícia Galvão, defende o modernismo brasileiro, unicamente pelo esforço de participação num movimento de dimensão e impacto universais:

> Não estamos aqui com procuração para defender 22. Temos o que criticar nessa etapa. 1922 são os 10 dias que abalaram o mundo na literatura brasileira. Não porque fosse caracterizado por um pensamento de exportação de poesia, de liberdade de formas, podres e mortas. Mas porque 22 foi o nosso reflexo provinciano do maior movimento de revisão nas artes que se produziu no mundo e na história.[25]

Mesmo em vista do destaque da Semana na antologia de Mendonça Teles, o evento de fevereiro de 1922 era mais promessa de produção futura do que atual, precedendo aquelas obras dos anos 1920 que seriam mais associadas ao modernismo brasileiro como movimento, desde uma perspectiva histórica. São principalmente as obras dos anos 1920 posteriores à Semana que a fazem "moderna" e "modernista", inclusive de artistas como Lasar Segall, que chega ao Brasil com uma obra significativa, ao lado de Anita e Villa-Lobos. Além dos estudos na Alemanha e Nova York, Anita era veterana da contenciosa *Exposição de Pintura Moderna* (de 12 de dezembro de 1917 a 11 de janeiro de 1918), na rua Líbero Badaró n. 111, onde expôs 53 trabalhos, inclusive muitos dos mais comentados, *O homem amarelo*, *Tropical*, *A estudante russa*, *O Farol de Monhegan*. Villa-Lobos, compositor de um número crescente de obras — as *Danças africanas*, um concerto para violoncelo, três quartetos e dois balé-sinfonias, *Amazônia* e *Uirapuru* — e recentemente descoberto pelo pianista Arthur Rubinstein — dominou a Semana, mas teria que esperar os concertos em Paris para a estreia de obras principais e a consagração internacional.

É a sequência de trabalhos que surge depois da Semana que confirma sua promessa de modernidade, exemplificada por *Pauliceia desvairada*, de Mário de Andrade, do mesmo ano, obra que apresenta inclusive traços de vanguarda pela ousada seção "As enfibraturas do Ipiranga", oratório/libreto para coro e solista, situado no vale do Anhangabaú. Em 1924, o poeta Manuel Bandeira publica *Ritmo dissoluto*, com o poema "Berimbau", construído com vocábulos indígenas à base do folclore. Oswald de Andrade publica o "Manifesto da Poesia Pau Brasil" em março de 1924, enquanto na arquitetura a primeira Casa Modernista de Gregori Warchavchik abre em São Paulo na rua Santa Cruz em 1928. Fechando a década, em 1928, o modernismo enfrenta uma pedra no meio do caminho, no poema-ícone que Carlos Drummond de Andrade publica na *Revista de Antropofagia*.

Em 1929, o grupo da Semana se fragmenta com o movimento da Antropofagia, o único de vanguarda a sair do modernismo, com a *Revista de Antropofagia*, o "Manifesto Antropófago" [imagem p. 482] e um totem, o célebre quadro *Abaporu* de Tarsila [imagem n. 10], hoje em dia considerado a obra mais importante da arte latino-americana do século xx. Mesmo em vista do rompimento antropófago, há continuidade estética, visível, por exemplo, nos poemas publicados por Carlos Drummond de Andrade ("No meio do caminho"), Manuel Bandeira ("Noturno da rua da Lapa") e Murilo Mendes ("República") na *Revista de Antropofagia*. Ao lado desse novo movimento, continua a pesquisa cultural e folclórica de Mário de Andrade em São Paulo e surge o contingente nacionalista verde-amarelo, de Plínio Salgado.

Há motivo para pensar que o modernismo chegara ao seu limite nos últimos anos da década de 1920, com a vertente antropofágica, a reviravolta econômica e a volta de Paris de quase todos os modernistas, que enfrentariam a dificuldade de sair do país no período 1930-45. Em 1930, acabam as bolsas do Pensionato. Mas existe, em contrapartida, uma significante continuidade estética e social entre o modernismo dos anos 1920 e a visão sociopolítica do romance social dos anos 1930. O programa social dos 30 ressoa na política radical da segunda "dentição" da *Revista de Antropofagia*, em que Oswaldo Costa faz uma análise rigorosa e uma tentativa de reformar a sociedade brasileira por provocação. A crítica continua no jornal radical, *O Homem do Povo*, de 1931, e no romance de vanguarda de Patrícia Galvão, *Parque industrial*, de 1933, em que os temas sociais e a estética modernista se misturam. Em romances como *País do Carnaval* (1931), de Jorge Amado, *Vidas secas* (1938), de Graciliano Ramos, e *As três Marias* (1939), de Rachel de Queiroz, continua uma narrativa esteticamente modernista, que contribui para a formação de uma consciência criadora nacional.

Há também motivo para pensar que o modernismo acaba com a morte de Mário de Andrade em 1945, na volta às formas fixas dos poetas da geração de 1945. Nos autores principais de meados do século, porém, continua e avança a estética modernista em Clarice Lispector e João Guimarães Rosa, na estrutura narrativa e na consciência da linguagem, e aparecem autores e obras insólitas de vanguarda, comparáveis ao rompimento do momento antropofágico, desde os contos de Dalton Trevisan, os romances do absurdo de Campos de Carvalho, ao teatro de Plínio Marcos. O modernismo também tem continuidade ortodoxa na obra de seus poetas mais característicos, que continuam a publicar — Bandeira, Murilo Mendes e Carlos Drummond — até as décadas de 1960, 1970 e 1980, respectivamente.

O modernismo recebeu novo impulso com as neovanguardas, a partir dos anos 1950, pelas aproximações com as primeiras vanguardas. Comparável à reformulação antropofágica de 1928, a poesia concreta leva as conquistas estéticas modernistas a novas dimensões conceituais, com ênfase no modernismo universal de autores de invenção, a partir de Pound e Cummings, e de outros movimentos de vanguarda, principalmente o futurismo russo na poesia, a Bauhaus e a nova teorização linguística.

Pode-se perguntar se vigora ainda o modernismo, depois que o termo "pós-modernismo" caiu por causa de suas ambiguidades e do próprio vazio teórico. No século XXI — e na falta de qualquer outro movimento ou nova teoria de alcance mundial que o substitua —, continuam traços do modernismo de 1922, vindo à tona na urgência da internacionalização da literatura brasileira. Da mesma maneira que a Semana preparava e dependia do reconhecimento das artes brasileiras na Europa e pela Europa, os autores do novo século procuram encontrar seu lugar num mundo muito mais aberto, de comunicação instantânea e antropófaga. Como se tivessem assistido ao almoço do Hotel Terminus ou aos jantares organizados em Paris por Tarsila e Souza Dantas, deveriam reconhecer nesse novo banquete seus precursores e antecedentes. Se não somos modernistas no século XXI, continuamos não obstante dentro de suas molduras, produzindo obras de arte e repetindo práticas estéticas que têm suas raízes nas vanguardas modernistas, chamadas hoje de históricas.

NOTAS

1. Maurice Reynal, "Les Arts". *L'Intransigeant*, Paris, p. 2, 13 jun. 1926.
2. Luis Pérez-Oramas, "Part 2: Tarsila, Melancholic Cannibal". *Post: Notes on Art in a Global Context*. Disponível em: <https://post.moma.org/part-2-tarsila-melancholic-cannibal>. Acesso em: jun. 2021.
3. Carlos Augusto Calil, "Foto tida como ícone da Semana de 1922 foi feita em 1924". *Folha de S.Paulo*, São Paulo, 13 out. 2019. Ilustríssima, p. 5.
4. Mário de Andrade, "O movimento modernista". In: *Aspectos da literatura brasileira*. 5. ed. São Paulo: Martins, 1974, pp. 235-7.
5. Maurice Sachs, *Au Temps du Bœuf sur le toit*. Paris: Nouvelle Revue Critique, 1939.
6. Marcia Camargos, *Semana de 22: Entre vaias e aplausos*. São Paulo: Boitempo, 2002.
7. Patrícia Galvão, "Contribuição ao julgamento do Congresso de Poesia". *Diário de S. Paulo*, São Paulo, 9 maio 1948.
8. Gilberto Mendonça Teles, *Vanguarda europeia e modernismo brasileiro: Apresentação e crítica dos principais manifestos vanguardistas*. 10. ed. Rio de Janeiro: Record, 1987.
9. Cf. Marta Rossetti Batista, *Os artistas brasileiros na Escola de Paris: Anos 20*. São Paulo: Ed. 34, 2012.
10. Alceu Amoroso Lima, *Companheiros de viagem*. Rio de Janeiro: José Olympio, 1971, p. 32.
11. Arnaldo Saraiva, *Modernismo brasileiro e modernismo português: Subsídios para o seu estudo e para a história de suas relações*. Campinas: Ed. da Unicamp, 2004, p. 336.
12. Cf. Carlos Calil, "Tradutores de Brasil". In: Jorge Schwartz (Org.), *Da Antropofagia a Brasília: Brasil 1920-1950*. São Paulo: Faap; Cosac Naify, 2002, pp. 325-49.
13. António Ferro, "Modernismo português e modernismo brasileiro". In: António Quadros (Org.), *António Ferro*. Lisboa: Edições Panorama, 1963, p. 27.
14. Mário da Silva Brito, "O alegre combate de Klaxon". In: *Klaxon: Mensário de Arte Moderna*. Ed. fac-similar. São Paulo: Livraria Martins; Secretaria de Cultura, Ciência e Tecnologia do Estado de São Paulo, 1976, [s.p.].
15. Cf. Alexandre Eulalio, *A aventura brasileira de Blaise Cendrars*. São Paulo: Edições Quíron, 1978.
16. Mário de Andrade, *Obra imatura*. São Paulo: Martins, 1960, pp. 239-40.
17. Id., *Cartas de Mário de Andrade a Prudente de Moraes Neto, 1924-1936*. Org. de Georgina Koifman. Rio de Janeiro: Nova Fronteira, 1985, p. 191.
18. Le Corbusier, *Precisões sobre um estado presente de arquitetura e do urbanismo*. Trad. de Carlos Eugenio Marcondes de Moura. São Paulo: Cosac Naify, 2004, p. 25.

19. Cf. Carlos Calil, "Tradutores de Brasil", op. cit. É possível ver registros da passagem de Josephine Baker e Le Corbusier pelo Brasil em Jorge Schwartz (Org.), *Da Antropofagia a Brasilia: Brasil 1920-1950*, op. cit., p. 362.
20. *Do Amazonas a Paris: As lendas indígenas de Vicente do Rego Monteiro*. Ed. fac-similar de *Legendes, croyances et talismans des indiens de l'Amazone* e *Quelques visages de Paris*. Org. de Jorge Schwartz. São Paulo: Edusp; Imprensa Oficial do Estado de São Paulo, 2005.
21. Lucie Delarue Mardrus, "L'Aventure d'un compositeur: Musique cannibale". *L'Intransigeant*, Paris, p. 1, 13 dez. 1927.
22. Mário da Silva Brito, *História do modernismo brasileiro*. Rio de Janeiro: Civilização Brasileira, 1974, v. 1. *Antecedentes da Semana de Arte Moderna*, p. 39.
23. Cf. Aracy Amaral, *Artes plásticas na Semana de 22*. São Paulo: Ed. 34, 1998.
24. Mário de Andrade, *O movimento modernista*, op. cit., p. 45.
25. Patrícia Galvão, "Contribuição ao julgamento do Congresso de Poesia", op. cit.

BIBLIOGRAFIA COMPLEMENTAR

1915: O ano do ORPHEU. Org. e intr. de Steffen Dix. Lisboa: Tinta da China, 2015.

ANDRADE, Oswald de. "L'Effort intellectuel du Brésil contemporain". *Revue de l'Amérique Latine*, ano 2, n. 5, pp. 197-207, jul. 1923.

_____. "Em prol de uma pintura nacional". *O Pirralho*, São Paulo, ano IV, n. 168, [s.p.], 2 jan. 1915.

BOSI, Alfredo. *A literatura brasileira. O pré-modernismo*. 5. ed. São Paulo: Cultrix, 1967.

OLIVIERI-GODET, Rita; BOUDOY, Maryvonne (Orgs.). *Le Modernisme brésilien*. Paris: Université Paris 8 Vincennes-Saint-Denis, 2000. (Travaux et Documents, 10).

MANIFESTOS: A ESTÉTICA, A POLÍTICA, AS POLÊMICAS E O LEGADO

JOÃO CEZAR
DE CASTRO ROCHA

Num texto tão agudo como o gênero literário que define, Jeffrey Schnapp recordou o caráter performático de todo manifesto:

> Literalmente um panfleto, o manifesto tem poder de comunicação. A *manus* no manifesto tanto atrai quanto afasta (*fendo*). É uma mão que foi tirada de trás da toga ou do bolso. [...] Pouco importa se o meio escolhido é a voz ou a página impressa: o contexto será imediatamente festivo e solene.[1]

Atrair e afastar: nessa dialética agônica, o manifesto delimita seu espaço discursivo. O eixo de sua estética é a polarização da experiência artística, a fim de apostar no contraste entre os "mestres do passado"[2] e os arautos dos novos tempos. O caráter festivo — nunca se esqueça de que "a alegria é a prova dos nove"[3] — é parte intrínseca da performance, tornando a irreverência um índice máximo da ruptura com a tradição. No "Manifesto Dadá 1918", Tristan Tzara aviou a receita em tese infalível para obter êxito na enunciação de um manifesto, selecionando ingredientes escolhidos a dedo:

> Para lançar um manifesto é preciso querer: A. B. C., fulminar 1, 2, 3, enervar e agitar as asas para conquistar e espalhar pequenos e grandes a, b, c, assinar, gritar, blasfemar, arrumar a prosa de uma forma de evidência absoluta, irrefutável, provar seu *non plus ultra*.[4]

A abertura do texto é sempre citada e entende-se bem a reiteração, pois Tzara sintetiza à perfeição o ânimo bélico do gênero: tão importante quanto esclarecer o que se propõe é explicitar o que se rejeita. Sem essa tensão, manifesto algum estaria à altura de sua etimologia. No entanto, a sequência do manifesto, embora pouco valorizada, ilumina o alcance propriamente político do gênero: "espalhar pequenos e grandes a, b, c". Em outras palavras, orgulhosos de sua ruptura com a tradição, nem por isso os grupos de vanguarda descuidaram do estabelecimento de alianças para a propagação de seus princípios. Aqui, sem dúvida, André Breton vem à memória, pois, verdadeiro caixeiro-viajante do surrealismo, procurou abraçar o mundo, descobrindo adeptos por onde passava, espalhando autênticas filiais do movimento. Se o primeiro "Manifesto do Surrealismo" veio à luz em 1924, quase três décadas depois, mais precisamente em 1953, em "Do surrealismo em suas obras vivas", Breton não se acanhava em reconhecer: "Hoje em dia é fato consabido que o surrealismo, enquanto movimento organizado, nasceu numa operação de grande envergadura que tinha por objeto a linguagem".[5]

Eis a chave para decifrar o enigma das vanguardas, e de seu gênero literário por definição, o manifesto: "enquanto movimento organizado". Por isso mesmo, trabalhar com os arquivos de importantes líderes das vanguardas históricas é uma experiência única na arte da ironia involuntária: críticos severos do *passadismo*, no *presente de sua atividade vanguardista*, esses mesmos líderes preservaram com zelo incomum seu *próprio passado*, amealhando documentos e memorabilia, controlando assim a *futura narrativa de seus movimentos*. Entre tantos exemplos possíveis, os arquivos de Ezra Pound e Filippo Tommaso Marinetti, hospedados na Beinecke Library, na Yale University, ou o de Mário de Andrade, guardado no Instituto de Estudos Brasileiros, na Universidade de São Paulo, desconcertam o pesquisador em seu contato inicial com o catálogo das coleções. Há de tudo um pouco nas vinhas desses senhores: bilhetes redigidos num átimo, mas zelosamente organizados; carbonos de cartas escritas como operações estratégicas e preservadas para acareações imaginárias; cópias de telegramas dispostos em ordem cronológica, pois, no que se refere à memória pessoal, o passadismo tem lá seu valor; manuscritos em múltiplas versões de textos éditos e mesmo inéditos; uma miríade de documentos tanto sobre elevados princípios estéticos como acerca de aspectos menores do dia a dia. Uma instalação involuntária, que no final seria destruída pela fúria de um Joseph Beuys? Ou uma inesperada, e desproporcional, caixa-valise de Marcel Duchamp?

Lawrence Rainey destacou um traço pouco estudado da operação vanguardista. Não foram poucos os grupos ou artistas que individualmente recorreram ao mecenato mais tradicional e pacato para financiar suas festivas atividades de transgressão. James Joyce, Ezra Pound, T. S. Eliot, entre outros nomes de proa, lançaram mão sem constrangimento algum de apoio de elites econômicas.[6] Relações de apoio financeiro como a de Peggy Guggenheim com Jackson Pollock não são exatamente excepcionais no campo das vanguardas.

No Brasil, a Semana de Arte Moderna não somente ocorreu no solene Theatro Municipal de São Paulo, como também foi fruto do apoio generoso de Paulo Prado. Difícil pensar na difusão de princípios modernistas sem lembrar da atuação decisiva de Olívia Guedes Penteado, cujo Salão de Arte Moderna [imagem n. 7], criado após seu retorno de Paris em 1923, cidade na qual conviveu com os vanguardistas brasileiros, teve papel de destaque na afirmação da nova ideia — isso para não mencionar sua participação ativa na Revolução Constitucionalista de 1932.[7] Aliás, um documento propriamente saboroso do arquivo de Mário de Andrade demonstra o apreço que ela comandava entre os líderes do movimento: no dia 7 de maio de 1925, um jantar foi oferecido por René Thiollier em sua homenagem, ao qual compareceram Paulo Prado, Mário de Andrade, Guilherme de Almeida, Tarsila do Amaral, Oswald de Andrade, entre outros.[8] O reconhecimento de sua ação em prol da arte moderna é internacional: o Metropolitan Museum incluiu Olívia Guedes Penteado no rol dos colecionadores relevantes da arte cubista no século XX.[9] Sua sobrinha, Yolanda Penteado, levou adiante a tradição familiar com brilho, tendo colaborado, junto com seu marido Ciccillo Matarazzo, para a realização da 1ª Bienal de São Paulo, em 1951.[10] O nome dos dois, aliás, também foi destacado pelo Metropolitan Museum em relação à arte cubista.[11]

Voltemos ao coquetel molotov preparado por Tzara. No fundo, "arrumar a prosa de uma forma de evidência absoluta" resultava em capital simbólico indispensável, já que permitia arregimentar seguidores. Para tanto, duas foram as armas favoritas. De um lado, a onipresença estratégica de revistas no lançamento de grupos de vanguarda, operando, muito *avant la lettre*, o efeito gregário das redes sociais contemporâneas. Não é casual que Marinetti seja considerado o inventor, ou pelo menos um adepto fervoroso, do sistema de mala direta para difundir suas ideias e poemas — e não exagero se comparo esse sistema com o circuito atual de mensagens por meio de WhatsApp! De outro lado, os manifestos funcionavam como autênticas convocações, cujo impacto dependia menos do conteúdo do que da performance linguística implícita em todo manifesto.

No Brasil, os grupos de vanguarda lançaram mão de recursos similares: manifestos, revistas e eventos de promoção da arte moderna. Mário de Andrade, nesse quesito, realizou uma tarefa propriamente titânica, criando um circuito de alcance nacional por meio de uma aturada correspondência, mantida por décadas e preservada como quem escreve uma interminável missiva para as próximas gerações. Em seu carteado múltiplo e ecumênico, o autor de *Macunaíma* teceu uma rede inédita na cultura brasileira, reiterando uma determinada narrativa do modernismo e articulando iniciativas em todo o país.[12]

Claudia Salaris reuniu os dois elementos numa definição precisa do manifesto futurista:

> Pressupondo um número grande de receptores e sendo um instrumento de agitação e propaganda, o manifesto futurista caracteriza-se por uma dicção lapidar, seja nos aspectos programáticos (quase sempre ordenados numericamente), seja nas suas conclusões ("nós desejamos", "nós proclamamos").[13]

O tom incisivo e provocador é indissociável do gênero e não apenas supõe como exige a presença física do vanguardista e, especialmente, de um público em estado de ebulição. Para o êxito da performance na apresentação de um manifesto, muito mais importante do que eventuais participantes entusiasmados era contar com uma multidão revoltada com o desejo nada obscuro de ruptura com os valores estabelecidos. Um manifesto futurista de 1911, "La voluttà d'esser fischiati" [O desejo de ser vaiado], chega a ser didático:

> Enquanto aguardamos essa abolição, ensinamos aos autores e aos atores o *desejo de ser vaiado.*
>
> Tudo que é vaiado não é necessariamente belo ou novo. Mas tudo que é imediatamente aplaudido, sem dúvida não é superior à média das inteligências, trata-se então de coisa *medíocre*, *banal*, *regurgitada ou muito bem digerida* (grifos do autor).[14]

O aplauso seria o indesejável espelho das convenções dominantes num dado período histórico, sinal portanto de conformismo; pelo contrário, o apupo seria a ponta de lança do projeto artístico inovador, a cunha que anuncia o futuro. *Viva vaia* — na formulação definitiva de Augusto de Campos, pensada como forma de solidariedade a Caetano Veloso, que havia sido, digamos, "ovacionado" por um vaia histórica num Festival da Canção, e, de igual modo, livremente inspirada em poema de Jean Cocteau:

Aquilo que o
público vaia,
Cultive-o,
é você.[15]

A agudeza de Augusto de Campos bem poderia ser projetada para experiências históricas prévias. Por exemplo, a estreia, em 29 de maio de 1913, no Théâtre des Champs-Élysées, do balé *A sagração da primavera*,[16] com música de Igor Stravinsky, coreografia de Vaslav Nijinsky, num dos mais célebres dos *Ballets Russes* de Serguei Diaghilev, transformou o recém-inaugurado teatro num autêntico campo de batalha, com trincheiras imaginárias dividindo apoiadores e detratores da obra; acontecimento que contribuiu decisivamente para seu sucesso — *succès de scandale*, como se diz, e que foi ativamente buscado pelas vanguardas. Na expressão perfeita de Eliana Bastos, *Entre o sucesso e o escândalo*[17] — e, claro está, *sucesso* em boa medida devido ao *escândalo*.

No calor da hora, Manuel Bandeira compreendeu perfeitamente a forma agônica do manifesto, radicalizada por seu caráter performático. Em 1926, F. T. Marinetti realizou uma viagem à América do Sul, apresentando-se em várias cidades. Tratava-se de uma turnê eminentemente comercial, organizada por um empresário artístico, Niccolino Viggiani, que cobrava ingresso para os espetáculos protagonizados pelo criador do futurismo. Em São Paulo, Marinetti enfrentou uma plateia muito hostil, especialmente em virtude de seus vínculos com o fascismo.

E, nesse caso, não havia como disfarçar o elo entre estética e política.[18] Na esteira da viagem de Marinetti, o empresário Viggiani fez publicar, no mesmo ano de 1926, pela editora Pimenta de Mello, o livro *Futurismo: Manifestos de Marinetti e seus companheiros*. Na folha de rosto, uma informação com o devido destaque: "Prefácio de GRAÇA ARANHA" — assim mesmo em letras maiúsculas. Antologia dos manifestos mais conhecidos, todos em francês, o volume conclui com uma resenha da obra de Marinetti, "Futurisme et Fascisme". Há mais: na página 97, o leitor encontra nada menos do que uma ilustração do perfil de Benito Mussolini. E um golpe ainda mais ardiloso: nas páginas 105-9, veio estampado "Le Futurisme mondial. Manifeste à Paris". Esse manifesto elencava uma miríade de membros imaginários do movimento em todo o mundo. Na página 108, ao tratar de "les Capitales du SUD-AMÉRIQUE", além de incluir como futurista, acredite se quiser, "Luis Borges", surgem nomes de brasileiros: "De Andrade, D'Almeida, Prado".[19] Mário de Andrade não perdoou a indiscrição. Entenda-se o imbróglio: o brasileiro enviou ao italiano uma cópia de *Pauliceia desvairada* com uma dedicatória protocolar, porém amistosa: "A F. T. Marinetti com [sic] viva simpatia e ammirazione".[20] O autor de *Zang Tumb Tumb* (1914), exemplo máximo do método *parole in libertà*, não hesitou e aprisionou "De Andrade" na vasta teia futurista. Também por isso, Mário fez troça das conferências de Marinetti em São Paulo: o homem mal conseguiu falar, tal era o alarido da audiência!

Contudo, o poeta poliglota do Recife respondeu em tom maior, chegando mesmo a arriscar o ritmo futurista das "palavras em liberdade" ao recordar a primeira fala de Marinetti no Rio de Janeiro:

> A estreia de Marinetti foi uma noite memorável. As galerias estavam repletas de uma estudantada vaiante debochante turbulenta. Mal o Graça começou principiaram as vaias, os debiques que não deixaram ouvir nada. [...] Durante esse tempo a atitude de Marinetti foi admirável — firme, trepidante, alinhadíssimo. Eu estava satisfeitíssimo com aquela bagunçada que permitia apreciar e gozar os recursos do homem.[21]

Intuição exata do caráter performático do manifesto enquanto gênero literário. Isso não quer dizer que seu aspecto semântico seja irrelevante, mas que o manifesto não deve ser reduzido a uma operação exclusivamente hermenêutica de decodificação de sentido, como a observação de Manuel Bandeira apreende com rara felicidade. Não era indispensável escutar com nitidez o discurso do futurista, a fim de interpretar sua proposta. Bastava deixar-se levar pela atmosfera da performance, "as vaias, os debiques que não deixaram ouvir nada" e, nesse contexto de enunciação, "apreciar e gozar os recursos do homem". Nos termos inspirados de Paul Zumthor, em seu estudo da poesia medieval como uma arte essencialmente performática, pois vivida por meio do corpo, o manifesto é menos um *texto* do que uma *obra* e assim deve ser apreciado:

> [...] obra é o que se comunica poeticamente (textos, sons, ritmos, elementos ópticos). O termo inclui a totalidade das características da performance. [...]
>
> Texto é e permanece legível. Obras são simultaneamente audíveis e visíveis. A performance emprega funcionalmente todos os elementos capazes de levar adiante e fortalecer a potência da obra e que permitem atualizar sua autoridade e seu poder persuasivo. A performance usa o silêncio e o provoca.[22]

Apreendido como *obra*, não apenas lido como *texto*, o gênero literário do manifesto reencontra sua potência.

POLÊMICAS E CONFRONTOS

O manifesto, por isso mesmo, representa um dos mais importantes legados das vanguardas. A virtual onipresença do gênero e o caráter incisivo de sua performance favorecem sua centralidade nessa quadra histórica. Na definição exata de May Lorenzo Alcalá:

> No Ocidente todo, as vanguardas fizeram uso de uma fórmula expressiva, o manifesto, que se articula perfeitamente com suas características de movimentos militantes, polêmicos e fugazes.
>
> Pela própria essência, o manifesto é panfletário e tem uma estrutura literária telegráfica, contundente e sonora. Tende mais a sacudir do que

a obrigar a reflexão, nascendo de uma elaboração consciente e carregada de intencionalidade.[23]

A pulsão agônica das vanguardas já se encontra na etimologia da palavra. O termo tem origem militar e se refere à primeira linha de uma tropa de combate, cuja função é a de abrir uma cunha na formação inimiga. Nesse sentido, as revistas, os festivais, os manifestos equivaliam, e não apenas metaforicamente, a armas empunhadas pelos artistas em seu afã de transgressão. E com idêntica função, qual seja, abrir brechas no edifício da tradição. As polêmicas, autêntica respiração artificial das vanguardas, correspondiam ao desejo de superação rápida e mesmo violenta do passado. O espírito bélico da vanguarda artística se esclarece numa consulta ao programa exposto no "Fondazione e Manifesto del Futurismo", publicado em 20 de fevereiro de 1909, no jornal francês *Le Figaro:*

> 7. Não há mais beleza senão na luta. Nada de obra-prima sem um caráter agressivo. A poesia deve ser um assalto violento contra as forças desconhecidas, para intimá-las a deitar-se diante do homem.
> [...]
> 10. Nós queremos destruir os museus, as bibliotecas, combater o moralismo, o feminismo e todas as covardias oportunistas e utilitárias.[24]

Nesse espírito, não surpreende que o futurismo tenha glorificado a guerra e muito celeremente tenha se associado ao fascismo.[25] De igual modo, compreende-se que a relação das vanguardas latino-americanas com o futurismo tenha sido intensa, pois se tratava da primeira vanguarda organizada do século XX, cujos métodos foram reciclados por muitos outros grupos, e, sobretudo, tensa, e não apenas pelas implicações políticas, mas também pela necessidade de descobrir caminhos próprios, em lugar de mimetizar as soluções das vanguardas históricas europeias. Na avaliação exata de Jorge Schwartz:

> As vanguardas latino-americanas criticaram ou refutaram de forma unânime o futurismo italiano — em especial, após a Primeira Guerra, quando o apoio de Marinetti ao fascismo tornou-se mais ostensivo. Mes-

mo assim elas têm uma dívida inegável para com a ideologia da escola italiana: a refutação dos valores do passado e uma aposta na renovação radical.[26]

No caso brasileiro, o conflito explodiu na viagem de Marinetti à América do Sul em 1926; afinal, no fundo, o futurismo foi uma pedra no meio do caminho da Semana de Arte Moderna, que poderia ter sido chamada de Semana de Arte Futurista.[27] No *Jornal do Commercio*, em 27 de maio de 1921, Oswald de Andrade apresentou a poesia de Mário de Andrade num artigo controverso e com um título sintomático, "O meu poeta futurista".[28] O fecho do artigo pretendia ser apoteótico, mas, aos ouvidos do futuro autor de *Macunaíma*, deve ter soado apocalíptico: "Bendito esse futurismo paulista, que surge companheiro de jornada dos que aqui gastam os nervos e o coração na luta brutal, na luta americana, bandeirantemente!".[29]

Mário, de imediato, recusou a etiqueta, publicando uma resposta, cujo título já indicava sua contrariedade, "Futurista?!". O texto saiu no mesmo *Jornal do Commercio*, em 6 de junho de 1921. O tom incisivo fazia questão de não fugir da polêmica — essa marca-d'água das vanguardas:

> O poeta de *Pauliceia desvairada* não é um futurista e, principalmente, jamais se preocupou de "fazer futurismo". Ele consente que o chamem de extravagante, original, atual, maluco, do "domínio da patologia" (frase já estereotipada entre os zoilos) mas não admite que o prendam à estrebaria malcheirosa de qualquer escola.[30]

Em todo o caso, a simples associação proposta por Oswald revelava o clima da época. Ademais, o modelo do festival de três noites ocorrido em São Paulo, em fevereiro de 1922, foi livremente inspirado nas célebres *serate futuriste*. No "Manifesto da Poesia Pau Brasil", publicado no *Correio da Manhã*, em 18 de março de 1924, o movimento italiano é mencionado duas vezes. No início do "Manifesto", Oswald de Andrade segue à risca o conselho de Tristan Tzara e divide o mundo das artes com corte afiado: "Não há luta na terra da vocação acadêmica. Há só fardas. Os futuristas e os outros".[31]

Passagem cristalina: os "outros" são os acadêmicos fardados, imagem de uma tradição anquilosada; já os futuristas seriam os modernistas brasileiros, engajados na renovação da cultura, em geral, e das artes, em particular. Contudo, tal paralelo, mesmo por seu automatismo, poderia colocar em xeque nada menos do que a autonomia das vanguardas periféricas, não hegemônicas. A simples defasagem temporal assinalaria a dificuldade de superação da dependência. É como se a observação amarga de José Veríssimo, realizada em 1912, mantivesse inesperada atualidade: "Verifica-se que nenhuma das correntes do pensamento europeu que atuaram no brasileiro levou menos de vinte anos a se fazer aqui sentir".[32] Ora, como vimos, o "Fondazione e Manifesto del Futurismo" é de 1909, já o primeiro manifesto propriamente dito da vanguarda brasileira é o "Manifesto da Poesia Pau Brasil", de 1924. Oswald enfrentou o desafio afirmando uma simultaneidade inédita entre os centros de cultura: "E a coincidência da primeira construção brasileira no movimento de reconstrução geral".[33]

Nelson Osorio Tejeda expressou com lhaneza o limite dessa perspectiva, assinalando um passo necessário para uma historiografia literária à altura do desafio da produção artística e intelectual num contexto não hegemônico, periférico:

> Deixar de considerar a vanguarda hispano-americana como um simples epifenômeno das vanguardas europeias, a fim de compreendê-las como uma resposta às condições históricas concretas [...]. As tendências da vanguarda hispano-americana devem ser entendidas no âmbito de um processo mais amplo de renovação.[34]

Essa questão, na verdade, é constitutiva das culturas latino-americanas. Uma alternativa, no entanto, esboça-se na segunda menção ao movimento inaugurado por Marinetti. Podemos assim tanto aquilatar melhor o gesto oswaldiano como esclarecer o legado mais importante do gênero literário do manifesto nas culturas latino-americanas. Estamos próximos do final do "Manifesto da Poesia Pau Brasil":

> O trabalho da geração futurista foi ciclópico. Acertar o relógio império da literatura nacional.

Realizada essa etapa, o problema é outro. Ser regional e puro em sua época.[35]

Outra vez, a afirmação é direta: o futurismo, por sua aversão à tradição, foi importante como um primeiro passo estratégico; no momento seguinte, contudo, "o problema é outro", e sua caracterização fere justamente o dilema mencionado por Jorge Schwartz e Nelson Osorio Tejeda: "Ser regional e ser puro em sua época". O fermento alheio não seria mero espelho, porém, meio privilegiado para a formulação de uma obra própria e, aqui, a reiteração se impõe: eis aí o dilema constitutivo das culturas latino-americanas. Esse fenômeno da onipresença de elementos do futurismo nos mais diversos grupos foi bem descrito por Renato Poggioli: "o momento futurista pertence a todos os grupos de vanguarda e não apenas ao futurismo italiano".[36] Rejeição radical do passado: essa era a real significação do futurismo para boa parte das vanguardas, e não somente as latino-americanas. A adoção do termo "futurismo" servia como uma maneira de distanciar-se da tradição, sem necessariamente implicar adesão aos postulados do movimento. Ao apresentar a antologia de manifestos futuristas, Graça Aranha explicitou essa acepção: "O valor estético do futurismo está em exprimir os pensamentos novos, os assuntos atuais com o material novo, não só na arquitetura, como em todas as artes".[37] Se ampliarmos as referências e incorporarmos o ultraísmo, descobriremos na análise certeira de Hugo Verani a forma mesma da operação das vanguardas não hegemônicas:

> O Ultraísmo condensa elementos múltiplos oriundos dos ismos os mais diversos: futurismo, expressionismo, cubismo, dadaísmo, criacionismo. O Ultraísmo foi um movimento essencialmente aberto a todas as novidades, sem pressupostos teóricos determinados. [...] a índole eclética e heterogênea do movimento fica clara em seus manifestos.[38]

Estética onívora, autêntica poética da emulação, que resolve com rara argúcia o dilema das culturas não hegemônicas. Agora, o influxo externo deixa de ser constrangedor, pois, pelo contrário, celebra-se a pluralidade que constitui a perspectiva de quem se nutre de tão vasto cardápio. Vale dizer, quanto maior o número "dos ismos os mais diversos", ou da contribuição milionária da alteridade, mais rica será a síntese a ser realizada de "todas as novidades". No limite, a síntese converte-se na novidade mais assinalável. O texto programático de lançamento da revista *Proa*, que veio à luz no número 1, de agosto de 1924, ofereceu uma sugestiva metáfora, de inequívoco sabor ultraísta, e que dialoga com as preocupações oswaldianas expressas no mesmo ano, como vimos, no "Manifesto da Poesia Pau Brasil":

> Não é possível mostrar de antemão um panorama que estamos em vias de formar. Como exigir de um viajante que parte para dar volta ao mundo uma resenha de sua viagem, ainda no porto de partida? A única coisa que podemos exigir dele é que saiba geografia e que leve uma bússola.[39]

Em linguagem oswaldiana, só o que se pode demandar desse viajante, cujo destino é a viagem em si mesma, é manter os "olhos livres" para o acaso e para o imprevisto. Navegar é preciso, porém, navegar à deriva é a vocação do artista.

Isto é, nos termos do "Manifesto Antropófago": "Roteiros. Roteiros. Roteiros. Roteiros. Roteiros. Roteiros. Roteiros".[40]

À GUISA DE CONCLUSÃO: O LEGADO

O diálogo imaginário entre Jorge Luis Borges e Oswald de Andrade conduz à conclusão deste capítulo, embora tal encontro provavelmente não tivesse sido pacífico, pois seria difícil reunir nomes menos convergentes! Sintonia real encontraríamos entre Oswald de Andrade e Oliverio Girondo,[41] ou entre Mário de Andrade e Jorge Luis Borges.[42] Mas como a vida é sempre mais complexa do que binarismos algorítmicos, num testemunho fascinante, Antonio Candido recordou uma noite memorável:

> Em 1943 Mário de Andrade me convidou para ir à noite em sua casa conhecer um eminente poeta argentino. Fui e encontrei Oliverio Giron-

do e sua senhora Norah Lange. Estava também presente uma parenta de Mário, Gilda de Moraes Rocha, com quem casei no fim daquele ano.[43]

As voltas que a vida dá: Mário de Andrade, Oliverio Girondo e Norah Lange, juntos e felizes. Em todo o caso, apontamos afinidades estruturais associadas aos dilemas das culturas não hegemônicas. Nesse sentido, não seria equivocado considerar que o gênero manifesto deu uma contribuição efetiva para virar de ponta-cabeça o que parecia ser o dilema insuperável na constituição das culturas latino-americanas: como pensar numa formulação própria se até o idioma para sua expressão é alheio? Ou, pelo menos, foi inicialmente imposto? O desafio da *mímesis* atravessou séculos da história cultural do continente e alcançou um nível inédito de tensão nos movimentos de vanguarda, sobretudo na década de 1920.

Entende-se bem o motivo: como abraçar um movimento transgressor, cujo eixo é justamente a recusa de um modelo incontestável, ou seja, a tradição, e, ao mesmo tempo, submeter-se sem mais às regras das vanguardas europeias? Para dizê-lo brutalmente: como transgredir seguindo o passo a passo de um manual de instruções, e sempre escrito em língua estrangeira?

Não houve grupo de vanguarda que tenha negligenciado a urgência de perguntas similares. Por isso mesmo, os manifestos mais instigantes, e que seguem atraindo atenção ainda hoje, são aqueles que inventaram formas inspiradas de lidar com a centralidade do outro na determinação da cultura.

Claro: nesse contexto, o "Manifesto Antropófago" destaca-se, pois sua fórmula feliz — "Só me interessa o que não é meu. Lei do homem. Lei do antropófago"[44] — tornou-se uma forma de pensamento e um gesto estético que metamorfosearam o dilema em potência, e o impasse em promessa de renovação.

Ironia final: gênero agônico por excelência, polêmico por definição, conflituoso por traço estilístico, nas vanguardas latino-americanas, o manifesto encontrou sua convergência na invenção de um modo de lidar com a centralidade do outro.

Uma contradição com o próprio gênero, alguém poderia supor.

Mas, aqui, seria o caso duma *felix culpa* — reconheça-se.

NOTAS

1. Jeffrey Schnapp, "Morder a mão que alimenta (Sobre o *Manifesto Antropófago*)". In: João Cezar de Castro Rocha; Jorge Ruffinelli (Orgs.), *Antropofagia hoje? Oswald de Andrade em cena*. São Paulo: É Realizações, 2011, p. 399. Beatriz Azevedo ampliou de forma sugestiva a análise etimológica em *Antropofagia: Palimpsesto selvagem* (São Paulo: Cosac Naify, 2016, especialmente pp. 58-9).
2. Sintomaticamente, este foi o título escolhido por Mário de Andrade para a série de sete artigos publicados no *Jornal do Commercio*, por meio da qual apresentava os princípios da arte moderna em oposição ao modelo então dominante.
3. A citação é do "Manifesto Antropófago". In: Oswald de Andrade, *A Utopia antropofágica*. Pref. de Benedito Nunes. São Paulo: Globo, 1990, p. 51. A respeito da ideia-força de alegria na obra oswaldiana, ver Eduardo Sterzi, *A prova dos nove: Alguma poesia moderna e a tarefa da alegria*. São Paulo: Lumme, 2008.
4. Tristan Tzara, "Manifesto Dadá 1918". In: Gilberto Mendonça Teles (Org.), *Vanguarda europeia e modernismo brasileiro*. Petrópolis: Vozes, 1994, p. 137. Vale destacar o caráter pioneiro dessa coletânea, originalmente lançada em 1972.
5. André Breton, "Do surrealismo em suas obras vivas". In: *Manifestos do surrealismo*. Trad. e notas de Sergio Pachá. Rio de Janeiro: Nau, 2001, p. 355.
6. Lawrence Rainey, *Institutions of Modernism. Literary Elites & Public Culture*. New Haven; Londres: Yale University Press, 1998; ver, especialmente, o primeiro capítulo, "The Creation of the Avant-Garde: F. T. Marinetti and Ezra Pound" (pp. 10-41).
7. Ver o catálogo da exposição *No Tempo dos Modernistas: D. Olívia Penteado, a Senhora das Artes*. Org. de Denise Mattar. São Paulo: Faap, 2002. Ver, também, Arruda Dantas, *Dona Olívia*. São Paulo: Sociedade Impressora Pannartz, 1975.
8. Telê Ancona Lopez, "Modernistas em um *diner*". *Pro-Posições*, v. 19, n. 1 (55), pp. 205-8, jan./abr. 2008.
9. Disponível em: <https://www.metmuseum.org/art/libraries-and-research-centers/leonard-lauder-research-center/research/index-of-cubist-art-collectors/guedes-penteado>. Acesso em: jun. 2021.
10. No caso de Yolanda Penteado, contamos com a possibilidade de consultar suas memórias: *Tudo em cor de rosa*. Rio de Janeiro: Nova Fronteira, 1974. Veja-se, também, a biografia escrita por Antônio Bivar, *Yolanda*. Rio de Janeiro: Girafa, 2004. No que se refere à criação da Bienal de São Paulo, ver Francisco Alambert; Polyana Canhête, *Bienais de São Paulo. Da era do Museu à era dos curadores*. São Paulo: Boitempo, 2004.
11. Disponível em: <https://www.metmuseum.org/art/libraries-and-research-centers/leonard-lauder-research-center/research/index-of-cubist-art-collectors/penteado>. Acesso em: jun. 2021.

12. Destaca-se, aqui, a obra fundamental de Marcos Antonio de Moraes, cujo trabalho de pesquisa reinventou o campo da epistolografia no Brasil: *Orgulho de jamais aconselhar: A epistolografia de Mário de Andrade*. São Paulo: Edusp; Fapesp, 2007.
13. Claudia Salaris, *Dizionario del futurismo. Idee provocazioni e parole d'ordine di una grande avanguardia*. Roma: Editori Riuniti, 1996, p. 74.
14. F. T. Marinetti, "La voluttà d'esser fischiati". In: Luciano de Maria (Org.), *F. T. Marinetti. Teoria e invenzione futurista*. Milão: Arnaldo Mondadori Editore, 1990, p. 313.
15. Poema que Augusto de Campos adotou como epígrafe de *Viva vaia. Poesia 1949-1979*. São Paulo: Ateliê, 2000.
16. Curiosamente, o balé *A sagração da primavera* não foi apresentado no Brasil durante a excursão dos Balés Russos à América do Sul. Para uma reflexão fascinante sobre o tema, ver Charlotte Caroline Francoise Riom, "À maneira dos balés russos de Diaghilev: Uma ausência naturalmente despercebida". *Dança*, Salvador, v. 2, n. 2, pp. 37-50, jul./dez. 2013.
17. Penso no importante livro de Eliana Bastos, *Entre o escândalo e o sucesso: A Semana de 22 e o Armory Show*. Campinas: Ed. da Unicamp, 1991.
18. O caráter performático da própria política fascista foi estudado com brilho por Jeffrey Schnapp em *Staging Fascism. 18 BL and the Theater of Masses for Masses*. Stanford: Stanford University Press, 1996.
19. Niccolino Viggiani (Org.), *Futurismo: Manifestos de Marinetti e seus companheiros*. Rio de Janeiro: Pimenta de Mello, 1926.
20. Apud Annateresa Fabris, *O futurismo paulista: Hipóteses para o estudo da chegada da vanguarda no Brasil*. São Paulo: Perspectiva, 1994, p. 218.
21. *Correspondência Mário de Andrade & Manuel Bandeira*. Org. de Marcos Antonio de Moraes. São Paulo: Edusp; IEB-USP, 2000, p. 294.
22. Paul Zumthor, "Body and Performance". In: Hans Ulrich Gumbrecht; Karl Ludwig Pfeiffer (Ed.), *Materialities of Communication*. Stanford: Stanford University Press, 1994, p. 219.
23. May Lorenzo Alcalá, "Os textos programáticos". In: May Lorenzo Alcalá; Jorge Schwartz (Orgs.), *Vanguardas argentinas: Anos 20*. São Paulo: Iluminuras, 1992, p. 23.
24. F. T. Marinetti, "O Futurismo". In: Gilberto Mendonça Teles (Org.), *Vanguarda europeia e modernismo brasileiro*, op. cit., p. 92.
25. O ponto 9 do manifesto sublinha o militarismo e a misoginia: "Nós queremos glorificar a guerra — única higiene do mundo — o militarismo, o patriotismo, o gesto destruidor dos anarquistas, as belas ideias que matam, e o menosprezo à mulher". Id., ibid.
26. Jorge Schwartz, "Introdução". In: *Vanguardas latino-americanas: Polêmicas, manifestos e textos críticos*. São Paulo: Iluminuras; Edusp; Fapesp, 1995, p. 40.

27. Na observação sempre precisa de um dos mais argutos historiadores do modernismo brasileiro: "Em 1921 o grupo modernista — ou futurista como então era chamado, e que, às vezes, a si próprio assim se denominava". Mário da Silva Brito, *História do modernismo brasileiro*. 2. ed. rev. Rio de Janeiro: Civilização Brasileira, 1964, v. I, *Antecedentes da Semana de Arte Moderna*, p. 179.
28. Para uma análise do episódio, ver Gênese Andrade, "Oswald de Andrade em torno de 1922: Descompassos entre teoria e expressão estética". *Remate de Males*, Campinas: DTL, IEL-Unicamp, v. 33, n. 1-2, pp. 113-33, jan./dez. 2013, especialmente, pp. 119-21.
29. Oswald de Andrade, "O meu poeta futurista". In: Mário da Silva Brito, *História do modernismo brasileiro*, op. cit., p. 231.
30. Id., ibid., p. 238.
31. Oswald de Andrade, "Manifesto da Poesia Pau Brasil". In: *A Utopia antropofágica*, op. cit., p. 42.
32. José Veríssimo, *História da literatura brasileira de Bento Teixeira (1601) a Machado de Assis (1908)*. Rio de Janeiro: Topbooks, 1998, p. 20.
33. Oswald de Andrade, "Manifesto da Poesia Pau Brasil". In: *A Utopia antropofágica*, op. cit., p. 43.
34. Nelson Osorio Tejeda, "Prólogo". In: Nelson Osorio Tejeda (Org.), *Manifiestos, proclamas y polémicas de la vanguardia hispanoamericana*. Caracas: Biblioteca Ayacucho, 1988, p. XXXVIII.
35. Oswald de Andrade, "Manifesto da Poesia Pau Brasil", op. cit., p. 44.
36. Renato Poggioli, *The Avant-garde Theory*. Cambridge: Harvard University Press, 1988, p. 68. Marjorie Perloff desenvolveu a intuição em *The Futurist Moment. Avant-garde, Avant Guerre, and the Language of Rupture*. Chicago; Londres: The University of Chicago Press, 1986.
37. Graça Aranha, "Prefácio". In: Niccolino Viggiani (Org.), *Futurismo: Manifestos de Marinetti e seus companheiros*, op. cit., p. 5.
38. Hugo Verani, *Las vanguardias literarias en Hispanoamérica (Manifiestos, proclamas y otros escritos)*. México: Fondo de Cultura Económica, 1986, pp. 43; 45.
39. Jorge Luis Borges, "Proa". In: May Lorenzo Alcalá; Jorge Schwartz (Orgs.), *Vanguardas argentinas: Anos 20*, op. cit., p. 33.
40. Oswald de Andrade, "Manifesto Antropófago", op. cit., p. 49.
41. Jorge Schwartz, *Vanguarda e cosmopolitismo na década de 20: Oliverio Girondo e Oswald de Andrade*. São Paulo: Perspectiva, 1983.
42. Emir Rodríguez Monegal, *Mário de Andrade/ Borges: Um diálogo dos anos 20*. São Paulo: Perspectiva, 1978.
43. Depoimento de Antonio Candido, em fevereiro de 2007. Tive acesso ao documento graças à generosidade de Jorge Schwartz.
44. Oswald de Andrade, "Manifesto Antropófago", op. cit., p. 47.

A REPÚBLICA MUSICAL MODERNISTA

JOSÉ MIGUEL WISNIK

Tão ou mais importante do que revisitar as circunstâncias que cercam a realização da Semana de Arte Moderna é ler, cem anos depois, "As enfibraturas do Ipiranga", poema musical de Mário de Andrade que encerra a *Pauliceia desvairada*.[1] Escrito antes da Semana, em 1921, "As enfibraturas do Ipiranga" é uma antevisão alucinada — como só a poesia seria capaz de fazer — das entranhas sociais e artísticas do acontecimento. Rebarbativo, desequilibrado e desmedido, mas fiel ao *desvairismo* que Mário professava no "Prefácio interessantíssimo", o poema é uma espécie de pesadelo visionário no qual se expõe o jogo de forças envolvidas no *arregaço* modernista — para usar aqui o termo empregado com precisão por Emicida, ao se referir ao evento de 1922 no filme *AmarElo*.[2]

Como sabemos, a Semana foi uma cerimônia de profanação do templo da cultura burguesa — o Theatro Municipal de São Paulo — sem deixar de ser uma cerimônia burguesa que sacudia seu próprio território, pondo em confronto as correntes inovadoras e as correntes conservadoras internas à classe que a promovia. O poema da *Pauliceia*, no entanto, situava o embate não dentro do teatro, mas fora dele, no grande anfiteatro do vale do Anhangabaú. Mário faz da fenda geológica que corta o centro de São Paulo, contígua ao Municipal, o palco de uma batalha campal de forças comportamentais e artísticas, encenando alegoricamente suas contradições gritantes. Dessa massa, que vai dos "milionários e burgueses" à "gente pobre", posicionados em respectivos nichos territoriais como se estivessem em camarotes, frisas, plateia e *poleiro* de um grande teatro de ópera, fazem parte os incluídos e os excluídos da Semana, reunidos num *coro dos contrários* que tem por palco a cidade que os engloba.[3] Além de antecipar o que viria a ser seu núcleo conflituoso, o poema dá ao evento uma escala urbana e telúrica, ampliando seu alcance e dirigindo-o dramaticamente ao futuro.

É certo que permanece nele algo daquele *rúim esquisito* que Manuel Bandeira identificou na poesia juvenil de Mário, e que podemos reconhecer, com certa parcimônia, como um traço constitutivo na dicção original do poeta da *Pauliceia desvairada*. Foi escrito num jorro de "lirismo",[4] por ocasião do "estouro" libertário e desrecalcante que o levou a se oferecer sacrificialmente à "tempestade de achincalhes" que viria com a Semana, conforme narrou, mais de vinte anos depois, na conferência "O movimento modernista".[5] Mas é por isso mesmo, por sua embocadura convulsionada, seu caráter ruinoso, fracassante e utópico, por escancarar sua ambição e seus limites, que o poema fala conosco, hoje, quando interrogamos o destino da cidade, do modernismo e do Brasil.

Escrito à maneira de um gigantesco "oratório profano", coral e sinfônico, cuja execução mobilizasse *toda* a população de São Paulo (em torno de 550 mil vozes àquela altura), reunida em grupos postados em posições de confronto no vale do Anhangabaú, com orquestra e banda formada por "cinco mil instrumentistas" (compondo um conjunto ingovernável de cordas, sopros e percussões ad libitum regido penosamente por "maestros... vindos do estrangeiro"), o poema se comporta como a narrativa dramática de um evento musical do qual ele fosse, ao mesmo tempo, o texto e a partitura, incluindo indicações de ritmo, de instrumentação e de dinâmica, além da alusão a gêneros musicais, a naipes corais e orquestrais. Mais que um oratório profano que *representa* a cidade, é uma representação em que a própria cidade *atua* um oratório profano. Na contramão do caráter unívoco, concorde e altissonante desse gênero de celebrações, se faz de contrapontos em choque, de embates dissonantes e derrisórios.

O título alude ao centenário da Independência que se avizinhava, associado, no entanto, não às "margens plácidas" do Ipiranga (do hino, do grito e do riacho), mas às fibras entremeadas e conflagradas de um tecido social a ponto de se romper sobre o leito oculto e assombrado do Anhangabaú. Uma referência às comemorações apologéticas e patrióticas de datas cívicas, mas invocando já uma formação vocal e instrumental semelhante à das obras monumentais que Villa-Lobos comporia mais tarde, ao longo dos anos 1920, com suas massas corais-sinfônicas e sua mistura característica de instrumentos europeus com indígenas ("Só aguentam o *rubato* lancinante violinos, flautas, clarins, a bateria e mais borés e maracás").

O grupo das "Juvenilidades Auriverdes", formado pelos modernistas, assumidos como "nós" — o sujeito coletivo do poema —, tem os pés "enterrados" no fundo do vale e se debate heroicamente, mesmo que à custa da desafinação assumida e do pouco ensaio, contra o bloco grandiloquente dos "Orientalismos Convencionais", constituído por artistas acadêmicos, parnasianos e beletristas, entrincheirados nas janelas e nos terraços do Theatro Municipal. Esse coro acadêmico e tradicionalista é secundado pela dança caricata, em tempo de minuete, das "Senectudes tremulinas" — a burguesia endinheirada que exibe seu privilégio nas sacadas elegantes do outro lado do Anhangabaú (Automóvel Clube, Prefeitura, Rôtisserie, Tipografia Weisflog, Livraria Alves). Contraposta a todos, a massa dos assim chamados "Sandapilários indiferentes", formada por trabalhadores e desempregados, ocupa o viaduto do Chá, avessa às batalhas campais da cultura de elite e mais interessada em árias de ópera italiana ou na emergente música popular urbana (como a marcha carnavalesca "Pé de anjo", que era um sucesso recente de Sinhô).

Entre vaias mútuas, os grupos antagônicos se comportam como as torcidas nos nascentes estádios de futebol (torcida que, àquela altura, ocupava às vezes parte do vale para acompanhar em tempo real notícias lance a lance de jogos da seleção brasileira acontecendo em outras cidades).[6] A propósito, Nicolau Sevcenko diz, em *Orfeu extático na metrópole*, que a cidade, "dissipada no caos de um crescimento tumultuoso", encontrava no evento esportivo "a enfibratura" capaz de organizar "pela exaltação" estratégica as correntes entrópicas das multidões urbanas, buscando dar-lhes coesão.[7] "As enfibraturas do Ipiranga" combina assim, de maneira intencionalmente discrepante, o rito artístico da cultura erudita em crise — no qual se debatem os acordes bombásticos dos "Orientalismos", as intervenções dissonantes das "Juvenilidades" e os ecos francamente anacrônicos das "Senectudes" — com os sinais ruidosos da cultura de massa emergente, vocalizados pelos "Sandapilários", tudo reunido num espaço urbano que começava a ser tomado pelas demonstrações esportivas.

Vocalizado em meio à falha e em torno dela, o rito de massa *junta* e *divide* a multidão. Instaura-se nele a polifonia cacofônica, a "grita descompassada" da metrópole — alegoria musical dos choques sociais e culturais que avassalam a cidade e, por isso mesmo, figuração hiperbólica do que viria a ser o núcleo nervoso da Semana de Arte Moderna, mas indo além de suas fronteiras culturais e de classe. Enquanto as vozes dos convencionalismos convencionais (o pleonasmo é proposital) assumem uma cadência opressiva de marcha fúnebre, seguindo num *crescendo* ininterrupto ("Temos nossos coros só no tom de dó!/ Para os desafinados doutrina de cipó/ [...] Glória aos iguais! Um é todos! Todos são um só!/ Somos os Orientalismos convencionais!"), as "Juvenilidades" modernistas despontam como a manifestação desgarrada das pulsões de Eros ("Nós somos as Juvenilidades Auriverdes!/ As franjadas flâmulas das bananeiras/ As esmeraldas das araras,/ Os rubis dos colibris, [...]/ Todos para a fraterna música do Universal!"). Chamando-se a si mesmas de "ignorâncias iluminadas", buscando o gosto multifário do infinito, sonham errantes por meio de metáforas tardo-românticas ("Magia das alvoradas entre magnólias e rosas.../ Apelos do estelário visível aos alguéns.../ Pão de Ícaros sobre a toalha extática do azul!") e entram num excruciante processo de autoflagelação à medida que se chocam contra o paredão da grita conservadora.

Alternam-se, pois, num duelo coral, o bloco das "chatezas horizontais" (como se o burguês da "Ode ao burguês" da *Pauliceia* — "a digestão bem feita de São Paulo" — se multiplicasse num coro tanático) e o cordão da diferença libertária, cantando um torturante "Hino à Alegria" tropical que fosse ao mesmo tempo um descompassado enredo de escola de samba (que ainda não existia) ou, ainda, uma parada gay muito *avant la lettre*. Postos de través em meio a isso, os "Sandapilários indiferentes" (a palavra alude a antigos carregadores de defuntos nos enterros pobres), mesmo convivendo cotidianamente com a morte, como indica sua designação, participam da exaltação de massa que acompanha a emergência da canção popular de mercado e vaiam tanto as chiquezas da cultura bem-posta como as estridências de vanguarda.

Vista assim, a polêmica estética que caracterizou a Semana de Arte Moderna — isto é, a querela de poetas modernistas com parnasianos, da pintura acadêmica com a expressionista, do poema sinfônico com o ruidismo futurista — acontece dentro de um *arregaço maior*, engolfando classes e grupos sociais em reações díspares e autocontraditórias. O "oratório profano" da cultura dominante não rege mais, nem idealmente, a sociedade de massas industrializada, com seus maestros "vindos do estrangeiro"; assim também, a política velha, o café com leite das oligarquias, ou o que se chamou depois de República Velha, *senil* e *tremulina*, não dá mais conta da escala e da escalada dos novos embates socioculturais. A massa urbana transita entre o gosto da velha ópera e o emergente Carnaval pelo gramofone; a exaltação modernista, sabendo-se tateante, e arcando com o peso e a culpa pelo ataque a paradigmas assentados, namora, em delírios febris, com a autoaniquilação decadentista. O texto é uma espécie de sismógrafo público do terremoto íntimo que precedeu, em Mário, a experiência da Semana, e que o fez jogar-se agônica e agonisticamente nas *constrições*, nas *contradições* e mesmo nas *contrições* envolvidas no ato transgressor.

Mas é oportuno observar, desde já, o quanto o cenário traçado no poema aponta para aquilo que se tornará uma questão subjacente aos desenvolvimentos posteriores do modernismo: o que fazer, para além de combater a arte acadêmica, com a pressão da cultura de mercado no campo minado da sociedade de massas? Qual o elemento unificador capaz de orientar e reger essa barafunda? E, diante disso, que lugar tem a entidade "povo" no projeto nacional? As respostas para essas perguntas virão da música: à medida que o movimento modernista passa da fase necessariamente atritante da ação de vanguarda para a fase construtiva de um projeto nacional, é na música que se encontrará a aliança do intelectual letrado com o povo, baseada no substrato folclórico e contraposta à influência considerada desagregadora da música popular urbana.[8]

A *república musical modernista*, se chamarmos assim a política cultural que se desenhará já no decorrer dos anos 1920, terá dois atores fundamentais empenhados na resposta a essa crise. Mário de Andrade professará a conversão do folclore em arte erudita, buscando unanimizar o país no grande coral nacional do *boi* — esse nume tutelar que comparece na cultura popular de norte a sul (como declara a peroração do *Ensaio sobre a música brasileira*), entidade capaz de morrer e renascer nas danças dramáticas brasileiras. Villa-Lobos emplacará, por outro lado, o programa do canto orfeônico como política de Estado, ao longo do governo getulista, de 1930 a 1945, introduzindo o ensino de música nas escolas e exaltando-o com grandes concentrações corais de colegiais em estádios de futebol.[9]

Assumido diretor de ideias do grupo dos compositores nacionalistas (entre os quais se destacam Francisco Mignone, Lorenzo Fernández e Camargo Guarnieri), Mário os exortará a encontrar o espírito da nação na música do povo (rural, anônima e coletiva), por meio da pesquisa das fontes populares e de sua estilização erudita; Villa-Lobos, investido como o condutor musical das novas gerações escolares, formulará o *Guia prático*[10] destinado a coralizar o país, difundindo folclore, saneando os males identificados na música radiofônica e promovendo a introjeção de civismo e disciplina — valor estratégico para o projeto ideológico do Estado Novo. Se o programa de Mário, sediado politicamente, enquanto pôde, no Departamento de Cultura da Prefeitura de São Paulo,[11] é musicológico, artístico e voltado para uma grande aliança entre o popular folclórico e o erudito, o programa de Villa-Lobos é orfeônico, cívico e pedagógico (com o compositor se tornando uma espécie de Getúlio Vargas de batuta, um duplo do ditador populista, sem dispensar o característico charuto comum aos dois). Não esqueçamos de que não estamos falando, aqui, de dois agentes de política cultural, simplesmente, mas de dois artistas de relevância máxima, imbuídos, cada um a seu modo, de um sentido de missão no exercício da função social da música, que se tornava imperativo, nos anos 1930-40 em todo o mundo ocidental. Lembremos que as relações entre música e Estado foram questões políticas candentes na União Soviética e na Alemanha nazista, e que a incorporação da música de concerto à indústria cultural foi uma operação minuciosamente construída, por essa época, nos Estados Unidos.[12]

Voltando ao poema: o conflito virulento atinge seu ponto de ruptura quando eclode finalmente o berro, pelas "Juvenilidades Auriverdes", de um palavrão furibundo e catártico ante o qual as outras partes fogem e se escondem, "tapando os ouvidos à grande, à máxima Verdade". Essa palavra estrondosa, e não pronunciada, ou pelo menos não escrita, significante inarticulado de revolta, com tudo o que carrega de violência não simbolizada — de real e de inconsciente —, dispara a ameaça contida na quebra de um tabu, abalando as *enfibraturas do Ipiranga*: o pacto dominante que costura e submete a sociedade. Enquanto as demais partes fogem à contundência dessa eclosão, as "Juvenilidades auriverdes" sucumbem à sua incapacidade de furar o bloqueio dos "Orientalismos Convencionais", permanecendo no fundo do vale, onde jazem como sementes a frutificar no futuro.

Vale aplicar aos passos dessa narrativa o esquema arquetípico que Northrop Frye chama de "mito da procura": *agón* (instauração do conflito); *páthos* (intensificação e morte de um ou dos dois lados da luta); *sparagmós* (estraçalhamento ou desaparição do herói); e *anagnórisis* (reconstituição, reaparecimento ou reconhecimento daquilo que foi despedaçado ou desaparecido).[13] Curiosamente, esse esquema corresponde exatamente ao movimento simbólico que Mário de Andrade identificaria mais tarde nas "danças dramáticas do Brasil", a começar do bumba meu boi, tendo como cerne a "Morte e Ressurreição dum qualquer benefício".[14] No caso do poema, podemos chamar essas quatro fases de *fricção* (o atrito sem mediação entre forças opostas); *fritura* (o aumento da temperatura conflitual até o rompimento); *fratura* (a fuga, o desaparecimento geral e a morte seminal de uma das partes); e *redenção futura* (o anúncio do renascimento das forças vitais e telúricas). A redenção é anunciada, ao final, pela personagem "Minha loucura", uma espécie de projeção órfica do eu lírico *desvairista*: ela entoa uma "cantiga de adormentar", consoladora, supostamente embaladora (e ainda assim loquaz), na qual augura o futuro renascimento das *sementes-perséfones* modernistas, enterradas na fenda que divide o centro da cidade e a sociedade brasileira, à espera de que sua fertilidade seja resgatada na estação propícia.

Sem ser nenhuma "obra-prima", antes longe disso, "As enfibraturas do Ipiranga" têm valor singular como antevisão sintomática: é uma tumultuada alegoria hiperbólica dos impasses modernistas e um diagnóstico da crise cultural nas metrópoles, além de um intrigante rito sacrificial em que o moderno se anuncia mas não consegue se instaurar, batendo no muro conservador e morrendo na esperança de renascer da fratura assombrada da cidade como algo a se perfazer e a se completar no futuro — algo que se concebe como eclosão, fracasso e semente.

Mário de Andrade reconheceria mais tarde, em 1942, que a Semana de Arte Moderna foi patrocinada pela parte cosmopolita da oligarquia do café que se queria em dia com as novidades europeias (Mário a chama de "aristocracia do espírito", com Paulo Prado ao centro), tendo seu antagonista na burguesia propriamente dita, "tanto [...] de classe como [...] do espírito" (com a ironia extra de que imigrantes enriquecidos se mostraram às vezes mais ciosos das tradições nacionais do que a burguesia aristocrata quatrocentona).[15] Culpabiliza-se então, numa época em que o engajamento social tinha se tornado de exigência máxima, pelo que considera como sendo a gratuidade anarco-estética da grande "orgia intelectual" que enxerga retrospectivamente no movimento de 1922. É importante notar, ao lado disso, que os trabalhadores paulistas que tinham feito as impactantes greves de 1917 não podiam ser considerados politicamente "indiferentes", como são os "sandapilários" que aparecem no poema gritando "fora o que é de despertar", embora pudessem ser reativos à cultura de elite e às novidades modernistas. Movidos pela inspiração anarquista, falavam, pode-se dizer, a "retórica exata das reivindicações", como enuncia aliás o "Prefácio interessantíssimo" a propósito da ordem implícita nos distúrbios aparentes da multidão (que Mário compara à desordem aparente da poesia modernista).[16] Em outras palavras, se a burguesia de classe e de espírito selava claramente seu pacto com a arte antimoderna, os intelectuais modernistas (na visão posterior de Mário) sustentavam a posição frágil de serem fomentados pela oligarquia tradicional — disponível, inclusive porque decadente, para a alta cultura moderna — e de estarem a uma abissal distância de classe e espírito dos trabalhadores e da "gente pobre".

São todas essas contradições juntas que fazem, a meu ver, o interesse do poema. São elas, também, que o levam a soar estranhamente atual hoje, cem anos depois, quando presenciamos a mais agressiva ação antimoderna ser acumpliciada pela coreografia política da camada empresarial brasileira, mais instituições militares, grupos religiosos, famílias moralistas, como se estivéssemos ainda na cena do Anhangabaú, mesmo que mudados os endereços. O poema soa então como uma espécie de dejà-vu ao contrário, em que o passado fantasmático nos faz lembrar de um presente que insiste em não mudar, apesar de todas as mudanças ocorridas nesse século de distância — como se não tivesse havido o modernismo, que no entanto *houve* e constituiu as bases da vida cultural brasileira. Às vésperas do centenário da Semana de Arte Moderna, utopias, projetos coletivos, compromissos públicos, vida cultural, universidades, diversidade humana, racial e de gênero são esfolados pelos ataques dirigidos contra tudo o que se construiu sobre os pilares progressistas da modernidade brasileira, a começar do "direito permanente à pesquisa estética", da "atualização da inteligência artística" e da "estabilização de uma consciência criadora nacional", para voltar aos termos de Mário de Andrade.[17]

Mas o som e a fúria do poema nos devolvem também ao luto e à luta investidos no *arregaço* modernista, arrancando-nos da atitude lamentosa e derrotista. Ele aponta para aquilo que veio driblando, apesar de tudo e com tudo, a resistente e insistente *baixa antropofagia* brasileira, tal como formulada por Oswald de Andrade, e estribada, segundo o "Manifesto Antropófago", na *inveja* (podemos atualizar como ressentimento cósmico), *usura* (liberalismo oportunista), *calúnia* (fake news) e *assassinato* (necropolítica assumida).[18] A esse respeito, é emblemático o show de Emicida no Theatro Municipal de São Paulo, em 2020, que costura a matéria documental e artística do filme *AmarElo*. O show é uma luminosa e assumida *profanação* (enquanto ocupação do espaço interdito, tomando-o para usufruto dos excluídos), ao mesmo tempo que uma *consagração* do espaço público destinado a todos — em outras palavras, como uma "transformação do tabu em totem". Dialoga diretamente com a Semana de Arte Moderna, elege uma epígrafe de Mário de Andrade ("nosso modernista favorito"), homenageia a antropofagia oswaldiana ("só o que é do outro me interessa") e, mais importante, mostra o quanto o Theatro Municipal e o vale do Anhangabaú permaneceram ao longo do tempo como o eixo de referência das pulsações culturais da cidade para os invisibilizados e postos à margem. Resgatando as enfibraturas históricas da negritude em São Paulo, Emicida chama a atenção para o fato de que o Movimento Negro Unificado, o MNU, elegeu as escadarias frontais do Municipal como espaço de suas manifestações históricas, em 1978, e como as batalhas de ritmo e poesia do movimento hip-hop escolheram o largo São Bento como seu território, homenageando o escravizado-arquiteto Tebas, construtor de igrejas no século

xix. Mais recentemente, as batalhas poéticas do slam escolheram a praça Roosevelt, tudo girando, com maior ou menor proximidade, em torno do Anhangabaú.

AmarElo resgata, assim, um arco de tempos e espaços contendo múltiplas manifestações políticas e criativas, individuais e coletivas, de modo a construir, a partir das periferias, uma inesperada ponte sobre a fenda. E trazendo uma surpreendente *anagnórisis* atual para o sonho convulsionado e inconcluso d'"As enfibraturas do Ipiranga" — reconhecimento e maturação das forças dissipadas e semeadas no poema final da *Pauliceia desvairada*.

A ROTATÓRIA

Em todos os estágios de sua trajetória, a música é a referência teórica e artística principal nos projetos literários e culturais de Mário de Andrade. É importante identificarmos três *tônicas* principais nesse roteiro sempre conflituado, que faz das próprias contradições matéria de permanente autoexigência e tormento.

Por ocasião da Semana de Arte Moderna, a ênfase esteve na atualização da linguagem artística brasileira face às vanguardas europeias dos anos 1910 e início dos anos 1920: a liberação do simultaneísmo, das polifonias, das dissonâncias, a quebra da linearidade na linguagem artística, tudo associado ao sentimento arlequinal da metrópole provinciana e cosmopolita, "galicismo a berrar nos desertos da América". Como vimos, uma intelectualidade boêmia vivia sua "orgia intelectual" junto àquela parte da burguesia paulista que queria acertar o passo com o último grito da segunda Revolução Industrial, dando sinais, intencionais ou não, da decrepitude do acordo oligárquico que sustentava a República Velha, criando "um estado de espírito revolucionário e um sentimento de arrebentação".[19] A poética modernista é explicada, no "Prefácio interessantíssimo" e em *A escrava que não é Isaura*, com base em ferramentas de análise musical — o simultaneísmo harmônico e polifônico, aliás largamente praticado em "As enfibraturas do Ipiranga". E o mais ambicioso poema da *Pauliceia desvairada* imita, como vimos, procedimentos de partitura musical.

Em torno de 1924, a ênfase desloca-se para a nacionalização da linguagem artística brasileira, baseada na pesquisa das fontes populares rurais, anônimas e coletivas, de modo a desfazer o abismo existente entre as expressões orais e as escritas, e a rebater o peso das matrizes importadas com a contribuição da música folclórica. Transitando da destruição vanguardista de barreiras estéticas para a pesquisa construtiva da "entidade nacional", Mário lidera um programa de acerto de contas da intelectualidade letrada com a imensa reserva da cultura popular dispersa pelo território do país, a ser recolhida e estudada como referência técnica, estética e ética. Subjaz ao projeto o princípio de uma aliança de classes, com aspectos paternalistas, em que o povo aparece como o criador coletivo a ser valorizado e redimido em sua "falta de caráter" (no sentido de uma falta de estabilização e autorreconhecimento de sua identidade cultural), cheia no entanto de vigor, vitalidade, versatilidade e originalidade. O programa é tratado mais uma vez pela via musical, no *Ensaio sobre a música brasileira*, de 1928. E a obra literária representativa do período, embora muito mais complexa que a doutrina, é *Macunaíma*, isto é, não um romance, mas a *rapsódia* cujo narrador se revela ao final o cantador popular, imitando na escritura as modalidades de transmissão da cultura oral.

No final dos anos 1930, e com muita intensidade até a morte de Mário, em 1945, o empenho na luta de classes introduz uma cisão no caráter unanimizador do projeto nacional. O engajamento impõe o posicionamento do artista no embate entre os trabalhadores e os "donos da vida". A tensão surda entre o popular e o cosmopolita, que o fez enojar-se das "chiques dissonâncias dos modernos", ao presenciar a miséria nordestina durante viagem relatada em *O turista aprendiz*, vem à tona com a pressão histórica pela participação no debate que acompanha a montante do fascismo, a atuação comunista, a militância católica. Mário envolve-se de maneira não partidária, como demonstra o compositor Janjão em *O banquete*, sabendo-se um *burguês* na origem, *aristocratizado* por sua formação estética e convertido ao *sentimento proletário* por opção (admitindo, como num arpejo dissonante, a pertinência contraditória a todas as classes sociais, cuja luta ele próprio personificasse num drama íntimo). Aqui também o projeto é teorizado em música (n'*O banquete*) e efetuado artisticamente num longo poema dramático destinado a virar ópera revolucionária: o *Café*.[20]

Podemos ler o *Café* como uma conversão termo a termo do programa vanguardista de "As enfibraturas do Ipiranga" para o programa engajado: os "Sandapilários" saem da margem e tornam-se protagonistas, agora como heróis operários; as "Senectudes" capitalistas mostram-se como o que são, isto é, os proprietários opressores e "donos da vida", como se passando da República Velha ao Estado Novo; os "Orientalismos" saem do Parnaso e vão para a Câmara dos Deputados, onde o palavrório do Deputado da Ferrugem tinge sua fatura bacharelesca de um novo cunho populista; as "Juvenilidades" investem-se da figura mítica e romantizada do herói revolucionário coletivo e dionisíaco; e "Minha Loucura" vira a "Mãe Operária". Comparados hoje, fica claro que a negatividade das "Enfibraturas", mesmo com seus defeitos, e também por eles, resulta mais atual e mais viva do que a positividade do *Café*, espécie de ópera falhada de Estado socialista, escrita por engano num país capitalista periférico durante o Estado Novo.[21]

É necessário esclarecer um ponto que gera muito mal-entendido: a música popular a que Mário se apega em seu projeto não é a música popular urbana, descaracterizada, segundo ele, pela pressão danosa do urbanismo, do mercado e da influência estrangeira, mas a música folclórica — a dos sambas rurais, dos bumba meu boi, reisados, pastoris e congadas, cocos, cururus, modas de viola e cateretês. É essa que deveria ser transfundida em música de concerto pelos compositores nacionais, ressaltando-se enfaticamente, no *Ensaio sobre a música brasileira*, que quem não entrasse em linha com essa conduta artística seria "pedregulho na botina" a ser devidamente descartado.[22]

Mário não previu, pode-se dizer, a importância exponencial que a canção urbana veio a assumir mais tarde, redimensionando o passado e o futuro da música popular no Brasil. Numa carta muito reveladora a Moacir Werneck de Castro, no entanto, anota sua comoção pungente com o "Vão acabar com a Praça Onze", de Grande Otelo e Herivelto Martins, e seu espanto diante do alcance poético e antropológico de um samba como "Amélia", de Ataulfo Alves e Mário Lago:

> Ora o sujeito estourar naquela bruta saudade da Amélia, só porque está sentindo dificuldade com a nova, você já viu coisa mais humana e misturadamente humana? Tem despeito, tem esperteza, tem desabafo, tristeza, ironia, safadez de malandro, tem ingenuidade, tem pureza lamacenta: é genial. Acho das manifestações mais complexas que há como psicologia coletiva.[23]

Na mesma carta, faz uma declaração precisa sobre o samba urbano como gênero: "além de ser com frequência genial na felicidade de dizer as coisas, é de um inesperado de assuntos, de uma riqueza psicológica assombrosa". Mas faz também uma sugestão sintomática: "Já era tempo de alguém, mas alguém com muita sensibilidade e conhecimento de causa, fazer um estudo sobre os textos do samba carioca. Um Aníbal Machado talvez servisse ou talvez o [...] ilustre autor de *Oscarina*" (referência a Marques Rebelo). Ora, perguntaríamos nós, hoje, quem melhor do que ele mesmo — Mário de Andrade — para fazer isso, ainda que não se sentisse totalmente familiarizado com o mundo do samba carioca? Por que delegar a tarefa a outros improváveis escritores, que "talvez" servissem? Por que só se referir à riqueza assombrosa do samba de passagem e *em âmbito privado*?

O fato é que a música popular urbana, embora eloquentemente reconhecida, nesse caso, como admirável, não estava no foco teórico de seu programa para a cultura brasileira: a um passo de intuir melhor do que ninguém a força *artística* da canção brasileira, Mário se apega ainda a uma concepção tardo-romântica de fundo, assumindo a ferro e fogo a pureza do folclore como modelo da cultura. É verdade, também, que o reconhecimento do alto nível estético da canção, aos nossos olhos e aos do mundo, só pôde se afirmar mais tarde, depois da bossa-nova, numa virada de paradigma que tem seu marco no *Balanço da bossa* de Augusto de Campos, cuja primeira edição data de 1968.[24]

Não se trata, pois, de acusá-lo simplesmente por essa omissão, mas de reconhecer que operava ali uma forma mental dominante no modernismo musical brasileiro, em grande parte por sua própria influência e seu sentido de missão, que buscava nas formas mais puras e intocadas da música rural, à maneira de Herder e do pré-romantismo alemão, o substrato para uma composição erudita comprometida com o achado da essência nacional. Não vamos nos alongar sobre o fato de que se tratava de um programa que elegia a cultura pré-industrial como a base primordial de um projeto moderno, num país em franco processo de industrialização, com todos os impasses e decorrentes fracassos práticos envolvidos nisso.

Por tudo isso, o *Ensaio sobre a música brasileira*, se olhado em seu nacionalismo programático, é uma obra francamente datada. Ao mesmo tempo, é atualíssima em sua inquietação musicológica. Para percebermos isso, é preciso atentar para o analista do ritmo que propõe uma reveladora fórmula métrico-fraseológica para entender a rítmica brasileira, que critica a concepção convencional de síncopa, que prevê a seu modo a *contrametricidade* e o *paradigma audiotátil*, tal como formulados pela musicologia mais recente,[25] e que comete, na primeira parte de *O turista aprendiz*, uma fantasia teórica, antropológica e poético-musical sobre oralidade, corporalidade, analidade, música e linguagem, culminando numa teoria vocal da *imanência do inimigo* (ver os trechos sobre Pacaás Novos e tribo Do-mi-sol) que nos remete a formulações de Eduardo Viveiros de Castro sobre o perspectivismo ameríndio.[26]

O autor de *Macunaíma* precisa ser entendido, pois, como uma personalidade intelectual e artística intrinsecamente dramática, agônica, conflituada, ambivalente, oscilante entre contrários em princípio incompatíveis, que tem no fracasso de seu programa, paradoxalmente, uma de suas maiores contribuições para a reflexão sobre o Brasil. Uma de suas *personae* é a de uma espécie de Herder, o pesquisador dos *Volkslieder*, que se autoerigisse num Platão da República musical brasileira, buscando organizar a cultura no sentido de uma ampla conciliação entre os estratos orais da cultura popular e os níveis letrados da cultura erudita, no afã, ou na tarefa autoimposta, de superar o abismo entre classes, repertórios e linguagens, a partir do alto. Mas esse Platão abriga ao mesmo tempo um Nietzsche d'*O nascimento da tragédia*: o poeta-músico das "Dinamogenias políticas" (em *Música, doce música*), da "Terapêutica musical" (em *Namoros com a medicina*), dos mantras indígenas de Macunaíma voltando para a querência, do torpor amazônico no "Rito do irmão pequeno", das glossolalias, das palavras sonoristas e sem significado, da melopeia hipnótica do catimbozeiro e do canto que dança na boca do brasileiro como as folhas de coca na boca do neto do Inca (em *Música de feitiçaria no Brasil*), tudo enfim que devolve a arte à vida pela via da palavra-música. Sobre o bumba meu boi, afirmou em *Danças dramáticas do Brasil* tratar-se de uma tradição de origem dionisíaca, baseada num culto vegetal em que o deus morre junto com a natureza no inverno e renasce junto com ela na primavera, culto este que se teria convertido, no Brasil, num culto animal ligado à pecuária. Assim, sem que se acuse a leitura de Nietzsche em sua biblioteca nem em seus fichamentos, pode-se dizer que Mário identificou no contexto dessas práticas festivas brasileiras um princípio que podemos reconhecer como afinado com ressonâncias nietzscheanas indiretas e com o *nascimento da tragédia no espírito da música*.[27]

Por tudo isso, trata-se de uma figura incontornável na discussão dos destinos da música brasileira em grande amplitude — a rotatória em que todas as encruzilhadas se embatem: a vanguarda, a entidade nacional, o engajamento, o transe musical; a pesquisa, a história, a crítica, a criação.

CAOS E COSMOS

Heitor Villa-Lobos não era ainda, em 1922, o compositor consumado e inconfundível do *Noneto* (1923), do *Rudepoema* (1926) e da série dos *Choros* que compôs ao longo dos anos 1920, com destaque para o monumental e turbulento *Choros n. 10* para orquestra e coro misto, de 1925.[28] Esse período explosivo, aliás, que sucede imediatamente à Semana e que se estende até 1929, é o mais ousado de sua obra prolífica, antecedendo a pacificação neoclássica das *Bachianas brasileiras*, que se iniciam em 1930.

As obras de sua autoria presentes nas três noitadas da Semana de Arte Moderna (sonata para violino, trios, quartetos, peças pianísticas e canções em francês) circulavam ainda, como caracterizou Mário de Andrade, na órbita de um certo "internacionalismo afrancesado",[29] com reconhecível influência da linguagem de Debussy, embora estivessem longe de se reduzir a uma imitação do autor de *L'Après-midi d'un faune*. Oswald de Andrade colocou pimenta nessa associação, ao referir-se ao Villa-Lobos da época da Semana como um "debussysta zangado",[30] isto é, alguém que trafegasse numa zona de linguagem afinada com as harmonias flutuantes do músico finissecular francês, mas ostentando seu próprio temperamento irrequieto, tendente à estridência e às sonoridades atritivas, junto com arrancos primitivistas. A expressão é boa para caracterizar certas peças apresentadas na Semana de Arte Moderna. Entre as mais salientes, as *Três danças africanas* ("Farrapos", "Kankukus" e "Kankikis") misturavam ritmos reiteradamente sincopados e "característicos" com o uso da escala de tons inteiros, etérea e estranhamente impressionista, gerando uma espécie de incongruência estilística que sinalizava o desejo ainda incipiente de dar ao material nativo e de caráter afro-brasileiro um tratamento modernizador. Mas as referências europeias em que bebiam esses curiosos maxixes algo *dépaysés* correspondiam mais às atmosferas suspensas do fim do século XIX do que à última moda parisiense, na qual soava àquela altura o grito francamente antidebussysta do Grupo dos Seis (formado por Milhaud, Poulenc, Auric, Honegger, Durey e Germaine Tailleferre, sob a égide de Satie), com suas manifestações menos interessadas na sublimidade impressionista do que nas sonoridades cruas da vida moderna, da música de circo, de rua etc. Sem falar no abalo provocado por *A sagração da primavera* de Stravinski em 1913, com suas polirritmias e suas aglomerações modais e politonais.

As *Três danças africanas*, escritas originalmente para piano solo, receberam na ocasião uma versão camerística para octeto de cordas, madeiras e piano, cuja execução virtuosística impressionou o público da primeira noite da Semana, não obstante sua esquisita combinação de apelos rítmicos pregnantes com uma harmonia não resolutiva, entre diáfana e abrupta, marcada por atritos e eventuais deslocamentos politonais. Indeciso ainda entre o *fauve* e o *flou*, o debussysta enfezado ensaiava as liberações sonoras que sobreviriam nas obras mais contundentes que escreveria nos anos seguintes, como o *Rudepoema*, quando sua linguagem passou a dialogar propriamente com algumas das expressões arrojadas do século XX, entrando na zona devassada por Stravinski, Milhaud e Varèse, sem nunca perder de todo o seu expansivo fundo romântico.

Outra peça mais ambiciosa e inusual, presente no repertório da Semana, foi o *Quarteto simbólico* para flauta, saxofone, celesta e harpa (substituída no caso pelo piano), que encerrou o concerto da última noite. O programa fala em vozes femininas cantando em coro oculto, e Villa-Lobos refere-se, em carta a Iberê Lemos, a efeitos de "projeção de luzes e cenários [...] a fornecerem ambientes estranhos, de bosques místicos, sombras fantásticas [...]".[31] Essa ambiência visual algo onírica combinava com a timbragem inusual produzida pela junção de flauta com saxofone pairando sobre as sonoridades misteriosas da celesta e da harpa (ou do piano arpejante). O clima instrumental e a ambiência sugerem difusamente o Debussy da ópera *Pelléas et Mélisande*, sobre texto de Maeterlinck, com sua "ação fora do tempo e em algum lugar da terra, com sua atmosfera poética rarefeita, seus personagens extra-humanos, que atuam e perpassam como sombras, e seu clima sonoro impalpável".[32]

Musicalmente, a combinação de vozes com timbragens inusuais, contida no *Quarteto simbólico*, voltará amplificada e recrudescida no *Noneto*, escrito já para audiência europeia, com sua combinação de flauta, oboé, clarinete, saxofone, fagote, celesta, harpa, percussão e coro. Mas aqui, em vez da atmosfera difusa e incorpórea, vem à tona a matéria bruta e ruidística de uma espécie de inconsciente sonoro brasileiro, que se interrogasse buscando forma, com suas vertiginosas quedas para o alto, os *glissandi* ascensionais das vozes femininas, além, como observa Lorenzo Mammì, de "uma riqueza de instrumentos de percussão jamais vista".[33] Se as peças de Villa-Lobos, mesmo as da primeira fase (como aquelas apresentadas nos programas da Semana), sempre procederam por impulsões, por "golpes sonoros de invenção subitânea", livres da quadratura das melodias "concluídas, lógicas, completas e isoladas", apresentando "uma infinita variedade de linhas" e arabescos que se entrelaçavam "numa polifonia sensual não raro deliciosa",[34] é logo depois da Semana que ele radicaliza essa propensão, estruturando suas obras de maneira francamente não linear, compondo por *assemblage* descontínua de motivos interferentes e chocantes. Como num estouro liberador, esse fluxo pulsional encontra nas percussões, nas vozes e nos gêneros cruzados da música do Brasil seu substrato somático e seu corpo sonoro de destino. Olhado retrospectivamente, o Villa-Lobos da Semana de Arte Moderna era algo assim como uma fera refreada, mas na iminência de se soltar na arena do modernismo musical da Europa e das Américas, onde ganhará espaço nas décadas seguintes como o representante "selvagem" da música de um "país novo".

As músicas de Villa-Lobos promovem, então, o desrecalque de um fundo vital represado — o saldo e o caldo das sonoridades populares brasileiras —, constituído de células rítmicas e melódicas, de gestos instrumentais e de vozes sobrepostas num aglomerado fusional em que caberão revivescências de modas de viola e de serestas, de cirandas, toadas e maxixes, de glossolalias indígenas e pontos de macumba. Tudo isso, que já está a seu modo no *Noneto*, concentrar-se-á, durante os anos 1920, na série dos *Choros*, que começa com uma peça para violão solo dedicada a Ernesto Nazareth (e composta nos moldes deste), passando por diferentes formações camerísticas até chegar a grandes massas sonoras mobilizando orquestra, coro e banda.

A convivência com os chorões, seresteiros e sambistas do Rio de Janeiro no começo do século XX, incluindo Donga, Pixinguinha, Anacleto de Medeiros, João Pernambuco e Sátiro Bilhar, propiciou a motivação para que Villa-Lobos se lançasse a essa grande polifonização panorâmica que desborda largamente do gênero musical que lhe serviu de ponto de partida. As músicas populares brasileiras são concebidas como um tumultuado reservatório de energia abundante e caótica, a ser liberado, domado e sublimado pelo compositor de concerto. Não se trata, pois, de uma simples estilização erudita do choro carioca, mas de uma abertura convulsiva para uma espécie de sinfonização totalizante da paisagem sonora do país, disparada por ele. Usando uma metáfora visual, o gênero popular urbano funcionou para Villa-Lobos, nesse momento de arranque, como o *olho mágico* a partir do qual o compositor vislumbrou e deu a ouvir o sistema caleidoscópico da psiquê musical brasileira — urbana, suburbana, rural e selvagem (carregando mais no toque indígena do que no africano). O mito aí implícito é o de uma nova descoberta da nação, extraído de ambientações ecológicas sertanejas e florestais, pontuadas por cantos de pássaros, e espraiado na profusão espasmódica e vibrante de vozes rituais, batucadas, ranchos, valsinhas, cantigas de roda, dobrados, tudo mixado musicalmente, nos anos 1920, como energia "não ligada", não linear, à maneira, pode-se dizer, do sistema inconsciente tal como descrito por Freud e, por extensão, aparentado com a escrita automática surrealista.

A técnica usada por Villa-Lobos é heteróclita, combinando elementos tonais, modais e politonais ao sabor dos impulsos e das fricções entre os materiais heterogêneos. Do que resulta, desde a primeira impressão, um efeito de simultaneidade, liberando um caudal de energia em que tudo o que há de fragmentário parece arrastado pela força do fluxo: o país-inconsciente é o conjunto quase inapreensível de materiais em colisão que a música engolfa em seu movimento sonoro. As colisões sonoras não remetem, no entanto, em Villa-Lobos, a tensões, conflitos ou embates sociais reconhecíveis no âmbito da linguagem. Longe do drama ou do mal-estar na cultura, elas sugerem um potencial vitalista que não cabe em si, querendo vir à tona. Se os elementos se chocam é porque estão *sobrando*, porque são excesso à procura da forma que os contenha. Seus atritos harmônicos, suas dissonâncias não nos remetem à problematização do sistema tonal em crise e aos impasses da linguagem musical no começo do século XX (como aqueles que cercam a angústia atonal no expressionismo de Schoenberg), mas são atrições, faíscas elétricas capazes de gerar energia, procurando caminho, inventando blocos tímbricos.

Mas há uma ambivalência importante a ser percebida no vitalismo modernista de Villa-Lobos. Em primeiro lugar, trata-se de liberar a força desordenada das manifestações populares, exibindo seus múltiplos índices em estado de simultaneidade, de modo a irradiar a potência de sua manifestação cósmico-caótica. Ao mesmo tempo, trata-se de descobrir e impor-lhe ordem, fazendo-a convergir para um destino conciliado e grandioso. É esse mito utópico-ideológico que o *Choros n. 10* realiza no plano estético, talvez mais que em nenhum outro lugar, e é isso também que situa o engajamento do compositor, mais tarde, no programa cívico-pedagógico e político do Canto Orfeônico, durante os anos Vargas. No concerto e na escola, na arte e no civismo disciplinador, a música será um meio de vislumbre estético e de promoção política do povo-nação, despertado em sua potência e pacificado ou domesticado em seu "feroz instinto".[35]

O *Choros n. 10* apresenta uma longa seção orquestral (formada de uma introdução *animada* e de um episódio *lento*) seguida de uma parte coral-sinfônica de caráter progressivamente apoteótico.[36] O contraste entre as duas partes é nítido. Na primeira, dominam pulsões agregadas por justaposição contínua — um campo de forças à solta, como se erráticas, rebatidas num formigamento caótico entre o animismo selvagem e a inscrição no projeto "civilizador" da história da acumulação. Já a parte final insere um princípio aliciante de periodicidade, um motivo rítmico-melódico insistentemente repetido, de inspiração indígena, que se alastra pelo coro de vozes masculinas, pontuado por percussões brasileiras (reco-reco, puíta e caxambu), adensado por *clusters*, glissandos e comentários sonoros meteóricos, até atingir um clímax massivo sobre (ou sob) o qual se entreouve, vocalizada pelo naipe mais agudo das vozes femininas e suspensa sobre a trama do cerrado contraponto, a melodia lírica e sentimental, à maneira de uma modinha suburbana, denominada "Rasga o coração" — letra do poeta seresteiro Catulo da Paixão Cearense para o *scottish* "Iara", do chorão carioca e companheiro de noitadas de Villa-Lobos, Anacleto de Medeiros. Trata-se da verdadeira aparição mirífica da "alma brasileira" (subtítulo, aliás, do *Choros n. 5*) pairando sobre o tumulto das forças fundidas e atritantes. Como se esse *Choros* apontasse uma fórmula mítica, rítmica e utópica para a coisa-Brasil: *mistura e sacode*, que se desprende disso uma aura — miragem encantatória que harmoniza a sociedade pairando acima dela. Essa alquimia se compõe de camadas de música e seus correspondentes estratos sociais: o *scottish* instrumental "Iara" é banhado nas plangentes "rutilâncias da dor" do poeta modinheiro e rasga um espaço mítico no contexto sonoro transfigurado da obra coral-sinfônica.[37]

Podemos reconhecer no *Choros n. 10*, sem que haja essa intenção, é claro, uma espécie de contrapartida vitoriosa, no final dos anos 1920, aos choques dramáticos do poema musical e coral-sinfônico de Mário de Andrade no final da *Pauliceia desvairada*. Era a promessa modernista que triunfava, pode-se dizer, ou pelo menos a *promessa da promessa*: a passagem do caos ruidoso do país a um cosmos coral. Sediada não na fratura urbano-industrial de São Paulo, mas em círculos espirais que vão crescendo a partir dos nichos da música popular do Rio de Janeiro e abrangendo um campo bruto e simultaneísta de sonoridades brasileiras até desembocar na sinfonia coral com "borés e maracás". A rica desordem do "país novo", contida nos ruídos do social recalcado até então pela cultura oficial, que Villa-Lobos devassa e superpõe em aglomerações fragmentárias, exibindo-os e exacerbando-os em sua tumultuada diferença, resulta numa espécie de pacificação grandiosa, estabilizada depois, a partir de 1930, no neoclassicismo das *Bachianas brasileiras*, como que a augurar o desejado equilíbrio da nação "madura", que tivesse aprendido a disciplinar sua rica "seiva".

É aqui que a trajetória de Villa-Lobos habita a fronteira nebulosa entre a utopia mitopoética e o registro ideológico contido no programa do canto orfeônico, que combina o objetivo pedagógico com o cívico-autoritário, seguindo o antigo preceito da música como instrumento de introjeção da disciplina coletiva (que remonta, aliás, a *A república* de Platão). Do ponto de vista do DIP — o Departamento de Imprensa e Propaganda do Estado Novo —, tratava-se de coibir o caráter nefasto da música popular urbana, sobretudo seu elogio da malandragem, visando a reverter em ordem produtiva a perigosa desordem potencial enxergada na existência ameaçadora do povo, calando a múltipla expressão das diferenças culturais numa cruzada monocórdica. Do ponto de vista artístico e educativo, significou um programa artístico-educacional, como nunca se viu no país, de difusão cultural em alto nível, conduzido pelo maior compositor brasileiro da música de concerto em todos os tempos, e que durou algumas gerações escolares para além da circunstância histórica imediata (programa do qual se beneficiou, devo dizer com gratidão, minha geração).

Villa-Lobos foi a maior paixão musical de Tom Jobim, que nele se espelhou em alguns momentos, da malograda (porque excessivamente colada em seu modelo erudito) *Sinfonia de Brasília*, em parceria com Vinicius de Moraes, aos veios sinfônicos de álbuns como *Matita perê* e *Urubu*, com destaque para a faixa "Saudades do Brasil", bachiana e brasileira. O cinema de Glauber Rocha (especialmente *Deus e o diabo na terra do sol* e *Terra em transe*) é movido a Villa-Lobos e é inconcebível sem ele, provando que o mito pregresso do "país novo" desemboca com força no leito da estética política do subdesenvolvimento nos anos 1960. Assim também o teatro de Zé Celso Martinez Corrêa, que recorre constantemente à música de Villa-Lobos (do *Mandu sarará* à *Invocação em defesa da pátria*), faz do estraçalhamento (*sparagmós*) dionisíaco das *Bacantes* de Eurípedes um bumba meu boi ao som das vozes entranhadas do "Rasga o coração" de Anacleto, Catulo e Heitor, cantado por todo o elenco segundo a partitura do *Choros n. 10*.

NOTAS

1. Mário de Andrade, "As enfibraturas do Ipiranga". In: *Pauliceia desvairada*. São Paulo: Casa Mayença, 1922, pp. 119-40. Ed. fac-similar em *Caixa modernista*. Org. de Jorge Schwartz. São Paulo: Edusp; Imprensa Oficial; Belo Horizonte: Ed. UFMG, 2003.
2. Emicida, *AmarElo — É tudo pra ontem*, Netflix, 2020. "Arregaço" significa, segundo o *Dicionário Houaiss da Língua Portuguesa*, "discussão exaltada, altercação", "conflito envolvendo várias pessoas, confusão, rolo". Podemos acrescentar: movimento ativo de desnudamento, de pôr as coisas a nu, de *arregaçar*.
3. A expressão "coro dos contrários" alude a José Miguel Wisnik, *O coro dos contrários: A música em torno da Semana de 22*. São Paulo: Duas Cidades, 1977.
4. O termo é usado por Mário no "Prefácio interessantíssimo" à *Pauliceia desvairada* para designar o componente impulsivo e inconsciente da criação poética.
5. Mário de Andrade, "O movimento modernista". In: *Aspectos da literatura brasileira*. 5. ed. São Paulo: Martins, 1974, pp. 232; 234.
6. Ver Nicolau Sevcenko, *Orfeu extático na metrópole: São Paulo, sociedade e cultura nos frementes anos 20*. São Paulo: Companhia das Letras, 1992, pp. 66-7.
7. Id., ibid., p. 60.
8 "A música popular brasileira", rural, anônima e coletiva, entenda-se, "é a mais completa, mais totalmente nacional, mais forte criação da nossa raça até agora." Mário de Andrade, *Ensaio sobre a música brasileira*. São Paulo: Martins, [1962], p. 24.
9. O assunto é tratado extensamente em José Miguel Wisnik, "Getúlio da Paixão Cearense (Villa-Lobos e o Estado Novo)". In: *O nacional e o popular na cultura brasileira / Música*. 2. ed. São Paulo: Brasiliense, 1983, pp. 129-91.
10. Constituído de seis volumes, o *Guia prático* contém: 1. Canções infantis populares; 2. Hinos nacionais e escolares, canções patrióticas e hinos estrangeiros; 3. Canções escolares nacionais e estrangeiras; 4. Temas ameríndios do Brasil e do resto da América, melodias afro-brasileiras e folclore universal; 5. Peças do repertório universal; 6. Repertório de música erudita.
11. Ver, a propósito, Mário de Andrade, *Me esqueci completamente de mim, sou um departamento de cultura*. Org. de Carlos Augusto Calil e Flávio Rodrigo Penteado. São Paulo: Imprensa Oficial do Estado de São Paulo, 2015.
12. Ver Alex Ross, *O resto é ruído: Escutando o século* XX. São Paulo: Companhia das Letras, 2009, em especial a "Parte II: 1933-1945".
13. Ver Northrop Frye, *Anatomia da crítica*. Trad. de Péricles Eugênio da Silva Ramos. São Paulo: Cultrix, 1973, p. 190.
14. Mário de Andrade, *Danças dramáticas do Brasil*. São Paulo: Martins, 1959, v. 1, p. 31.
15. Id., "O movimento modernista", op. cit., pp. 236-7.

16. "A turba é confusão aparente. Quem souber afastar-se idealmente dela, verá o imponente desenvolver-se dessa alma coletiva, falando a retórica exata das reivindicações." Mário de Andrade, "Prefácio interessantíssimo". In: *Pauliceia desvairada*, op. cit., p. 22.
17. Mário de Andrade, "O movimento modernista", op. cit., p. 242.
18. Oswald de Andrade, "Manifesto Antropófago". In: *Manifesto Antropófago e outros textos*. Org. de Jorge Schwartz e Gênese Andrade. São Paulo: Penguin Classics Companhia das Letras, 2017, pp. 43-60.
19. Mário de Andrade, "O movimento modernista", op. cit., p. 241.
20. Francisco Mignone, escolhido por Mário de Andrade para musicar o poema, não levou a cabo a tarefa, que veio a ser realizada parcialmente, mais tarde, por H. J. Kollreutter, curiosamente um adversário do programa da música nacionalista.
21. Desenvolvi essa comparação em *Dança dramática (Poesia/música brasileira)*. São Paulo: FFLCH-USP, 1979. Tese (Doutorado em Literatura Brasileira).
22. Mário de Andrade, *Ensaio sobre a música brasileira*. São Paulo: Martins, [1962], p. 18.
23. "Trecho de carta de Mário de Andrade a Moacir Werneck de Castro". In: Flávia Camargo Toni (Org.), *A música popular brasileira na vitrola de Mário de Andrade*. São Paulo: Senac, 2004, pp. 299-300.
24. Augusto de Campos, *Balanço da bossa*. São Paulo: Perspectiva, 1968.
25. Sobre contrametricidade, ver José Miguel Wisnik, "Machado maxixe: O caso pestana". In: *Sem receita: Ensaios e canções*. São Paulo: Publifolha, 2004, pp. 46-8. Sobre o paradigma audiotátil, ver Vincenzo Caporaletti, "Milhaud, *Le Bœuf sur le toit* e o paradigma audiotátil". In: Manoel Aranha Corrêa do Lago (Org.), *O boi no telhado: Darius Milhaud e a música brasileira no modernismo francês*. São Paulo: Instituto Moreira Salles, 2012, pp. 229-88.
26. Mário de Andrade, *O turista aprendiz*. São Paulo: Duas Cidades, 1976, pp. 140-1; 158-9; 161-2; 164.
27. Este parágrafo transcreve quase integralmente um trecho de José Miguel Wisnik, "O nascimento da canção na origem da palavra-música", prefácio a Henry Burnett, *Espelho musical do mundo*. Campinas: PHI, 2021.
28. Para um desenvolvimento detalhado do tema, ver José Miguel Wisnik, *O coro dos contrários: A música em torno da Semana de 22*, op. cit.
29. Mário de Andrade, "Evolução social da música no Brasil (1939)". In: *Aspectos da música brasileira*. São Paulo: Martins, [1965], p. 32.
30. Oswald de Andrade, "Modernismo atrasado", *A Manhã* (Suplemento de São Paulo), 25 jun. 1924. Reproduzido em *Brasil: 1º tempo modernista — 1917/29. Documentação*. Org. de Marta Rossetti Batista, Telê Porto Ancona Lopez e Yone Soares de Lima. São Paulo: IEB, 1972, p. 216.
31. Heitor Villa-Lobos, "Villa-Lobos e a Semana de Arte Moderna". In: *Presença de Villa-Lobos*. Rio de Janeiro: MEC; Museu Villa-Lobos, 1969, v. 3, p. 106.

32. Juan Carlos Paz, *Introdução à música de nosso tempo*. São Paulo: Duas Cidades, 1977, p. 88.
33. Lorenzo Mammì, "Uma gramática do caos: Notas sobre Villa-Lobos". In: *A fugitiva: Ensaios sobre música*. São Paulo: Companhia das Letras, 2017, p. 132.
34. Mário de Andrade, "Villa-Lobos", manuscrito pertencente ao Arquivo Mário de Andrade, IEB-USP. Recolhido em José Miguel Wisnik, *O coro dos contrários: A música em torno da Semana de 22*, op. cit., p. 160.
35. O tema é desenvolvido e detalhado em José Miguel Wisnik, "Getúlio da Paixão Cearense (Villa-Lobos e o Estado Novo)", op. cit.
36. Ver análise extensiva em José Miguel Wisnik, "Getúlio da Paixão Cearense: Villa-Lobos e o Estado Novo", op. cit., pp. 167-72.
37. Na partitura original, Villa-Lobos utilizou apenas parte da extensa letra de "Rasga o coração", que se encontra nas *Modinhas* de Catulo da Paixão Cearense (São Paulo: Fermata, 1972). Mais tarde, o compositor foi processado por Guimarães Martins, dono dos direitos autorais de Catulo, que o acusou de plágio, e desde então a passagem coral é cantada sem letra, apenas em vocalise — no que só saiu ganhando.

NO CIPÓ DAS FALAÇÕES: A FORMA DIFÍCIL DA POÉTICA MODERNISTA

ROBERTO ZULAR

Alguns acontecimentos parecem se expandir no tempo, realizando-se ininterruptamente em um futuro muitas vezes inesperado. Este é o caso da Semana de 1922, cuja dinâmica de transformação se potencializa quando novos atores entram em cena, tomando-a não como um evento acabado — como se tivéssemos uma tradição modernista consolidada —, mas como um projeto em aberto. Reconhecendo suas fraturas, radicalizando a densidade de suas dificuldades — a forma difícil[1] de sua realização e sustentação política —, esses novos eventos acabam por transformar o passado com as armas do futuro: "Exu matou um pássaro ontem com uma pedra que só jogou hoje". É o que faz Emicida quando, sobre os ecos da Semana, do samba e da escravidão — em pleno Theatro Municipal —, crava o rap, os samples, os fluxos, as entonações, enfim, uma profusão de prosódias que atravessam o Brasil com suas falas que tornam central a periferia.

Em *AmarElo*[2] e no filme de sua estreia,[3] o Theatro Municipal não é mais "o" Municipal, o público não é a elite brasileira, a arte já não causa mais escândalo, mas aqueles corpos negros, trans, periféricos deslocam o tempo e o espaço do teatro em nome de um modernismo ainda por fazer, ligando o rap ao samba e a revolução estética ao movimento negro. O direito de errar e a invenção permanente se produzem mais uma vez, buscando no trabalho negro da construção a argamassa de um amálgama social de outra ordem, onde ninguém mais está autorizado a falar em nome de ninguém, mas, quando muito, criar condições para a emergência de outras falas. Como se os poetas modernistas estivessem dessa vez na plateia, ouvindo, potencializando lugares de escuta.

O que salta aos olhos em *AmarElo*, que ecoa poema homônimo de Paulo Leminski, no entanto, não é a cor, mas os elos entre as falas, os corpos, os modos de dizer que oscilam entre pluritonalidades enunciativas, como se o próprio Emicida estivesse em uma encruzilhada entre falar com seus pares e dialogar com um passado literário, e mesmo com as raízes do movimento negro e do samba. Emicida aposta em uma estratégia antimalandragem de conexão entre mundos, entre tempos históricos, entre esferas discursivas, entre classes e, talvez o mais importante: entre pessoas.

BOTEI A BOCA NO MUNDO CANTANDO NA FALA:[4] POR UMA CRÍTICA DO RITMO

Assim como no deslocamento operado por "eu é um outro", de Rimbaud, marcando uma diferença interna ao próprio sujeito, "é nóiz" marca uma diferença no coletivo a partir de um outro ponto de vista, pautado em uma alteridade intrínseca que o constitui como singularidade que difere de si mesma, se objetiva em certo grau e se abre para um corpo de singularidades outras, como se o "nóiz" pudesse ser ocupado por uma multiplicidade de corpos, de maneiras de falar, de subjetividades políticas, de formas de socialidade. Ele mostra que a oralidade não é uma questão de escrever como se fala ou de falar de maneira informal, mas um modo de existência, uma maneira de ser em que corpo, ritmo, gesto e enunciação são partes decisivas da produção de sentido.

Pensada desse modo, a oralidade permite tratar de um dos pontos mais sensíveis e incompreendidos do modernismo: a coloquialidade, muitas vezes confundida com a cordialidade e com a ilusão de que não se trataria de textos escritos.[5] No entanto, trata-se de um artifício da escrita, artifício tão potente que é capaz de colocar em xeque a própria divisão estanque entre fala e escrita. Sejamos ainda mais explícitos: a atenção à linguagem falada, brasileira, os mil erros da fala, o "somos como falamos", nossas brasilidades, nossos jeitinhos, nossa maneira de nos expressarmos — não importa por onde se tente pegar essa questão —, o fato é que, literariamente, no modernismo, o mecanismo para captar essas pulsões é a escrita, ainda que a gente escreva o que ouve e nunca o que houve, como propunha Oswald.[6]

Em um artigo crucial sobre Mário de Andrade, José Miguel Wisnik[7] aponta para esse problema ao se deparar, depois de décadas dedicando-se à obra do poeta, com uma raríssima gravação de sua voz. Ora, o que aquela voz empostada e até um pouco afetada tinha a ver com a dinâmica de leitura e os problemas de entonação que Wisnik lia nos textos e poemas de Mário? A questão é que a voz que lemos nos escritos, especialmente nos poemas, não é a voz de Mário, mas os rastros da passagem dessa voz que deixam suas marcas na organização do ritmo enquanto escrita, isto é, enquanto rastro da passagem de um corpo na linguagem que precisa ser reenunciada por outro corpo e assim indefinidamente.

A experiência moderna da escrita é também uma experiência antimoderna que resgata a potência da fala no ápice da técnica. Por isso, a importância fundamental nesse contexto da concepção de ritmo de Meschonnic,[8] que tem como base de seu funcionamento não uma bipartição fala/escrita pautada em uma ontologia dualista do signo que sobrepõe o "logos" à "phoné", mas uma tripartição oral/fala/escrita, pois a oralidade é essa pulsação do corpo, o fluxo do ritmo, as aventuras do movimento do sentido, tanto na fala como na escrita. E veja-se que ele está falando do coração da matriz modernista, a França, onde essa problemática também se fazia sentir fortemente. É por isso, pela atenção a essa dinâmica entre o oral, a fala e a escrita, e aos tempos heterogêneos que ela carrega, que o rótulo futurista nunca colou em nosso modernismo. Eles são modernos na medida em que acoplam as técnicas de escrita a uma experiência corporal e social que vem de séculos de cultura oral. É aí que o samba como formalização urbana de um ritmo e a poesia modernista como uma fala que busca uma notação escrita impossível se encontram, se chocam, se perspectivam mutuamente.

O nó é considerável. Se ninguém fala em um poema, quem fala em um poema? O ritmo. O que lemos é o modo da relação entre a fala e a escrita, o eu e o outro, o som e o sentido que o poema dá a ver. Desde *A escrava que não é Isaura* e o "Prefácio interessantíssimo" até o "Manifesto da Poesia Pau Brasil" e o "Manifesto Antropófago", o que está em jogo é um xeque-mate na neutralidade da escrita, ainda que o tempo todo oscilando entre sua transformação para garantir uma autonomia ou seu puro e simples abandono.

Essa consideração da voz levou a problemas enunciativos consideráveis como a separação entre a enunciação do poema e sua abertura a outros universos de fala que lemos na reencenação — em ready-made, como diria Haroldo de Campos[9] — de uma passagem do livro de "J.M.P.S. (da cidade do porto)" em "Vício na fala", de Oswald de Andrade:

Para dizerem milho dizem mio
Para melhor dizem mió
Para pior pió
Para telha dizem teia
Para telhado dizem teiado
E vão fazendo telhados[10]

Nesse poema que acentua o jogo entre os ditongos ("mio", "mió", "pió", "teiado"), a locução "para dizerem... dizem" marca o espaço entre a pronúncia correta e a "viciada", embora o tom irônico garanta uma certa empatia. O fato é que na redondilha final "e vão fazendo telhados", a correção formal e o aspecto constatativo se sobrepõem ao vício e à referência aos "teiados" — em uma frase que parece dita por um terceiro enunciador ou se objetivar na leitura do próprio poema —, marcando um viés de classe e uma valoração do ponto de vista dos que dominam também o registro culto, em que se centra a força referencial e a enunciação escrita. Esse controle da trama dos registros de fala por um enunciador (ou mesmo de uma classe) ou pelo próprio poema mostra o quanto Oswald estava atento ao uso da coloquialidade e sua marca patriarcal, elitista e ideológica que a confunde com a cordialidade, isto é, como se ela fosse uma varinha de condão que permitiria a passagem do formal ao coloquial, do decassílabo do primeiro verso à redondilha maior do último, como registro ou perspectiva, ao bel-prazer do enunciador que domina os dois códigos. "Pronominais",[11] de modo mais crítico, ainda mostra esse jogo a partir da valoração do "bom negro e o bom branco" que "Dizem todos os dias/ Deixa disso camarada/ Me dá um cigarro", cravando a proximidade cordial pela subversão da regra gramatical, cujo viés de classe se explicita em "O gramático": ao ironizar a tentativa de "dizer como se diz" entre dois negros discutindo sobre a palavra "se empanturrou" — que para um é "sipantou", mas para "o que mais sabia" era "sipantarrou" —, o ponto de vista do poema se desloca pelo viés da gramática formal que torna risível a tentativa de correção quando os dois estão igualmente fora da norma linguística. Essa oscilação entre o dentro e o fora da norma, o dentro e o fora do poema, torna possível também ler a língua como variação, como "a contribuição milionária de todos os erros", "sipantou", "sipantarrou", "se empanturrou" que escapa às tentativas de normatização.[12]

Esses exemplos famosos mostram que a questão de escrever como se fala ou falar na língua "certa, errada" do povo traz um jogo ambíguo e muito problemático. Mas o fato é que a questão da oralidade não se restringe a esse jogo com os registros, mas ganha força quando inventa modos de habitar a linguagem, de atravessar a escrita pela fala, pelo ritmo, pelo corpo, por uma experiência do sentido que busca — no limite — outras formas de articulação da voz. Assim, não é por simular a fala que a oralidade tem relevância, mas por internalizar o movimento da voz na linguagem, abrindo-se a um contínuo de possibilidades, a um "modo particular de fluir", um jeito — mais do que um jeitinho — de ser.

Isto é, quando pensada no nível do registro, da fala do povo, da linguagem cotidiana, coloquial, se escancara a cisão com o registro do próprio poema. No entanto, quando se desloca essa divisão, a poesia modernista ganha uma força insuspeitada. Ou seja, quando transforma o problema da enunciação em um uso lexical e em um conteúdo popular, os poemas perdem a força que têm quando alimentam sua própria enunciação com um ritmo corporal, do contínuo das relações, das novas acoplagens. A transcrição da fala é sua mais pobre marca de oralidade, como se fosse possível ceder a voz quando é absolutamente necessário articulá-la, negociá-la, tensioná-la com a própria enunciação escrita, colocá-la em ato, em funcionamento.

Como mostrou Aline Novais de Almeida,[13] na *Gramatiquinha da fala brasileira* de Mário de Andrade, esse problema ganha uma outra dimensão na medida em que os modos identificados na fala, a busca por uma gramática da fala brasileira, se tornam soluções poéticas. Embora Mário sinta os limites da compreensão da enunciação e parta para um estudo linguístico e etnográfico, o alcance de sua empreitada, segundo Novais, está no caráter poético de sua busca, abrindo-se para o contínuo das relações, para a singularidade dos gestos e mesmo para um uso, como no diminutivo do título, que dramatiza todas as camadas em jogo na gramatiqu*inha*: pequena, afetiva, humilde, irônica... Não há teoria da linguagem que não seja também uma teoria da literatura, e essa é uma descoberta fundamental do modernismo brasileiro. A literatura não é um desvio, ela é o grau mais radical da linguagem em ato. Como se a poética estivesse lá onde mais se pensava que se estava fugindo dela.

Aqui a busca linguística, antropológica, etnográfica, musicológica de Mário ganha um outro relevo, pois deriva de uma teoria da linguagem que se dá conta de que se trata de um modo de vida, articulado com um conjunto de práticas, corporais e simbólicas, que lembram muito a "antropologia histórica da linguagem" proposta por Meschonnic. A linguagem é uma forma de vida que se constitui em um amálgama de experiências a que Mário, no vácuo intelectual brasileiro, procurava dar um plano de consistência. Como dissemos, não há teoria da linguagem que não seja também uma teoria poética e vice-versa. E, mais do que isso, mesmo quando se coloca em xeque a raiz de classe da festa modernista, o que se evidencia é que não há poética sem política e que a própria linguagem se confunde com a ética. Estamos diante de uma poética da sociedade, de uma ética das formas de existência, de uma política do ritmo.

POLÍTICA DO RITMO

Sérgio Buarque de Holanda foi sem dúvida quem mais apontou para essas implicações quando, desde "O lado oposto e outros lados",[14] publicado em 1926, afirmava, contra as ideologias da construção, a necessidade de um ritmo nosso que se daria tanto no plano de uma política da poética (do ponto de vista da literatura) como de uma poética da política (como lemos em *Raízes do Brasil*). O ritmo passa a ser uma questão política decisiva.

É assim que "O lado oposto e outros lados" marca um ponto de inflexão na crítica modernista. Este, que ainda me parece ser o artigo que define muitas das questões que continuam em atrito no campo literário brasileiro, se pauta, inicialmente, em um binômio construção/espontaneidade no qual teríamos: de um lado, os "esquemas premeditados", as "ideologias do construtivismo", "a panaceia abominável da construção", as ideias prefixadas, as regras, a hierarquia, a ordem que entre nós sempre será uma "coisa fictícia", estranha, importada; de outro lado, teríamos a "expressão nacional", a sinceridade, a espontaneidade, a "fala brasileira", "nossa ordem", nossa liberdade. A questão é que nem todos os modernistas estão do mesmo lado, isto é, muitos modernistas, ao tentar atacar a ordem posta, produzem uma nova ordem que responde muito pouco às nossas verdadeiras questões. São os "modernistas da ordem", como Guilherme de Almeida e Ronald de Carvalho, entre outros, que fazem todo o esforço para estar do lado oposto e, no entanto, não realizam nossa modernidade ainda que a tomem como bandeira.[15]

O curto e penetrante artigo vai mais longe, complexificando e multifacetando o modernismo brasileiro, ao mostrar que a oposição não é o elemento decisivo da equação: para ser moderno, não basta não ser parnasiano e a negação da ordem impõe a complexa busca de uma nova ordem, "nossa ordem, nosso ritmo". Esse é um problema que atravessa a poética e toca a política, ao repropor uma teoria do ritmo como questão ainda candente em *Raízes do Brasil*.[16] Ali, Buarque retoma, no contexto da discussão sobre as formas políticas, a mesma problemática, pois, como lemos no final do livro, "querer ignorar esse mundo será renunciar ao nosso próprio ritmo espontâneo, à lei do fluxo e do refluxo, por um compasso mecânico e uma harmonia falsa".[17] Encontrar um ritmo e não uma mecânica normativa, um fluxo e não uma lei abstrata que não pega. Entre o ritmo e a norma, cordialidade e liberalismo, joga-se o destino do Brasil... e do poema.

Como mostra Pedro Meira Monteiro,[18] o lugar do país dos desterrados se confunde com o lugar do signo, a tal ponto que falar "Brasil" significa construir um modo de habitação não só de um país, mas de um significante e, mais do que isso, de um modo de significar.[19] O signo do desterro e o desterro do signo, mais que um jogo de palavras, mostram a difícil relação com as formas simbólicas que pairam entre a violência das relações e a imposição da escrita como instrumento arbitrário de poder. Ficamos em busca de uma identidade cujo maior interesse é a própria busca, a descoberta de que o signo é um lugar de indecidibilidade, de indefinição profunda, sempre aberto à aventura do sentido, a um contínuo de implicações recíprocas entre a voz e a significação. O aventureiro é aquele que não sabe de antemão onde ao certo leva um caminho, nem o sentido de uma frase, aquele que se abre a essa possibilidade de uma invenção das formas de vida por uma forma de linguagem e, ao mesmo tempo, a invenção de uma forma de linguagem por uma forma de vida. A dificuldade está na articulação, nas conexões, nos modos de relação que criamos entre a rima, ou a ausência dela, e a vida.

Quando escrevemos hoje, envoltos no amplo debate sobre o lugar de fala, é interessante ver essa busca de um lugar que falasse — na arte e na política — não de um ponto de vista de Sirius, absoluto, imparcial, nem do ponto de vista de nosso reconhecido lugar passional, violento, patriarcal, cordial de sermos nós mesmos, mas a partir de uma experiência do desterro, que é, afinal, o lugar de onde sempre se fala. A questão, como dissemos, está mais viva do que gostaríamos. Se ficamos na norma abstrata, na "fôrma métrica", ela resiste à dinâmica social da qual precisa dar conta, mas se voltamos ao nosso amor pela liberdade, pela espontaneidade, pelo verso livre, recaímos facilmente na idiossincrasia cordial e seu corolário de arbitrariedades.

Esta passagem da poética à política, do poema à sociologia, do ato criador às formas de subjetivação social e vice-versa mantém um problema de fundo em torno do verso livre, que pode ser pensado nos mesmos termos propostos por Sérgio Buarque de Holanda: o verso livre não pode ser apenas uma oposição ao verso métrico, ele precisa ter um modo próprio de organização que não o mantenha como uma mera perturbação da ordem parnasiana (que continuaria operando como uma secreta nostalgia insuperável...). Dificílima questão "poi-ética" e política, pois, como reconhece o próprio Antonio Candido,[20] muitas vezes o verso livre no Brasil é uma sobreposição de um ritmo visual (a quebra em versos) e um discurso conceitual ou confessional que pouco teria de poético. Como se estivéssemos fadados à alternativa infernal de seguirmos a norma métrica ou sermos sugados por nossa cordialidade autoritária.[21]

Como responder a essa questão? Creio que o primeiro passo seria compreender que, historicamente, para produzir a ira na falsa burguesia galicista, bastava romper com as normas (estar do lado oposto). Mas esse gesto se sustenta por pouco tempo, mesmo porque, aos poucos, as gerações foram perdendo o ouvido de quem se fazia poeta e leitor percorrendo as páginas e incorporando ritmos em "tratados de versificação".

NO CIPÓ DAS METRIFICAÇÕES[22]

Um olhar mais atento aos parnasianos pode nos ajudar a perceber algumas questões que ainda resistem no coração do modernismo. Como mostram Antonio Dimas[23] e Ivan Teixeira,[24] um dos efeitos do lugar hegemônico do modernismo nas letras brasileiras foi um achatamento do parnasianismo, que, no entanto, ainda que a contrapelo, era fundamental para a *démarche* modernista. Se é verdade que "só não se inventou a máquina de fazer versos — já havia o poeta parnasiano", também é verdade que é possível reconstruir o modernismo por uma dificuldade da forma, isto é, por uma dinâmica interna ao parnasianismo, como se este estivesse, com seu virtuosismo, implodindo — e no limite tornando inviável — o próprio sistema métrico.

As consequências dessa dinâmica própria à poesia brasileira, que está ligada à dificuldade de internalização na métrica das transformações exigidas por demandas de diversas ordens (artísticas, comportamentais, políticas etc.) que explodiam em diversas práticas, talvez possam ser mais consideradas. Vejamos como isso se evidencia em um poema de *Tarde*, de Olavo Bilac, publicado após sua morte, em 1919, no qual o próprio verso se contorce para tratar de um fenômeno incontornável, a "Música brasileira":[25]

Tens, às vezes, o fogo soberano
Do amor: encerras na cadência, acesa
Em requebros e encantos de impureza,
Todo o feitiço do pecado humano.

Mas, sobre essa volúpia, erra a tristeza
Dos desertos, das matas e do oceano:
Bárbara poracé, banzo africano,
E soluços de trova portuguesa.

És samba e jongo, xiba e fado, cujos
Acordes são desejos e orfandades
De selvagens, cativos e marujos:

E em nostalgias e paixões consistes,
Lasciva dor, beijo de três saudades,
Flor amorosa de três raças tristes.

Veja-se que o limite do poema (e da poética parnasiana) se joga no corpo a corpo com a música e a dança. O decassílabo às vezes heroico, como em "Tens às vezes o fogo soberano", se quebra não só pelo enjambement ("do amor"), mas pelo sáfico "Do amor: encerras na cadência, acesa" que o sucede. Essa música carnal, sedutora, "femme fatale" e feiticeira implode os versos com seus requebros, tornando quase impossível a manutenção da dicção altiva de Bilac como em "todo feitiço do pecado humano". Esse verso é torcido pela prosódica repetição das oclusivas /t/ e /k/ que quebram a sinuosidade das fricativas e nasais ("**T**o**d**o *f*ei**t**i*ç*o **d**o **p**e**c**ado hu*m*a*n*o"). No fluxo da enunciação, parece que ficamos entre entrar naquela dança e mantermo-nos distantes dela, entre o fogo soberano e o pecado enfeitiçante, naquela síntese dos contrários tão sonhada quanto utópica na poética de Bilac.[26]

Ao longo do poema, essa estratégia se repete em quase todos os versos — basta ler em voz alta para perceber —, trazendo a síncopa para o coração do dodecassílabo, como faria mais tarde, em sentido inverso, Vinicius de Moraes, tanto em poemas como em canções. Esse soneto para tratar da musicalidade aponta na direção da implosão da métrica de que falávamos. Mas se trata aqui, sobretudo, de pintar na dança o mito das três raças (português, índio, africano). A tentativa de locução poética tenta sustentar-se como pode na articulação entre as três raças e seus respectivos léxicos, gestos e modos musicais. Ao mesmo tempo, ela pressupõe um ponto de vista superior, um ponto de vista de Sirius que se mantém como pode ao longo do poema até a síntese final que une o passo repetitivo, o banzo e os soluços: esse desterro e essa falta capital que paradoxalmente nos fundam. Como se a falta da "minha terra" — com ou sem palmeiras — se desse em nossa própria terra, fazendo nosso ritmo bascular entre um passado que falta, nossa orfandade, e um futuro como promessa, que instaura o desejo.

O caráter nostálgico, no entanto, não é romântico.[27] A nostalgia dos afetos (que aponta para o passado) e a paixão (que mais uma vez aponta para o desejo, para o futuro) se contraem em uma contrametricidade gritante na última estrofe, em que o acento sáfico na quarta sílaba de "lasciva dor" se quebra pela repetição do acento também em oclusiva "beijo de três" — acentuado na oitava — "saudades", produzindo essa tensão com um gesto físico, tátil, o ato de beijar, que encarna e busca uma unidade impossível nas três saudades (cujo léxico pende para o português![28]). O poema segue complexificando-se ainda mais na "Flor amorosa"[29] de "três" — note-se a repetição da mesma palavra agora deslocada na sétima sílaba — "raças tristes", finalizando com a tensão do vibrante encontro consonantal.

Apesar do ponto de vista superior e de um ritmo pautado por uma regra externa, nada aqui é puramente maquinal, embora seja difícil saber que música brasileira sobreviveria a esse soneto. Há um cuidado com a fatura que de fato implode o verso na tentativa de controlá-lo, assim como expõe a fratura da relação entre a enunciação parnasiana e o enunciado, tratando da música e da dança populares. O gesto popular tenta internalizar-se no limite de uma síntese impossível com a dicção do poema, e a própria chave de ouro se torna um entrave. Ao mesmo tempo, o poema procura sustentar uma metricidade, uma legalidade, um respeito à norma e a manutenção de uma dicção que, por mais afeita que seja ao *ideal republicano*[30] de Bilac, acaba por bater de frente com os limites de sua própria poética e a capacidade de uma voz pública conter as tensões entre as vozes da cultura brasileira.

Se aqui o tema torce a métrica, assim como a síncopa torce o sentido, em um poema quase contemporâneo, "Os sapos",[31] de Manuel

Bandeira, nos deparamos com um efeito contrário, embora em um campo de dificuldades não tão distante da "Música brasileira" de Bilac, como pode parecer à primeira vista. Nos sapos de Bandeira, são os limites da voz que se colocam no deslocamento da métrica culta para uma dinâmica complexa com a métrica popular das redondilhas (menores, como é o caso do poema). Bandeira coloca em xeque a primazia soberana da métrica e do poeta, ao mesmo tempo em que mostra que, no interior da métrica, a forma se diferencia da "fôrma", separando, no interior dos sistemas retóricos, a métrica do ritmo. O problema é o mesmo de Bilac, mas a direção é contrária, e agora as populares redondilhas tematizam e rebaixam as grandiloquências legislativas da contagem de sílabas tradicional:

Enfunando os papos,
Saem da penumbra,
Aos pulos, os sapos.
A luz os deslumbra.
Em ronco que aterra,
Berra o sapo-boi:
— "Meu pai foi à guerra!"
— "Não foi!" — "Foi!" — "Não foi!"

Se, como diria Oswald, "desde a prosopopeia somos brasileiros", o coaxar dos sapos fala daquele submundo da linguagem, dos murmúrios que antecedem as palavras, da voz que paira sob a sintaxe, da natureza que tensiona a cultura.[32] A repetição do /p/ no tempo forte em "Aos pulos" até seu eco no tempo fraco de "os sapos", assim como a vírgula no terceiro verso da primeira estrofe ("**pulos**, **sapos**"), faz com que a prosódia comece a sobrepor-se ao metro. O deslocamento dos tempos se torna a regra (daí ser difícil até falar em síncopa), mas a relação ainda com a métrica cria um espaço de expectativa do lugar dos acentos na frase e no verso que torna impossível decidir como berra o sapo-boi no verso onomatopaico famoso ("Não foi" — "Foi" — "Não foi"): suas palavras monossílabas não permitem decidir os acentos fortes e fracos; não sabemos se foi ou não foi naquele lugar que o acento se produziu, enfim, não sabemos o lugar do pai e sua regra simbólica ou sua bravura, embora em uma leitura mais oral poderíamos imaginar um diálogo entre os sapos acentuado no "foi" e então teríamos um "foi" no tempo forte e outro no contratempo, o que a leitura do poema como um todo permite inferir. Essa equivocidade entre o ser e o não ser, a indecidibilidade dos acentos, marca o poema de Bandeira e os entrelugares sutis e infinitos de sua poética.[33] A repetição dos encontros vocálicos "oi" e "ão" reforça essa dinâmica em outras camadas sonoras e desloca o sentido do poema para as vozes — deslocando também o sentido da *phoné* do humano ao animal —, caminhando de ironia em ironia até desembocar em uma canção:

No perau profundo
E solitário, é
Que soluças tu,
Transido de frio,
Sapo-cururu
Da beira do rio...

O imaginário popular atravessa a locução formal assim como a indecidibilidade contramétrica atravessa a tentativa de subordinação a um único sistema. Temos mais de um sistema de organização dos tempos que Bandeira tenta equilibrar. Se aqui se poderia ver uma dialética entre os tempos desiguais e combinados de nossa modernização e essa nossa eterna sedução pela contraposição do arcaico e do moderno, creio que a poética de Bandeira se marcará gradativamente pela co-incidência tensa dessas temporalidades que se cruzam, se atravessam, se ressignificam reciprocamente. Toda a questão é saber como produzimos a articulação entre esses tempos: o que se tornará um problema de longa duração na poesia brasileira. Nessa mudança de dicção, a relação entre métrica e ritmo, entre o poema e a voz, se coloca em outros termos, produzindo um outro gesto: a equivocidade permite que se leia a métrica pela contramétrica e, em sentido contrário (e de um modo diferente), que se leia a contrametricidade pela métrica, sendo que o modo de relação do cruzamento entre essas possibilidades é que passa a ser a questão. Bandeira é muito consequente na manutenção dessa tensão, mesmo quando o verso mais liberado da métrica flerta constantemente com esta para produzir uma regularidade que permite o atravessamento dos outros tempos, como se em seus poemas mais modernistas a polimetricidade passasse a atuar como figura (e não como fundo, como nesse poema em forma fixa) para sutilmente produzir esses efeitos de quebra e contrametricidade no corpo do poema.

NO CIPÓ DAS FALAÇÕES

Até aqui, procuramos mostrar como o problema do ritmo e da voz envolve a métrica, implodindo-a. Em sentido contrário, esse movimento nos permite ver o quanto de métrica subsiste em muitos poemas modernistas. Para configurar a questão, basta ver um poema como "Atelier", de Oswald de Andrade, da seção "Postes da Light", de *Pau Brasil*:[34]

Caipirinha vestida de Poiret
A preguiça paulista reside nos teus olhos
Que não viram Paris nem Piccadilly
Nem as exclamações dos homens
Em Sevilha
À tua passagem entre brincos

Locomotivas e bichos nacionais
Geometrizam as atmosferas nítidas
Congonhas descora sobre o pálio
Das procissões de Minas

A verdura no azul klaxon
Cortada
Sobre a poeira vermelha

Arranha-céus
Fordes

Viadutos
Um cheiro de café
No silêncio emoldurado

Como já analisamos longamente em "Cheiro de café",[35] desde o verso inicial temos um decassílabo, seguido por versos que mantêm o acento na sexta sílaba como uma espécie de cesura, tornando pouco relevante se o verso tem dez, onze ou doze sílabas. Essas zonas de estabilidade permitem uma repetição que deixa livre a prosódia e abre o jogo de contrastes com o tamanho dos outros versos, como no corte "em Sevilha". Os aparentes versos livres são na verdade um jogo com a polimetricidade, como ocorre também nas duas redondilhas maiores "A verdura no azul klaxon" e "Sobre a poeira vermelha", as quais são literalmente "cortada(s)" pelo verso que as intercala. Veja-se que aqui há um rebote perverso da métrica que escapava talvez ao próprio Oswald, evidenciando o quanto um cheiro de café ainda saía das chaminés das usinas e dos escapamentos dos automóveis.

Mário de Andrade, ao seu turno, assumia esses rastros, como se o modernismo fosse uma secreta despedida nostálgica do parnasianismo — "Sou passadista, confesso" —,[36] que reverberam em versos famosos da fase heroica, como nos decassílabos: "São Paulo comoção da minha vida", "São Paulo é um palco de bailados russos" ou "Sou um tupi tangendo um alaúde". Mesmo no verso "harmônico", que depois Mário definiria como "Polifonismo e simultaneidade",[37] o acento na sexta sílaba persiste "Arroubos... lutas... Setas...", ou em um outro decassílabo, "A cainçalha... a Bôlsa... As jogatinas".[38] Tanto que um poema em decassílabos brancos, "Louvação da tarde", é um de seus poemas mais consistentes e estudados.[39]

Interessante notar como José Miguel Wisnik, no mesmo artigo sobre a voz de Mário de Andrade, aponta uma tensão da mesma ordem ao tratar da relação entre aquele que escreveu "O poeta come amendoim" e a gravação de sua voz:

O poeta que se propõe a escrever poesia "numa língua curumim", saboreando palavras "num remelexo melado melancólico", na "fala impura" [a que já nos referimos] e coloquial "de nossa gente", com a boca cheia de "gostosura quente" do amendoim, é o mesmo que pronuncia *Catolé do Rocha* com o som do fonema *r* vibrando numa evidência perolada e castiça, quase catedralesca de tão empinada.[40]

Embora não seja uma tensão entre enunciação e enunciado como a que vemos em Bilac, ela guarda algo daquela forma difícil que se depara com uma "falha geológica" entre o registro culto e o popular, e que permanece "como ponto cego em si mesmo". Interessante notar que essa falha geológica apontada por Wisnik se confirma na configuração do verso muito mais polimétrico do que "livre" ao longo de todo o poema. Para ficarmos em alguns versos:

Brasil...
Mastigado na gostosura quente do amendoim...
Falado numa língua corumim
De palavras incertas num remeleixo melado melancólico...[41]

O tempo em suspenso das reticências articulando três dos quatro versos que se alongam em torno do decassílabo "Falado numa língua corumim" (rimando com "amendoim") semantiza o gesto da boca em que dançam as palavras que tentam dar conta do enigmático significante "Brasil". Se o verso "mastigado" pode ser escandido como dois versos de oito sílabas, seu alongamento busca a sensação tátil da "gostosura quente". No entanto, o país, como o poema, se tematiza conceitualmente, submetendo o ritmo ao jogo das ideias, como expressão daquele psicologismo "incompatível com a teorização da experiência propriamente estética"[42] e isso no interior do próprio poema. Se, para Antonio Candido, "o conceito é a medida do verso livre bem-feito",[43] a empreitada conceitual de Mário tendia a esvaziar a força do poema, tratando como tema o mundo tátil das palavras. O Brasil é aqui um lugar sobre o qual se fala e não um lugar que coloca em xeque as condições de enunciação: essas condições se mantêm como aquele ponto cego apontado por Wisnik e se tornam uma busca infinita da matriz popular nacional. Os ecos rímicos "mastigado", "falado", "melado", ou mesmo as nasais ecoando nos contratempos no decassílabo "reMeleixo Melado Melancólico" entre os /l/ parecem produzir esta atmosfera de dissolução que mela, mais que articula, de conceito a sonoridade, reduzindo a polimetricidade ao plano semântico em um isomorfismo forma/conteúdo que só veríamos repetir-se de modo tão sistemático com a poesia concreta.[44]

De um modo geral, em uma hipótese que ainda precisa ser mais demonstrada (uma análise de todos os versos de "O poeta come amendoim" seria bastante didática nesse sentido), podemos dizer que o verso livre modernista se comporta muitas vezes como um verso polimétrico que trabalha em zonas de estabilidade e instabilidade (às vezes endurecendo ou desmilinguindo), que exige um método de leitura fina de suas nuances. Ele aponta para um campo de tensões que são sua face mais produtiva, sobretudo quando tensiona os fluxos de fala com os atos de escrita, explorando seus campos de possibilidade.

Se dermos ainda um passo, veremos que esses versos ganham força quando se refina essa leitura (e a contrametricidade que se estabelece pela sobreposição de modos de acentuação) pelo uso de células rítmicas, como propõem Cavalcanti Proença,[45] Antonio Candido[46] e, mais recentemente, Paulo Henriques Britto:[47] trata-se de um verso mais próximo do verso "liberado" inglês, no qual o número de sílabas deixa de ser fixo, mas o uso dos pés rítmicos continua estrutural. Veja-se, nesse sentido, "O capoeira", de Oswald:

— Qué apanhá sordado?
— O quê?
— Qué apanhá?
Pernas e cabeças na calçada.

Esse poema é uma aula de células rítmicas,[48] pois a redondilha menor do primeiro verso é na verdade a repetição de uma mesma célula (X_X_X_) que se inverte no segundo (_X) até produzir uma quebra contramétrica da repetição dos /q/: "Quê"/"Qué" (dois acentos fortes seguidos produzindo um reforço onde se esperava um acento fraco). A ginga da capoeira está toda aí, no encurtamento rítmico das oclusivas e no deslocamento do tempo forte de um verso a outro, produzindo camadas e mais camadas de significação rítmica em uma sequência que poderia ser lida como um dodecassílabo perfeito, acentuado na cesura, a sexta sílaba ("Qué apanhá Sor**da**do? O quê? Qué apa**nhá**?") ou ressoando como uma sequência de péon quarto (_ _ _ X) acentuado na quarta, oitava e décima segunda sílabas ("Qué apa**nhá** Sordado? O **quê**? Qué apa**nhá**?"). Por que essa leitura do acento a cada quatro sílabas é importante? Porque ela nos permite ler o aparente verso "livre" que fecha o poema como uma inversão dessa figura rítmica (O péon primo: X _ _ _), compondo o seguinte ritmo: "**Per**nas e ca**be**ças na cal**ça**da".

Como em "Música brasileira", o tema aqui chama para o palco os requebros infinitos, as síncopas, a ginga, o jogo de corpo, a transformação dos tempos dentro do tempo do poema, colocando em xeque o passo marcial do soldado que esperava um ritmo métrico para suas ilusões de ordem e se depara com uma outra organização do movimento (a quebra quê/qué), a interpelação para a briga, que amalgama esse gesto contramétrico com a ressonância do /q/ nos tempos fracos do último verso, sincopando-o ao limite (CAbeças na CALçada). Chegamos assim até o último verso, espécie de chave de ouro à la Oswald, que indetermina quem está falando, objetivando o poema como escrita e, ao mesmo tempo, como vimos, tornando problemático seu lugar de enunciação.

Ao trazermos a discussão da polimetricidade e das células rítmicas ao coração do verso livre, é porque também está em jogo no mundo poético o debate sobre a síncopa na música. Aqui também parece que a proposta de Mário de Andrade[49] de que o efeito de síncopa é dado por um jogo prosódico (alongando ou encurtando a frase e o desenho melódico de vogais e consoantes), embora mantendo o compasso, pode ser muito aproveitada se dermos um passo para entender que não se trata de uma "fala impura", isto é, de uma desordem prosódica que perturba a ordem dos acentos (no limite, alargando ou encurtando os versos), mas que a prosódia é um outro plano fortemente responsável pelo ritmo na poesia, como propõe Meschonnic, o que permite a sobreposição dos parâmetros organizadores do movimento. Parece que, de modo geral, estamos mais próximos da contrametricidade proposta por Carlos Sandroni,[50] em que há um atravessamento de sistemas de regulação do verso, uma sobreposição de tempos e contratempos, como também de camadas prosódicas, tanto das linhas "melódicas" das vogais como dos jogos de tempos das consoantes, que ganham potência quanto mais tensionados.

Lendo desse modo a sobreposição dos diferentes planos propostos por Mário — isto é, radicalizando sua noção de simultaneidade e harmonia —, seria interessante ver como o próprio gesto de retomada indefinida das definições em seus textos, especialmente em *A escrava que não é Isaura*, permite entrever, a contrapelo, níveis diferentes de articulação rítmica. Por exemplo, quando trata dos "ritmos interiores" do poema moderno (como "fantasias expressivas, pausas respiratórias, efeitos cômicos"[51]) para chegar a uma profusão de definições do verso: "Elemento da linguagem oral que imita, organiza e transmite a dinâmica do estado lírico", em seguida como elemento que "organiza a dinâmica do estado lírico", para se transformar depois em elemento que "determina as pausas do movimento rítmico" (redefinição para abranger o "arrítmico" verso livre quando este é tomado do ponto de vista "universal") para chegar finalmente em "expressão oral lírica".[52] As in-definições de Mário mostram bem o quanto o ritmo é uma sobreposição de formas de organização do movimento da fala na linguagem, possibilitando que qualquer elemento se torne um vetor de organização: sejam os acentos, a prosódia, a pausa, a rima, as células rítmicas, a pontuação, a linha, a sintaxe que se tornam decisivos para se pensar a variação das poéticas e dos ritmos. Em uma inversão forma/fundo, tirando a centralidade do apoio métrico como um relógio externo (como vimos a partir de Bandeira), essas outras camadas de ritmo trabalham na organização interior ao poema. A contrametricidade é, portanto, um aspecto claramente acentual, mas que se alarga amplamente por essa dinâmica de sobredeterminação das infinitas possibilidades de articulação dos elementos da linguagem.

Essa sobredeterminação na configuração dos valores que constituem a experiência poética amplia o alcance daquela impossibilidade de separação entre linguagem poética e linguagem ordinária para tocar na impossibilidade de separação entre poesia e prosa. Mesmo a crítica de que o verso livre malfeito parece prosa deve ser repensada porque, sob o ponto de vista do ritmo, o movimento da fala na linguagem se dá tanto no verso como na prosa.[53] Não à toa, *Memórias sentimentais de João Miramar* e *Macunaíma* são acontecimentos decisivos da questão da oralidade que tratamos aqui. Ambos assumem o ritmo, os fluxos, a corporalidade e os modos de organização da fala na linguagem por diferentes modos de subjetivação como articuladores pregnantes do discurso longe das "amarras" do verso. Esse vetor para a prosa potencializava a poética da oralidade repropondo tensões do verso na articulação com a prosódia, com o ritmo, com a sintaxe, as variações de sentido, planos semânticos, imagéticos, cortes e sequências narrativas. Não poderemos analisar aqui o ritmo desses textos que buscam o fluxo e as cenas de enunciação querendo diminuir a distância daquela "expressão intelectual [...] tão prodigiosa que falam numa língua e escrevem noutra", como lemos em *Macunaíma*,[54] mas é patente sua força poética no mais alto grau, seja pelo canto encantado no fluxo mítico de falas em um ou pela exploração do livro, da página, da linha em outro, entre tantos outros pontos. Especialmente em Oswald de Andrade, a leitura é colocada em xeque, como se descobríssemos pela primeira vez que um texto é algo escrito e que não era mais possível manter o ventriloquismo congênito de nossas letras.

Esse uso da oralidade como tensão com a escrita, ao contrário do que se poderia esperar, acentua a ideia de que um poema publicado em uma revista, jornal ou livro performa elementos gráficos que muitas vezes tornam difícil separar o verso da linha e o poema da página. Essa descoberta, que remonta à invenção do soneto por Petrarca e à quebra rítmica da página em sua apresentação, traz uma visualidade intrínseca à poesia muito antes da constelação mallarmaica ou do poema concreto, como os próprios poetas concretos não cansaram de repetir. Em *Miramar* ou no *Primeiro caderno do aluno de poesia Oswald de Andrade*, como nas revistas (especialmente em *Klaxon*), essa pregnância salta aos olhos e atesta o forte contato da poesia com as artes plásticas, não só em termos de concepção, como em termos de fatura, apontado por Gênese Andrade[55] ao tratar da "escritura plástica" de poetas e pintores. A visualidade confunde-se com a experiência imaginária e é uma parte fundamental da oralidade da escrita muito salientada por Meschonnic: "a voz é invisível, o ritmo é invisível, mas eles pedem uma visualização, uma notação",[56] tornando a disposição do poema na página também uma questão rítmica.

A oralidade atravessa a prosa e o poema, a construção da cena de fala da narrativa ou sua performance na página, tocando o ritmo das passagens de um plano a outro da composição, como o "Manifesto Antropófago" torna evidente. Esse me parece um elemento fundamental dessa difícil experiência modernista e que a ironia evidencia. Isto é, a tentativa de redução da fala à escrita se torna tão ilusória quanto a tentativa de se fazer a escrita como se fosse uma fala, mas, no meio do caminho, na forma difícil, se assume o poema como uma forma de torsão entre essas duas esferas, um modo particular de articulação que assume a irredutibilidade de uma à outra e mantém a tensão entre elas. A ironia se dá por essa distância assumida e às vezes calculada entre o enunciado e a enunciação, o sentido do que é dito (como nos "Poemas da colonização", de Oswald) e a enunciação do poema (que inverte esse sentido).

Um último ponto nesse nosso breve percurso pela oralidade na poesia modernista tem a ver com aquele risco de uma idiossincrasia arbitrária e psicologizante de que falávamos antes. Quando Mário de Andrade tem o insight espantoso de um "ritmo interior", em seguida ele acrescenta "[do qual] o poeta não tem de dar satisfação a ninguém".[57] Essa tomada de posição mostra um limite da discussão sobre poética no espaço público brasileiro, deslocando-a para esses documentos extraordinários, tão próximos da fala, do espaço privado, da proximidade com o interlocutor, que são as cartas. Elas passeiam em um intervalo pessoal e poético, em que se mostra com mais vigor a lógica privada no debate sobre poética entre nós.

Em um movimento oposto, creio que os manifestos, especialmente o "Antropófago", assim como o "Prefácio interessantíssimo", de Mário, e a "Falação", de Oswald, que abrem seus livros, podem ser lidos como alguns dos mais potentes poemas modernistas, misturando um modo de ser, de existir na linguagem, com uma dicção, reverberando limiares entre conceitos e metáforas, entre a concepção dos livros e a prática poética: os manifestos são poemas em devir. Vemos neles, sobretudo nos de Oswald, o cruzamento dos diferentes níveis de articulação da linguagem e dos mundos que a linguagem articula (poesia, história, ética, política, classes, cosmologias...), os quais são contrastados continuamente, elevando à enésima potência as relações entre eles.[58]

O PAPEL DO RITMO E O DEVIR DAS ENCRUZILHADAS

Ao mesmo tempo que procuramos mostrar, ainda que brevemente, a forma difícil do modernismo brasileiro, tentamos apontar seus vetores mais potentes, fortemente ligados a uma noção muito particular de oralidade. Nessa *démarche*, um vetor que foi se tornando extremamente complexo é a autonomia da escrita que se insinua em todas essas poéticas, ao mesmo tempo que se tensiona com a defesa da oralidade: Bandeira encena as cenas de fala, Mário tange o verborrágico, Oswald produz uma tensão sintética que comprime as falas ao limite... Mostramos como essa tensão acaba abrindo de maneira nem sempre clara a possibilidade de organização do ritmo por muitos outros parâmetros constitutivos da fatura dos poemas, multiplicando as poéticas em uma heterogeneidade e complexidade que assustam e parecem levar a experiência de leitura de poesia a uma difícil encruzilhada.

Como não transformar essa miríade de possibilidades em uma mera idiossincrasia (e idiorritmia) lastreada na escolha soberana do poeta em sua Pasárgada tão sem limites que toca o sonho nostálgico da cordialidade e sua violência patriarcal, inundando o mundo público de intenções privadas? Por outro lado, a experiência poética fortemente ligada à oralidade torna difícil estabilizar o modo de apreensão do poema em uma métrica ou no próprio processo de escrita, sobretudo em um país de incipiente alfabetização e urbanização. O republicanismo métrico cede ao campo de tensões democráticas das falas (em um gesto político que é também uma ética da internalização das diferenças), mas que, no limite, entra em choque com as próprias condições de produção e circulação dos poemas.

Esse problema, tão bem notado por Sérgio Buarque de Holanda, se explicita em uma discussão que se alastrava desde o século XIX a respeito do funcionamento da moeda, com grande força no Brasil, entre metalistas (que defendiam a conversibilidade da moeda a um padrão-ouro) e papelistas (que defendiam, como Rui Barbosa, que o dinheiro está ligado ao desenvolvimento econômico, sendo uma ilusão sua conversibilidade em ouro). Desde o começo do século XX, por mais que o padrão-ouro se sustentasse oficialmente, o mundo já vivia, inclusive nas economias mais avançadas, com uma moeda fiduciária "de conversibilidade muito mais simbólica que real".[59] Na fatura poética, a diferença parece cair como uma luva para separar parnasianos de modernos, aqueles que acreditam na existência de um padrão de trocas simbólicas mediado pela forma fixa e aqueles que viveram a crise da conversibilidade, demonstrando a ilusão de um padrão e a abertura da instância do papel (como do papel-moeda) para um conjunto de crenças e relações sociais que o sustentam.[60] Para uns, o poema tem uma regulação abstrata pautada em um sistema externo passível de ser exposto em um *Tratado*; para outros, o poema carrega suas formas de regulação implícitas ou que precisam ser explicitadas por "contratos de leitura" que tratem os termos da relação, evidente nos Prefácios e Manifestos. Para uns, a escrita se produz hierarquicamente sobre o conjunto de falas que ela aciona e a própria experiência de leitura (como se o leitor fosse absolutamente passivo); para outros, essa experiência está ligada à potencialização das falas e ao seu desdobramento simbólico em outras esferas, à experiência de reconstrução da experiência a partir do *papel* que o poema desempenha.[61]

Tudo somado, terminaríamos aqui nosso ensaio apontando a oralidade nas bordas do poema como gesto democrático e expansivo da aventura modernista em busca daquela pluralidade dos modos de significar. Mas, se para os papelistas o problema é o descontrole da emissão da moeda (sim, não é necessária a conversibilidade, mas qual o limite de emissão de mais e mais dinheiro?), para a poesia a experiência fiduciária no papel se desfibrava na medida em que era difícil mesmo para a crítica especializada reconhecer os mecanismos que permitiriam a apreensão da experiência literária. Para darmos um último passo em nosso paralelo entre a discussão monetária e a prática poética, uma moeda sem lastro se torna um acontecimento jurídico, regulado pela lei e imposto por coação pelo monopólio da violência pelo Estado. A dificuldade de sustentação das moedas também pode facilmente descambar para o autoritarismo e se confundir com o legalismo.

A posição papelista de nosso modernismo (que hoje seria entendida como uma visão desenvolvimentista) implicava desdobrar a oralidade da escrita em uma multiplicidade de vozes *reguladas* pelo poema. Torna-se uma questão para o poema se sustentar enquanto "letras num papel" e gerir a relação com aquilo que não é ele mesmo, os campos heterogêneos que ele aciona, os espaços de experiências que ele articula.[62] A questão é que essa regulação tanto interna como externa, como procuramos mostrar, se tornou extremamente problemática.[63] Não à toa, parte dos modernistas se tornaram integralistas[64] (lastreando a poética em uma nacionalidade autoritária, evidenciando assim o laço do sentido com as formas de coação) ou nacionalistas oficiais que pautavam nossa singularidade exclusivamente em uma decantação de nossas tradições populares a serem "desenvolvidas" e estilizadas, como na proposta institucional e com laivos autoritários de Mário de Andrade.[65] Como se a "nacionalidade" ou uma autoevidente "realidade brasileira" se tornasse o lastro do discurso.

De certa forma, como a crise de 1929 veio mostrar, nosso lastro era o café e nossa industrialização, como mostrou Francisco de Oliveira,[66] entre tantos outros, um acordo precário de financiamentos e formações de compromissos entre o mundo agrícola e a sempre incipiente indústria, a serem ambos tutelados pelo Estado (por sua vez, sempre paternal com as demandas patrimonialistas de nossa elite). A forma difícil tem essa dinâmica no próprio modo de configuração de seu ritmo, que diz respeito às mais profundas dinâmicas temporais (à constituição dos espaços de experiência e dos horizontes de expectativa) em que vivemos, ainda à procura de formas de regulação, como veremos no movimento antimodernista que se seguiu nos anos 1930.

A sombra da cordialidade, do coronelismo e da idiossincrasia pairava o tempo todo no horizonte, como se o modernismo pudesse ter apenas um único sentido ou um único vetor de forças, quando, a contrapelo, a oralidade o fazia atravessado por muitos vetores, direções e possibilidades que ficaram abertos tanto na formação das ciências humanas no Brasil ao longo do século xx (impactando a psicologia, a sociologia, a antropologia, a história, a geografia, a musicologia, a linguística...) como tensionando o campo poético que buscava soluções a partir dessa ordem de problemas: seja levando a reflexividade poética ao limite, como em Drummond (como que buscando uma ética subjetiva de acoplagem da poesia ao corpo social), seja tensionando a espontaneidade com a construção, acoplando as formas populares com um verso posicional voltado a uma outra inteligência do real, como no caso de Cabral, ou apostando em uma nova chave na autonomia do gesto de inscrição verbivocovisual, como no caso da poesia concreta, para ficarmos em alguns exemplos mais pregnantes.

No caldo dos anos 1960 e 1970, a oralidade explode novamente, sobretudo na poesia marginal, colocando em xeque qualquer ilusão de autonomia.[67] Espontaneidade e construção, traduzidas no binômio arte e vida — ecoando o dilema metalismo/papelismo agora como monetarismo/desenvolvimentismo —, encontraram soluções que radicalizariam ainda mais os problemas que vimos até aqui.[68]

Nessa toada, importante ressaltar o quanto a abertura modernista não era apenas uma desordem na ordem métrica (como alguns modernistas fizeram crer), mas uma sobreposição de modos de organização dos gestos de, na e com a linguagem. No verso, produzindo uma contrametricidade que sobrepõe lógicas acentuais, sobredeterminando diversas ordens. E isso não só na sobrecodificação de acentos, mas em uma radicalização da sobreposição dos acentos com as curvas prosódicas (como vimos com o uso das oclusivas, no desenho melódico das vogais etc.). Além disso, vimos que, na leitura não ortodoxa das vanguardas, qualquer elemento da linguagem pode se tornar um plano de organização do ritmo: de uma estrutura sintática às cenas de enunciação, do espaço da página às microvariações de tons e inflexões da voz, da pontuação a um ritmo mimético. O importante é que se produza uma tensão entre essas diversas ordens como a fala e a escrita (que nem se separam totalmente, nem se confundem), e a diferença entre elas é que deve ser explorada: como se a experiência da escrita tivesse que se compor com a fala, tensionando as várias camadas de enunciação com os diversos planos de sentido. Sim, o ritmo *também* se faz pelo movimento do sentido. E aqui o jogo com as posições enunciativas se evidencia, especialmente quando elas vêm de diversos estratos de nosso corpo social, trazendo lógicas próprias e movimentando placas tectônicas como aquelas do mundo ameríndio e afro-brasileiro.[69]

Essa percepção de um país por descobrir e um universo humano que não estão lá para serem tratados como matéria ou tema para projetos estéticos[70] e acadêmicos foi ganhando força ao longo dos anos: as promessas modernistas se cumprem quanto mais surgem novos atores sociais com quem irrompem outras formas de vida, com seus modos de dizer que são, no fundo, jeitos de viver. "Uma política do ritmo é uma parábola da alteridade."[71] Não se trata de uma alternativa infernal nem de ilusões fusionais entre o moderno e o primitivo, como se ambos estivessem em uma corrida entre o passado e o futuro. Não há superação do primitivo pela varinha de condão da estilização cordial modernista, mas diferentes modos de articular, tensionar, contrapor, sobrepor essas experiências como nos melhores momentos do modernismo. Quando essa tentativa de superação ou de construção de um plano simbólico que sublimaria a diferença entre esses mundos se coloca em xeque — como o samba e a música popular brasileira já faziam há tempos —, podemos perceber a política implícita na arte de jogar com os tempos sobrepostos e contramétricos de nossas temporalidades dadas e inventadas. Quanto mais esse vetor modernista se espraia e se reinventa por outras camadas de nosso tecido social, mais ele se realiza, ainda que pelas feridas que deixou abertas. No universo do saber, isso se tornou, como dissemos, uma demanda de muitas áreas, entre as quais se destaca a radicalização antropológica de seus gestos, como a "continuação por outros meios" da Antropofagia pelo perspectivismo ameríndio de Eduardo Viveiros de Castro. Mas é sobretudo pela emergência de novos atores e seus mundos — outras classes sociais, assim como indígenas, afros, mulheres, LGBTQIA+ — que essa potência das vozes se complexifica, tensiona, expande e encontra novas maneiras de atravessar seus corpos pelos cipós das falações.

De maneira um tanto sintética, fizemos uma curva que nos trouxe de volta ao elo com o *AmarElo* de Emicida e tantos outros mestres de cerimônia, slamers, pajés, pais e mães de santo, poetas que mantêm viva a voz, o corpo, os gestos que se sobrepõem em camadas e camadas de tempos, de ressonâncias, articulando diferentes planos e escalas que fazem com que os cem anos que nos separam da explosão de 1922 pareçam a forma difícil de um grito que ainda persiste: basta sair à rua para ouvir. A rua é nóiz.

NOTAS

1. Como se verá mais adiante, este artigo é um modo de desdobrar o problema da passagem da dificuldade da forma para a forma difícil, proposto por Rodrigo Naves (*A forma difícil: Ensaios sobre arte brasileira*. São Paulo: Ática, 1996). Nossa *démarche* aqui ressoa aquela percepção de que "desse jogo irresolvido surgem obras com uma intensidade indiscutível, mas que guardam algo do movimento anterior, *daquela resistência a entregar as formas a seus próprios limites*. Só que agora sobressai uma forma difícil, e não mais aquela relutância formal" (p. 25, grifo nosso).
2. *AmarElo*. São Paulo: Laboratório Fantasma, 2019.
3. *AmarElo. É tudo pra ontem*. Direção de Leandro Roque de Oliveira. São Paulo: Laboratório Fantasma, 2020. Disponível na Netflix.
4. A expressão é de Mário de Andrade ao final de *Macunaíma* (1928): "Botei a boca no mundo cantando na fala impura as frases e os casos de Macunaíma, herói da nossa gente" (Mário de Andrade, *Macunaíma*. Apres. e estabel. do texto de Telê Ancona Lopes e Tatiana Longo Figueiredo. São Paulo: Nova Fronteira, 2015, p. 190). O recorte que fizemos da frase procura apontar para a complexidade de "cantar" a "fala". Sem dúvida, está em jogo aqui a musicalidade da linguagem, a prosódia, tão explorada por diversos gêneros musicais, assim como uma visão marioandradina de impureza, como se a fala fosse a parte indomável da linguagem, uma desordem, uma perturbação em uma pureza que ainda resta como um ideal daquele "movimento anterior" de que fala Naves.
5. A relação entre cordialidade e oralidade foi apontada de maneira inaugural por João Cezar de Castro Rocha (*Literatura e cordialidade: O público e o privado na cultura brasileira*. Rio de Janeiro: Eduerj, 1998), marcando o espaço da fala como uma nostalgia da presença do corpo e seus corolários, o que reforçaria a confusão entre público e privado, fala e escrita. Esse viés retoma a percepção central de Antonio Candido (*Formação da literatura brasileira: Momentos decisivos*. Belo Horizonte: Itatiaia, 1975) a respeito do século XIX, segundo a qual se tratava de uma literatura em forte medida para ser oralizada. Esse viés é retomado por Luiz Costa Lima (*Dispersa demanda: Ensaios sobre literatura e teoria*. Rio de Janeiro: Francisco Alves, 1981) por meio do conceito de auditividade e confirmado pelos estudos de Marisa Lajolo e Regina Zilberman (*A formação da leitura no Brasil*. 2. ed. São Paulo: Ática, 1998). Recentemente, Marília Librandi deu um outro contorno à questão em seu *Escrever de ouvido: Clarice Lispector e os romances da escuta* (Belo Horizonte: Relicário, 2020).
6. Oswald de Andrade, *Serafim Ponte Grande*. São Paulo: Globo, 2007, p. 48.
7. José Miguel Wisnik, "O que se pode saber de um homem?". *Revista Piauí*, São Paulo, n. 109, pp. 61-6, out. 2015.

8. Henri Meschonnic, *Critique du rythme: Anthropologie historique du langage*. Paris: Verdier, 1982.
9. Haroldo de Campos, "Uma poética da radicalidade". In: Oswald de Andrade, *Caderno de poesia do aluno Oswald* (*Poesias reunidas*). São Paulo: Clube do Livro, 1981, pp. 7-53.
10. Oswald de Andrade, "Vício na fala". In: *Caderno de poesia do aluno Oswald* (*Poesias reunidas*), op. cit., p. 82.
11. In: *Caderno de poesia do aluno Oswald* (*Poesias reunidas*), op. cit., p. 122.
12. Como lembra Arnoni Prado ("Sérgio Buarque de Holanda e o modernismo". *Novos Estudos Cebrap*, São Paulo: Cebrap, n. 50, pp. 211-8, mar. 1998), retomando Sérgio Buarque de Holanda e Prudente de Moraes, neto, a respeito das *Memórias sentimentais de João Miramar*: "Ela acabou com o erro de português — diz ele — mas criou o erro de brasileiro, de que está cheio o livro".
13. Aline Novais de Almeida, *Edição genética d'A gramatiquinha da fala brasileira, de Mário de Andrade*. São Paulo: FFLCH-USP, 2013. Tese (Doutorado em Literatura Brasileira).
14. Sérgio Buarque de Holanda, "O lado oposto e outros lados". In: *O espírito e a letra: Estudos de crítica literária*. Org. de Antonio Arnoni Prado. São Paulo: Companhia das Letras, 1996, v. 1, pp. 224-8.
15. Como afirma Antonio Arnoni Prado ("Sérgio Buarque de Holanda e o modernismo", op. cit., p. 217): "E isto fica claro quando, ao romper com Guilherme de Almeida, Menotti e o grupo da Anta, por exemplo, ao romper com Ronald de Carvalho, Graça Aranha e o grupo carioca, Sérgio — embora ressalvando em Oswald e Alcântara Machado os pontos de resistência à ideologia do construtivismo — dirá dos primeiros que não são modernistas-criadores e os exclui não apenas pela orientação estética: eram acadêmicos, modernistas da ordem, fáceis de incorporar ao espírito depois transposto como um dos argumentos centrais de *Raízes do Brasil* — onde, como sabemos, se esboça o arquétipo dessa gente, amiga da linguagem ornamental e das aparências da retórica, tão caras ao bacharelismo e que tão bem explicam (segundo Sérgio) o sucesso do positivismo no Brasil".
16. Essa *démarche* da obra buarquiana foi apontada primeiramente por Arnoni Prado no artigo citado e em vários outros estudos. O que estamos salientando aqui é o papel do ritmo nessa equação, pois ele mostra o quanto a literatura abre uma camada mais profunda da relação com o sentido (e ressalte-se que o ritmo está profundamente ligado à produção de sentido, ele é uma aventura do sentido, um modo de significar que leva em consideração o gesto, o corpo, o movimento, o modo de habitar o tempo e a linguagem). E não é à toa que isso está profundamente ligado ao devir historiador de Sérgio Buarque de Holanda, pois, como mostra Meschonnic, especialmente em *Langage, Histoire: Une Même théorie* [Linguagem, História: Uma mesma teoria. Paris: Verdier, 2012], a questão do ritmo se confunde com a historicidade.

17. *Raízes do Brasil*. Ed. crítica. Org. de Pedro Meira Monteiro e Lilia Schwarcz. São Paulo: Companhia das Letras, 2016, p. 331.
18. Pedro Meira Monteiro, *Signo e desterro: Sérgio Buarque de Holanda e a imaginação do Brasil*. São Paulo: Hucitec, 2015.
19. Uma teoria da nacionalidade, quando não se restringe a tratar o país como um "objeto de conhecimento", é uma teoria do signo, como se a nacionalidade ocupasse aqui o lugar da teologia nos fundamentos da retórica que sustenta o processo de colonização (os fundamentos metafísicos da colonização e os fundamentos coloniais da metafísica, diria Viveiros de Castro). O interessante, como nota Meira Monteiro, é que a melhor maneira de ler esse significante Brasil e sua implícita teoria dos modos de significação é admitir essa "não identidade" do signo consigo mesmo, isto é, como ele afirma retomando um Saussure distante da vulgata estruturalista, tomar o signo pelas bordas da significação, em seu momento-limite, em que não é possível saber a identidade que ele terá no momento seguinte. Para um desdobramento dessa visada de *Signo e desterro*, vale a pena a leitura de *A vida enigmática dos signos*, de Patrice Maniglier (Paris: Léo Scheer, 2006).
20. Antonio Candido, *O estudo analítico do poema*. São Paulo: FFLCH-USP, 1993.
21. Em uma espécie de baixo contínuo deste artigo, podemos pensar a cordialidade e o vitalismo a partir das teorias da voz, especialmente a "inclusão exclusiva" de Agamben ou "a parte dos que não têm parte" de Rancière, fortemente ligadas, portanto, à questão da *vida nua* — o que envolve os corpos escravizados, matáveis, como espécie de ponto cego (e surdo) de nossas formas de vida.
22. Diferentemente do título deste artigo, esta é a frase que consta na "Falação", que abre *Pau Brasil* (In: *Caderno de poesia do aluno Oswald* (*Poesias reunidas*), op. cit., p. 66).
23. Antonio Dimas, *Bilac, o jornalista*. São Paulo: Edusp, 2002.
24. Ivan Teixeira, *Poesias* (*Olavo Bilac*). São Paulo: Martins Fontes, 2001.
25. Id., ibid., p. 273.
26. Poderíamos dizer que "Música brasileira" é a tentativa de articular, do ponto de vista da métrica, uma visão erudita do mundo popular, ao mesmo tempo em que é sugada por ele, performando em ato a constatação do "Manifesto da Poesia Pau Brasil": "Wagner submerge ante os cordões de Botafogo". Oswald de Andrade, *A Utopia antropofágica*. São Paulo: Globo, 2011, p. 41.
27. Importante lembrar neste ponto um diálogo profundo desta análise com João Cezar de Castro Rocha que, em artigo recente ("O Brazil não merece o Brasil? Impasses do pensamento social brasileiro e o paradoxo de *Raízes do Brasil*". *Revista do Centro de Pesquisa e Formação*, São Paulo: Sesc, n. 11, pp. 219-48, 2020), envolvendo a questão do desterro e da mudança radical entre as diferentes versões de *Raízes do Brasil*, aponta o alcance desse poema de Bilac.

28. Oswald: "Desde Bilac/ Somos internacionalistas e portugueses júniors" (*O escaravelho de ouro*. In: *Caderno de poesia do aluno Oswald* (*Poesias reunidas*), op. cit., p. 223).
29. Impossível não ouvir aqui a "Bruta flor do querer", de Caetano Veloso, ou mesmo sua retomada de "Navio negreiro", de Castro Alves, acentuando o contrametricíssimo "Que a brisa do brasil beija e balança".
30. Esse ponto é mais fundamental e consequente do que pode parecer à primeira vista. Como reforça Antonio Dimas, esse ideal republicano é parte importante da concepção bilaquiana e, acrescentaríamos nós, está em ressonância com sua dicção formal e seu ponto de vista hierárquico, que estabelece uma espécie de denominador comum para as diversas dinâmicas de nosso tecido social. Vale lembrar aqui que a associação muito comum entre Bilac e o mundo militar se deve a usos muito posteriores de sua imagem (especialmente nas ditaduras Vargas e de 1964). Como mostra Patrícia Santos Hansen, em "Golpes de memória: Usos políticos de Olavo Bilac no século XX" (*Revista do Instituto de Estudos Brasileiros*, São Paulo: IEB-USP, n. 61, maio-ago. 2015, pp. 122-39), houve uma deturpação muito grande do argumento de Bilac (além de muitos usos deturpados de seu nome), pois, como ele mesmo afirma: "Nunca fui, não sou, nem serei um militarista. E não tenho medo de militarismo político. O melhor meio para combater a possível supremacia da casta militar é justamente a militarização de todos os civis: a estratocracia é impossível, quando todos os cidadãos são soldados". Isto é, a defesa de Bilac do sorteio militar para todos os brasileiros visava a fortalecer uma nação republicana por ser um obstáculo à intervenção política das classes militares. Vê-se por aí quão historicamente construída é a associação imediata entre métrica e discurso conservador, como se essa relação fosse autoevidente.
31. Manuel Bandeira, *Estrela da vida inteira*. Rio de Janeiro: Nova Fronteira, 1993, p. 46.
32. Interessante notar como a máquina do poema aqui se tensiona pela *phoné* animal de um modo análogo com o refrão de "Trem de ferro" e sua fantástica ginga de "café com pão", mais uma vez abusando do plano das oclusivas (/k/) no contra-acento e no tempo final ("**pão**") intercalados pela fricativa que alonga o verso, acentuando ainda mais o contraste. No entanto, a onomatopeia maquínica do som do trem ("café com pão") transforma-o metonimicamente no que ele carrega e ao mesmo tempo humaniza-o pela prosopopeia, criando um espaço acústico que internaliza a máquina na voz do poema. Esse fazer falar das coisas e dos seres vai retirando as camadas de mera projeção subjetiva em uma depuração que não perde o diálogo com a própria subjetividade (mas que não se impõe hierarquicamente), embora esbarre na lua como satélite e na voz como poema.
33. Importante perceber aqui a dificuldade de levar essa indecidibilidade ao limite, no caso, produzir uma efetiva indecidibilidade, uma zona de indeter-

minação que não se confunde com o mero pivoteamento das decisões ao bel-prazer das situações. Mais do que isso, como mostraremos, ela ganha força porque opera em mais de um plano da composição, sobredeterminando as dinâmicas do sentido.

34. In: *Caderno de poesia do aluno Oswald* (*Poesias reunidas*), op. cit., p. 120.
35. In: *Criação em debate*. Org. de Claudia Amigo Pino. São Paulo: Humanitas, 2007, pp. 122-41.
36. Como mostra Ligia Rivello Baranda Kimori (*Sou passadista, confesso: Mário de Andrade leitor dos parnasianos brasileiros e franceses*. São Paulo: FFLCH-USP, 2019. Tese (Doutorado em Literatura Brasileira)), Mário comprova não só o papel do parnasianismo em sua formação, mas um campo de possibilidades que ultrapassa em muito o marco da Semana de 1922.
37. Mário de Andrade, *Obra imatura*. Belo Horizonte: Itatiaia, 1980, p. 256.
38. Isso quando não se dissolve, como observou Antonio Candido a respeito de "Noturno de Belo Horizonte", em "versos totalmente desfigurados", pois lhe falta a "correlação funcional entre ritmo e sentido" (Antonio Candido, *O estudo analítico do poema*, op. cit., p. 61).
39. Cf. Antonio Candido, "O poeta itinerante". In: *O discurso e a cidade*. São Paulo: Duas Cidades, 2004, pp. 225-44.
40. José Miguel Wisnik, "O que se pode saber de um homem?", op. cit., p. 65.
41. Mário de Andrade, *Da Pauliceia desvairada a Café*. São Paulo: Círculo do Livro, 1982, p. 117.
42. Roberto Schwarz, *A sereia e o desconfiado*. Rio de Janeiro: Paz & Terra, 1981, p. 13.
43. Antonio Candido, *O estudo analítico do poema*, op. cit., p. 61.
44. Curioso que, em uma de suas dinâmicas centrais, os que pareciam tão antípodas se tocam por uma busca de isomorfia entre forma e conteúdo.
45. Cavalcanti Proença, *Ritmo e poesia*. Rio de Janeiro: Simões, 1955.
46. Antonio Candido, *O estudo analítico do poema*, op. cit.
47. Paulo Henriques Britto, "O natural e o artificial: Algumas reflexões sobre o verso livre". *ELyra*, n. 3, pp. 27-41, 2014.
48. Cf. Lucius Porvase, *Da experiência de escrever ao ato de escrita: Vida e arte na poética de Cacaso*. São Paulo: FFLCH-USP, 2010. Dissertação (Mestrado em Teoria Literária).
49. Mário de Andrade, *Ensaio sobre a música brasileira*. 3. ed. São Paulo: Vila Rica; Brasília: INL, 1972.
50. Carlos Sandroni, *Feitiço decente: Transformações do samba no Rio de Janeiro (1917-1933)*. Rio de Janeiro: Zahar, 2012.
51. Mário de Andrade, *Obra imatura*, op. cit., p. 228.
52. Id., ibid.
53. Cf. Henri Meschonnic, *Traité du rythme: Des vers et des proses*. Paris: Dunod, 1998.
54. Mário de Andrade, *Macunaíma*, op. cit., p. 94.

55. Gênese Andrade, *Imagens eloquentes: A escritura plástica de poetas e artistas latino-americanos*. São Paulo: FFLCH-USP, 2001. Tese (Doutorado em Língua Espanhola e Literaturas Espanhola e Hispano-Americana).
56. Henri Meshonnic, *Linguagem, ritmo e vida*. Extratos traduzidos por Cristiano Florentino; revisão de Sônia Queiroz. Belo Horizonte: FALE-UFMG, 2006, p. 56.
57. Mário de Andrade, *A escrava que não é Isaura*. *Obra imatura*, op. cit., p. 228.
58. Cf. Roberto Zular, "Ficção como variação de contexto". In: *Ficcionalidade: Uma prática cultural e seus contextos*. Org. de Helmut P. E. Galle, Juliana P. Perez e Valéria S. Pereira. São Paulo: FFLCH-USP; Fapesp, 2018, pp. 377-99.
59. Gustavo Franco, *A moeda e a lei: Uma história monetária brasileira (1993-2013)*. Rio de Janeiro: Zahar, 2017.
60. Também não é por coincidência que o estouro modernista tenha se dado em São Paulo, pois, como mostra Nicolau Sevcenko (*Orfeu extático na metrópole: São Paulo, sociedade e cultura nos frementes anos 1920*. São Paulo: Companhia das Letras, 1992), ela era, na visão de Lima Barreto, "a capital do 'espírito burguês', a da 'avidez do dinheiro', identificada com o foco original de toda a 'nova cupidez' que dissolvia a sociedade nacional. Era ali que se sediava toda a 'opressão econômica' e todo 'mal do Brasil' de então" (p. 227). Por trás dela, a violência das metrópoles (Europa e Estados Unidos), a visão materialista da vida, a discriminação ética, sendo que essa exploração econômica passava pelas mãos de uma "calamitosa oligarquia" e seu "sistema peculiar de espoliação do país por meio do 'Plano de Valorização do Café', do princípio da 'Socialização das perdas' e da 'Caixa de Conversão'" (idem). No fundo, não havia como separar o lastro monetário dessa violência oligárquica.
61. Para Meschonnic, como a experiência da linguagem é uma experiência de produção de valor, também no sentido linguístico do termo, a experiência dessa perda de lastro e de conversibilidade no campo econômico está ligada à necessidade de postulação de uma ortodoxia dos clichês da língua pensada como um puro sistema de diferenças, por pares de oposições (língua/fala, significante/significado, diacronia/sincronia, paradigma/sintagma), que confunde o arbitrário do signo com uma mera convenção. Se podemos pensar o século XX como o século das teorias do signo, é importante perceber o quanto esses sistemas semióticos estão ligados à experiência da moeda fiduciária.
62. A ambiguidade dessa situação foi muito bem notada por Davi Arrigucci Jr. em Manuel Bandeira: "O verso livre se revela como um meio interno onde se produz a osmose dos espaços, abrindo-se para recolher o que está fora, mas pode valer dentro" (*Humildade, paixão e morte: A poesia de Manuel Bandeira*. São Paulo: Companhia das Letras, 2003, p. 60).
63. Curiosa também a semelhança entre essa relação interna/externa ao poema e a dúvida de se saber se a moeda se sustentava por sua dinâmica interna ou pela "balança de pagamentos" com o exterior. Isso parece ter a ver com a defesa, feita por Mário de Andrade, da formação de um "mercado interno"

para a poesia com suas dinâmicas próprias, enquanto Oswald se abria para a balança com as dinâmicas externas (a questão da "exportação de poesia"). Mais do que isso, as estratégias de regulação do verso em cada um deles se confundiam no campo das microvariações com o macromovimento desses vetores: Mário internalizava no poema o contínuo dessas ressonâncias, enquanto o corte sintético de Oswald o abria para uma relação de urgência com o leitor e o exterior.

64. Como Marinetti ou mesmo Pound. Para pensar os desdobramentos dessa questão, ver João Cézar de Castro Rocha, "O homem cordial e seus precursores: Os vanguardistas europeus". *Literatura e Sociedade*, São Paulo: FFLCH-USP, n. 7, pp. 56-77, 2004.
65. Veja-se, para dar um único exemplo, que Mário de Andrade propunha, no *Ensaio sobre a música brasileira*, que "uma arte nacional já está feita na inconsciência do povo" e que um "artista brasileiro escrevendo agora em texto alemão sobre assunto chinês, música da tal chamada de universal faz música brasileira e é músico brasileiro. Não é não. Por mais sublime que seja, não só a obra não é brasileira como é antinacional. E socialmente o autor dela deixa de nos interessar. Digo mais: por valiosa que a obra seja, devemos repudiá-la, que nem faz a Rússia com Strawinsky e Kandinsky" (Mário de Andrade, *Ensaio sobre a música brasileira*, op. cit., p. 18).
66. Francisco de Oliveira, *Crítica à razão dualista: Ornitorrinco*. São Paulo: Boitempo, 2003.
67. Em 1973, deu-se o golpe de morte no metalismo com o fim do tratado de Breton Woods e a admissão de que as moedas são absolutamente fiduciárias.
68. Essa tensão no campo monetário faz com que o conflito se resolva com uma ditadura que estabilize a fórceps a moeda: Vargas nos anos 1930, o Golpe Militar nos anos 1960 (a exceção um tanto partidária do Plano Real) e somaríamos a dupla Jair Bolsonaro/Paulo Guedes como fantasmas no ano da comemoração dos cem anos da Semana de 1922.
69. O ritmo se marca, portanto, pela passagem entre esses planos. Do ponto de vista da leitura, isso nos leva a pensar que um poema modernista radicaliza a ideia de que o ritmo é interpretação, isto é, não se trata de um elemento objetivo do poema (como a contagem de sílabas). O ritmo é interpretação em um sentido musical de dar vida a uma notação ou a uma música conhecida, sopesar o que está em jogo, seus elementos mais pregnantes e fazer escolhas.
70. Talvez uma das consequências mais importantes da aventura modernista é colocar em questão os limites da experiência estética e tensioná-la com a ética e a política. Reforçando ainda uma vez a ideia de Meschonnic de que a política do ritmo busca manter juntas a rima e a vida, isto é, o poema, a ética e a política.
71. Henri Meschonnic, *Politique du rythme, politique du sujet*. Paris: Verdier, 1995, p. 457.

AS MULHERES NA SEMANA DE 22 E DEPOIS

REGINA TEIXEIRA DE BARROS

Quando se pensa na produção feminina nos primeiros tempos do modernismo no Brasil, os nomes que vêm à mente são invariavelmente Anita Malfatti e Tarsila do Amaral. Mas, para além dessas duas reconhecidas figuras femininas — indiscutivelmente centrais para a compreensão do modernismo brasileiro —, outras tiveram atuação de grande relevância, ainda que ofuscadas por um sistema artístico majoritariamente integrado por homens.

As duas pintoras se conheceram nas aulas no ateliê de Pedro Alexandrino, em 1918, trocaram cartas quando Tarsila seguiu para Paris e se reaproximaram no segundo semestre de 1922 — quando Tarsila retornou de uma temporada de mais de um ano na Europa. Em 1923, as duas se reencontraram em Paris, mas sem a mesma intimidade que as unira no ano anterior, quando chegaram a registrar ao mesmo tempo uma cena com buquês de margaridas [imagens n. 3 e n. 6] enviados por Mário de Andrade a Tarsila. Anita apresentara a amiga aos modernistas que haviam participado da Semana de Arte Moderna de 22, criando novos laços e servindo, inclusive, de cupido para o intenso romance que se desenrolaria entre Oswald e Tarsila e renderia tantos frutos para ambos ao longo daquela década.

Ainda que o contato entre as duas pintoras tenha sido crucial para estabelecer essas importantes alianças entre escritores modernistas e Tarsila, a relação entre as duas esfriou nos anos seguintes, sendo marcada mais por diferenças do que por afinidades. A pintura da bela e rica Tarsila desabrochou aos olhos da crítica, enquanto a da "canhestra" Anita teria estagnado — pior, retrocedido —, segundo os mesmos observadores. Não restam dúvidas de que a contribuição de Tarsila é seminal para o modernismo brasileiro, sobretudo no que diz respeito à sua produção no decênio 1923-33. As imagens fixadas por ela — seja nas pinturas das fases Pau Brasil ou Antropofágica, ou mesmo em *Operários*, tela da fase social — são consideradas hoje paradigmáticas do modernismo, sobretudo no que tange à tentativa de figurar a identidade nacional.[1] Anita, por outro lado, foi estigmatizada pela crítica modernista como a protagonista que abriu caminhos para uma nova visualidade, mas não teve estrutura emocional para combater o conservadorismo local, sucumbindo à mediocridade. Em outras palavras, para a historiografia canônica, seguidora das avaliações realizadas por contemporâneos da artista, a exposição de 1917 continuou rendendo a Anita a tão maniqueísta quanto injusta insígnia de heroína e mártir. Apenas recentemente — e aos poucos — sua produção vem sendo reavaliada como um todo, tanto no que diz respeito à qualidade e diversidade técnicas como pela presteza com que respondia às constantes transformações do debate artístico.[2]

Na exposição realizada no saguão do Theatro Municipal, em fevereiro de 1922, Anita participou ao lado de outras duas mulheres: Zina Aita e Regina Gomide Graz. Tereza Aita, mais conhecida pelo apelido Zina, nasceu em Belo Horizonte, em 1900. Mudou-se com a família para a Itália e, aos catorze anos, se matriculou na Academia de Belas-Artes de Florença. Embora o termo "academia" sugira um aprendizado antiquado, é preciso lembrar que Galileo Chini foi contratado pela instituição em 1915, ano seguinte à entrada de Zina, para ministrar aulas de desenho geométrico e "Elementi di ornato". Chini foi um artista intensamente envolvido no debate sobre a renovação da decoração italiana naquele período, miscigenando estilos contemporâneos aos tradicionais e atuando nas mais diversas escalas — do design de objetos domésticos à pintura mural do palácio do rei do Sião — em prol da modernização da vida cotidiana.[3]

Zina Aita regressou ao Brasil em 1920 e se fixou no Rio de Janeiro, onde conheceu Di Cavalcanti, Manuel Bandeira e Ronald de Carvalho, entre outros escritores, artistas e músicos envolvidos com a renovação das artes no Brasil. Nesse ano, realizou uma mostra individual no Liceu de Artes e Ofícios da capital, onde obteve "franca simpatia no meio artístico";[4] em seguida, foi convidada a expor nos salões do Conselho Deliberativo de Belo Horizonte, realizando a primeira exposição de arte moderna nessa cidade. Embora não se conheçam registros fotográficos de nenhuma das mostras, sabemos que, na capital mineira, ela foi mal recebida pela crítica devido à utilização "impressionista" das cores. Nesse sentido, guardadas as devidas proporções, pode-se fazer um paralelo entre a exposição de Anita Malfatti em São Paulo, em 1917, e a de Zina Aita em Belo Horizonte, em 1920.

Hoje se contam nos dedos as obras conhecidas da artista. Isso se deve, provavelmente, ao fato de que, em 1924, Zina Aita se transferiu para Nápoles, onde passou a dirigir uma fábrica de cerâmica. Manteve algum contato com Anita Malfatti — que chegou a visitar a colega mineira na segunda metade daquela década, enquanto vivia em Paris, usufruindo da bolsa do Pensionato Artístico.

Do conjunto de obras apresentadas na Semana de Arte Moderna, elencadas no catálogo da mostra,[5] apenas o óleo *Homens trabalhando* [imagem n. 8] pode ser identificado (possivelmente) como *A sombra* ou *Petrópolis*. O tema tratado — homens trabalhando no calçamento de uma via, pela modernização da cidade —, bem como a projeção das sombras (indicando a intensidade da luz solar) e as pinceladas divisionistas remetem a pinturas futuristas de Umberto Boccioni, Carlo Carrà e Giacomo Balla, entre outros. Ora, na década de 1910, Zina Aita viajara pela Itália, visitando cidades como Roma, Turim e Milão, em que certamente teve oportunidade de ver exposições futuristas. Ademais, a primeira delas realizada em Florença ocorreu em 1913-4, no mesmo local e data em que ela se decidia pela Academia.

Nesse sentido, é possível fazer mais um paralelo entre Anita Malfatti e Zina Aita. Além de haverem realizado exposições que tiveram um caráter inovador nas respectivas cidades, ambas estavam em contato com as vanguardas históricas ao mesmo tempo em que elas ocorriam, desfazendo, portanto, a crença de que o modernismo brasileiro estava defasado em relação ao europeu. Anita vivera em Berlim entre 1910 e 1913, momento de atuação do grupo Cavaleiro Azul; entre 1915 e 1916, em Nova York, teve contato com artistas que imigraram por causa da Primeira Guerra Mundial, entre os quais Marcel Duchamp e Juan Gris.

A terceira integrante feminina da exposição realizada no saguão do Theatro Municipal de São Paulo em fevereiro de 1922 é Regina Gomide Graz. Ainda que seu nome não conste do catálogo da exposição, no esboço da localização de cada artista no saguão, realizado em 1969 por Yan de Almeida Prado a pedido da historiadora da arte Aracy Amaral, os nomes de Regina e seu marido John Graz estão localizados à esquerda de Anita, que por sua vez ocupa um lugar privilegiado, tanto física como simbolicamente: a entrada principal do Theatro.

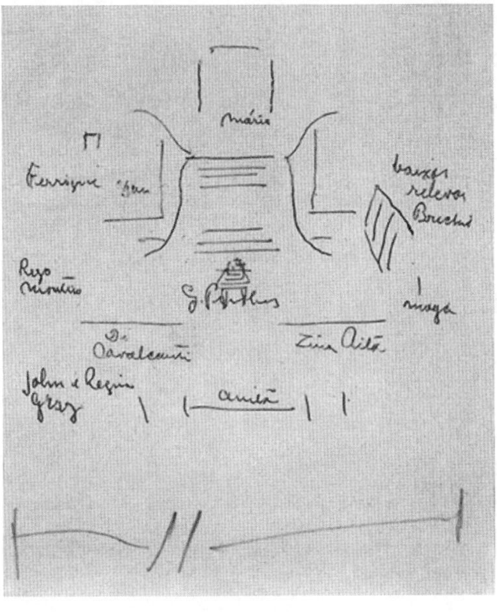

Acima: Saguão de entrada do Theatro Municipal, onde se realizou a exposição de artes plásticas da Semana de 22. Ao lado: Esboço feito por Yan de Almeida Prado com a distribuição das obras no saguão do Theatro Municipal.

Regina Gomide, três anos mais velha do que Zina Aita, nasceu em Itapetininga, no interior de São Paulo, em 1897. Quando contava dezesseis anos, mudou-se com a família para a Suíça e se matriculou com os irmãos Antonio e Maria na Escola de Belas-Artes de Genebra, que oferecia desde disciplinas tradicionais até artes aplicadas.[6] Assim como ocorrera com Aita, Regina interessou-se pelas artes decorativas, modalidade que gozava de grande prestígio à época. O governo suíço, da mesma forma que o italiano, engajara-se no movimento de renovação do cotidiano urbano — que vinha se espalhando por países vizinhos desde o final do século XIX —, investindo em escolas técnicas que assegurassem a formação de jovens aptos a modernizar a nação.[7]

Regina regressou ao Brasil em 1920, casada com o artista suíço John Graz, que conhecera na Escola de Belas-Artes de Genebra. Ela se tornara especialista em têxteis, desenvolvendo bordados e estampas exclusivas para tapetes, *panneaux*, almofadas, colchas e cortinas; ele era formado no curso de arquitetura, decoração e desenho, pintava telas e tinha experiência com design gráfico, desenho publicitário e ilustração. No mesmo ano em que se estabeleceram em São Paulo, realizaram uma exposição conjunta no Salão do Cinema Central. Na mostra da Semana de 1922, dividiram o espaço, ele apresentando pinturas, ela, tapeçarias. Na primeira exposição, o trabalho dele não foi bem recebido pela crítica, mas o dela obteve bastante ressonância entre as senhoras da elite, ávidas por aprender novas manobras com agulha e linha. Portanto, foi Regina quem primeiro adentrou os lares paulistanos, não apenas contribuindo com o orçamento familiar, mas também angariando os fregueses desse que se tornaria um novo nicho de mercado na cidade. Ademais, ela era "extrovertida, sociável, amável e sorridente", enquanto ele tinha um temperamento reservado e, talvez pela dificuldade com a língua, por vezes soava "um pouco arredio".[8] Não obstante, nos anos que se seguiram, John e Regina criaram e implementaram inúmeros projetos de design de interiores, modernizando as residências de uma clientela exigente, antenada com as últimas tendências da decoração na Europa.

Reza a lenda que ele projetava os ambientes como um todo — incluindo móveis, guarda-corpos, corrimãos, maçanetas, luminárias e vitrais — e ela executava um trabalho considerado feminino (e secundário) de corte e costura, muitas vezes materializando aquilo que havia sido concebido pelo marido. Entretanto, numa entrevista inédita concedida à pesquisadora Stella Teixeira de Barros, o casal Carolina (Revoredo de solteira) e Conrado Sorgenicht Filho, amigo de Regina e

John, revelou que ele realizava diversos croquis de um mesmo trabalho e então submetia à apreciação da esposa, que por sua vez escolhia o melhor.[9] Regina tinha grande senso crítico e, nas palavras de Carolina, "ele não fazia nada sem perguntar a ela". Discutiam a produção mutuamente, um apreciando a do outro, estabelecendo uma troca efetiva, à maneira de dois artistas com uma formação equivalente.

Regina foi uma mulher empreendedora, tendo fundado, em 1941, a Indústria de Tapetes Regina Ltda., que chegou a empregar trinta tecelãs para confeccionar desenhos idealizados por ela, por John e por outros artistas.[10] A bem dizer, já dera demonstrações de dinamismo no início da década de 1920, ao tomar a iniciativa de estudar as tramas indígenas do Alto Amazonas — algo que apenas ela e Vicente do Rego Monteiro consideraram à época —, possivelmente valendo-se do potencial daquelas padronagens para o desenvolvimento de uma linguagem moderna e brasileira aplicada ao design de tecidos.

Regina, John e Antonio, irmão dela — a família Gomide Graz —, são considerados introdutores do art déco no Brasil e referências no empenho pela equiparação das artes aplicadas ao status das demais, ao conceber a arquitetura como obra de arte total. A sólida formação, o senso crítico, o espírito empreendedor e a sociabilidade são qualidades incontestes de Regina. Entretanto, sua produção é pouco vista e menos comentada que a dos parentes masculinos, não apenas porque as artes aplicadas são convencionalmente rotuladas como secundárias — os rapazes, além de designers, eram pintores —, mas, sobretudo, pela natureza efêmera da decoração doméstica, em particular dos componentes têxteis.

Regina Gomide e John Graz expuseram juntos em outras coletivas, além da Semana de 22, que se tornaram marcos na legitimação da arte moderna no eixo Rio-São Paulo: a *Exposição de uma Casa Modernista* (São Paulo, 1930), a XXXVIII Exposição Geral de Belas-Artes ou Salão Revolucionário (Rio de Janeiro, 1931) e a I Exposição de Arte Moderna, organizada pela Sociedade Pró-Arte Moderna (Spam), ocorrida na capital paulista, em 1933.

A Casa Modernista, situada à rua Itápolis, 119, no miolo do Pacaembu — bairro recém-aberto da cidade —, foi projetada e construída por Gregori Warchavchik para ser alugada "a uma pequena família preferencialmente modesta".[11] Como o público paulistano desconhecia a arquitetura racionalista — afinal, à época, só havia nesse estilo o imóvel que ele próprio e a esposa habitavam, na Vila Mariana —, Warchavchik "vestiu" a casa com artefatos condizentes: desenhou móveis e luminárias e a decorou com obras de arte moderna, emprestadas pelos próprios artistas, familiares e amigos. Havia pinturas de Anita Malfatti, Tarsila do Amaral e Lasar Segall (concunhado do arquiteto), aquarelas de Di Cavalcanti e Cícero Dias, gravuras de Oswaldo Goeldi, esculturas de Victor Brecheret e Jacques Lipschitz, entre outras. Havia ainda almofadas de Sonia Delaunay e Regina Gomide Graz, além de um tapete proveniente da Bauhaus. Um dos três dormitórios contava com a pintura *Cartão-postal*, de Tarsila, fazendo as vezes de cabeceira da cama de casal, coberta com uma colcha art déco de autoria de Regina [imagem n. 4]. A imprensa cobriu o evento em diversas ocasiões, publicou comentários, fotografias e até mesmo caricaturas, e a inauguração foi filmada e exibida em cinemas da cidade, atraindo mais de 20 mil visitantes ao longo de pouco menos de um mês.[12]

Nesse contexto, vale atentar para a silenciosa contribuição de Mina Klabin Warchavchik para a mostra. Mina — pronuncia-se Miná — cuidou da jardinagem da casa e da decoração viva de seu interior [imagem n. 5]. Mas, assim como ocorrera com Regina Gomide Graz, seu trabalho era tradicionalmente conduzido por mulheres e, possivelmente por isso, era apreciado apenas no âmbito doméstico.

Filha primogênita dos imigrantes lituanos Bertha Osband e Maurício Freeman Klabin, Mina nasceu em São Paulo, em 1896, três anos antes da fundação da Klabin Irmãos & Cia, célula inicial do que viria a se tornar a maior indústria de papel do país. Entre 1908 e 1911, ela e as três irmãs estudaram numa escola suíça para moças da alta sociedade, o que lhes garantiu uma formação humanística de primeira linha.[13] Nos anos que se seguiram, as idas e vindas da família à Europa foram frequentes, e, na primeira metade da década de 1920, Mina viveu na Alemanha, com passagens intermitentes pelo Brasil. De volta a São Paulo em 1926, conheceu o futuro marido num baile no porão do Cine Santa Helena.[14] Warchavchik frequentava o mesmo círculo social de Mina, provavelmente apresentado pelo amigo Lasar

Segall, com quem compartilhava inúmeras afinidades. Ambos eram judeus nascidos no Leste Europeu que imigraram para o Brasil em 1923.[15] Antes mesmo de aportar, o pintor recebera críticas elogiosas de Mário de Andrade e, ao se instalar na cidade, foi rapidamente incluído no grupo de modernistas. Casou-se com Jenny Klabin, irmã de Mina, em 1925, mesmo ano em que Warchavchik publicou, no *Correio Paulistano*, "Acerca da arquitetura moderna", atraindo a simpatia do grupo de modernistas.

Mina e o arquiteto se casaram em janeiro de 1927 e, no ano seguinte, se mudaram para a casa da rua Santa Cruz, considerada a primeira residência modernista construída no país.[16] Além de colaborar financeiramente para edificar o projeto da casa, Mina ajardinou o terreno com a flora originária da América Latina, menosprezada pela elite local, que preferia ver seus jardins cultivados com plantas europeias, indicadoras da referência cultural e do gosto dos proprietários. Na contramão dessa tendência, Mina plantou árvores de grande porte, nativas dos trópicos — como o gigantesco guapuruvu, cujas flores amarelas são avistadas de longe, tanto no interior do país quanto nas serras litorâneas —, e mamoeiros de frutos inconfundíveis, aglomerados no alto do caule, onipresentes em quintais caipiras. Nesse jardim pouco ortodoxo, as folhas desenhadas dos filodendros e samambaias conviviam com as de aspecto mais agressivo, como as iucas, dracenas, agaves, opunitas, mandacarus e piteiras.

Anos antes de Roberto Burle Marx, e ciente do valor simbólico de suas escolhas, Mina povoou seus jardins com vegetação tropical, participando ativamente nos debates artísticos de seu tempo, em pauta tanto na Europa como no Brasil: lá, a admiração pela cultura "exótica", não eurocêntrica; aqui, a valorização do nacional.[17] Assim como fizera em sua própria residência, ornou o jardim da frente da casa da rua Itápolis com mandacaru, iuca e piteiras, espécies com folhas pontiagudas ou espinhos, inexistentes nos jardins dos palacetes de Santa Cecília, Higienópolis, avenida Paulista e arredores. No canteiro dos fundos, uma muda de guapuruvu contrastava com os volumes brancos e geométricos da arquitetura de Warchavchik. No interior da casa, o portentoso mandacaru, alocado em um dos cantos da sala principal, impunha aos visitantes uma presença ancestral e ligeiramente assustadora, projetando a silhueta de seus braços eretos e desiguais na parede clara.[18]

O casal Mina Klabin e Gregori Warchavchik promovia regularmente serões noturnos com música ao vivo — Mina era exímia pianista e cantora — e presença certa de modernistas da cidade, fossem eles artistas plásticos, músicos, escritores ou entusiastas. A história dos salões da casa da rua Santa Cruz e seu papel na recepção e consolidação da arte moderna na cidade ainda está por ser escrita, da mesma forma que a integração de Mina e seus jardins no debate sobre modernismo e brasilidade.

As três mulheres, Zina Aita, Regina Gomide Graz e Mina Klabin Warchavchik, pertenciam à mesma geração, formaram-se na Europa e transitavam em círculos sociais equivalentes. Zina emigrou cedo para a Europa, deixando um legado que ainda está por ser investigado e mais bem compreendido; Regina e Mina dedicaram-se a atividades ditas femininas e ainda estão por ser tiradas da sombra dos respectivos maridos para que possam ser dignamente celebradas — ao lado de Anita Malfatti e Tarsila do Amaral — como artistas que impulsionaram a implantação de tendências modernas no Brasil.

NOTAS

1. A propósito de Tarsila do Amaral, ver: Aracy Amaral, *Tarsila: Sua obra e seu tempo*. 2. ed. São Paulo: Edusp; Ed. 34, 2003.
2. Sobre Anita Malfatti, ver: Marta Rossetti Batista, *Anita Malfatti no tempo e no espaço*. 2. ed. São Paulo: Edusp; Ed. 34, 2006. Para análises mais recentes, destaco: Renata Gomes Cardoso, *Modernismo e tradição: A produção de Anita Malfatti nos anos 1920*. Campinas: IA-Unicamp, 2012. Tese (Doutorado em Artes); Roberta Paredes Valin, *Cadernos-diários de Anita Malfatti: Uma trajetória desenhada em Paris*. São Paulo: IEB-USP, 2015. Dissertação (Mestrado em Estudos Brasileiros); Ana Paula Simioni, "Anita Malfatti: Do centro às margens... uma revisão necessária". In: *Anita Malfatti: 100 anos de arte moderna*. São Paulo: MAM-SP, 2017, pp. 11-4; Regina Teixeira de Barros, "Anita Malfatti, 100 anos depois". In: *Anita Malfatti: 100 anos de arte moderna*. São Paulo: MAM-SP, 2017, pp. 3-10.
3. Em 1897, fundou uma pequena manufatura de cerâmica em Florença; entre 1911 e 1913, permaneceu em Bangkok, pintando afrescos. Chini incorporou à sua sólida formação na tradicional pintura mural florentina estilemas do art nouveau, do simbolismo, da Secessão vienense e do art déco. Por outro lado, foi um grande incentivador da colaboração entre designers e indústria. Em 1917, lançou o manifesto intitulado "Rinnovando Rinnoviamoci" [Renovando, nos renovamos], reivindicando que as academias fossem substituídas por escolas de design industrial. Para uma introdução ao debate em torno das artes decorativas na Itália no período entreguerras, ver Antonio David Fiore, *In Defence of the Decorator: Giulio Rosso (1897-1976) in Italy in the Interwar Period*. Milton Keynes: The Open University, 2017, pp. 34-40. Tese (Doutorado em História da Arte).
4. Zina Aita em entrevista a Fly [Aníbal Mattos], "Uma artista belo-horizontina". *Diário de Minas*, Belo Horizonte, 28 jan. 1920. Apud João Ivo Dapieve Miranda Pinheiro Duarte Guimarães, *A emergência do campo artístico em Belo Horizonte: Décadas de 20 e 30*. Belo Horizonte: UFMG, 2011, pp. 74-5. Dissertação (Mestrado em Sociologia).
5. A esse respeito, ver Aracy Amaral, *Artes plásticas na Semana de 22*. 5. ed. rev. e ampl. São Paulo: Ed. 34, 1998, p. 178.
6. A propósito da trajetória de Regina Gomide Graz, consultar: Ana Paula Cavalcanti Simioni; Luciano Migliaccio, *Art déco no Brasil: Coleção Fulvia e Adolpho Leirner*. São Paulo: Olhares, 2020.
7. Para uma introdução às tendências das artes decorativas na Suíça e na França, ver: Ana Paula C. Simioni, "Regina Gomide Graz: Modernismo, arte têxtil e relações de gênero no Brasil". *Revista do IEB*, São Paulo: IEB-USP, n. 45, pp. 98-100, set. 2007.

8. Cf. Depoimento de Carolina e Conrado Sorgenicht Filho a Stella Teixeira de Barros, realizado em São Paulo, em 22 de agosto de 1986. Transcrição datiloscrita, p. 3. Arquivo Stella Teixeira de Barros.
9. Id., ibid.
10. A crescente concorrência da indústria têxtil acabou inviabilizando financeiramente a manufatura de tecidos e, em 1957, a empresa foi vendida para a Tecelagem Parahyba.
11. Gregori Warchavchik, "L'Architecture d'aujourd'hui dans l'Amérique du Sud". *Cahiers d'Art*, Paris, n. 2, p. 108, 1931. Apud José Lira, *Warchavchik: Fraturas da vanguarda*. São Paulo: Cosac Naify, 2011, p. 199.
12. A exposição ficou aberta ao público de 24 de março a 20 de abril de 1930.
13. A literatura sobre a trajetória de Mina é escassa. Sugiro a leitura de Tatiana Perecin, *Paisagismo e modernismo no Brasil: Jardins de Mina Klabin Warchavchik*. São Carlos: Escola de Engenharia de São Carlos-USP, 2003. Dissertação (Mestrado em Tecnologia do Ambiente Construído); José Lira, *Warchavchik: Fraturas da vanguarda*, op. cit., pp. 129-32.
14. José Lira, *Warchavchik: Fraturas da vanguarda*, op. cit., p. 129.
15. Segall tinha estado no Brasil, de passagem, em 1913, para visitar três irmãos que viviam aqui. Nessa ocasião, realizou uma exposição individual em São Paulo e outra em Campinas.
16. Dada a importância histórica, arquitetônica e cultural, a casa foi tombada em 1984 pelo Condephaat (Conselho de Defesa do Patrimônio Histórico, Artístico, Arqueológico e Turístico do Estado de São Paulo) e, em seguida, pelo Iphan (Instituto do Patrimônio Histórico e Artístico Nacional) e pelo Conpresp (Conselho Municipal de Preservação do Patrimônio Histórico, Cultural e Ambiental da Cidade de São Paulo).
17. Vale lembrar que pintores como Lasar Segall, Anita Malfatti e Tarsila do Amaral, entre outros, figuraram árvores e frutas tropicais como recursos para representar a brasilidade.
18. Sobre as plantas nos jardins projetados por Mina Klabin Warchavchik e a representação da flora por artistas e escritores modernistas, ver Ana Carolina Carmona Ribeiro, *Pequeno guia da botânica modernista*. São Paulo: Ed. da Autora, 2020.

ELAS ERAM MUITO MODERNAS

MARIA DE LOURDES ELEUTÉRIO

Onde estão as escritoras do chamado período heroico do modernismo?

Ao fazer um levantamento de títulos publicados, escritos por mulheres — romances, contos, poesias —, me deparei, entre outros, com os seguintes elencados:

Flores modernas (1921), *Enervadas*, *Gritos femininos*, *Mulher nua* (1922), *Mulher, essa degenerada*, *Virgindade anti-higiênica*, *Almas em desordem*, *Memórias de um patife aposentado* (1924), *Vícios modernos* (1926), *Matar, romance sensacional e moderníssimo*, *Virgindade inútil: Novela de uma revoltada* (1927), *Meu glorioso pecado* (1928), *O que os outros não veem, romance moderno de psicanálise feminina* (1929).

Títulos provocantes, veementes, escandalosos, repercutindo, às avessas, a voga da ordem para o progresso, do higienismo que permeava a sociedade impactada por quanta diversidade o século XX revelava. Afinal, a urbanização, provocada pela industrialização, trazia novos agentes sociais, evidenciava os desalinhos do chamado "progresso", registrava a polifonia das vozes imigrantes e o abandono dos afrodescendentes libertos e não integrados à sociedade. A desorganização sociourbana tomava vulto em confronto com a construção de representações triunfantes de modernização. Esse cenário replicava-se, com mais ou menos impacto, em muitas cidades do país devido ao crescimento populacional e urbano.[1] Novas possibilidades literárias viriam tematizar esses novos tempos.

Nos referidos títulos, todos editados entre 1920 e 1929, quase inexiste a liberdade formal tão característica do modernismo: neologismo, fragmentação, paródia, coloquialismo, recursos afeitos aos interesses por novas formas de elaboração literária. As preocupações, para as escritoras mencionadas neste texto, eram de outra natureza, foram mobilizadas por interesses prementes das mulheres em se tornarem cidadãs, na chamada república das letras.

Assim sendo, este artigo tem como objetivo traçar, sucintamente, os propósitos que impulsionavam o texto literário das escritoras no referido período. Para tal, faço um breve comentário do contexto que emerge com a nova ordem social, a República, isto é, uma organização na qual se exercita o poder político por meio da eleição dos representantes do povo, que, anteriormente súdito, se torna cidadão, podendo eleger e ser eleito, decidindo assim quais projetos de nação seriam debatidos e implementados. Como sabemos, às mulheres não se previa constitucionalmente eleger nem ser eleitas. Está aí uma questão nevrálgica da luta delas mediante o exercício da escritura que, ao longo dos anos 1920, evidencia a subjugação imposta pela cultura patriarcal que nos constituiu desde sempre.

Acrescente-se, à questão do voto, outro aspecto de grande relevância nas tramas apresentadas nos títulos apostos: a reivindicação de decisão sobre seus próprios corpos. As obras comentadas aqui estão crivadas de variado matiz sobre o poder do corpo e sobre o corpo, como exemplos: o divórcio,[2] que à época previa apenas a separação de corpos; o erotismo, considerado uma degeneração; a maternidade, uma obrigação; o adultério, uma prerrogativa do homem; e a virgindade da mulher, requisito fundamental para o casamento. A compreensão do mundo, o estar nele, passa pelo corpo, percepção fundamental registrada na escrita dessas mulheres.

Portanto, o voto[3] seria conquista decisiva, aliado ao direito de escolher o que lhes aprouvesse enquanto condição existencial emancipatória: direito de optar por sua condição civil, direitos reprodutivos, direito ao estudo e ao trabalho, em síntese, direitos iguais aos dos homens. Mesmo não explicitada ou subjacente, a luta pela igualdade de direitos permeia a concepção dos títulos aqui referidos, que, evidentemente, são marcados pelo mesmo tema central constituidor de nossa cultura, o patriarcalismo, pedra de toque das propostas literárias abordadas pelas escritoras mencionadas.

Assim sendo, algumas delas e suas obras constituem, a meu ver, uma possível chave para compreendermos a ausência de escritoras modernistas, quando se entende modernismo como proposta estética. Exemplos dessa ausência no cânone da literatura modernista são: Cecília Bandeira de Mello Rebelo de Vasconcelos (Madame Chrysanthème), Gilka Machado, Ercília Nogueira Cobra e Maria Lacerda de Moura, autoras com as quais componho este escorço.

Desde o século XIX, a produção literária realizada por mulheres cresce e se adensa. Há romances de aprendizagem ou de formação, quase sempre o percurso de um personagem da infância à juventude, construindo um processo de identidade em que acompanhamos seus anseios e suas aspirações, ideais e teorias sobre papéis a conquistar. No entresséculos, a libertação dos escravizados, o novo regime, dito democrático, as novas profissões, uma profusão de novas perspectivas impulsionam escrituras empenhadas em refletir acerca dos impasses da modernidade, portanto, de indagações e perplexidades sobre os espaços públicos a ocupar e a superação da condição de silenciamento das mulheres. O que vemos surgir nas publicações literárias das escritoras da década de 1920, portanto, é o progressivo avanço da consciência de si mesmas, consubstanciando-se em escrita empenhada, quase clamor.

E, se a escritura feminina e feminista se amplia, nesses mesmos anos heroicos do modernismo, em concomitância, deve-se registrar o conservadorismo nas discussões sobre a existência da mulher no espaço público. Alguns literatos, em contraponto, escrevem em perspectiva socializante ou psicologizante, em tentativas de entendimento dessa nova mulher. Destaco três vertentes que ganham força, no início dos anos 1920, de abordagens sobre tal compreensão, supondo que há, naquele momento, uma espécie de diálogo interno entre a produção literária, científica ou ainda, pseudocientífica, que explica a tensão entre corpos, mentes e escritas. Há, por exemplo, apenas para mencionar algumas, uma série de propostas objetivando entender quem seria a mulher que desponta nos anos iniciais da República almejando ser cidadã.[4]

Outra vertente, com a qual poderíamos estabelecer um diálogo, é aquela surgida em fins do século XIX e que repercutiu especialmente na obra de Cecília Bandeira de Mello Rebelo de Vasconcelos/Chrysanthème. Trata-se da voga dos chamados "romances de sensação" e "romances para homens", com textos obscenos e preço baixo, contemplando novo contingente de alfabetizados, trazidos pela educação laica e gratuita — verdadeiro emblema da República — e um parque gráfico em expansão.[5]

Um terceiro diálogo seria com a literatura médica e suas teses embasadas em teorias eugenistas e higienistas, que transitavam entre ciência e moral e imprimiam força ao projeto civilizador republicano, validando ideais racialistas, racistas e de submissão da mulher. Degeneração era a palavra recorrente para excluir questionadores.

No início do século xx, médicos como Afrânio Peixoto e Renato Kehl[6] pontificam ao publicar ensaios e constituir aparatos higienistas e eugenistas, como a pregação de que o exame pré-nupcial seria um recurso para uma sociedade mais desenvolvida. Ercília Nogueira Cobra faz um diálogo de confronto com tais ideais, em suas duas obras: *Virgindade anti-higiênica*, de 1924, e *Virgindade inútil: Novela de uma revoltada*, de 1927. E ainda, em 1924, outra escritora aqui tratada, Maria Lacerda de Moura, lança o livro *Mulher, essa degenerada*.

A maioria dos títulos elencados no início deste texto pertence a Cecília Bandeira de Mello Rebelo de Vasconcelos, Madame Chrysanthème,[7] filha da também escritora Carmem Dolores,[8] ambas viúvas, atuantes em inúmeros jornais e revistas para sustentar-se e aos seus filhos. Entre os periódicos nos quais colaborou, Chrysanthème manteve a coluna semanal "Vida Feminina", em *O País*, entre 1914 e 1939. Como o título sugere, o debate era centrado na condição da mulher.

Em uma escrita permeada de ironia e sarcasmo, a autora imprime em cerca de duas dezenas de obras, quer sejam romances ou coletâneas de contos, ou ainda artigos na grande imprensa, publicados intensamente na década de 1920, a agilidade de um olhar sagaz e penetrante sobre o que ela observava no Rio de Janeiro da belle époque. Tendo sido uma das primeiras mulheres a vivenciar experiências fora da esfera privada, enfim, uma repórter, Cecília soube aproveitar-se dessa condição de alargamento de horizontes para tecer enredos mordazes denunciadores da subserviência de mulheres aos homens e toda a sorte de artifícios que algumas delas perpetravam para continuar a ter dependência de seus maridos ou amantes, desde que fossem amparadas economicamente. Nesse sentido, ataca também as mulheres que não almejam sua própria independência e argumenta com veemência ser o trabalho que trará a emancipação para elas e a independência financeira.

A perspectiva sobre trabalho e profissionalização é o cerne da trama de conflitos amorosos envolvendo uma variedade de estados civis: a casada, a divorciada, a viúva, a solteira, todas insatisfeitas, como podemos observar nas três obras publicadas entre 1921 e 1922: *Flores modernas*, *Enervadas*, *Gritos femininos*.

Flores modernas, de 1921,[9] ácida crítica aos costumes, questiona a ascensão social em três episódios nos quais mulheres se casam sem amor, são abandonadas pelos maridos que têm amantes, além da constante premeditação para obter vantagens financeiras. Em *Enervadas*,[10] Lúcia, divorciada, conta sua própria vida sob o impacto de um diagnóstico comum à época: trata-se de uma enervada, pois "o que a obriga a procurar sempre novas sensações e frequentes emoções, o que a torna, enfim, senhora de uma alma complicada e ansiosa é que a minha deliciosa cliente é uma 'enervada'", conclui o médico. Como o título está no plural, a trama comporta também suas amigas: uma cocainômana, outra lésbica e a terceira, casada e dedicada mãe de seis filhos, todas igualmente enervadas.

Gritos femininos, outro título alusivo ao estado de excitação nervosa, pois as "enervadas" tomavam conta das páginas dos livros na década de 1920 com imagens femininas desnorteadoras, é uma reunião de contos, textos teatrais e cartas em narrativas protagonizadas por mulheres que fazem do corpo o instrumento para conseguir proteção financeira, porque não se veem provendo o próprio sustento por meio do trabalho. Os homens, também sempre desenhados em contornos depreciativos, são os definidores do "lugar" que a mulher burguesa ocupa naquela sociedade. Em certo episódio de *Gritos femininos*, a viúva Laura tenta uma insurreição ao argumentar a um pretendente que não se interessa por uma relação amorosa, preferindo trabalhar. Ele argumenta, rindo: "— Trabalhar! Que ideia! Trabalho de mulher não vale nada no Rio de Janeiro, minha cara. E você o que sabe fazer? Tocar piano, cantar, servir chá e ser gentil. Isso, porém, é pouco para se ganhar a vida".[11]

Em 1924, em *Memórias de um patife aposentado*,[12] Chrysanthème nos apresenta um panorama amplo — dos salões da elite ao submundo mais abjeto —, no qual um anti-herói, Serapião Gomes, vivendo de pequenos furtos desde criança, deambula por um Rio de Janeiro onde faz toda a sorte de vilanias, tem muitas amantes, desde prostitutas da rua das Marrecas, o que caracteriza o baixo meretrício carioca, às esposas dos políticos de alto escalão, todas roubadas por ele. A trajetória de sua vida o faz certificar-se de sua vocação: "roubar muito e com sucesso é trabalhar".

Chrysanthème, Gritos femininos. *São Paulo: Monteiro Lobato e C. Editores, 1922.*

Trata-se de um romance picaresco, visto que muitos dos expedientes usados por Chrysathème são inspirados naquele gênero. Há certa aproximação com o romance malandro, segundo o esclarecedor estudo de Antonio Candido,[13] no qual a situação não existe independentemente da ação. Há, assim, clara e permanente intenção de mostrar nossa sociedade não como mera descrição, mas como motivo estrutural determinante de relações sociais inerentes à organização desse meio.[14]

Em muitos de seus enredos, Chrysanthème compõe personagens aspirantes a escritoras, mas, nessas memórias, diversamente de outras obras, há um homem protagonista. A autora dá a palavra a ele para criticar literatos, entretanto, o intento é atacar a sociedade como um todo. Serapião ironiza: "Quem sabe também se nasci literato e suas circunstâncias me desviaram do caminho [...] e me fizeram um patife? Quem me afirma igualmente que a diferença entre essas duas profissões é assim tão grande como os preceitos o fazem supor?".

A segunda obra lançada no mesmo ano é *Almas em desordem*,[15] com a mesma fórmula: duas amigas, uma adúltera, outra viúva em disputa por um homem "cavador" e indeciso sobre qual, entre as duas mulheres, é a opção mais rentável, reafirmando o propósito de Cecília de atacar o arrivismo como estratégia de mobilidade social.

Versada em abordar os ambientes mundanos da capital federal, Chrysanthème dedica sua verve, em 1923, à cidade serrana de Petrópolis, onde os cariocas vão buscar alívio às agruras do calor litorâneo. *Uma estação em Petrópolis*[16] não tem título impactante, mas contém, no apelo publicitário, o complemento que recomenda o volume como "sensacional crônica mundana".[17] Trata-se de mais uma narrativa sobre locais de veraneio lançada pela editora Leite Ribeiro, a mesma que havia publicado *A correspondência de uma estação de cura*. O enredo construído pela escritora, com efeito, se aproxima daquele da obra de João do Rio, a qual, como nos lembra Antonio Candido, é o retrato do "cotidiano ocioso dos veranistas endinheirados".[18] Entretanto, em certos momentos, cenas de pobreza são narradas, especialmente no desconcertante capítulo "Um enterro de criança", numa flagrante inversão de expectativas do leitor: "[...] o caixãozinho azul de criança por outras transportado [...] a silenciosa procissão avançava sempre, [...] beirando carros chics, cavaleiros empertigados, ciclistas apressados...".

Em 1925, encontramos a chamada "vida moderna" em coletânea de pequenos contos sob o título de *Vícios modernos*.[19] Como em *Memórias de um patife aposentado*, o vício principal constituinte dessa trama é o roubo, cuja prática tanto por mulheres como por homens, em um comércio florescente, tornava possível aos arrivistas aparentarem melhor situação financeira, por meio da indumentária da moda.[20]

Amores frustrados, paixões violentas, mulheres desamparadas, homens "cavadores", enredos do submundo, vícios variados, tudo extraído da vida real, é o que Chrysanthème revela ao comentar, em conversa com Théo Filho,[21] na livraria Leite Ribeiro, seu irônico texto: "Uma entrevista sobre Serapião Gomes", acerca de seu livro *Memórias de um patife aposentado*. O escritor indaga: "— Mas, afinal, quem é esse Serapião Gomes?". Ela responde:

> — Serapião Gomes, colega, é uma colcha de retalhos [...] ele contém na sua essência um pedacinho de cada alma de vários patifes conhecidos e que triunfam impunemente na nossa sociedade. Todos aqueles fatos narrados nessas "memórias" patíficas são reais e não inventadas ou sugeridas pela minha fantasia de escritora como julgam os ingênuos. [...] [minha] obra que grita assim verdades das taradas almas modernas?[22]

O relato anterior, além de registrar amizade entre os escritores, denota a influência exercida por esse amigo, além daquela de João do Rio, e ainda de Benjamim Costallat, todos eles auferindo sucesso de vendas à época. Envoltos na aura do decadentismo que, como sabemos, tem, entre seus procedimentos, o deslocamento dos códigos da tradição romanesca, esses literatos imprimem a esse gênero literário certo teor modernizante, além de tratar-se de uma estética de crise de paradigmas, de questionamento de valores perante uma sociedade em rápido processo de transformação. Os três escritores/influenciadores citados publicaram intensamente nos anos 1920 e seus enredos dialogam com os de Chrysanthème. Isso a torna muito interessante e nos leva à compreensão de que seu círculo de sociabilidade é constituído por homens, seu exercício criativo é praticado no espaço público, o que é raro para uma mulher, naquele momento, entre a tensão do "Rio civiliza-se" e os excluídos desse projeto. A autora vai além de seus amigos, ao lançar livros ambientados na desorganização social que a modernidade trazia, privilegiar os dilemas da mulher, insistir no trabalho como única forma de sua emancipação.

Há nesse período enorme produção literária que se alimenta do submundo da capital federal, por isso, bastante concentrada no Rio de Janeiro, especialmente na editora Leite Ribeiro, na qual a autora publicou boa parte de sua obra, e B. Costallat & Miccolis, criada em 1923, de propriedade de Benjamim Costallat,[23] pela qual Chrysanthème lançou *Almas em desordem*, em 1924. A linha editorial de Costallat apostava em títulos e enredos sensacionalistas, preços ínfimos, propaganda massiva, o que impactava as vendas, assegurando sucesso e retorno financeiro.[24] Caso exponencial foi *Mlle. Cinema*, de Costallat, com sucessivas edições que alcançaram cifras em torno de 75 mil exemplares vendidos, mesmo depois que a obra foi apreendida por autoridades incitadas por uma instituição de nome Liga pela Moralidade, vinculada à União Católica Brasileira.[25] Porém, a censura não conseguiu frear a produção de Costallat, tanto como escritor quanto como editor, e de outros autores, "tristes expoentes de uma literatura de lama". *Mlle. Cinema* seria uma espécie de síntese exacerbada dos "livros indignos de um país civilizado", como a Liga da Moralidade julgava.[26] Seu enredo dialoga especialmente com *Enervadas* e ainda ressoa em toda a obra de Chrysanthème.

A aposta em títulos extensos, anunciando a atualidade do que se vai ler, é outro ponto a salientar não só na editora de Costallat. A escritora publica, pela Francisco Alves, dois livros: *Matar, romance sensacional e moderníssimo*,[27] de 1927, e *O que os outros não veem, romance moderno de psicanálise feminina*,[28] de 1929. No primeiro, há um prólogo que narra um episódio estampado em jornal, recurso que a autora faz transitar para a literatura, advindo da prática de atuar em jornais cotidianamente. O enredo é iniciado com uma carta deixada por uma jovem interiorana morta. A autora é a narradora que nos revela seu conteúdo e desenvolve a trama da moça que, apaixonada, perde a virgindade e vai para o Rio de Janeiro à procura de emprego, mas o que lhe resta é a prostituição. Parte da narrativa ocorre no meio rural e é marcada pelo tratamento erotizante dado pela autora, descrevendo a relação amorosa dos protagonistas.

O segundo título extenso apregoa ser, além de moderno, de "psicanálise feminina". A romancista, uma vez mais, observa as transformações da vida moderna em curso e também inicia a urdidura do texto de forma muito original, como em *Matar!*. Nesse caso, ao vetar aos homens a leitura da obra! Foram doze livros entre 1921 e 1929, que recriam, numa escrita rápida e descuidada, as agruras da mulher sua contemporânea. Sucesso de público, repúdio da crítica, vozes e corpos femininos em ação, conclamando direitos.

Voltemos às publicações de 1922 para encontrar mais um título ousado: *Mulher nua*,[29] de Gilka da Costa de Melo Machado (1893-1980), livro de poemas inspirado em Salomé,[30] uma constante influência à época. A poeta já havia desconcertado leitores e crítica ao publicar, em 1917, *Cristais partidos* e, posteriormente aos anos 1920, algumas outras obras foram editadas ou reeditadas. Embora sua produção esteja delineada em esmerados versos próximos do parnasianismo ou simbolismo, o que a torna moderna é o teor erótico de sua poética: o corpo feminino em ação no ato sexual, um corpo desejoso, audacioso, partícipe.

O eu lírico de Gilka subverte o estereótipo da mulher submissa. O desejo sexual aflora em sua obra em imagens fortes e inusitadas, expressas em múltiplas vertentes, de forma intensa e sensorial no corpo erótico. Em *Mulher nua*, o conciso e metafórico título "No cavalo" nos prepara para entender a posição da mulher, no domínio do ato sexual, em versos como:

Quando em teu corpo forte o frágil corpo aprumo
eu me sinto disposta a lançar-me, sem rumo,
às conquistas da Glória e às conquistas do Amor![31]

Com *Mulher nua*, a poeta participou do concurso anual da Academia Brasileira de Letras, ficando em segundo lugar. O primeiro lugar foi ganho por Rosalina Coelho Lisboa com *Rito pagão*, entretanto Gilka fez grande sucesso declamando os versos de *Mulher nua* em recitais, e, em 1929, o livro estava em sua terceira edição. Segundo o escritor Lima Barreto, em carta dirigida a Monteiro Lobato, seus livros pouco vendiam e os de Gilka eram sucesso editorial.[32] Aliás, sua presença nos meios literários vinha desde quando, aos catorze anos, ganhou os três primeiros prêmios de um concurso literário realizado pelo jornal *A Imprensa*. O primeiro lugar, com seu verdadeiro nome e os outros dois, sob pseudônimos.

Ainda em *Mulher nua*, Gilka leva o eu poético ao extremo em "Páginas esquecidas", no qual a experiência desejante não precisa da presença física do outro. Trata-se de uma criação autoerótica muito original, considerando-se ter sido realizada por uma mulher:

[...]
No vestido que trago
há um macio debrum, debrum de arminho;
este vestido, em qualquer parte,
faz-me sentir-te, faz-me gozar-te

[...] Este vestido (devo t'o dizer)
me enlanguesce, me acarinha. Me atordoa
e me sufoca de prazer.[33]

Em 1928, surge seu quinto livro, *Meu glorioso pecado*.[34] Gilka investe em sua marca autoral, afirma sua dicção própria e libertária. Nesse volume, encontramos a autonomia do desejo, quando, na ausência do ser amado, ela revive intensamente a proximidade dos corpos:

Embora de teus lábios afastada
(Que importa?! — Tua boca está vazia...)
beijo estes beijos com que fui beijada,
beijo teus beijos, numa nova orgia.
[...]
Nesta ausência que me excita,
tenho-te, à minha vontade,
numa vontade infinita...[35]

A poética do desejo é revivificada na ausência e intensifica a experiência erótica. Carlos Drummond de Andrade sintetiza o impasse do que ele chamou de "corpo estranho" na literatura da época:

> Gilka foi a primeira mulher nua da poesia brasileira. Deu mesmo a um dos seus livros esse título audacioso para a mentalidade de 22, ano teoricamente da irrupção do modernismo, porém tão preconceituosos como os antecessores, que eram vitoriosos e hipócritas. [...] Ficou, assim, à margem da evolução literária alheia ao modernismo, que por sua vez não se dignava contemplá-la.[36]

A poeta foi bastante esquecida durante décadas, mas dos anos 2000 para cá vêm surgindo estudos sobre sua obra.[37] O fato é que, tendo desnorteado a crítica que não atinava se ela era boa "apesar da temática ou por causa dela", o silenciamento foi se fazendo, não só para Gilka, mas para outras escritoras, que utilizaram motivos eróticos, como as também precursoras e contemporâneas Columbina[38] e Ibrantina Cardona.[39]

Atualmente, os estudos sobre o corpo ganham espaço e a contribuição da poética de Gilka pode auxiliar a pensar esse território ainda tão desconhecido. Entretanto, cabe observar que sua produção guarda a dimensão de sua consciência política.

Ela era muito moderna ao identificar no corpo desejante uma possibilidade de emancipação do jugo patriarcal. Mas Gilka foi mais: nascida em uma família de artistas, na pequena burguesia, casou-se aos dezessete anos com o poeta Rodolfo Machado,[40] em 1910, mesmo ano no qual, militante empenhada, em outra vertente emancipatória reivindicada no início do século XX, participou da fundação do Partido Republicano Feminino, liderado por Leolinda Daltro, assumindo o cargo de segunda-secretária. Partícipe das muitas manifestações em prol da igualdade de direitos, Gilka presenciou uma década de engajamento das mulheres no propósito de tornar o voto um direito feminino.

No *annus mirabilis* de 1922, ocorreu o II Congresso Feminino em Baltimore, no qual o Brasil foi representado por Bertha Lutz, e aqui, no mesmo ano, a Federação Brasileira pelo Progresso Feminino realizou o I Congresso Internacional Feminino, não sem antes, no ano anterior, Bertha Lutz ter criado, juntamente com Maria Lacerda de Moura, a Liga para a Emancipação Intelectual da Mulher, para pensar a promoção da educação como fator preponderante na luta pela igualdade de direitos. Ou seja, fervilhava, em 1922, a questão da emancipação feminina.

Jornais e revistas, desde o advento da República, publicavam matérias sobre o tema, que raramente repercutiu no projeto modernista. Os anos 1920 foram de amplas reivindicações e turbulência. Não nos esqueçamos de que, em 1921, surge a primeira célula do Partido Comunista e, em 1922, ocorre sua fundação sob o impacto das greves operárias. E mais, a década foi marcada por levantes militares que evoluíram para a Coluna Prestes, pela instabilidade política e crise econômica e, sobretudo, pela constância do estado de sítio, restritor dos direitos civis e da liberdade. Nesse contexto, as mulheres se organizavam em prol da educação, trabalho, direito ao divórcio e, sobretudo, por votar e ser votada, para que elas mesmas realizassem as leis pelas quais almejavam.

Entre as publicações de *Mulher nua* e *Meu glorioso pecado*, encontramos, em 1924, o ensaio *Virgindade anti-higiênica: Preconceitos e convenções hipócritas* e, em 1927, *Virgindade inútil: Novela de uma revoltada*.[41] A autora, Ercília Nogueira Cobra (1891-?), parece escrever um diário em ambos os relatos, uma espécie de narrativa de um eu coletivo sobre a condição de ser mulher.

Supõe-se que o ensaio seria a continuação de *Virgindade inútil*, mas houve uma inversão no lançamento dos livros. Há imprecisões e lacunas na trajetória biográfica dessa escritora, haja vista a data e o local de seu falecimento, até hoje desconhecidos.

Observemos o uso da expressão "higiênica", palavra soberana naquele Brasil positivista que planejava organizar a sociedade, embranquecer e restringir o espaço da mulher reivindicadora. Ercília faz de sua obra um diálogo que rebate as orientações para os supostos desvios de personalidade ou conduta das mulheres diagnosticadas, como vimos no romance de Chrysanthème, como "enervadas", ou com os assim chamados "problemas mentais da mulher".

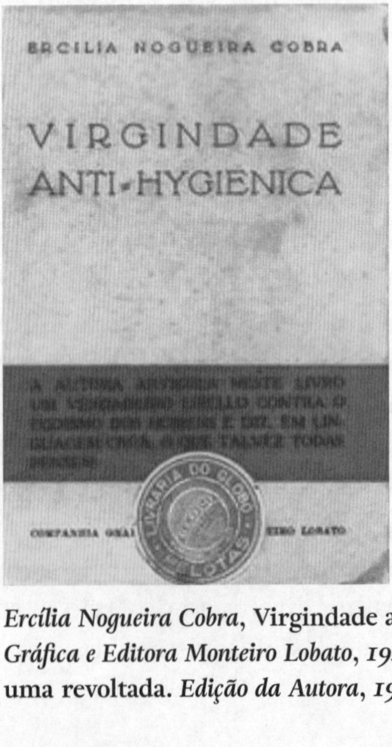

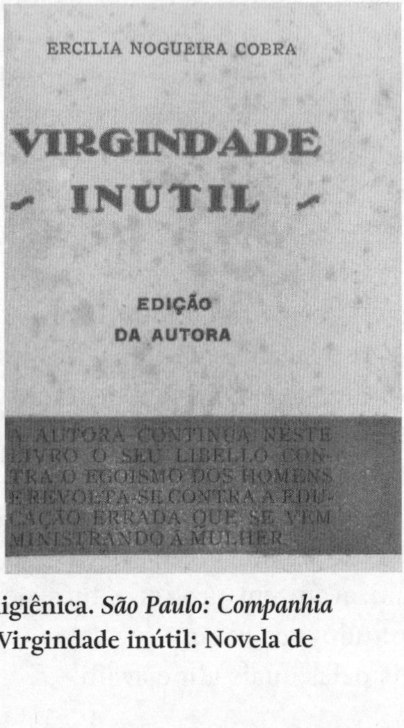

Ercília Nogueira Cobra, **Virgindade anti-higiênica.** *São Paulo: Companhia Gráfica e Editora Monteiro Lobato, 1924; e* **Virgindade inútil: Novela de uma revoltada.** *Edição da Autora, 1927.*

A contundência da obra estaria relacionada aos ordenamentos em curso sobre a eugenia e a criminalização de atividades consideradas fora da ordem. O representante máximo e legitimado do projeto de uma nação civilizada e ordeira foi o médico Renato Kehl. Atuante na educação higiênica e sanitária, notabilizou-se como um dos organizadores do Movimento Eugênico Brasileiro, que, entre as décadas de 1910 e 1930, analisou teorias raciais e racialistas, fomentando uma proposta de nação e nacionalidade baseada na desconsideração da diversidade. Kehl publicou mais de uma dezena de livros, uma infinidade de artigos e palestras sobre o tema. Destaque-se aqui apenas os do período compreendido por este artigo: *Eugenia e medicina social*, 1920; *Como escolher um bom marido* e *Como escolher uma boa esposa*, ambos de 1924.[42]

Ercília fundamenta seus dois trabalhos não no sentido do asseio corporal, nos impedimentos sexuais, mas no da higiene mental, na intenção de desmascarar imposições higienistas, eugenistas e sexistas.

Página a página, sua obra é a denúncia da suposta inferioridade intelectual da mulher. Ercília argumenta que só se poderia comprovar tal inferioridade se as condições de educação fossem indistintas para mulheres e homens. Como são muito diferentes, a mulher naturaliza a fragilidade que define um intelecto sem expressão e um corpo que deve servir à procriação. Nesse sentido, aquela que não obtiver a sacrossanta missão de ser mãe, evidentemente, por ser casada, está fadada a não ter vida sexual, mais ainda, lhe é negada a vida erótica. Partidária do amor livre, ela se insurge radicalmente contra o casamento, que visa ao dote como uma atividade financeira e de procriação. Em sua visão, o casamento não passaria de um negócio.

Virgindade inútil: Novela de uma revoltada é um radical libelo, com um século de antecedência, das reivindicações dos movimentos feministas no século XXI e da importância de ser dona de seu próprio corpo, como o maior meio de emancipação possível. Irônico, porém didático, o enredo, bastante autobiográfico e talvez inspirado em *Os Bruzundangas*, de Lima Barreto, publicado em 1922, tem lugar em Bocolândia, um país de produção agrícola que opta "pelo analfabetismo, o amarelão e o jogo do bicho" e "o valor da mulher é igual a zero".[43]

Trata-se de ensaísmo, mesmo que seja "novela", como indica a autora. Desenvolve-se no texto uma tese político-sociocultural, demonstrando a inexistência de condições de igualdade de direitos, já que Claudia, a protagonista, exaurida depois de perambular à procura de um hotel ou pensão que aceitasse uma mulher desacompanhada, resume sua vida: "Eis aí a vossa geração: mães desgraçadas, esposas humilhadas, solteironas martirizadas, meretrizes tripudiadas!".[44]

A protagonista foge de seu destino, que é o casamento, prostitui-se e, em uma viagem, reencontra um ex-pretendente que não se casou com ela por ter encontrado um dote melhor. A narrativa tem como final um desabafo da protagonista: "É para casar com um tipo daqueles que as mulheres guardam a castidade. Virgindade idiota".[45] Em suma, Ercília fundamenta seus argumentos de que a honra de uma mulher não está em sua fisiologia.

Virgindade anti-higiênica, preconceitos e convenções hipócritas foi lançado pelo arrojado editor Monteiro Lobato,[46] que arriscava em títulos novos, articulando a divulgação e distribuição mais eficaz dos anos 1920. Ele mesmo escreve em sua *Revista do Brasil*, sobre a excêntrica publicação:

> [...] a senhora Ercília Nogueira Cobra é estreante e, como tal, apresenta falhas que só o tempo há de banir. O que não há de se negar é que seu trabalho caracteriza por muita personalidade, pensa por si e diz o que pensa em linguagem crua, com uma coragem que não se encontra nem mesmo nos arraiais de outro sexo.[47]

O livro tem o mesmo tema de *Virgindade inútil*, desenvolvido em dezesseis pequenos capítulos. Ao iniciar, a título introdutório, Ercília afirma: "Este livro não tem pretensões literárias". A explanação incorpora uma infinidade de romancistas, médicos, filósofos, recortes de notícias, para que ela argumente ser uma infâmia o trato ao qual se submete a mulher. E, sempre assertiva, denuncia: "A mulher precisa de justiça, equidade e educação".

Apenas duas obras foram o bastante para que ela fosse renegada pela família e pela Igreja, seus livros censurados, perseguida e presa pela polícia e esquecida até os anos 1980, quando a pesquisadora Maria Lúcia Mott[48] empreendeu uma série de entrevistas com parentes da autora, publicando inicialmente um artigo e depois um livro sobre Ercília Cobra.[49] Atualmente, seus textos, assim como sua vida, têm sido alvo de algumas pesquisas, mas lacunas relevantes, como o local e data de sua morte, permanecem.[50]

De família cafeicultora do interior paulista e educação esmerada, Ercília enfrentou reveses financeiros após a morte do pai. Empreendeu sua primeira fuga, vindo para a capital de São Paulo, entretanto, sua mãe aciona a polícia, e a escritora tem sua primeira perseguição policial. Quando é encontrada, é internada no Asilo Bom Pastor, rígido colégio de freiras, destino quase certo para moças malcomportadas, pois tinha como missão "trazer para o rebanho as ovelhas desgarradas".[51] Após um período nessa instituição, Ercília se forma na Escola Normal e faz uma série de viagens, incluindo o exterior. Ao voltar, morou no Sul do Brasil, onde manteve um prostíbulo. Uma visão mais consistente da vida da autora continua a ser um desafio, mas já se sabe que ela seria parente de Oswald de Andrade.[52]

Diferente de Gilka Machado ou Maria Lacerda, Ercília não se engaja em nenhuma corrente feminista. Ela aposta que seus livros colaborarão com a conscientização das mulheres.

No mesmo ano da publicação de *Virgindade anti-higiênica*, 1924, Maria Lacerda de Moura (1887-1945) lançou *A mulher é uma degenerada*.[53] Ao iniciar o primeiro parágrafo dessa obra, ela nos esclarece: "Miguel Bombarda, o conhecido psiquiatra, no livro *A epilepsia e as pseudoepilepsias*,[54] lançou sobre a mulher, este anátema: 'A mulher é uma degenerada'". A partir dessa abordagem, a autora desenvolve o livro traçando um histórico da mulher na sociedade e se pronuncia: "Há apenas 10 anos que leio seriamente, e dentro desse período data [...] a minha vida de escritora, de propagandista da emancipação feminina".[55] Maria questiona e rebate a construção de patologias que implicariam a inferioridade intelectual da mulher, dialogando também com outros higienistas e eugenistas.

Renato Kehl e o também médico e escritor Afrânio Peixoto,[56] por exemplo, redigem uma profusão de artigos e teses sobre o corpo da mulher em variada perspectiva: a categórica afirmação da "vocação à maternidade", o aleitamento materno, a prostituição ganham minuciosa classificação com divisões e subdivisões, e, entre elas, encontramos as degeneradas-natas. O tema da medicina normalizadora é

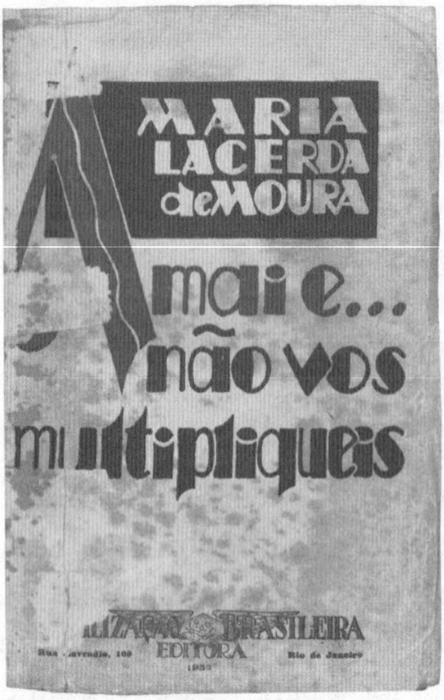

Maria Lacerda de Moura, Amai e... não vos multipliqueis. *Rio de Janeiro: Civilização Brasileira, 1932.*

muito extenso; observemos apenas o artigo de Kehl, *Crescei e multiplicai-vos*,[57] e o trabalho de Maria, *Amai e... não vos multipliqueis*, ambos publicados já no início dos anos 1930. Os textos fogem ao período aqui comentado, mas em conjunto permitem uma síntese do diálogo entre os médicos higienistas e as feministas, sobretudo na réplica mordaz de Maria ao argumento de Kehl, que propõe ser por meio de "tipos fortes e moralizados de homem" que chegaríamos aos casamentos "entre [...] portadores de sementes eugenizadas".[58]

A máxima bíblica é refutada com veemência em *Amai e... não vos multipliqueis*, como antítese do argumento de Kehl. Durante os anos 1920, os esforços da ativista se concentraram na defesa do amor livre, do "direito de se ser mãe fora da lei e das convenções sociais".[59]

Suas lutas e aspirações são mais amplas do que as das autoras comentadas até aqui. Maria era contra o casamento, a obrigatoriedade da maternidade, advogava a causa dos direitos civis iguais para homens e mulheres e não via na conquista do voto o ponto basilar para a obtenção dessa igualdade de direitos. Suas propostas são radicais para o enfrentamento da condição subalterna da mulher. Tendo participado com Bertha Lutz da criação da Liga pela Emancipação da Mulher, Maria termina por deixá-la, para se aliar à causa operária, fundando a Federação Internacional Feminina.

Maria era professora, além de jornalista, atuou em vários jornais da imprensa operária, como *A Plebe* e *O Combate*, tendo lançado, em 1923, a revista *Renascença*. O cerne de sua atuação foi a promoção da educação para todos, indistintamente, para que ocorresse a almejada conquista de direitos. Sua obra *Em torno da educação*, de 1918, composta de crônicas e conferências, apregoa esse argumento em contraponto ao projeto republicano de educação laica e gratuita para todos, que não se efetivara. Além do que, a República se consolidava como liberal, mas não como democrática, e a educação, segundo a professora, serviria para conformar:

> A educação, desde o batismo e o Jardim da Infância até a Universidade, as academias científicas ou literárias, a nação, a pátria, a sociedade em suma, com todas as suas indispensáveis ramificações — religião, família, Estado —, apoderam-se da criatura humana, capturam-na no berço e levam-na ao túmulo — "domesticando-a".[60]

Maria é a mais radical das escritoras comentadas neste texto. Era anticapitalista, antifascista e anticlerical, adepta do anarquismo, precursora do anarcofeminismo. Sua obra representa a mais avançada reflexão em termos de libertação do corpo, do intelecto e do espírito, militante do ideal mais libertário (e utópico) que possa existir, nada de nação ou nacionalismos, nada de hierarquias. A fraternidade universal como destino. "Emancipar a mulher? Não! Emancipar o gênero humano."[61]

Se a capital federal teve Théo Filho, Costallat, Chrysanthème e João do Rio a esquadrinhar o submundo, a São Paulo dos anos 1920, em seu vertiginoso crescimento, teve seus comentaristas de um espaço semelhante ao carioca. Tanto Ercília como Maria viveram na capital paulista onde Sylvio Floreal, entre outros, fez as vezes de repórter dessa Pauliceia que também é do subúrbio e está resumida no título e subtítulo do livro de crônicas de 1925 que enfeixa os flagrantes narrados por Floreal: *Ronda da meia-noite: Vícios, misérias e esplendores da cidade de São Paulo.*[62]

O escritor oferece-nos um cenário de avanços econômicos em uma sociedade na qual a formação do mercado de trabalho livre e a transformação de costumes encontram agentes sociais os mais diversos, desde imigrantes, desempregados, toda a sorte de desajustados vivendo à margem dos benefícios trazidos pelo progresso. Por vezes, os personagens são mulheres típicas das páginas de Chrysanthème, como a interessantíssima Mme. Cyclonette, que "dissipava os últimos contos de réis deixados pelo derradeiro 'coronel'", quando encontrou novo amor que lhe apresentou "uma poeira branca". Da cocaína, Cyclonette passou para outras drogas e, em certa ocasião, enervada, resolveu que seu gato deveria habituar-se a elas. Floreal nos remete ao mesmo ambiente de mulheres sem instrução ou emprego, à mercê de quem lhes paga mais.[63]

Os títulos apostos no início deste artigo denotam vozes dissonantes, letras insubmissas, desafiadoras de seu tempo e da moral constituída de um poder patriarcal pouco alterado com o advento da República e esforços advindos de novas estéticas. Os temas desenvolvidos nos enredos de construção simples, por vezes simplória, têm um denominador comum: o mito da inferioridade da mulher, portanto, opressão mental, intelectual e física. As escritoras não produzem um discurso do outro, é um discurso em sentido amplo, de qualquer pessoa, interagindo em um contexto vivido em igualdade de condições. Discurso, entretanto, omitido e silenciado pela construção de um projeto de progresso que restringiu espaços de liberdade e realização, e precisou de artimanhas cientificistas para conter os não contemplados, não só as mulheres...

A transformação do espaço urbano foi essencial para o desenvolvimento das organizações de reivindicação femininas nas primeiras décadas do século XX. O espaço público sempre foi o lugar de confronto em uma sociedade desigual, e a rua, ocupada por demandas e conquistas femininas e feministas, não era compreendida por parte dos homens que, aturdidos, se perguntavam, como o fez o poeta Menotti Del Picchia, em 1920:

> Os moços, com razão, andam ariscos [...]. Será justo que um moço trabalhador e honrado entregue seu nome nas mãos de uma cabecinha fútil e doidivanas [...]? Antigamente as mulheres não serelepeavam nos asfaltos, irrequietas e sirigaitas, não saíam sozinhas [...] nem se desarticulavam nos regamboleios do tango e do maxixe.[64]

Como vimos, a literatura aqui comentada é de denúncia de condições adversas à emancipação, sob relações de poder que não se alteravam em suas estruturas profundas. Um fazer literário de convergência de audácias, de escritoras que narraram as tantas prioridades para uma existência íntegra em direitos de ocupar qualquer espaço.

NOTAS

1. O vertiginoso aumento populacional de São Paulo, capital: de acordo com o censo de 1890, o número de habitantes não chegava a 65 mil; em 1920, a cifra era de mais de 579 mil habitantes. O Rio de Janeiro, em 1890, contava com mais de 520 mil habitantes e, em 1920, com aproximadamente 1,150 milhão de habitantes. Disponível em: <https://censo2010.ibge.gov.br/sinopse/index.php?dados=6&uf=00>. Acesso em: 21 jun. 2021.
2. Desde o início da República, havia manifestos em jornais, revistas e livros pró ou contra o divórcio. Eis alguns dos livros e artigos publicados por autoras: Josefina Álvares de Azevedo, "O divórcio". *A Família*, n. 77, 2 out. 1890; Francisca Clotilde, *A divorciada*, 1902; Andradina de Oliveira Andrade, *Divórcio*, polêmica, 1912.
3. Mesmo antes do advento da República, Josefina Álvares de Azevedo tornou-se uma tenaz propagadora do direito ao voto para as mulheres. Em seus artigos da série "O voto feminino", Josefina conclama suas contemporâneas a trabalharem pela eleição de um candidato cuja plataforma incluísse o direito eleitoral das mulheres. Cf. Josefina Álvares de Azevedo, "As mulheres e a eleição". *A Família*, p. 1, 6 jul. 1889; "O direito de voto", *A Família*, p. 1, 19 abr. 1890. A publicista escreve também a peça teatral "O voto feminino". In: *A mulher moderna nos trabalhos de propaganda*. Rio de Janeiro: Tipografia Montenegro, 1891, pp. 31-73. Ver ainda Maria de Lourdes Eleutério, "Josefina Álvares de Azevedo, ser como os homens em igualdade de condições". In: *Vidas de romance: As mulheres e o exercício de ler e escrever no entresséculos (1890-1930)*. Rio de Janeiro: Topbooks, 2005, pp. 56 ss.
4. Alguns exemplos: Raul de Azevedo, com a conferência realizada em 1922, "A alma inquieta das mulheres"; Antonio Austregésilo, *Perfil de mulher, esboço acerca do feminismo no Brasil*, 1923; o artigo publicado em jornal "As mulheres têm alma!", 1926, ou ainda as publicações consagradas à inserção das poetas no mundo das letras, como o livro de Eliezer Leal de Souza, *A mulher na poesia brasileira: O ideal feminino dos poetas: Poetizas brasileiras*, 1918, e também Afonso Costa, sob o título, bastante enfático e excludente, de *Poetas de outro sexo*, 1930.
5. Cf. Alessandra El Far, *Páginas de sensação: Literatura popular e pornografia no Rio de Janeiro (1870-1924)*. São Paulo: Companhia das Letras, 2004.
6. Cf. Vanderli S. de Souza, "A política biológica como projeto: A eugenia negativa e a construção da nacionalidade na trajetória de Renato Kehl (1917-1932)". Disponível em: <https://www.arca.fiocruz.br/handle/icict/6134>. Acesso em: 21 jun. 2021.
7. Para uma visão mais ampla da vida e obra da escritora, cf. Maria de Lourdes Eleutério, *Vidas de romance*, op. cit., pp. 239 ss.

8. Carmem Dolores, pseudônimo de Emília Moncorvo Bandeira de Mello. Cf. Maria de Lourdes Eleutério, *Vidas de romance*, op. cit., pp. 223 ss.
9. *Flores modernas*. Rio de Janeiro: Leite Ribeiro e Maurillo, 1921.
10. *Enervadas*. Rio de Janeiro: Leite Ribeiro, 1922. Foi republicada pela Carambaia, em 2020.
11. Cf. Maria de Lourdes Eleutério, *Vidas de romance*, op. cit., pp. 243 ss.
12. *Memórias de um patife aposentado*. Rio de Janeiro: Leite Ribeiro, 1924.
13. Antonio Candido, "Dialética da malandragem". In: Manuel Antonio de Almeida, *Memórias de um sargento de milícias*. Ed. crítica de Cecília de Lara. Rio de Janeiro: Livros Técnicos e Científicos, 1978, p. 327.
14. Cf. Maria de Lourdes Eleutério, *Vidas de romance*, op. cit., p. 251. Cabe lembrar aqui certa semelhança com o romance de João do Rio, *A profissão de Jacques Pedreira* (publicado em capítulos na *Gazeta de Notícias*, em 1910). É possível que Chrysanthème tenha composto Serapião como um redesenho de Pedreira: ambos vagando por um Rio de Janeiro entre conquistas amorosas, negócios escusos e desnudando a transgressão imperante na cidade. Cf. Flora Süssekind, "O cronista & o secreta amador". In: João do Rio, *A profissão de Jacques Pedreira*. 2. ed. Rio de Janeiro: IMS; Fundação Casa de Rui Barbosa; São Paulo: Scipione, 1992.
15. *Almas em desordem*. Rio de Janeiro: B. Costallat & Miccolis, 1924.
16. *Uma estação em Petrópolis*. Rio de Janeiro: Leite Ribeiro, 1923.
17. In: *Catálogo das últimas edições da Livraria Editora Leite Ribeiro*, 1923. A Livraria Leite Ribeiro, propriamente dita, era um espaço de sociabilidade carioca, uma espécie de vitrina para ver e ser visto. Nos anos 1920, editava os escritores mais reconhecidos da época, entre elas: Chrysanthème, Júlia Lopes de Almeida e Gilka Machado. O referido catálogo era composto de nada menos que 180 títulos.
18. Citado na apresentação de Alexandre Eulalio para a terceira edição de João do Rio, *A correspondência de uma estação de cura*. Rio de Janeiro: Fundação Casa de Rui Barbosa; São Paulo: Scipione, 1992. (1. ed.: 1918.)
19. *Vícios modernos*. 4. ed. rev. São Paulo: Livraria Zenith, 1926. Há indícios de que a obra foi publicada em primeira edição em 1925.
20. Cf. *Vícios modernos*, op. cit., p. 38.
21. Nome literário de Manuel Teotônio de Lacerda Freire Filho; escreveu romances e contos igualmente atrativos a começar pelos títulos, tais como *O perfume de Querubina Dória, romance tímido e inatingível*; *As virgens amorosas*. Foi diretor da revista mensal *O Mundo Literário*, na qual Chrysanthème colaborava, e, posteriormente, do jornal mensal de resenhas *Beira-Mar*, importante impresso observador da nova modalidade de sociabilidade que era o banho de sol e, portanto, o corpo tratado simultaneamente como objeto de promoção da saúde e do estímulo sexual. Cf. Paulo Francisco Donadio Baptista,

Rumo à praia: Théo Filho, Beira-Mar e a vida balneária no Rio de Janeiro dos anos 1920 e 1930. Rio de Janeiro: IFCS-UFRJ, 2007, pp. 38 ss. Dissertação (Mestrado em História Social). Disponível em: <https://livros01.livrosgratis.com.br/cp056898.pdf>. Acesso em: 12 nov. 2021.

22. *O Mundo Literário*, São Paulo/ Rio de Janeiro, ano III, v. XI, n. 31, 5 nov. 1924.
23. Benjamim Delgado de Carvalho Costallat. Editor, jornalista, escreveu na *Gazeta de Notícias* e no *Jornal do Brasil*. Publicou romances e contos como, por exemplo: *Modernos*, 1920; *Depois da meia-noite*, 1921; *O marido de Mlle. Cinema*, 1924. Cf. Patrícia de Souza França, *Livros para leitores: A atuação de Benjamim Costallat e a ampliação do público leitor no Rio de Janeiro dos anos 20*. Rio de Janeiro: Fundação Biblioteca Nacional, 2011. Disponível em: <https://www.bn.gov.br/sites/default/files/documentos/producao/pesquisa/livros-leitores-atuacao-benjamin-costallat-ampliacao-publico/patricia_franca.pdf>. Acesso em: 21 jun. 2021.
24. Alguns títulos da B. Costallat & Miccolis: *Mundo, diabo e carne* e *Mulheres do próximo*, ambos de 1923; *Os devassos*, *A cidade mulher* e *A cidade do vício e da graça, vagabundagem pelo Rio noturno*, de 1924. A Leite Ribeiro também imprimia títulos provocantes, tais como *Nevroses*, de 1919.
25. Cf. Alessandra El Far, "O novo século e a chegada de Mlle. Cinema". In: *Páginas de sensação: Literatura popular e pornográfica no Rio de Janeiro (1870-1924)*, op. cit., pp. 273 ss.
26. Id., ibid., p. 286.
27. *Matar, romance sensacional e moderníssimo*. Rio de Janeiro: Francisco Alves, 1927.
28. *O que os outros não veem, romance moderno de psicoanálise feminina*. Rio de Janeiro: Francisco Alves, 1929. Publicado originalmente n'*A Gazeta de Notícias* do Rio de Janeiro.
29. *Mulher nua*. 3. ed. Rio de Janeiro: Jacintho Ribeiro dos Santos, 1929.
30. Salomé, personagem bíblica, conhecida pela beleza, por dançar para Herodes e lhe pedir a cabeça de João Batista numa bandeja. Figura muito prestigiada por escritores, pintores e compositores. Cf. Marcela Roberta Ferraro Ferreira, *Os desdobramentos de Salomé: Leitura da poesia erótica de Gilka Machado*. Campinas: IEL-Unicamp, 2002. Dissertação (Mestrado em Teoria e História Literária).
31. *Mulher nua*, op. cit., p. 63.
32. Lima Barreto, *Correspondência*, tomo II. Apud Roberta Ferraro Ferreira, *Os desdobramentos de Salomé*, op. cit., p. 25.
33. Trechos do poema "Página esquecida". In: *Mulher nua*, op. cit., p. 54.
34. Na verdade, foram duas as publicações, *Meu glorioso pecado* e *O grande amor*, fundidas posteriormente sob o título de *Meu glorioso pecado*. Rio de Janeiro: Almeida Torres & C., 1928.
35. *Meu glorioso pecado* apud Marcela Roberta Ferraro Ferreira, *Os desdobramentos de Salomé*, op. cit., p. 167.

36. Carlos Drummond de Andrade, "Gilka, a antecessora". *Jornal do Brasil*, Rio de Janeiro, 18 dez. 1980. Caderno B, p. 7. Apud Marcela Roberta Ferraro Ferreira, *Os desdobramentos de Salomé*, op. cit., p. 30.

37. Em algumas dissertações, tais como: Ana Paula Costa Oliveira, *O sujeito poético do desejo erótico: A poesia de Gilka Machado sob a ótica de uma leitura estética e política feminina*. Florianópolis: Universidade Federal de Santa Catarina, 2002. Dissertação (Mestrado em Literatura); Josinélia Chaves Moreira, *Gilka Machado: Mulher-serpente-poema*. Salvador: Universidade Federal da Bahia, 2016. Dissertação (Mestrado em Letras). Esta dissertação aborda a afrodescendência da poeta como fundamental para o apagamento de sua obra. Entretanto, como sabemos, Gilka Machado é mais publicada do que outras escritoras do mesmo período. Disponível em: <http://repositorio.ufba.br/ri/handle/ri/26639>. Acesso em: 21 jun. 2021.

    A reedição de seus poemas foi organizada por Jamyle Rkain: Gilka Machado, *Poesias completas*. São Paulo: Selo Demônio Negro, 2017.

38. Columbina, pseudônimo da paulista Adelaide Blumenschen, que também usava o pseudônimo Paula Brasil e era chamada de Cigarra do Planalto e Poetisa do Amor. Publicou *Vislumbres* em 1908. Cf. Maria Thereza Cavalheiro, *Columbina e sua poesia romântica e erótica: Esboço biográfico e seleção de poemas*. São Paulo: J. Scortecci, 1987.

39. A carioca Ibrantina Cardoso escreveu vários livros e se assemelhava a Gilka Machado no erotismo como autoconhecimento. Cf. Maria de Lourdes Eleutério, *Vidas de romance*, op. cit., pp. 134 ss.

40. Rodolfo Machado, além de poeta, contista e jornalista, teve seu único livro, *Divino inferno*, organizado por Gilka e publicado post mortem pela editora de Benjamim Costallat.

41. *Virgindade anti-higiênica: Preconceito e convenções hipócritas*. São Paulo: Companhia Gráfica e Editora Monteiro Lobato, 1924; *Virgindade inútil: Novela de uma revoltada*. Edição da Autora, 1927. Ambas reeditadas, em poucas edições e, recentemente, em um só volume, com estudo e notas de Imaculada Nascimento. Belo Horizonte: Luas, 2020.

42. Consonantes ao projeto republicano positivista, aos manuais médicos e aos códigos penal e civil, encontramos os manuais de civilidade como elementos auxiliares de boa conduta em inúmeras revistas e livros, visando a instruir futuras esposas e mães. Apenas como exemplo, menciono a escritora Júlia Lopes de Almeida e as obras: *O livro das noivas*, primeira edição, nos albores da República; seguem-se as edições de 1905, 1906, 1914, 1926; *Livro das donas e donzelas*, 1906, com reedição em 1926; *Eles e elas*, 1922; *Maternidade*, 1925. Renato Kehl publicava o *Boletim de Eugenia*, que, a partir de 1929, passa a fazer parte da revista *Medicamenta*, no intuito de difundir a eugenia como ciência a ser ensinada nas escolas e academias do país. Cf. Denis Henrique Fiuza, "A propaganda da eugenia no Brasil: Renato Kehl e a implantação do racismo

científico no Brasil a partir da obra *Lições de eugenia*". *Aedos*, Porto Alegre, v. 8, n. 19, pp. 85-107, dez. 2016.

43. Ercília Nogueira Cobra, *Virgindade inútil*. In: *Visões do passado, previsões do futuro: Duas modernistas esquecidas*. Intr. e notas de Susan C. Quinlan e Peggy Sharpe. Rio de Janeiro: Tempo Brasileiro; Goiânia: Ed. da UFG, 1996, p. 45.
44. Id., ibid., p. 58.
45. Id., ibid., p. 94.
46. José Bento Monteiro Lobato. Organizou e dirigiu várias editoras em momento de consolidação do mercado editorial no Brasil, notabilizando-se pela produção e sobretudo pela rede nacional de distribuição de livros, além de apostar em publicidade e em escritores novos, arriscando-se a lançar *Virgindade anti-higiênica*, que seria censurada e apreendida. Publicou também Chrysanthème e escritoras hoje desconhecidas, como Yaynha Pereira Gomes, Abl Juruá (pseudônimo de Iracema Guimarães Vilela) e Dolores Barreto. Cf. Cilza Carla Bignotto, *Novas perspectivas sobre as práticas editoriais de Monteiro Lobato (1918-1925)*. Campinas: IEL-Unicamp, 2007. Tese (Doutorado em Literatura Brasileira). Disponível em: <http://www.repositorio.unicamp.br/handle/REPOSIP/270303>. Acesso em: 21 jun. 2021.
47. Alcina Bechara Lapa, *Literatura feminina no início do século XX: Ercília Nogueira Cobra*. Recife: Universidade Federal de Pernambuco, 2004, p. 53. Dissertação (Mestrado em Teoria Literária). Disponível em: <https://repositorio.ufpe.br/bitstream/123456789/7948/1/arquivo8247_1.pdf>. Acesso em: 21 jun. 2021.
48. Maria Lúcia de Barros Mott, "Biografia de uma revoltada: Ercília Nogueira Cobra". *Cadernos de Pesquisa da Fundação Carlos Chagas*, São Paulo, n. 58, pp. 89-104, ago. 1986.
49. Tanto no artigo como no livro, parte substancial dos depoimentos se concentra no pós-anos 1920, portanto, período não contemplado neste artigo. Porém, é importante mencionar a prisão durante o período Vargas. Quando interrogada, sempre nua, não se queria saber o que Ercília pensava da política, "só queriam saber o que ela pensava dos homens". Id., ibid., p. 99.
50. Algumas pesquisas acadêmicas replicam praticamente os mesmos dados biográficos e suas lacunas, e analisam as duas obras com enfoques diversos. São elas: Alcina Bechara Lapa, *Literatura feminina no início do século XX*, op. cit.; Danielle de Medeiros Souza, *O grito do silêncio na obra de Ercília Nogueira Cobra: De mulher demoníaca a feminista pioneira*. Natal: Centro de Ciências Humanas, Letras e Artes, Universidade Federal do Rio Grande do Norte, 2016. Dissertação (Mestrado em Ciências Sociais); Greiciellen Rodrigues Moreira, *Maternidade e representações femininas em Lutas do coração de Inês Sabino, Virgindade inútil de Ercília Nogueira Cobra e O quinze de Raquel de Queirós*. Belo Horizonte: Fale-UFMG, 2017. Tese (Doutorado em Teoria Literária e Literatura Comparada); Katia Cardoso Nostrane, "Uma representação do corpo feminino na obra de Ercília Nogueira Cobra". *Revista Mafuá*, Florianópolis, n. 29, 2018.

51. A protagonista de *Virgindade inútil* também irá para um asilo e afirma: "E aquele reduto chama-se por ironia 'Asilo do Bom Senhor'". *Virgindade inútil*, op. cit., p. 61.
52. Segundo o genealogista Luís Gonzaga da Silva e pesquisa de Távora e Cobra, o português Domingos Rodrigues Cobra fixou residência em Baependi, casando-se com Caetana Nogueira Lemos; da descendência do casal, Antonia Nogueira Cobra casou-se com Hipólito Nogueira Cobra, com quem teve o filho José Oswaldo Nogueira (Cobra) Andrade, pai de Oswald de Andrade. Cf. <https://www.cobra.pages.nom.br/feminportal/ercilia/>. Acesso em: 21 jun. 2021.
53. Para a redação deste texto, foi utilizada a 4. edição, digitalizada a partir da 3. edição, Rio de Janeiro: Civilização Brasileira, 1932. A 4. edição é organizada por Fernanda Grigolin em fac-símile e comentada, lançada pela Tenda de Livros, em 2018. Outras obras publicadas: *Renovação*, 1919 (republicada em edição fac-similar. Fortaleza: Edições Universidade Federal do Ceará, 2015); *A mulher e a maçonaria*, 1922; *Amai e... não vos multipliqueis*, 1932.
54. Miguel Bombarda, médico, professor, político, embora nascido no Rio de Janeiro, viveu toda a vida em Portugal. Dedicou-se às patologias do sistema nervoso, publicou dezenas de livros e artigos na área da psiquiatria.
55. Maria Lacerda de Moura, *A mulher é uma degenerada*, op. cit., p. 25.
56. Afrânio Peixoto, médico-legista, político, professor, escritor. Sua tese de doutorado foi sobre epilepsia e crime, em 1897. Redigiu manuais de higiene e medicina. Escreveu inúmeros romances, muito lidos à época, entre eles *A esfinge* e *Uma mulher como as outras*, 1928.
57. *Boletim de Eugenia*, Rio de Janeiro, ano II, n. 18, jun. 1930.
58. Renato Kehl, "Crescei e multiplicai-vos". *Boletim de Eugenia*, Rio de Janeiro, ano II, n. 18, p. 3, jun. 1930.
59. Maria Lacerda de Moura, *Amai e... não vos multipliqueis*. Rio de Janeiro: Civilização Brasileira, 1932, p. 140.
60. Apud Jussara Valéria de Miranda, "A objeção de consciência e o combate à tirania nos escritos libertários de Maria Lacerda de Moura". *Anais do XXVI Simpósio Nacional de História*, São Paulo: Anpuh, 2011, p. 7.
61. Margareth Rago, *Feminismo e anarquismo no Brasil: Audácia de sonhar*. Rio de Janeiro: Achiamé, 2007, p. 278.
62. Sylvio Floreal, pseudônimo de Domingos Alexandre, colaborou em jornais e revistas, entre eles, *O Estado de S. Paulo*, *O Queixoso* e *A Vespa*. Escreveu o romance *A coragem de amar*, de 1924, as crônicas de *Ronda da meia-noite: Vícios, misérias e esplendores da cidade de São Paulo* (1. ed. São Paulo: Tipografia Cuppolo, 1926; 2. ed. São Paulo: Paz e Terra, 2003, Coleção São Paulo).
63. "O gato de Cyclonette". In: *Ronda da meia-noite*, op. cit., pp. 175 ss.
64. Marina Maluf; Maria Lúcia Mott, "Recônditos do mundo feminino". In: *História da vida privada no Brasil. República: Da belle époque à era do rádio*. Org. de Nicolau Sevcenko. São Paulo: Companhia das Letras, 1998, p. 372.

A SOCIABILIDADE MODERNISTA

WALNICE NOGUEIRA GALVÃO

"Se você teve a sorte de viver em Paris quando jovem, então, aonde quer que você vá pelo resto da vida, vai levá-lo consigo, porque Paris é uma festa móvel."[1] Dessa festa móvel, e justamente na década de 1920 coberta pelo livro de Hemingway, também chamada de *les années folles*, participaram intelectuais e artistas brasileiros. Reitera-se a frase de efeito de Paulo Prado no prefácio a *Pau Brasil* (1925), declarando que Oswald de Andrade descobriu o Brasil do alto de um ateliê na Place Clichy. Do mesmo modo, é fato sabido que a sociabilidade modernista brasileira tomou impulso em Paris e desembocou na Semana de Arte Moderna de 1922.[2]

Depois da Semana, o casal Tarsila e Oswald passaria uma temporada em Paris a partir de 1923, quando ela montaria o referido ateliê na Place Clichy.[3] Oswald então se dedicou com afinco a fazer propaganda do modernismo brasileiro, entabulando contatos com intelectuais e artistas, inclusive do mundo oficial da diplomacia e da universidade. É nesse quadro que se deve considerar sua conferência na Sorbonne, em seguida publicada na *Revue de l'Amérique Latine*.

É próprio das vanguardas uma acirrada sociabilidade, buscando semelhantes, com base em coesão interna e lealdade prioritária, sendo seus membros os fiéis de um mesmo e novo credo. É só olhar para o processo de constituição e funcionamento do futurismo, do dadaísmo, do cubismo, do expressionismo, do surrealismo — e assim por diante.

Por isso mesmo, por causa do espírito de tribo — "nós contra eles" ou "nós contra o mundo" —, também é característico das vanguardas o rompimento, irreversível e por vezes violento. Causou alvoroço o caso do surrealismo, nas rixas que envolveram o líder André Breton, renomado pela rigidez de aço de suas diretrizes: o surrealismo, rebento partejado pelo dadaísmo de Tristan Tzara, nasce de uma ruptura com a matriz. Depois Breton cortaria relações, entre outros, com Salvador Dalí, a quem pespegaria um dos anagramas mais retumbantes da história, o magistral *Avida Dollars*.

Um tanto da irradiação que Walter Benjamin detectou em Paris, a ponto de chamá-la "capital do século XIX",[4] ainda transpõe o umbral do século e ilumina um trecho do seguinte. Até a irrupção da Segunda Guerra, Paris manteve seu posto de capital mundial das artes e abrigou levas de forasteiros interessados em suas vanguardas. Oswald tinha 22 anos quando perfez a primeira de repetidas jornadas a Paris, em 1912. Tarsila do Amaral mantinha ateliê em Paris, onde, entre estágios com André Lhote, Fernand Léger e Albert Gleizes, fez exposições periódicas. Entre os pintores, Vicente do Rego Monteiro morou em Paris por longos anos. Di Cavalcanti ia e voltava, enquanto Cícero Dias, após várias viagens, acabaria fixando residência, desposando uma francesa, gerando uma filha cujo padrinho foi Picasso e se desterrando até a morte, meio século depois. Entre os mecenas, Paulo Prado entregava-se a longas férias anuais parisienses. Seu tio Eduardo Prado ali morava, capitaneando um elegante salão, frequentado pelo amigo e contraparente Graça Aranha. E dona Olívia Guedes Penteado mantinha na cidade um apartamento em caráter permanente. Dentre os músicos, eram de presença usual Villa-Lobos e Fructuoso Vianna, bem como os pianistas Souza Lima e Guiomar Novaes.

Alguns artistas escolhem países diferentes. Anita Malfatti, frequentadora de Paris, estudou pintura na Alemanha — onde a marcou o expressionismo, tão forte naquele país — e nos Estados Unidos. O escultor Victor Brecheret fez um estágio na Itália. Ambos regressariam a tempo de participar da Semana de 22 e depois seriam bolsistas do Pensionato Artístico do Estado de São Paulo, criação do mecenas Freitas Valle.

Di Cavalcanti, que viveria em Paris entre 1923 e 1926, tem a seu crédito, segundo algumas fontes, a ideia e a arregimentação inicial para a Semana. Seria entusiasticamente acolitado por propagandistas que tinham colunas fixas em jornais: Mário n'*A Gazeta*; Oswald no *Jornal do Commercio*; Menotti Del Picchia no *Correio Paulistano*. Acrescente-se ainda o nome de Sérgio Buarque de Holanda, este em revistas do Rio de Janeiro como *Fon-Fon* e *O Mundo Literário*.[5] Todavia, o próprio Mário declina da honra da paternidade e opina ter sido um pouco ideia de todos, incluindo nesse coletivo desde Graça Aranha até Di Cavalcanti.[6]

Logo antes, Ronald de Carvalho vivia em Lisboa, onde participou da fundação da revista *Orpheu*, liderada por Fernando Pessoa e Mário de Sá-Carneiro, figurando como codiretor do primeiro número (1915).

Mais tarde, Blaise Cendrars também chega[7] ao Brasil, na primeira de três temporadas. Mais adiante ainda, aqui aportaria, em 1929, um surrealista do núcleo do movimento, o diretor da revista *La Révolution Surréaliste*, Benjamin Péret, que havia se casado em Paris com a cantora modernista brasileira Elsie Houston.[8] De Marinetti constam duas passagens, em 1926 e 1936, em turnês de conferências que incluem Brasil, Argentina e Uruguai. O músico Darius Milhaud, que viveu no Rio como secretário da legação francesa de 1917 a 1919, quando Paul Claudel foi embaixador, não alcançaria a Semana, mas manteria aceso o interesse por nosso país,[9] como demonstram suas composições *Le Bœuf sur le toit* e *Saudades do Brasil*.

A grande, a gritante exceção é Mário de Andrade, que nunca saiu do Brasil. Isso, se descontarmos a única vez em que tocou terras estrangeiras, quando fez a viagem pelo rio Amazonas, na jornada de três meses que gestou *O turista aprendiz*, chegando a pisar no Peru e na Bolívia, em 1927. Exceção curiosa, porque o perfil intelectual de Mário mostra forte conteúdo estético internacional, e ele toda a vida se debateu com a dicotomia localismo versus cosmopolitismo. Foi o que expressou em oximoros bem lavrados, como "Sou um tupi tangendo um alaúde!" ("O trovador", *Pauliceia desvairada*), ou "ôh Pirineus! ôh caiçaras!" ("Eu sou trezentos...", *Remate de males*).

A gente modernista era festeira. Manifestos e revistas, salões, cenáculos, exposições, jornadas coletivas, festas e festivais, tendo como foco a Semana de Arte Moderna: tudo isso instaura a sociabilidade modernista, que se prolongaria até os começos da década de 1930, nos bailes carnavalescos da Sociedade Pró-Arte Moderna (Spam), atingindo ainda os Salões de Maio e só estancando com a irrupção da Segunda Guerra. Daí decorreriam avanços na vida social da cidade provinciana, modernizando-a em mais de um sentido e abrindo-a para padrões urbanos e comportamentos menos acanhados.

Já se viu como nossas elites eram cosmopolitas. Foi assim que as artes sofreram um processo de *aggiornamento*, atualizando-se com o que de mais avançado havia nas capitais irradiadoras de vanguardas, Paris à frente.

Paulo Prado, além de patrocinar edições de livros de estreia, ou quase de estreia, mantinha um salão aberto para os almoços dominicais, quando recebia. Foi ele o principal financiador da Semana de 22. Prestígio e influência pessoal podem ser medidos pelo fato inusitado de seu livro *Retrato do Brasil: Ensaio sobre a tristeza brasileira* (1928) esgotar quatro edições em três anos, proeza raríssima no Brasil de então.[10] Nem Claude Lévi-Strauss, logo depois em São Paulo como professor da Faculdade de Filosofia da USP, escaparia de sua influência: vejam-se título e conteúdo de *Tristes trópicos*, em que narra suas experiências no país, marcado pela tese da "tristeza brasileira", central na obra de Paulo Prado. Observe-se que Roger Bastide, também arribado nas mesmas condições, jamais aderiria à tese.

Paulo Prado era amigo particular de Graça Aranha, cujos laços com seu tio Eduardo Prado repercutia. O tio morava em Paris, onde Graça Aranha amiúde se encontrava, e fora este que apresentara Paulo Prado à "rapaziada" de São Paulo, cheia de ideias avançadas. No Brasil, o encontro teve por intermediário Di Cavalcanti, que logo seria o autor da capa do catálogo e do programa da Semana de 22. Foi assim que Paulo Prado conheceu, afora o pintor, ainda Mário, Oswald, Guilherme de Almeida e Menotti Del Picchia, ou seja, aqueles que encarnariam o núcleo puro e duro da Semana de 22. Doravante, sua aliança não se desmentiria.

Dono de uma das maiores fortunas do país, aliás fortuna de família, Paulo Prado cobria dos bancos e das ferrovias ao café e à carne para exportação. Homem de negócios com essa veia intelectual, casado com uma francesa, além de seu peso político nos partidos oligárquicos do Café com Leite, era interessado em artes e letras. Mecenas e frequentador de leilões de antiguidades, foi em Paris que comprou um maço de papéis velhos logo presenteados a Gilberto Freyre, contendo o diário do engenheiro Vauthier, de onde saiu, entre outras coisas, o livro *Um engenheiro francês no Brasil*, que lhe é dedicado.

É quase impossível fazer a lista das ações culturais do grande benemérito, que costumava financiar edições das obras modernistas, em geral afugentadoras dos editores comerciais — é só ver as dedi-

Paulo Prado em sua casa, na avenida Higienópolis, 31, São Paulo, anos 1930. Ao fundo: Victor Brecheret, Cabeça de mulher, *mármore, c. 1920-1, exposta na Semana de Arte Moderna.*

catórias. Já escrevera o prefácio do primeiro livro de poesia de Oswald de Andrade, *Pau Brasil* (1925), dedicado a Blaise Cendrars, e este, por sua vez, dedicaria a Paulo Prado *La prose du transsibérien*, ilustrado por Sonia Delaunay. No campo da prosa, receberia dedicatórias nas obras mais importantes, como *Memórias sentimentais de João Miramar* (1924), dividida com Tarsila, e *Macunaíma* (1928). Também financiou outros trabalhos eruditos, como a edição dos Autos da Inquisição, e encabeçou a campanha para comprar a Carta de Anchieta e oferecê-la ao Museu Paulista. Ocupando a direção da *Revista do Brasil* entre 1923 e 1924, que aliás subsidiou, abriu-a aos modernistas, instituindo uma seção fixa de crítica de artes que entregou a Mário de Andrade como titular. Ainda participaria da revista *Terra Roxa e Outras Terras*. Mais tarde, criaria, com Mário e Alcântara Machado, a *Revista Nova*, entre 1931 e 1932.

A farta mesa dominical de Paulo Prado, observada do alto por suas telas de última moda francesa (Picasso, Léger, Picabia etc.), ainda atrairia os professores estrangeiros que viriam fundar a Faculdade de Filosofia, Ciências e Letras da USP, nos anos 1930, misturando-os aos nativos, aproximando a universidade às vanguardas.

Veja-se a frutífera colaboração entre Mário e Roger Bastide, que se espraiou em polêmicas pelos jornais. Bastide, que se enfronhou imediatamente na vida intelectual paulistana e mostrou uma nunca desmentida curiosidade pelo Brasil, logo estaria escrevendo numerosos artigos sobre tudo quanto era aspecto da vida brasileira.[11] Um bom exemplo é a discussão que entabulou com Mário a propósito do trânsito de classe de um tema musical. Mário tendia a pensar que o trânsito era de mão única, ou seja, que o povo inventava aquilo que então se chamava "folclore" e que as camadas superiores o absorviam do povo. Bastide argumenta que a mão é dupla, o povo também retirando formas prontas das camadas superiores. Haveria até um nome para o fenômeno, criado por Charles Lalo: "desnivelamento".[12] Mário responde, em artigos que discutem o fenômeno e seu teórico.[13]

Quando Blaise Cendrars por três vezes veio ao Brasil, Paulo Prado bancou suas viagens. Costumava hospedá-lo em sua residência da avenida Higienópolis, levando-o ainda a visitar suas fazendas de café no interior. Depois de anos de bonança, a desinteligência de Paulo Prado com Oswald viria em 1928, quando foi criada a *Revista de Antropofagia*. Já no primeiro número e sob a assinatura de um certo Tamandaré, faz-se a distinção entre o *falso* modernismo de Mário e Paulo Prado (este não passando de um "bom arquivista") e o *verdadeiro*, o dos antropófagos congregados em torno de Oswald. O rompimento de Paulo Prado acarretou o de Blaise Cendrars, em solidariedade.

Já dona Olívia Guedes Penteado, pertencente à mesma elite cafeeira, aproveitou uma cocheira no jardim de sua residência na então rua Duque de Caxias com Conselheiro Nébias, obra de Ramos de Azevedo, cujo escritório realizou os mais conspícuos edifícios de São Paulo. A cocheira metamorfoseou-se no Pavilhão Moderno, decorado por Lasar Segall e reservado especificamente para tertúlias de vanguarda [imagem n. 7]. Recebia igualmente em sua fazenda Santo Antônio. Afora prestigiar com sua presença, subsidiar e promover tudo quanto era modernista, atitude exemplificada no Pavilhão, também fez duas famosas viagens de "descoberta" do Brasil.

A primeira foi na Semana Santa de 1924, quando um grupo de modernistas foi conhecer as cidades barrocas mineiras, comboiando Blaise Cendrars. Mário de Andrade, que já lá estivera em 1919 pesquisando a arte colonial, era da comitiva, e mais Oswald e seu filho Nonê, Tarsila, René Thiollier, Gofredo Telles. Fizeram um giro por Belo Horizonte, onde confraternizaram com os jovens modernistas, entre eles Carlos Drummond de Andrade, Emílio Moura e Pedro Nava.[14] A jornada rendeu muita poesia dos três poetas excursionistas, bem como desenhos de Tarsila. A outra foi em 1927, quando fez, em companhia de Mário, a renomada viagem de *O turista aprendiz*, que durou ao todo três meses. Tomaram um navio do Loyde Brasileiro até Manaus e de lá subiram o rio Amazonas em embarcação a vapor, que em outras plagas é conhecida por "gaiola" e os ribeirinhos chamam de "vaticano", e depois fizeram um trecho por terra pela ferrovia Madeira-Mamoré, pisando Peru e Bolívia.

Afeita às viagens, entre a ida a Minas e à Amazônia, dona Olívia empreenderia uma excursão ao Oriente Médio em companhia de duas amigas, em 1925-6. Fazia pião num posto avançado em Paris, onde mantinha um apartamento e onde desenvolveu os primeiros contatos com a estética modernista. E, raro privilégio, ao morrer em 1934, repousaria em seu jazigo paulistano no Cemitério da Consolação, sob a proteção de uma escultura de Victor Brecheret, que tanto admirava.

Freitas Valle, que escrevia poesia em francês e utilizava o pseudônimo Jacques d'Avray, típico de poeta simbolista decadentista, também tinha salão aberto em sua residência, chamada Villa Kyrial, na Vila Mariana, onde promovia intelectuais e artistas pouco conhecidos, misturando-os a políticos e figuras de destaque na sociedade.[15] Fez carreira como parlamentar, elegendo-se deputado e senador estadual por muitos anos. Criou o Pensionato Artístico do Estado de São Paulo, que oferecia bolsas a jovens promissores, com viagem de estudos à Europa.

O salão era de transição e misturava antigos e modernos. Se entre os frequentadores figuravam Olavo Bilac e João do Rio, escritores de prol do ancien régime, o mecenas seria crucial na concessão de bolsas de estudo a modernistas indisfarçáveis como Brecheret e Anita Malfatti. Também patrocinou a primeira exposição de Lasar Segall em São Paulo, em 1913. E promovia em sua casa ciclos de conferências que agitavam o ambiente cultural da cidade, abrindo oportunidades para o pessoal da vanguarda.

Todavia, operando uma análise estrutural dos espaços, em que era perita,[16] Gilda de Mello e Souza faz sagaz observação, que dá o que pensar. O Pavilhão Moderno era destinado exclusivamente à vanguarda, enquanto a Villa Kyrial misturava a vanguarda aos passadistas. Mas, quando se utiliza esse prisma de análise, resulta que, no primeiro caso, a modernidade está segregada, localizando-se no jardim, enquanto tudo o que é da vida da casa lhe permanece alheio. Era ali que ficavam as obras de arte de vanguarda, corroborando a decoração de Lasar Segall. Havendo um dia fixo para as reuniões, que ocorriam às terças-feiras, a arte de vanguarda não afetava a rotina doméstica no restante da semana. Ao passo que, na Villa Kyrial, a modernidade era acolhida no seio do lar, o que certamente lhe promovia o status. E as obras de arte de vanguarda embaralhavam-se nas paredes com telas acadêmicas.[17]

Quanto à garçonnière de Oswald, situada no centro da cidade, à rua Líbero Badaró, 67, locus antecipado da sociabilidade modernista, ela pôde ser mais bem conhecida apenas tardiamente. Foi quando da edição da obra coletiva *O perfeito cozinheiro das almas deste mundo*, informalmente chamada de "Diário da garçonnière", que, com sua incorporação ao corpus do movimento, ampliou nossa visão da sociabilidade modernista, sobre a qual lança um potentíssimo canhão de luz.

Alguns marcos temporais fornecem orientação. O "Diário" é datado de 1918 e permaneceria inédito por setenta anos. Em 1987, sairia a edição fac-similar da Ex-Libris, uma primorosa edição, raramente vista em nossas terras, mantendo o título original.[18] Apresentado por Mário da Silva Brito e Haroldo de Campos, baseou-se na transcrição tipográfica feita por Jorge Schwartz. De vasto formato, com a sobrecapa escarlate recobrindo a negra original, é uma beleza de trabalho ecdótico, com reprodução fiel dos encartes, recortes, colagens e outras traquinagens. Mais tarde ainda, em 1992, sairia a versão comercial de tão excelsa obra, pela Editora Globo,[19] trazendo novamente os dois estudos de apresentação da fac-similar.

O "Diário" — no melhor espírito brincalhão modernista, à maneira de outras vanguardas — era um experimento vanguardista, incorporando a índole do *cadavre exquis* e do *objet trouvé*, que tanto divertiram os surrealistas. Coletivo e em tinta multicor, todos os que por ali passavam eram instados a deixar sua contribuição, fosse o que fosse: um verso, um desenho, um enxerto (grampo de cabelo, cartão-postal, flor seca), uma piada. Mostrou-se extraordinariamente importante, dada sua datação, para os prólogos do modernismo, bem como para a biografia não só galante, mas também intelectual de Oswald: o nome Miramar ocupa todo o caderno, como objeto de um ludismo desenfreado, com anagramas e jogos verbais de toda ordem. A crítica veria no "Diário" a antecipação do estilo telegráfico e moderníssimo das futuras *Memórias sentimentais de João Miramar.* E o trocadilho, em que Oswald brilhava, entre muitos outros gracejos, reina infrene.

Interessa-nos particularmente o rol dos nomes que deixaram seu rastro no "Diário". Alguns poucos iriam formar o cerne irredutível do novo movimento, ao passo que vários desertaram ou mesmo passaram para o outro lado. Quem nos esclarece é Mário da Silva Brito, o grande historiador do modernismo, no prefácio, identificando os seguintes frequentadores: Monteiro Lobato, Menotti Del Picchia, Guilherme de Almeida, Leo Vaz, Sarti Prado, Ignácio da Costa Ferreira, Vicente Rao, Edmundo Amaral. Era de rigor utilizar pseudônimos, como os seguintes: Oswald é Miramar e Garoa; Guy é o fartamente conhecido *nom-de-plume* de Guilherme de Almeida; João de Barros é Pedro Rodrigues de Almeida; Viviano é Edmundo Amaral; Bengala é Leo Vaz; Ferrignac e Ventania é, ou são, Ignácio da Costa Ferreira. Este caricaturou vários dos companheiros nas páginas do "Diário", mas o magistral croqui do perfil de Oswald, que nunca cessou de ser reproduzido até hoje, é assinado por Jeroly, mais um de seus pseudônimos.

Entretanto, a verdadeira protagonista que perpassa por essas páginas é a Cíclone (Cyclone), apelido acentuado na primeira sílaba, ou Deisi. De batismo Maria de Lourdes Castro Dolzani, normalista se-

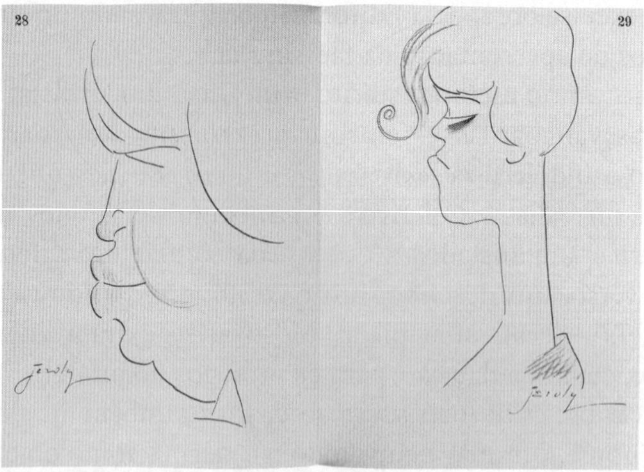

Jeroly, Caricaturas de Oswald e Dasy, em O perfeito cozinheiro das almas deste mundo, *1918.*

dutora e libertária, de costumes avançados e intelecto desenvolvido, vinha do interior e, sendo namorada de Oswald, deixou-os a todos meio apaixonados. É ela, a única mulher, quem ocupa o "Diário" de fio a pavio. Passagem fulgurante, escreve com assiduidade. Acometida de tuberculose, casada com Oswald in extremis, logo morre, aos dezenove anos, arrastando na morte a própria sobrevivência tanto do "Diário" como da garçonnière. A edição fac-similar acrescenta uma rara imagem de Cíclone e a foto de seu busto em mármore, esculpido por Brecheret.

Oswald, enlutado, depois abriria outra sede, em outro endereço, mas sempre no centro: na praça da República, esquina da rua Pedro Américo.[20] É de lamentar que o novo endereço não produzisse um diário.

OUTROS ENCONTROS

Já mais adentrado o modernismo, a sociabilidade dos artistas seria fixada em conhecido desenho que Anita Malfatti fez do Grupo dos Cinco no ateliê de Tarsila, à rua Vitória, em 1922 (ela, Tarsila, Mário,

Oswald, Menotti Del Picchia). Ali os vemos em repouso, no desalinho de uma intimidade que traduz confiança mútua: três deles até deitados — Anita no sofá e dois no chão, aparentemente dormindo.[21] Anunciam-se os bons tempos de *Tarsiwald* e de *Marioswald*[22] que, infelizmente, não durariam para sempre.

Outros anfitriões aparecem em menções avulsas, sem o alcance e a relevância dos anteriores. Mário vivia em casa de sua mãe, onde recebia os amigos e eventualmente os hóspedes. O dia reservado era o domingo, à hora do almoço, mas podia variar. Gilda de Mello e Souza, prima de Mário e moradora da casa, lembra uma noite em que o conviva do jantar era Manuel Bandeira, que, devido ao calor, trocou o paletó de usar na rua por um paletó caseiro de seda listada emprestado por Mário.[23] Mas a rua Lopes Chaves, durante um período, congregou modernistas às terças-feiras, para inflamadas discussões teóricas.[24] E as datas de aniversário dos da casa eram ocasiões de recepção e festa, com Mário ao piano, acompanhando cantoras e cantores. Abrir as portas aos domingos devia ser hábito em São Paulo, pois esse era o dia em que Oswald recebia, como atesta seu amigo e comensal Antonio Candido.[25] Já Tarsila promovia reuniões sem dia fixo em seu ateliê paulista da rua Vitória e depois na Barão de Piracicaba, ou hospedando os companheiros na fazenda Santa Teresa do Alto: há muitas fotos registrando tais ocasiões.

São os tempos heroicos da imposição de uma nova estética, a "união sagrada" em torno de seu senso de missão e sua coesão interna, dada pelo fervor do "nós contra eles", pondo-se na conta "deles" tudo o que é passadista, retrógrado, de mau gosto, desatualizado. Bem outra coisa é o que vem depois, com as picuinhas personalistas de praxe e as disputas de poder pelo comando.

Pode não ser outra a razão da mais sensacional dessas rupturas, aquela entre os dois cabeças do movimento. Há muitas versões, e fica difícil decidir entre elas: talvez o caso seja indecidível. Tem muito a ver com o temperamento de Oswald, que, irreverente trocadilhista e de verve cáustica, borbulhante de sarcasmo,[26] era do tipo que prefere perder um amigo a perder uma piada.[27] Sabe-se que não era rancoroso e se dispunha a pleitear reconciliações, como foi fartamente testemunhado quanto a Mário; mas este permaneceria irredutível e muitos anos depois ainda voltaria ao assunto em cartas. Mais cedo ou mais tarde, esfriariam o trato com Oswald, afora os supracitados, também Menotti Del Picchia, Alcântara Machado, Guilherme de Almeida, dona Olívia Guedes Penteado.

O desagrado de Mário deve ter se acumulado por longo período até estourar, ou pelo menos é o que se infere de carta sua a Tarsila, em que ele se queixa de vários lances.[28] A carta, o documento da mão de Mário mais abertamente anunciando ter se indisposto com Oswald, exceto suas menções tardias, é tão discreta e de meias-palavras que chega, infelizmente, a ser hermética. Mas Mário é enfático em dirigir-se apenas a Tarsila, e não mais a *Tarsiwald*, repetindo que a amizade por ela persiste inalterada. Não é todavia um estremecimento, é uma desavença definitiva. Para topar com palavras mais diretas e mais duras — Mário fala em insultos e ofensas —, será preciso aguardar muitos anos, a exemplo do que se lê nas cartas, seja ao próprio Manuel Bandeira em 1933, seja a Murilo Miranda tão tarde quanto 1944,[29] quase às vésperas da morte.

Sabe-se, por outros testemunhos, que o impenitente repentista Oswald, sempre distribuindo apelidos maldosos e divertidíssimos, que ecoavam *urbi et orbi*, não poupava Mário. Um exemplo entre muitos é chamá-lo de "Miss" (Miss Macunaíma, Miss São Paulo etc.), o que evidentemente não era bem recebido[30] e saiu até nas páginas da *Revista de Antropofagia*. Ou insistir na semelhança com Oscar Wilde, e aqui vem o ferrão adicional, "pelas costas".[31] Entre muitas outras, sabe-se que Oswald fez uma brincadeira de mau gosto com o nome do irmão de Mário, Carlos de Moraes Andrade, que teve seu sobrenome tomado pelo duplo sentido para pôr em dúvida suas "morais" de deputado.[32]

Outra carta, essa de Mário a Manuel Bandeira, faz acusações da maior gravidade a alguém cujo nome é soletrado várias vezes, mas obliterado por exigência do remetente. Para exasperação dos estudiosos, a carta lá está na edição da correspondência ativa e passiva,[33] assim como está na primeira edição feita por Manuel Bandeira só com as cartas de Mário.[34] Não custa imaginar quanta eloquência foi gasta desde então, na argumentação em favor dos mais variados nomes.

Em suma, a "união sagrada" dos começos ia se esfacelando. Um abalo público alienara o grupo de Graça Aranha, que tentara reafirmar sua hegemonia e a quem os modernistas viam agora como conservador, quando Mário estampou em *A Manhã*, de 10 de janeiro de 1926, a famigerada "Carta aberta a Graça Aranha". O fato é que, se *Marioswald* se desfaz, *Tarsiwald* se desfaz também. As clivagens estritamente pessoais parecem predominar num primeiro momento. Mas as clivagens políticas não ficam atrás e andam a par, fazendo-se notar bem cedo. A partir de 1926, foram se afastando gradativamente e se dividindo em duas facções os pioneiros da Semana de 22, agregando de um lado os que pendiam para a esquerda e, de outro, os que cediam ao canto de sereia da direita, estes criando um movimento intitulado Verde-amarelo que evoluiria para Anta.

Em 1928, Oswald publica a *Revista de Antropofagia*, com seu manifesto pregando o antropofagismo, mas conclamando os mais imbuídos de cosmopolitismo, com sua dose de iconoclastia. E já no ano seguinte surge o manifesto "Nheengaçu Verde-amarelo", ao contrário, patriótico e de pendor autoritário, ostentando um título em tupi e elegendo como totem um animal aborígene, a anta. Esse é o grupo de Cassiano Ricardo, futuro ideólogo do Estado Novo, Menotti Del Picchia, Alfredo Elis, Candido Mota Filho e Plínio Salgado, criador e líder do integralismo com seus camisas-verdes, versão cabocla do nazifascismo em ascensão.

Outro que com o tempo passaria a feroz crítico é Yan de Almeida Prado, após assídua correspondência com Mário de Andrade, entre 1923 e 1939. Ao escrever suas memórias do modernismo, de que fora participante inclusive na Semana de 22, quando expôs seus desenhos, já é um desafeto.[35]

CAM, SPAM E DESDOBRAMENTOS

As secessões e guinadas de rumo, especialmente as que opuseram coletivamente a esquerda (aqui reunida em torno da *Revista de Antropofagia*) e a direita (reunida em torno do Verde-amarelismo), assinalam-se entre intelectuais e artistas ao redor do mundo nessa década de radicalizações que é a de 1930, na esteira da crise de 1929 e da Grande Depressão. Entre nós, ainda assim, o impulso inicial para o congraçamento persistia, apesar de fraturado. Podemos observar a confluência do espírito de grupo na criação tanto do CAM como da Spam.

Mais ou menos contemporâneos, examinemos em primeiro lugar o Clube dos Artistas Modernos, ou CAM.[36] Com sede num endereço embaixo do viaduto Santa Ifigênia, no Anhangabaú, bem no centro, deveu-se à iniciativa de Flávio de Carvalho. Este, chegado aos gestos provocadores, bem poderia, como sugere Paulo Mendes de Almeida, ocupar o posto de "o outro *enfant terrible* do modernismo".[37] Alugaram vastos aposentos e se instalaram os quatro membros do CAM: Flávio, eleito presidente, e mais Carlos Prado, Antonio Gomide e Di Cavalcanti, todos pintores, todos de clara posição política radical.

Fundado em 1932, o Clube funcionou às mil maravilhas, oferecendo conferências, concertos, música popular, exposições de artes visuais, recitais de poesia, festas, os serviços de um bar etc. Tanta efervescência receberia sentença de morte dada pela polícia, que considerou um escândalo e interditou a representação de *O bailado do deus morto*. Peça expressionista de vanguarda, talvez a primeira do Brasil, a obra escrita e dirigida por Flávio de Carvalho foi a fundadora de seu Teatro da Experiência. A polícia aproveitaria para interditar também a entrada ao Clube, que logo cerraria as portas.

Só para calcular o tamanho da perda: estavam programados a seguir *O homem e o cavalo*, de Oswald, e uns "originais" não identificados (seria *Café*?) de Mário.[38] A partir do golpe de 1930, como ninguém ignora, a situação política ia se agravando e o arbítrio predominando. E, por longo período, como veremos, não arrefeceria, afetando igualmente a continuidade da Spam.

A Sociedade Pró-Arte Moderna, ou Spam, de vasto âmbito e alcance social inimaginável,[39] foi fundada igualmente em 1932. Precedida por uma campanha, procurou arregimentar não só os artistas, mas também pessoas influentes, com sucesso. Assim congregava, em fórmula que já se provara eficaz na Semana de 22, os artistas e mais os amigos da arte, entre eles os grã-finos e o *café-society*, como o título escolhido tão bem postulava. Com vários objetivos, inclusive a fundação de uma sede social, a Spam viria a se notabilizar por sua dedicação à folia carnavalesca. Era bem organizada, com estatutos e diretoria eleita. Houve logo uma festa preparatória no réveillon desse mesmo ano, em casa de uma das sócias, regida pelo tema "São Silvestre dos Farrapos", sendo de rigor a fantasia maltrapilha. Depois, dois grandes bailes fizeram história.

O primeiro deles foi no Trocadero, no Carnaval de 1933, e era ambicioso, como veremos. Quem dirigiu os trabalhos foi Lasar Segall,[40] que se ocupou igualmente dos cenários,[41] em muitos metros quadrados que pintou, assistido por vários outros pintores. Mário de Andrade fez o roteiro da pantomima. O tema era: "Carnaval na Cidade de Spam". Nesse passo, contamos, felizmente, com o testemunho de um participante e membro ativo, Paulo Mendes de Almeida.[42]

O convite, contendo um poema de Mário, foi desenhado por Segall. A música era coordenada e composta por Camargo Guarnieri. O entusiasmo dos realizadores acabou por tornar o baile uma espécie de happening, ou performance coletiva, com um cunho eminentemente crítico, irreverente e demolidor. A folia só terminou de madrugada, com a intervenção do Exército, que por azar tinha seu quartel-general ao lado do Trocadero.

Com a arrecadação de fundos provinda do baile, alugou-se uma sede na praça da República e convocou-se a I Exposição de Arte Moderna da Spam, que estrearia em abril de 1934 numa galeria na rua Barão de Itapetininga — inaugurando a pintura moderna internacional no Brasil. Pela primeira vez, o público pôde ver obras de Picasso, Lhote, Léger, De Chirico, os Delaunay, Foujita, Juan Gris, Marie Laurencin, Vuillard, Le Corbusier, Brancusi e outros, todas cedidas por colecionadores particulares. Ao lado deles, obras dos modernistas brasileiros. No catálogo, um prefácio de Mário de Andrade. No mesmo ano, haveria outra exposição, dessa vez com artistas do Rio de Janeiro, e já na nova sede, cuja reforma fora concluída.

Entretanto, as despesas para a instalação da nova sede tinham saído de controle, e o remédio seria convocar novo baile de Carnaval, para saneamento das finanças. O que se fez, num rinque de patinação no centro da cidade. O tema era "Expedição às matas virgens da Spamolândia" e novamente Segall se encarregou dos cenários e da decoração, com a ajuda de outros artistas. A afluência foi enorme e o êxito incalculável.

Mas a imprensa valeu-se da situação para armar um escândalo, até que um cidadão de bem publicou uma carta aberta, intitulada "Os fins secretos da Spamolândia", em que fazia críticas moralistas e racistas, aproveitando, sem originalidade, para apelar à intervenção da polícia para reprimir a subversão.

Todos esses fatores convergiram, acentuando a perda de dois alicerces: Lasar Segall seria substituído na direção por Guilherme de Almeida, a contundência do expressionismo cedendo o passo às amenidades, e dona Olívia Guedes Penteado morreria. A Spam logo fecharia as portas, ainda em 1934.

Muitos anos depois, analisando os feitos da Spam no âmbito de seus estudos sobre a pintura modernista, Gilda de Mello e Souza faz uma leitura cerrada[43] de alguns de seus signos. Assim, mais do que nos eventos, ela vai procurar na forma e no conteúdo das obras a razão para serem consideradas atentatórias à moral e aos bons costumes, subversivas, enfim.

O baile da Spam baseava-se numa pantomima, com roteiro de Mário. Essa pantomima carnavalizava o universo oficial e apresentava um mundo de cabeça para baixo, às avessas. Predominava o humor da praça pública, com sua graça corrosiva propondo a elevação do baixo social e corporal. A derrisão do populacho zombava das cerimônias do poder, parodiando sua gravidade e pompa. Um cortejo fazia evoluções pelo salão, apresentando personagens caricatos e de alta comicidade paródica. Os atores da pantomima portavam fantasias rebuscadas, com maquiagem exagerada e inspiração circense. Em coro, cantavam o hino da Spam, cuja letra não se decifrava, pois era tudo nonsense. Inaugurava-se a estátua de uma bailarina com capacete militar; apresentavam-se um rei momo e um bobo da corte; os espaços urbanos eram aqueles das margens e da delinquência, como o bar, o prostíbulo, o banheiro público, o presídio etc. Imperavam a iconoclastia e o deboche à respeitabilidade burguesa.

Segundo Gilda, esse conjunto formidável não se extinguiu na fugacidade da festa e na brutalidade da repressão, mas seria reformulado na importante obra de Mário, cuja morte precoce deixaria inacabada: a ópera-balé *Café* (1943). Ali, guardando viva a virulência da sátira, o poema vai buscar nas pantomimas dos bailes da Spam a inspiração para a crítica à burguesia cafeeira, escarnecendo, entre outros alvos, de uma assembleia da Câmara dos Deputados. A fúria justiceira de *Café* fincava raízes, quem diria, na folia da Spam.

Impregnados do espírito avançado das vanguardas, os bailes foram lições de modernização e costumes metropolitanos que aos poucos iam retirando São Paulo de seu perfil tacanho de cidade do interior. Basta ver a reação que provocaram.

Após o fim inglório da Spam, decretado pelo que havia de mais retrógrado na sociedade paulista, passaram-se alguns anos até ser possível conjurar ânimo para realizar novamente algo coletivo, que foi o I Salão de Maio em 1937. É quando se verifica que, nesse ínterim, tinham surgido inúmeros artistas já rezando pela cartilha modernista.

No interregno, e crucial para a continuidade do movimento, houve no Rio de Janeiro o Salão Anual da Escola Nacional de Belas-Artes de 1931, inaugurando o modernismo no seio do academicismo. O evento era resultado da inusitada nomeação do arquiteto Lúcio Costa para diretor da Escola (1930-1) — ele, discípulo de Le Corbusier e coautor do futuro primeiro prédio modernista do Brasil, o Ministério da Educação concebido sob a égide de Gustavo Capanema. E futuro coautor de Brasília, ao lado de Oscar Niemeyer, seu aluno e discípulo. O bastião do antigo regime acolheu a vanguarda e sobretudo os modernistas de São Paulo. Levantou-se uma polêmica de vastas proporções com os engenheiros-arquitetos cariocas que juravam pelas Belas-Artes de antanho e pelo neoclássico nos edifícios. E logo Lúcio Costa perderia o cargo.

Mas, quando se inaugura o Salão de Maio,[44] os postulados estéticos modernistas já tinham se disseminado, multiplicando o número dos fiéis praticantes. O Salão de Maio pretendia ser anual e, de fato, foram realizados três, em 1937, 1938 e 1939, nos quais foi despontando a liderança de Flávio de Carvalho. O sucesso revelou-se enorme, porque já haviam decorrido alguns anos após a extinção do CAM e da Spam, sem que surgisse alguma instituição ou evento que acolhesse o afã de congraçamento das elites artísticas. Estas acorreram ao Salão de Maio, nos três anos consecutivos em que se realizou.

É claro que houve dissensões internas e disputas pelo comando, como de hábito. Mas agora veio de fora outro fator, poderosíssimo, que decretou a morte do Salão e deixou os modernistas desarvorados — e não só eles. Foi o advento da Segunda Guerra, eclodindo em 1939 e se estendendo até 1945. Quando terminou, o mundo era outro, com novas e prementes necessidades, e, de certo modo, o modernismo já estava instaurado. Em suspenso durante a guerra, o impulso foi retomado — agora buscando institucionalização. E logo, antes que decorresse uma década, resultaria na criação do Museu de Arte Moderna de São Paulo e do Rio de Janeiro (1948), bem como da Bienal Internacional de Arte de São Paulo (1951).

A CARTA MODERNISTA

"A carta, para Mário de Andrade, é o lugar privilegiado para a celebração da amizade", resume Marcos Antonio de Moraes.[45] Fica difícil aquilatar hoje a importância que a correspondência teve para a sociabilidade modernista. Como as cartas desapareceram do horizonte de nossa vida social, obsoletizadas que foram pelo computador, torna-se quase impossível imaginar como carregavam de um lado para outro ideias, informações e afetos, bem como a relevância que tiveram nas trocas. Na contramão da natureza pessoal e íntima desse instrumento de comunicação, a carta modernista também praticava o proselitismo e a doutrinação, discutia estética e cultura.

Primeiro há que levar em conta a natureza da carta. Escrita à mão, lentamente, permitia um período de reflexão, com seus retrocessos e seus arrependimentos. Depois, era de praxe que fosse passada a limpo, porque, mesmo bem depois da invenção da máquina de escrever, da caneta-tinteiro e da esferográfica, atribuía-se uma função de cortesia à caligrafia, como mandava o protocolo.

Nesse processo, a caneta mergulhava num recipiente chamado tinteiro, devendo o usuário cercar-se de cuidados para não derramá-lo, manchando tudo. E não era fácil calcular a quantidade de tinta que a pena devia absorver, sem respingar no papel, sendo por isso comum nas cartas dessa época a fórmula de polidez: "desculpe os erros e os borrões". O mata-borrão estava sempre à mão, ou montado em madeira, ou então sob a forma de um papelão estendido e preso sobre o tampo da escrivaninha. Um *grattoir*, ou pequena raspadeira, ficava igualmente à mão, para corrigir o que não fosse demasiado grave e ainda desse para salvar, raspando fora a tinta já seca.

Redobrando os cuidados, havia outro objeto que ainda podemos encontrar em museus e bibliotecas ao lado do mata-borrão e da raspadeira: o "Livro Borrador", um volume de vastas proporções encadernado em preto, que os mais caprichosos utilizavam para debuxar os rascunhos das cartas. Tinha a vantagem de permitir rasuras e emendas, de modo que, quando se passava a limpo, o exemplar saía impecável. Depois, o missivista riscava uma linha em diagonal, cancelando o rascunho, registrando à mão, sobre essa linha, a data em que a carta fora enviada, juntamente com o nome completo do destinatário. E o conjunto de sua correspondência ativa ficava assim arquivado, em ordem cronológica.

Entre rascunho e versão definitiva, decorria um tempo de reflexão, permitindo à carta destilar e concentrar pensamentos mais ponderados, escapando da impulsividade e irresponsabilidade que são o perfil da comunicação eletrônica. A velocidade propicia esses traços que a lentidão tolhe.

A quantidade e a qualidade da correspondência modernista são praticamente incalculáveis e, evidentemente, objeto precioso de pesquisa. É o que comprova o Fundo Mário de Andrade do Instituto de Estudos Brasileiros (IEB-USP),[46] guardião da correspondência passiva do grande escritor e teórico, bem como, por meio de seus professores e pesquisadores, fonte de uma vasta produção sobre epistolografia. Já existem publicados cerca de quarenta volumes, com diferentes remetentes e destinatários.[47]

O missivista ímpar do modernismo é, como ninguém ignora, Mário de Andrade. Calcula-se que tenha escrito cerca de 10 mil cartas, as quais, apesar de contarem a partir da data inicial quase um século,[48] ainda têm sua publicação em curso.

Mário foi o líder indiscutível e teórico máximo do modernismo e assumiu a tarefa diária de epistológrafo como uma missão. Respondia escrupulosamente ao mais humilde missivista que a ele se dirigisse, oriundo do mais profundo rincão perdido do país. Ajudava a todos, considerando ser essa sua obrigação. Escritores em embrião lhe enviavam anseios e elucubrações junto com os originais, e ele a tudo levava a sério, analisando as causas e respondendo. Por tudo isso, esse acervo epistolar é único na literatura brasileira e é único em toda literatura: não é qualquer uma delas que dispõe de tal acervo, nesse patamar de elaboração teórica e crítica.

Naturalmente, é um tesouro para os estudiosos, sendo a mais importante a correspondência mantida com Manuel Bandeira, a que só a morte de Mário poria um ponto-final. Os leitores fiéis já conheciam, e compulsavam, a edição de 1958 das cartas de Mário pelas mãos de Manuel Bandeira. E passaram décadas desejando ler a recíproca, ou seja, as cartas do próprio Manuel Bandeira. No que foram atendidos pela edição preparada por Marcos Antonio de Moraes,[49] edição modelar pelos cuidados ecdóticos e pelo aparato crítico.

Ali vemos como os dois amigos, ambos figuras de proa do modernismo, mantiveram aceso o fogo da amizade ao longo de todo esse tempo, não só comentando tudo o que se passava na vida cultural brasileira, mas também, o que é mais delicado e mesmo espinhoso, as realizações um do outro. Ambos tinham um pacto de lisura intelectual que implicava dizer as verdades e não poupar as críticas. Que a amizade tenha se mantido apesar disso, é admirável e só recomenda os dois. Ao fim de muitos anos de trocas, Mário, que se dizia um missivista derramado e era mais cerimonioso pessoalmente, chama seu parceiro de "Mano Manu", o que dá uma boa ideia da intimidade que atingiram. É verdade que um leitor menos indulgente ou mais malicioso poderia obtemperar que a distância fertiliza a tolerância, o que não passou despercebido a Mário, quando escreveu: "É indiscutível: eu gosto muito mais dos meus amigos quando eles estão longe de mim".[50]

Às vezes, o comentário à reação de companheiros de modernismo mostra que não receberam bem as críticas, mas Mário não recua nem renega. Bons exemplos, curiosos, reveladores e de alto nível são Oswald e Guilherme de Almeida.[51] Ambos ficaram suscetibilizados, mas acataram os reparos. Em Oswald, foi o vezo parnasiano do fecho de ouro com que encerrava seus poemas. Em Guilherme de Almeida, o "verso erradamente livre" do volume de poemas *Meu*.

Outro exemplo, ainda mais áspero, se dá quando Mário e Manuel Bandeira discutem *Macunaíma* em cartas seguidas. Manuel Bandeira faz várias sugestões que são bem-aceitas — e não são minúsculas nem desimportantes. Mas uma delas desperta a intransigência de Mário. Seu correspondente não suporta a "Carta pras Icamiabas", fazendo todo tipo de restrição repetidas vezes, alinhando suas razões, que são sérias, dizendo que é "francamente ruim", sugerindo eliminá-la. Mas Mário se mantém inflexível.[52]

A título de curiosidade, registra-se que, avolumando-se a correspondência, Mário mandara às favas o protocolo que decretava o manuscrito epistolar, passando a se servir de uma máquina de escrever, uma Remington que apelidaria carinhosamente de "Manuela", hoje sob a guarda do IEB-USP. A troca entre ambos rareia a partir de 1934, quando começa o tirocínio de Mário no Departamento de Cultura. E, após 1939, cartas tornaram-se desnecessárias no período em que Mário residiu no Rio de Janeiro, cidade de Manuel Bandeira, após ter sido alijado por razões de politicagem do Departamento de Cultura, onde fez trabalhos tão extraordinários.[53] E nunca voltariam a sua fecunda rotina, pois até a morte de Mário em 1945, Manuel Bandeira foi o missivista mais assíduo.

A correspondência dos modernistas serve como termômetro para sua sociabilidade, revelando alianças e desentendimentos, em metamorfoses ao longo do tempo. Embora mais na ordem das suposições que das pistas, vislumbra-se, mesmo que encoberta pelos véus do decoro, a etiqueta da arte de cortejar. Sabemos que Tarsila e Oswald não se conheciam, e, sendo já amigas as duas pintoras, foi Anita Malfatti quem os apresentou. O casal foi para Paris em 1923, daí resultando um casamento em 1926, em que a noiva teve como padrinhos dona Olívia Guedes Penteado e Paulo Prado, o noivo sendo apadrinhado por Washington Luís, presidente da República. Por parte de Mário, alguns privilegiados foram alvo de efusões epistolares calorosas, como o próprio Manuel Bandeira ou então, já perto do fim, Fernando Sabino.[54] Mas é pelas cartas que sabemos de outros afetos em surdina, porém comentados pelos estudiosos, incluindo a vibração mais que intelectual e fraterna a se depreender das missivas entre Mário e Anita Malfatti[55] ou entre Mário e Henriqueta Lisboa.[56] E ele alimentava uma indisfarçável fascinação por Tarsila: repare-se no aconchego dos corpos na banqueta do piano a quatro mãos, no supracitado desenho que Anita fez do Grupo dos Cinco em repouso. Aos pesquisadores da correspondência não escaparam essas insinuações, mal camufladas pelos negaceios dos jogos de sedução, com suas táticas e estratégias devidamente sublimadas.

Como vemos, para nossa sorte, o grande debate intelectual desse que foi o transformador radical do panorama cultural brasileiro — o modernismo em todas as suas facetas — se acha bem registrado. Não só nas obras de arte e no pensamento teórico: mas também, no que concerne aos bastidores, naquilo que deixou escrito por suas próprias mãos essa geração que ainda praticava a epistolografia.

NOTAS

1. E. Hemingway, *Paris é uma festa*. Rio de Janeiro: Civilização Brasileira, 1985. Para outros testemunhos de protagonistas de *les années folles*, ver: Scott Fitzgerald, *The Crack-up*. São Paulo: L&PM, 2007; Gertrude Stein, *A autobiografia de Alice B. Toklas*. São Paulo: Cosac Naify, 2009; Sylvia Beach, *Shakespeare and Company: Uma livraria na Paris do entreguerras*. São Paulo: Casa da Palavra, 2009; Elliot Paul, *Aquela rua em Paris*. Porto Alegre: Globo, 1944. Para um apanhado, ver Roger Shattuck, *The Banquet Years*. Nova York: Vintage, 1968.
2. Mário de Andrade, *O movimento modernista*. Rio de Janeiro: Casa do Estudante do Brasil, 1942; Oswald de Andrade, "O modernismo", *Anhembi*, São Paulo, ano x, v. xvii, n. 49, pp. 26-32, dez. 1954; Di Cavalcanti, *Viagem da minha vida (Memórias)*. Rio de Janeiro: Civilização Brasileira, 1955; Aracy Amaral, *Tarsila cronista*. São Paulo: Edusp, 2001; Marcia Camargos, *Entre a vanguarda e a tradição: Os artistas brasileiros na Europa (1912-1930)*. São Paulo: Alameda, 2011; Marta Rossetti Batista, *Os artistas brasileiros na Escola de Paris: Anos 20*. São Paulo: Ed. 34, 2012.
3. Aracy A. Amaral, *Tarsila: Sua obra e seu tempo*. 3. ed. São Paulo: Ed. 34; Edusp, 2003; Nádia Battella Gotlib, *Tarsila do Amaral, a modernista*. São Paulo: Senac, 1998.
4. Walter Benjamin, *Passagens*. Belo Horizonte: UFMG; São Paulo: Imprensa Oficial, 2006.
5. Maria Eugenia Boaventura (Org.), *22 por 22: A Semana de Arte Moderna vista pelos seus contemporâneos*. São Paulo: Edusp, 2000.
6. Paulo Mendes de Almeida, *De Anita ao museu*. São Paulo: Perspectiva, 1976.
7. Alexandre Eulalio, *A aventura brasileira de Blaise Cendrars*. 2. ed. rev. e ampl. por Carlos Augusto Calil. São Paulo: Edusp, 2001.
8. *Elsie Houston*. Plaquete e CD da exposição *Negras Memórias, Memórias de Negros*, São Paulo, 2003.
9. Flávia Camargo Toni, "Darius Milhaud e a música popular brasileira". In: *Uma outra missão francesa 1917-1918: Paul Claudel e Darius Milhaud no Brasil*. Org. de Manoel Corrêa do Lago. Rio de Janeiro: Andrea Jakobsson, 2017, pp. 113-28.
10. Carlos Eduardo Ornelas Berriel, *Tietê, Tejo e Sena: A obra de Paulo Prado*. Campinas: Papirus, 2000; Thaís Chang Waldman, *Moderno bandeirante: Paulo Prado entre espaços e tradições*. São Paulo: Alameda, 2014; ver reedições de *Retrato do Brasil: Ensaio sobre a tristeza brasileira* (1997) e de *Paulística* (2004), pela Companhia das Letras, ambas com organização de Carlos Augusto Calil.
11. Antonio Candido, "Roger Bastide e a literatura brasileira". In: *Recortes*. São Paulo: Companhia das Letras, 1996, pp. 99-104. De Lígia Fonseca Ferreira, que prepara a edição das cartas, ver: "A correspondência entre Roger Bastide e Mário de Andrade: Formação de um intelectual francês no Brasil". In: *Com-*

pêndio de crítica genética: América Latina. Org. de Sergio Romanelli. Vinhedo: Horizonte, 2015, pp. 186-91.

12. Fernanda Arêas Peixoto, *Diálogos brasileiros: Uma análise da obra de Roger Bastide*. São Paulo: Edusp, 1998; Glória Carneiro do Amaral, *Navette literária França-Brasil*. Tomo I — *A crítica de Roger Bastide*. Tomo II — *Textos de crítica literária de Roger Bastide*. São Paulo: Edusp, 2010; *Roger Bastide e Pierre Verger: Diálogos entre filhos de Xangô — Correspondência 1947-1974*. Org. de Françoise Morin. São Paulo: Edusp, 2017.
13. Mário de Andrade, "A modinha e Lalo"; "O desnivelamento da modinha". In: *Música, doce música*. São Paulo: Martins, 1963, pp. 339-43; 344-8.
14. Humberto Werneck, *O desatino da rapaziada: Jornalistas e escritores em Minas Gerais*. São Paulo: Companhia das Letras, 1992. Para a reconstituição das aventuras de um modernista quase desconhecido, ver, do mesmo autor, *O Santo Sujo: A vida de Jayme Ovalle*. São Paulo: Cosac Naify, 2009.
15. Marcia Camargos, *Villa Kyrial: Crônica da belle époque paulistana*. São Paulo: Senac, 2001.
16. Ver o item Cursos em seu Curriculum Vitae, Departamento de Filosofia, FFLCH-USP.
17. Gilda de Mello e Souza, "Lasar Segall e o modernismo paulista". In: *A ideia e o figurado*. São Paulo: Duas Cidades; Ed. 34, 2005, pp. 95-112; Sergio Miceli, *Nacional estrangeiro: História social e cultural do modernismo artístico em São Paulo*. São Paulo: Companhia das Letras, 2003.
18. Oswald de Andrade, *O perfeito cozinheiro das almas deste mundo*. Ed. fac-similar. Pref. de Mário da Silva Brito e Haroldo de Campos; transcrição tipográfica de Jorge Schwartz. São Paulo: Ex-Libris, 1987.
19. Oswald de Andrade, *O perfeito cozinheiro das almas deste mundo*. Pref. de Mário da Silva Brito e Haroldo de Campos; transcrição tipográfica de Jorge Schwartz. São Paulo: Globo, 1992.
20. Oswald de Andrade, *Um homem sem profissão: Memórias e confissões. Sob as ordens de mamãe*. São Paulo: Companhia das Letras, 2019, p. 164. Mário da Silva Brito, "O perfeito cozinheiro das almas deste mundo". In: Oswald de Andrade, *O perfeito cozinheiro das almas deste mundo*. Ed. fac-similar, op. cit., p. XI; *O perfeito cozinheiro das almas deste mundo*, 1992, op. cit., p. 16.
21. Reproduzido em Jorge Schwartz, *Fervor das vanguardas: Arte e literatura na América Latina*. São Paulo: Companhia das Letras, 2009, pp. 128-31.
22. As formas *Tarsiwald* e *Marioswald* têm sido a norma, mas Mário, em suas cartas, usa *Tarsiwaldo*, corroborando a apelação usual "Oswaldo", e não Oswald; Antonio Candido, "Oswaldo, Oswáld, Ôswald". In: *Recortes*, op. cit., pp. 48-51; Ana Luisa Martins, *Aí vai meu coração: As cartas de Tarsila do Amaral e Anna Maria Martins para Luis Martins*. São Paulo: Planeta, 2003.

23. Gilda de Mello e Souza, "Mário de Andrade em família". In: *A palavra afiada*. Org. de Walnice Nogueira Galvão. Rio de Janeiro: Ouro sobre Azul, 2014, p. 199.
24. Mário de Andrade, *O movimento modernista*, op. cit.
25. Entrevista de Antonio Candido e José Mindlin. In: *Artes e letras: Entrevistas*. Org. de Walnice Nogueira Galvão. São Paulo: Edusp, 2016, pp. 353-78; Oswald de Andrade, *Um homem sem profissão*, op. cit., p. 22, refere o casal Gilda e Antonio Candido almoçando em sua casa, num feriado.
26. Vinicius Dantas, "O canibal e o capital: A arte do 'Telefonema' de Oswald de Andrade". In: Benjamin Abdala Jr.; Salete de Almeida Cara (Orgs.), *Moderno de nascença: Figurações críticas do Brasil*. São Paulo: Boitempo, 2006, pp. 151-60.
27. Antonio Candido, "Lembrando Oswald de Andrade". In: Oswald de Andrade, *Um homem sem profissão*, op. cit., pp. 177 ss.
28. *Correspondência Mário de Andrade & Tarsila do Amaral*. Org. de Aracy Amaral. São Paulo: Edusp; IEB-USP, 2001, pp. 105-8 (carta de 4 de julho de 1929). Bem antes, já há queixas em outra carta de Mário a Tarsila, datada de 16 de junho de 1923 (pp. 72-5), quando o casal está em Paris, iniciando sua vida em comum.
29. *Correspondência Mário de Andrade & Manuel Bandeira*. Org. de Marcos Antonio de Moraes. São Paulo: Edusp; IEB-USP, 2000, pp. 547-8 (carta de 18 de janeiro de 1933); Mário de Andrade, *Cartas a Murilo Miranda 1934-1945*. Rio de Janeiro: Nova Fronteira, 1981, pp. 165-8 (carta de 10 de julho de 1944).
30. *Correspondência Mário de Andrade & Tarsila do Amaral*, op. cit., nota 5, p. 107.
31. Oswald de Andrade, *Dicionário de bolso*. São Paulo: Globo, 1990, p. 124.
32. Informação de Décio de Almeida Prado à autora.
33. *Correspondência Mário de Andrade & Manuel Bandeira*, op. cit., pp. 385-7 (carta de 7 de abril de 1928).
34. *Cartas de Mário de Andrade a Manuel Bandeira*. Org. de Manuel Bandeira. Rio de Janeiro: Organizações Simões, 1958, pp. 193-7 (carta de 7 de abril de 1928).
35. Leandro Sousa Lopes, *Correspondência de Mário de Andrade & Yan de Almeida Prado*. São Paulo: IEB-USP, 2018. Dissertação (Mestrado em Estudos Brasileiros); João Fernando de Almeida Prado, *A grande Semana de Arte Moderna*. São Paulo: Edart, 1976.
36. Paulo Mendes de Almeida, *De Anita ao museu*, op. cit., pp. 75 ss.; *Flávio de Carvalho*. Curadoria de Walter Zanini e Rui Moreira Leite. São Paulo: Fundação Bienal de São Paulo, 1983; Rui Moreira Leite, "Flávio de Carvalho: *Media Artist Avant la Lettre*", *Leonardo*, [s.l.]: The MIT Press, n. 2, pp. 150-7, 2004.
37. Paulo Mendes de Almeida, *De Anita ao museu*, op. cit., p. 75.
38. Carta de Flávio de Carvalho a Mário, 20 de abril de 1934. Cf. Rui Moreira Leite, *Flávio de Carvalho*. São Paulo: MAM-SP, 2010, p. 27.
39. Paulo Mendes de Almeida, *De Anita ao museu*, op. cit., pp. 41 ss.

40. Vera d'Horta Beccari, *Lasar Segall e o modernismo paulista*. São Paulo: Brasiliense, 1984.
41. Quase um século depois, recuperou-se parte dos telões pintados, na exposição *Lasar Segall Carnavalesco* (São Paulo, Hebraica, 2014), dando à contemplação a beleza de dois gigantescos painéis, intitulados *O circo* e *Jardim Zoológico*, ladeados por 61 desenhos.
42. Paulo Mendes de Almeida, *De Anita ao museu*, op. cit., pp. 41 ss.
43. Gilda de Mello e Souza, "Lasar Segall e o modernismo paulista", op. cit.
44. Paulo Mendes de Almeida, *De Anita ao museu*, op. cit.
45. Marcos Antonio de Moraes, *Orgulho de jamais aconselhar: A epistolografia de Mário de Andrade*. São Paulo: Edusp; Fapesp, 2007, p. 186.
46. Entrevista de Telê Porto Ancona Lopez em *Artes e letras: Entrevistas*, op. cit., pp. 489-503.
47. Marcos Antonio de Moraes, "A correspondência de Mário de Andrade como Arquivo da Criação Literária". Disciplina FLC 62401 de pós-graduação em Literatura Brasileira. Site da FFLCH-USP. Disponível em: <https://sucupira.capes.gov.br/sucupira/public/consultas/coleta/disciplina/viewDisciplina.jsf?popup=true&id_disciplina=201494>. Acesso em: 12 nov. 2021.
48. A primeira edição das cartas de Mário a cargo de Manuel Bandeira data de 1958. O grosso das cartas de Mário cobre as décadas de 1920 e 1930, só cessando o fluxo com seu falecimento, em 1945.
49. *Correspondência Mário de Andrade & Manuel Bandeira*, op. cit.
50. Id., ibid., p. 505.
51. Id., cartas de Mário, pp. 354-6.
52. Id., carta de Manuel Bandeira, p. 358; carta de Mário, p. 359.
53. Flávia Camargo Toni, *A Missão de Pesquisas Folclóricas*. São Paulo: Centro Cultural São Paulo [1985].
54. *Cartas a um jovem escritor*. Org. de Fernando Sabino. Rio de Janeiro: Record, 1981; Fernando Sabino; Mário de Andrade, *Cartas a um jovem escritor e suas respostas*. Rio de Janeiro: Record, 2003.
55. *Mário de Andrade: Cartas a Anita Malfatti (1921-1939)*. Org. de Marta Rossetti Batista. São Paulo: Forense, 1989.
56. *Correspondência Mário de Andrade & Henriqueta Lisboa*. Org. de Eneida Maria de Souza. São Paulo: Edusp; IEB-USP, 2010.

O NEGRISMO E AS VANGUARDAS NOS MODERNISMOS BRASILEIROS: PRESENÇA E AUSÊNCIA

LILIA MORITZ SCHWARCZ

Por que a vida do escravo é como uma "coisa", possuída por outra pessoa, a existência do escravo aparece como a perfeita figura de uma sombra.
ACHILLE MBEMBE

Entre finais do século XIX e inícios do XX, vivia-se o auge dos modelos darwinistas raciais. Raça era entendida, então, como um conceito ontológico que dividia a humanidade a partir de categorias rígidas como superioridade e inferioridade. Não por coincidência, esse é também o momento em que, findo o sistema de escravidão mercantil, as populações negras conheceriam novas formas de subordinação. Esse é ainda o contexto de apogeu do supremacismo branco, que se afirma com as políticas imperialistas por sobre a África e a Ásia, e nas práticas de subalternização nas Américas e no Caribe.

Uma série de pensadores, ativistas, artistas plásticos e escritores negros, africanos ou não, colocaram em questão tais pressupostos, expressos por uma produção colonial que procurava naturalizar um padrão europeu e branco nas mais diferentes áreas do conhecimento. Autores como Marcus Garvey, W. E. Du Bois, Frantz Fanon, C. L. R. James, Aimé Césaire, entre outros, foram cruciais para desmontar esses regimes de verdade, assim como tiveram papel fundamental na consolidação do movimento pan-africanista e do pensamento africano no período entreguerras. Muitos deles e delas, vivendo na diáspora, engrossaram o movimento Harlem Renaissance, muito presente na cena cultural norte-americana e parisiense, nos idos de 1918 e até 1930; desmontaram narrativas históricas e sociológicas consolidadas; fundaram jornais e associações, e, não por acaso, atuaram em modelos e práticas anticoloniais e separatistas na África.

Hoje se conhece mais o pan-africanismo político, ativista e programático, sobretudo aquele anglófono. Mas o pan-africanismo cultural de origem francesa e norte-americana teve igualmente papel estratégico na crítica aos cânones literários, nas ciências humanas e nas artes plásticas. A abordagem mais recorrente, quase consensual e fartamente utilizada até então, era por demais exótica quando se tratava de representar a África e com as populações negras que viviam na diáspora.

E se, como afirmou Steve Edwards, "o cânone é uma condição estrutural da história da arte",[1] essa é também uma realidade que escorrega para as demais áreas do saber. Não por coincidência, de um lado, se encontravam (e ainda se encontram) as obras literárias e as belas-artes que, em geral, seguem gostos de elite ou ao menos de certo grupo reconhecido culturalmente e concentrado na Europa e nos Estados Unidos. De outro, estariam os "artefatos e artesanatos", as obras definidas como "populares, naïves ou primitivas", os livros de folclore produzidos pelo "resto do mundo" — por intelectuais das ex-colônias e por artistas e escritores fora desse eixo. Nesse movimento, as obras pertencentes ao primeiro grupo viraram padrão e baliza segundo a qual todas as demais devem ser classificadas. Cria-se, assim, uma articulação tão poderosa como complexa, que estabelece uma relação bastante direta entre cultura e história da arte e da literatura e permite que certo imperialismo cultural sobreviva a despeito do fim do colonialismo propriamente dito. Em meio a essa operação de subtração, acabam por impor-se marcadores de gênero, raça, religião e classe por sobre os chamados povos nativos, indígenas, subordinados, subalternos e não brancos, sistematicamente transformados em invisíveis dentro dessas esferas de canonização. Livros, ensaios, biografias, compêndios, manuais, cursos, editoras reforçam esse ciclo vicioso.

Nas últimas décadas, porém, esses modelos, que se pensam sempre universais, têm dado lugar a "outras modernidades". Como mostra Walter Mignolo, não se trata de buscar "por modernidades alternativas, mas alternativas para a modernidade".[2] Historicamente essa foi uma batalha encetada por uma série de ativismos negros da África e da diáspora, mais conhecidos como "internacionalismo negro". Nesse contexto, é fundado o jornal bilíngue *Revue du Monde Noire* (1931), que tinha como propósito superar e unir simbolicamente esses povos para além das diferenças locais. O objetivo era criar um imaginário comum a partir de alguns alvos centrais: uma visão diaspórica do negro, o protagonismo negro, a liberdade criadora e a volta às raízes africanas.[3]

Essas são questões presentes na nova literatura que então se formava, a despeito de o termo negritude propriamente dito ter sido formulado por Aimé Césaire em 1939, no livro *Caderno de um retorno ao país natal*. Segundo o autor, o objetivo era uma "tomada de consciência" acerca das especificidades de ser negro. A saída não implicava o fechamento, mas antes uma abertura para o universal, para uma parte ignorada pela humanidade.[4] Como mostra Muryatan Barbosa: para Césaire, a língua francesa e a "alma africana" (seja da Martinica ou no interior do continente africano) dariam ensejo a uma nova mistura cultural que apropriaria a sintaxe europeia e faria ressurgir valores e representações socioculturais, dando lugar a uma nova unidade negra.[5] A negritude toma força, pois, quando a população negra adquire consciência de que seria necessário retomar sua identidade, recuperar sua herança histórica, cultural e social, proclamar a solidariedade para com as nações negras de todo o mundo, bem como negar o branqueamento vigente de forma naturalizada em boa parte das sociedades ocidentais.

Tais perspectivas passariam, porém, ao menos nos anos 1920 e 1930, bastante longe daquela que ficou conhecida como *a* escola modernista brasileira; o grupo que se articulou e despontou publicamente durante a Semana de Arte realizada em São Paulo, no Theatro Municipal, reduto das elites do café. No ano de 1922, dois eventos diferentes agitaram a monótona agenda de festejos nacionais e em vias opostas: de um lado, comemorava-se o centenário da Independência do Brasil, com muitas demonstrações de patriotismo; de outro, a Semana de Arte Moderna. Esta seria identificada com o momento inaugural para entender a reação de toda uma nova geração que rompia com os padrões vigentes, cujo modelo era até então dado pela Academia Brasileira de Letras, fundada em 1897. O intento era renovar o ambiente artístico e cultural, adotando experiências estéticas da vanguarda europeia, mas fazendo uso de uma métrica brasileira.

Em 1928, era lido e depois publicado na *Revista de Antropofagia* o "Manifesto Antropófago" [imagem p. 482], de Oswald de Andrade, com a ambição de produzir uma nova "língua literária" e "não catequizada". Caso exemplar é a publicação de *Macunaíma*, de Mário de Andrade. O livro descrevia as desventuras desse herói brasileiro que mentia, negociava, prejudicava os outros, tinha preguiça, mas também chorava e se enternecia. A obra guarda uma forma urgente, recortada por fontes diversas, multifacetada e que lembra o gênero da rapsódia.[6] A principal fonte é a obra de Theodor Koch-Grünberg, *Vom Roraima zum Orinoco*, datada de 1924. A figura de Macunaíma era conhecida na região Norte como um personagem irrequieto que transitava pela fronteira, sem respeitar traçado oficial ou mapa delimitado. Segundo documento publicado por Telê Porto Ancona Lopez, Mário teria confessado que:

> No geral meus atos e trabalhos são muito conscientes por demais para serem artísticos. *Macunaíma* não. Resolvi escrever porque fiquei desesperado de comoção lírica quando lendo o Koch-Grünberg percebi que Macunaíma era um herói sem nenhum caráter nem moral nem psicológico, achei isso enormemente comovente nem sei por que.[7]

Não ter nenhum caráter era uma forma de ter todos. Aliás, Macunaíma não respeita tempo e tampouco espaço, viajando como cavaleiro andante por todos os lugares e épocas, para jamais pousar em local algum. Esse perfil atípico do personagem até podia estar nas passagens retiradas do livro de Koch-Grünberg, mas Mário tratou de agregar outras histórias, heróis e anti-heróis, achando inspiração nas páginas da literatura indígena, africana, ibérica, portuguesa, brasileira e europeia. Além do mais, acrescentou suas experiências pessoais, seus estudos etnográficos, suas próprias viagens, e a leitura particular que realizou da história brasileira e dos folcloristas. Leitor confesso do historiador Capistrano de Abreu, Mário se dizia igualmente seguidor do militar, político e folclorista Couto Magalhães, do contista, romancista e também folclorista Gustavo Barroso e das obras de Sílvio Romero. Bordou seu original, recolhendo expressões, ditados, frases feitas, contos, lendas das várias regiões do país. A esse material, o escritor juntou termos retirados de suas andanças pelo país e ainda inventou outros mais.

Mário de Andrade também oscilou no subtítulo. Originalmente, pensou em defini-lo como "herói de nossa raça" para depois optar por "herói de nossa gente". De toda maneira, o livro nada tinha de ufanismo. Um herói que praticava todo tipo de falcatrua — sem poupar irmãos, burgueses ou deuses... — não poderia encarnar uma espécie de identidade nacional orgulhosa. Num momento importante da narrativa, quando Macunaíma e seus dois irmãos andavam pelo mundo, eles se depararam com uma poça e resolveram se "abicar". Com a linguagem em trava solta, Mário recupera o velho mito das três raças formadoras da nação — o indígena, o negro e o branco —, mas dá a ele uma interpretação pouco enaltecedora. Dessa vez, e de forma metafórica, o herói de nossa gente, um "preto retinto", vira branco, um de seus irmãos se transforma em índio e o outro em negro (mas branco na palma das mãos e na sola dos pés). Além do mais, se antes todos eram "índios pretos", depois da entrada na água encantada, se consolidou na família uma nova hierarquia interna. Até então, Macunaíma era o caçula chato, negro como os demais. Depois de tomar banho, ficou "branco, loiro e lindo". O outro irmão acabou da cor do bronze e o último, bem negro. Iguais, mas diferentes.

Com essa passagem do livro, Mário talvez estivesse espicaçando a famosa ladainha das três raças, recriada em tempos de país independente pelo naturalista Karl F. P. Von Martius. Escrito para o Instituto Histórico e Geográfico Brasileiro, em 1843, o modelo do naturalista previa, igualmente, uma metáfora fluvial, mas carregava um tom nacionalista e triunfante. Na tese do viajante bávaro, o Brasil seria composto de três rios — um branco, um indígena e um negro —, mas todos convergiam para o primeiro. Já o autor de *Macunaíma* transformava o caudaloso rio em uma poça mágica e ainda mostrava como os resultados da fusão não poderiam ser mais distintos não só na cor, mas, sobretudo, nas decorrências sociais da cor.

Macunaíma parecia representar o resultado de um período fecundo de estudos e dúvidas que Mário de Andrade acumulara acerca da cultura brasileira e de suas manifestações. Tanto que o escritor incorporou em sua obra toda uma cultura não letrada, em que tomavam parte indígenas, caipiras, sertanejos, negros, mulatos, cafuzos e brancos. O resultado era menos uma síntese e mais uma sinfonia, em que, a despeito do tema central ser comum, os vários instrumentos guardam pequenos solos distintos.

Se não há como dizer que existiria, embutido no livro, um projeto identitário nacional, também não há como julgar os "defeitos" do herói e assim fazer uma análise moral de seu comportamento. A própria estrutura do texto opera a partir de contradições, contrastes, antíteses, paradoxos e até despistamentos. Conforme provocou Mário, em carta endereçada a Manuel Bandeira em 1927: "é justo nisso que está a lógica de Macunaíma: em não ter lógica".[8] O "herói sem nenhum caráter" permanece sempre deslocado nos locais onde se encontra: na cidade, sente falta da mata; na mata, não acha lugar na família. Foi buscar sua consciência em São Paulo, mas não a encontrou. No final do romance, ele termina solitário; só sabe que "não veio ao mundo para ser pedra".

Interessante pensar que Mário de Andrade, nessa obra e em poemas como "Reconhecimento de Nêmesis", escrito em 1926, mas publicado em 1941, "Poemas da negra", de 1928, e "Nova canção de Dixie", de 1944, apresenta um sujeito lírico próximo a seu lado mestiço, revela sua comunhão com a musa negra ou mesmo o incômodo diante das práticas racistas dos Estados Unidos na primeira metade do século XX.[9] Mas, se é possível encontrar certa solidariedade por parte do literato, não há protagonismo ou diálogo com o negrismo nesses textos; isso sem entrar na polêmica sobre a própria cor do autor modernista.

Se não temos espaço para lidar com todo o grupo que se aglutinou em torno da Semana, penso que vale a pena selecionar, além de Mário de Andrade, mais outra personagem icônica do movimento: Tarsila do Amaral. Enquanto mulher branca de uma família privilegiada de fazendeiros, a artista não escapou do racismo disseminado na sociedade brasileira. Em suas próprias palavras: "Sinto-me cada vez mais brasileira: quero ser a pintora da minha terra. Como agradeço por ter passado na fazenda a minha infância toda. As reminiscências desse tempo vão se tornando preciosas para mim".[10] Não por coincidência, nessa época, uma série de elementos populares vão surgir nas pinturas de Tarsila: paisagens interioranas ou dos subúrbios brasileiros povoadas por negros ou indígenas, animais de muitas cores, plantas com as mais variadas formas, hábitos populares, elementos do folclore. Mas sempre inseridos e imersos na paisagem.

O movimento de descoberta de Tarsila não era isolado. Vários artistas produziram interpretações do Brasil quando no exterior. Foi em Paris que ela puxou por sua memória afetiva e criativa para ir ao encontro de um país não europeu e marcado pelas populações indígenas e africanas. Mas aí residia a ambiguidade e boa parte dos dilemas da pintora e de outros artistas do grupo. Essas eram pessoas que se localizavam entre dois mundos distintos, sem pertencer, exatamente, a nenhum deles: o europeu e o nativo, o da elite branca e o popular, o modernismo europeu e a cultura popular brasileira.[11]

Várias telas de Tarsila — como *Carnaval em Madureira* (1924), *Morro da Favela* (1924) [imagem n. 18] — destacam-se nesse sentido, com a população negra aparecendo de maneira basicamente decorativa e anônima. Mas é a tela denominada *A negra* (1923) [imagem n. 9] que gerou, e ainda gera, mais controvérsia. A artista, que passara boas temporadas na França, voltou de lá fascinada pela assim chamada "arte negra". Nutrindo-se da fase pós-cubista em voga na Europa, a pintora passou a produzir uma arte que buscava equilibrar-se entre os arquétipos e as convenções esquemáticas da raça negra, com uma tradução do modernismo europeu. Sobretudo as telas criadas nas décadas de 1920 e 1930 passaram a representar a população negra na fronteira entre uma linguagem renovada modernista e as limitações que a sociedade brasileira apresentava — recém-liberta do sistema escravocrata, vigente por quase quatro séculos, com costumes patrimoniais perversos e padrões de racismo enraizados. Ainda assim, as conexões que Tarsila estabeleceu com o estúdio de Fernand Léger contaminaram sua visão da negritude, fazendo com que adotasse a assim chamada "arte primitiva", denominação que mantinha intocadas formas de discriminação internas ao mundo da arte.[12] O "exemplo primitivo" de Tarsila era o Brasil e em especial os descendentes de africanos.

Foi Tarsila quem afirmou que *A negra* anunciava "o nascimento da Antropofagia". Vinculada a outras obras do período antropofágico produzidas pela artista — como *Abaporu* (1928) [imagem n. 10] e *Antropofagia* (1929) —, essa tela em especial traz uma concepção simbólica e sintética da linguagem visual inaugurada pela artista nos anos 1920. Interessante lembrar ainda que, no momento em que Tarsila termina a tela, o movimento artístico e literário da Antropofagia ainda não havia sido criado, assim como inexistia um registro metafórico das vanguardas modernistas. O que sabemos, porém, é que, a despeito da constatação histórica, a subjetividade individual de Tarsila já trazia uma experiência afetiva das elites brasileiras, socializadas na base da linguagem autoritária da escravidão.[13] Tanto que, mais uma vez, é a própria pintora que, em documento no qual comenta a obra, afirma ter retirado o modelo de uma ex-escravizada de propriedade da família Amaral. Na tela destaca-se, pois, uma linguagem moderna expressa nas diagonais em branco, marrom e verde, com detalhes em azul e vermelho, que compõem o segundo plano da tela, contrastado à figuração, em primeiro plano, da imagem dessa que teria sido sua ama de leite.

Mais uma vez, reproduzo aqui o texto de Tarsila:

> Um dos meus quadros de muito sucesso quando o expus lá na Europa se chama *A negra*. Porque eu tenho reminiscências de ter conhecido uma daquelas antigas escravas, quando eu era menina de cinco ou seis anos, sabe? Escravas que moravam lá na nossa fazenda, e ela tinha os lábios caídos e os seios enormes, porque, me contaram depois, naquele tempo as negras amarravam pedra nos seios para ficarem compridos e elas jogarem para trás e amamentarem a criança presa nas costas. Num quadro que pintei para o IV Centenário de São Paulo eu fiz uma procissão com uma negra em último plano e uma igreja barroca, era uma lembrança daquela negra da minha infância.[14]

O resultado não poderia ser, ao mesmo tempo, mais modernista e caricatural, com a modelo sendo retratada com grandes beiços, sem cabelo, enormes pés que servem de sustento a um seio muito proeminente que simbolizava a profissão da ama de leite. De outro lado, a obra em sua monumentalidade expressava certa nostalgia que parte da sociedade brasileira sentia em relação aos dias da escravidão, nessa época, nem tão distantes.

Alçada ao posto de ícone do modernismo brasileiro, a obra traz a tensão e a grande contradição silenciosamente partilhadas pela sociedade brasileira: a escravidão e depois o racismo estrutural e institucional. A tela conferia visualidade, também, à maneira como as elites dominantes locais lidavam com o tema, de forma a exotizá-lo e assim naturalizá-lo. Se esse era um lugar de intimidade entre a ama e seus filhos de criação, ele não estava imune ao antagonismo e ao conflito. Aracy Amaral identificava tal traço tão perverso em *A negra* como elemento profundo da sociabilidade brasileira, chamando a atenção para as memórias inconscientes e a familiaridade da infância de Tarsila. Assim, se a obra pode ser considerada de vanguarda em suas formas — no sentido de estar à frente de seu tempo —, já na temática se encontrava totalmente inserida em seu contexto.[15] O limite do modernismo brasileiro, ao menos aquele dos integrantes da Semana de 22, era a questão racial negra, tratada ora de maneira secundária, ora silenciosa. O perfil de seus integrantes, aliás, era bastante homogêneo; à exceção de Mário, ali se reuniam jovens brancos, cosmopolitas e provenientes de famílias de posse.

É preciso relativizar a centralidade exclusiva dos paulistas na história do modernismo brasileiro. Por exemplo, é nesse momento que as Minas Gerais barrocas serão eleitas pelos próprios modernistas como "berço original da cultura brasileira". A ideia era apagar o passado imperial, exaltando um país mestiço — mestiçagem aqui entendida como integração, e não como hierarquia e conflito.

Por sinal, a publicação de *Casa-grande & senzala*, em 1933, é emblemática nesse sentido e de um outro modernismo. Retomando a temática e a experiência da convivência entre as "três raças", Gilberto Freyre trazia para seu livro a experiência privada das oligarquias nordestinas. A obra oferecia um novo modelo para aquela que ele dizia ser uma sociedade multirracial brasileira, com o cruzamento de raças singularizando a nação. O livro trazia um capítulo inteiro sobre a contribuição negra, mas sem nomear a desigualdade existente, e delineava um projeto mais tardio de seu autor — o lusotropicalismo. O modelo, que ganharia fama nos Estados Unidos e na Europa, supunha uma colonização ímpar, definida pela suposta convivência harmoniosa entre as raças no Brasil, que anos depois se constituiria como um grande mito nacional.

Gostaria de deter-me sobre uma maquete, feita pelo pintor Cícero Dias, do Engenho Noruega, localizado no estado de Pernambuco, e que aparece desde a primeira edição do livro de Freyre. O trabalho torna-se ainda mais significativo se o compararmos com o tratamento dado aos negros no modernismo brasileiro de uma forma geral: o lugar secundário e passivo das populações de origem africana.

Observada a partir de seus detalhes, salta aos olhos nessa obra a reiteração do mesmo tipo de tratamento reservado aos negros e às negras. Em primeiro lugar, a maquete deixa explícita a divisão reinante na casa-grande, entre o território dos senhores e o local de circulação dos escravizados. Essas são estruturas arquitetônicas do passado e de nosso presente. Também se destacam as diversões perversas das crianças brancas — os pequenos senhores. Um deles mantém uma criança negra na parte de cima de uma gangorra, outro brinca de cavalinho com um pequeno escravizado que faz o papel de animal e assim vamos. Nesse caso, trata-se de um modernismo de fundo nostálgico e senhorial, do tempo da cana-de-açúcar e dos grandes proprietários locais. Um tempo sem volta.

Também no Rio de Janeiro, intelectuais e artistas reunidos nos cafés e bares locais tomaram a cidade como palco e desenvolveram uma literatura satírica e à sua maneira moderna e oposta ao academicismo. Esse foi, em primeiro lugar, o ambiente propício para o desenvolvimento do samba carioca — que contava com nomes como Pixinguinha, Caninha, China, Heitor dos Prazeres, João da Baiana, Sinhô — e para outras manifestações que representavam o adensamento de um pujante caldo cultural afro-brasileiro, incluindo-se os modernistas cariocas, que faziam parte do mesmo circuito.

Esse era também um modernismo crítico ao contexto vigente. Passada a euforia que se seguiu à promulgação da Lei Áurea de 1888, ficavam claras as falácias da medida. Se ela significou um ponto-final no sistema escravocrata, não priorizou uma política de inclusão desses grupos. Sobre os libertos, recaía agora um fardo pesado, condicionado pelos modelos deterministas de interpretação racial, teorias de branqueamento e pela própria história. Conviviam, pois, com o preconceito do passado recente escravocrata, somado ao preconceito de raça. Não por acaso, Lima Barreto, um escritor negro e morador dos subúrbios cariocas, afirmou que, no Brasil, "a capacidade mental dos negros é discutida a priori, e a dos brancos, a posteriori".[16]

Lima Barreto tinha inclusive certa posição de liderança, fora do cenário mais canônico da Academia Brasileira de Letras, bem como começava a ser reconhecido pelas novas gerações de escritores.[17] Vários autores lhe enviavam cartas, as quais nunca ficavam sem resposta. No volume de correspondências, ativa e passiva, organizado pela primeira vez pelo próprio Lima, e depois ultimado por sua irmã Evangelina e por Francisco de Assis Barbosa, é possível acompanhar verdadeiras conversas epistolares com vários moços da cidade e de diferentes províncias. Em seu acervo pessoal, encontram-se missivas de Agrippino Grieco, Mario Sete, Leo Vaz, Gastão Cruls, Murilo Araújo, Adelino Magalhães, Alberto Deodato, Olívio Montenegro, Carlos Sussekind de Mendonça, Paschoal Carlos Magno, Ranulfo Prata e tantos outros. A Enéas Ferraz, por exemplo, ofereceu ser fiador de seu novo livro, que se chamaria *História de João Crispim*, e seria editado pelo amigo e livreiro Schettino. Na carta que enviou, recomendou que a edição fosse "modesta". E ainda zombava:

> Hás de rir-te que eu fique fiador, pois o Rio é tão nobre cidade que eu — tu bem me conheces — posso ser fiador de muita coisa. Imagina tu que moro há cinco anos em uma casa, sem carta de fiança, a 200$000 por mês. Já fiquei devendo quase um ano e já pagamos eu e meus irmãos. Manda o calhamaço.[18]

Lima perdia o dinheiro, mas não a piada. Por sinal, era nessas correspondências que o escritor deixava entrever sua paixão pela literatura social e as características desse modernismo à carioca. Com um jovem que se chamava Jayme Adour da Câmara, trocou correspondências durante um ano. Sugeriu a leitura do livro *L'Art au point de vue sociologique*, que correspondia à sua "perspectiva militante", termo cunhado pelo próprio autor para sua literatura. Insistia que a sociedade deveria ditar a literatura, e que não havia escrita sem posicionamento político. Sempre assertivo, incluía na lista de obras a leitura de suas próprias paixões: "Leia sempre os russos", aconselhava, "Dostoiévski, Tolstói, Turguêneff, um pouco de Górki, mas, sobretudo, o Dostoiévski da *Casa dos mortos* e do *Crime e castigo*".[19] Perguntava, ansioso, se Jayme havia recebido *Socialismo progressivo*, ou a conferência de Ingenieros sobre o maximalismo. Ingenieros escrevia na época para o grupo Claridad, de tendência comunista, assim como professava ideias anti-imperialistas. Cuidadoso, Lima acrescentava que ia mandar mais publicações "sobre coisas sociais". Prometia aos pupilos exemplares de Kropótkine, de Hamon, de Reclus e recomendava também "o maluco do Comte e o Spencer". Esses eram nomes conhecidos na sociologia e que para Lima faziam toda a diferença na construção de uma nova literatura de inspiração modernista, a qual, segundo ele, não se separava jamais da sociedade.

Lima chegava aos anos 1920 mostrando, porém, um sentimento de decepção com relação à República, com a falta de inclusão social dos negros, bem como se nutria e se definia como "negrista". Talvez fosse o único autor que dialogasse diretamente com essa linha, fazendo com que negros e negras fossem protagonistas de seus livros, contos e artigos. Nos termos de época, esses eram mesmo os desafios dos modernismos.[20]

Lima entrou em 1922 cansado. Não deixou, porém, de comentar (e reagir) aos dois eventos que marcaram aquele ano. Na revista *Careta*, de 4 de março de 1922, com seu estilo debochado, explicou que a Espanha presenteara a Argentina com um magnífico monumento a Cristóvão Colombo, enquanto Portugal iria nos dar "alguma coisa, mas, depois de acabado o certame, leva-a para lá". Lima menciona também que a embaixada do México andava prometendo uma reprodução da estátua de Cuauhtémoc, último imperador asteca. Além de desconfiar do presente, ele ainda provocava os paulistas: "Desde que não vá para São Paulo, como aconteceu com a medalha comemorativa da fundação da Escola Politécnica de Paris". Para terminar, comenta que "o monumento de bronze e mármore ao Augusto Epitácio seria oferecido pelo Centro Paraibano que, como se sabe, goza de extemporaneidade e é, portanto, equiparado a um estado soberano".

A cutucada tinha como alvo o presidente Epitácio Pessoa, paraibano de origem. Pessoa, que governou em meio a uma sucessão de greves operárias, contou com muita reação à sua política de financiamento do café às custas de empréstimos no exterior, sobretudo dos Estados Unidos. Acabou enfrentando, então, um dos períodos mais conturbados da Primeira República, com a eclosão da Revolta do Forte de Copacabana, em 5 de julho de 1922, e a Revolta do Clube Militar. Mas seu governo seria lembrado não só por agitações políticas. Também no campo da cultura, o ambiente era de mar revolto. A realização de uma grande exposição internacional, por exemplo, não passou ilesa pela crítica ferina de Lima. Isso sem esquecer da visita do atlético rei Alberto da Bélgica e o fato de o governo de Epitácio Pessoa revogar, em 1920, o banimento da família imperial brasileira, no exílio forçado desde a Proclamação da República.

Dentre as medidas que o presidente tomou, Lima com certeza desaprovaria várias. Era contra o "espírito patriota e nacionalista que tomou os brasileiros por conta do centenário de 1922", assim como, a despeito de criticar a prática do futebol, não poderia apoiar o veto à presença de negros na seleção brasileira que participou do Campeonato Sul-americano de 1921.

E se foram muitas as manifestações críticas de Lima, a contraposição maior era ao padrão dado pela Academia Brasileira de Letras. É certo que os membros da ABL, e a própria instituição, tinham perfil bem mais complexo do que a caricatura que deles se fazia. Porém, o que importa é a maneira como a entidade foi representada por esses grupos modernistas cariocas; ela personificava o modelo dos literatos estabelecidos no campo, e distantes das vanguardas que aglutinavam as novas experiências simbolistas, realistas e modernistas. Em conjunto, elas revelavam a existência de um outro país: mais misturado, mais plural em termos de origem e composição social, bem como a entrada de uma nova linguagem e visão do país.

Visto por esse ângulo, o grupo carioca não parecia tão distante daquele paulista de 1922. O intento de ambos era renovar o ambiente artístico e cultural, adotando experiências estéticas de vanguarda que ocorriam na Europa — como o futurismo italiano, o cubismo, o expressionismo —, mas fazendo uso de uma marcação mais brasileira. Temas locais, manifestações diversas e a entrada do negro como tema faziam parte dessa nova agenda que, de certa forma, encostava naquela de Lima Barreto — criar uma nova "língua e dicção literárias", e "não catequizada", avessa aos valores exclusivos do estrangeiro.

Entretanto, se São Paulo cumpriu o papel de marco simbólico da mudança, no Rio de Janeiro, a contestação partia justamente dos ambientes literários mais jovens. Anarquistas, comunistas, boêmios, simbolistas, realistas, eles se definiam como uma geração avessa à Primeira República e suas políticas de exclusivismo social e de bovarismo cultural e literário. Oposta ao que era considerado "o bom mocismo da Academia", essa era uma geração de profissionais liberais que pretendia chocar e cuja sociabilidade incluía, como vimos, o relacionamento com outros grupos como, por exemplo, aqueles que se reuniam na casa de tia Ciata.[21] Nascida em Santo Amaro da Purificação, na Bahia, tia Ciata tinha ascendência no interior de uma comunidade de negros baianos instalada no bairro carioca da Saúde, na área central do Rio de Janeiro. Hilária Batista de Almeida era dona do tabuleiro mais famoso da cidade, confeccionava e usava trajes de baiana para os clubes carnavalescos. Nos finais de semana, organizava pagodes e festas dançantes — baile na sala de visita, samba nos fundos e batucada no terreiro, dizia o compositor João da Baiana, frequentador assíduo. Com esses rituais, ela tecia relações com outros personagens do mundo carioca, já que neles reunia compositores, intelectuais, artistas, jornalistas e publicistas. Iniciada no candomblé em Salvador, tia Ciata era filha de Oxum e tinha posição proeminente no terreiro de João de Alabá, no Rio de Janeiro. Na casa de tia Ciata, foi criado o primeiro samba gravado em disco. "Pelo telefone" foi lançado em 1917, tendo Donga registrado a música em seu nome na seção de autores da Biblioteca Nacional. Com esse gesto, Donga garantiu direitos autorais sobre uma composição de produção coletiva. O registro provocou polêmica, como mostram os versos de época: "Ó que caradura/ De dizer nas rodas/ Que esse arranjo é teu!/ É do bom Hilário/ E da velha Ciata/ Que o Sinhô escreveu".

Irreverente, esse foi o ambiente propício para o desenvolvimento do samba carioca — que contava com nomes como Pixinguinha, Caninha, China, Heitor dos Prazeres, João da Baiana, Sinhô — e para outras manifestações que representavam o adensamento de um pujante caldo cultural afro-brasileiro, incluindo-se aí os modernistas cariocas que frequentavam o circuito. As margens sociais do modernismo carioca foram, assim, tomando outros rumos, favorecendo o encontro entre o pobre carioca, moreno ou negro, intelectuais e filhos da burguesia. Outro bom exemplo é a compositora popular Chiquinha Gonzaga solando o "Corta-jaca" em festa oficial no Catete, a convite da esposa do então presidente da República, Hermes da Fonseca. Na comparação entre modernos, as relações, no caso dos cariocas, eram mais informais e a abrangência social, mais ampla. Não só Ciata ou Gonzaga faziam parte do grupo estendido do modernismo carioca, mas também Suzana — nome de ficção de Tina Tati, conhecida dona de um cabaré, muito atuante na propaganda abolicionista — e Maria Bragança de Mello, defensora do nudismo e cultora de ciências ocultas.[22]

O grupo foi muito influenciado por artistas da geração anterior, como Paula Nei, Pardal Mallet e José do Patrocínio, mas reunia agora figuras de expressão, como o crítico Gonzaga Duque, o caricaturista Raul Pederneiras, o poeta Emílio de Menezes, Bastos Tigre, que recebeu o pseudônimo de Don Xiquote por causa de sua veia crítica e ácida, e Lima Barreto. Eles se autodenominaram "confraria humorística" e se destacaram ao simular situações de atrito, improvisar discursos e fazer muita piada.

Foi nessa época que, em nome do grupo paulistano, Sérgio Buarque de Holanda revolveu oferecer a Lima Barreto um exemplar da *Klaxon*, em cujas páginas os modernistas de São Paulo se propunham a, justamente, "descoelhonetizar" a literatura brasileira. Não seria de estranhar se tivessem lido algumas das crônicas de Lima sobre Coelho Neto, tomado por ele como símbolo da convenção literária. O escritor carioca criticava a mania grega do colega, sua literatura artificial e exterior à realidade sofrida do povo brasileiro.

A *Klaxon: Mensário de Arte Moderna* surgira em 15 de maio de 1922, alardeando as novas intenções dos modernistas da Semana, expressas, também, em seu projeto gráfico arrojado [imagem p. 409]. A *Klaxon* era ousada na forma e no conteúdo. Nela colaborava a nata do modernismo paulistano: Mário de Andrade, Oswald de Andrade, Menotti Del Picchia, Manuel Bandeira, Di Cavalcanti, Anita Malfatti, Tarsila do Amaral, Graça Aranha e Sérgio Buarque de Holanda. Nas páginas do mensário, que funcionava como uma espécie de cartão de apresentação do novo movimento, estavam estampadas as ideias que aglutinavam o grupo: uma forma renovada de pensar as artes, um diálogo com as vanguardas, uma forma renovada de pensar literatura. A *Klaxon* trazia críticas de arte, poemas, artigos, piadas, tudo de acordo com o novo espírito do grupo. Os mais ativos no comitê de redação eram Menotti Del Picchia e Guilherme de Almeida, sendo Mário de Andrade o diretor. Desde o primeiro número, a definição era que "*Klaxon* tem uma alma coletiva", mostrando como a revista

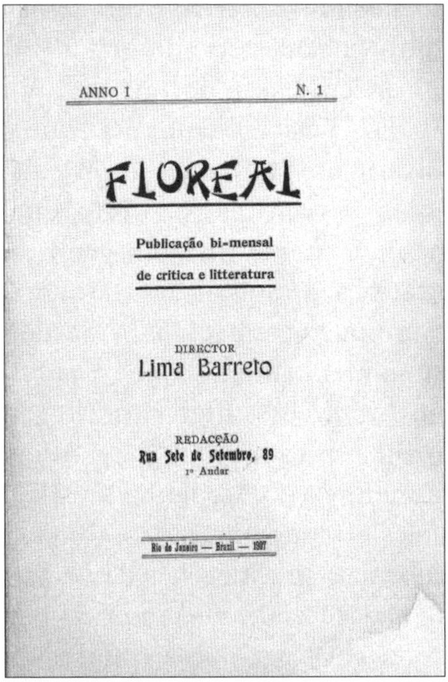
ANNO I N. 1

FLOREAL

Publicação bi-mensal

de critica e litteratura

DIRECTOR

Lima Barreto

REDACÇÃO

Rua Sete de Setembro, 89

1º Andar

Rio de Janeiro — Brazil — 1907

Floreal, *Rio de Janeiro, ano I, n. I, 25 out. 1907.*

trazia características de manifesto e os conceitos caros ao grupo. Plasticamente audaciosa, ela trazia ilustrações assinadas por Brecheret e Di Cavalcanti. Irreverente no tom, sarcástica nas críticas, *Klaxon* lembrava muito o tom da revista *Floreal*, criada em 1907 pelo grupo de Lima Barreto, repetindo a prepotência das novas gerações. Não por acaso, Menotti Del Picchia pontificava: "é uma buzina literária, fonfonando, nas avenidas ruidosas da Arte Nova, o advento da falange galharda dos vanguardistas".[23]

Esses eram, porém, os primeiros momentos do modernismo paulistano, a Semana de 22 não tivera repercussão imediata, e o movimento até então parecia restrito a São Paulo. A exposição de Anita Malfatti — com suas telas futuristas — tivera pouca evidência no Rio, e o grupo não encontrava muitos seguidores no contexto literário carioca. Já o resenhista, Lima Barreto, desacreditou da iniciativa: achou que ela tinha "gosto pelo escândalo" e "apego a vogas de fora".

Não há como saber se Lima Barreto tivera tempo de ler a virulenta crítica de Monteiro Lobato atacando Malfatti e os modernos de uma forma geral. O artigo datava de 1917, e o artista carioca ainda não conhecia, ao menos pessoalmente, esse que seria seu editor e com quem desenvolveria uma boa amizade. Mas talvez tivesse, a posteriori, aderido às opiniões críticas de Lobato, que atingiria o grupo dos modernistas paulistanos de maneira geral. O certo é que, no ambiente literário carioca, a essas alturas, até mesmo os nomes cariocas do grupo eram pouco conhecidos. Villa-Lobos tocava violoncelo num cabaré e Manuel Bandeira, que só publicaria *Carnaval* em 1919, não fazia parte dos círculos literários. Do grupo, Lima Barreto com certeza acompanhava a obra de Graça Aranha, que publicara *Canaã* em 1902, era membro da Academia Brasileira de Letras e circulava muito naqueles circuitos literários. Conhecia também Paulo Prado, que se transformara em mecenas da Semana e convivia com Alcântara Machado, Blaise Cendras e Yan de Almeida Prado.[24]

Por sua vez, os modernistas cariocas costumavam se divertir com a "plutocracia paulista" e em particular com Antonio Prado, que Lima chamou de "açougueiro" em artigo para o jornal *O Debate*, de 15 de setembro de 1917, intitulado "Sobre a carestia". Segundo o escritor carioca, Graça Aranha carregava pose indevida de mestre e continuava amarrado à Academia Brasileira de Letras, o que não depunha a favor das ideias inovadoras que professava. Também a *Klaxon* não mereceu a mesma simpatia que o escritor costumava dedicar aos jovens iniciantes. Ao contrário, o autor de *Policarpo Quaresma* percebeu nos editores da revista meros "imitadores de Marinetti" e no modernismo paulistano uma imitação fácil do futurismo.

"O futurismo" é o nome do artigo que Lima escreveu para a revista *Careta* de 22 de julho de 1922:

> São Paulo tem a virtude de descobrir o mel do pau em ninho de coruja. De quando em quando, ele nos manda umas novidades velhas de quarenta anos. Agora, por intermédio do meu simpático amigo Sérgio Buarque de Holanda, quer nos impingir como descoberta dele, São Paulo, o tal de "futurismo".

Sarcástico, Lima Barreto provoca os paulistas e suas vanguardas, que considera inventoras de modas antigas: "novidades velhas". E segue em frente:

> [...] Recebi, e agradeço uma revista de São Paulo que se intitula *Klaxon*. Em começo, pensei que se tratasse de uma revista de propaganda de alguma marca de automóveis americanos. Não havia para tal motivos de dúvidas porque um nome tão estrambótico não podia ser senão inventado por mercadores americanos, para vender o seu produto. Quem tem hábito de ler anúncios e catálogos que os Estados Unidos nos expedem num português misturado com espanhol, sabe perfeitamente que os negociantes americanos possuem um talento especial para criar nomes grotescos para batizar as suas mercancias. Estava neste "engano ledo e cego", quando me dispus a ler a tal *Klaxon* ou Clark. Foi, então, que descobri que se tratava de uma revista de Arte, de Arte transcendente, destinada a revolucionar a literatura nacional e de outros países, inclusive a Judeia e a Bessarábia. Disse cá comigo: esses moços tão estimáveis pensam mesmo que nós não sabíamos disso de futurismo? Há vinte anos, ou mais, que se fala nisto e não há quem leia a mais ordinária revista francesa ou o pasquim mais ordinário da Itália que não conheça as cabotinagens do "il Marinetti".

Lima Barreto criticou o nome, que lembrava importação americana; acusou os organizadores de adeptos do futurismo, e ainda chamou os modernistas de "moços estimáveis" e Sérgio Buarque de "simpático", para, por meio do sarcasmo, desfazer da idade e condição social dos paulistas. Também os chamou de "grupo de Marinetti" e de meros adaptadores de vogas do estrangeiro. Mesmo assim, pretendeu terminar o artigo selando amizade:

> O que há de azedume neste artiguete não representa nenhuma hostilidade aos moços que fundaram a *Klaxon*; mas sim, a manifestação da minha sincera antipatia contra o grotesco "futurismo", que no fundo não é senão brutalidade, grosseria e escatologia, sobretudo esta. Eis aí.

Mas a provocação calou fundo nos "moços". Na *Klaxon* seguinte, de agosto daquele mesmo ano, na última página da revista, saiu um comentário azedo sobre a resenha da *Careta*. Parte de uma seção em que se analisava e reagia às críticas à *Klaxon*, sem dar muito espaço ou alarde, a nota diz: "Na *Careta* (22 de julho) confunde ainda o espírito de atualidade da *Klaxon* com o futurismo italiano um snr. Lima Barreto". E assim seguia o comentário do grupo:

> Desbarretamo-nos, imensamente gratos, ao ataque do clarividente. Mas não é por causa da estocada que estamos gratos. Esta apenas nos permitiu sorrisos de ironias. Pois estamos bem acastelados, de metralhadoras armadas, e lá nos surge pela frente, a 20 metros, um ser que, empunhando a antiga colubrina, tem a pretensão de nos atacar! Colubrina? Qual! A colubrina é uma espada muito nobre do passado. É uma navalha que traz o atacante. Qual navalha! O snr. Lima Barreto, como escritor de bairro, desembocou duma das vielas da Saúde, gentilmente confiado nas suas rasteiras. E foi uma rasteira que imaginou nos passar. Mas com franqueza, snr. Lima, uma rasteira a 20 metros! Só mesmo si o erudito crítico possuísse pernas iguais em comprimento ao "nariz" de Mafarka... Mas as pernas (espirituais) do atacante apenas têm 10 centímetros!...

O tom "dos moços" era de salto alto e desfaçatez diante da crítica de Lima; a intenção era mesmo desfazer de sua capacidade. E continuavam na mesma toada: "Mas ainda não dissemos o que nos deixou gratos para com o estudioso conhecedor da literatura universal... Foi isto: o snr. Lima Barreto assinou seu artigo. Enfim!". Valendo-se do fato da *Klaxon* ter recebido, até aquele momento, poucas críticas negativas, buscavam desconsiderar o lugar do escritor carioca na literatura:

> [...] o snr. Lima, chama-nos de descobridores de futurismo "do il Marinetti" (O snr. Barreto é incontestável a respeito de artigos!). E cansado com o descobrimento eis o snr. Lima azedo, obfurgatoriando, mais ou menos com razão, contra Marinetti. Mas que temos nós com o italiano, oh! fino classificador? Mas o herbolário carioca sabe que certos arbustos naturais da Itália e da mesma família de apenas alguns registrados em *Klaxon*, são comuns à Rússia, à Áustria e à Alemanha Saqueada... Em todo caso, simpático, snr. Lima, como seu artigo "não representa ne-

nhuma hostilidade aos moços que fundaram *Klaxon*" amigavelmente tomamos a liberdade de lhe dar um conselho: Não deixa mais que os rapazes vão buscar ao Rio edições da *Nouvelle Revue*, que, apesar de numeradas e valiosíssimas pelo conteúdo, são jogadas como inúteis embaixo das bem providas mesas das livrarias cariocas. Não deixe também que as obras de Apollinaire, Cendrars, Epstein, que a Livraria Leite Ribeiro de há uns tempos para cá (dezembro, não é?) começou a receber, sejam adquiridas por dinheiros paulistas. Compre esses livros snr. Lima, compre esses livros.

Não há como saber se o escritor carioca leu a nota editorial da *Klaxon*, até porque ele morreria três meses e meio depois da publicação. De toda maneira, os "moços" respondiam com arrogância e devolviam na mesma proporção: atacavam não só Lima, como o ambiente literário do Rio, acusando-os de pouco conhecimento acerca das vanguardas europeias. Os paulistas também abusavam das citações com claro fito de intimidar: Apollinaire, Blaise Cendrars, a *Nouvelle Revue* apareciam como "prata da casa". Enfim, os dois lados se mereceram. Como mostra Francisco de Assis Barbosa, Lima Barreto, até então, mantinha boas relações com o grupo paulista.[25] Além de Sérgio Buarque, conhecia Di Cavalcanti, a quem fora apresentado pelo editor Schettino no cafezinho da rua Sachet, e foi logo dizendo que vira o álbum de desenhos do artista e agradecendo o exemplar que recebeu.[26]

E se não é possível afirmar que o "desencontro literário" foi responsável pelo distanciamento entre Lima e o modernismo paulistano, o certo é que a literatura do escritor carioca foi colocada, desde então, numa espécie de limbo. Alfredo Bosi, por exemplo, localiza a obra do escritor no período que ficou conhecido, a posteriori, como "pré-modernismo". A caracterização fora criada por Tristão de Ataíde para designar o período brasileiro que vai do princípio do século XX até a Semana de Arte Moderna. Mas se escritores como Coelho Neto ou Afrânio Peixoto foram pré-modernistas apenas no sentido cronológico, pois, segundo um critério estético mais rigoroso, seriam antes antimodernistas e representantes de uma "cultura realista parnasiana", já Lima se situaria em "nível mais alto e mais próximo da renovação modernista". Ele ficou no meio, e "entre" gerações, e mereceria o prefixo "pré-" apenas por uma conotação temporal, de anterioridade.[27] Mas essa caracterização de "pré-modernismo" não é consenso na crítica. Flora Süssekind chama atenção para o fato de que o período ficou em geral associado a uma simples "diluição das tendências estéticas anteriores" ou "como prefiguração de um modernismo vindouro". E acrescenta: "é como se só fosse possível compreendê-la, neste período como *pré* ou *pós* alguma coisa. Enquanto vampirização diluidora de marcas e estilos anteriores ou 'embrião' de traços modernistas futuros".[28]

Lima Barreto, e por decorrência todo o grupo que liderava, viravam, assim, sobretudo para a crítica paulistana, um grande "entre": entre gerações, entre gêneros, entre grupos. O modernismo paulistano, ao menos nesse primeiro momento, destinou a eles o mesmo tipo de reserva que guardava com relação ao grosso da produção literária que vinha do Rio. Lima em particular seria um "regressista" que não admitia a entrada dos novos costumes, vogas artísticas e literárias ou hábitos urbanos.

Foi Oswald de Andrade quem escreveu, porém, que, no Brasil, "o contrário do burguês não era o proletário — era o boêmio!".[29] É possível arriscar, assim, que, se não tivesse havido uma espécie de rompimento entre Lima e os modernistas paulistas, quem sabe, tal definição do futuro autor do "Manifesto Antropófago" não sugerisse uma aproximação com o grupo carioca.[30] Além do mais, talvez sua morte prematura, em novembro de 1922, tenha impedido uma fortuna diversa.

Outros paralelos poderiam ser explorados no que se refere ao negrismo. O autor de *Macunaíma*, anos mais tarde, desdenharia do *American Way of Life* imposto pelo "irmãozão", que em nada combinava com a "paciência nossa tropical". Também foi Mário quem afirmou que não existiam "negros na propaganda" do *American Way of Life*, assim como não se documentavam "negros pobres no Brasil". Muito significativo, nesse sentido, é o poema "Nova canção de Dixie", cujo manuscrito é datado de 25 de janeiro de 1944, e a primeira publicação no *Correio Paulistano* é póstuma.[31] Mário desconfiou muito da chamada *Colour Line Land* e, apesar do convite que recebeu para conhecer o país, preferiu não ser "asfixiado" pelo abraço apertado do "Amigo Urso".[32]

Por outro ângulo, é possível arriscar que o "abrasileiramento" apregoado pelos dois literatos poderia tê-los aproximado. Nem um nem outro eram nacionalistas afetados ou xenófobos, no sentido de terem "aversão a valores, práticas e povos estrangeiros". Como mostra André Botelho, "abrasileirar-se" significava uma forma mais democrática de lidar com as histórias e as culturas; uma maneira de relacionar-se com seu próprio país a partir do "sentimento", mas também da "imaginação".[33] Nada como relembrar o ensaio de Mário sobre Aleijadinho, aquele que, com "o dengue mulato da pedra azul, fazia ela se estorcer com ardor molengo e lento". Na opinião do modernista, o escultor mineiro foi "abrasileirando a coisa lusa, lhe dando graça, delicadeza e dengue na arquitetura". Era assim que ele "reinventava o mundo".[34]

Quem sabe Lima fosse muito "militante", segundo sua própria definição, e os paulistas não tanto. Mas essas são histórias do *se* e do *quem sabe*. O certo é que, nas fronteiras que distinguiam paulistas de cariocas, o antiamericanismo e o negrismo do escritor de Todos os Santos pesaram muito e foram entendidos como sinônimo de reacionarismo e de aversão às vanguardas. Ele não era reacionário, assim como os "rapazes" não eram adeptos de Marinetti.

Existe muito a explorar nessa área dos estudos e das teorias do negrismo no Brasil e acerca do relativo silêncio que envolveu boa parte dos componentes do modernismo carioca. Sem qualquer perigo de parecer anacrônico, pode-se dizer que, se negros apareciam nas obras literárias e nas artes plásticas de autores como Blaise Cendrars, Oswald de Andrade, Mário de Andrade, Anita Malfatti e Tarsila do Amaral, eles estavam longe de figurar como protagonistas ou mesmo de estar vinculados a um legado africano, continental ou diaspórico. Já na literatura de Lima, os personagens principais e secundários eram negros (ou traziam todo tipo de coloração marrom, como o escritor gostava de descrever), as tramas envolviam questões de preconceito e racismo, e os bairros onde as novelas se desenvolviam ficavam, em geral, longe da capital — ou do centro, como era então chamada.

Minha hipótese é que a escravidão ainda significava um limite forte para a linguagem modernista paulistana. Dessa maneira, talvez o modernismo que se desenvolveu no Rio, em contato com uma sociabilidade afro-brasileira, tenha dado mais espaço para essas minorias que, a despeito de recentemente libertas da escravidão, agiam em consonância com certo pensamento que circulava no eixo afro-atlântico. Essas populações só eram minoritárias na representação e no que hoje se convencionou chamar de "lugar de fala". Nesse sentido, o presente nunca esteve tão repleto de passado.

NOTAS

1. Steve Edwards, *Art of the Avant Gardes*. Londres: Yale University Press, 2004.
2. Walter Mignolo, *The Darker Side of Western Modernity: Global Futures, Decolonial Options*. Durham, North Carolina: Duke University Press, 2011, p. 28.
3. Muryatan S. Barbosa, *A razão africana: Breve história do pensamento africano contemporâneo*. São Paulo: Todavia, 2020.
4. Aimé Césaire apud Léopold Senghor (Org.), *Anthologie de la nouvelle poésie nègre et malgache de langue française*. Paris: Presses Universitaires de France, 1948, pp. 58-9.
5. Muryatan S. Barbosa, *A razão africana*, op. cit., p. 46.
6. Gilda de Mello e Souza, *O tupi e o alaúde: Uma interpretação de Macunaíma*. São Paulo: Duas Cidades, 2003.
7. Carta a Alceu Amoroso Lima, São Paulo, 19 de maio de 1928. In: Mário de Andrade, *Macunaíma*. Estabel. de texto de Telê Ancona Lopez. São Paulo: Ubu, 2018, p. xxv; Telê Ancona Lopez, *Mário de Andrade: Ramais e caminho*. São Paulo: Duas Cidades, 1972; *Mariodeandradiando*. São Paulo: Hucitec, 1996; Oneyda Alvarenga, *Mário de Andrade, um pouco*. Rio de Janeiro: José Olympio, 1974.
8. Carta de 27 de novembro de 1927. In: *Correspondência Mário de Andrade & Manuel Bandeira*. Org. de Marcos Antonio de Moraes. São Paulo: Edusp; IEB-USP, 2000, p. 368.
9. Cf. Angela Teodoro Grillo, *O losango negro na poesia de Mário de Andrade*. São Paulo: FFLCH-USP, 2015. Tese (Doutorado em Literatura Brasileira).
10. In: *Tarsila Popular*. São Paulo: Masp, 2019.
11. Adriano Pedrosa; Fernando Oliva. In: *Tarsila Popular*, op. cit., p. 36.
12. Rafael Cardoso, *The Problem of Race in Brazilian Painting, c. 1850-1920*. Publicação eletrônica.
13. Irene Small, "Plasticidade e reprodução: *A negra* de Tarsila do Amaral". In: *Tarsila Popular*, op. cit., p. 40.
14. Fernando Oliva; Adriano Pedrosa. In: *Tarsila Popular*, op. cit., p. 188.
15. Aracy Amaral, *Tarsila do Amaral*. Madri: Fundación Juan March, 2009, pp. 53-5.
16. Lima Barreto, *Diário íntimo: Memórias* [1953]. Org. de Francisco de Assis Barbosa. São Paulo: Brasiliense, 1956, p. 65.
17. Esse trecho sobre Lima Barreto e o modernismo carioca é baseado no livro de minha autoria: *Lima Barreto, triste visionário*. São Paulo: Companhia das Letras, 2017.
18. Lima Barreto, Carta de 4 de maio de 1921. In: *Correspondência ativa e passiva*. São Paulo: Brasiliense, 1956, tomo II, pp. 256-7.
19. Id., Carta de 27 de fevereiro de 1919. In: *Correspondência ativa e passiva*, op. cit., tomo II, p. 171.

20. Cf. Milton Lahuerta, "Os intelectuais e os anos 20: Moderno, modernista, modernização". In: Helena Carvalho de Lorenzo; Wilma Peres Costa (Orgs.), *A década de 1920 e as origens do Brasil moderno*. São Paulo: Ed. da Unesp, 1997.
21. Sobre tia Ciata ver: Carlos Sandroni, *Feitiço decente: Transformações do samba no Rio de Janeiro (1917-1933)*. Rio de Janeiro: Jorge Zahar Ed.; Ed. UFRJ, 2001.
22. Heloisa Starling tratou comigo do tema em *Brasil: Uma biografia*. São Paulo: Companhia das Letras, 2015.
23. Cf. Annateresa Fabris, *O futurismo paulista*. São Paulo: Perspectiva, 1994; Aracy Amaral, "A propósito de *Klaxon*". *O Estado de S. Paulo*, São Paulo, 3 fev. 1968. Suplemento Literário; Mário da Silva Brito, "O alegre combate de *Klaxon*". In: *Klaxon: Mensário de Arte Moderna*. Ed. fac-similar. São Paulo: Martins; Secretaria da Cultura, Ciência e Tecnologia do Estado de São Paulo, 1976; Jorge Schwartz, "*Klaxon* (1922-1923)". Disponível em: <http://www.bbm.usp.br/node/75>. Acesso em: 7 nov. 2020.
24. Paulo Prado, *Paulística etc*. Org. de Carlos Augusto Calil. São Paulo: Companhia das Letras, 2009.
25. Francisco de Assis Barbosa, *A vida de Lima Barreto*. 7. ed. Belo Horizonte: Itatiaia; São Paulo: Edusp, 1988, p. 261.
26. Di Cavalcanti, "Triste fim de Lima Barreto". *Dom Casmurro*, Rio de Janeiro, 24 set. 1943.
27. Alfredo Bosi, *O pré-modernismo: A literatura brasileira*. São Paulo: Cultrix, 1968.
28. Flora Süssekind, "O figurino e a forja". In: José Murilo de Carvalho et al., *Sobre o pré-modernismo*. Rio de Janeiro: Fundação Casa de Rui Barbosa, 1988, pp. 32-3.
29. Oswald de Andrade, *Serafim Ponte Grande*. São Paulo: Global, 1984, p. 9.
30. Já tratamos da polêmica envolvendo o termo que passa a definir um contexto marcado como uma espécie de passagem (entre o final do século XIX e o período da Primeira Guerra Mundial). O grande clássico fundamental sobre o tema é Jeffrey D. Needell, *Belle époque tropical: Sociedade e cultura de elite no Rio de Janeiro na virada do século*. São Paulo: Companhia das Letras, 1993.
31. Mário de Andrade, "Nova canção de Dixie". In: *Poesias completas*. Rio de Janeiro: Nova Fronteira, 2013, v. 2, p. 277.
32. Ver Bianca Maria Dettino, "São os do Norte: Geografias imaginárias em tempos de guerra". Trabalho apresentado, São Paulo, 2016; Angela Teodoro Grillo, *O losango negro na poesia de Mário de Andrade*, op. cit.
33. Cf. André Botelho, *De olho em Mário de Andrade: Uma descoberta intelectual e sentimental do Brasil*. São Paulo: Claro Enigma, 2012.
34. Mário de Andrade, "O Aleijadinho". In: *Aspectos das artes plásticas no Brasil*. Belo Horizonte: Itatiaia, 1984, p. 37.

O SÉCULO MODERNISTA QUE IA SER FUTURISTA: SOBRE MANCHETES, VANGUARDAS E O CONSENSO DE 22

PAULO ROBERTO PIRES

I

Acho perfeitamente dispensável comemorar o trigésimo aniversário da Semana. Que esperassem o centenário. Se no ano 2022 ainda se lembrarem disso, então sim.

MANUEL BANDEIRA,
Entrevista ao *Diário Carioca*, Rio de Janeiro, 10 fev. 1952.

Caetano Veloso e Luiz Pérez-Oramas estão de pé, de costas para *Antropofagia*. Diante da tela clássica do modernismo, esperam que o público se acomode na plateia improvisada numa das galerias do segundo andar do Museum of Modern Art. Foi do curador, venezuelano radicado nos Estados Unidos e há muito familiarizado com a arte brasileira, que partiu o convite para que o compositor participasse dos debates em torno de *Tarsila do Amaral: Inventing Modern Art in Brasil*. A mostra, que em 2017 tinha começado carreira no Art Institute of Chicago, chegava ao museu nova-iorquino no ano seguinte, celebrando uma artista e, com ela, como sublinha o título, a invenção do modernismo brasileiro.

A presença de Caetano num lugar tradicionalmente reservado a críticos ou mesmo a outros artistas visuais dava testemunho eloquente da capilaridade do movimento em nosso debate cultural e de sua interminável vigência. Afinal, o Tropicalismo, hoje capítulo já consolidado na história, foi responsável, na segunda metade dos anos 1960, por uma nova e pulsante vida da "Antropofagia", conceito maleável o suficiente para nele caber e dele aproximar variadas discussões envolvendo culturas periféricas e identidade. Usado com habilidade, o canibalismo oswaldiano, a despeito das intenções do autor, pode até facilitar a digestão do tipo de consagração celebrada no MoMA.

Por caminhos tortuosos, a estética "de exportação" que Oswald de Andrade vislumbrava no "Manifesto da Poesia Pau Brasil" terminaria realizando-se como mercado — e tendo as artes visuais como carro-chefe. É difícil imaginar, no entanto, que, cem anos depois da

Semana de Arte Moderna, a inserção global do movimento possa ser desvinculada de seu protagonismo acachapante na discussão de cultura e arte no país, protagonismo que tem origem na estreita relação de seus formuladores com a imprensa. Vanguarda que nasce inseparável do capital financeiro e simbólico de um novo establishment, o modernismo irradiou seus princípios do centro para a margem e seria decisivo na formação do imaginário que permeia toda uma concepção de identidade nacional.

Num primeiro momento, jornais e revistas foram o front privilegiado das ruidosas batalhas contra o "passadismo" que prepararam e deflagraram a Semana. Nas décadas imediatamente posteriores, suas páginas acolheram variados testemunhos de seus artífices, historiadores de si mesmos. Nos suplementos literários que se multiplicariam a partir dos anos 1950, debates acalorados terminariam por encorpar o cânone modernista, gestado na universidade e por ela administrado com diuturna atenção. Nas décadas de 1960 e 1970, a contracultura voltaria aos modernistas como formuladores de uma identidade libertadora e transgressora, já integrada à cultura pop e espalhada por todo um pujante complexo midiático. De lá para cá, o caminho para a efeméride do centenário vem sendo pavimentado pelo pendor à celebração que anima todos os meios de difusão — é o tempo das exclamações e da estridência, inversamente proporcionais à contundência crítica.

Que o digam as resenhas e reportagens entusiasmadas em torno da retrospectiva de Tarsila — incluindo a ameaça, nem sempre velada, de fazer dela uma "Frida Khalo brasileira" — e vitaminadas com a compra, pelo MoMA, de *A lua*, quadro de 1928. O acervo já contava com um desenho da artista, logo relegado a segundo plano diante de estimados 20 milhões de dólares pagos a uma coleção privada. Para financiar a compra, a "Central do Modernismo", assim chamada por Hal Foster pela alta densidade de obras-primas do período, anunciou ter se desfeito de uma obra de Fernand Léger, com quem Tarsila teve aulas em Paris pouco antes da "invenção" do movimento. Oferece-se assim, além de números prodigiosos, um *storytelling* moralizado, a revanche poética da discípula periférica sobre o mestre europeu ao fim e ao cabo das idas e vindas da história da arte. Relato que tem sentido menos edificante do que estratégico num momento em que, como lembra Foster, o MoMA vive "sob pressões políticas e estéticas" para, em seu acervo, "diversificar seus domínios eurocêntricos em termos de gênero, raça e região".[1]

No mesmo ano em que *A lua* ganhou lugar nas galerias do museu americano e em sua sempre apinhada loja de design — onde se pode adquirir, por 670 dólares, uma echarpe de seda com a tela estampada —, filas serpenteantes movimentaram o vão projetado por Lina Bo Bardi para ver, no Masp, a exposição *Tarsila Popular*. Por quatro meses, o *Abaporu* [imagem n. 10] teve seus dias de Gioconda, na mira dos celulares de boa parte das 400 mil pessoas que passaram pelas galerias. O Brasil mais uma vez se agigantava pelos números, numa manchete que, na *Folha de S.Paulo*, evocava as improváveis pelejas de cordel: "Tarsila destrona Monet e vira mostra mais vista na história do Masp".[2] Depois de subjugar o gênio impressionista — pelo menos nas bilheterias paulistanas —, Tarsila seria, em 2020, uma vez mais celebrada pelo superlativo. Em vertiginosos treze minutos, *A caipirinha*, tela de 1923, foi arrematada em leilão, no Brasil, por algo próximo a 57 milhões de reais.

Ainda que de forma arrevesada, a imprensa reafirma hoje o quão infundado era o ceticismo de Manuel Bandeira, expresso há setenta anos na entrevista ao *Diário Carioca*. Pois o longevo consenso em torno da vanguarda de 1922 é tecido já em seus instantes inaugurais, quando as novidades da estética deixavam de ser a consumação de obras do espírito para confundir-se com todas as coisas que, no mundo terreno, vinham anunciadas pela retórica publicitária do "novo".

II

No jornal anda todo o presente.
OSWALD DE ANDRADE,
"Manifesto da Poesia Pau Brasil".

"Quem não aparece no jornal não aparecerá nem no livro, nem no palco, nem em parte alguma — morrerá. É uma ditadura",[3] diz o protagonista de *Vida e morte de M. J. Gonzaga de Sá*, primeiro romance que Lima Barreto escreveu, na primeira década do século passado, e o quarto que viria a publicar, em 1919. Intelectual frustrado, burocrata lotado numa improvável Secretaria dos Cultos, o personagem é peça de um intrincado jogo: o que o leitor tem em mãos é, supostamente, sua biografia, escrita por um certo Augusto Machado. Lima é signatário de uma "Advertência" em que se declara uma espécie de editor informal do texto alheio. Livro dentro do livro, *Vida e morte* exsuda os ares gutemberguianos que animavam e eram o horizonte privilegiado da vida intelectual daquele momento.

Nas primeiras décadas do século XX, o que se começava a chamar de "grande imprensa" era uma espécie de língua franca para a grande conversa das ideias — em seu pessimismo fatalista, Lima garantia inclusive não haver carreira intelectual possível fora dela. É certo, no entanto, que o papel dos periódicos não se limitava à simples mediação. Neles também residia a possibilidade concreta de construir uma linguagem que exprimisse com maior precisão os dias frenéticos que corriam em velocidade cada vez mais alta. A literatura sofre especialmente com a cacofonia de vozes e imagens, com o desarranjo geral, sendo prudente, como observa Flora Süssekind, pesar parâmetros de análise e julgamento: "diante de um novo horizonte técnico em configuração, interferindo diretamente nas formas de percepção da população, assim como nos modos de impressão e veiculação de textos, é difícil analisar o que se cria então apenas em função de tendências 'literárias' anteriores ou posteriores".[4]

Num momento de disputa da produção literária pouco propício a sutilezas, os modernistas trabalhariam incansavelmente para se afirmar como marco dessa produção: os que dividiam valores e preocupações e atuavam em consonância com o grupo paulistano representavam a saída projetiva, o trampolim para o futuro de uma estética brasileira autônoma. Aos demais, lançados sob um guarda-chuva de parnasianos e beletristas em geral, sobraria o opróbrio do "passadismo", encarnado na capital federal pela Academia Brasileira de Letras. Justamente por ter sido ignorado pelos modernistas — e dificilmente podendo ser considerado "passadista", também ele recusado pela ABL —, Lima Barreto é aqui o contraponto que ajuda a entender as relações do grupo dos organizadores da Semana de Arte Moderna com as redações de seu tempo.

Ainda em *Vida e morte de M. J. Gonzaga de Sá*, Lima expõe como se dá a relação entre um escritor de seu talho — radicalmente antiburguês, de sociabilidade pouco maleável e francamente simpático aos ventos anarquistas — com os jornais "dos grandes", ou seja, com os que deixam de ser aventuras personalistas para se tornarem empresas, geridas pela complexa equação envolvendo anunciantes, tiragens, público e, obviamente, lucro. Para Gonzaga de Sá, tanto os jornais como as revistas — "a mesma coisa, tendo a mais as fotografias", diz Gonzaga a respeito de publicações como *O Malho* — estão sob o controle de "gente poderosa, que se quer adulada e só tem certeza naquelas inteligências já firmadas, registradas, carimbadas". Ser aprovado, diz, custa à consciência "mil curvaturas". E, uma vez instalado numa dessas tribunas privilegiadas, o escritor é obrigado a "atirar fora o que se tem de melhor na cachola" para "não escandalizar a média e a grande burguesia, onde eles têm a sua clientela".[5]

Ao longo da década de 1910, tanto Lima Barreto como Oswald de Andrade, figura-chave para entender a ofensiva modernista, participaram intensamente da vida intelectual de sua época com conhecimento de causa do chão de fábrica da imprensa — a ambos não era estranha a faina das redações e, sobretudo, sua lógica. Além das realidades distintas do Rio de Janeiro e de São Paulo, as formas bem diferentes com que os dois experimentaram esse meio profissional definem, por contraste, os valores que cimentaram o marco modernista.

Num primeiro momento, Lima cruzou o rubicão da exclusão social com a ajuda de um padrinho. Desenvolveu uma carreira contra todas as probabilidades e em eterno conflito com os valores mais caros à vida literária. Terminou a vida submerso no alcoolismo e entrincheirado na imprensa alternativa, tendo construído para si um lugar nefasto do ponto de vista existencial e intelectualmente privilegiado. Com um mínimo de "curvaturas" ao poder econômico e político, jamais abandonou, como observa Sergio Miceli, o "vínculo à sua classe de origem", o que lhe permitia "apropriar-se das maneiras de pensar e sentir estranhas ao seu meio de origem" e, também, "assumir um ponto de vista objetivo acerca do mundo social a partir de sua primeira experiência nesse mundo".[6] Massacrado pelo racismo e pelo classismo, era um pote até aqui de mágoa — sentimento pouco nobre que, se bem não faz à vida, tampouco é mau para temperar entusiasmos pueris.

Nove anos mais jovem, filho da elite ascendente[7] oriunda de São Paulo ou instalada na cidade, Oswald de Andrade não conhece entraves práticos ou, ao que se saiba, divisões de consciência nos primeiros passos de sua vida intelectual. "Uma vez formado no ginásio, penetrei no jornalismo", escreveria em suas memórias. "Nos primeiros meses de 1909 fui admitido, a pedido de meu pai, na redação do *Diário Popular*. Ganhava 60 mil-réis por mês que religiosamente gastava em presentes a meus pais."[8] Menos de dois anos mais tarde, em 1912, seria dono de seu próprio veículo, o semanário *O Pirralho* — "que fundei e dirigi sob a égide financeira de meu pai. Mamãe, com sua imaginação amazônica, pôs lenha na fogueira",[9] escreve ele. Ao que se pode saber, viveu as redações intensamente, com um máximo de galhofa e um mínimo de melancolia — "o ambiente de jornal era o mais antagônico e oposto ao de minha casa. Entrecruzavam-se ali imoralidades e palavrões".[10] O escritor antiburguês, que Lima Barreto encarna com toda a ferocidade que o personagem inspira, será retomado por Oswald e parte de seus companheiros num figurino completamente diverso, como destaca Vera Chalmers:

> O artista moderno é um estrategista profissional da revolta, a boêmia é o meio no qual ele colhe a informação marginal de que precisa e recruta novos partidários para o movimento de que participa. Desse modo, o revoltado boêmio se constitui em vanguarda artística e assume a tarefa de converter os demais para as ideias que possui.[11]

Na órbita desse personagem, que vai encorpando com o correr dos anos, o projeto de ruptura estética não coincide, pelo menos num primeiro momento, com críticas sociais profundas ou aspirações a reformas. Em 1912, quando viajou à Europa pela primeira vez,

Oswald entrou em contato com "os dois manifestos que anunciavam a transformação do mundo". Em suas memórias, admitiria ter ignorado o mais importante — "Carlos Marx me escapara completamente" — e celebrado o outro, o primeiro "Manifesto Futurista", que só passaria a promover na década de 1920.

O intelectual aduaneiro, esse personagem tão característico dos países periféricos, não oferecia, portanto, artigo radicalmente novo. Numa breve e informativa nota sobre a introdução no Brasil do termo "futurismo", Mário da Silva Brito lembra que Marinetti tinha feito publicar sua declaração de princípios no *Le Figaro*, em 1909. Pelo idos de 1914, lembra Brito, "os novos propósitos estéticos já não causavam, na Europa, a primitiva bulha", ainda que em nosso fuso horário cultural estivessem cada vez mais em pauta, produzindo, ainda nas palavras do crítico, "rumor jornalístico e noticiário pitoresco".[12] Em 1917, na violenta reação à exposição de Anita Malfatti que marcaria o início para valer da ofensiva modernista, Monteiro Lobato se valeria do termo para robustecer sua argumentação: "Sejam sinceros: futurismo, cubismo, impressionismo e *tutti quanti* não passam de outros tantos ramos da arte caricatural. [...] caricatura que não visa, como a primitiva, ressaltar uma ideia cômica, mas sim desnortear, aparvalhar o espectador".[13]

Naquele momento, quem se "aparvalhava" ou perdia o norte não era exatamente o cidadão culto, em visita a galerias de arte. A desorientação era, isso sim, inerente à experiência de gente comum nas ruas das metrópoles em formação. No Rio de Janeiro, a decisiva e violenta transformação ocorrera no início do século XX, com o "bota-abaixo" de seções inteiras de uma cidade de fortes traços coloniais, para reerguê-la, em sua região central, à imagem e semelhança de uma improvável "Paris tropical". As demolições empurram pretos e pobres para as franjas urbanas como a Cidade Nova, na descrição de Lima "o depósito dos detritos da cidade nascente, das raças que nos vão povoando e foram trazidas a estas plagas pelos negreiros, pelos navios de imigrantes, à força e à vontade".[14] A capital transformara-se para não mudar, para tornar-se mais ela mesma, reforçar em sua organização e estética a lógica demofóbica do país, a manutenção da desigualdade que desde sempre cimenta sua ordem.

O mote "O Rio civiliza-se" trazia, portanto, mais continuidade do que ruptura. Sobretudo se compararmos as súbitas reconfigurações cariocas com o processo de modernização de São Paulo, onde os novos tempos aceleravam não apenas os ritmos da rua e das cabeças, mas traziam ao proscênio novos atores sociais, estabeleciam novos parâmetros de sociabilidade, faziam circular dinheiro novo. "Ao contrário da aldeia original, criteriosamente planejada segundo o ambicioso projeto catequético dos jesuítas", observa Nicolau Sevcenko, "a São Paulo moderna nasce de um motim dos fatos contra qualquer ética da prudência ou do bem-estar."[15] É esse ambiente infinitamente mais plástico, sob diversos pontos de vista mais moldável, que vai influenciar diretamente o ideário da Semana. "A artificialidade repentina e sem raízes da riqueza cafeeira, gerando uma metrópole complexa da noite para o dia", escreve Sevcenko, "lançou as imaginações num vazio, em cujo âmago aspectos fragmentados das organizações metropolitanas europeias e americanas atuavam como catalisadores de uma vontade de ser, diante da qual as condições locais seriam sentidas antes como embaraços do que como a base e o fim de um empreendimento coletivo."[16]

Em sua "história transnacional" das vanguardas artísticas, Béatrice Joyeux-Prunel lembra que um dos pontos de divergência do modernismo brasileiro em relação a seus contemporâneos latino-americanos estava na ausência da "ligação entre vanguarda e revolução política, social e cultural", "particularmente crucial" entre estes. Em sua versão financiada pela alta burguesia, a vanguarda é menos reformista e transgressora do que sócia num processo de transformações que visa elevar o país "ao nível das modernidades sem deus das metrópoles europeias".[17] Mais do que falantes da língua franca da imprensa, industriais e mecenas são seus controladores diretos ou indiretos, "grandes magnatas mais ou menos ligados aos interesses do comércio e da exportação de matérias-primas". Em outras palavras, "uma grande burguesia ávida de modernização não apenas industrial e financeira, mas também cultural e artística, atenta ao que se tramava na Europa e nos Estados Unidos".[18]

A associação com o futurismo é, portanto, um ativo importante e valioso nas relações entre os intelectuais e seus mecenas, que se sentem de alguma forma contemplados em seus anseios cosmopolitas. Se sutilezas estéticas e divergências políticas iriam decantando a identidade dos modernistas em relação aos agitadores italianos, havia muito o que aprender nos métodos usados por Marinetti para intervir no debate público. Numa breve história das vanguardas clássicas, Anne Tomiche argumenta que, no primeiro quarto do século XX, não houve movimento que ignorasse o gesto futurista de assentar num jornal de grande circulação uma das pedras fundamentais de sua pretensa revolução estética. O modernismo brasileiro só lançaria um manifesto em 1924 — quando Oswald de Andrade publica, no *Correio da Manhã*, o "Manifesto da Poesia Pau Brasil" —, mas este subgênero literário, que se define tanto pelo que propõe como pelas "condições de difusão do texto, a natureza de sua enunciação e seu status de ato fundador de um movimento artístico",[19] é apenas parte de um plano de ação mais amplo, que leva a discussão para além dos arraiais da vida literária:

> Difusão não significa buscar adesão: não se trata de convencer, mas de fazer com que se fale de si, suscitar reações. Para isso, a estratégia é dupla: deve-se difundir ao máximo, por meios que remetem às técnicas publicitárias; e deve-se provocar para que, antes de mais nada, o destinatário não fique indiferente.[20]

Ao se assumirem como "futuristas paulistas", sobretudo nas investidas mais agressivas que partiam de Oswald e Menotti Del Picchia, os *enfants terribles* ofereciam-se à grande imprensa como sujeito e objeto na irresistível retórica da novidade. Estabelece-se assim uma intensa economia de trocas: ao construir inimigos no "passadismo", os jovens atrevidos faziam-se personagens, muitas vezes caricatos, do "artista de vanguarda"; ao provocar esteticamente tudo e todos que viam como encarnações do atraso, tornavam-se contendores no vale-tudo da polêmica jornalística; ao difundirem suas ideias, faziam delas, em alguma medida, parte dos produtos amplamente ofertados pelos "novos tempos". Era cada vez mais patente que a divulgação do programa modernista para o grande público deveria ser paga nas moedas voláteis da hipérbole e da imprecisão.

As inúmeras arestas dessa questão aparecem no pequeno escândalo, de tons provincianos, que marcaria a notoriedade primeira de Mário de Andrade. Em 27 de maio de 1921, o *Jornal do Commercio* de São Paulo publicava "O meu poeta futurista", crônica em que Oswald tecia loas aos versos de um "supremo livro" ainda inédito, *Pauliceia desvairada*. O autor era mantido no anonimato, mas, pelos milagres, não se tinha dificuldade em deduzir o nome do santo. Em 6 de junho, Mário escondia-se inutilmente no pseudônimo F. Lizst para, no mesmo jornal, defender-se do elogio. Em "Futurista?!", artigo desde o título perplexo, fazia ginásticas retóricas para livrar-se do rótulo que, mais do que considerar impróprio para definir a obra que buscava construir, lhe causara problemas em casa e no trabalho, afetara sua vida prática.[21] No contrato já assinado entre os modernistas e a imprensa, ser "futurista" significava ser artista comprometido com os avanços da arte e, nas letras miúdas do senso comum, um doidivanas, de comportamento tresloucado ou pervertido. Em julho de 1922, quatro meses depois da Semana, quando publica *Pauliceia desvairada*, Mário se penitencia no "Prefácio interessantíssimo":

> Oswald de Andrade, chamando-me de futurista, errou. A culpa é minha. Sabia da existência do artigo e deixei que saísse. Tal foi o escândalo, que desejei a morte do mundo. Era vaidoso. Quis sair da obscuridade. Hoje tenho orgulho. Não me pesaria reentrar na obscuridade. *Pensei que se discutiriam minhas ideias (que nem são minhas): discutiram minhas intenções.*[22]

No trecho que destaco, Mário declara uma inocência improvável e sobretudo impossível no momento em que, por todo lado, as polêmicas preparavam terreno para a performance-manifesto de 1922. O episódio, que vincaria sua relação com Oswald, dramatiza a ambiguidade e os limites do mergulho em seu tempo tão almejado pelos modernistas. É inútil especular se Mário realmente ignorava que, ao lambuzar-se dos novos meios, da nova sensibilidade, a literatura inevitavelmente teria que pactuar com uma lógica nem sempre ou quase nunca adequada ao debate estético que de fato pretendiam.

O fato é que a realização da Semana de Arte Moderna, já exaustivamente dissecada em tantos detalhes, segue à risca o roteiro já apontado pelas vanguardas europeias: mobiliza jornais e o grande público pela provocação ao senso comum em diversos níveis. Tendo lugar no Theatro Municipal de São Paulo, convenientemente tomado como emblema do passadismo, justo no ano em que o Rio de Janeiro comemoraria com uma portentosa Exposição Internacional o centenário da Independência, o grito do Ipiranga dos modernistas mistura música, literatura e arte como as *seratas* do futurismo italiano, muito frequentemente "interrompidas pelo público vaiando e jogando frutos e detritos nos artistas".[23] Uma nota publicada na *Careta*, em 4 de março de 1922, debocha da presença, na Semana, de Graça Aranha, membro da Academia Brasileira de Letras, definido pela maledicência da revista carioca como "imortal indígena" que, ao fim de uma temporada em Paris, "de lá voltou formado em futurismo". O redator sugere que, depois de sua recepção no Municipal de São Paulo — onde o público "consagrou o novo apóstolo reconhecendo-lhe os dons que deus só concede aos profetas antigos" —, Aranha se apresente em "regiões devastadas pela fome": "É que mal o sr. Graça começa a falar desaba uma chuva de batatas, nabos e cenouras".

Se dos escândalos fazem-se boas manchetes e, das manchetes, uma eficaz difusão, deles não se pode depender para o avanço das altas ambições artísticas dos modernistas. Dois meses depois da Semana, começava a circular a *Klaxon: Mensário de Arte Moderna*, revista também dedicada a difundir o movimento, mas com outro status: seu principal objetivo é, além de fazer circular novos nomes e propostas estéticas, corrigir os rumos do que se divulga em larga escala, funcionando como uma espécie de errata ou nota de pé de página à grande imprensa, no que repete ainda uma vez estratégias dos grupos europeus, como explica Anne Tomiche:

> De um lado, as pequenas revistas foram o lugar privilegiado de publicação dos movimentos — que nelas publicaram manifestos e programas, obras literárias e artísticas, opiniões e comentários, artigos e dossiês. Por outro lado, e ao mesmo tempo, as revistas constituíram um meio de estruturação dos movimentos, participando de sua difusão e da organização de suas redes.

Do primeiro aspecto, dá conta a nota editorial da *Klaxon*, que descreve o percurso dos modernistas até ali como uma "luta" iniciada em 1921 no *Jornal do Commercio* e no *Correio Paulistano*. A Semana seria um "Conselho Internacional de Versalhes", sendo o tratado de paz que pôs fim à Primeira Guerra a metáfora do evento, que não teria sido "nem desastre, nem triunfo" e resultado em "frutos verdes". O tom é de autocrítica protocolar e correção de rumos: "Houve erros proclamados em voz alta. Pregaram-se ideias inadmissíveis. É preciso refletir. É preciso esclarecer. É preciso construir. Daí KLAXON". Chama a atenção no editorial, conciliador e um tanto domesticado, uma distinção fundamental em relação ao pesado investimento feito até ali na publicizacão do movimento: "KLAXON não se preocupará de ser **novo**, mas de ser **atual**. Essa é a grande lei da novidade". Os destaques são do original e sublinham uma tomada de distância do que marca os modernistas naquele momento. "KLAXON não é futurista", garantem seus editores. "KLAXON é klaxista."[24]

Do segundo ponto, a criação de redes, vale lembrar, com Ivan Marques, que a *Klaxon* é a primeira no encadeamento de diversas outras publicações, todas de curta duração — a ela se sucedem, dentre outras, *Estética*, *A Revista*, *Terra Roxa e Outras Terras*, *Verde*, *Festa*, *Revista de Antropofagia* —, que, entre 1922 e 1929, estabelecem certa continuidade na consolidação do movimento, bem como documentam suas ramificações e divergências. Além de complexificar os debates, eleger explicitamente ou não aliados e inimigos, o conjunto das revistas modernistas é também resultado do descentramento do movimento, que de São Paulo se espalharia pelo Rio, Minas Gerais[25] e outros estados.

Para manter a metáfora bélica, em nada despropositada dada a origem militar do termo "vanguarda", a guerra estava encerrada, mas, se paz havia, deveria ser uma paz armada. O escândalo cujo centenário se comemora agora deveria sobreviver a ele mesmo e, para isso, os modernistas não hesitariam em dobrar a aposta em seu aspecto publicitário. Com todos os ganhos e reveses já conhecidos, comemorados e lamentados.

III

Vozerio excitação
a gritaria dos jornaleiros aguça a curiosidade pública
A situação na França
Anúncios
Quanto desastre na Central
O mês modernista que ia ser futurista
Todas as novidades nos jornais quentes lisinhos
muito mais rosas de Malherbe do que as rosas.

PRUDENTE DE MORAES, neto,
"Copacabana, o verão e outras coisas".

Com esse poema, *A Noite* encerrava, em 12 de janeiro de 1926, o célebre "Mês Modernista". Sob essa rubrica, o jornal carioca publicou, a partir de 14 de dezembro de 1925, colaborações libérrimas de seis jovens escritores surgidos na Semana de Arte Moderna ou a ela logo associados. Além de Prudente, a seção de primeira página trazia as assinaturas de Manuel Bandeira, Carlos Drummond de Andrade, Martins de Almeida, Sérgio Milliet e Mário de Andrade. Cada dupla de autores representava os estados em que viviam e trabalhavam — respectivamente, Rio de Janeiro, Minas Gerais e São Paulo. Foi ali que Bandeira mostrou a primeira versão de "Poema tirado de uma notícia de jornal", Drummond assinou poemas como "Nota social" e "Itabira", que fariam parte de *Alguma poesia*, seu livro de estreia, e Mário de Andrade antecipou um trecho de *Amar, verbo intransitivo* — dividindo manchetes com a derrota do Brasil para a Argentina no campeonato sul-americano de futebol.

Fundado por Irineu Marinho e tendo mudado de mãos justo em 1925 — Geraldo Rocha era seu novo proprietário[26] —, *A Noite* assumia perfil conservador, de improvável compromisso ou interesse por questões estéticas dessa ordem. Quando tomou conhecimento do convite por Mário de Andrade, Bandeira deu um passo atrás, pois adivinhava um terreno minado. "Esse Viriato", escreve ele ao amigo, referindo-se a Viriato Correia, escritor conservador que era redator-chefe do jornal, "detesta modernismos, incluindo na rubrica futurismo e até a ausência de rima. Se a *Noite* vai fazer esse mês, será unicamente por ordem do Geraldo Rocha, influenciado pelo Oswald, pois todos os redatores do jornal são adversários do nosso grupo."[27]

O "Mês Modernista" era resultado de um novo pacto entre os jovens escritores e o establishment literário e jornalístico, dessa vez com o objetivo de consolidar a presença do grupo no Rio. A coluna tinha significados bem distintos para os editores, os escritores envolvidos e, é claro, para os leitores. Do ponto de vista da redação, descontadas as possíveis injunções pessoais levantadas por Bandeira, era um recurso a mais na acirrada competição pela atenção do público superexcitado, característico da cidade modernizada. Nos termos da contenda literária e cultural entre São Paulo e Rio, representava uma vitória do autoproclamado "novo", anunciado em 1922, sobre a modorra "passadista". Aos leitores, oferecia, misturados, o grão nobre da polêmica literária e o alpiste da fofoca, o debate estético e a disputa personalista, a vanguarda e a patuscada.

"O mês modernista que ia ser futurista", reportagem com que *A Noite* apresenta a série, é exemplar do equilíbrio delicado de forças estéticas e políticas. A mudança no título da rubrica, comunica o anônimo e galhofeiro redator, dá-se em atenção a Mário de Andrade, que em entrevista ao jornal descarta a "tola escola italiana que já desapareceu". Mesmo insistindo em tratar o autor de *Pauliceia desvairada* como "Papa do Futurismo", o que muito lhe desagrada, o jornal concede uma retificação didática — "o que ele e os seus companheiros fazem é modernismo, puro modernismo, isto é, guerra ao passadismo" — e acata de forma ambígua a sugestão do poeta — "ficamos sem entender, mas modificamos a denominação do 'mês'. Será 'mês modernista' em vez de 'futurista'". Embolando propositalmente aquilo que quer dizer e aquilo que se quer que diga, *A Noite* não tem qualquer intenção de promover um debate. O importante para a imprensa naquele momento é, mais ainda do que nos anos que antecederam a Semana, emular a "novidade". Não se compra mais jornal para assistir o enfrentamento de tribunos ou os exercícios de retórica de beletristas: o leitor paga pela mediação entre ele e o que desconhece e, assim, pela consequente ampliação de seu repertório. É nas páginas do periódico que o homem comum acerta os ponteiros com seu tempo.

"Para nós, os leigos", escreve o redator, mão no ombro do leitor, seu irmão, seu semelhante, "o futurismo é tudo quanto é extravagância, e futurista, todo indivíduo que escrevendo, pintando, esculpindo e compondo, pratica a extravagância." Ressaltando que, na Europa, o movimento estaria "a invadir tudo", da arquitetura à culinária, o jornalista desdenha daquilo que de fato quer vender: um tema incontornável da atualidade — "de futurismo não entendemos nada". Declara a suposta isenção do jornal — "Não é o nosso gosto que deve predominar", afirma o redator — e apregoa a sintonia com os tempos que correm: "Num jornal como *A Noite*, o que predomina é o gosto público, ou melhor, a sensação".[28]

É essa orientação que explica a publicação, no dia seguinte, da manchete "Assim falou o Papa do Futurismo — Como Mário de Andrade define a escola que chefia",[29] longa entrevista também dedicada a promover a série, que teria início em poucos dias. Na transcrição da conversa, a arenga continua: "Já vem com futurismo!... Fale modernismo, que custa! E fica certo", protesta Mário. E reivindica para os seus uma missão construtiva, a de "enriquecer" a humanidade com "um contingente original e nacional de cultura": "Numa revolta é importante não ficar marcando passo. A gente se excetua apenas o tempo necessário para conquistar mais liberdade e sobretudo visão melhor da torrente humana. Mas depois se reintegra na torrente, porque só mesmo dentro dela pode ser eficiente e fecundo". E, mais adiante, reitera o tom programático e reformista que a *Klaxon* já manifestara: "Todo mundo dormia na pasmaceira da nossa literatura oficial, nós gritamos 'Alarma!' de supetão e toda gente acordou e começou se mexendo. Agora querem que a gente continue gritando 'Alarma!' toda a vida... Não carece mais pois tudo já se alarmou e trabalha".[30] Reintegrado na "corrente", o rebelde garante: os dias de insurgência são coisa do passado.

Em outra carta a Bandeira, Mário confessa ter se abespinhado com a entronização como "papa" e a promoção a "chefe" de uma "escola", mas conta ter aceitado a justificativa de Viriato Correia, provavelmente também ele o redator irônico da matéria anterior.

"Afiançou-me", escreve ele, "que nunca tivera tenção de esculhambar e só de *escrever jornalisticamente* para atrair a atenção do público."[31] Prevalecera, portanto, o sentido de estratégia sobre a suscetibilidade, em outro momento expiada publicamente em sua rusga com Oswald.

Os modernistas continuavam a receber a conta, em parcelas, de num primeiro momento ter aderido por conveniência ao rótulo que caíra no senso comum completamente desvinculado do contexto que lhe dera origem. Em fevereiro daquele mesmo 1926, I Grego, colunista da *Careta*, talvez em reação à recente publicação do "Mês Modernista", usa o léxico do debate literário do momento para propor, com didatismo, um termo mais preciso para substituir "futurismo". Para ele, as forças que se opõem ao "passadismo" deveriam ser designadas, com mais exatidão, como "presentismo" — ainda que, vá lá, "futurismo" pudesse até ser aceitável para designar o "salto muito violento" que então se presenciava:

> Talvez nunca tenha havido, como agora, atritos tão fortes entre os costumes e suas concepções que surgem e as concepções e os costumes que morrem. A transição suave de outros tempos está sendo substituída por saltos. Parece que a natureza, contrariando o latim, já os dá. Tal como sucede com as ondas elétricas, a interferência das ondas elétricas, a interferência das ideias velhas e novas gera a confusão.[32]

Em maio daquele ano, o próprio Marinetti desembarcaria no Rio [imagem p. 141], em escala de uma turnê de conferências que o levaria também a São Paulo e Buenos Aires. Nos círculos intelectuais, a proximidade ou distância do poeta fortemente identificado com o fascismo já indicava os caminhos que cada um seguiria. Na imprensa, "o" futurista foi ridicularizado sem dó nem piedade. A capa da *Careta* de 5 de junho de 1926 resumiria sua passagem pelo Brasil numa charge de Storm em que o escritor, de chapéu-coco e bigodinho, carregando duas malas com a inscrição "vaias", sai correndo sob uma chuva de pedras. São inúteis os apelos do vetusto senhor que lhe acena sob uma palmeira desenxabida. Do alto da árvore, praticamente um tronco nu onde se lê "futurismo", uma ave indefinida, meio tucano, meio papagaio, grita a quadrinha: “Maria Maria/ Maria Marinetti/ Minha mãe usa navalha/ Meu pai usa gilete”. “Então Marinetti, quando voltas ao Brasil?”, pergunta o cavalheiro de gravata-borboleta, identificado na legenda como Graça Aranha. “*Per Bacco*”, responde o outro, afobado. “Nem de graça, aranha...”

No Carnaval de 1931, quando Mário e companhia já estavam mais para vidraça do que para estilingue, pouca gente percebeu, entre os megassucessos “Com que roupa” e “Se você jurar”, a animada “A. B. Surdo”, definida por seus criadores como uma “marcha maluca”, em tempo de foxtrote e com refrão grudento e irresistível:

Careta, *Rio de Janeiro, ano XIX, n. 937, 5 jun. 1926.*

É futurismo, menina,
É futurismo, menina,
Pois não é marcha
Nem aqui nem lá na China

Primeira das cinco parcerias de Lamartine Babo com Noel Rosa, "A. B. Surdo", observam os biógrafos do último, "tem muito menos a ver com Filippo Tommaso Marinetti e seu movimento do que com a mania brasileira de chamar de 'futurista' tudo aquilo que não entende em arte".[33] Poder-se-ia até dizer que a dupla, pela forma e pela temática, era muito "moderna", avançada para seu tempo. Pois a "força da semântica",[34] que segundo Mário da Silva Brito explicaria a difusão amalucada e popular do "futurismo", se encarregaria de incorporar os intricados programas de 1922 a um imaginário mais longevo e produtivo do que as anedotas associadas aos vanguardistas italianos. Em 1932, quando se completavam os dez anos da Semana, a Vai como Pode, escola de samba carioca que ficaria conhecida como Portela, tirou segundo lugar no pioneiro campeonato organizado por Mário Filho com o enredo "Carnaval moderno"[35] — que, se não foi inspirado pelos altos ideais do grupo paulistano, é exemplo vigoroso da tal "força da semântica".

Além de todos os argumentos estéticos e políticos, tinham razão os modernistas em buscar uma distinção do "futurismo" como programa estético e principalmente para além dos círculos intelectuais — "modernismo" também deveria ganhar expressão no senso comum, que garantiria sua perenidade. "A palavra 'moderno', de recente fluência na linguagem cotidiana, em particular através da presença crescente da publicidade, adquire conotações simbólicas que vão do exótico ao mágico, passando pelo revolucionário", observa Nicolau Sevcenko, que vê no termo "moderno" uma "palavra-fetiche" que, à semelhança dos talismãs, traz consigo a evocação de novas possibilidades para nossa vida.

> Nos termos da nova tecnologia publicitária essa palavra se torna a peça decisiva para captar e mobilizar as fantasias excitadas e projeções ansiosas da metrópole fervilhante. Não há limite para o seu uso e, embora na

sua raiz ela comporte um mero registro temporal, na semântica publicitária ela capitaliza as melhores energias da imaginação e se traduz, por si só, no mais sólido predicado ético em meio à vasta expectativa por uma vida melhor.[36]

Nas páginas que se folheavam cada vez mais aos saltos, em que imagens e textos se confundiam, ser "modernista" na arte se confundia com ser moderno na vida, com a aposta alegadamente civilizatória em um novo tempo, uma nova era a que se acedia pelos novos meios que se multiplicavam. A almejada revolução estética, a reinvenção emancipadora de uma tradição brasileira, se confunde, portanto, com as melhores e mais positivas iniciativas postas em marcha em torno de um bem comum. Os que até há pouco gritavam "Alarma!" para despertar o sono da tradição, seguem agora, serenos e silenciosos, o curso da história, escrevendo-a do ponto de vista dos vencedores. Em seu primeiro tempo, o modernismo brasileiro parecia um destino, inelutável como o progresso. E assim continuaria a ser ratificado, ao longo de um século, como um consenso tipicamente brasileiro, daqueles até hoje celebrados nas manchetes: um pacto de poucos, iguais entre si, que estabelecem as aspirações e o lugar dos diferentes — esses, multitudinários.

IV

Eu é que presto
CHICO ALVIM,
"Luta literária".

Voltemos a 1922. E a Lima Barreto.

Em fins de julho, o autor de *Triste fim de Policarpo Quaresma* registra o recebimento da *Klaxon*. Em dezesseis páginas de diagramação arrojada, o terceiro número da revista, que lhe fora enviado por Sérgio Buarque de Holanda, trazia poemas de Ronald de Carvalho, Guilherme de Almeida, Ribeiro Couto, Sérgio Milliet (assinando "Serge") e Manuel Bandeira — os dois últimos escrevendo em francês. Mário de Andrade publica uma crônica sobre a pianista Guiomar Novaes e, num artigo furibundo, defende a *Klaxon* e os modernistas da mais grave acusação que alguém — no caso, Agrippino Grieco, o nome por trás do ataque publicado em *O Mundo Literário* — lhes poderia fazer: a famigerada vinculação ao futurismo.

Em artigo que ocupa meia página da *Careta* de 22 de julho, Lima abstém-se de comentar os autores e suas colaborações, tomando a publicação como uma contrafação de "novidades de quarenta anos". Ironiza o título da nova revista, que compara a "propaganda de alguma marca de automóveis americanos", e ridiculariza a arrogância dos signatários — "descobri que se tratava de uma revista de Arte, de Arte transcendente, destinada a revolucionar a literatura nacional e de outros países, inclusive a Judeia e Bessarábia". Leitor assíduo de publicações estrangeiras e, portanto, familiarizado com o já esticado debate europeu sobre a vanguarda italiana, desdenha de Marinetti, ainda que acenando ao grupo: "O que há de azedume neste artiguete não representa nenhuma hostilidade aos moços que fundaram a *Klaxon*; mas, sim, a manifestação da minha sincera antipatia contra o grotesco 'futurismo'".[37]

O comentário, previsível para um autor de vezo nacionalista, encaixava-se à perfeição na estratégia de triangular a revista com a grande imprensa na laboriosa tarefa de manter o que se conquistou na vida literária e avançar sobre novas posições. Em carta enviada a Mário de Andrade pouco antes, em 20 de julho, Sérgio Buarque de Holanda[38] dá conta, na condição de representante da *Klaxon* no Rio, da repercussão da revista. E informa ter dado um exemplar a Lima "a fim de que escrevesse qualquer coisa na *Careta*, elogio ou ataque".[39] Lima morde a isca, e a tréplica, que viria no número seguinte da *Klaxon*, revelaria critérios de exclusão recorrentes na escrita da história do modernismo.

A nota editorial sem assinatura — mas não de todo estranha aos fumos indignados de Mário de Andrade — dirige-se desdenhosamente a "um sr. Lima Barreto" e, no diapasão irônico próprio das polêmicas, a ele agradece pela "estocada", que teria sido recebida com "sorrisos de ironia" pelos "klaxistas". Declarando-se "bem acastelados, de metralhadoras armadas", os jovens vanguardistas assumem, por meio de seu porta-voz, um tom cada vez mais exaltado. E, ainda na lógica que vinha presidindo os acalorados enfrentamentos estéticos da época, identificam no contendor uma encarnação do anacronismo, "um ser" que incorpora o passado empunhando "a antiga colubrina" com a pretensão de enfrentá-los à distância, "a 20 metros".

É nesse ponto que os polemistas abandonam os escrúpulos na defesa aguerrida de sua cidadela modernista. Pelo que dali podem enxergar, ou seja, pela aparência do crítico, concluem que não se trata de adversário qualificado. Onde pensavam ver a colubrina, "uma espada muito nobre do passado", estava outra arma, mais vulgar, que dá início a uma descrição que transcrevo pela eloquência com que declara seus valores:

> É uma navalha que traz o atacante. Qual navalha! O sr. Lima Barreto, como escritor de bairro, desembocou duma das vielas da Saúde, gentilmente confiado nas suas rasteiras. E foi uma rasteira que imaginou nos passar. Mas com franqueza, sr. Lima Barreto, uma rasteira a 20 metros! Só mesmo se o erudito crítico possuísse pernas iguais em comprimento ao nariz de Mafarka... Mas as pernas (espirituais) do atacante apenas têm 10 centímetros...[40]

Lima Barreto é, aos olhos do grupo paulistano, um "escritor de bairro". A acusação, que denota provincianismo e a desimportância atribuída aos diletantes, é mais ofensiva para quem a profere do que para o suposto ofendido — sendo ele quem é, intelectual sofisticado que, à afetação da rua do Ouvidor, território comum aos passadistas e aos jovens e *enragés chics*, prefere o arrabalde de Todos os Santos, instalado em sua Vila Quilombo. Mas esse suburbano não é aqui flagrado descendo dos trens da Central do Brasil, em que tanto viajou para frequentar o centro da cidade letrada. Na fantasia classista do redator anônimo, Lima entra em cena vindo de uma "viela" da Saúde, bairro portuário dominado desde a colônia pela população afrodescendente e, a partir do início do século xx, ponto de concentração dos enjeitados pela cidade higienizada. Lugar de pretos, de pobres e de malandros, que com a navalha na mão, gingando, se garantem no jogo de corpo, nas pernadas e "rasteiras" aprendidas na capoeira. Era, portanto, afrontoso e ridículo que um homem assim, que aliás se parecia com seus próprios personagens, brasileiros pobres e urbanos, ousasse desmerecer a vanguarda sofisticada e cosmopolita — em que a mão do negro, escravizada, só entrou para construir as fortunas que a financiavam e logo apareceria representada em arquétipos planos de brasilidade.

Não se dá rasteira à distância, ensinam os modernistas ao capoeira, providencialmente encarrapitados numa torre de marfim atualizada como arranha-céu. A punição à ousadia é fazer com que o desaforado crítico prove de seu veneno, que seja medido pelo protagonista de *Mafarka, le futuriste*. Publicado em 1909, escrito diretamente em francês, o romance de Marinetti o levaria à prisão sob acusação de obscenidade, uma falta moral e, portanto, desimportante diante da forte carga racista e misógina do livro. O personagem-título, um ditador racista de pele "terracota", consegue a proeza de gerar, sozinho, um filho — que, na verdade, é uma máquina, um avião. Parte de sua perplexidade é que, apesar de seu apurado senso estético, a alucinada partenogênese não resulta num modelo de harmonia entre os olhos amendoados, as narinas largas, os lábios proeminentes. Gzourmah, o filho, é negro. Como Lima Barreto.

Não há qualquer registro, em carta, diário ou outro tipo de publicação, da reação de Lima ao ataque que reitera os preconceitos de raça e classe que fermentaram sua amargura e, também, seu ceticismo. Em 29 de setembro de 1922, 33 dias antes de morrer, Lima escreve ao jovem Olívio Montenegro:

> A imprensa esgota, não dá remuneração que valha a pena, e desperta invejosos de maus bofes. Escreverei, dagora em diante, na *Careta*, que é imprópria para dar certas notícias que valham a pena! O senhor está moço, muito, e há de estranhar essa minha resolução, mas, quando chegar à minha idade, depois de lutas e desgostos de toda a ordem, verá como tenho razão. Aproveite, portanto, a sua mocidade e escreva livros como o que me deu a honra de ofertar, para não ser surpreendido, aos quarenta anos, com o desânimo e a desesperança.[41]

NOTAS

1. Hal Foster, "Mudança no MoMA". *ARS*, São Paulo, v. 18, n. 38, pp. 315-27, 2020. Disponível em: <https://www.revistas.usp.br/ars/article/view/169115>. Acesso em: 19 jun. 2021.
2. Silas Martí, "Tarsila destrona Monet e vira mostra mais vista na história do Masp". *Folha de S.Paulo*, São Paulo, 29 jul. 2019.
3. Lima Barreto, *Vida e morte de M. J. Gonzaga de Sá*. São Paulo: Brasiliense, 1956, p. 90.
4. Flora Süssekind, *Cinematógrafo de letras: Literatura, técnica e modernização no Brasil*. São Paulo: Companhia das Letras, 1987, p. 86.
5. Lima Barreto, *Vida e morte de M. J. Gonzaga de Sá*, op. cit., p. 89.
6. Sergio Miceli, *Intelectuais à brasileira*. São Paulo: Companhia das Letras, 2001, p. 33.
7. Miceli assim resume, em quadro sinótico, as atividades do pai de Oswald: "grande especulador urbano; rentista, vereador; gestão dos bens da esposa". Id., ibid., p. 108.
8. *Um homem sem profissão: Memórias e confissões. 1890-1919. Sob as ordens de mamãe*. São Paulo: Companhia das Letras, 2019, p. 90.
9. Id., ibid., p. 100.
10. Id., ibid., p. 90.
11. Vera Chalmers, *3 linhas e 4 verdades: O jornalismo de Oswald de Andrade*. São Paulo: Duas Cidades; Secretaria da Cultura, Ciência e Tecnologia do Estado de São Paulo, 1976, p. 67.
12. Mário da Silva Brito, "Marinetti em São Paulo". *Literatura e Sociedade*, São Paulo: DTL, FFLCH-USP, v. 9, n. 7, pp. 332-6, 2004.
13. Monteiro Lobato, "Paranoia ou mistificação". Disponível em: <http://www.mac.usp.br/mac/templates/projetos/educativo/paranoia.html>. Acesso em: 19 jun. 2021.
14. Lima Barreto, *Numa e a ninfa*. São Paulo: Brasiliense, 1956, p. 83.
15. Nicolau Sevcenko, *Orfeu extático na metrópole: São Paulo, sociedade e cultura nos frementes anos 20*. São Paulo: Companhia das Letras, 1992, p. 41.
16. Id., ibid., p. 113.
17. Béatrice Jouyeux-Prunel, *Les Avant-Gardes artistiques 1918-1945: Une Histoire transnationale*. Paris: Gallimard, 2017, p. 446.
18. Id., ibid., p. 453.
19. Anne Tomiche, *La Naissance des Avant-Gardes occidentales (1909-1922)*. Paris: Armand Colin, 2014, p. 159.
20. Id., ibid., p. 161.
21. O imbróglio é narrado com riqueza de detalhes em: Mário da Silva Brito, *História do modernismo brasileiro: Antecedentes da Semana de Arte Moderna*. Rio de Janeiro: Civilização Brasileira, 1974, p. 227.

22. Mário de Andrade, *Poesias completas*. São Paulo: Martins; Belo Horizonte: Itatiaia, 1980, v. 1, p. 16.
23. Anne Tomiche, *La Naissance des Avant-Gardes occidentales (1909-1922)*, op. cit., p. 189.
24. Nota editorial. *Klaxon*, São Paulo, n. 1, pp. 1-2, maio 1922. Disponível em: <https://digital.bbm.usp.br/handle/bbm/5455>. Acesso em: 19 jun. 2021.
25. Ivan Marques, *Modernismo em revista: Estética e ideologia dos periódicos dos anos 1920*. Rio de Janeiro: Casa da Palavra, 2013, p. 15.
26. Para uma breve história do jornal, ver o verbete correspondente no *Dicionário histórico-biográfico brasileiro*, da Fundação Getúlio Vargas. Disponível em: <http://www.fgv.br/cpdoc/acervo/dicionarios/verbete-tematico/noite-a>. Acesso em: 19 jun. 2021.
27. *Correspondência Mário de Andrade & Manuel Bandeira*. Org. de Marcos Antonio de Moraes. São Paulo: Edusp; IEB-USP, 2000, p. 255.
28. "O mez modernista que ia ser futurista". *A Noite*, Rio de Janeiro, 11 dez. 1925.
29. *A Noite*, Rio de Janeiro, p. 1, 12 dez. 1925.
30. "Assim falou o Papa do Futurismo — Como Mário de Andrade define a escola que chefia". *A Noite*, Rio de Janeiro, 12 dez. 1925.
31. *Correspondência Mário de Andrade & Manuel Bandeira*, op. cit., p. 266. Grifo nosso.
32. I Grego, "Uma expressão errônea". *Careta*, Rio de Janeiro, p. 12, 6 fev. 1926.
33. Carlos Didier; João Máximo, *Noel Rosa: Uma biografia*. Brasília: Editora UnB; Linha Gráfica Editora, 1990, p. 145.
34. Mário da Silva Brito, *História do modernismo brasileiro*, op. cit.
35. Luiz Antonio Simas, *Tantas páginas belas: Histórias da Portela*. Rio de Janeiro: Verso Brasil, 2012, p. 45.
36. Nicolau Sevcenko, *Orfeu extático na metrópole*, op. cit., p. 227.
37. Lima Barreto, *Impressões de leitura e outros textos críticos*. Org. de Beatriz Resende. São Paulo: Penguin Companhia, 2017, pp. 310-1.
38. A complexa relação entre os dois é analisada, em detalhes importantes que excedem ao interesse deste ensaio, em Lilia Moritz Schwarcz; Pedro Meira Monteiro, "Sérgio com Lima: Um encontro inusitado em meio aos modernismos". *Revista Brasileira de História*, São Paulo, v. 36, n. 73, pp. 41-62, 2016.
39. *Mário de Andrade e Sérgio Buarque de Holanda: Correspondência*. Org. de Pedro Meira Monteiro. São Paulo: Companhia das Letras; IEB-USP; Edusp, 2012, p. 50.
40. "Luzes e refracções". *Klaxon*, São Paulo, n. 4, p. 16 e terceira capa, ago. 1922. Disponível em: <https://digital.bbm.usp.br/handle/bbm/6074>. Acesso em: 19 jun. 2021.
41. Lima Barreto, *Correspondência*. São Paulo: Brasiliense, 1956, v. II, p. 267.

NO MEIO DO CAMINHO

LUIZ RUFFATO

No meio do caminho etc.
CARLOS DRUMMOND DE ANDRADE

Para compreender a importância e a extensão do ideário propugnado pela Semana de Arte Moderna de 1922, precisamos nos deslocar do núcleo original de São Paulo e observar seus desdobramentos no restante do Brasil naquele momento. Entre 1922 e 1930, encontramos várias manifestações de grupos ditos modernistas nos estados, geralmente organizados em torno de revistas literárias, que iriam conformar, por meio de suas filiações estéticas, as tendências ideológicas que se digladiaram ao longo da Era Vargas (1930-45), fornecendo, a meu ver, os alicerces da idade de ouro da prosa e da poesia brasileiras.[1]

Neste texto, proponho uma reflexão acerca da recepção das ideias modernistas no Rio de Janeiro, Minas Gerais e Sul do país, e como os intelectuais de cada um desses lugares lograram assimilar, modificar e desenvolver um projeto que intentava colocar o Brasil em sincronia com o mundo, não só em matéria de literatura, como também na arquitetura, na música erudita, nas artes plásticas e gráficas, num processo que, muitas vezes dúbio em sua realização, com avanços e recuos, seria interrompido pelo golpe militar de 1964. Um programa, enfim, que, valorizando o local, aspirava ao universal.

É interessante observar, antes de mais nada, que a enganosa percepção de que a Semana de Arte Moderna teve imediata repercussão nacional deve-se exclusivamente ao papel desempenhado por Mário de Andrade, que, por meio de incansável atividade epistolográfica e publicista, criou uma narrativa, aceita ainda agora, de que toda a literatura posterior a 1922 é derivada dos esforços do grupo paulista. No entanto, considerar a produção da Geração de 30 como um bloco estético coeso, uma "segunda geração modernista", é uma imprecisão que não mais se justifica. É, entretanto, indiscutível que o trabalho de catequese desenvolvido por Mário de Andrade tornou-se essencial para pautar todas as discussões sobre um tópico, até hoje não equacionado, a construção de um projeto de nação para o Brasil, conceito ao qual ele subordinou toda a sua obra e em que, evidentemente, as artes ocupam um papel fundamental.[2]

Uma pergunta que devemos fazer é por que um programa de reforma radical de nossas letras não nasceu na capital do país, o Rio de Janeiro, e sim numa cidade como São Paulo, de modesta tradição cultural. Sem nos estendermos por demais, a resposta pode estar no fato de que São Paulo, com cerca de 580 mil habitantes em 1920,[3] tornara-se o centro comercial e financeiro mais importante do Brasil, o que possibilitava à aristocracia cafeeira patrocinar viagens à Europa a seus filhos e agregados, que lá tomavam consciência da grande revolução de valores — estéticos, políticos, espirituais — que já vinha sendo urdida desde o fim do século XIX e que se aprofundara com a tragédia da Primeira Guerra Mundial — e também pelo fato de ser uma cidade de modesta tradição cultural... Enquanto isso, o Rio de Janeiro mantinha-se assentado nos privilégios típicos de uma capital burocrática orgulhosa de seu passado e, portanto, menos afeita a transformações extremadas.[4]

Alicerçada em sua influência política, resultante do poderio econômico, gradualmente São Paulo também conquistava papel preponderante no campo cultural. Em 1920, embora o Rio de Janeiro tivesse uma população duas vezes maior que a capital paulista, "contava com apenas cerca de dez livrarias de alguma importância no centro da cidade, ao passo que São Paulo já possuía o dobro desse número em verdadeiras editoras".[5] Essa conjunção de fatores — político, econômico, cultural — certamente contribuiu para que os intelectuais paulistas assumissem a liderança e a paternidade de um movimento de renovação estética, cujos fundamentos, embora se consolidassem apenas com a realização da Semana de Arte Moderna, já circulavam amplamente desde a década anterior.

Para tornar inquestionável sua precedência — e, por conseguinte, fortalecer suas posições —, os escritores paulistas procuraram acirrar a rivalidade com os cariocas, buscando impor um antagonismo artificial que identificava São Paulo com o futuro e o Rio de Janeiro com o passado. Em 1928, Mário de Andrade, no afã de subordinar todas as manifestações literárias posteriores a 1922 à iniciativa paulista, avalizou a revista *Festa: Mensário de Pensamento e Arte*,[6] com "interesse e simpatia", ressaltando, no entanto, o pioneirismo de São Paulo e mesmo a prioridade da revista *Estética*, também publicada no

Rio de Janeiro, quatro anos antes.[7] Essa assertiva deve ser tomada como uma verdade bastante relativa, e razão tem Tasso da Silveira ao contestá-la, em artigo publicado em junho daquele mesmo ano, no qual argumenta que, junto com Andrade Muricy, vinha advogando desde 1919 as mesmíssimas teses presentes em *Festa*, e acusa Mário de Andrade de usar uma cronologia "primitivista": "[Ele] pensa que basta a sua afirmação de que antes dele nada existiu para que de fato nada tenha existido".[8]

Na verdade, a parceria de Silveira e Muricy, juntamente com Jackson de Figueiredo, já existia desde 1917, quando, nas páginas de *Brazílea: Revista de Propaganda Nacionalista*,[9] eles aparecem como redator, colaborador e diretor do periódico, respectivamente. Logo no editorial de estreia, a revista afirma destinar-se "exclusivamente à propaganda das coisas brasileiras" e propõe-se a desfraldar "o pendão do brasileirismo puro e integral".[10] Em outro texto, intitulado "A guerra e o nosso programa", expõe uma plataforma de cinco itens que, de alguma maneira, também nortearia o grupo que dez anos mais tarde estaria à frente de *Festa*: manter a religião católica, apostólica, romana; nacionalizar o Brasil; sustentar a ordem constitucional republicana; fazer a propaganda do Brasil dentro do Brasil; e estreitar a federação política e espiritual, divulgando a obra de Farias Brito.[11] Aliás, pelo menos dois desses itens antecipam teses dos modernistas paulistas...

Em 1918, Jackson de Figueiredo se converte ao catolicismo e, a partir daí, transforma-se em guia intelectual da dupla Silveira-Muricy, responsável por desenvolver uma série de projetos estético-ideológicos que culminarão em *Festa*, sendo o primeiro deles *América Latina: Revista de Arte e Pensamento*, lançado em 1919.[12] O editorial de lançamento de *América Latina* prega o "apostolado de confraternização espiritual e cordial": "Nos limites da pátria brasileira, será uma publicação integralmente nacionalista. No círculo mais vasto das nações será o órgão de defesa do espírito latino-americano".[13] Em suas páginas, mesclados a autores menores do simbolismo, nos deparamos, por exemplo, com artigos de Ribeiro Couto (pp. 36-41) apresentando a "Gente nova de São Paulo" (Menotti Del Picchia, Guilherme de Almeida, Afonso Schmidt, Sylvio Floreal e Paulo Gonçalves), de Ronald de Carvalho (pp. 285-90) sobre "O nacionalismo na arte" e de

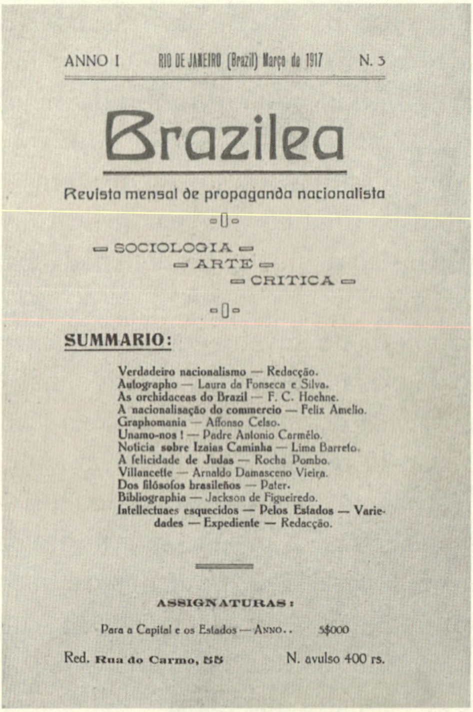

ANNO I RIO DE JANEIRO (Brazil) Março de 1917 N. 3

Brazilea

Revista mensal de propaganda nacionalista

SOCIOLOGIA
ARTE
CRITICA

SUMMARIO:

Verdadeiro nacionalismo — Redacção.
Autographo — Laura da Fonseca e Silva.
As orchidaceas do Brazil — F. C. Hoehne.
A nacionalisação do commercio — Felix Amelio.
Graphomania — Affonso Celso.
Unamo-nos ! — Padre Antonio Carmélo.
Noticia sobre Izaias Caminha — Lima Barreto.
A felicidade de Judas — Rocha Pombo.
Villancette — Arnaldo Damasceno Vieira.
Dos filósofos brasileños — Pater.
Bibliographia — Jackson de Figueiredo.
Intellectuaes esquecidos — Pelos Estados — Variedades — Expediente — Redacção.

ASSIGNATURAS:

Para a Capital e os Estados — Anno.. 5$000

Red. Rua do Carmo, 55 N. avulso 400 rs.

Brazílea, *Rio de Janeiro, ano I, n. 3, mar. 1927.*

Tasso da Silveira (pp. 484-5) sobre o recém-lançado *Carnaval*, de Manuel Bandeira.

Para expressamente tentar engrossar "a turba 'futurista' de São Paulo", conforme palavras de Menotti Del Picchia,[14] Mário de Andrade, Oswald de Andrade e Armando Pamplona partem para o Rio de Janeiro no dia 20 de outubro de 1921. Lá, onde viviam Ribeiro Couto, Renato Almeida, Villa-Lobos, Álvaro Moreyra e Sérgio Buarque de Holanda, Mário de Andrade lerá os poemas de *Pauliceia desvairada* na casa de Ronald de Carvalho e depois na residência de Olegário Mariano, contando com a presença de Manuel Bandeira, cujo *Carnaval* havia sido descoberto numa livraria, em São Paulo, por Guilherme de Almeida. Nomes esses — Ribeiro Couto, Menotti Del Picchia, Guilherme de Almeida, Ronald de Carvalho, Renato Almeida e Manuel Bandeira — que não só já eram do conhecimento, mas contavam com grande apreço de Figueiredo, Silveira e Muricy, desde dois

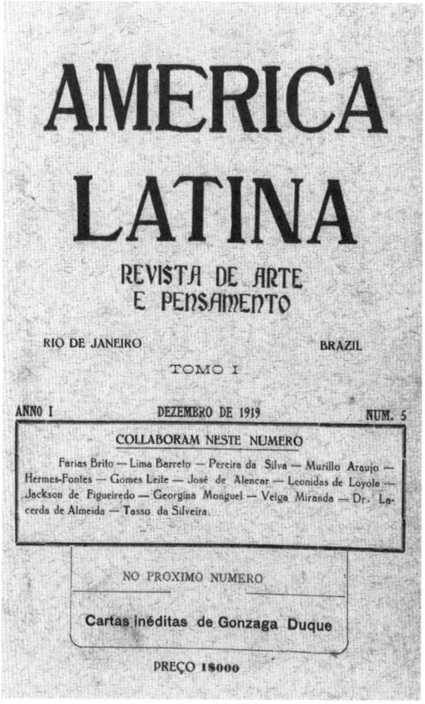

AMERICA LATINA

REVISTA DE ARTE E PENSAMENTO

RIO DE JANEIRO BRAZIL

TOMO I

ANNO I DEZEMBRO DE 1919 NUM. 5

COLLABORAM NESTE NUMERO

Farias Brito — Lima Barreto — Pereira da Silva — Murillo Araujo — Hermes-Fontes — Gomes Leite — José de Alencar — Leonidas de Loyola — Jackson de Figueiredo — Georgina Monguel — Veiga Miranda — Dr. Lacerda de Almeida — Tasso da Silveira.

NO PROXIMO NUMERO

Cartas inéditas de Gonzaga Duque

PREÇO 1$000

América Latina, *Rio de Janeiro, tomo I, ano I, n. 5, dez. 1919.*

anos antes... É em 1921 também que Figueiredo lança o ensaio *Do nacionalismo na hora presente*, onde se pode ler que "a literatura brasileira não é mais a literatura portuguesa, e, se grandes são nossos laços culturais, não pouco diversas são nossas características".[15]

Sob a orientação de dom Sebastião Leme, arcebispo-coadjutor do Rio de Janeiro, em maio de 1922, Figueiredo organiza o Centro Dom Vital, uma associação voltada para o estudo, discussão e apostolado da religião católica, responsável pela publicação de *A Ordem*, ambas, revista e instituição, vinculadas ao pensamento tradicionalista de Louis de Bonald e Joseph de Maistre. Nesse mesmo ano, em São Paulo realiza-se a Semana de Arte Moderna e, no Rio de Janeiro, Tasso da Silveira lança mais um periódico literário, *Árvore Nova: Revista do Movimento Cultural do Brasil*,[16] cuja circulação inicia-se poucos meses após o aparecimento de *Klaxon*.

Se *América Latina* ainda mantém algum vínculo com autores passadistas, *Árvore Nova* abre-se mais aos novos, demonstrando ampla

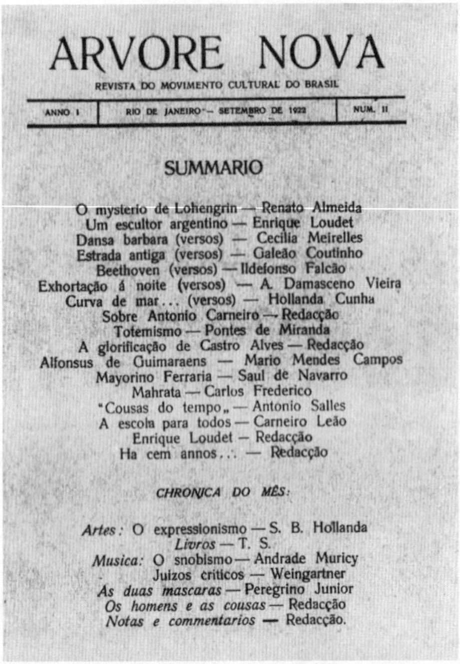
ARVORE NOVA

REVISTA DO MOVIMENTO CULTURAL DO BRASIL

ANNO I | RIO DE JANEIRO — SETEMBRO DE 1922 | NUM. II

SUMMARIO

O mysterio de Lohengrin — Renato Almeida
Um escultor argentino — Enrique Loudet
Dansa barbara (versos) — Cecilia Meirelles
Estrada antiga (versos) — Galeão Coutinho
Beethoven (versos) — Ildefonso Falcão
Exhortação á noite (versos) — A. Damasceno Vieira
Curva de mar... (versos) — Hollanda Cunha
Sobre Antonio Carneiro — Redacção
Totemismo — Pontes de Miranda
A glorificação de Castro Alves — Redacção
Alfonsus de Guimaraens — Mario Mendes Campos
Mayorino Ferraria — Saul de Navarro
Mahrata — Carlos Frederico
"Cousas do tempo" — Antonio Salles
A escola para todos — Carneiro Leão
Enrique Loudet — Redacção
Ha cem annos... — Redacção

CHRONICA DO MÊS:

Artes: O expressionismo — S. B. Hollanda
Livros — T. S.
Musica: O snobismo — Andrade Muricy
Juizos criticos — Weingartner
As duas mascaras — Peregrino Junior
Os homens e as cousas — Redacção
Notas e commentarios — Redacção.

Árvore Nova, *Rio de Janeiro, ano I, n. 2, set. 1922.*

receptividade aos modernistas de primeira hora. Manuel Bandeira, além de um poema, escreve um texto altamente elogioso a *Pauliceia desvairada*, no qual faz uma defesa veemente do movimento encabeçado pelos paulistas;[17] Sérgio Buarque de Holanda divulga dois ensaios, sendo um deles sobre o expressionismo, no qual cita, com entusiasmo, o então recente aparecimento de *Klaxon*;[18] Guilherme de Almeida publica um poema, Jorge de Lima, dois ensaios, e José Lins do Rego apresenta os novos escritores pernambucanos, em texto emblemático pela demonstração de ignorância dos recentes acontecimentos de São Paulo.

Árvore Nova traz ainda a colaboração de Cecília Meireles e de seu marido, Fernando Correia Dias, responsável pela capa e ilustrações da revista, na casa de quem Silveira e Muricy, sob inspiração de Jackson de Figueiredo, iriam mais tarde desenvolver o projeto de *Festa*.[19] Antes, no entanto, Cecília Meireles e Correia Dias acompanharão Silveira em mais uma publicação, *Terra de Sol: Revista de Arte e Pensa-*

Terra de Sol, *Rio de Janeiro, v. III, mar. 1924.*

mento, lançada em 1924,[20] que contou com extensa colaboração ensaística de Ronald de Carvalho, Ribeiro Couto e Renato Almeida, abordando temas relacionados às artes brasileiras, sempre sob um enfoque nacionalista.

Portanto, se é indiscutível que São Paulo, ao lançar espetaculosamente a proposta modernista em 1922, provocou o rebuliço necessário para o rompimento definitivo com o passado, não é verdade que o Rio de Janeiro se mantinha, por essa época, subjugado pelo "parnasianismo ainda vitorioso", como afirma Menotti Del Picchia,[21] imagem equivocada que ainda perdura. *Festa* [imagem p. 416] surge em 1927 como consolidação de um projeto cultural-ideológico que já vinha se articulando desde o final da década de 1910 — o que fica evidente, inclusive, pela persistência da inscrição "arte e pensamento" que acompanha *América Latina*, *Terra de Sol* e a própria *Festa*, e que está implícita em *Árvore Nova*, assinalando um sentido de continuidade —, alinhado, portanto, com os pressupostos de uma mudança estética, só que com mais "equilíbrio e espírito construtivo".[22] Esse projeto, aliás, se desdobraria na formação de um núcleo de escritores católicos conservadores, não mais sob a orientação de Jackson de Figueiredo, morto prematuramente em 1928, mas agora reunidos em torno de Alceu Amoroso Lima (Tristão de Athayde), que incluía nomes como Jorge de Lima, Cornélio Penna, José Geraldo Vieira, Murilo Mendes, Lúcia Miguel-Pereira, Augusto Frederico Schmidt, Octávio de Faria, Lúcio Cardoso, Vinicius de Moraes e Adonias Filho, entre outros.

(Antes de prosseguir, torna-se necessário abrir um longo parêntese. Em seu balanço intitulado *O movimento modernista*, Mário de Andrade rebate a tentativa de "transplantar para o Rio as raízes do movimento, devido às manifestações impressionistas e pós-simbolistas que existiam então na capital da República". E confessa que, se eles, os paulistas, conheceram Manuel Bandeira "por um acaso de livraria", ignoravam, no entanto, os nomes de possíveis "elos precursores", citando Adelino Magalhães e Nestor Vítor — mas expressamente omitindo o nome de Lima Barreto...[23]

Lima Barreto manteve-se muito próximo ao grupo "impressionista e pós-simbolista" ligado a Jackson de Figueiredo, desde os tempos de *Brazílea*, da qual foi assíduo colaborador,[24] e em *América Latina*, em que publicou originalmente o conto "Clara dos Anjos", pequena obra-prima dedicada a Andrade Muricy.[25] Reconhecido por Figueiredo como superior a Machado de Assis,[26] "mestre" no romance social contemporâneo e "primeiro de sua geração";[27] por Andrade Muricy como o "sucessor mais completo e mais complexo" de Manuel Antônio de Almeida;[28] e como "uma das mais fortes naturezas criadoras que temos possuído", em texto não assinado em *América Latina*,[29] Lima Barreto acabaria por tornar-se um crítico ácido do futurismo, denominação que, na época, se confundia com modernismo, posição explicitada publicamente em pelo menos duas ocasiões.[30]

Em carta a Mário de Andrade, sem data, mas com certeza por volta do dia 20 de julho de 1922, Sérgio Buarque de Holanda informa que entregou um exemplar do número 3 de *Klaxon* para Lima Barreto, "a fim de que escrevesse qualquer coisa na *Careta*, elogio ou ataque, de modo a despertar atenção".[31] No dia 22, Lima Barreto divulga um artigo naquele periódico, no qual afirma que São Paulo "agora quer nos impingir como descoberta dele, o tal de 'futurismo'":

> Disse cá comigo: esses moços tão estimáveis pensam mesmo que não sabíamos disso de futurismo? Há vinte anos, ou mais, que se fala nisto e não há quem leia a mais ordinária revista francesa ou o pasquim mais ordinário da Itália que não conheça as cabotinagens do "il Marinetti".

E termina com um julgamento certeiro:

> O que há de azedume neste artiguete não representa nenhuma hostilidade aos moços que fundaram a Klaxon, mas sim a manifestação da minha sincera antipatia contra o grotesco "Futurismo", que no fundo não é senão brutalidade, grosseria e escatologia, sobretudo essa.[32]

Quinze dias depois, o autor de *Triste fim de Policarpo Quaresma* volta à carga, em outro artigo publicado na mesma revista, desancando, sem citar o nome do autor, o poeta português António Ferro, que, na ocasião, se encontrava no Brasil e cujo manifesto futurista, "Nós", havia ocupado duas páginas daquele número de *Klaxon*:[33]

> Agora aparece um cidadão de ultramar que se diz inovador e criador de uma nova escola. Leio-lhe os escritos e procuro a novidade. Onde está ela? Em parte alguma. O que há neles é berreiro e vociferações, manifestações de vaidade e impotência de criação.[34]

Apesar de poupar "os moços tão estimáveis", os comentários de Lima Barreto mereceram uma furiosa reação no número seguinte de *Klaxon*.[35] Esse desentendimento acabou impedindo que se reconhecesse em Lima Barreto um importante precursor dos modernistas, relegando-o ao limbo do "pré-modernismo", rótulo que não quer dizer absolutamente nada...[36])

Curiosamente, o que Mário de Andrade observou de "modernista" em *Festa* —

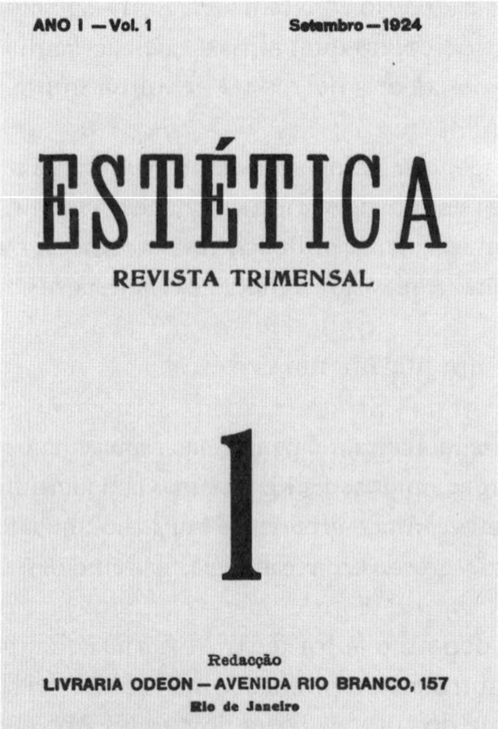
ANO I — Vol. 1 Setembro — 1924

ESTÉTICA

REVISTA TRIMENSAL

1

Redacção
LIVRARIA ODEON — AVENIDA RIO BRANCO, 157
Rio de Janeiro

Estética, *Rio de Janeiro, ano I, v. 1, set. 1924.*

> letras minúsculas, bancando maiúsculas em nomes e títulos, com suas disposições tipográficas divertidas, com suas linguagens sintéticas e telegráficas, com seus versos livres, com suas afirmativas desassombradas a respeito de Bilac e outros ídolos[37]

— não encontramos em *Estética*... Publicada entre 1924 e 1925,[38] a revista, dirigida por Sérgio Buarque de Holanda e Prudente de Moraes Neto, do ponto de vista gráfico é um retrocesso em relação a *Klaxon* e muito mais bem-comportada que *Festa*,[39] e de seu quadro de colaboradores constam vários dos nomes também estampados em *América Latina*, *Árvore Nova* e *Terra de Sol* — Guilherme de Almeida, Menotti Del Picchia, Manuel Bandeira, Álvaro Moreyra, Ronald de Carvalho, Renato Almeida, além do próprio Sérgio Buarque de Holanda.

O que talvez dê à *Estética* um caráter diferenciado em relação às experiências levadas a cabo pela dupla Silveira-Muricy seja a atitude eminentemente crítica, que, em sua radicalidade, levaria Buarque de Holanda a promover, em 1926, o rompimento público com aqueles que chamou de "acadêmicos 'modernizantes'", ou seja, a maioria dos colaboradores publicados em sua revista um ano antes... Em texto intitulado "O lado oposto e os outros lados", Buarque de Holanda afirma que

> o academismo, por exemplo, em todas as suas várias modalidades — mesmo o academismo do grupo Graça Aranha-Ronald-Renato Almeida, mesmo o academismo de Guilherme de Almeida — já não é mais um inimigo, porque ele se agita num vazio e vive à custa de heranças. [...] Alguns de seus representantes — refiro-me sobretudo a Guilherme de Almeida e a Ronald de Carvalho — [...] aparentaram por certo tempo responder às instâncias da nossa geração. Mas hoje logo à primeira vista se sente que falharam irremediavelmente. O mais que eles fizeram foi criar uma poesia principalmente brilhante: isso prova que sujeitaram apenas uma matéria pobre e sem densidade. De certo modo continuaram a tradição da poesia, da literatura "bibelô", que nós detestamos. [...] Houve um tempo em que esses autores foram tudo quanto havia de bom na literatura brasileira. No ponto em que estamos hoje eles não significam mais nada para nós.[40]

A esse posicionamento, a que não faltou nem mesmo crítica a Mário de Andrade por sua "atitude intelectualista", contrapõe-se o balanço feito, bem mais tarde, por Pedro Dantas (Prudente de Moraes Neto), ao afirmar que *Estética* se propusera duas metas principais:

> apresentar o modernismo antes em seus trabalhos de reconstrução que de demolição, deixando implícitas ou em segundo plano as contestações dos valores superados; e exercer a crítica do movimento de que participava, partindo do pressuposto de que só o próprio modernismo tinha condições para discutir e criticar suas proposições e suas obras, tão completa era, fora de seus quadros, a incompreensão das suas técnicas e dos seus fins.[41]

Esse procedimento, mais próximo à conciliação que ao rompimento, é o que pautará *A Revista*, que inicia suas atividades exata-

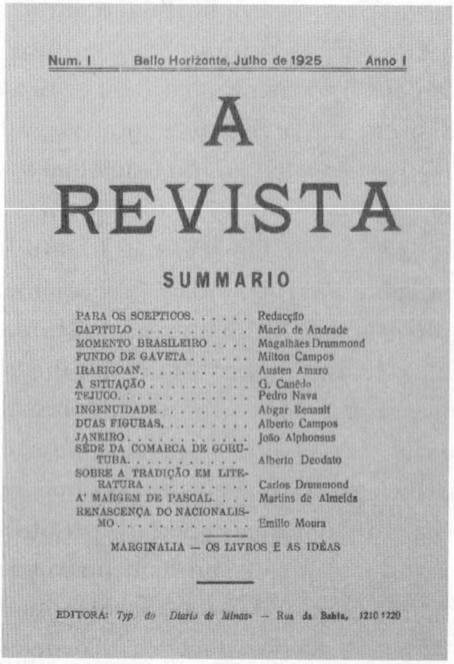

Num. I — Bello Horizonte, Julho de 1925 — Anno I

A

REVISTA

SUMMARIO

PARA OS SCEPTICOS	Redacção
CAPITULO	Mario de Andrade
MOMENTO BRASILEIRO	Magalhães Drummond
FUNDO DE GAVETA	Milton Campos
IRARIGOAN	Austen Amaro
A SITUAÇÃO	G. Canêdo
TEJUCO	Pedro Nava
INGENUIDADE	Abgar Renault
DUAS FIGURAS	Alberto Campos
JANEIRO	João Alphonsus
SÉDE DA COMARCA DE GORUTUBA	Alberto Deodato
SOBRE A TRADIÇÃO EM LITERATURA	Carlos Drummond
A' MARGEM DE PASCAL	Martins de Almeida
RENASCENÇA DO NACIONALISMO	Emilio Moura

MARGINALIA — OS LIVROS E AS IDÉAS

EDITORA: Typ. do «Diario de Minas» — Rua da Bahia, 1210-1220

A Revista, *Belo Horizonte, ano I, n. 1, jul. 1925.*

mente no mês em que *Estética* encerra as dela. Tendo à frente Carlos Drummond de Andrade, Martins de Almeida e Emílio Moura, *A Revista* também durará apenas três números[42] e, como sua congênere carioca, não mostra nenhum avanço do ponto de vista gráfico. Os nomes reunidos em torno de *A Revista* eram praticamente os mesmos que, nas páginas do jornal *Diário de Minas*, tentavam, desde 1920, firmar-se literariamente, bastante atrasados, aliás, em relação às discussões acaloradas que tomavam conta, desde há muito, da imprensa carioca e paulista.[43] Drummond e seus colegas — entre os quais poderíamos incluir ainda Pedro Nava, João Alphonsus e Cyro dos Anjos — demoraram a aderir ao modernismo. Drummond afirma que, entre eles, a Semana de 22 "imediatamente, não repercutiu de modo algum"[44] e situa a conversão do grupo ao novo credo estético na passagem da caravana paulista por Belo Horizonte, em 1924.[45]

Tanto isso é verdade que, por essa época, Drummond permanecia ainda preso às suas origens penumbristas,[46] influência tardia de Álvaro Moreyra.[47] Em carta datada de 3 de junho de 1926 — portanto posterior à publicação de *A Revista* —, Drummond envia a Mário de Andrade um caderno de versos intitulado *Minha terra tem palmeiras*, constando de 62 poemas, entre os quais 23 dos que comporiam *Os 25 poemas da triste alegria*,[48] vinte que seriam aproveitados, com modificações, em *Alguma poesia*, seu livro de estreia, em 1930, e dezenove rejeitados e desaparecidos.[49] Apesar de Drummond advertir que a primeira parte do caderno compõe-se de "versos inferiores", fica claro que o poeta titubeia ainda em relação aos rumos a serem tomados, já que os envia à apreciação crítica do amigo.[50]

O projeto de *A Revista* demorou ainda um ano para se concretizar, após a passagem dos paulistas por Belo Horizonte, mas contou com o apadrinhamento entusiasmado de Mário de Andrade, que, antes de mais nada, orientou o grupo mineiro a constituir um espaço "em que o novo se misture com o velho",[51] o que também recomendava Manuel Bandeira em carta a Drummond: "Aconselho diplomacia nas relações com o passadismo mineiro. Aproximação e sova por meio de prosa raciocinadora. Porrada só como revide".[52] Assim, *A Revista* tornou-se talvez o mais moderado dos periódicos ditos modernistas — quase tanto quanto *Árvore Nova*, por exemplo... Se em suas páginas nos deparamos com prosa e poesia francamente vanguardistas, encontramos também textos vazados em linguagem e ideias ultrapassadas, como os de Magalhães Drummond — parente de Drummond e então diretor do *Diário de Minas*, onde trabalhava a maioria dos colaboradores de *A Revista*, e em cujas oficinas ela foi composta e impressa —, Orosimbo Nonato, Alberto Deodato e A. J. Pereira da Silva, entre outros. Pedro Nava resume bem a questão, ao afirmar que os fundadores de *A Revista* eram "profundamente brasileiros, nacionalistas e tradicionalistas — apesar de nossa posição esteticamente avançada".[53]

Minas Gerais seria o único estado a conhecer manifestações ditas modernistas também fora da capital. Inaugurada em 1897, Belo Horizonte contava com 56 mil habitantes em 1920, praticamente o mesmo número da segunda maior cidade, Juiz de Fora (52 mil habitantes), que, apesar de possuir uma imprensa forte, não originou nenhum grupamento vanguardista. Juiz de Fora ainda se mantinha bastante atrelada ao tradicionalismo da Academia Mineira de Letras, lá fundada em 1909 e transferida para Belo Horizonte em 1915, sendo que pelo menos três de seus membros, moradores da cidade, auferiam certo reconhecimento nacional: o romancista Gilberto de Alencar, o folclorista Lindolfo Gomes e o poeta Belmiro Braga, este, segundo colocado no concurso para eleger o príncipe dos poetas mineiros, promovido pelo *Diário de Minas*, em 1927, quando Drummond se encontrava à frente do jornal. Mas Juiz de Fora contribuiria com dois dos principais nomes do modernismo brasileiro, Pedro Nava e Murilo Mendes, além de ter sido tema do primeiro livro vanguardista publicado em terras mineiras, *Juiz de Fora: Poema lírico*, de Austen Amaro, primo de Drummond, lançado em 1926, com ilustrações de Nava, cuja recepção suscitou acirrado embate na imprensa carioca entre Manuel Bandeira e João Alphonsus.[54] Mas o surto modernista se daria mesmo em outros lugares do interior: Cataguases (12 mil habitantes), Itanhandu (5 mil habitantes) e Ubá (27 mil habitantes).

A revista *Verde*,[55] de Cataguases, talvez tenha sido o único periódico literário brasileiro a acompanhar mais de perto, embora de forma confusa, o espírito radical dos modernistas paulistas. Ela dispunha da estima e admiração tanto de Mário como de Oswald de Andrade, que chegaram mesmo a escrever um poema a quatro mãos, "Homenagem aos homens que agem", dedicado aos "ases de Cataguases".[56] Quando *Verde* [imagem p. 384] começou a ser publicada, já não moravam na cidade três de seus quatro principais nomes: Ascânio Lopes e Guilhermino César encontravam-se em Belo Horizonte e Francisco Inácio Peixoto no Rio de Janeiro. Assim, coube ao mais jovem do grupo, e também o mais arrojado, Rosário Fusco, executar o projeto.[57]

Muito rápido, *Verde* conseguiu congregar em suas páginas o que de melhor havia, nacionalmente, de produção modernista, até porque, naquele momento, era a única revista de moldes reformadores em circulação, já que *Festa* e *Electrica*, suas contemporâneas, possuíam um viés bem mais conservador. Por meio da militância literária de Fusco, colaborações de peso foram chegando: Carlos Drummond de Andrade, Emílio Moura, Alcântara Machado, Mário de Andrade, Ribeiro Couto, Oswald de Andrade, João Alphonsus, Marques Rebelo, Guilherme de Almeida, Augusto Frederico Schmidt, José Américo de Almeida, Murilo Mendes, Pedro Nava, entre muitos outros. Pelo elenco, percebe-se que a revista não tinha uma linha editorial muito clara, apesar da influência inconteste de Mário e Oswald de Andrade, que até aquele momento ainda não haviam rompido a amizade.

Em 1932, Mário de Andrade fará um balanço comparativo entre *A Revista* e *Verde*, com um saldo bastante positivo para a última:

> Os dois grupos mineiros, o de Belo Horizonte e o de Cataguases, se distinguem enormemente como psicologia coletiva. O de Cataguases, certamente não pôde apresentar figuras de valor pessoal tão notável como Carlos Drummond de Andrade na poesia e João Alphonsus na prosa. Porém teve uma realidade muito mais brilhante, e principalmente uma ação muito mais interestaduana e fecunda. No fundo, os artistas de Belo Horizonte eram muito mais capitalistas do que poderiam supor. E de fato o grupo se dissolveu no individualismo, e teve apenas a função burguesa de nos apresentar pelo menos dois escritores de grande valor. O grupo de Cataguases não produziu quem se compare com esses, mas com a revista *Verde* conseguiu a um tempo centralizar e arregimentar o movimento moderno no Brasil, coisa que a *Revista* de Belo Horizonte não conseguira. [...] A *Verde* chamava às armas, ao passo que a *Revista* nomeava generais.[58]

Também fundada em 1927, em Itanhandu, *Electrica: Revista Moderna e Ilustrada do Sul de Minas*[59] deveu sua existência quase que exclusivamente ao poeta Heitor Alves, que, tuberculoso, deixou o Rio de Janeiro para tratar-se naquela cidade, onde se tornou professor no Ginásio Sul-Mineiro. Alves contou com o incentivo de Ribeiro Couto, na época promotor de justiça na vizinha Pouso Alto, e com o auxílio de Heli Menegale, responsável pelo acompanhamento da impressão da revista em Passa Quatro, onde morava. Além dos citados, colaboraram com *Electrica* Carlos Drummond de Andrade, Pedro Nava, Murilo Araújo e Tasso da Silveira, a quem Alves era ligado. A repercussão da obra solitária de Heitor Alves ultrapassou as fronteiras estaduais, merecendo boas críticas em *Festa*[60] e até mesmo na *Revista de Antropofagia*, na qual Alcântara Machado saudou-a com estas palavras:

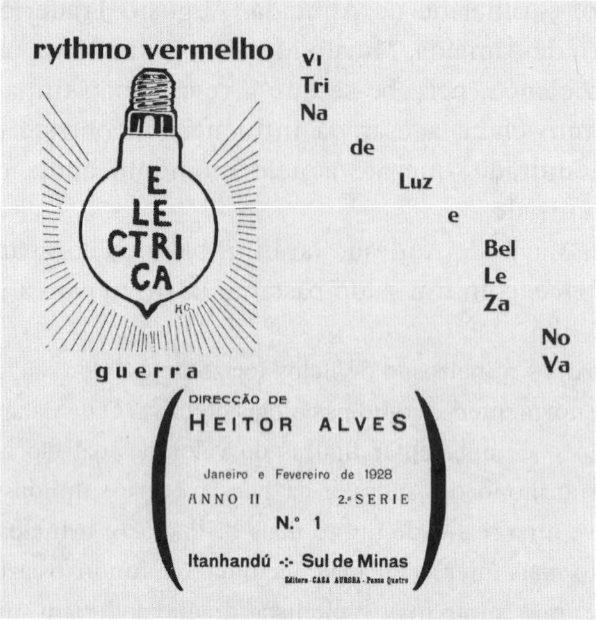

Electrica, *Itanhandu, ano II, 2ª série, n. 1, jan./fev. 1928.*

O movimento de 1922 levou assim alguns anos para chegar a Itanhandu. Em compensação teve um desembarque de arromba. Heitor Alves sozinho se incumbiu do hino nacional, dos foguetes, dos arcos de triunfo, do vivório, dos discursos e do resto.[61]

Em Ubá, publicou-se *Montanha*, que contou apenas com um número, em maio de 1929. À frente da revista, encontrava-se Martins de Oliveira, que teve poemas publicados no *Diário de Minas*, sob os cuidados de Carlos Drummond de Andrade, que o convidou ainda a responder a enquete literária que coordenava naquele jornal.[62] "*Montanha* é o grito do homem do interior. Do homem das alturas. Do homem esquecido. Grito de consciência. Grito de mocidade", assim dizia seu editorial. Repudiando o "africanismo de encomenda" e o "sentimento postiço do indianismo de gabinete", proscrevendo "o lirismo urbano ou suburbano", *Montanha* queria, "na revisão dos valores, no tumulto das pesquisas, na confusão da hora americana, a expressão da brasilidade".[63] Além da participação de autores locais, a revista contou com a colaboração de João Dornas Filho e Aquiles Vivacqua, que lideraram a última manifestação modernista em Minas Gerais, *Leite Criôlo*.

Leite Criôlo apareceu, inicialmente, como um tabloide de oito páginas, distribuído gratuitamente pelas ruas de Belo Horizonte no dia 13 de maio de 1929, comemorando, portanto, os 41 anos da abolição da escravatura. Depois, tornou-se suplemento publicado no *Estado de Minas*, jornal que havia começado a circular havia pouco mais de um ano.[64] Além de Dornas Filho e Vivacqua, contava com Guilhermino César como um de seus diretores — e por isso encontramos um verdadeiro intercâmbio de colaborações entre *Leite Criôlo*, *Verde* e *Montanha*, e ainda com a *Revista de Antropofagia*. Mas *Leite Criôlo* é uma experiência tão problemática que Guilhermino César praticamente a apagou de sua biografia.[65]

Numa coluna intitulada "Expansão antropofágica", a *Revista de Antropofagia* anunciava o aparecimento de *Leite Criôlo*, "um jornal [...] dentro da mentalidade antropofágica",[66] filiação que Dornas Filho reitera ao afirmar que o criolismo, "movimento literário, filosófico e religioso, mas sem estrangice", tem como finalidade mais ou menos o mesmo que a Antropofagia: "Talvez o caminho é que tenha umas pequenas variantes, que absolutamente não nos desviarão do fim desejado".[67] Mais tarde, por razões afetivas, e não ideológicas, o grupo romperá com Oswald de Andrade. Antônio Sérgio Bueno afirma que, embora existam claros pontos de contato entre o criolismo e a Antropofagia, o que ressalta é uma diferença fundamental:

> a Antropofagia glorifica o índio em seu aspecto físico e sua vivência natural, enquanto o Criolismo despreza o negro no seu corpo e nos seus valores culturais e o convida a se transformar. O índio é o "ponto de partida da operação orgânica da qual surgiu, surge e surgirá o brasileiro", enquanto o negro continua sempre como entidade degenerada, perigosa.[68]

E isso transparece nos vários textos doutrinários do movimento, particularmente naqueles publicados no panfleto inicial, que de alguma forma podem ser tomados como discurso programático, como,

13 de maio de 1929

leite criôlo

numero I Belo Horizonte Minas Geraes ano I

leite criôlo

Nós todos mamamos naquêles peitos fartos de vida e estragados de sensibilidade. Envez da alegria nos pegou mas foi a tristeza banzativa que não cuida de milhorar. Até hoje não tivemos a peneiração do quanta coisa feita nos amolece a vontade de responder á terra. E'lê grita por nós como o pae carecendo de vêr no filho, um bocado do seu quê, do seu feitio, e não encontra — agarrado da mais bonita vontade de encontrar. Envelhecemos por obra do que foi ajuntado ao corpo. Dado de bôa vontade porém sem força pra esbanjar.

De uma feita um sujeito chamado Richet gritou na França que o negro só presta pra duas coisas no mundo: "fabricar" uréa e gaz carbono. Ao brasileiro êle deu mais do que isso. E é justamente esse mais do que isso que nós não queremos dêle.

Que foi? Que não foi? A gente vai deve escolher. Atiçar longe a causa de estar por uma dependura. E depois cair no que serve.

Arranjemos um processo de desnatar. A manteiga gostosa é a fala dêles que nós queremos bem. Queremos bem como se fosse o presente meio forçado do seu trabalho. Mas sem todo desptismo de presente se bota na sala pra goso das visitas. Alguns vão pro fundo da mala.

Bemquerer a todos tem sido a enorme falta nossa.

GUILHERMINO CESAR

Fóra o malandro!

A ornitologia tem um passaro que foi criado para nosso espelho. Ou por nosso exemplo. E' o virabósta.

O safardana põe os ovos no ninho do tico-tico, porque tem preguiça de fazer o seu. E o tico-tico, brasileiro do bão, chóca os ovos, e o que é pior, cria os criolinhos do patife, que tem até preguiça de caçar alimento, como o nome indica.

E a filhotada preta, de bico elastico e enorme, famintos como a peste, não dão um instante de socego ao troxa do burro do tico-tico.

Quando crescem, vão novamente botar no ninho do pacovio que lhes cria a próle para novos tormentos.

Virabósta é o criôlismo. E a preguiça secular do caracter brasileiro. E a superstição que resôa oblonga e interminavel feito urucungo na alma encachaçada do Brasil.

Fóra o malandro! Fiau!

João Dornas Filho

CONVITE

Não queremos ser mais a tradução literal da nostalgia do negro. A terra é quente. Circulação larga. Tudo se desdobrando em força sobre força. Menos o homem. Sempre nostalgico. Lerdo até. Nostalgia que nos torna apathico. Resultado da má formação da nossa raça. Erro de uma aberração. Erro que vivia dizimando a alma da nossa gente. Heraça danada que nos legou o proto sudoso da patria. Precisamos nos nos curar desse grande mal. Molestia grave como que. Defesa da alegria contra seus inimigos. Isto é que é. Voltando, porém, atraz. Porque o inimigo, aqui, anda de trás do toco. Pega a gente pelas costas. E não é só contra elle não. Tambem contra o portugues. Por ser culpado. Contra elle cheio de cubiça quando veio pra qui ser parasita da terra nova. E inventou o mal. Só conseguiu ser parasita do indio, escravizando-o. Mas o indio não foi besta. Se fez de fraco. Precizava, então, de tronco. Correu pra africa. Negros em pencas chegando. Negocião. E o negro ficou mesmo sendo tronco grosso. Porém preso. E cobria de luxo os dias compridos de farturas dos senhores de engenhos, das Yayas e dos Yoyos. Agora elle está ahi que não vale nada. Nem tronco, nem parasita da boa. Vive espalhado pela terra criola. Como mata-pasto. Mas está. Estigma que perdura no caracter da nacionalidade.
Vamos mudar de marca.
Vamos?

ACHILES VIVACQUA

Quadrinha sobre o regresso de Pedro Nava

Meu amigo Pedro Nava
regressou de Juiz de Fóra.
Parabens a Juiz de Fóra.
Parabens Pedro Nava.

ANTONIO CRISPIM

Leite Criôlo, *Belo Horizonte, ano I, n. 1, 13 maio 1929.*

só a título de exemplo, o artigo de Aquiles Vivacqua intitulado "Defesa da alegria":

> O que nos interessa é entrar em conflito com a nossa nostalgia. Eugenia para a alma brasileira. Eugenizar. Não o negro. Esse, por si mesmo, se anula pela mestiçagem. Todo o Brasil, sim. Fazê-lo feliz. Obter, seletivamente, tipos que melhorem a nossa raça.[69]

Como lembra Miguel de Ávila Duarte,

> a ambiguidade do tratamento dado ao negro em *Leite Criôlo*, reconhecido ao mesmo tempo como uma das primeiras preocupações do movimento com o tema, contrasta com o topos firmemente assentado de que o modernismo teria por marca exatamente a inclusão da herança negra no patrimônio e identidade brasileiras.[70]

Em tudo oposta a polêmicas, em Porto Alegre, na época a sexta maior cidade do Brasil, com cerca de 180 mil habitantes, circulou *Madrugada* [imagem n. 11]. Publicada a partir de setembro em 1926,[71] a revista, que mesclava crônica mundana e literatura, nasceu exatamente um ano após a passagem de Guilherme de Almeida pela cidade, quando pronunciou a conferência "A revelação do Brasil pela poesia modernista". Fundada por um grupo de intelectuais liderados por Augusto Meyer e Theodomiro Tostes, *Madrugada*, conforme Cida Golim e Paula Viviane Ramos, "expressou as características refratárias e pouco radicais do movimento modernista no estado. [...] Em tom conciliatório, reflete a dificuldade da elite letrada sulina em romper com a tradição".[72]

O grupo de *Madrugada* mostrava-se, de alguma forma, bastante atualizado com o que ocorria no Rio de Janeiro e em São Paulo, mas a literatura local ainda era — e assim permaneceu por algum tempo — muito influenciada pelo simbolismo e pelo regionalismo, e isso se reflete claramente nas páginas da revista. Os poemas modernistas de Augusto Meyer, Theodemiro Tostes, Ruy Cirne Lima e Athos Damasceno Ferreira ocupam praticamente o mesmo espaço que os textos regionalistas de Alcides Maya, Simões Lopes Neto e Roque Callage, e os simbolistas de Cruz e Sousa, Alceu Wamosy e Alphonsus de Guimaraens — de fora do Rio Grande do Sul, registram-se apenas as colaborações de Cecília Meireles, Guilherme de Almeida e Osvaldo Orico.

Moysés Vellinho chega a justificar que "o novo credo penetrava no Rio Grande do Sul e aqui se instalava sem barulho, quase imperceptivelmente. Não será porque entre nós o regionalismo literário se antecipara, de certo modo, às intenções do modernismo?".[73] Argumento que não deixa de ser um contrassenso, se lembrarmos que Mário de Andrade refutava com veemência o regionalismo, que, segundo ele, "torna a pátria exótica e a esfacela sem precisão",[74] e que "não adianta nada [...] para a consciência de nacionalidade. Antes a conspurca e a depaupera, lhe estreitando por demais o campo de manifestação e por isso a realidade. O regionalismo é uma praga antinacional".[75]

Certo é que, embora o regionalismo tenha ganhado novo fôlego na década de 1920, com a publicação de obras como *No galpão*, de

Darcy Azambuja, e *Tropilha crioula*, de Vargas Neto, o que demonstra, segundo Augusto Meyer, um "ponto de contato entre o modernismo e a tradição regionalista",[76] a literatura do Rio Grande do Sul que conquistou lugar além das fronteiras do estado foi a urbana de Erico Verissimo e Dyonélio Machado. Talvez por isso, ao relembrar o advento do modernismo em Porto Alegre, Meyer não evoque a revista *Madrugada*, mas sim a *Página Literária*, publicada semanalmente no jornal *Diário de Notícias*, em dois períodos: entre 8 de maio de 1927 e 17 de março de 1929; e entre 4 de maio de 1930 e 11 de outubro de 1931.[77] O primeiro período esteve mais voltado para a produção local — além de representantes do regionalismo tradicional (Apolinário Porto Alegre, Simões Lopes Neto, Roque Callage) e renovado (Vargas Neto, Darcy Azambuja), encontramos colaborações de Augusto Meyer, Ruy Cirne Lima, Theodomiro Tostes, De Souza Jr., Ernani Fornari e Dyonélio Machado, e uma pequena, eclética e pouco representativa contribuição de fora: Álvaro Moreyra, Tasso da Silveira, Graça Aranha, Plínio Salgado, Nestor Vítor, Medeiros e Albuquerque, Cornélio Pires, Malba Tahan, Gustavo Barroso. Mas a segunda fase, conquanto menos duradoura, sem dúvida ganhou mais significado. Além de vários dos autores locais da primeira fase, surgem novos nomes (Viana Moog, Cyro Martins, Mario Quintana, Erico Verissimo), traduzem-se estrangeiros (Charles Vildrac, Paul Valéry, Jean Cocteau, Paul Morand, Ramón Gómez de la Serna, Juana de Ibarbourou, Rabindranath Tagore) e publicam-se escritores conhecidos nacionalmente (Manuel Bandeira, Mário de Andrade, Carlos Drummond de Andrade, Augusto Frederico Schmidt, Rachel de Queiroz).[78] Nesse sentido, vale também destacar, como importantes fatores para a circulação das novas ideias estéticas no Rio Grande do Sul, a ampliação das atividades da Editora Globo e a criação da *Revista do Globo*, que, em 1931, Erico Verissimo passa a dirigir, as quais ajudaram a tornar Porto Alegre o terceiro mais importante centro cultural do país, depois do Rio de Janeiro e de São Paulo.

Encerrando este breve panorama, constata-se um estranho fenômeno: a chegada tardia do modernismo no Paraná e em Santa Catarina, no final da década de 1940, quando já devidamente consolidado no resto do país, apesar de a revista *Madrugada* registrar a ida de um

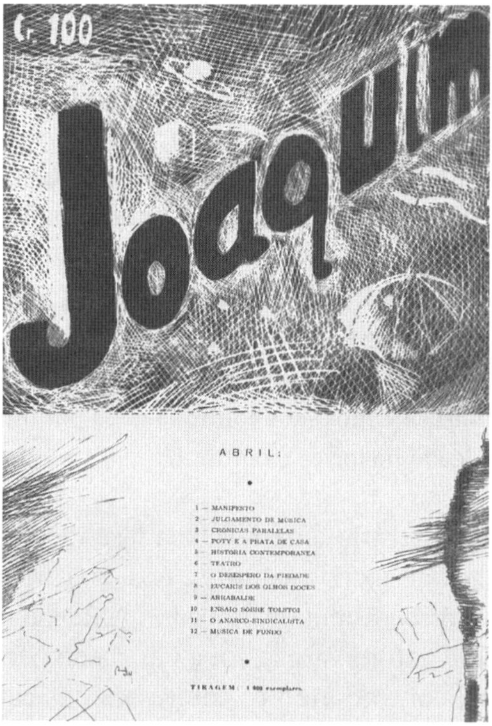

Joaquim, *Curitiba, ano I, n. 1, abr. 1946.*

de seus colaboradores, De Souza Jr., a Curitiba e Florianópolis, em setembro de 1927, para estabelecer um intercâmbio cultural com os intelectuais locais.[79] Wilson Martins, ao fazer um levantamento da literatura paranaense, afirma que são "tocantes os esforços para provar que, apesar de tudo, houve um movimento modernista no Paraná, ou pelo menos alguns escritores modernistas"[80] — e cita dois ou três nomes isolados para provar que o movimento não rendeu ali frutos.[81] Na verdade, somente em 1946, com o lançamento da revista *Joaquim*,[82] empenho individual de Dalton Trevisan, começa a haver renovação das letras daquele estado — provocativamente, Trevisan chega a proclamar que "a literatura paranaense inicia agora".[83] Em Santa Catarina, o modernismo aportou por meio do Círculo de Arte Moderna, que, a partir de 1948, tenta implementar as artes naquele estado, não só com relação à literatura, mas também no cinema, teatro e artes plásticas. O grupo publicou a revista *Sul*,[84] tendo à frente

Aníbal Nunes Pires, Salim Miguel e Eglê Malheiros, entre outros, que perdurou por dez anos e se desdobrou em atividades editoriais, com sete publicações dos Cadernos Sul e oito livros sob o selo Edições Sul, entre 1949 e 1957.[85]

Num texto fundamental, intitulado "Plataforma de uma geração", datado de 15 de julho de 1943, Antonio Candido afirma:

> Você não encontrará influência de Oswald, ou de Mário, ou de Menotti ou de Guilherme de Almeida. Encontrará, conforme o caso, muito amor pela obra deles: muito entusiasmo pela sua ação. E mais nada. A sua influência foi mínima. Somos seus continuadores por uma questão de inevitável continuidade histórica e cultural.[86]

O modernismo literário, que teve sua fase radical ou doutrinária ao longo da década de 1920, mostraria, nos conturbados anos subsequentes, um caráter bem menos inovador. A Revolução de 1930, que guindou ao poder Getúlio Vargas, foi a vitória do pensamento liberal conservador, que, contrariando os interesses dos cafeicultores paulistas, intentava modernizar o país, apoiado no exercício de uma política de viés autoritário. Mário de Andrade, em seu lúcido balanço sobre a Semana de Arte Moderna, afirma que "é justo pôr esta data de 1930, que principia para a Inteligência brasileira uma fase mais calma, mais modesta e quotidiana, mais proletária, por assim dizer, de construção".[87]

Nesse sentido, a dupla derrota política de São Paulo, em 1930 e 1932, provou-se também um revés cultural. A literatura que se impôs a partir daí não foi a supranacional pregada por Mário de Andrade ou a experimental levada a cabo por Oswald de Andrade, das quais *Macunaíma* e *Memórias sentimentais de João Miramar* são exemplos, mas sim a conciliatória dos grupos mineiro, gaúcho e carioca, e a antemodernista dos nordestinos. A poesia conformou-se, equilibrada entre tradição e modernidade, na obra de Manuel Bandeira, Jorge de Lima, Cecília Meireles, Murilo Mendes e Carlos Drummond de Andrade, enquanto a prosa se desdobrou em três vertentes inconciliáveis: a rural intimista católica de Lúcio Cardoso e Cornélio Penna; a urbana de costumes, de Cyro dos Anjos, João Alphonsus, Erico

Verissimo e Marques Rebelo; e o preponderante regionalismo nordestino, que Oswald de Andrade chamava de "literatura de tração animal"[88] e que, refutando a influência direta da Semana de Arte Moderna, inventa até mesmo a sua própria tradição, com o controverso "Manifesto Regionalista", lido na abertura do Congresso Regionalista, no dia 11 de fevereiro de 1926, por Gilberto Freyre.[89]

Talvez um dos fatos mais importantes decorrentes da Revolução de 30, no âmbito cultural, tenha sido a adoção de alguns pressupostos do modernismo como política de Estado, principalmente com a ida de Gustavo Capanema para o Ministério da Educação e Saúde, onde permaneceu por onze anos, tendo Carlos Drummond de Andrade como seu chefe de gabinete. O governo Vargas conseguiu aliciar quase todos os nomes proeminentes do modernismo. Cassiano Ricardo e Menotti Del Picchia foram diretores dos jornais *A Manhã*, do Rio de Janeiro, e *A Noite*, de São Paulo, respectivamente, órgãos oficiais do Estado Novo — *A Manhã* ainda contava com o mais prestigioso suplemento literário da época, "Autores e Livros", dirigido por Múcio Leão. Augusto Meyer dirigiu o Instituto Nacional do Livro, entre 1938 e 1956, instituição que contou com Sérgio Buarque de Holanda na direção da seção de publicações entre 1937 e 1944. Mário de Andrade exerceu o cargo de diretor do Instituto de Artes da Universidade do Distrito Federal, no Rio de Janeiro, entre 1938 e 1941. A revista *Cultura Política*, que existiu entre 1941 e 1945, ligada ao Departamento de Imprensa e Propaganda (DIP), contou com colaboração ativa de nomes como Graciliano Ramos, Pedro Dantas, Rosário Fusco, Lúcio Cardoso, Marques Rebelo, entre outros, e a revista luso-brasileira *Atlântico*, publicada entre 1942 e 1950, também ligada ao DIP e ao Secretariado de Propaganda Nacional, do governo Salazar, contou com a colaboração de Mário de Andrade, Cecília Meireles, Carlos Drummond de Andrade, Jorge de Lima, José Lins do Rego, Erico Verissimo, Tasso da Silveira, Ribeiro Couto, Rachel de Queiroz, Marques Rebelo, Graciliano Ramos, entre outros. Além do mais, ao longo da Era Vargas, cinco dos modernistas de primeira hora entraram para os quadros da anteriormente tão atacada Academia Brasileira de Letras: Guilherme de Almeida (1930), Ribeiro Couto (1934), Cassiano Ricardo (1937), Manuel Bandeira (1940) e Menotti Del Picchia (1943).

Enfim, com Vargas, o Rio de Janeiro retomou o seu lugar de centro de irradiação da cultura nacional, que ainda manteria praticamente ao longo de todo o restante do século XX, apesar de começar a entrar em decadência, a partir de 1960, quando deixa de ser a capital da República.

NOTAS

1. Estrearam ou consolidaram sua obra, nesse curto período de tempo, na prosa Graciliano Ramos, Dyonélio Machado, Cornélio Penna, José Lins do Rego, Cyro dos Anjos, Erico Verissimo, Guimarães Rosa, Marques Rebelo, Rachel de Queiroz, Lúcio Cardoso, Jorge Amado, Clarice Lispector, e na poesia Manuel Bandeira, Jorge de Lima, Raul Bopp, Cecília Meireles, Murilo Mendes, Carlos Drummond de Andrade, João Cabral de Melo Neto.
2. De certa forma, Mário de Andrade retoma, atualiza e aprofunda várias das preocupações que José de Alencar formulara no século XIX.
3. Para todas as referências populacionais, cf. *População — população do Brasil por estados, municípios e distritos segundo o sexo, o estado civil e a nacionalidade. 1ª parte.* Ministério da Agricultura, Indústria e Comércio. Rio de Janeiro: Typographia da Estatística, 1926. (Recenseamento do Brasil, v. 4).
4. Marcos Augusto Gonçalves, *1922: A semana que não terminou.* São Paulo: Companhia das Letras, 2012.
5. Laurence Hallewell, *O livro no Brasil.* 2. ed. São Paulo: Edusp, 2005, p. 417.
6. Em sua primeira fase, *Festa* teve treze números: três em outubro (com data de agosto), novembro e dezembro de 1927; nove, mensalmente, entre janeiro e setembro de 1928; e um último, em janeiro de 1929. Na segunda fase, foram nove números: quatro publicados mensalmente entre julho e outubro de 1934, dois em dezembro de 1934 e janeiro de 1935, e outros três, trimestralmente, em março, maio e agosto de 1935.
7. Mário de Andrade, "O grupo de *Festa* e sua significação". *Festa*, Rio de Janeiro, ano 1, n. 6, p. 12, 1º mar. 1928. *Festa: Mensário de Pensamento e Arte.* Ed. fac-similar. Rio de Janeiro: PLG-Comunicação; Inelivro, 1980.
8. Tasso da Silveira, "Cateretê n. 5 para sanfona e violão". *Festa*, Rio de Janeiro, ano 1, n. 9, p. 6, 15 jun. 1928. *Festa: Mensário de Pensamento e Arte.* Ed. fac-similar, op. cit.
9. *Brazílea* circulou mensalmente entre janeiro e dezembro de 1917; contou com mais uma edição dupla (13-4), equivalente a janeiro-fevereiro de 1918; e um último número (15), em junho de 1918. Voltou a ser publicada em 1931, como "mensário nacionalista", e dessa segunda fase foram tirados quinze números mensalmente entre agosto daquele ano e outubro de 1932, e mais dez números duplos a partir de novembro-dezembro de 1932 até julho-agosto de 1933.
10. *Brazílea*, Rio de Janeiro, n. 1, pp. 3-4, jan. 1917.
11. *Brazílea*, Rio de Janeiro, n. 10, pp. 467-71, out. 1917.
12. *América Latina* teve seis números: agosto, setembro, outubro-novembro (3-4) e dezembro de 1919, e um número duplo, o 6, referente a janeiro-fevereiro de 1920.
13. *América Latina*, Rio de Janeiro, n. 1, p. 2, ago. 1919.

14. Apud Mário da Silva Brito, *História do modernismo brasileiro: Antecedentes da Semana de Arte Moderna*. 4. ed. Rio de Janeiro: Civilização Brasileira, 1974, p. 317.

15. Jackson de Figueiredo, *Do nacionalismo na hora presente*. Rio de Janeiro: Livraria Catholica, 1921, p. 60.

16. *Árvore Nova* teve quatro números: três, mensalmente, em agosto, setembro e outubro de 1922, e um último, datado como ano II, n. 1, em janeiro de 1923.

17. "Esse corajoso movimento que alastrou por toda a Europa e agora suscita em São Paulo um grupo de artistas como Brecheret, Mário de Andrade, Oswald de Andrade, Anita Malfatti, Rubens de Morais, Sérgio Buarque e tantos outros (leiam *Klaxon*!) não é uma mistificação efêmera, mas a integração definitiva na consciência artística de uma porção de coisas que antes oscilavam pesadamente e penosamente nos limbos do instinto. E que alegria ver refletido na arte o momento que vivemos!" *Árvore Nova*, Rio de Janeiro, ano I, n. 3, p. 164, out. 1922.

18. "Os movimentos modernistas tendentes a substituir e de certa forma continuar as formas persistentes da arte, já caducas e carunchosas, têm-se estendido nestes últimos 10 anos por todos os países civilizados mesmo os da América Latina. [...] Entre nós, o grupo extremista de *Klaxon* tem escandalizado alguns homens ingênuos e os 28.000.000 de imbecis que ainda existem em nosso país." *Árvore Nova*, Rio de Janeiro, n. 2, p. 109, set. 1922. O outro artigo, intitulado "A literatura dramática na América pré-colombiana", havia sido publicado no número anterior.

19. Mário Camarinha da Silva, "Tempo de Festa". In: *Festa: Mensário de Pensamento e Arte*. Ed. fac-similar, op. cit., p. 15.

20. Surgida em janeiro de 1924, durou dezesseis números em treze fascículos mensais, sendo os três últimos em dupla numeração.

21. Apud Mário da Silva Brito, *História do modernismo brasileiro: Antecedentes da Semana de Arte Moderna*, op. cit., p. 316.

22. Mário de Andrade, *O movimento modernista*. Rio de Janeiro: Casa do Estudante do Brasil, 1942, p. 24.

23. Id., ibid., pp. 24-5.

24. Com "Notícia sobre o 'Isaías Caminha'" (*Brazílea*, Rio de Janeiro, ano I, n. 3, pp. 109-13, mar. 1917), que se tornou, a partir da segunda edição, o prefácio do romance *Recordações do escrivão Isaías Caminha*; o capítulo XIV de *Os Bruzundangas* (ano I, n. 7, pp. 300-3, jul. 1917), que ainda guardava o título de *Uma província da Bruzundanga*, lançado postumamente em 1922; e "Alvarás, cartas régias, etc.", recolhido em *Feiras e Mafuás*, publicado postumamente em 1956 (ano 2, n. 15, pp. 16-9, jun. 1918).

25. *América Latina*, Rio de Janeiro, n. 5, pp. 330-9, dez. 1919.

26. Em artigo publicado em *Lusitana*, de 10 de junho de 1916. Cf. Francisco de Assis Barbosa, *A vida de Lima Barreto*. 8. ed. Rio de Janeiro: Academia Brasileira de Letras; José Olympio, 2002, p. 256.
27. Jackson de Figueiredo, "Numa e a ninfa". *Brazílea*, Rio de Janeiro, n. 5, p. 214, maio 1917.
28. Andrade Muricy, "Os prosadores". *América Latina*, Rio de Janeiro, n. 1, p. 80, ago. 1919.
29. *América Latina*, Rio de Janeiro, n. 5, p. 405, dez. 1919.
30. Cf. Luiz Ruffato, "Lima Barreto contextualizado". *Rascunho*, Curitiba, n. 248, pp. 18-9, dez. 2020.
31. *Mário de Andrade e Sérgio Buarque de Holanda: Correspondência*. Org. de Pedro Meira Monteiro. São Paulo: Companhia das Letras; IEB-USP; Edusp, 2012, p. 50.
32. Lima Barreto, "O futurismo". *Careta*, Rio de Janeiro, n. 735, [s.p.], 22 jul. 1922.
33. *Klaxon*, São Paulo, n. 3, pp. 1-2, 15 jul. 1922. *Klaxon: Mensário de Arte Moderna*. Ed. fac-similar. São Paulo: Martins; Secretaria de Estado de Cultura, Esportes e Turismo; Conselho Estadual de Cultura, 1972.
34. Lima Barreto, "Estética do 'Ferro'". *Careta*, Rio de Janeiro, n. 737, [s.p.], 5 ago. 1922.
35. Em nota não assinada na coluna "Luzes & Refrações", Lima Barreto é chamado de "escritor de bairro" que, armado de uma "navalha", "desembocou duma das vielas da Saúde, gentilmente confiado nas suas rasteiras", e xingado de ignorante. *Klaxon*, São Paulo, n. 4, p. 17, 15 ago. 1922. *Klaxon: Mensário de Arte Moderna*. Ed. fac-similar, op. cit.
36. Sobre o desentendimento entre Lima Barreto e os modernistas, cf. o capítulo "Lima entre os modernos". In: Lilian Moritz Schwarcz, *Lima Barreto, triste visionário*. São Paulo: Companhia das Letras, 2017, pp. 588-631.
37. Mário de Andrade, "O grupo de *Festa* e sua significação", op. cit.
38. *Estética* teve três números, equivalentes a setembro de 1924, janeiro-março e abril-junho de 1925.
39. O próprio título, *Estética*, não soa nada modernista... Pedro Dantas (Prudente de Moraes Neto) conta que o nome foi uma imposição de Graça Aranha, assim como o texto de apresentação da revista: "O generoso oferecimento do artigo de apresentação era irrecusável. O nome de *Estética*... Bom, Sérgio passou algumas noites a extrair de sua cultura, já então de opulência insondável, uma série de tangentes por onde pudéssemos justificar esse título". Pedro Dantas, "Vida da estética e não estética da vida". In: *Estética*. Ed. fac-similar. Rio de Janeiro: Edições Gernasa, 1974, p. VIII.
40. *Revista do Brasil*, São Paulo/Rio de Janeiro, n. 3, pp. 9-10, 15 out. 1926.
41. Pedro Dantas, "Vida da estética e não estética da vida". In: *Estética*. Ed. fac-similar, op. cit., p. XII.

42. *A Revista* teve três números mensais, em julho e agosto de 1925 e janeiro de 1926.
43. Humberto Werneck, *O desatino da rapaziada: Jornalistas e escritores em Minas Gerais*. Poços de Caldas: Instituto Moreira Salles; São Paulo: Companhia das Letras, 1998.
44. Carlos Drummond de Andrade, "A Semana e os mineiros". *Correio da Manhã*, Rio de Janeiro, 21 fev. 1962. 1º caderno, p. 6.
45. Após passar o Carnaval no Rio de Janeiro, o grupo, formado por Oswald de Andrade e seu filho Nonê, Mário de Andrade, Olívia Guedes Penteado, Tarsila do Amaral, Goffredo Teles e René Thiollier, continuará a viagem de apresentação do Brasil ao poeta franco-suíço Blaise Cendrars, visitando as cidades históricas de Minas Gerais, a partir de Belo Horizonte.
46. Definido por Rodrigo Octavio Filho como "uma espécie de flecha de voo lento que, vindo de um decadentismo um tanto mórbido, influenciada por certo nefelibatismo passageiro, e por hermetismo que esteve em moda, atravessasse brilhantemente a zona simbolista para, ao fim do voo, criar e alimentar o modernismo". *Simbolismo e penumbrismo*. Rio de Janeiro: Livraria São José, 1970, p. 72.
47. Drummond admite que "quem mais exerceu influência na minha formação, no período de adolescência, foi um escritor menor, mas muito agradável, chamado Álvaro Moreyra". Apud Edmilson Caminha, *Palavra de escritor*. Brasília: Thesaurus, 1995, pp. 27-8.
48. Escritos entre 1922 e 1924, e renegados pelo autor, devido aos "convencionalismos e à artificialidade dos textos", foram publicados postumamente. Cf. Carlos Drummond de Andrade, *Os 25 poemas da triste alegria*. Ed. de Antonio Carlos Secchin. São Paulo: Cosac Naify, 2012.
49. Cf. Urânia Karim Gomes, *Carlos Drummond de Andrade: A poesia de penumbra em seus 25 poemas da triste alegria*. Niterói: Instituto de Letras, Universidade Federal Fluminense, 2017. Dissertação (Mestrado em Estudos de Literatura).
50. Lélia Coelho Frota (Org.), *Carlos & Mário: Correspondência completa entre Carlos Drummond de Andrade (inédita) e Mário de Andrade*. Pref. e notas de Silviano Santiago. Rio de Janeiro: Bem-Te-Vi, 2002, pp. 220-2.
51. Apud Maria Zilda Ferreira Cury, *Horizontes modernistas: O jovem Drummond e seu grupo em papel jornal*. Belo Horizonte: Autêntica, 1998, p. 153.
52. Manuel Bandeira, *Poesia e prosa*. Rio de Janeiro: José Aguilar, 1958, v. 2, p. 1389.
53. Pedro Nava, "Recado de uma geração". In: *A Revista*. Ed. fac-similar. São Paulo: Metal Leve, 1978, [s.p.].
54. Júlio Castañon Guimarães, "Em torno de um livro esquecido". In: Austen Amaro, *Juiz de Fora: Poema lírico*. Juiz de Fora: Funalfa Edições, 2004, pp. 9-29.

55. *Verde* teve quatro números mensais, entre setembro e dezembro de 1927, um quinto número, em maio de 1928 (com data de janeiro), e um sexto, em maio de 1929, homenagem a Ascânio Lopes, morto em janeiro daquele ano.
56. Assinado como Marioswald de Andrade, acredito que seja o único registro dessa parceria. Cf. *Verde*, Cataguases, ano 1, n. 4, p. 9, dez. 1927. *Verde: Revista Mensal de Arte e Cultura*. Ed. fac-similar. São Paulo: Metal Leve, 1978.
57. Luiz Ruffato, *A revista Verde de Cataguases: Contribuição à história do modernismo*. Belo Horizonte: Autêntica, 2022.
58. Mário de Andrade, "Cataguases". *Taxi e crônicas no Diário Nacional*. São Paulo: Secretaria de Cultura, Ciência e Tecnologia do Estado de São Paulo; Livraria Duas Cidades, 1976, p. 550.
59. *Electrica* teve seis números mensalmente entre maio e outubro de 1927, e um número duplo, 7-8, em novembro-dezembro daquele ano. Em janeiro-fevereiro de 1928, saiu o primeiro número da segunda série e, em maio, o segundo e último, comemorando um ano de publicação (Cf. Hélio Lopes, "Uma revista do modernismo". *O Estado de S. Paulo*, São Paulo, 7 out. 1979. Suplemento Cultural).
60. Tasso da Silveira, "A vida em movimento". *Festa*, Rio de Janeiro, ano 1, n. 8, pp. 21-2, 15 maio 1928. *Festa: Mensário de Pensamento e Arte*. Ed. fac-similar, op. cit.
61. António de Alcântara Machado, "1 crítico e 1 poeta". *Revista de Antropofagia*, São Paulo, ano 1, n. 9, p. 4, jan. 1929. *Revista de Antropofagia*. Ed. fac-similar. São Paulo: Metal Leve, 1976.
62. As respostas de Martins de Oliveira saíram na edição de 19 de maio de 1929. Cf. Martins de Oliveira, *História da literatura mineira*. 2. ed. Belo Horizonte: Imprensa Oficial, 1963, pp. 339-43.
63. "Montanha: Os verdes poetas de Ubá". *Suplemento Literário de Minas Gerais*. Belo Horizonte, n. 306, p. 9, 8 jul. 1972.
64. Como suplemento, *Leite Criôlo* foi publicado, semanalmente, ocupando entre metade e um quarto de página, entre 2 de junho e 29 de setembro de 1929, num total de dezenove edições.
65. Em toda a sua extensa obra, ativa e passiva, não há quase nenhuma referência à sua participação em *Leite Criôlo*. Cf. Maria do Carmo Campos (Org.), *Guilhermino César: Memória e horizonte*. Porto Alegre: Ed. da UFRGS, 2010.
66. "Clube de Antropofagia de Minas Gerais". *Revista de Antropofagia*, 2ª dentição, n. 10, *Diário de S. Paulo*, São Paulo, p. 10, 12 jun. 1929. *Revista de Antropofagia*. Ed. fac-similar, op. cit.
67. "Entrevista do escritor mineiro João Dornas Filho". *Revista de Antropofagia*. 2ª dentição, n. 11, *Diário de S. Paulo*, São Paulo, p. 10, 19 jun. 1929. *Revista de Antropofagia*. Ed. fac-similar, op. cit.

68. Antônio Sérgio Bueno, *O modernismo em Belo Horizonte: Década de vinte*. Belo Horizonte: UFMG/Proed, 1982, p. 175.

69. Aquiles Vivacqua, "Defesa da alegria", *Leite Criôlo*, Belo Horizonte, ano 1, n. 1, p. 7, 13 maio 1929. Ed. fac-similar. Belo Horizonte: Instituto Cultural Amílcar Martins, 2012.

70. Miguel de Ávila Duarte, "Estudo crítico". In: *Leite Criôlo*. Ed. fac-similar, op. cit., p. 41.

71. Foram cinco números, todos publicados em 1926, sendo os três primeiros semanais (5, 12 e 19 de setembro), o quarto número em 3 de outubro e o último em 4 de dezembro.

72. Cida Golim; Paula Viviane Ramos, "Jornalismo cultural no Rio Grande do Sul: A modernidade nas páginas da revista *Madrugada* (1926)". *Revista FAMECOS: Mídia, Cultura e Tecnologia*, Porto Alegre, n. 33, p. 112, ago. 2007.

73. Augusto Meyer, *Letras da província*. 2. ed. Rio de Janeiro; Porto Alegre; São Paulo: Globo, 1960, p. 33.

74. Apud Jayme de Barros, "Como pensam e como sentem os homens moços do Brasil". *O Paiz*, Rio de Janeiro, p. 1, 2 jul. 1926.

75. Mário de Andrade, "Regionalismo". *Diário Nacional*, São Paulo, p. 3, 14 fev. 1928.

76. Augusto Meyer, "Houve um modernismo gaúcho com traços peculiares". *Diário Carioca*, Rio de Janeiro, 16 mar. 1952. 2ª Secção, p. 6.

77. Apud Renard Perez, *Escritores brasileiros contemporâneos: 1ª série*. 2. ed. Rio de Janeiro: Civilização Brasileira, 1970, p. 58.

78. Cf. Lígia Chiappini Moraes Leite, *Modernismo no Rio Grande do Sul: Materiais para o seu estudo*. São Paulo: Instituto de Estudos Brasileiros da USP, 1972.

79. Id., ibid., p. 209.

80. Wilson Martins, *Literatura paranaense: Mitos e realidades*. Florianópolis: Museu/Arquivo da Poesia Manuscrita, 1999, p. 10.

81. Lembrando a origem de Andrade Muricy e Tasso da Silveira, Miguel Sanches Neto afirma: "o programa da revista carioca *Festa* é um desdobramento das publicações simbolistas e uma interferência direta de escritores paranaenses, que exercem uma força antimaterialista e antinacionalista dentro do modernismo brasileiro". "Brevíssima história das publicações literárias do Paraná". *Candido*, Curitiba, n. 100, p. 29, nov. 2019.

82. *Joaquim* teve 21 números entre abril de 1946 e dezembro de 1948, com periodicidade irregular.

83. "A geração dos vinte anos na ilha". *Joaquim*, Curitiba, ano 1, n. 9, p. 3, mar. 1947. *Joaquim*. Ed. fac-similar. Curitiba: Imprensa Oficial do Paraná, 2000.

84. A revista teve trinta edições, entre janeiro de 1948 e dezembro de 1957, com periodicidade bastante irregular.

85. Cf. Rogério F. Guerra; Arno Blass, "Grupo Sul e a Revolução Modernista em Santa Catarina". *Revista de Ciências Humanas da UFSC*, Florianópolis, v. 43, n. 1, pp. 9-95, abr. 2009.

86. Antonio Candido, *Textos de intervenção*. Sel., apres. e notas de Vinícius Dantas. São Paulo: Livraria Duas Cidades; Ed. 34, 2002, p. 243.

87. Mário de Andrade, "O movimento modernista", op. cit., p. 43.

88. Oswald de Andrade, "Dois emancipados". In: *Estética e política*. Org. de Maria Eugenia Boaventura. São Paulo: Globo, 1992, p. 66.

89. Sobre a polêmica, vale consultar Gilberto Freyre, *Manifesto Regionalista*. Org. de Fátima Quintas. 7. ed. Recife: Fundação Joaquim Nabuco; Massangana, 1996; Joaquim Inojosa, *Sursum Corda! — Desfaz-se o "equivoco" do Manifesto Regionalista de 1926*. Rio de Janeiro: Edição do Autor, 1981.

VISLUMBRES MODERNISTAS NO NORDESTE DOS ANOS 1920: DOS EVENTOS ÀS PUBLICAÇÕES

HUMBERTO HERMENEGILDO DE ARAÚJO

De um modo geral, pode-se considerar que, em concomitância a outras situações regionais, o ano de 1924 foi um marco na história da divulgação do modernismo no Nordeste do Brasil, onde a cidade do Recife desempenhou o papel de núcleo da vida cultural da região.

A divulgação do modernismo começara em outubro de 1922, graças ao artigo "Que é futurismo", de Joaquim Inojosa, abrindo uma polêmica entre "passadistas e futuristas". Após dois anos, o mesmo Inojosa escreveu a plaquete *A arte moderna*, carta/panfleto que repercutiu em todo o Nordeste.[1] A importância histórica da carta reside no fato de ter divulgado o movimento, além de servir como documentário sobre eventos da época, do ponto de vista de seu autor como agitador cultural. Nela, mereceu destaque o rompimento de Graça Aranha com a Academia Brasileira de Letras, além de uma explanação sobre a Semana de Arte Moderna de 1922 e informes sobre o movimento em Pernambuco. Destacavam-se, ainda, as primeiras repercussões no Pará e no Rio Grande do Norte. A carta era, contudo, dirigida ao grupo da revista *Era Nova*, da Paraíba, com o objetivo de conseguir a adesão de seus representantes ao modernismo.[2]

Também em Alagoas, foi noticiado o rompimento do autor de "O espírito moderno" com a Academia Brasileira de Letras. Tal episódio contribuiu, segundo Moacir Sant'Ana,[3] para dar maior difusão ao movimento, que era inexistente naquele estado até o ano de 1924. Posteriormente, a publicação do artigo "Jorge de Lima e o modernismo" (*Jornal de Alagoas*, 29 de maio e 5 de junho de 1927), por José Lins do Rêgo, recém-chegado a Maceió, despertou novamente o interesse dos intelectuais locais pelo assunto moderno. A notícia sobre o ato de Graça Aranha também motivou, no meio intelectual do Rio Grande do Norte, uma discussão sobre o assunto "modernismo",[4] a exemplo de manifestações análogas em vários espaços regionais, como foi o caso do Rio Grande do Sul.[5]

De 1924 em diante, o "espírito de brasilidade" centralizou as discussões sobre o modernismo. Nesse contexto, a visita de Guilherme de Almeida a Recife, em 1925, teve a função, segundo Azevêdo, "de consolidar a campanha modernista, confirmando-a na direção de um movimento construtivo, redimensionado no sentido de valorização do

Brasil".[6] O poeta estivera também em Fortaleza, no dia 13 de novembro. A visita, porém, não parece ter repercutido conforme a expectativa, de acordo com Sânzio de Azevedo: "Tenha ou não a pregação [...] repercutido na intelectualidade cearense, o certo é que dois anos depois" era publicado *O canto novo da raça*. De autoria coletiva, o livro era dedicado a Ronald de Carvalho, e não a Guilherme de Almeida.[7]

Em Recife, a conferência "O espírito de brasilidade na atual poesia brasileira", do autor de *Raça*, provocou a reação de Gilberto Freyre, que discordou dos conceitos de tradição e de regionalismo e afirmou, no artigo "A propósito de Guilherme de Almeida" (*Diário de Pernambuco*, 15 de novembro de 1925), de acordo com Azevêdo,[8] que tal atitude de voltar-se para o Brasil devia caracterizar-se mais como "primitivismo" ou "instintivismo", do que como "futurismo" ou "modernismo". E acrescentou que tal primitivismo chegara tarde, pois nos Estados Unidos, "há dez anos", ele vinha se dando no fenômeno da *New Poetry*.

O estudo de Neroaldo Pontes de Azevêdo sublinha que a *Revista do Norte* veiculou, no restante da década, produções relacionadas ao modernismo, com destaque para a poesia de Ascenso Ferreira, cujo traço principal denomina de "brasilidade... nordestina": "Sua poesia, de dicção nova, tem débitos para com a proposta modernista, particularmente no que tange à liberdade formal, mas também tem compromissos diretos com o regionalismo, na medida em que se alimenta [...] da vida da região e de suas tradições".[9]

Entre o ano de 1924 e o final da década, pelo menos quatro poetas nordestinos expressaram de modo original, em suas obras, as conquistas formais do modernismo e a apreensão da cultura regional como matéria de poesia: Ascenso Ferreira, Jorge de Lima, Joaquim Cardozo e Jorge Fernandes. Todos eles publicaram no momento em que ocorria uma transição da fase de agitação de vanguarda, do modernismo, para uma fase de vinculação à tradição literária e cultural brasileira.[10]

Poemas, de Jorge de Lima, e *Catimbó*, de Ascenso Ferreira, são livros atravessados de tensões decorrentes do projeto nacionalista predominante na época e da necessidade de um lirismo com soluções próprias. O ano das publicações, 1927, foi também o de lançamento de *Clã do jabuti*, de Mário de Andrade. Durante a década, o pernambucano Joaquim Cardozo publicou poemas somente na *Revista do Norte*, da qual foi diretor e desenhista, atuando também como crítico.[11] No Rio Grande do Norte, sob os auspícios de Câmara Cascudo, surgiu o *Livro de poemas de Jorge Fernandes*, cujo título lembra um dos principais lançamentos do ano: o *Primeiro caderno do aluno de poesia Oswald de Andrade*.

As produções elencadas apontam para uma unidade relacional de registros poéticos que, além de convergentes em publicações no suporte livro, circularam também em revistas e jornais. Muitos dos poemas reunidos em livros tiveram uma primeira recepção nos periódicos que divulgavam o movimento modernista. Naquele momento, as revistas do Sul do país tinham como um dos principais critérios de seleção de textos o brasileirismo.[12] Nesse contexto, Jorge de Lima, Ascenso Ferreira e Jorge Fernandes publicaram vários poemas na *Revista de Antropofagia*. Em *Verde*, de Cataguazes-MG, publicaram Ascenso Ferreira e Jorge Fernandes.

Da mesma forma, também nas regiões eram publicadas revistas, muitas delas visivelmente marcadas pelo desejo de aparecer como "modernas" [imagem n. 12] e pelo esforço nacionalista. Neste último caso, como ressonância da pregação regionalista.

As denominações de vários periódicos nordestinos revelam ora semelhanças com títulos de obras modernistas, ora um maior apelo à cor local, ora o próprio desejo de um grupo que queria optar pelo "moderno" (em oposição ao "antigo"): *Mauriceia* e *Revista do Norte* (Pernambuco), *Era Nova* (Paraíba), *Novidade* (Alagoas), *Maracajá* (Ceará), *Nossa Terra... Outras Terras...* e *Letras Novas* (Rio Grande do Norte).[13]

As colaborações dos nordestinos nas revistas de circulação nacional não deixavam de ser um reflexo de forças que agiam da periferia em direção ao centro intelectual do país. Nesse sentido, se aquelas revistas divulgavam nas regiões o programa modernista, recebiam de volta, em forma de colaborações, correspondências, adesões e até repúdios, um conjunto de manifestações discursivas refratadas que, de algum modo, definiriam também os rumos do movimento.

Quanto às revistas de circulação mais restrita às capitais dos estados nordestinos, tendo em vista as peculiaridades inerentes a cada uma delas, bem como os vínculos estabelecidos com grupos locais

ANNO I - NUMERO 2 500 rs. JUNHO - 1928

Revista de Antropofagia

Direcção de ANTÔNIO DE ALCÂNTARA MACHADO — Gerencia etc. de RAUL BOPP

SÃO PAULO

INCITAÇÃO AOS CANIBAIS

Antônio de Alcântara Machado

O ESTRANGEIRO

Jorge Fernandes

ANTROPOFAGIA: "ESPECIE DE AFERRAÇÃO MENTAL, QUANDO SE DÁ NO HOMEM CIVILISADO".

(DR. FREI DOMINGOS VIEIRA—GRANDE DICCIONARIO PORTUGUEZ)

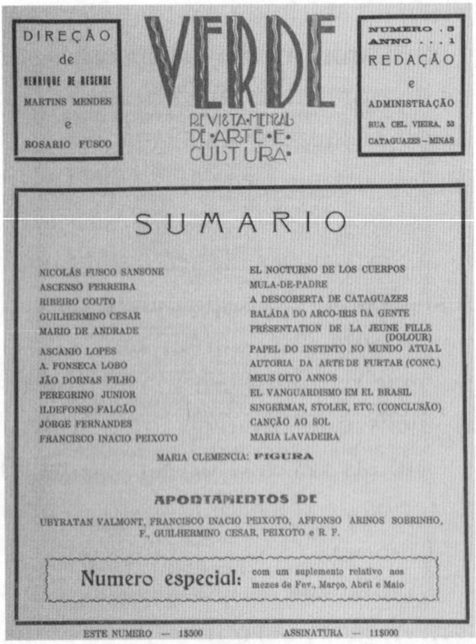

DIREÇÃO de HENRIQUE DE RESENDE, MARTINS MENDES e ROSARIO FUSCO

VERDE

REVISTA MENSAL DE ARTE E CULTURA

NUMERO . 5
ANNO . . . 1
REDAÇÃO e ADMINISTRAÇÃO
RUA CEL. VIEIRA, 53
CATAGUAZES – MINAS

SUMARIO

APONTAMENTOS DE

UBYRATAN VALMONT, FRANCISCO INACIO PEIXOTO, AFFONSO ARINOS SOBRINHO, F., GUILHERMINO CESAR, PEIXOTO e R. F.

Numero especial: com um suplemento relativo aos mezes de Fev., Março, Abril e Maio

ESTE NUMERO — 1$500 ASSINATURA — 11$000

Poema "O estrangeiro", de Jorge Fernandes, na Revista de Antropofagia, *São Paulo, ano I, n. 2, jun. 1928. E a revista* Verde, *Cataguases, ano I, n. 5, jan. 1928, que também traz colaboração do poeta.*

que representavam diversas linhas programáticas do movimento cultural, é plausível supor que, nelas, o apelo ao regional contracenasse com o desejo de ser moderno, ambos impulsionados pela força do nacionalismo característico da época.

Autores, obras, suportes para as publicações e leitores coexistiram, no Nordeste, em conjunção de desigualdades e no âmbito de uma situação cultural favorável à expansão do movimento eclodido em São Paulo.

Sem deixar de reconhecer o claro papel de divulgador, desempenhado por Joaquim Inojosa como ator do movimento modernista no Nordeste, em um contexto de produção jornalística, sobressai, no mesmo cenário, a publicação dos artigos numerados de Gilberto Freyre, no *Diário de Pernambuco*, em assumida oposição aos ideólogos do modernismo paulista.

Utilizando-se de um ensaio marcado pela controvérsia e pela provocação, o autor das ideias que seriam matrizes do movimento regionalista defrontou-se com uma circunstância provinciana de repercussão direta — no sentido de "influência", "reprodução", "eco" e até "imitação" — do modernismo paulista, tal como era divulgado por Joaquim Inojosa. Se o cenário era provinciano, o contexto mais amplo era de movimento internacional a repercutir em situação periférica. Nesse sentido, a "corrente geral do mundo moderno" aparece como tributária da atualização do pensamento de Gilberto Freyre, em meio a contradições geradas na periferia do capitalismo.[14]

A posição de Gilberto Freyre sobre o modernismo, no momento em que liderava a retomada do regionalismo nordestino, é arejada por sua experiência internacional, em um dos mais significativos momentos de modernização do país. Ele sabia que estava participando ativamente do "mundo moderno".[15]

Câmara Cascudo era leitor assíduo dos artigos de Gilberto Freyre e foi apresentado por ele a vários dos novos artistas, como Joaquim do Rego Monteiro. No entanto, outras eram as tensões por que passava o jovem Cascudo, ex-aluno de medicina em Salvador e no Rio de Janeiro, aluno da Faculdade de Direito de Recife, boêmio. O "Príncipe do Tirol", como era conhecido em Natal, era também leitor e admirador de produções intelectuais nem sempre convergentes: obras de Mário de Andrade, do próprio Gilberto Freyre, de Monteiro Lobato e de Gustavo Barroso eram dispostas sobre sua mesa de trabalho em aparente harmonia. Em 1924, inicia longa correspondência com Mário de Andrade e se torna um militante do modernismo ao longo dos anos 1920.[16]

O depoimento sobre a vivência pernambucana do autor do *Dicionário do folclore brasileiro* revela a atmosfera festiva daquele momento acolhedor do modernismo na região. Em *Gente viva*, Cascudo apresenta episódios que revelam sua participação na vida literária do início do século, recordações de passagens por Salvador, Rio de Janeiro e Recife. O trecho a seguir é o parágrafo inicial do capítulo dedicado a Ascenso Ferreira:

> Em 1924-28, a rua do Imperador no Recife, notadamente o quarteirão entre a esquina da *Lafaiete* na Primeiro de Março e o *Jornal do Commercio*, na Marquês do Recife era a nossa Montmartre, inocente e noturna. [...] Ali nasceram reações estéticas, repúdio ao "Medalhão", planos de revis-

tas, associações, louvores e massacres literários. A *gente nova* pernambucana, e dos estados fornecedores da *estudantada*, apresentava-se todas as noites na consumação da cerveja morna e casquinhos de caranguejos, com parcimoniosa fração desses crustáceos. A movimentação, alacridade, ruído de vozes discutindo, berros de protesto, estridência de risos, exibição de cantos e mesmo toque de violão, centralizavam as preferências, provocando os encontros para confidências poéticas, combinar artigos de jornal, duelar entre as predileções artísticas.[17]

O Cenáculo da Lafayete também é referido por Joaquim Cardozo como as reuniões noturnas do grupo da *Revista do Norte*, no Café Continental. Como se percebe, a vida cultural do Recife repercutia em todo o Nordeste. Sabe-se, contudo, que o elo transmissor do movimento cultural do momento funcionou, talvez de modo mais coeso, na faixa litorânea entre Alagoas e o Rio Grande do Norte. Fortaleza, com dinâmica própria, recebia menos influxos pernambucanos do que, por exemplo, Natal e João Pessoa. Salvador, fora dessa faixa de influência, também tinha uma dinâmica própria e agregava, de algum modo, o movimento da capital sergipana. O Maranhão e o Piauí também receberam, embora tardiamente, influxos modernistas.[18]

Segundo Sânzio de Azevedo,[19] o livro *O canto novo da raça*, publicação coletiva de 1927, foi o legítimo iniciador do modernismo no Ceará. No ano seguinte, era fundado por Demócrito Rocha o jornal *O Povo*, que deu suporte à divulgação do movimento e a publicações esparsas de escritores locais, incluindo-se aí o nome de Rachel de Queiroz. Em 1929, surgiria nesse jornal o suplemento *Maracajá*, exclusivamente literário, mas com existência efêmera. O estudo registra ainda *Cipó de Fogo*, de apenas um número, que circulou em 1931. Divulgado no contexto de uma insatisfação antiacademicista, segundo Rodrigo Marques, o assunto "modernismo", como sinônimo de "futurismo", chegara ao Ceará graças à oposição de Antônio Sales, representante da famosa "Padaria Espiritual". Em atitude conservadora, o escritor demonstrava antipatia às ideias do movimento já em 1923, antes de qualquer publicação de autores locais vinculados à nova tendência. Em sua análise, Marques conclui:

> Apenas com o Grupo Clã, na década de 1940, retomar-se-ia parte da agenda de 1922, como a pesquisa mais séria sobre a cultura popular, a reflexão sobre a linguagem poética, o debate efetivo com as artes plásticas, o aproveitamento da linguagem cotidiana, o exercício crítico, com a inspiração e as bênçãos, desta vez, de Mário de Andrade.[20]

Segundo Moacir Medeiros de Sant'Ana, o modernismo chegou oficialmente em Alagoas no dia 17 de junho de 1928, com a "Festa da Arte Nova". A festa seria uma espécie de replicação da Semana de Arte Moderna e foi promovida pelo Cenáculo Alagoano de Letras, com ampla divulgação na imprensa, tendo à frente rapazes ou moços, como se refere a historiografia aos participantes. Segundo Carlos Moliterno, contudo, a publicação de *Poemas* (1927), de Jorge de Lima, fora uma espécie de linha demarcatória para a cultura local.[21]

Verifica-se, com a leitura do material disponível sobre a história do modernismo em Alagoas, que alguns fatos corroboraram a construção do movimento modernista em sua feição local: o aparecimento, em 1928, do famoso poema "Essa nega Fulô" e da revista *Maracanã*, além da rápida passagem de Mário de Andrade por Maceió, sem maior impacto, no dia 9 de dezembro desse ano. Terminada a década, o fato mais importante foi a chegada de Graciliano Ramos à capital, quando o modernismo já passava às representações do chamado Romance de 30. Finalmente, surgiu, em 1931, a revista *Novidade*, que chegou a publicar 24 números.[22]

De um modo geral, o ano de 1924 aparece como marco de divulgação do movimento modernista no Nordeste; o ano de 1927, como referência de publicação das principais obras dos anos 1920. Tais publicações têm um valor crucial na avaliação do movimento: por meio delas, é possível identificar confluências de linhas programáticas do modernismo e também do regionalismo, as duas tendências ativas no movimento cultural daqueles anos.

Dentre as obras publicadas, parece-nos que o *Livro de poemas de Jorge Fernandes* é um dos produtos que melhor expressam, no Nordeste, as conquistas literárias do decênio.[23] A forma poética do livro representou, naquele momento, uma síntese das confluências literárias e culturais, programáticas, mas sua realização é original e autêntica, com soluções próprias.

Composto de quarenta poemas dispostos ao longo de 86 páginas, no suporte de uma espécie de caderno, o formato da obra faz-nos lembrar, mais uma vez, do livro de Oswald de Andrade lançado naquele ano. A feição de livreto à moda antiga, em brochura e nas dimensões de quinze centímetros de altura por 21 de largura, facilitava a impressão e a leitura de versos longos, sem compromisso com a métrica.

Mário de Andrade resenhou o livro, chamando a atenção para alguns aspectos definidores de sua singularidade, como o traço dominante da "simplicidade incisiva" e o fato de ser "regional por demais". Afirmou ainda que:

> Jorge Fernandes é homem-feito. Este primeiro livro dele não pode se chamar de estreia. É um resultado. Apesar de muito irregular me parece absolutamente notável.
>
> [...]
>
> O *Livro de poemas* dele traz coisas admiráveis. Manhecença, Mão Nordestina, Manoel Simplício, Avoetes, Canção do Inverno, Banho da Cabocla, A Briga do Teju com a Cobra, são coisas definitivas: cristalizações, essências duma precisão que só Manuel Bandeira consegue às vezes. E o livro todo na sua irregularidade audaciosa relampeia de coisas fortes.[24]

Os sete poemas aludidos na resenha de Mário de Andrade como admiráveis, definitivos, fazem parte de dois grandes blocos semânticos que abarcam a metade dos textos do livro. O primeiro deles, representado aqui por "Manhecença", "Mão nordestina", "Canção do inverno" e "A briga do teju e a cobra", tem por dominante a representação da natureza, em um processo de apreensão da rusticidade. Formam, com mais outros seis poemas,[25] o bloco semântico que denominamos, para efeito didático, de "registro do regional". Tais poemas promovem um mergulho profundo no universo local, praticamente sertanejo, em contexto rural.

O segundo bloco semântico de poemas, representado por "Manoel Simplício", "Avoetes" e "O banho da cabocla", tem por dominante a representação de personagens e acontecimentos de época.

Nesse eixo, composto também de dez poemas[26] e denominado aqui de "registro do circunstancial", os elementos populares urbanos e rurais, do entorno do eu lírico, aparecem em suas manifestações espontâneas, ante os olhos de um observador que frui a cultura e a ela se integra. Assim, temos uma apreciação do universo intercalado entre a provinciana capital litorânea e o sertão. Tais poemas não se vinculam, apesar das circunstâncias dos registros, ao universo do regionalismo tradicionalista nordestino. A perspectiva do poeta, crítica, não combina com o que esse regionalismo, no período anterior ao modernismo, praticara como "literatura de permanência", assim caracterizada por Antonio Candido e especificada em sua abrangência como a chamada "literatura sertaneja".[27]

"O banho da cabocla" representa, juntamente a dois outros textos — "Poemas das pitombeiras" e "A roda" —, uma visão do eu lírico sobre ocorrências populares espontâneas, fortuitas. Nos três poemas, veem-se personagens em circunstâncias lúdicas — uma cabocla e crianças —, ou seja, não necessariamente vinculadas ao mundo do trabalho ou das novas tecnologias da época. Eles permitem ao leitor um mergulho mais profundo no lirismo que resulta da apreciação da cultura popular e do mundo da pobreza no entorno do poeta. Eis o texto do poema, um daqueles vistos por Mário de Andrade como "admiráveis":

O banho da cabocla

Teima dos sapos...
Chiados dos ramos nos balcedos...
Chóóóóó... da levada...
— Noitinha —
Acocorada num cepo põe sobre os cabelos compridos
As primeiras cuias d'água: — choá! choá! choá! —

A lua treme nágua remexida...

Ruque! ruque! das mãos esfregando as carnes rijas...
Um pedaço de canção alegra o banho...
E a teima dos sapos: — foi! não foi!

E a camisa é posta sobre a carne molhada e nova
E a sombra passa entre as árvores — ligeira — úmida e morna —
Num pedaço de canção que alegrou o banho...

O título do poema remete à antiga designação popular dos descendentes dos povos nativos. Segundo Câmara Cascudo, até fins do século XVIII, era sinônimo oficial de indígena. Com a miscigenação, o branco colonizador imprimiu conotação negativa ao termo, que se estendeu a populações do interior, de modos simples e considerados rústicos. Na religião, tornou-se nome genérico dos espíritos de ancestrais indígenas e de grupos afro-brasileiros. No folclore, é visto como "tipo imbecil, crédulo, perdendo todas as apostas e sendo incapaz de uma resposta feliz ou de um ato louvável".[28] Trata-se de uma popularidade pejorativa a justificar a subalternidade social.

Jorge Fernandes não foi o único a dar status literário à personagem, no contexto nacionalista da época, pela via das tradições regionais. Em *Canto novo da raça* (1927), segundo Sânzio de Azevedo, o cearense Jáder Carvalho teria dado à personagem, caracterizada como "morena flor dos sambas sertanejos", no poema "Cabocla", o sentido do "homem novo" da terra nordestina. No mesmo livro, Franklin Nascimento exalta a cidade de Fortaleza, no poema "Em louvor da Princesa do verde mar...", como uma cabocla em cujo seio fecundo latejaria o "Homem-Labor" da "metrópole formidável de Ouro-Pluma!".[29] Já em *Catimbó*, do pernambucano Ascenso Ferreira, a mulher afrodescendente ganha também status literário no mesmo contexto, conforme os versos seguintes de "O gênio da raça": "O gênio da raça que eu vi/ foi aquela mulatinha chocolate/ fazendo o passo do siricongado/ na terça-feira de carnaval!".

Ainda no título do poema de Jorge Fernandes, tem-se um indício de como se dará no texto o acolhimento da personagem pelo olhar do eu lírico, em clima de erotismo, sensualidade. "O banho", como ato de nudez associado à água, remete também ao ato do batismo, pela purificação. Nesse clima heterogêneo de pecado e inocência, a cabocla chega à poesia.

A chegada de tão singular personagem aos registros literários da época é por demais complexa, a começar pelo espaço onde ocorre a visão do eu lírico. Os quatro primeiros versos do poema introduzem o ambiente crepuscular onde se desenha uma paisagem natural, com sons primitivos, quase uma mata virgem. O referente é o mundo das "brenhas", cujo sentido utópico pode ser um mundo feliz, tal qual o instante vivenciado nesse lugar com aspecto de igarapé. Mas, esse conteúdo convive com outro, ideológico, cuja função naquele presente era reforçar as cores da brasilidade modernista. Por isso, a leitura do poema implica perguntar pela capacidade de projetar no futuro aquela situação feliz e, ao mesmo tempo, suspeitar de sua ideologia.

A imagem dos sapos, no primeiro verso, produz uma situação lírica e grotesca, se a associarmos a elementos antiliterários para os padrões da época e também à retomada sutil, sugestiva, de um diálogo carnavalizado com a tradição constituída, tal como promovera o poema "Os sapos", de Manuel Bandeira, com a função de ridicularizar a poética parnasiana. A atmosfera crepuscular, sugestivamente parnasiana e penumbrista, é um ponto forte de construção literária no *Livro de poemas de Jorge Fernandes*, como mote da série "Meu poema parnasiano",[30] cuja metalinguagem surge como empreitada modernista a desconstruir o arcabouço literário vigente no início do século.

Em tal ambiente pitoresco, embalado por sons da mata (a "teima" dos sapos, os chiados dos ramos na correnteza, o "Chóóóóó" da cascata), o eu lírico tem uma visão deslumbrante da cabocla. Assim, fecha-se a primeira estrofe do poema, sob o signo do desrecalque, conforme o indicativo de Antonio Candido sobre o modo como se deu, no processo modernista brasileiro, a aceitação ou mesmo a redenção das componentes recalcadas da nacionalidade, com ênfase para o desrecalque localista: "[...] a cada valor aceito na tradição acadêmica e oficial correspondia, na tradição popular, um valor recalcado que precisava adquirir estado de literatura".[31]

A onomatopeia que representa o movimento no banho de cuia envolve completamente a imagem da cabocla, que incorpora todos os valores dos sons dos três primeiros versos. Com tais vibrações sonoras, sobrevém, pela tradição da brasilidade, a mulher subalterna descendente de Iaras e Iracemas de "cabelos compridos".

A primeira estrofe, composta de um bloco de seis versos, é espelhada em um segundo bloco, com o mesmo número de versos. Situado no centro do texto, um único verso divide o palco onde a teatralidade ocorre: de um lado, tem-se a descrição da paisagem e da imagem primeira da personagem; do outro, tem-se a apresentação da ação ao modo de uma forma dramática e narrativa. Ocorre, nesse segundo bloco, a passagem fugaz da cabocla pelo palco.

O verso divisor das estrofes é altamente significativo, por se refletir nele a imagem da lua (e, certamente, da nudez da cabocla, refratada), cara ao poeta. Para quem tiver a oportunidade de ler o livro completo, será interessante recuperar, no ato da leitura de "Cabocla", o primeiro poema do livro como meio de apreender a perspectiva do eu lírico que se diz um remanescente de poéticas antigas, tendo como símbolo de inspiração a lua, de acordo com a seguinte estrofe:

Remanescente

Sou como antigos poetas natalenses
Ao ver o luar por sobre as dunas...
Onde estão as falanges desses mortos?
E as cordas dos violões que eles vibraram?
— Passaram...
E a lua deles ainda resplandece
Por sobre a terra que os tragou
E a terra ficou
E eles passaram!

Em anotação de *O turista aprendiz*, Mário de Andrade já havia demonstrado perceber no poeta resquícios de uma prática pós-romântica: "O livro pode ser um bocado irregular pelos tiques de poética antiga inda sobrados nele, porém possui coisas esplêndidas [...]".[32]

O desvio na leitura de "Cabocla" ocorreu pela necessidade de demonstrar a unidade do livro no qual ele se situa, com textos que remetem a outros de uma mesma carga semântica, embora pertencentes a eixos temáticos diferentes. "Remanescente", por exemplo, estaria disposto em um eixo que poderia ser denominado de "desempenho da tradição",[33] por revelar tensões decorrentes da ruptura com a tradição estabelecida. Nos poemas desse eixo, a tradição se mostra como força ativa ainda no presente, e o eu lírico, por sua vez, demonstra, com o exercício metalinguístico, um posicionamento diante dela.

Voltemos, então, ao verso central do poema, para reconhecer nele o palco em cujas bordas se desenvolvem as ações da personagem. A cabocla, que assim é nomeada apenas no título do texto e que estava a se banhar sentada sobre os calcanhares, segundo o hábito indígena, ergue-se no segundo bloco de versos e sai da cena como uma sombra. Antes, porém, ela executa uma performance que é descrita de forma onomatopaica, em concerto díspar.

Sob o domínio da sonoridade, sobrepõem-se em competição, em tal concerto: o "Ruque! Ruque!" das mãos esfregando as carnes rijas, um pedaço de canção que alegra o banho e a teima dos sapos. Na competição imaginada pela interpretação, os três elementos têm funções distintas: um deles é absolutamente circunstancial e ligado ao presente, a causar vislumbre (a cabocla, simbolizando aqui o moderno, pela via da brasilidade); o outro conduz um vínculo com o passado, com o qual o poeta se identifica (o pedaço de canção, como reverberação do poema "Remanescente"); e um terceiro é grotesco e recorrente, igualmente ativo, além de ser ridicularizado (os sapos, como símbolo da poética parnasiana).

Com essa interpretação, são identificados os registros líricos em competição no projeto poético de Jorge Fernandes, postos em relação tensa com as duas vertentes ativas no movimento literário do período: o modernismo e o regionalismo. A tensão é revelada pela teatralidade da circunstância descrita, com mediação da linguagem, a qual é reforçada graças ao recurso de uma pontuação exagerada. Contudo, travessões, reticências e exclamações, além do uso das onomatopeias, fazem predominar no texto as funções do ritmo e da harmonia sugerida pelo ambiente primitivo e pela sensualidade da cabocla.

Os recursos da pontuação e da sonoridade linguística, bem como da visualidade do texto no branco da página, são largamente utilizados por Jorge Fernandes em seu livro. Em um quarto eixo temático, que se pode denominar de "desempenho da linguagem",[34] tem-se um investimento maior no trabalho com a linguagem poética, chegando ao experimentalismo formal. No conjunto, o ponto de vista é de um eu lírico observador e apropriador das formas dos objetos apreendidos, a exemplo dos poemas "Te-téu" e "Rede...". Por outro lado, trata-se de uma representação da modernidade, com suas novidades e tecnologias, sobretudo em relação aos meios de transporte modernos (nas séries "Aviões" e "Poemas das serras").

Após uma visão geral dos quatro eixos temáticos do livro de Jorge Fernandes, impulsionada pela leitura do poema "Cabocla", faz-se necessário indagar sobre que elementos teríamos para corroborar esta afirmativa de Mário de Andrade, em sua resenha: "Este primeiro livro dele não pode se chamar de estreia. É um resultado".

O poeta publicou um único livro de poesia, quando já tinha a idade de quarenta anos e considerável vivência nos meios intelectuais locais. Em 1909, publicara um livro de contos humorísticos (*Contos & Troças e loucuras* — contos humorísticos de Jorge Fernandes e versos de Ivo Filho). Participara, entre o fim do século XIX e o início do XX, de vários periódicos locais, em companhia de "antigos poetas natalenses", como o popular Ferreira Itajubá (1877-1912). Entre a primeira e a segunda décadas do século XX, escrevera várias peças teatrais (em sua maioria revistas de costumes). Antes de participar do movimento modernista, aparecera como um regionalista nos moldes do "regionalismo pitoresco", conforme a definição de Antonio Candido,[35] e muito próximo da chamada "literatura sertaneja".

Contraditoriamente, no entanto, pode ter sido o caráter regionalista de Jorge Fernandes e de Câmara Cascudo o traço que mais chamou a atenção do modernista Mário de Andrade. Aqueles dois primeiros leitores natalenses das obras modernistas, naquele início de século, responderiam bem ao modelo ideal de leitor da situação pós-1924, pois seriam receptores ideais para o horizonte de expectativa da vanguarda do momento, principalmente se tivermos em mente a etapa modernista em que a brasilidade surgia como dominante cultural do movimento. Assim, a base regionalista do poeta pode ter sido o ponto de contato para sua ruptura com o mundo acadêmico provinciano que o viu crescer e experimentar a aventura modernista. Tanto é provável que, mesmo seu comportamento pessoal, irreverente, não é produto exclusivo do modernismo, uma vez que ele já apresentava tendência antiacadêmica no seio mesmo da sisudez de um reduto literário provinciano.[36]

Tendo abandonado logo cedo os estudos no tradicional Atheneu Norte-Riograndense, Jorge Fernandes passou a trabalhar em uma fábrica de cigarros, sendo também caixeiro-viajante e, entre os anos 1920 e 1930, negociou com bares e cafés, especialmente o café Magestic, espaço preferido da boêmia intelectual natalense no período de divulgação do movimento modernista. Foi nesse espaço que Manuel Bandeira e Mário de Andrade conheceram pessoalmente o poeta, em momentos diferentes do ano de 1927, no ambiente onde homens abastados, políticos, intelectuais, editores e artistas, tendo à frente Câmara Cascudo, faziam do café o centro da vida intelectual da província.

No sótão do Magestic, foi criada uma "academia" de letras, de arte e de humor, denominada aleatoriamente de Diocésia.[37] Muitos dos textos do *Livro de poemas de Jorge Fernandes* foram concebidos nesse ambiente, sobretudo a série "Aviões", que tematiza a chegada dos primeiros aviões que atravessaram o Atlântico e provocaram grande impacto na pequena cidade. Como um laboratório de ideias, o meio social de tal espaço, em sua informalidade, contribuiu para a materialização da obra em questão, que não deixa de ser um produto desse laboratório.

O livro de Jorge Fernandes aparece, portanto, na contramão do que se fazia nas inúmeras agremiações e associações literárias que se espalhavam pela cidade e pelo estado. O Magestic pode ser visto como uma congregação absolutamente popular e anárquica.

Por outro lado, existiu também na cidade uma confraria, de espírito aristocrático e de fins idênticos à Diocésia, que funcionou na residência de Câmara Cascudo. A mansão, de propriedade de seu pai, serviu de salão literário onde se divulgavam os nomes dos protagonistas do movimento modernista e se exercitavam hábitos que eram julgados vanguardistas, como saraus e festas gastronômicas. Lá, na chamada "Chácara do Tirol", Câmara Cascudo hospedou o poeta Mário de Andrade entre o final do ano de 1928 e o início de 1929, numa excursão cujos desdobramentos ainda carecem de análise.[38]

Os elementos aqui apresentados, sobre a vida literária potiguar, servem de amostra relativa à chegada do modernismo ao Nordeste. Com maior intensidade no espaço do Recife e com manifestação tardia em Salvador, por exemplo, o movimento estimulou a produção de obras literárias cujos registros são a verdadeira demonstração de sua força, verificada por meio da análise e da interpretação.

De um modo geral, a peculiaridade brasileira pela via do regional, na perspectiva dos poetas nordestinos referidos neste estudo, vincula-se à pesquisa modernista dessa peculiaridade, sobretudo na vertente da brasilidade exercitada pelos modernistas Mário de Andrade e Oswald de Andrade, entre os anos de 1924 e o final da década.

O deslumbramento verificado no eu lírico do poema de Jorge Fernandes, diante da representação da brasilidade, resulta em uma visão do pitoresco que é amenizado pela passagem fugaz da cabocla. Porém, a ideologia nacionalista, que projetava a felicidade nos rincões do país, símbolo de primitivismo, não chegou a se cumprir depois de quase cem anos. O leitor atual do texto, crivado de tensões determinadas pela globalidade e, certamente, situado em espaço urbano, há de tratar a felicidade vislumbrada no poema como um panorama de difícil alcance.

A imagem da cabocla, que representa outros tipos sociais, permanece dissonante na sociedade desigual e pós-moderna. Macunaíma, de Mário de Andrade, bem como o beberrão de *Catimbó*, de Ascenso Ferreira, desrecalcados pelo modernismo, ainda encorpam o caldo social em cuja densidade não pode haver alegria e felicidade, em função da discrepância gerada pela exploração e pela subalternidade.

Tais vislumbres, contudo, não são de todo anacrônicos. A imagem do banho da cabocla como prática, quiçá, feliz ao término de um dia de trabalho, a indicar repouso e inutilidade, renova ainda o ócio como estado liberador do sentido pleno da vida. Tratar-se-ia apenas da felicidade cristalizada em poesia? A visão inusitada do paraíso, por mais atravessada que seja pela ideologia nacionalista da época de sua concepção, pode ainda funcionar como repetição da lembrança do mundo feliz, de tão remota e simples que é.

Na região Nordeste, como muito provavelmente em todo o país, o modernismo programático, considerando suas vertentes, veiculado em eventos, manifestos, editoriais de periódicos, diluído em correspondências e até na informalidade dos salões e espaços de convivência de intelectuais, não correspondeu exatamente ao plano das obras, cuja forma poética e literária alcançou soluções próprias.

Antes de tomar forma artística, o modernismo divulgado pelos intelectuais nordestinos revelava um grande desejo direcionado à superação da realidade provinciana da região, como se estivesse dada a esses intelectuais uma espécie de missão civilizatória destinada a atualizar a vida literária regional. O desafio posto — abrir a realidade regional para o diálogo franco com as perspectivas modernistas — teve como resultado posições distintas, envolvendo pelo menos três personagens principais da história do movimento.

A posição de Joaquim Inojosa permite enxergar nele a apreensão de um modernismo tardio, considerando o contexto do início do século XX, em que o futurismo e a Semana de Arte Moderna de 1922 já alcançavam seus desdobramentos em vertentes distintas. "Tardio", contudo, apenas em relação ao chamado modernismo paulista, em que se assistia à polêmica entre futuristas e passadistas. Atual, portanto, no contexto da repercussão regional.

A posição de Câmara Cascudo oscila, por sua vez, de "modernista", sobretudo em sua interlocução com Joaquim Inojosa, a "brasileiro" quando dialoga com Mário de Andrade.[39] Tal posicionamento pode servir de baliza na compreensão do modo como se deu a descentralização do modernismo naquele momento em que se expandia nacionalmente e deixava, portanto, de ser o "modernismo paulista". Em que pese a aproximação do intelectual potiguar com o ideário integralista de Plínio Salgado, já no final da década, parece muito interessante seu posicionamento entre os anos de 1924 e 1928, quando estava a receber influxos de ideias paulistas na contracena daquilo que Gilberto Freyre defendia como regionalismo.

A posição de Gilberto Freyre, por sua vez, permite vislumbrar nele um refrator das ideias divulgadas pela corrente hegemônica do modernismo brasileiro, em função da necessidade de valorizar a tradição regional, considerada por ele como a mais brasileira de todas, numa problemática que motivou a geração de obras de alto valor literário, como a poesia de Joaquim Cardozo e a prosa de José Lins do Rego, além do clássico *Casa-grande & senzala* na década seguinte.

O programa da brasilidade, ao promover a apreensão das realidades regionais, convergiu, no Nordeste, para uma alta valorização das tradições locais. A produção literária dos quatro poetas elencados nesta leitura surgiu a partir do debate entre as ideias modernistas e a pregação generalizada do regionalismo, mas não demonstra compromissos diretos com tais programas, senão uma atenção concentrada neles, de forma complexa.

Esses poetas participaram do esforço de gerar, para o sistema literário, elementos até então ausentes ou menosprezados na literatura brasileira, de acordo com a proposição que serviu de base para os estudos *Modernismo: Anos 20 no Rio Grande do Norte* e *O lirismo nos quintais pobres: A poesia de Jorge Fernandes*,[40] aqui redimensionados: a linguagem local como objeto de poetização, a província como tema literário, a cultura regional, a temática rural modernizada pela forma literária — o homem simples de diversas regiões passou a fazer parte da literatura como personagem e, com ele, cresceu também a necessidade de novas formas poéticas e ficcionais para representar a nova realidade brasileira do início do século xx.

NOTAS

1. Joaquim Inojosa, *A arte moderna*. Ed. fac-similar. Rio de Janeiro: Cátedra, 1984.
2. Sobre a história do modernismo em Pernambuco, cf. Neroaldo Pontes de Azevedo, *Modernismo e regionalismo: Os anos 20 em Pernambuco*. João Pessoa: Secretaria de Educação e Cultura da Paraíba, 1984; Moema Selma D'Andrea, *A tradição re(des)coberta: Gilberto Freyre e a literatura regionalista*. 2. ed. Campinas: Ed. da Unicamp, 2010. Como documentário, destaca-se Joaquim Inojosa, *O movimento modernista em Pernambuco*. Rio de Janeiro: Tupy, 1968-9. 3 v. Cf. ainda: Souza Barros, *A década de 20 em Pernambuco: Uma interpretação*. 2. ed. Recife: Fundação de Cultura da Cidade do Recife, 1985; Vamireh Chacon, *A luz do Norte: O Nordeste na história das ideias do Brasil*. Recife: Fundaj; Massangana, 1989. Sobre o novo regionalismo que tomou forma com o Primeiro Congresso Regionalista do Nordeste e se confrontou com o modernismo, na contracena de um regionalismo antigo, secular, provinciano, arraigado na cultura colonial ainda atuante, cf. Durval Muniz de Albuquerque Jr., "Geografia em ruínas". In: *A invenção do Nordeste e outras artes*. São Paulo: Cortez; Recife: FJN; Ed. Massangana, 2006, pp. 39-64. Sobre a revista *Era Nova*, cf. o estudo de Laélia M. R. Silva, *Contribuição à história literária da Paraíba: Estudo da revista Era Nova*. João Pessoa: UFPB, 1980. Dissertação (Mestrado em Literatura Brasileira); sobre as repercussões do movimento, cf. Antônia M. C. Rocha, *A notícia do modernismo na imprensa paraibana*. João Pessoa: UFPB, 1986. Dissertação (Mestrado em Literatura Brasileira).
3. Moacir Medeiros de Sant'Ana, *História do modernismo em Alagoas: 1922-1932*. Maceió: Edufal, 1980.
4. Cf. Humberto Hermenegildo de Araújo, *Modernismo: Anos 20 no Rio Grande do Norte*. Natal: EDUFRN, 1995, pp. 35-8.
5. Cf. Lígia Chiappini Moraes Leite, *Modernismo no Rio Grande do Sul: Materiais para seu estudo*. São Paulo: Instituto de Estudos Brasileiros, 1972.
6. Neroaldo Pontes de Azevedo, *Modernismo e regionalismo: Os anos 20 em Pernambuco*, op. cit., p. 88.
7. Cf. Sânzio de Azevedo, *O modernismo na poesia cearense: Primeiros tempos*. Fortaleza: Secretaria de Cultura e Desporto do Estado do Ceará, 1995, pp. 19-22.
8. Neroaldo Pontes de Azevedo, *Modernismo e regionalismo: Os anos 20 em Pernambuco*, op. cit., p. 87.
9. Id., ibid., p. 178.
10. Sobre a expressão estética da chamada brasilidade nordestina, do ponto de vista da História, cf. Carla Nogueira Gomes, *A brasilidade nordestina: A definição de um espaço e de uma cultura nordestina na década de 20*. Maceió: Edufal, 2008.

11. Sobre a poesia de Joaquim Cardozo, que não publicou nenhum livro nos anos 1920 (somente em 1947 publica *Poemas*), cf. Moema Selma D'Andrea, *A cidade poética de Joaquim Cardozo*. Recife: Xerox, 1998.
12. Sobre esse critério, cf. Cecília de Lara, *Klaxon & Terra Roxa e Outras Terras: Dois periódicos modernistas de São Paulo*. São Paulo: Instituto de Estudos Brasileiros, 1972.
13. Sobre as revistas literárias do Rio Grande do Norte, no período, cf. Maria Suely da Costa, *O canto de Cigarra e outros cantos: Revistas literárias do Rio Grande do Norte nos anos 20*. Natal: UFRN, 2000. Dissertação (Mestrado em Estudos da Linguagem); *Produção em revista: Representação do moderno e do regional na experiência potiguar — Anos 1920*. Natal: UFRN, 2008. Tese (Doutorado em Estudos da Linguagem).
14. Esta proposição tem por base reflexões de Roberto Schwarz nos ensaios de *Martinha versus Lucrécia* (São Paulo: Companhia das Letras, 2012). Como personagem, o futuro autor de *Casa-grande & senzala* encarna uma força histórica e produz uma obra significativa para a cultura brasileira. Tal força repercutirá na década seguinte, fenômeno que é reconhecido pelo crítico no ponto em que, no ensaio sobre Gilda de Mello e Souza, Gilberto Freyre reaparece ao lado de José Lins do Rego, já nos anos 1930. Nesse sentido, Roberto Schwarz ressalta a acuidade do olhar da estudiosa por ter meditado "sobre os descompassos das decadências e dos reerguimentos no interior de um mesmo país, e sobre a presteza e a qualidade das respostas artísticas da região mais atrasada" (p. 199), cuja estagnação foi possível de superar no âmbito literário, mas não na realidade, por um grande ciclo de romances.
15. Sobre a posição moderna dessa personagem, cf. Maria Lúcia G. Pallares-Burke, *Gilberto Freyre: Um vitoriano nos trópicos*. São Paulo: Unesp, 2005. Sobre "modernização", servimo-nos, neste caso, de um conceito amplo, segundo Habermas, referente a "um conjunto de processos cumulativos e de reforço mútuo: à formação do capital e mobilização de recursos; ao desenvolvimento das forças produtivas e ao aumento da produtividade do trabalho; ao estabelecimento do poder político centralizado e à formação de identidades nacionais; à expansão dos direitos de participação política, das formas urbanas de vida e da formação escolar formal; à secularização de valores e normas etc.". Jürgen Habermas, *O discurso filosófico da modernidade: Doze lições*. Trad. de Luiz Sérgio Repa e Rodnei Nascimento. São Paulo: Martins Fontes, 2000, p. 5.
16. Impõe-se reconhecer naquele momento o papel das artes plásticas, particularmente a pintura e o desenho, com a relevância de artistas como os irmãos Vicente do Rego Monteiro e Joaquim do Rego Monteiro, bem como Cícero Dias e Manoel Bandeira. No Rio Grande do Norte, surgia o traço moderno do desenhista Erasmo Xavier, segundo o estudo de Rejane Cardoso, *Erasmo Xavier: O elogio do delírio*. Natal: Clima, 1989. Sobre a correspondência

com Mário de Andrade (cf. Luís da Câmara Cascudo, *Câmara Cascudo e Mário de Andrade: Cartas 1924-1944*. Org. e notas de Marcos Antonio de Moraes. São Paulo: Global, 2010); com valor documental sobre a militância modernista, destacam-se também as cartas trocadas com Joaquim Inojosa (cf. Humberto Hermenegildo de Araújo, *Cartas de escritores: Vida literária em epistolografia "modernista"*. Natal: EDUFRN, 2017) e com os argentinos Sánchez-Sáez e Luis Emilio Soto (cf. Joatan David Ferreira de Medeiros, *Câmara Cascudo e a Argentina intelectual: Um joio na seara latino-americana*. Natal: UFRN, 2016. Dissertação (Mestrado em Estudos da Linguagem). Disponível em: <https://repositorio.ufrn.br/handle/123456789/21627>. Acesso em: 19 jun. 2021.

17. Cf. Luís da Câmara Cascudo, *Gente viva*. 2. ed. Natal: EDUFRN, 2010. Grifo do autor.

18. Sobre as reuniões no Café Continental, cf. "Prefácio-testemunho dos aspectos culturais, por Joaquim Cardozo" ao livro de Souza Barros, *A década 20 em Pernambuco: Uma interpretação*, op. cit., pp. 135-49. Souza Barros faz alusões a uma grande variedade de espaços onde se manifestava a vida boêmia recifense da época como propulsora da criação literária: pequenos restaurantes, cafés, esquinas e teatros. Sobre a literatura produzida na Bahia, bem como no Maranhão e no Piauí, no período, cf. Ivia Alves, *Arco & Flexa: Contribuição para o estudo do modernismo*. Salvador: Fundação Cultural do Estado da Bahia, 1978; Rossini Corrêa, *O modernismo no Maranhão*. Brasília: Corrêa e Corrêa, 1989; José Maria Vieira de Andrade, "Cobertos de pó e de retórica: Produção literária e polêmicas intelectuais na Teresina da metade do século XX". In: *VI Simpósio Nacional de História Cultural — Escritas da História: Ver — Sentir — Narrar*. Teresina-PI: Universidade Federal do Piauí, 2012, pp. 1-12. Disponível em: <http://gthistoriacultural.com.br/VIsimposio/anais/Jose%20Maria%20Vieira%20de%20Andrade.pdf>. Acesso em: 19 jun. 2021.

19. Sânzio de Azevedo, *O modernismo na poesia cearense: Primeiros tempos*, op. cit., pp. 35-76.

20. Cf. Rodrigo de Albuquerque Marques, *A nação vai à província: Do romantismo ao modernismo no Ceará*. Fortaleza: Imprensa Universitária, 2018, p. 184. Sobre o Grupo Clã, cf. Vera Lúcia A. de Moraes, *Clã: Trajetórias do modernismo em revista*. Fortaleza: Fundação Demócrito Rocha, 2004.

21. Cf. Moacir Medeiros de Sant'Ana, *Documentário do modernismo: Alagoas: 1922-31*. Maceió: Ufal, 1978; Carlos Moliterno, *Notas sobre a poesia moderna em Alagoas: Antologia*. Maceió: [s.n.], 1965.

22. Cf. "Mário de Andrade em Maceió". *Jornal de Alagoas*, Maceió, p. 7, 11 dez. 1928. Reproduzido em Moacir Medeiros de Sant'Ana, *Documentário do modernismo: Alagoas: 1922-31*, op. cit., p. 97. Sobre *Novidade*, cf. Arriéte Vilela Costa, *A revista Novidade: Contribuição para o estudo do modernismo em Alagoas*. João Pessoa: UFPB, 1979. Dissertação (Mestrado em Literatura Brasileira).

23. Jorge Fernandes, *Livro de poemas de Jorge Fernandes*. Natal: Typografia d'A Imprensa, 1927.

24. Cf. Mário de Andrade, "Livros". *Diário Nacional*, São Paulo, 15 abr. 1928, p. 11.

25. "Viva o Sol", "Ninho de pedras", "Casaca-de-couro", "Enchente", "Fogo de pasto" e "Verão".

26. São estes, além dos cinco referidos neste parágrafo e no seguinte: "Jahú", "Maniçoba", "Pescadores", "Canção do litoral" e "O bonde novo". O primeiro da lista faz alusão ao hidroavião *Jahú*, pilotado por paulistas (entre eles, Ribeiro de Barros), que atravessou o Atlântico (Itália-Brasil, com escala na África) e chegou a Natal no dia 14 de maio de 1927.

27. Cf. Antonio Candido, "Literatura e cultura de 1900 a 1945". In: *Literatura e sociedade*. 6. ed. Rio de Janeiro: Cia. Editora Nacional, 1980, pp. 109-38.

28. Cf. Luís da Câmara Cascudo, "Caboclo". In: *Dicionário do folclore brasileiro*. 12. ed. São Paulo: Global, 2012, p. 149.

29. Sânzio de Azevedo, *O modernismo na poesia cearense: Primeiros tempos*, op. cit., p. 23. Como se percebe, a exaltação do elemento regional é construída com o procedimento indicado na poética do futurismo. Embora a divulgação do modernismo tenha ocorrido a partir de 1924, a literatura de vanguarda não era novidade já nos primeiros anos do século, a julgar pela publicação de uma tradução do "Manifesto do Futurismo" no dia 5 de junho de 1909, no jornal natalense *A República*, possivelmente a primeira no Brasil. Jorge Fernandes exercita em vários poemas esse procedimento, a exemplo de "Meu poema parnasiano n. 3", na composição de imagens como "menino-cinema — o menino-colecionador das fotografias de Rodolfo Valentino —" e "menino-motocicleta".

30. Série composta de cinco poemas numerados e um sem número. A linda manhã parnasiana, os soldados enfileirados, a Tarde-Brasil, a noite de lua e o sino grande da matriz são elementos que abrem os cinco poemas numerados, representando uma sociedade tradicional e estática, da qual o eu lírico se declara participante como poeta parnasiano. Contudo, os quadros são elaborados com o auxílio de qualificativos que promovem o desenvolvimento de opiniões envoltas em um clima melancólico e irônico, no que resulta uma dissonância do eu em relação aos processos descritos, de modo a gerar uma angústia pela perda da ingenuidade de um tempo romântico. Predomina, nos poemas, a tensão do processo de enfrentamento entre o poeta modernista e a conformação estática da literatura e da cultura na sociedade.

31. Antonio Candido, "Literatura e cultura de 1900 a 1945". In: *Literatura e sociedade*, op. cit., p. 120.

32. Mário de Andrade, *O turista aprendiz*. 2. ed. São Paulo: Duas Cidades, 1983, p. 237.

33. Formado por mais nove textos: "Arapucas", "Meu poema parnasiano" (série de seis poemas), "Cantilena" e "Relógio".
34. Formado pelos textos de "Poemas das serras [1, 2, 3 e 4]", "Moderno...", "Te-téu", "Aviões [1, 2 e 3]" e "Rede...". A nova tipografia, com a invenção de desenhos gráficos graças à disposição de palavras no branco da página, repercute diretamente as vanguardas artísticas históricas, com evidente influência de textos de poetas apresentados em Natal por Câmara Cascudo: Apollinaire, Walt Whitman, Gustave Kahn etc. O próprio Cascudo exercitou, como poeta, o experimentalismo formal, de acordo com o estudo de Dácio Galvão, *O poeta Câmara Cascudo: Um livro no inferno da biblioteca*. Natal: Sesc, 2018.
35. Antonio Candido, "Literatura e subdesenvolvimento". In: *A educação pela noite e outros ensaios*. São Paulo: Ática, 1987, pp. 140-62.
36. No "Noticiário" da revista *Pax* (ano I, n. 10, p. 11, set. 1908), lê-se a seguinte nota sobre uma série de conferências ocorridas no Grêmio Litterario "Augusto Severo", em que discursaram respeitados senhores do meio intelectual local: "É chegada a sessão de encerramento d'esta serie de conferencias. Não há orador designado. O sr. Presidente faculta a palavra e o sr. Jorge Fernandes d'ella faz uso, produzindo interessantissima conferencia sobre *O Espirro, os velhacos e o que se faz às escondidas*. Jorge Fernandes, sempre com a sua verve humoristica cada vez mais cultivada, fez jús a merecidos aplausos de toda a assembléa". Sobre a noção de modelo ideal de leitor, utilizada neste parágrafo, cf. Umberto Eco, *Interpretação e superinterpretação*. 3. ed. São Paulo: Martins Fontes, 2012; sobre horizonte de expectativa, cf. Hans Robert Jauss, *A história da literatura como provocação à teoria literária*. Trad. de Sérgio Tellaroli. São Paulo: Ática, 1994.
37. Segundo Guimarães, uma das maiores festas realizadas na Diocésia foi o lançamento do livro de Jorge Fernandes, ocasião em que a presidência de honra da academia informal de letras foi ocupada por Câmara Cascudo, cumprindo o ritual do batismo: um cálice de aguardente, para iniciar... Cf. João de Amorim Guimarães, *Natal do meu tempo: Crônicas da cidade do Natal*. Org., intr. e notas de Humberto Hermenegildo de Araújo. 2. ed. Natal: SCB/FHG, 1999.
38. Várias obras de Mário de Andrade trazem referências diretas ou indiretas à viagem: os registros de *O turista aprendiz*, anotações para *Danças dramáticas do Brasil*, a figura do embolador de Cocos Chico Antônio em *Vida do cantador* e em *Café* etc., além da correspondência com Câmara Cascudo.
39. Cf. a respeito os estudos: Humberto Hermenegildo de Araújo, "O modernismo como memória nas cartas trocadas entre Câmara Cascudo e Joaquim Inojosa". In: Humberto Hermenegildo de Araújo; José Luiz Ferreira (Orgs.), *Arquivos de correspondências: Carta e vida literária de escritores do Rio Grande do Norte*. Natal: EDUFRN, 2015, pp. 85-109; Humberto Hermenegildo de Araújo, "A correspondência de Câmara Cascudo nos anos 1920: confluências do mo-

derno e do regional (excertos de um relatório de pesquisa)" e "Uma epistolografia de 'modernistas'". In: *Cartas de escritores: Vida literária em epistolografia "modernista"*, op. cit., pp. 25-42; 43-90.

40. As duas publicações (Humberto Hermenegildo de Araújo, *Modernismo: Anos 20 no Rio Grande do Norte*, op. cit.; *O lirismo nos quintais pobres: A poesia de Jorge Fernandes*. Natal: Fundação José Augusto, 1997) têm como matrizes: Humberto Hermenegildo de Araújo, *Uma introdução ao estudo do modernismo no Rio Grande do Norte*. Campinas: IEL-Unicamp, 1991. Dissertação (Mestrado em Teoria e História Literária); *Jorge Fernandes: O lirismo nos quintais pobres*. João Pessoa: UFPB, 1996. Tese (Doutorado em Letras).

A FORMA INQUIETA: DA *KLAXON* AO SUPLEMENTO DOMINICAL DO *JORNAL DO BRASIL*

DANIEL TRENCH

Klaxon, *Estética*, *A Revista*, *Terra Roxa e Outras Terras*, *Verde*, *Festa* e *Revista de Antropofagia* são revistas que, de modo sucessivo e ao longo da década de 1920, serviram de plataforma para a ventilação dos ideais modernistas em terras brasileiras. Delas, *Klaxon* foi a que explorou de modo mais intrincado as possibilidades formais oferecidas pelo meio impresso. Mais de trinta anos depois, o carioca Suplemento Dominical do *Jornal do Brasil* (*SDJB*), veículo oficial do neoconcretismo, irá levar ao limite o que víamos ainda como potência nas revistas do início do século XX.

As revistas ilustradas são uma faceta importante do processo de modernização. "Há um clima de novidade no ar, e as revistas ajudam a disseminá-lo."[1] Em circulação desde meados do século XIX no Rio de Janeiro, os veículos de imagens ganharam, de fato, escala junto ao embalo das máquinas e do crescimento urbano do início do século XX.

Em uma sociedade cada vez mais numerosa, que gradativamente vai sendo entendida como mercado, as revistas se diversificam em assuntos e públicos. Ao se adequar e, ao mesmo tempo, criar novos gostos, vemos surgir no Brasil, nas primeiras décadas do século XX, publicações dedicadas à política, esportes, universo feminino, literatura, retrospectivas semanais — e toda sorte de assuntos que ainda hoje segmentam o meio editorial.

Apostando na imagem como uma forma de linguagem acessível, vemos surgir novos títulos, e novos artistas gráficos, agora impressos em cores. Fotos, ilustrações, caricaturas, cartuns, vinhetas e tipografia são incorporados de maneira simbiótica ao desenho das páginas. Ao desenhista, mais do que se expressar num espaço predeterminado dentro da página, cabe agora pensar na relação da imagem junto à integridade do campo impresso da revista — função que entendemos hoje como a de um designer.

Uma vigorosa e exuberante linguagem visual se instaura, construída pelos contornos geométricos do art déco, "que preenchia o imaginário popular e vice-versa, numa modernidade cosmopolita e assumidamente frívola".[2] Jota Carlos e o que fez na *Para Todos* são os maiores exemplos disso. Nela, a atenção que dava à construção visual dos personagens era também dedicada às letras. Na capa da edição de 12 de março de 1927, uma de suas "melindrosas" centralizada ao campo é envolta em bolhas de sabão, círculos perfeitos preenchidos por hachuras multicoloridas. Vindo de sua boca, um lânguido canudo, que produz as bolhas, tem a mesma espessura e aparência das letras que compõem o título [imagem n. 14]. Ao entender tudo como desenho, entendemos também a capa em sua totalidade.

Raul Pederneiras, Calixto Monteiro, Belmonte são também inspiradas figuras-chave desse momento em que as revistas *Para Todos*, *O Malho*, *Careta* e *Fon-Fon* se consolidam como veículos impressos, em larga tiragem, da modernidade que ecoa da capital do país.

É nesse contexto que também surgem *Klaxon*, *Estética*, *A Revista*, *Terra Roxa e Outras Terras*, *Verde*, *Festa* e *Revista de Antropofagia*. Como publicações de vanguarda, se apropriam do formato impresso para se tornar o meio de circulação de seus ideais, ao mesmo tempo que marcam distância das revistas ilustradas por seus aspectos formais. "Destinadas a um público bem mais restrito, essas publicações não precisavam abusar de apelos visuais, que de qualquer modo seriam inviáveis, por conta da falta de recursos ou das enormes dificuldades de produção."[3] Ainda que sem a profusão de imagens, *Klaxon* criará, como veremos, uma relação intensa entre forma e conteúdo.

BUZINA

Em São Paulo, no dia 15 de maio de 1922, Mário de Andrade, Oswald de Andrade, Guilherme de Almeida, Luiz Aranha, Sérgio Milliet, Antônio Carlos Couto de Barros, Tácito de Almeida e Rubens Borba de Moraes lançam a revista *Klaxon*. A publicação surge com a pragmática vontade de organizar a barafunda da Semana de Arte Moderna, que acontecera três meses antes, e divulgar as ideias do grupo. *Klaxon* é em tudo diferente das revistas ilustradas.

O nome *Klaxon*, como se sabe, faz referência à marca das buzinas elétricas que equipavam os carros de então. Também devota da buzina, a ilustrada *Fon-Fon* recorria por onomatopeia à sonoridade desse instrumento de segurança. A coincidência, no deslumbre com a máquina e a aspiração pelos tempos modernos, se encerra por aí — ao mesmo tempo que nos dá a medida da distância entre elas.

A fonética das sílabas dobradas de *Fon-Fon* nos traz uma sonoridade arredondada, macia e acolhedora — parece traduzir assim sua vocação de "semanário alegre, político, crítico e esfuziante", enunciada em seu subtítulo. Como um dispositivo sonoro, a buzina dos automóveis anuncia aos incautos a presença do bólide, a onipotência do motorista e os riscos do possível acidente — tensão dissipada, portanto, em *Fon-Fon*. Já a fonética de *Klaxon* é pautada pela estranheza, sobretudo pela inflexão causada pelo "X". A sonoridade é pontiaguda, afiada e angulosa. Angulosos são também o "K", letra estranha à língua portuguesa, o "A", o "X" e o "N". Em tudo coerente com a revista que não pretende "reconstruir aquilo que ruir. Antes aproveitará o terreno para solidos, higyenicos, altivos edificios de cimento armado",[4] como diz o texto de apresentação de seu primeiro número.

Altivo é o "A" que estampa a capa de *Klaxon*. Como uma espécie de seta, que se ergue a partir de uma barra tipográfica horizontal, a vogal aparenta abrir forçosamente espaço entre as letras que compõem a capa. Posicionado geometricamente ao centro, no que diz respeito à largura da página, o "A" ascendente rompe o título da revista. Assim, deslocado para a direita, o título gera um suspeito espaço residual, ao mesmo tempo que desvirtua o eixo centralizante da composição. O mesmo acontece com as outras palavras, que vão se organizando em torno dessa forma aguda.

Para além daquilo que as palavras nos fazem ler, há nessa capa tipográfica um princípio dinâmico, uma semântica que é dada por seu desenho. Porém, aqui o que é movimento é também instabilidade. Seu vigor gráfico não está no traço hábil de um ilustrador ou na construção de uma imagem de fácil assimilação — mas sim na percepção de uma solidez precária, de um equilíbrio incerto.

"Vi, com espanto, aquele sarilho de letras gordas, um 'A' catedralesco rodeado por uma sarabanda espernegante de letrinhas, todas dançando, como equilibristas desengonçados, sobre um fundo desesperadamente amarelo",[5] eis o modo como Menotti Del Picchia, colaborador de *Klaxon* e jornalista acostumado ao ambiente gráfico anódino dos jornais, recebe a capa. O choque, para além de nos dar

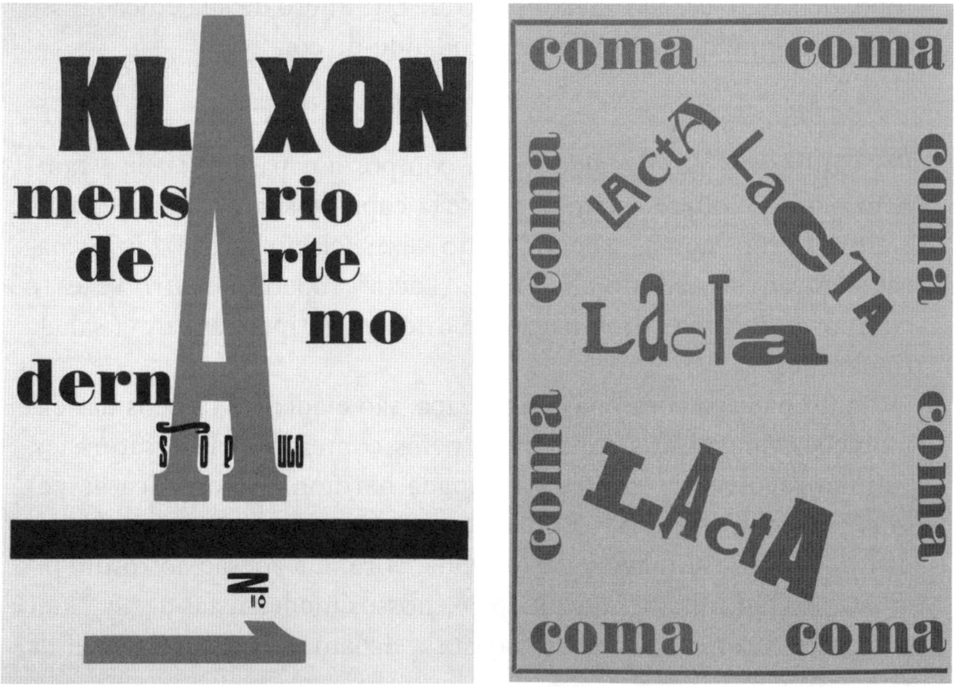

Guilherme de Almeida, capa e quarta capa de Klaxon, *São Paulo, n. 1, maio 1922.*

uma dimensão do modo como foi recebida à época, nos traz uma importante informação perdida no tempo — ela era amarela, coisa que os fac-símiles que temos hoje em mãos não registram.

É curioso, porém, que todo esse dinamismo se cristalize como forma estanque em *Klaxon*. Por que não variar o arranjo tipográfico a cada edição, potencializando desse modo a invocação por dinamismo? Fantasio que a composição possa ter sido criada como um golpe de sorte, um feito de quem não maneja com segurança aquilo que fez, uma graça que não se repete — ou que se teme por não se repetir. Assim, o mesmo arranjo de letras, com as pontuais variações nas cores do papel e do "A", é o que vai dar a cara da revista por seus nove breves números.

Cabe lembrar que *L'Esprit Nouveau*, revista dirigida pelo pintor Amédée Ozenfant e pelo arquiteto Le Corbusier, que circulava entre os modernistas daqui, e da qual Mário de Andrade era assíduo leitor,[6] adotava estratégia parecida. Nela, o título da publicação se fixava ao topo, deixando espaço abaixo para que o número de sua edição fosse dado em grande escala, sempre mudando de cor.

Foi Guilherme de Almeida quem compôs a capa de *Klaxon* e também o anúncio que estampa a quarta capa de sua primeira edição. Nele, o verbo "coma", repetido oito vezes, circunscreve a informação central, a marca do chocolate. "Lacta", repetido quatro vezes, é composto de uma combinação de diferentes tipos, em uma salada tipográfica.

Tanto na capa como na quarta capa, são evidentes os ecos das explorações tipográficas conduzidas pelos contemporâneos futuristas. "Minha revolução é contra a chamada harmonia tipográfica da página":[7] o enunciado de F. T. Marinetti em 1913 parece bem descrever os ímpetos de Guilherme de Almeida. Porém, a adesão ao rótulo *futurista* não era coisa bem-aceita pelos nossos modernistas de 22. "*Klaxon* não é futurista. *Klaxon* é klaxista",[8] diziam no número inicial da revista.

Em uma chave mais especulativa, é possível aproximar a capa ao cartaz *Bata nos brancos com a cunha vermelha*, desenhado em 1919 pelo artista russo El Lissitzky [imagem n. 13]. Nele, por meio de uma enorme síntese visual, um triângulo vermelho se desfere contra um círculo branco. A forma que ocupa a diagonal do campo dá dinamismo ao cartaz, que urge a ação do exército vermelho contra o exército contrarrevolucionário. "Luta", como lembra Ivan Marques, "é o primeiro substantivo que aparece no texto de apresentação da revista *Klaxon*."[9] Embora formulado por princípios distintos, um tipográfico e outro gráfico, o triângulo incidente e aquilo que ele representa são pontos de tangência no discurso das duas peças gráficas.

Ainda sobre o partido visual da capa, a historiografia nos traz algumas informações importantes. Sérgio Buarque de Holanda, correspondente da *Klaxon* no Rio de Janeiro, dizia ter mostrado[10] a Guilherme de Almeida a edição do livro *La Fin du monde filmée par l'ange de Notre Dame*, de Blaise Cendrars. Sua capa, desenhada por Fernand Léger, é eminentemente tipográfica, apesar da singela presença de um anjo desenhado a traço. Nela, um coincidentemente anguloso "N" é o protagonista e serve também de elemento estruturante para as informações que se organizam ao seu redor.

Guilherme de Almeida negava a relação:

> A capa não foi esboçada por mim ante um livro de Léger. Nada disso. Couto, Tácito, Aranha, Rubens e eu fomos à Tipografia Paulista de José de Napoli [...]. E aí foi que compus tipograficamente (sempre adorei arte gráfica) o "enigma pitoresco". Retirei eu mesmo do caixotim das maiúsculas de madeira o que me pareceu melhor: um "A" imenso, igual aquele que estava ali, num cartaz, na parede: o "A" da ópera *Aída*, que ia ser cantada no Municipal. E no componedor, sobre essa "asão", apliquei todos os dizeres da capa, até mesmo o til de São Paulo.[11]

A citação de Almeida revela uma dimensão que está subjacente à capa e que muito nos importa para entendê-la. Mais do que a discussão sobre a deliberada referência ou não a Léger, o interessante é notar que o leiaute herda, por sua própria fatura, a visualidade do cartaz. O que isso pode significar?

O cartaz é um impresso que se relaciona com a escala do corpo, e não a da mão, por isso geralmente é orientado na vertical. Sua origem, assim como a das revistas, é o nascimento das cidades modernas. De produção barata, seu valor se dilui nas grandes tiragens, encontrando os muros como destino final. Tendo, portanto, a cidade como suporte, essas peças que divulgam produtos, eventos e ideias se transformam em elementos da paisagem urbana.

"O cartaz eficaz — mesmo aquele que vende o produto doméstico mais banal — exibe sempre a dualidade que é própria à arte: a tensão entre o desejo de dizer (explicitação, literalidade) e o desejo de calar (corte, economia, condensação, capacidade de evocação, mistério, hipérbole)."[12] A definição das particularidades de um cartaz por Susan Sontag nos ajuda a avançar na leitura da capa de *Klaxon* e seu "enigma pitoresco".

O que pode parecer uma catedral na capa de uma revista foi, um dia, uma igreja em um cartaz — tudo se relativiza diante da escala. Ao importar o "A" do cartaz de *Aída*, entendemos que Almeida opera uma trasladação e incorpora também a própria paisagem da cidade em seu leiaute. No limiar entre o *dizer* e o *calar*, a engenhosidade da ação, me parece importante reforçar, está menos em fazer referência à cidade por meio de uma imagem do que em levar à revista uma experiência da própria cidade. E, para aqueles que sentem falta do *dizer* explícito, São Paulo é deliberadamente enunciada na capa — com um estranho til a morder a perna do enorme "A".

A escala dissonante do "A catedralesco" também repercute internamente. Número de página, ao alto, e o título da publicação, no pé, são compostos em um tipo de madeira bojudo, grande, tipicamente utilizado em cartazes. O que mais chama a atenção é a reiteração do título da revista no rodapé. Como reverberação da capa, se repete insistentemente página a página, sem alteração de tamanho nem de posição. A idiossincrasia traz unidade visual à revista, ao mesmo tempo que dá a ela contornos próprios — eis o desafio de qualquer projeto de identidade visual.

EXTRATEXTO

A visualidade da revista é construída, como vimos, por um discurso tipográfico. Imagens não têm vez no corpo magro da publicação. Porém, temos a seção *extratexto*, que vai como um encarte no miolo. Impresso em papel couché, o mesmo utilizado pelas revistas ilustradas, ele será um veículo extracorpóreo para colaborações visuais em *Klaxon*.

A diferenciação física entre esses dois registros de linguagem é significativa. Com ela, imagens e textos não se relacionam. Não cabe, então, chamar de ilustração o que vemos impresso no couché. Ao reivindicar, portanto, às imagens total autonomia, tem-se a medida do modo como as artes visuais eram entendidas pelo grupo.

Nove encartes foram produzidos ao longo dos oito volumes da revista — isso porque sua derradeira edição circulou como um número duplo, 8/9. Victor Brecheret, que havia participado da Semana de Arte Moderna com esculturas, é o primeiro artista a colaborar no extratexto. Um fauno, de franja repicada e dedos compridos, segura uma flauta e nos encara de frente. Há algo de soturno no desenho, o que nos faz lembrar o universo de Aubrey Beardsley.

Ao contrário de seus pares franceses ou austríacos, que no final do século XIX levaram o estilo floreado à arquitetura, os artistas do art nouveau inglês se dedicaram sobretudo à criação de imagens impressas e tiveram Beardsley como figura-chave. De um modo muito particular, as formas orgânicas de seus desenhos não constroem figuras doces, mas sim uma visualidade sombria e bizarra.

O fauno de Brecheret, que parece se aproximar da estranheza dessa visualidade, se insere em um círculo, cortado por um traço horizontal posicionado logo abaixo de seu centro. Pés e cabeça tangenciam o perímetro da forma geométrica, e o traço, que a secciona, faz as vezes de horizonte. Na soma entre a aspiração orgânica e a presença rígida do círculo, Brecheret parece borrar os limites entre art nouveau e art déco.

Di Cavalcanti, Alberto Cavalcanti, Zina Aita, Anita Malfatti, Yan de Almeida Prado, John Graz e Tarsila do Amaral assinam os extratextos seguintes, em que a figuração é central. Já na última edição da revista, em que circulou também o encarte de Tarsila, a colaboração de Heitor Villa-Lobos escapa totalmente a essa lógica.

MÚSICA × DESENHO

Impressa com 32 páginas, o dobro de seu corpo usual, a edição final de *Klaxon* homenageia Graça Aranha. No texto de abertura, Ronald de Carvalho exalta de modo laudatório o controverso articulador da Semana de Arte Moderna: "Graça Aranha, poeta epico da Raça, Creador de Enthusiasmo!", a quem Tarsila retrata em pincel aguado. Já a homenagem de Villa-Lobos vai como uma notação à mão de "Sextetto mystico", peça de câmara do compositor.

Entendendo como imagem o que lemos como som, o pentagrama musical é motivo de investigações para artistas contemporâneos. De John Cage a Montez Magno, passando por Jorge Macchi, o sistema de notação é explorado nos limites da linguagem, por meio da subversão de seus códigos. Não é o que faz Villa-Lobos, mas, ainda assim,

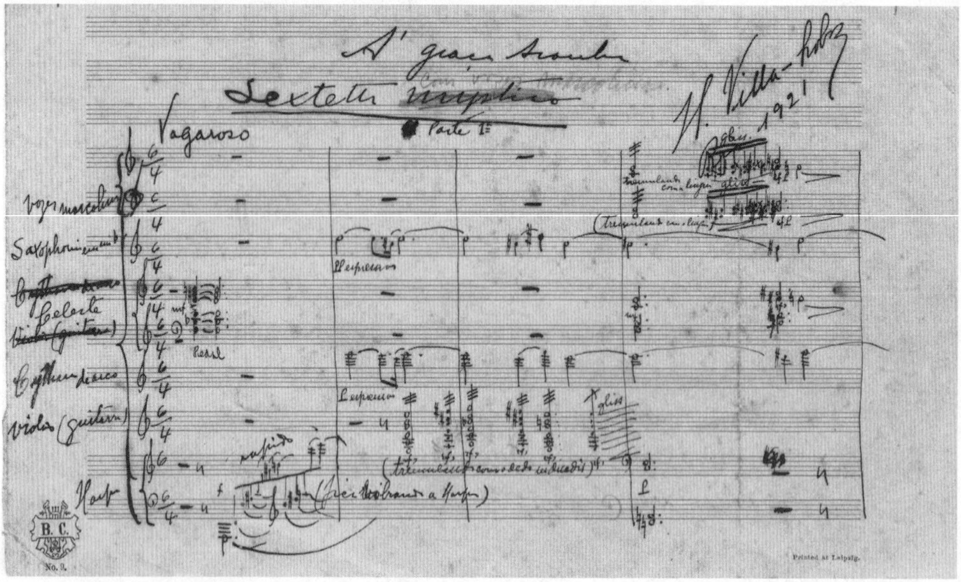

Heitor Villa-Lobos, "Sextetto mystico". Klaxon, *São Paulo, n. 8/9, dez. 1922/jan. 1923.*

se vista diante dos extratextos, a colaboração do compositor nos chama a atenção por suas qualidades gráficas.

A exatidão das pautas horizontais do pentagrama, certamente traçadas com a ajuda de algum instrumento, sucumbe diante das linhas verticais que tremulam na ação da mão livre. Essa mesma liberdade traz para as notas e letras um caráter expressivo, informações que não estão aí apenas para ser lidas, mas também para ser vistas. Nisso, apesar de toda a distância, me parece curiosa a proximidade entre a morfologia caligráfica de Villa-Lobos e a das escrituras do artista argentino León Ferrari. A variação enfática, e portanto intencional, da espessura do traço de algumas das letras revela a atenção ao desenho — ou, como diz Luis Pérez-Oramas, a respeito da obra do artista argentino, o interesse "no 'aspecto' da linguagem como aparência visual".[13]

1. Estêvão Silva, *Grumixamas e jaboticabas*, *c.* 1885. Óleo sobre tela, 44 × 35 cm. Coleção particular.

2. Tarsila do Amaral, *A cuca*, 1924. Óleo sobre tela, 76 × 100 cm. Moldura de Pierre Legrain. Museu de Grenoble.

1.

2.

3.

3. Tarsila do Amaral, *Margaridas de Mário de Andrade*, 1922. Óleo sobre tela, 100 × 96 cm. Coleção particular.

4. Dormitório da Casa Modernista com a tela *Cartão-postal* (1928), de Tarsila do Amaral, e colcha de Regina Gomide Graz.

5. Fachada da Casa Modernista, rua Itápolis, 119.

4.

5.

6.

6. Anita Malfatti, *As margaridas de Mário*, 1922. Óleo sobre tela, 51,5 × 53 cm. Coleção de Artes Visuais, IEB-USP.

7. Salão modernista na rua Conselheiro Nébias, residência de dona Olívia Penteado, em São Paulo.

8. Zina Aita, *Homens trabalhando*, 1922. Óleo sobre tela, 22 × 29 cm. Coleção particular.

7.

8.

9.

10.

9. Tarsila do Amaral, *A negra*, 1923. Óleo sobre tela, 100 × 82 cm. MAC-USP, São Paulo.

10. Tarsila do Amaral, *Abaporu*, 1928. Óleo sobre tela, 85 × 73 cm. Malba, Buenos Aires.

11. *Madrugada*, Porto Alegre, ano I, n. I, set. 1926.

11.

12. *Cigarra*, Natal, ano I, n. I, nov. 1928.

13. El Lissitzky, *Bata nos brancos com a cunha vermelha*. Pôster litográfico, 1919.

14. J. Carlos, capa de *Para Todos*, Rio de Janeiro, ano IX, n. 430, 12 mar. 1927.

12.

13.

14.

15.

15. Eliseu Visconti, *Cura de sol*, 1919. Óleo sobre tela, 157 × 104 cm. Museu Nacional de Belas Artes, Rio de Janeiro.

16. Bia Lessa, Cenografia para o módulo Barroco, *Mostra do Redescobrimento*, São Paulo, 2000.

17. Belmiro de Almeida, *Maternidade em círculos*, 1908. Óleo sobre tela, 46 × 61 cm. Coleção Sérgio Fadel, Rio de Janeiro.

16.

17.

18.

19.

18. Tarsila do Amaral, *Morro da Favela*, 1924. Óleo sobre tela, 64 × 76 cm. Coleção particular.

19. Octávio Araújo, *Cristo favelado*, 1950. Óleo sobre tela, 64 × 53 cm. Coleção Ipeafro.

20. Paulo Pedro Leal, *Cena de terreiro*, s.d. Óleo sobre papel, 73 × 92 cm. Coleção Jean Boghici, Rio de Janeiro.

20.

21.

22.

21. Madalena dos Santos Reinbolt, *Sem título*, década de 1960. Bordado de lã em estopa, 85 × 107,5 cm. Coleção Edmar Pinto Costa, São Paulo.

22. João Cândido da Silva, *Zumbi*, 1976. Madeira, 97 × 48 × 34 cm. Coleção Paulo Pedrini, São Paulo.

23. Wilson Alves-Bezerra, *O Pau do Brasil*. Capa de Wladimir Vaz. 1. ed. Bragança Paulista: Urutau, 2016.

23.

24. Jaider Esbell, *Vestimentas do Pajé*, 2019. Acrílica sobre tela com pincéis Posca, 60 × 70 cm. Coleção Marília Librandi.

25. Jaider Esbell, *Sem título*, 2018. Desenho sobre papel Canson, 29,7 × 42 cm. Coleção Marília Librandi.

24.

25.

Como nos ensina o *Houaiss*,[14] um eco "é a repetição de um som causado pela reflexão de ondas sonoras sobre uma superfície ou um objeto e que é claramente percebida como um sinal distinto do transmitido originalmente". Desse modo, o eco estende no tempo o princípio que o motivou — e também nos diz do contexto em que foi criado.

Se janeiro de 1923 marca o fim da *Klaxon*, sabemos que outras seis publicações vão ecoar o sinal estridente da revista — num efeito sucessivo de rebatimentos e reflexões. E aqui nos interessa ver de que modo a forma gráfica de *Klaxon* é absorvida ou refletida por seus pares.

Estética (1924-5), *A Revista* (1925-6) e *Terra Roxa e Outras Terras* (1926) se sucedem a *Klaxon* na história das revistas modernistas brasileiras — e também dissipam a energia gráfica que víamos no mensário paulistano. Uma no Rio de Janeiro, outra em Belo Horizonte e a terceira em São Paulo, as publicações se despem de arroubos visuais para vestir uma forma mansa, calculadamente inócua. "Aconselho diplomacia nas relações com o passadismo mineiro. Aproximação e sova por meio da prosa raciocinadora. Porrada só como revide",[15] recomenda Manuel Bandeira em carta a Carlos Drummond de Andrade, uma das figuras-chave de *A Revista*. Com isso, as publicações se distanciam editorial e visualmente do ímpeto combativo de *Klaxon*, para perseguir a ampliação de seu público e seus debates. Ainda assim, ambas tiveram vida breve.

"*Verde* (1927-28/29) constitui um delicioso escandalo na sua cidadesinha-de-interior."[16] É assim, reverberando a verve de *Klaxon*, que a improvável revista modernista de Cataguases se apresenta. Se não é iconoclasta como o mensário paulistano, sua capa traz um interessante deslocamento. Nela, o título grafado em uma letra geométrica e ornamentada foge por completo da visualidade das revistas de vanguarda — fazendo com que a capa se aproxime, de algum modo, das populares revistas ilustradas [imagem p. 384]. Se a ausência de ímpetos gráficos em *Estética*, *A Revista* e *Terra Roxa e Outras Terras* nos indica a vontade de falar para além de sua própria turma, *Verde* também indicia essa intenção por meio da aproximação a uma visualidade popular.

Festa, *Rio de Janeiro, ano I, n. 1, 1º ago. 1927.*

Seguindo o encadeamento cronológico, chegamos a *Festa*, revista que se desdobrou em duas fases: 1927-8 e 1934-5. Uma rápida olhada em sua capa nos revela um universo gráfico completamente diferente daquele que vimos até agora. Seu título é grafado por uma letra construída por segmentos de retas. Aqui, voltamos a escutar as vanguardas europeias. Sem curvas, nem volteios, temos um desenho rígido, mecânico e evidentemente propositivo. Nisso, nos lembramos das composições tipográficas do holandês Theo van Doesburg — figura-chave do movimento De Stijl, fundado dez anos antes do lançamento da primeira edição da revista carioca.

"Só me interessa o que não é meu. Lei do Homem, lei do antropofago",[17] diz o manifesto na primeira edição da *Revista de Antropofagia*. Se *Festa* "dava por superada a ruptura promovida em 1922", a revista de Oswald de Andrade — o qual até então não tinha tido uma presença ostensiva em nenhuma das revistas do período — tinha a

ortodoxia

MAYANDEUA!

meditação no

do manifesto

NA CIDADE

A pedidos

da sucursal

Religião brasileira

revista de antropofagia

ESTILISAÇÃO

de-se-nho de di ca-val-can-ti.

Revista de Antropofagia, 2ª *dentição, n. 3.*
Diário de S. Paulo, *São Paulo, p. 6, 31 mar. 1929.*

intenção de radicalizar essas conquistas, como entende Ivan Marques.[18] Sua fase inicial, chamada de "primeira dentição" (maio de 1928 a fevereiro de 1929), circulou nos moldes tradicionais dos periódicos modernistas: baixa tiragem, pequena circulação. Apesar da aparição pontual de ilustrações, e o *Abaporu* a traço de Tarsila do Amaral que acompanha o "Manifesto Antropófago" é o melhor exemplo disso [imagem p. 482], seus aspectos visuais não nos chamam atenção — algo que mudará de figura em sua "segunda dentição".

A partir de março de 1929, a revista passa a circular como uma página no *Diário de S. Paulo*, apropriando-se daquilo que o jornal lhe trazia de escala — audiência e espaço físico. Com isso, vemos, de início, experimentos visuais que tiravam partido do novo suporte. Se, no primeiro número, o título era dado na horizontal, no segundo ele se desloca de eixo — e é notável que isso não se dê pelo rotacionamento mas, sim, pelo empilhamento, letra a letra, do título da publicação. Já no número seguinte, o título também na vertical se desloca para o centro da capa. Entre fios, caixas tipográficas, variações de letras, corpos e alinhamentos, o conteúdo vai também se empilhando. Corroborando essa percepção, um desenho de Di Cavalcanti em negativo, talvez uma xilogravura, traz peso visual à porção direita da página, tensionando o eixo central imposto pelo título empilhado. Não menos interessante é o modo como a legenda "desenho de di cavalcanti" é composta. Confinada a um espaço residual, suas sílabas são quebradas e demarcadas por hifens, gerando assim um desenho que reafirma a dominância vertical da página.

Já na próxima edição, as coisas se aquietam. O título volta à horizontal, a mancha gráfica se torna mais homogênea e o que havia de princípio experimental em sua forma se dilui — até que, doze números depois, a publicação deixe de circular.

SOM × GRÁFICA

Deslocando-nos para o Rio de Janeiro dos anos 1950, vamos encontrar no Suplemento Dominical do *Jornal do Brasil* uma fonte de inquietações visuais, que levam em muito adiante as experiências das revistas modernistas, sobretudo o que vimos em *Klaxon*.

"A energia sonora transforma-se em energia gráfica":[19] assim Reynaldo Jardim enuncia a história do suplemento. O que começa como um programa de rádio no início da década, um "suplemento virtual", como dizia, ganha o suporte impresso por meio de uma coluna semanal, que, a partir de 3 de junho de 1956, passa a ocupar uma página do jornal carioca — em uma estratégia próxima àquela adotada pela *Revista de Antropofagia*. Provando inquietude, o que surge como uma página se transforma, ainda ao final daquele ano, em um caderno.

O movimento de criação do suplemento traz novos ares ao *JB* e irá induzir sua reforma editorial e gráfica — aquela que transformaria um jornal dominado pelos classificados em um moderno jornal diário. Assim, em paralelo e ao longo de quatro anos, o suplemento é construído e a reforma executada. E o contraste entre o resultado dessas duas ações não poderia ser maior. Enquanto a reforma se empenhou, ainda que de um modo experimental, para implantar padrões visuais definitivos ao jornal, o suplemento fez de sua forma algo volátil.[20]

Reynaldo Jardim acompanhou toda a trajetória do Suplemento, de seu início ao fim em 1960. Ferreira Gullar manteve a princípio uma dupla atuação: era copidesque do *JB* e auxiliava Jardim no *SDJB*. Após um desentendimento com a direção do jornal, finca os pés no suplemento, no qual assumiu as pautas relativas às artes visuais. Assim, juntos, arregimentaram colaboradores e arquitetaram o que conhecemos da publicação.

CONTRAMÃO

Na outra ponta da rodovia Presidente Dutra, o *Estadão* também lançava seu encarte semanal cultural, o Suplemento Literário de *O Estado de S. Paulo*, em tudo diverso de seu congênere carioca. Os contrastes entre os dois suplementos nos ajudam a apontar o que é particular a esse processo de construção do *SDJB*.

Antonio Candido é o autor do projeto editorial do encarte paulistano, veiculado em seu primeiro número. A clareza com que as intenções são apresentadas é repercutida em sua forma visual — nela, tudo se organiza diante de uma matriz predefinida. Textos e imagens se encaixam no diagrama de modo objetivo, sem vocações expressivas. Também eram explícitos os vínculos institucionais com a elite cultural de São Paulo e seus produtos — a Semana de Arte Moderna, a Universidade de São Paulo e o próprio jornal.[21]

Na contramão, o suplemento do *Jornal do Brasil* se pretendia anti-institucional, antiacadêmico e revisionista — sem que isso estivesse expresso em qualquer carta de intenção. Esse espírito iconoclasta, que se constrói edição a edição, também ancora a informalidade visual do *SDJB*. Aqui parece que revivemos um embate geográfico, mas de sinais trocados. Se a ousada visualidade da paulistana *Klaxon* se opunha ao mundo *Fon-Fon* do Rio de Janeiro, o bom-mocismo do suplemento do *Estadão* se ruboriza diante das invenções visuais de seu par carioca.

"Só sei editar desenhando", dizia Reynaldo Jardim — e desse modo eram feitas as páginas, no calor do fechamento. O desenho aqui se associa ao ímpeto de lidar com o que está imediatamente à nossa frente. E o que vemos, enquanto desenhamos, "é o resultado de algo que não se repete, um encontro momentâneo".[22] Assim John Berger nos lembra que desenhar é, também, um jeito de atualizar nosso olhar para o mundo.

Já a metodologia de projeto, base para o desenvolvimento do design moderno, dá ao desenho uma temporalidade diversa. Do frio da prancheta, contemporâneo ao calor do fechamento, Alexandre Wollner pregava a "predominância científica na abordagem e a preocupação de verificar a morfologia, os diversos parâmetros do design".[23] Desdobrando esse raciocínio, Max Bense acreditava que "enquanto o design sugere o futuro, despede-se do passado".[24] Nisso, acabamos por esquecer do presente.

Cabe lembrar que em 1960 Alexandre Wollner fez o projeto gráfico de *Invenção*, a página dominical encartada no *Correio Paulistano* que posteriormente ganharia a forma de revista, servindo de plataforma para as formulações paulistanas do movimento concreto. Encabeçada por Augusto de Campos, Haroldo de Campos e Décio Pignatari, a publicação assumia o formato das revistas de vanguarda — inclusive quanto à sua duração, que foi de apenas cinco números. Antes, o mesmo grupo havia feito *Noigandres*. A revista, cuja potente forma gráfica varia de edição a edição, também não passou do quinto número.

Para um designer, fazer um livro significa pensar em um projeto perene, cuja forma se mantém inalterada — ainda que a tiragem inicial se esgote e a publicação seja reimpressa. Para um livro, projetamos sempre um fim glorioso, o momento em que ele restará transversal, apoiado em uma estante, olhando o mundo apenas pela lombada. Essa qualidade temporal condiciona o desenho e a materialidade dos livros — e também dá contornos à responsabilidade de projetá-los.

O peso atenua-se proporcionalmente nas publicações periódicas, a depender de sua periodicidade. Em uma revista quadrimestral, apesar de sua vocação para a estante, temos a chance de rever nosso trabalho três vezes ao ano. Já em um encarte semanal de um jornal, a diluição pode ser total.

Assim, vemos no *SDJB* a construção dessa forma inquieta. Não há, ao longo de sua duração, uma evolução em sua visualidade — mas, antes, alguns marcos que definem momentos de conquista de maturidade. A edição de 30 de junho de 1957 é um deles.

Nela, ganha força um expediente que até então se mostrava de maneira tímida: as colunas são entendidas como massa manuseável, servindo assim como elemento deliberadamente compositivo à página. Uma nota ao leitor, no alto da capa, explica de onde isso vem:

> De uma reunião com Amilcar de Castro e Ferreira Gullar, nasceu o novo espírito que vem animando a paginação do Suplemento Dominical desde a semana passada. Resolvemos abolir os fios, valorizar os brancos das páginas e uniformizar, na medida do possível, a tipologia. Nossa única intenção é melhorar cada vez mais.

A nota é um dos únicos testemunhos da passagem do escultor pelo *SDJB*.[25] O que se sabe é que, junto a Jânio de Freitas, Amilcar de Castro foi uma importante figura na reforma gráfica do *Jornal do Brasil*. "Fio não se lê", sua máxima, revela o pragmatismo e a rigidez com que abordou a visualidade do jornal. Esse princípio é também o que vemos em suas esculturas, cujo "rigor não pode confundir-se com o falso rigor dos métodos que apenas visam uma coerência externa e superficial das formas", como diz Gullar em texto do *SDJB*, em 15 de março de 1959. Assim, Amilcar de Castro padronizou a tipografia e instaurou o uso de um sistema de colunas no jornal, o que permitia aos jornalistas e copidesques lidarem com o espaço de escrita de uma forma mensurável.

Pouco tempo depois, em dezembro, a padronização tipográfica no *SDJB* já era história. Para essa edição, retoma-se o uso de um tipo serifado nos títulos, modernamente grafados em caixa-baixa — como também vimos na *Festa* e na *Revista de Antropofagia*. Da mesma forma, o posicionamento do logotipo se desloca e passa a ser mais um elemento construtivo do desenho de página — juntando-se, assim, às colunas de texto, os desenhos, a foto e o espaço em branco.

O embate entre as áreas impressas e não impressas é o que motiva as composições das páginas — lembro aqui de outra máxima de Amilcar de Castro: "jornal é preto no branco". E isso pode ocorrer tanto pelas manobras espaciais com o texto — como no ensaio de Augusto de Campos sobre James Joyce, no qual a massa se divide em colunas de larguras e densidades diferentes — como no entendimento do branco como parte constituinte de uma imagem.

Na edição comemorativa do segundo aniversário do Suplemento, as formas permeáveis de uma xilogravura de Lygia Pape permitem que o branco entre figura adentro. Assim, sem distinção entre o que é da imagem e o que é da página, apreendemos a capa como um todo. Percepção que se potencializa pelo fato de a gravura estar posicionada ao pé da capa, um tanto como se sua densidade matérica fosse maior do que a do branco que a envolve. O desenho da página se torna ainda mais complexo se levarmos em conta os outros elementos que o constituem. Uma coluna magra se alinha na margem esquerda, enquanto outra, ligeiramente afastada do centro horizontal da página, se prende junto ao cabeçalho. Criam, assim, um movimento diagonal ascendente, direção também apontada pela obra de Pape. Um poema de Gullar, em que a palavra "árvore" se repete por quatro vezes, em um ritmo inconstante, também se articula pelo espaço vazio. Por fim, o logotipo perde seu registro caligráfico e se torna uma assinatura tipográfica.

Avançando o calendário para o ano de 1960, vemos que nem mesmo o modo como o suplemento se denomina escapa às mudanças. A contração é assumida, ele se torna uma sigla — e massa de manobra para experiências compositivas. É sintomático que na capa de 23/24 de abril, em uma de suas últimas edições, os caracteres de sua assinatura, esvoaçantes, se dispersem pelo espaço branco da página.

Ainda como nota, é também curioso que, na edição seguinte, se tenha a volta dos fios, que tanto atormentavam Amilcar de Castro.

As páginas do Suplemento serviram de veículo para a disputa entre as visões de mundo dos concretistas de São Paulo e do Rio de Janeiro, o que culminará na publicação do "Manifesto Neoconcreto", em março de 1959 — repetindo assim, agora em termos explícitos, a disputa entre as duas cidades. Nele, Amilcar de Castro, Ferreira Gullar, Franz Weissman, Lygia Clark, Lygia Pape, Reynaldo Jardim e Theon Spanúdius se posicionam face aos perigos de uma arte concreta construída por "meio de uma exacerbação racionalista".

Na capa, o jogo entre cheios e vazios e a distribuição dos elementos de um modo assimétrico, que criam uma composição dinâmica, conservam a visualidade já conhecida e particular do *SDJB*. Porém, a tipografia agigantada grifa de modo veemente o momento de inflexão trazido pelo manifesto — o "vértice da consciência construtiva brasileira",[26] como entende Ronaldo Brito.

Diante da hipertrofia tipográfica, "num recurso próprio de quem explora a letra como signo verbal, visual e até tátil",[27] como diz Chico Homem de Melo, as informações parecem ignorar a escala do jornal. Assim, a capa ganha a visualidade de um cartaz — em uma estratégia já conhecida por nós.

Na *Klaxon*, apesar da solidez maciça do "'A' catedralesco", as informações que o cercam criam uma composição instável, um jogo de forças difuso. Diante dessa figura central, as coisas se recostam, não se ancoram. Já na capa do manifesto, o dinamismo é também dado, porém, é construído por linhas de força que se definem com clareza. Como em um andaime, no qual hastes horizontais se somam às verticais, de modo a ganhar o espaço, a capa-manifesto revela seu princípio construtivo. O olho foca a intersecção dos eixos vertical e horizontal — e lá, o encontro da "experiência" com seu índice de novidade, "neo".

No arranjo tipográfico, a "experiência" se põe em balanço, tensionando a composição e orientando o alinhamento das outras informações textuais. A variação do tamanho dos corpos hierarquiza as informações, revelando assim o entendimento objetivo daquilo que

árvore

árvore
árvore
árvore

árvore

JORNAL DO BRASIL

suplemento
dominical

EDIÇÃO COMEMORATIVA DO SEGUNDO ANIVERSÁRIO DO SUPLEMENTO DOMINICAL

Marginal poema 15

Mário Faustino

xilogravura de ligia pape

suplemento
dominical

de dezenove de março a dezenove de abril no
museu de arte moderna

EXPERIÊNCIA

NEO
CONCRETA

amilcar de castro
cláudio mello e souza
ferreira gullar
franz weissmann
lygia clark
lygia pape
reynaldo jardim
theon spanúdis

rio, março, 1959

Suplemento Dominical do Jornal do Brasil, *Rio de Janeiro, 29 jun. 1958 e mar. 1959.*

se quer comunicar — e objetividade, nesse caso, pode não significar um arroubo racional.

Apesar da estrutura ortogonal, que se explicita sem subterfúgios, a composição não carrega a frieza das construções mecanizadas, artifício comum tanto ao design moderno como à arte concreta. Se atentarmos aos detalhes, os alinhamentos e posicionamentos dos textos se mostram mais como uma obra do olhar e da percepção, do que da régua e do esquadro. Assim, como em um sistema de pesos e contrapesos, as coisas aqui também se equilibram.

DIMENSÃO PÚBLICA

Klaxon, Verde, Festa, Revista de Antropofagia, Habitat, Noigandres, Pif-Paf, Módulo, Senhor, Rex Time, Bondinho, Navilouca, Malasartes, Lampião da Esquina, Beijo, Jornal Dobrabil, Revista Número, Jornal Nossa Voz, Serrote são alguns dos periódicos que, ao longo de um arco temporal de cem anos, experimentaram estruturalmente as relações entre conteúdo e forma.

Não é à toa que a maioria dos títulos dessa lista seja independente, com circulação entre um público restrito. A fricção entre forma e conteúdo costuma gerar ruídos — "*form follows friction*", como diz o designer Rico Lins. Com o olho na planilha, há a crença de que dissonâncias não são bem recebidas pelo mercado. Ignorando as cifras, as publicações podem experimentar de modo mais livre os resultados dessa fricção. Porém, também ignorando as cifras, as revistas acabam por ter vida curta — experimentar tem seu preço.

As revistas modernistas, claro, não escaparam da maldição. Porém ao olhá-las como um conjunto de publicações que se sucederam ao longo de anos, é possível entendê-las como um experimento gráfico que se estende no tempo — um fazer coletivo movido por ações e reações.

O *SDJB*, como um produto de tentativas, hipóteses, mudanças, idas e voltas, leva ao limite o caráter experimental visto nesse conjunto de revistas. Se da *Klaxon* o *Suplemento Dominical* ecoa o éthos combativo, da *Revista de Antropofagia* ele se aproxima por um entendimento comum daquilo que o jornal traz como potência. Nisso, é importante lembrar que o *SDJB* circulou semanalmente por quatro anos como um encarte de um jornal em ebulição, de tiragem crescente, que mirava um espectro amplo de leitores. Levando essa ideia adiante, podemos entender que a construção do suplemento e seu explícito e longevo processo de experimentação ganham uma dimensão pública — o que pode ser tão interessante quanto os aspectos gráficos gerados por ela.

Sobre esculturas públicas, Amilcar de Castro comentava: "não gosto da palavra 'intervenção'. Prefiro 'participação'. Faço esculturas para participar do espaço público".[28] Assim, como uma espécie de laboratório envidraçado, que torna público tanto seu produto como o método de sua execução, o *SDJB* parece também herdar esse princípio de generosidade elaborado pelo escultor mineiro.

NOTAS

1. Chico Homem de Melo; Elaine Ramos, *Linha do tempo do design gráfico no Brasil*. São Paulo: Cosac Naify, 2011, p. 64.
2. Julieta Sobral, "A princeza illustrada". In: Julia Kovensky; Cássio Loredano; Paulo Roberto Pires (Orgs.), *J. Carlos, originais*. São Paulo: Instituto Moreira Salles, 2019, p. 188.
3. Ivan Marques, *Modernismo em revista*. Rio de Janeiro: Casa da Palavra, 2013, p. 16.
4. *Klaxon: Mensário de Arte Moderna*, São Paulo, n. 1, p. 3, maio 1922. Ed. fac-similar. In: Pedro Puntoni; Samuel Titan Jr. (Orgs.), *Revistas do modernismo, 1922-1929*. São Paulo: Imprensa Oficial; Biblioteca Brasiliana Guita e José Mindlin, 2014, p. 15. Algumas imagens da revista que não foram reproduzidas aqui podem ser vistas na edição digital que integra a *Brasiliana Digital*. Disponível em: <https://digital.bbm.usp.br/handle/bbm-ext/1267>. Acesso em: 7 maio 2021.
5. Apud Ivan Marques, *Modernismo em revista*, op. cit., p. 32.
6. Ver Lilian Escorel de Carvalho, *A revista francesa L'Esprit Nouveau na formação das ideias estéticas e poéticas de Mário de Andrade*. São Paulo: FFLCH-USP, 2008. Tese (Doutorado em Literatura Brasileira).
7. Helen Armstrong, *Teoria do design gráfico*. São Paulo: Cosac Naify, 2015, p. 21.
8. *Klaxon: Mensário de Arte Moderna*, São Paulo, n. 1, p. 2, maio 1922. Ed. fac-similar, op. cit.
9. Ivan Marques, *Modernismo em revista*, op. cit., p. 28.
10. Ver Gênese Andrade, "*Klaxon*: Uma revista gritante". In: *Klaxon*. Ed. fac-similar, op. cit., p. 15.
11. Guilherme de Almeida, "O nosso *Klaxon*". *O Estado de S. Paulo*, São Paulo, 10 fev. 1968. Apud Gênese Andrade, "*Klaxon*: Uma revista gritante", op. cit., p. 16.
12. Susan Sontag, "Posters, Advertisement, Art, Political Artifact, Commodity". In: Michael Bierut; Jessica Helfand; Steven Heller; Rick Pyonor (Orgs.), *Looking Clores 3, Classical Writings on Graphic Design*. Nova York: Allworth Press, 1999, p. 203.
13. Luiz Pérez-Oramas, *O alfabeto enfurecido: Léon Ferrari e Mira Schendel*. Porto Alegre: Fundação Iberê Camargo, 2010, p. 10.
14. *Dicionário Houaiss*. Disponível em: <https://houaiss.uol.com.br/corporativo/apps/uol_www/v5-4/html/index.php#1>. Acesso em: 7 maio 2021.
15. Apud Ivan Marques, *Modernismo em revista*, op. cit., p. 51.
16. *Verde*, Cataguases, n. 2, p. 7. Ed. fac-similar. In: Pedro Puntoni; Samuel Titan Jr. (Orgs.), *Revistas do modernismo, 1922-1929*. São Paulo: Imprensa Oficial; Biblioteca Brasiliana Guita e José Mindlin, 2014.

17. *Revista de Antropofagia*, São Paulo, n. 1, p. 6. Ed. fac-similar. In: Pedro Puntoni; Samuel Titan Jr. (Orgs.), *Revistas do modernismo, 1922-1929*. São Paulo: Imprensa Oficial; Biblioteca Brasiliana Guita e José Mindlin, 2014.
18. Ivan Marques, *Modernismo em revista*, op. cit., p. 93.
19. Reynaldo Jardim, "Suplemento Dominical do *Jornal do Brasil*". In: Daniel T. Trench, *Tentativa e acerto, a reforma gráfica do Jornal do Brasil e a construção do SDJB*. São Paulo: ECA-USP, 2008, p. 114. Dissertação (Mestrado em Artes Visuais).
20. Id., ibid., pp. 114-9.
21. Ver Elizabeth de Souza Lorenzotti, *Do artístico ao jornalístico: Vida e morte de um suplemento — Suplemento Literário de O Estado de S. Paulo*. São Paulo: ECA-USP, 2002. Dissertação (Mestrado em Jornalismo).
22. John Berger, *Berger on Drawing*. 2. ed. Aghabullogue, Irlanda: Occasional Press, 2005, p. 67.
23. Alexandre Wollner, *Design visual, 50 anos*. São Paulo: Cosac Naify, 2003, p. 127.
24. Max Bense, *Inteligência brasileira, uma reflexão cartesiana*. Trad. de Tércio Redondo. São Paulo: Cosac Naify, 2009, p. 30.
25. Ver Daniel T. Trench, *Tentativa e acerto, a reforma gráfica do Jornal do Brasil e a construção do SDJB*, op. cit., p. 83. Algumas imagens do *SDJB* que são comentadas mas não foram reproduzidas aqui podem ser vistas na versão digital de minha dissertação. Disponível em: <https://teses.usp.br/teses/disponiveis/27/27159/tde-06052009-124159/publico/4496915.pdf>. Acesso em: 7 maio 2021.
26. Ver Ronaldo Brito, *Neoconcretismo: Vértice e ruptura do projeto construtivo brasileiro*. São Paulo: Cosac Naify, 1999.
27. Chico Homem de Melo; Elaine Ramos, *Linha do tempo do design gráfico no Brasil*, op. cit., p. 309.
28. Mario Sérgio Conti, "Amilcar de Castro". In: Adriano Schwartz (Org.), *Memórias do presente*. São Paulo: Publifolha, 2003, p. 437.

VIRA-LATAS SEM COMPLEXO: NOTAS SOBRE A ANGÚSTIA DA ORIGINALIDADE NOS MODERNISTAS

JASON TÉRCIO

Pretendo aqui explorar o rito de passagem dos modernistas em Paris nos anos 1920, cruzando-o com a problemática da identidade cultural.

Os embates que mais marcaram a recepção das vanguardas artístico-literárias no Brasil envolveram a dicotomia imitação versus originalidade, um tema central na formação brasileira. Nos estudos literários, é dominante a narrativa de que, até as primeiras décadas do século XX, o processo de urbanização acelerada impôs a uma parcela privilegiada da sociedade um estilo de vida europeizado, especificamente afrancesado. A elite político-econômica "imitava" a França em tudo — costumes, vestuário, artes, gastronomia, arquitetura, idioma. O hábito teria se estendido à elite intelectual bacharelesca, tida como mera importadora de um repertório cultural europeu.

O exemplo mais emblemático mencionado é a avenida Central (atual Rio Branco) no Rio de Janeiro, que teria sido uma tentativa de tornar a cidade parecida com Paris. E isso tudo em decorrência de nossa condição de país atrasado e provinciano, submetido à cultura hegemônica das potências estrangeiras.

Para José Guilherme Merquior, as literaturas ocidentais dos países periféricos, em sua busca de modernização, estavam "dilaceradas entre a imitação dos módulos formais e ideológicos europeus e a necessidade de exprimir a experiência americana, a vivência do não europeu, ou do europeu americanizado".[1] Embora referindo-se à literatura, o diagnóstico se aplica a outras áreas da criação artística.

De fato, nos países periféricos — e nos europeus menos desenvolvidos, algo pouco lembrado —, a força motriz das vanguardas foi a busca de uma originalidade nacional. Em relação ao modernismo, estabeleceu-se que a fase nacionalista teve início em 1924, ano do "Manifesto da Poesia Pau Brasil" e da histórica viagem a Minas Gerais na companhia de Blaise Cendrars. Mas, dois anos antes da realização da Semana de Arte Moderna, Mário de Andrade já tinha bem definida uma consciência nacionalista cosmopolita, sem patriotice rançosa nem regionalismo de tipos pitorescos e cor local. "Não censuro o brasileiro que quer ver Paris, desejaria apenas que ele visse a Bahia, o Rio das vielas estranguladas que ladeiam a avenida Central e principalmente abrisse o Sésamo acolhedor e encantado de Minas", escreveu num artigo.[2]

Desde a Antiguidade greco-romana, a imitação retórica (não a ontológica) tem uma longa história de teorias e práticas. Na Renascença, os poetas se imitavam reciprocamente sem constrangimento, como Virgílio imitou Homero. A partir do século XVIII, a imitação artístico-literária passou a ser vista com juízo de valor negativo no Ocidente e, no Brasil, tem sido uma acusação que persegue a consciência de criadores individuais e de movimentos, começando pelos árcades ("meros copistas das literaturas estrangeiras"), passando por Machado de Assis ("imitação, aliás pouco hábil, de vários autores ingleses"), Anita Malfatti ("uma atitude estética forçada no sentido das extravagâncias de Picasso & Cia."), Oswald de Andrade ("a sua poesia é tão importada como as demais. A única diferença é que ele importa mercadoria deteriorada"), para citar apenas alguns.[3]

Penso que nenhuma imitação — voluntária ou inconsciente — é absoluta, exceto na subcategoria de plágio, porque as formas e conteúdos do modelo imitado se transmutam inevitavelmente quando em outro contexto social, econômico, político e cultural, ganhando novas formas e significados, conforme as singularidades de cada país. Assim ocorreu em todos os países que tiveram movimentos culturais e políticos consequentes. No Brasil, a própria palavra "futurismo" foi vulgarizada com conotações variadas e confundida com a matriz italiana, o que teria atrasado a assimilação do modernismo no país, na visão de Mário de Andrade.

Por orgulho nacional e motivo político (a adesão de Marinetti ao fascismo), os modernistas brasileiros raramente admitiram, e com muita discrição, a influência do futurismo e detestavam ser acusados de imitá-lo. Interessante comparar, sem juízo de valor, com a atitude de países europeus ricos, com sólidas tradições e que não sofreram experiência colonial. Estes reconhecem e elogiam as influências externas. O escritor futurista italiano Giovanni Papini admitiu:

> Devemos à França uma das maiores conquistas do espírito contemporâneo: o lirismo puro, independente tanto da lógica discursiva quanto de toda decoração humanista. [...]
>
> O futurismo italiano não teria surgido tão armado e pronto para a batalha sem os simbolistas, versolivristas e ironistas franceses.[4]

Por sua vez, o poeta norte-americano Ezra Pound agradeceu a influência decisiva do futurismo italiano na Inglaterra. "O movimento que eu, Eliot, Joyce e outros começamos em Londres [Imagismo/Vorticismo] não teria existido sem o futurismo."[5] Van Gogh admitiu em carta a seu irmão Theo: "Todo o meu trabalho é baseado até certo ponto na arte japonesa".[6] É difícil imaginar um modernista brasileiro dizendo essas frases, mesmo hoje, e se o fizesse, sua reputação seria vista com outro olhar.

Vários pintores norte-americanos de reconhecido prestígio, inclusive Alexander Calder e Albert Eugene Gallatin, foram tributários do abstracionismo geométrico do holandês Piet Mondrian.

Portanto, não são apenas países atrasados que imitam ideias e obras estrangeiras e não se pode falar em imitação mecanicista e absoluta, já que a assimilação dos modelos em outros países, periféricos ou não, nunca é passiva. Aliás, também a originalidade nunca é absoluta.

Por todos esses motivos, vejo a imitação como influência e vice-versa. Uma imitação positiva, que constituiu parte central na evolução estética e existencial dos modernistas brasileiros em Paris na década de 1920, recorte aqui examinado.

Oswald de Andrade viveu o tensionamento entre imitação e originalidade em dezembro de 1923, após quase um ano na capital francesa. Numa crônica, escreveu ele:

> Nós, artistas brasileiros, gostamos da Grécia, entupimos o crânio com as inquietações do Fausto, somos céticos por causa de Anatole France, admiramos a Arcádia, e quando queremos achar termo comparativo para a narrativa vigorosa da Laguna, salta-nos à boca o nome erudito de Xenofonte.[7]

A proposta de Oswald para se livrar da influência era o extremo oposto, a superestimação ufanista:

> Alencar é maior que Chateaubriand. [...] Precisamos esquecer quase tudo quanto aprendemos — das maléficas ternuras de Lord Byron aos paradoxos invertidos de Wilde, das tolices materialistas de Flaubert, às estéticas

embrulhadíssimas de além Reno. Voltemos corajosamente aos mulatos místicos e urbanos da Bahia, de Pernambuco, de Minas.[8]

Nacionalismo ingênuo ou ressentimento de colonizado?

Impedir toda e qualquer influência no Brasil de países mais desenvolvidos era parte da estratégia de dominação do colonialismo português, para suprimir anseios de independência, mantendo fechados os portos brasileiros ao comércio internacional, à imigração e às ideias iluministas. Introjetou-se na população um espírito isolacionista. As primeiras imagens do país foram pintadas e desenhadas por artistas da França, Holanda e Alemanha. Nenhum de Portugal. Mais de cem europeus que estiveram no Brasil entre os séculos XVI e XIX escreveram livros comentando diferentes aspectos da colônia e os publicaram em seus respectivos países. Nenhum deles era português, e esses livros não foram publicados em Portugal ou no Brasil na época.[9]

Especialmente a partir da Independência, em 1822, a influência estrangeira nas artes e na literatura começou a ser combatida como imitação servil pelos intelectuais preocupados com a construção de uma identidade nacional. O mais polêmico deles, Sílvio Romero, incluiu em suas críticas à imitação tudo o que havia no Brasil: artes, modas, costumes, política, leis.

> Temos uma literatura incolor; os nossos mais ousados talentos dão-se por bem pagos quando imitam mais ou menos regularmente algum modelo estranho. [...] Macaqueamos a Carta de 1814, transplantamos para cá as fantasias de Benjamin Constant, arremedamos o parlamentarismo e a política constitucional do autor de *Adolphe*, de mistura com a poesia e os sonhos do autor da René e Atala.[10]

Sílvio Romero esqueceu-se de que a Constituição norte-americana foi "macaqueada" da Magna Carta inglesa e que vários países europeus "macaquearam" o Renascimento e os movimentos artísticos seguintes: maneirismo, barroco, rococó, romantismo, realismo etc. Ou seja: países desenvolvidos também se imitam reciprocamente, num processo transnacional.

Valores, atitudes e crenças mudam, mas "imitação" continuou sendo uma palavra maldita, uma desonra, anátema que causou a angústia da originalidade (parodiando a "angústia da influência" de Harold Bloom) no grupo de modernistas brasileiros em Paris.

Além de Oswald, estava lá, a partir de 1923, a maioria dos que haviam participado da Semana de Arte Moderna: Heitor Villa-Lobos, Victor Brecheret, Anita Malfatti, Vicente do Rego Monteiro, Tarsila do Amaral, Di Cavalcanti, o suíço John Graz e sua esposa Regina, Sérgio Milliet. A eles se juntaram o pianista Souza Lima, que já morava em Paris desde 1919, o pintor Antonio Gomide (irmão de Regina) e dois representantes da burguesia liberal paulista, Paulo Prado e Olívia Guedes Penteado. Também Ronald de Carvalho e Ribeiro Couto estiveram lá, a passeio. Todos interagindo entre si e com a cidade, seus sons, cores, cheiros e sabores.[11]

Muitas personalidades brasileiras da área cultural já tinham passado temporadas na capital francesa desde o século XIX, mas era a primeira vez que lá se instalava um grupo com uma agenda estética definida, aglutinados de modo espontâneo naquele espaço geográfico, sem que houvesse qualquer premeditação, movidos pelo zeitgeist.

Cabem duas perguntas: por que foram para a França pouco depois da Semana de Arte Moderna, em vez de permanecer no Brasil para propagar as ideias lançadas no Theatro Municipal e fortalecer o movimento rapidamente? Seriam todos deslumbrados, sentindo-se "moderníssimos", mas com uma visão colonizada e provinciana de Paris? Estariam cansados de ser brasileiros?

À primeira vista, dir-se-ia que estavam todos acometidos do "complexo de vira-latas", expressão de Nelson Rodrigues lançada numa crônica de 1958, para designar um sentimento de autodepreciação dos brasileiros ao se compararem com povos dos países avançados. Segundo o dramaturgo, a partir da vitória do país na Copa do Mundo, naquele ano, esse complexo teria acabado. Não acabou, a expressão se vulgarizou e perdura até hoje, sendo usada com diferentes finalidades, inclusive por governantes quando opositores lhes fazem comparações desfavoráveis.

Antecedente do complexo de vira-latas é a "moléstia de Nabuco", designação enunciada por Mário de Andrade em 1924 com o mesmo significado. Em *Minha formação*, Joaquim Nabuco escreveu: "As paisagens todas do Novo Mundo, a floresta amazônica ou os pampas argentinos não valem para mim um trecho da via Appia, uma volta da estrada de Salerno a Amalfi, um pedaço do cais do Sena à sombra do velho Louvre".[12]

A viagem dos modernistas brasileiros a Paris certamente estimulou mais seus detratores a desqualificá-los como imitadores das vanguardas europeias. Mas quando eles chegaram ao "umbigo do mundo" (Paulo Prado), em 1923, as vanguardas já tinham baixado a poeira e na nova clivagem se cruzavam fauvismo, futurismo, expressionismo, pós-impressionismo, cubismo e dadaísmo.

Atraídos para a cidade que era a maior referência internacional em produção e irradiação de arte, não apenas moderna, lá estavam artistas brasileiros, russos, poloneses, húngaros, americanos, mexicanos, espanhóis, italianos, argentinos, uruguaios, japoneses, portugueses etc., à procura de aperfeiçoamento técnico em suas respectivas áreas, contato direto com as grandes obras e uma experiência intensa de vida. Era então a capital mundial dos emigrados, cerca de 5% de estrangeiros na população: refugiados políticos de ditaduras na Espanha e Portugal, argelinos da colônia trabalhando como garis, armênios fugindo do genocídio na Turquia, russos fugindo da Revolução Bolchevique, italianos antifascistas.[13]

As impressões sensoriais, estéticas e afetivas do grupo modernista nesse cotidiano transpiram nas cartas e cartões-postais enviados a Mário de Andrade, indicando ainda o quanto essa vivência influiu na percepção da brasilidade e nas respectivas criações. Sintomático: a palavra mais repetida nos escritos é "inveja", para atiçar o escritor que nunca sairia do Brasil e estava preocupado com as más influências parisienses sobre seus amigos.

"Faço cubismo. Está contente?", provocou Tarsila do Amaral em 23 de maio de 1923, sabendo que Mário fazia sérias ressalvas a essa escola.[14] A pintora aproveitou do cubismo apenas as linhas geométricas, mas usando-as com muita parcimônia em trabalhos produzidos durante o convívio com André Lhote e Fernand Léger.

Ao mesmo tempo, ela aprendia a ser cada vez mais brasileira: "Quero ser a pintora da minha terra. [...] O que se quer aqui é que cada um traga contribuição do seu próprio país. Assim se explicam o sucesso dos bailados russos, das gravuras japonesas e da música negra".[15]

Paris deglutia antropofagicamente, desde os primeiros anos do século XX, a *art nègre*, uma das principais descobertas que influenciaram também os modernistas brasileiros no contato com os cubistas e especialmente o poeta Blaise Cendrars, autor de dois livros sobre o tema, *Poèmes nègres* (1916) e *L'Anthologie nègre* (1921), compilação de mitos e lendas africanos. O grupo ficou impactado, como qualquer mortal razoavelmente sensível, assistindo, no Théâtre des Champs-Élysées, ao espetáculo *A criação do mundo*, com dança dos Ballets Suédois, música de Darius Milhaud com harmonia jazzística, figurinos e cenários de Fernand Léger, libreto de Cendrars baseado em dois textos da antologia. Um espetáculo alegórico de uma beleza desconcertante, com bailarinos fantasiados de animais, imagens coloridas, símbolos e máscaras africanas.

Com as jazz-bands, a tendência étnica se sedimentou na noite parisiense após a chegada da Revue Nègre, que, em outubro de 1925, estreou no Teatro des Champs-Élysées, com elenco todo negro — uma banda jazzística na qual tocava Sydney Bechet, e coristas, com destaque para Josephine Baker dançando charleston seminua.

No Brasil mestiço, paradoxalmente, o negro era invisível para as classes média e alta, ainda não tinha respeitabilidade social nem artística, que seria dada futuramente por meio do samba, do futebol e do Carnaval. Tarsila e Di Cavalcanti foram os mais influenciados pelo movimento de negritude parisiense, ela com as telas *A negra* [imagem n. 9] e *Antropofagia*.

Enquanto escrevia a versão definitiva de *Memórias sentimentais de João Miramar* (totalmente diversa das primeiras versões, iniciadas em 1917), Oswald de Andrade investia na sociabilidade artístico-intelectual, incentivando almoços e coquetéis de confraternização viabilizados pela embaixada brasileira, com convidados do establishment diplomático e cultural. Queria também articular a publicação em francês de seu primeiro romance, *Os condenados*.

Encantado com a cidade, testemunhou, em 4 de março de 1923: "Assistir no Vieux Colombier La nuit des rois de Shakespeare é melhor que filar aqueles sábios biscoitos domésticos das tuas intelectuais terças-feiras. Juro que é".[16] Ele se referia às reuniões que Mário realizava em casa toda terça-feira, com amigos modernistas.

A tática de inserção social de Oswald nos meios vanguardísticos exigia um pouco da ginga brasileira: comprava o livro de um autor e pedia-lhe autógrafo no bar ou restaurante que ele frequentava. "Acaso, providência! Na mesa, ao meu lado, Cocteau — um magricela, com expressivos pés de galinhas. [...] Atraquei-o! Mais autógrafo."[17] O encontro com Jean Cocteau foi no restaurante-cabaré Le Bœuf sur le Toit, um dos polos da boemia artística e literária, na rue Boissy-d'Anglas, 28. O nome, O Boi no Telhado, representa um caso exemplar de influência recíproca. Era o título de uma música carioca lançada no Carnaval de 1918, composta por José Monteiro, integrante de Os Oito Batutas, com o pseudônimo Zé Boiadêro. Darius Milhaud deu o mesmo título a uma rapsódia de sua autoria, composta com pastiches de música popular brasileira. Daí a música inspirou um balé dadaísta homônimo e, por fim, o nome do restaurante.

Outro local em que Oswald se socializava era a livraria de Adrienne Monnier, na rue de l'Odéon, frequentada por James Joyce, que desfrutava do êxito do recém-lançado *Ulysses*, e por um grupo de novos escritores americanos: Ernest Hemingway, Scott Fitzgerald, John dos Passos, Ezra Pound. Não há registro de qualquer contato entre modernistas brasileiros com alguém do grupo anglo-americano que frequentava o apartamento de Gertrude Stein ou a Livraria Shakespeare and Company.

Cendrars, padrinho dos poetas marginais de vanguarda, vivendo de pensão do governo como mutilado de guerra, exerceu um papel estratégico na mediação de Oswald e Tarsila com artistas modernos franceses, como Fernand Léger, André Gleizes, André Lhote e outros, que fizeram Oswald se vangloriar de ter contatos importantes. "Todos os dias passam-se coisas novas. Estou já há bastante tempo na intimidade de Picasso, Cocteau, Romains e Larbaud."[18]

Há evidência de que Tarsila esteve no ateliê de Picasso, na rue La Boétie, porque ela reconstituiu o encontro numa crônica treze anos depois ("Um mestre da pintura moderna", *Diário de S. Paulo*, 27 de março de 1936), mas sem mencionar nenhum nome de acompanhan-

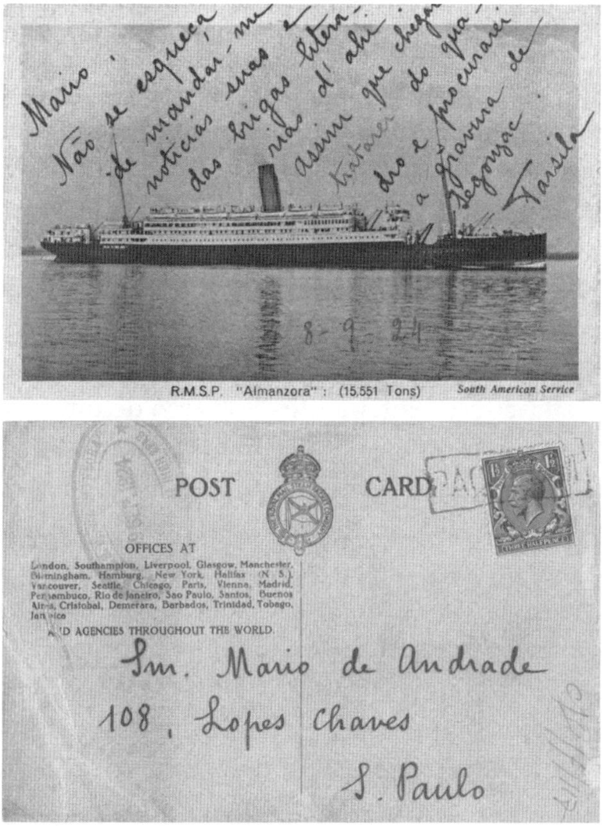

Cartão-postal de Tarsila do Amaral a Mário de Andrade, a bordo do Almanzora, *8 set. 1924.*

te. O único modernista brasileiro desse período que de fato se integrou no meio artístico francês foi Vicente do Rego Monteiro, por já ser um pintor completo e fazer uma pintura exótica, no melhor sentido, com motivos tropicais que agradam o público europeu.

Paris é desvelada em fragmentos nos relatos do grupo, seus espantos, descobertas e prazeres visuais, como o de Tarsila diante da companhia Ballets Russes dançando *Pulcinella*, de Stravinsky, em cenário de Picasso e coreografia de Léonide Massine. Instantes mágicos da primavera que ela anseia compartilhar com o amigo: “Isto aqui está lindo. Por que você não resolve uma viagem? O brasileiro se engana pensando que é preciso uma fortuna para vir a Paris”, escreveu ela a Mário.[19]

Ribeiro Couto chegou a passeio em maio de 1924 com o irmão, hospedando-se num apartamento na rue Lauriston, n. 11, 4º andar, e esteve com Sérgio Milliet na casa do poeta francês Ivan Goll, onde conheceram o alemão Georg Grosz, um dos melhores artistas plásticos do expressionismo. Couto estava adorando a cidade. "Paris recebe e protege os artistas de todo o mundo. [...] Em cada canto da cidade há uma casa de antiguidades, uma exposição de pintura, livrarias, aos milhares." Viu *Les Noces*, de Stravinsky, regida pelo próprio. "Admirável."[20]

Bem diferentes eram os termos usados por Paulo Prado. Ele se sentia em casa na cidade onde havia morado por oito anos na juventude e que visitava frequentemente. No verso de um postal da Torre Eiffel, escreveu a Mário de Andrade, com ironia: "Isto aqui não vale a pena. Viva o Brasil!".[21] Essa mesma atitude ele demonstrou no prefácio do livro de Oswald de Andrade, *Pau Brasil*, no qual defendeu a necessidade de romper os "laços que nos amarram desde o nascimento à velha Europa, decadente e esgotada".[22]

Mas, no verão de 1927, Paulo Prado também provocou Mário: "Escrevo esta (para fazer inveja) num calor desabalado, e em frente a dois grandes Picassos, que são o encanto, com outras maravilhas do apartamento [...] onde estou instalado faz três meses". Era numa das mais elegantes avenidas da cidade, Victor Emmanuel III, n. 27.[23]

Tal ambivalência em relação à Europa é comum nos intérpretes do éthos brasileiro. Mário de Andrade, no primeiro artigo sobre Cendrars (*Revista do Brasil*, março de 1924), mencionou a Europa "envelhecida e trôpega", desejosa de "libertar-se de si mesma". Oswald propôs, no "Manifesto Antropófago", a deglutição da cultura europeia para transformá-la numa síntese original de cultura brasileira.

A Europa deglute culturas estrangeiras desde pelo menos o século XIV. A Itália deglutiu a cultura clássica greco-romana para criar o Renascimento, assim como a arquitetura neoclássica que floresceu em Paris e Roma na segunda metade do século XVIII foi deglutida pela Inglaterra, Alemanha, Rússia, Bélgica, Dinamarca, Espanha, Estados Unidos, chegando ao Brasil no século XIX.

E o inverso também acontece. Após a invasão napoleônica do Egito, no final do século XVIII, as elites francesas descobriram a cultura egípcia, o que resultou numa egiptomania nas artes decorativas da França.

Em meados do século XIX, o Japão se abriu para a Europa e participou da Exposição Internacional de Paris de 1867. Van Gogh, Monet, Degas, Gauguin, Toulouse-Lautrec ficaram fascinados com a xilogravura japonesa. Surgiu o japonismo, nas artes plásticas e no teatro da França. A influência ou imitação se estendeu à Inglaterra, onde um dos adeptos, o desenhista Aubrey Vincent Beardsley (1872-98), influenciou Di Cavalcanti, que em Paris ainda experimentava diferentes estilos, imitando cubismo e outras escolas em seu ateliê na rue Delambre e nas aulas da Académie Ranson, como se percebe no quadro *Pierrot*, de 1924. O movimento cubista já tinha esvanecido, mas ainda era novidade para o grupo brasileiro.

Villa-Lobos foi o único do grupo que chegou a Paris, em julho de 1923, acreditando já criar uma arte totalmente original. Atribui-se a ele, sem comprovação em fonte primária, uma frase que teria dito à imprensa francesa: "Não vim aprender. Vim mostrar o que fiz. Se gostarem, ficarei. Se não, voltarei para minha terra". Mas sua aparente presunção foi abalada na primeira reunião do grupo com Cendrars e Jean Cocteau, no apartamento de Tarsila, na rue Hégésippe Moreau, n. 9, 5º andar. O músico carioca tocou no piano algumas composições suas e Cocteau identificou ressonâncias nítidas de Claude Debussy e Ravel.

Brecheret emulava o romeno Brancusi. E Anita Malfatti começou a emular a arte religiosa clássica. Ela desembarcou em Paris no dia 12 de setembro de 1923 como bolsista do Pensionato Artístico do Estado de São Paulo. Escrevia cartas longas, bem-humoradas e sempre convidava Mário para conhecer a Europa. "Amanhã vou ver uma peça de ficar vesga e tonta. Não digo o nome para não morreres de inveja. [...] Por que não vens para a Exposição de 1925? Tenha juízo e venha. É bem melhor a realidade que o sonho."[24] Ela se referia à *Exposition Internationale des Arts Décoratifs et Industriels Modernes*, que lançou a art déco no mundo.

Estar na capital mundial das vanguardas não alterou a visão conservadora de arte que Anita adotou nos anos seguintes à exposição de 1917. Seu desinteresse por exposições de arte moderna na cidade decepcionou os amigos brasileiros. A preferência dela era ver arte religiosa naturalista, particularmente dos italianos e holandeses.

Os encontros com o grupo eram pontuados por cobranças e divergências que a aborreciam. Sérgio Milliet informou a Mário: "Infelizmente Anita volta ao passadismo. É natural. O primeiro choque dos extremistas é desagradável. Mas ela saberá evoluir. Brecheret mesmo já evoluiu muito. Agora diz que Mestrovic é passadista!".[25]

Ela frequentou a Académie de la Grande Chaumière, a Académie Ranson, o ateliê de Maurice Denis, pintor católico conservador, além de cursos livres de croqui para se exercitar com modelo vivo. No outono de 1923, Anita recebeu a visita de dona Olívia Guedes Penteado, de vestido preto com duas gardênias brancas na gola e o longo colar de pérolas. Já havia morado quatro anos na avenue Hoch e tinha gosto artístico convencional. Mas se converteu ao credo moderno depois de sair algumas vezes com o grupo para visitar ateliês e galerias como L'Effort Moderne, onde dona Olívia comprou um Léger, *Compotier de poires*.

Um dos objetivos do grupo era divulgar também a literatura moderna brasileira em Paris, missão realizada por Oswald de Andrade e Sérgio Milliet. O primeiro pede a Mário de Andrade o envio de *Klaxon*, exemplares de *Pauliceia desvairada* e *Messidor*, de Guilherme de Almeida. "Tenho feito o possível por nós. Deixei na mesa de trabalho de Jules Romains o meu volume de *Pauliceia*. Insistência dele. Conhece o espanhol, quer decifrar. Pior para ti!", informa Oswald.[26] E dois meses depois: "Quando esta aí aportar Paris me terá aplaudido na Sorbonne". Referia-se à sua conferência, em 11 de maio de 1923, no anfiteatro Turgot da Sorbonne, onde leu em francês um relato sobre "L'Effort intellectuel du Brésil contemporain". Inventariou nossa produção literária desde a Colônia, citou quase 150 nomes de escritores mais representativos e suas respectivas obras, mencionou Mário, Menotti, Ronald, Graça Aranha e sua peça *Malazarte*. Monteiro Lobato foi o mais elogiado.[27]

A versão em português da conferência, publicada na *Revista do Brasil*, de Monteiro Lobato, teve cortados dois trechos essenciais no estudo das influências do grupo. Primeiro trecho: "Jamais se sentiu tão bem em Paris o som dos tambores do negro e do canto do indígena. Essas forças étnicas estão em plena modernidade". Segundo trecho, sobre vanguarda: "E se é absurdo de aplicá-lo [o cubismo] no

Anita Malfatti em Veneza, jun. 1924.

Brasil, as leis que ele soube extrair dos antigos mestres foram consideradas aceitáveis para muitos de nossos jovens pintores".[28]

Milliet mantinha Mário de Andrade atualizado enviando livros como *Le Nouvel Orphée*, do poeta dadaísta Ivan Goll, e revistas como *La Vie des Lettres*, e conseguiu com a revista *Het Overzicht*, de Amsterdam, a publicação de uma reportagem sobre modernistas brasileiros com poemas em francês de sua autoria, de Guilherme de Almeida, Tácito de Almeida e Mário de Andrade.[29]

Anita enviava suas sensações estéticas, como as sentidas em Veneza no verão de 1924 e transmitidas no reverso de um postal da ponte do Rialto: "Suspiro nessa ponte. A obra é um sonho. O canal é um mar de rosas contendo todos os perfumes da Arábia". Yan de Almeida Prado, que também estava lá, a passeio, acrescentou, entre parênteses: "Isso tudo é para fazer o Mário morrer de inveja".[30] Dessa visita, Anita fez dois croquis, posteriormente transformados em óleo sobre tela e expostos no Salon d'Autonme: *Veneza, Canaleto* [sic], homenagem ao paisagista local Canaletto, e *Interior de igreja*.

Em Florença, ela teve uma epifania diante das obras do renascentista Fra Angelico ("que cores, Mário, aquilo é que é cor!!") e, no santuário de Lourdes, Sudoeste da França, viu um dos espetáculos mais extraordinários de sua vida, 60 mil peregrinos entre o vale e a floresta. Nessa fase introspectiva, quase mística, Anita fez esboços intitulados *O perdão da Madalena* e *A pesca maravilhosa*, não concluídos, e pintou *A ressurreição de Lázaro*, sua obra mais ambiciosa no período parisiense.

Os colegas modernistas de Anita se tornaram em Paris uma versão invertida de Monteiro Lobato. Este a criticou em 1917 por ser moderna imitando as vanguardas europeias; o grupo brasileiro a criticou por já não ser moderna e ter rompido com as vanguardas. Em diversas cartas a Mário, ela se queixou de solidão. "Com certeza [você] não ignora que me evitam. Senti muito, mas me acostumei só e sem amigos aqui." Meses depois: "Não sei mais de ninguém, só eu mesma vivo como um judeu errante". No final de 1924, com o inverno chegando, ela se compara a um "cão abandonado".[31]

Pode-se deduzir que a insistência de Anita para que Mário vá conhecer a Europa decorre não só da amizade por ele como também do isolamento artístico e emocional dela. Sua prima Evangelina Pereira de Souza, estudante de canto e piano, foi passar uma temporada com ela e as duas dividiram uma carta, na qual Evangelina sintetizou o enriquecimento cultural cotidiano vivido na capital francesa.

> Com trilhões dos diabos! O que é que estás fazendo ainda aí? [...] Deixa um pouco esse patriotismo de lado. [...] Fomos anteontem aos balés russes, tu ainda nessa pasmaceira! Que atroz santo Deus! Toma o primeiro vapor e vem ver isto aqui de perto. Ontem mergulhei no Louvre, fiquei tonta com tanta maravilha. Pretendo voltar lá mil vezes. [...] Aqui se vive, horizontes internacionais. Delícia das delícias. Tu aí eternamente ranzinza dolente... Aproveita enquanto estamos aqui. [...] Não nos conformamos de não vires ao menos por uns meses e conhecer este grande Paris cheio de novas e velhas curiosidades.[32]

A solidão e o passar dos anos não fizeram diminuir a admiração de Anita pela cidade, como escreveu em 27 de setembro de 1927: "Paris andou belíssima! Toda enfeitada para receber os Legionários, se você visse a iluminação, que maravilha! Ah, é verdade, você não gosta de Paris!".[33]

Na esfera pública, se não houve tempo para acesso ao concorrido mercado de arte parisiense, apesar de alguma repercussão positiva na imprensa (e Oswald não conseguiu publicar *Os condenados* na França), o grupo conquistou legitimação artística e institucional. Anita Malfatti, Brecheret e Vicente do Rego Monteiro expuseram quase todos os anos no Salon des Indépendants, no Salon des Tuilleries e no Salon d'Automne. Villa-Lobos, em seu primeiro ano na cidade, foi incluído num concerto na Salle des Agriculteurs, na noite de 23 de outubro. O programa tinha ainda obras de Prokofiev, Stravinsky, Fauré e Milhaud. De Villa-Lobos, a soprano Vera Janacopoulos cantou "Sonate fantastique", "Melodie sans parole" e "La Fillette et la chanson" [A menina e a canção], com letra de Mário de Andrade e acompanhamento de Yvonne Astruc (violino) e Daniel Jeisler (piano). No mesmo local, Villa-Lobos fez sua primeira apresentação na cidade, com obras exclusivamente suas, em 30 de maio de 1924, acompanhado de Arthur Rubinstein, Vera Janacopoulos e orquestra. No programa, "Prole do bebê n. 1", "Quatuor", "Pensées d'enfant", "Epigramas irônicos e sentimentais".

No mês seguinte, Brecheret expôs no Salon d'Automne, no Grand Palais, de 1º de novembro a 16 de dezembro de 1923, sua escultura *Mise au tombeau* [O sepultamento], de granito: quatro mulheres em pé, chorando um homem morto, estendido no colo de outra mulher, agachada, evocando uma madona com Cristo depois de retirado da cruz. Media 2,26 metros de altura e 3,65 de comprimento. Anita gostou, "é um colosso — uma vitória definitiva da arte brasileira em Paris".[34]

Anita expôs *A estudante russa*, *L'Américaine* e *A ventania* (paisagem) na *Exposition d'Art Américain-Latin*, uma coletiva com mais treze brasileiros, organizada no Museu Galliéra por La Maison de l'Amérique Latine e L'Académie Internationale des Beaux-Arts.

Atuando como porta-voz informal do grupo, Milliet repercutia no Brasil as proezas: "Paris já nos olha com curiosidade e até mesmo com simpatia. Isso significa que, dentro de pouco tempo, nos orgulharemos dos nossos artistas".[35]

Oswald descobriu-se poeta depois de ler Cendrars. Tinham dicções afins. O autor de *Pau Brasil* (1925) praticava uma prosa telegráfica desde pelo menos 1922 e, em Paris, se identificou com a linguagem poética do franco-suíço, exemplificada aqui com a primeira estrofe de "Bombay-express", um dos *19 poèmes élastiques*, escrito por Cendrars em abril de 1914:

A vida que eu levo
impede que eu me suicide
Tudo pula
As mulheres rolam sob as rodas
com gritos altos
As gangorras em leque estão na porta das estações

Curiosamente, nem Sérgio Milliet nem outros do grupo se interessaram pelo mais novo movimento de vanguarda, eclodido em 1924. O "Manifesto do Surrealismo", por André Breton, foi minimizado: "É um tanto inútil um manifesto atualmente. Um regimento que se forma, a não ser para defender uma ideia séria, é sempre ridículo".[36]

Dessa vez foi Milliet quem pensou moderno de menos. O surrealismo já nasceu dividido, em duas facções, mas foi o movimento de vanguarda mais exitoso de todos, com a maior diversidade artística e cuja influência perdura até hoje em literatura, teatro, artes plásticas, cinema e fotografia. Mário de Andrade recebeu o livro *Sept manifestes dada: Quelques dessins de Francis Picabia*, lançado por Tristan Tzara em 1924, e o único número da revista *Surréalisme*, editada por Ivan Goll em outubro do mesmo ano. Porém, ele não gostava nem do dadaísmo nem do surrealismo.

CONCLUSÃO

A história da cultura urbana mundial é uma história de filiações, próximas ou remotas no tempo e no espaço. E imitação ou influência não é uma falha do caráter brasileiro; tampouco é exclusiva de países periféricos. O mundo inteiro "imitava" Paris entre o século XVIII e meados do século XX.

Tarsila encontrou um estilo pessoal para sua pintura misturando tudo o que viu e ouviu em Paris com a redescoberta das paisagens urbanas e rurais brasileiras. Após duas exposições individuais na Galerie Percier, ela voltou definitivamente para o Brasil em 1928, assim como Anita, após uma individual na Galerie André. Di Cavalcanti passaria outras temporadas em Paris até se notabilizar com pinturas de mulatas brasileiras e cenas da cultura popular. Villa-Lobos voltou de sua primeira estadia europeia em 1924 dizendo que a maior emoção musical de sua vida tinha sido assistir à apresentação de *A sagração da primavera*, de Stravinsky, e passou a pesquisar ritmos urbanos brasileiros e música indígena.

Além de ter influenciado a visão de mundo e o desenvolvimento artístico-literário do grupo modernista aqui focalizado, a temporada em Paris representou a primeira tentativa de ingresso do Brasil no processo de globalização cultural *avant la lettre*. A ponte construída por esse grupo tirou o Brasil do isolamento e revelou no exterior algumas ideias e obras brasileiras de arte moderna.

Apesar de hoje imitarmos os Estados Unidos mais do que imitávamos a França no início do século XX, já não se contrapõe uma suposta autenticidade nacional a uma dominação cultural estrangeira, como se fez maniqueistamente até a década de 1970. Numa época dita pós-moderna, em que as influências ou trocas culturais são mediadas instantaneamente pela internet e redes sociais, o discurso predominante é a inclusão cultural das classes marginalizadas. Nesse panorama, parece ingenuidade ou tolice criticar uma cultura "importada".

Os valores mudaram e, como observou Antonio Candido, "As utopias da originalidade isolacionista não subsistem mais no sentido de atitude patriótica...". Roberto Schwarz, para quem o tema permanece atual, complementou: "A questão da cópia não é falsa, desde que tratada pragmaticamente, de um ponto de vista estético e político, e liberta da mitológica exigência da criação a partir do nada".[37]

NOTAS

1. José Guilherme Merquior, "A estética modernista do ponto de vista da História da cultura". In: *Formalismo e tradição moderna*. Rio de Janeiro: Forense, 1974, p. 80.
2. Mário de Andrade, "A arte religiosa no Rio". *Revista do Brasil*, São Paulo/Rio de Janeiro, n. 52, p. 289, abr. 1920.
3. Sobre os árcades: João Manuel Pereira da Silva, *Os varões ilustres do Brasil*. Paris: Livr. Guillaumin et Cia., 1858. Sobre Machado de Assis: Sílvio Romero, *Machado de Assis: Estudo comparativo de literatura brasileira*. Rio de Janeiro: Laemmert & C. Editores, 1897, pp. 131-2. Sobre Anita Malfatti: Monteiro Lobato, "A propósito da Exposição Malfatti". *O Estado de S. Paulo*, São Paulo, 20 dez. 1917. Sobre Oswald de Andrade: Tristão de Athayde, "Literatura suicida". *O Jornal*, Rio de Janeiro, 5 jul. 1925.
4. *Lacerba*, Florença, p. 251, 1 set. 1914 apud *International Futurism in Arts and Literature*. Org. de Günter Berghaus. Nova York; Berlim: Walter de Gruyter, 2000, p. 37.
5. *International Futurism in Arts and Literature*, op. cit., p. 100.
6. Carta de Vincent van Gogh a Theo van Gogh, 15 de julho de 1888. Cf. site "Vincent van Gogh-The Letters". Disponível em: <http://vangoghletters.org/vg/letters/let640/letter.html>. Acesso em: 20 maio 2021.
7. Oswald de Andrade, "Preocupações brasileiras". *Correio da Manhã*, Rio de Janeiro, 20 dez. 1923.
8. Id., ibid.
9. David S. Landes, *A riqueza e a pobreza das nações*. Rio de Janeiro: Campus, 1998, pp. 147-9. Ver também Jean Marcel Carvalho França, *A construção do Brasil*. Rio de Janeiro: José Olympio, 2012, pp. 287-91.
10. Sílvio Romero, *História da literatura brasileira*, Capítulo IX. Disponível em: <https://www.literaturabrasileira.ufsc.br/documentos/?action=download&id=93052 CAP%C3%8DTULOIX>. Acesso em: 20 jun. 2021.
11. Para uma minuciosa análise das artes plásticas modernistas na capital francesa, ver Marta Rossetti Batista, *Os artistas brasileiros na Escola de Paris: Anos 20*. São Paulo: Ed. 34, 2012.
12. Joaquim Nabuco, *Minha formação*. Rio de Janeiro: Topbooks, 1999, p. 49.
13. Leonard V. Smith, *The Embattled Self: French Soldiers' Testimony of the Great War*. Ithaca: Cornell University Press, p. 87.
14. Carta de Tarsila do Amaral a Mário de Andrade, 23 de maio de 1923. In: *Correspondência Mário de Andrade & Tarsila do Amaral*. Org. de Aracy Amaral. São Paulo: Edusp; IEB-USP, 2001, p. 68.
15. Carta de Tarsila do Amaral à família, 19 de abril de 1923. Apud Aracy A. Amaral, *Tarsila: Sua obra e seu tempo*. São Paulo: Ed. 34; Edusp, 2010, pp. 101-2.

16. Carta de Oswald de Andrade a Mário de Andrade, 4 de março de 1923. Apud Gênese Andrade, "Amizade em mosaico: A correspondência de Oswald a Mário de Andrade", *Teresa: Revista de Literatura Brasileira*, São Paulo, n. 8, p. 169, 2008.
17. Carta de Oswald de Andrade a Mário de Andrade, 9 de abril de 1923. Apud Aracy Amaral em *Correspondência Mário de Andrade & Tarsila do Amaral*, op. cit., p. 65.
18. Carta de Oswald de Andrade a Mário de Andrade, 18 de abril de 1923. Fundo Mário de Andrade, Arquivo IEB-USP.
19. Carta de Tarsila do Amaral a Mário de Andrade, 23 de maio de 1923. In: *Correspondência Mário de Andrade & Tarsila do Amaral*, op. cit., p. 68.
20. Carta de Ribeiro Couto a Mário de Andrade, 29 de maio de 1924. Fundação Casa de Rui Barbosa.
21. Carta de Paulo Prado a Mário de Andrade, 8 de agosto de 1923. Fundação Casa de Rui Barbosa.
22. Paulo Prado, "Poesia Pau Brasil". In: Oswald de Andrade, *Pau Brasil*. São Paulo: Globo, 1990, p. 59.
23. Carta de Paulo Prado a Mário de Andrade, 13 de julho de 1927. Fundo Mário de Andrade, IEB-USP. Em 1946, o nome da avenue Victor Emmanuel III mudou para Franklin Roosevelt.
24. Carta de Anita Malfatti a Mário de Andrade, 10 de maio de 1924. Fundo Mário de Andrade, Arquivo IEB-USP.
25. Carta de Sérgio Milliet a Mário de Andrade, 16 de outubro de 1923. Fundo Mário de Andrade, Arquivo IEB-USP.
26. Carta de Oswald de Andrade a Mário de Andrade, 4 de março de 1923. Fundo Mário de Andrade, Arquivo IEB-USP.
27. A conferência foi publicada na *Revue de l'Amérique Latine*, Paris, ano 2, n. 5, pp. 197-207, jul. 1923, e na *Revista do Brasil*, São Paulo/Rio de Janeiro, n. 96, pp. 383-9, dez. 1923.
28. Oswald de Andrade, "L'Effort intellectuel du Brésil contemporain". *Revue de l'Amérique Latine*, Paris, ano 2, n. 5, pp. 206-7, jul. 1923. Apud Thiago Gil de Oliveira Virava, "Vantagens do caos brasileiro: O Brasil que Oswald descobriu em Paris". Disponível em: <https://www.scielo.br/j/ars/a/ZNjHbw7ZwVvsXkz86PsG9zz/?lang=pt&format=html>. Acesso em: 9 jun. 2021.
29. A reportagem sobre os modernistas brasileiros, intitulada "De Groep Klaxon", saiu na edição n. 20 da *Het Overzicht*, jan. 1924, pp. 130-2.
30. Cartão-postal de Anita Malfatti a Mário de Andrade, julho de 1924. Fundo Mário de Andrade, Arquivo IEB-USP.
31. Cartas de Anita Malfatti a Mário de Andrade, respectivamente, 2 de fevereiro de 1924, 18 de julho de 1924 e 1º de dezembro de 1924. Fundo Mário de Andrade, Arquivo IEB-USP.

32. Carta de Anita Malfatti e Evangelina Pereira de Souza a Mário de Andrade, 14 de junho de 1925. Fundo Mário de Andrade, Arquivo IEB-USP.

33. Carta de Anita Malfatti a Mário de Andrade, 27 de setembro de 1927. Fundo Mário de Andrade, Arquivo IEB-USP. Dois motivos impediram Mário de Andrade de visitar a Europa: limitação financeira e sobretudo a vontade de, antes, conhecer o Brasil, o que ele fez, em viagens longas a Minas Gerais, Nordeste, Amazônia e interior paulista.

34. Carta de Anita Malfatti a Mário de Andrade, 27 de outubro de 1923. Fundo Mário de Andrade, Arquivo IEB-USP.

35. Sérgio Milliet, "Carta de Paris". *Ariel: Revista de Cultura Musical*, São Paulo, ano I, n. 6, p. 214, mar. 1924. Coleção Mário de Andrade, Biblioteca do IEB-USP.

36. Carta de Sérgio Milliet a Mário de Andrade, 5 de novembro de 1924. Fundo Mário de Andrade, Arquivo IEB-USP.

37. Antonio Candido, "Literatura e subdesenvolvimento". In: *A educação pela noite & outros ensaios*. São Paulo: Ática, 1989, p. 140; Roberto Schwarz, "Nacional por subtração". In: *Que horas são?: Ensaios*. São Paulo: Companhia das Letras, 1987, p. 48.

O CASAL TARSIWALD E A *MAISON* PAUL POIRET*

CAROLINA CASARIN

Tarsila era individualíssima, inconfundível, seu gosto criativo não se limitando a imitar a moda chegada de Paris, mas ao contrário, contrastando com o lugar-comum da moda em voga.
FLÁVIO DE CARVALHO

Na história do modernismo brasileiro, a aparência e as roupas de Tarsila do Amaral são importantes na compreensão de seu percurso artístico, em que se insere a relação que ela e Oswald de Andrade, seu companheiro entre 1923 e 1929, tiveram com a moda francesa, especialmente a casa de alta-costura Paul Poiret, de que foram clientes. A sociabilidade é, em primeiro lugar, corporal, e a aparência é o corpo na trama das interações sociais. Um corpo, é claro, vestido. A aparência, assim, é compreendida como o resultado do vínculo entre corpo e roupa, e o estilo nasce da relação daquilo que se veste (o objeto), com o modo como se veste (o corpo e o mundo). A alta-costura francesa, sistema de consumo de vestuário de luxo estabelecido em Paris no século XIX, é uma organização estruturada numa divisão do trabalho hierarquizada e especializada. A princípio, a clientela da alta-costura era composta de três categorias de mulheres ilustres que lançavam a moda parisiense: as de origem aristocrática ou provenientes da alta burguesia; aquelas ancoradas nos clãs dominantes pela origem de família e/ou pelo casamento; e as atrizes e as *demi-mondaines*, também chamadas de cocotes. Na década de 1890, com a expansão do capitalismo, as clientes internacionais entram em cena, o que chega a se consolidar após a Primeira Guerra Mundial. É nesse cenário que está inserida a alta-costura parisiense da década de 1920, que aqui interessa para falar da relação do casal Tarsila e Oswald com a *maison* Paul Poiret.

À medida que a moda francesa se fixa internacionalmente, ganham destaque a figura do costureiro, os métodos de divulgação dos trajes de luxo e o espaço da *maison*. Ocorre a gradativa profissionali-

* Este ensaio é uma versão do capítulo "Madame Tarsila de Andrade", publicado em *O guarda-roupa modernista: O casal Tarsila e Oswald e a moda*. São Paulo: Companhia das Letras, 2022.

zação das atividades da alta-costura, refletida na centralização de etapas de criação e produção de roupas num único local, concentrando no mesmo espaço setores que anteriormente funcionavam de maneira autônoma. O nome da *maison*, ou seja, a grife, tem papel relevante. "A grife, simples palavra colada sobre um produto", lembra Pierre Bourdieu, "é, sem dúvida, com a assinatura do pintor consagrado, uma das palavras mais poderosas, do ponto de vista econômico e simbólico, entre as que, hoje, têm cotação."[1] Tarsila do Amaral e Oswald de Andrade souberam utilizar o poder da grife na poesia. A relação próxima que o casal manteve com a *maison* Poiret ecoou na produção artística dos dois em 1925, com o verso "Caipirinha vestida por Poiret", de "atelier", publicado em *Pau Brasil*, livro de poemas de Oswald, com capa e ilustrações de Tarsila. Ao citar o nome do costureiro, o poeta convoca a grife, adicionando ao exercício poético uma operação de investimento social.

Ao mesmo tempo, as roupas são objetos de vestir, instrumentos de construção de um estilo e de uma imagem, e a presença de Paul Poiret é forte na avaliação da trajetória artística de Tarsila. Ele foi evocado pelos próprios modernistas e, também, pela crítica e a história do modernismo, que fixaram a imagem de Tarsila como uma mulher bonita e elegante, artista moderna, participante de uma moda de vanguarda, que se vestia de maneira luxuosa e exuberante. Tarsila e Oswald foram os primeiros a inserir a aparência na divulgação da estética moderna — de vanguarda e nacional — que eles desejaram construir e transmitir. Uma vez que o interesse do casal por Poiret é amplamente citado, abordo a posição desse costureiro no quadro da moda feminina no contexto do pós-guerra, de acordo com a perspectiva da história da alta-costura francesa. Depois de confrontada a maneira como Poiret surge nas narrativas da história do movimento modernista — desde as falas de Tarsila e Oswald — com o lugar que ele ocupa na história da moda francesa na década de 1920, emergem novas implicações simbólicas da escolha de Tarsiwald por essa *maison*. Se, como garante Aracy Amaral, "foi Poiret o responsável pela imagem de Tarsila que fez época em Paris como no Brasil, por suas roupas e adereços",[2] é verdade que foi a própria Aracy uma das responsáveis por disseminar, na história do modernismo, a afirmação, que hoje se tornou um lugar-comum, de que Tarsila se vestia *chez* Poiret e Patou.

O pioneirismo de Poiret na produção de perfumes e objetos de arte na alta-costura é um aspecto destacado por ela, que sublinha seu caráter vanguardista: "Poiret não significava apenas alta-costura, mas reunia também em sua casa perfumes de Rosine, sapatos Perugia, móveis Martine".[3] O ineditismo do empreendimento de Paul Poiret, expressando uma atitude moderna, é inegável, mas esse olhar não atenta para as modificações que ocorreram no seio da alta-costura francesa na década de 1920, que afetaram a silhueta, os materiais, as superfícies das roupas, o volume e a altura das saias, a compreensão, por fim, da mulher moderna. Portanto, é preciso atentar à conclusão de que, nos anos 1920, Paul Poiret foi o costureiro "da moda mais avançada".[4] Alçá-lo ao "centro de modernidade em Paris"[5] pelo fato de ele propor todo tipo de objeto em sua *maison*, para além dos de vestuário, descarta o contexto das criações da alta-costura francesa, onde suas roupas devem ser inseridas.

José Carlos Durand também valoriza, como característica de modernidade, o fato de Paul Poiret atuar em várias frentes. Reproduz Aracy Amaral e procura confirmá-la.[6] Ele explica: "esse autor [Albert Boime] classifica Poiret como 'rei da moda durante vinte anos', o que parece justificar a classificação do costureiro como 'centro de modernidade em Paris', segundo menciona Aracy Amaral".[7] Num recorte de tempo que vai do final do século XIX às primeiras décadas do XX, Boime trata das coleções de arte da alta burguesia francesa, composta de empresários, homens de negócios, e da relação desses agentes com a arte moderna. Enfatiza a modernidade de Poiret, analisando seu papel de colecionador[8] e seu vínculo com os *fauves* e Raoul Dufy. Boime salienta que o costureiro alimentou a comercialização da arte moderna, ao trazê-la para o campo da moda. No entanto, sua indicação de que Poiret reinou durante vinte anos tem que ser colocada em relação às alterações da moda feminina, mais especificamente, no período anterior à Primeira Guerra Mundial.[9]

Tarsila do Amaral não estava no Brasil em fevereiro de 1922, quando ocorreu a Semana de Arte Moderna, no Theatro Municipal de São Paulo. Em meados de 1920, ela havia partido para uma temporada de dois anos de estudos artísticos em Paris. Teve notícia da Semana por carta de Anita Malfatti, sua amiga desde 1919, quando frequentaram juntas aulas de pintura de Pedro Alexandrino. Tendo chegado a São Paulo em junho de 1922, Tarsila foi apresentada por Anita a Oswald de Andrade, Mário de Andrade, Menotti Del Picchia e outros modernistas. Das aventuras em grupo, nasceu a paixão entre Tarsila e Oswald. Poucos meses depois, quando ela retorna à Europa com o objetivo de dar continuidade a seus estudos em arte, está atraída por ele, que vai a seu encontro em dezembro de 1922. Em março de 1923, em carta do dia 7, Oswald confidencia a Mário: "Estou amigado".[10] Tarsiwald foi o apelido inventado por Mário de Andrade, em poema de 7 de dezembro de 1925, escrito depois do anúncio oficial do noivado. Na companhia de Oswald, a temporada de 1923 em Paris foi decisiva para que Tarsila consolidasse sua formação, buscando a independência artística. Aproxima-se da estética cubista e, por meio dela, afirma sua brasilidade.

Em carta escrita de Paris à sua mãe, datada de 19 de abril de 1923, mostra que estava consciente da tendência moderna de valorização daquilo que era considerado "primitivo" ou "exótico", de tudo que não fosse europeu ou francês. Lamenta a saudade que sentia da família e anuncia seu novo direcionamento artístico, a partir das aulas com André Lhote. Agradece, ainda, sua infância na fazenda, que lhe fornece reminiscências que se transformariam em ferramentas na intenção de se firmar como artista moderna. "Estou, em relação à música, literatura e teatro moderno", escreve Tarsila, "*à la page*, como aqui se diz, procurando desenvolver os meus conhecimentos num equilíbrio integral, necessário à minha carreira artística."[11] Estando a par do interesse do ambiente cultural e do mercado de arte francês pelo "exótico", Tarsila se sentiu estimulada a usar elementos ligados à paisagem brasileira, real e imaginária, como a vegetação, os animais, e também a fatos históricos e formações urbanas incipientes, como favelas, a Central do Brasil e os postes de iluminação convivendo com as palmeiras. Todos eles foram convertidos em símbolos nacionais e representados em sua produção artística, especialmente entre 1924 e 1926.

Ocorre que a infância de Tarsila, passada no meio rural e patriarcal das fazendas de café, ao mesmo tempo em que foi permeada pela vida no campo, foi forjada na cultura e nos hábitos franceses, o que, inclusive, aliado à sua fortuna, a preparou para encarar o meio social parisiense na década de 1920. O texto "França, eterna França..." permite entrever a que agentes legitimadores da aparência e do comportamento ela esteve submetida na infância e na juventude. Além da música tocada ao piano por sua mãe, Couperin ou Dandrieu, e dos versos de Delille declamados com o pai, a artista recorda a presença de todo tipo de objeto francês que participava do cotidiano da família.[12] Na encenação da brasilidade exótica que ela e Oswald projetaram como estética nacional, a memória de Tarsila fez parte das negociações empreendidas com os círculos culturais parisienses. Certamente, não seria a lembrança da sopa Julienne que interessaria ao público europeu.

Enquanto adere às tendências gerais da arte moderna, assegurando-se como pintora brasileira, cresce a disposição de Tarsila em investir em trajes da moda francesa. O surgimento da artista Tarsila do Amaral implicou uma mudança em sua forma de apresentação pública, materializada em seu guarda-roupa. De 1923 em diante, as fotografias e os autorretratos expõem uma alteração interessante na aparência da artista, que transita de um estilo discreto a um visual exuberante, no caminho de um luxo mais evidente, fixando-se, por sugestão de Oswald de Andrade, à imagem da *maison* Poiret. É importante ressaltar que Tarsila não frequentou a *maison* Poiret sozinha. Foi, antes, uma escolha do casal Tarsiwald. Em suas cartas, Oswald insiste em fazer com que ela procure Poiret e Patou, além de ter sido responsável por alguns pagamentos, pois menciona cheques destinados a Poiret. Outros documentos, como os recibos da *maison* em nome de "Madame Tarsila de Andrade", mostram que eles iam juntos à casa de alta-costura e aos desfiles. O nome de Oswald nos recibos da *maison* Poiret indica que os hábitos de consumo do casal, até mesmo aqueles relacionados à moda, fizeram parte de um projeto elaborado em parceria, em que estiveram também incluídas suas produções artísticas e a performance da aparência.

Nesse sentido, vale relacionar o interesse de Oswald pela moda com a maneira como o poeta construiu a própria aparência. Assim como ele desejava que Tarsila procurasse Patou e Poiret, vestia-se com roupas da grife masculina Sulka. Rubens Borba de Moraes faz referência aos trajes coloridos de Oswald: "Oswaldo voltava [de Paris] envergando paletó azul claro, calças cor de rosa, camisas e gravatas espalhafatosas de Sulka".[13]

Criada em 1895, na Broadway, em Nova York, a alfaiataria Sulka logo conquistou uma clientela abastada composta de artistas, políticos e homens do mercado financeiro. Por conta do sucesso, em 1911 foi aberta a Sulka de Paris, à rua Castiglione, número 2, no coração da moda parisiense do início do século xx. A loja tornou-se um lugar de referência de elegância e um endereço frequentado pela elite. Oferecendo uma variedade imensa de tecidos e os materiais mais raros, a marca produzia e comercializava ternos, camisas, peças em seda colorida e todo tipo de objeto ligado ao vestuário masculino: acessórios e trajes caseiros, gravatas, lenços, pijamas, *robes de chambre*.[14] Em carta a Tarsila de 9 de fevereiro de 1925, escrita em Paris, Oswald menciona a Sulka, fazendo uma brincadeira com Mário de Andrade: "Se estiver com Mário, anuncia-lhe minhas camisas — da Sulka, Fifth Avenue-New York, Rue de Castiglone-Paris".[15]

No vestuário masculino, o abandono da monocromia está relacionado ao processo de modernização e informalização dos trajes. Na França, a adesão às cores vai aos poucos sendo assimilada por uma camada da elite na década de 1920, mas em meados dos anos 1910, ainda antes da guerra, foi experimentada por um grupo de artistas de vanguarda em Paris, ao qual foram ligados Blaise Cendrars, poeta franco-suíço de quem Tarsila e Oswald tornaram-se amigos em maio de 1923, e o casal Sonia e Robert Delaunay. Na primavera de 1913, nos salões do Bal Bullier, localizado em Montparnasse, o casal Delaunay marcou época com os trajes simultâneos, que se contrapunham ao vestuário monótono da maioria do público. Sonia Delaunay, ao criar as roupas simultâneas, procurou relacionar cor e movimento. As cores variavam entre vermelho, azul, verde, lilás, amarelo. Aos vestidos simultâneos, Blaise Cendrars dedicou o poema "*Sur la robe elle a un*

N° 33382 A. Sulka & Company Frs.

SOCIÉTÉ ANONYME AU CAPITAL DE 2.000.000 DE FRANCS

SHIRTMAKERS AND HABERDASHERS

2, Rue de Castiglione — PARIS

R.C. Seine 170.704

Reçu de / Received of Mr. OSWALD ANDRADE

la Somme de / the Sum of Cent vingt sept francs quarante c

Paris 8 Juillet 1929

A. Sulka & Company

Recibo de Sulka & Company em nome do Mr. Oswald de Andrade, 8 jul. 1929.

corps", de 1914, e Guillaume Apollinaire publicou, no *Mercure de France* de 1º de janeiro do mesmo ano, o texto "*Les Réformateurs du costume*", sobre os trajes criados e usados pelo casal Delaunay. Em se tratando de moda masculina, a libertação da monocromia é uma das novidades vestimentares dos artistas da vanguarda europeia que aos poucos foi sendo adicionada aos trajes formais. Ao usar roupas coloridas, como as da marca Sulka, Oswald alinha sua aparência ao quadro geral da arte moderna, firmando para si a figura de artista ousado e extravagante.

Talvez a atitude de Oswald estivesse influenciada por Cendrars, ou por certa proximidade que ele e Tarsila tiveram do casal Sonia e Robert Delaunay. Um grande óleo da série *Tour Eiffel*, de Robert Delaunay, foi comprado por Tarsila na galeria L'Effort Moderne, de Léonce Rosenberg. Foi Blaise Cendrars quem apresentou Tarsiwald a Fernand Léger, André Lhote, o casal Delaunay e, também, Paul Poiret. Em galerias, exposições, salões, reuniões, nos ateliês, nas viagens e nas fazendas, na sociabilidade modernista de Tarsila e Oswald, entre figuras da elite e do meio artístico, a aparência de artistas modernos foi moldada com um grande investimento financeiro. Especialmente no que se refere a Tarsila, em roupas elaboradas pela alta-costura francesa. Uma mulher sul-americana rica, sofisticada e elegante, que reuniu em seu ateliê parisiense alguns de seus pares sociais, membros do reduzidíssimo grupo de milionários do café, além de artistas, poetas e galeristas da vanguarda francesa. Nos recibos, a constância dos pagamentos e os descontos concedidos desde janeiro de 1925 dão testemunho dos gastos do casal e da assiduidade da cliente. O fato de Tarsila e Oswald terem sido dois herdeiros milionários, pertencentes, portanto, à mesma classe social, colaborou com o projeto de tornar as atitudes do casal uma marca, a marca Tarsiwald, que participa da construção de suas carreiras, segundo um método de expansão das ações, compreendendo o consumo e a adoção de um estilo de vida cosmopolita, luxuoso e moderno.[16]

Se Paris foi o espaço de difusão de suas personalidades artísticas, a moda foi fundamental na sociabilidade do casal, já que, de 1924 até o final da década, a *maison* Paul Poiret esteve encarregada da criação da aparência de Tarsila. Em muitas fotografias desse período, disponíveis nos arquivos e publicadas em livros e revistas, ela aparece vestida *chez* Poiret. Os valores de apenas dois recibos, um de abril de 1927 e outro de julho de 1928, somam 170 482 francos, valor que, em 2021, equivaleria a algo em torno de 740 mil reais.[17] Além de precisar títulos, datas e valores, as fontes da alta-costura fornecem dados sobre os trajes que as imagens de Tarsila não poderiam oferecer.[18] Possibilitam a análise aproximada de características tangíveis das roupas, como o tecido, ornamentos, forma do decote, comprimento das mangas, posição da cintura, altura da saia, acessórios e, finalmente, a proposta de silhueta que o visual deveria apresentar. Os documentos evidenciam e comprovam a presença da moda na construção da aparência de Tarsila na segunda metade da década de 1920 e a consequente participação da alta-costura em sua performance social e artística.

A artista escolhe roupas para diferentes situações, no Brasil e no exterior. Nas ocasiões solenes e oficiais: em 1926, na cerimônia de casamento com Oswald, usa a capa *Léda* e corpete, feito a partir do vestido de casamento da mãe do noivo, Inês; nos vernissages: em Paris, também em 1926, usa o vestido *Écossais*, e no Rio de Janeiro, em 1929, vestido e jaqueta *Flûte*; no mesmo ano, no almoço em homenagem a Piolim no Clube de Antropofagia, veste o *Dieppe*; em 1933, na conferência sobre a arte do cartaz proferida no Clube dos Artistas Modernos em São Paulo, escolhe de novo o *Écossais*. Nos espaços públicos, cercada de amigos: no Jardim da Luz, em 1925, surge vestida com o *Amélie*, ou na Cinelândia, em 1929, com o conjunto *Mandelieu*. Nos espaços privados: tanto em seu ateliê em Paris como na fazenda Santa Teresa do Alto, usa o mesmo modelo de Poiret, cujo nome é desconhecido. Aliás, entre 1927 e 1928, na fazenda Santa Teresa, Tarsila foi fotografada vestindo também o *Mosquée*, o *Lampion* e, de novo, o *Mandelieu*. O traje *Écharpe* aparece em diversas fotografias da viagem ao Oriente, no início de 1926, além dos vestidos *Street* e *Righi*. A bordo de navios, entre 1926 e 1928, Tarsila foi registrada com o *Riga* e, na festa à fantasia no transatlântico, o *Esméralda*.

Na correspondência do casal, Oswald se empenha em aconselhar Tarsila a se vestir de acordo com a moda francesa. Em setembro de 1924, ela retorna a Paris, depois de permanecer alguns meses no Brasil e ter passado o Carnaval no Rio de Janeiro e a Semana Santa nas cidades históricas de Minas Gerais, acompanhada de Oswald, Blaise Cendrars, Mário de Andrade, Nonê, Olívia Guedes Penteado e Goffredo da Silva Telles, genro de Olívia, o que constituiu a chamada caravana modernista. O afastamento do casal enseja a troca de cartas. Ele é incisivo ao pedir que ela se torne cliente de Patou e Poiret, e sugere que ela se informe sobre o ambiente artístico parisiense. Ao final, as manifestações de carinho soam quase como ameaça:

> Antes de partires, mostra os trabalhos e sobretudo informa-te bem do que se passa este ano, qual o ponto da evolução dos mestres etc. Qual a orientação etc. Não deixes também de visitar os meus caros amigos Patou e Poiret. A esse respeito desejo enviar-te qualquer coisa. Um presente. Estou há uma semana sem notícias tuas. Porque? [sic] Esquecida? Toma sempre os cuidados que a solidão obriga. E vem! Nada faças contra nossa felicidade![19]

"Visita Poiret e Patou", diz Oswald, "as galerias atuais, espia tudo. Mando-te um telegrama destinado a Poiret. Entendes!"[20] As mensagens demonstram que ele desejava atualizar-se em relação à arte, e também à moda e à aparência. Queria estar por dentro das últimas novidades, do que havia de mais moderno em Paris. De São Paulo, em 12 de outubro de 1924, Oswald telegrafa a Tarsila, mandando um cheque para o pagamento das compras na *maison* Poiret.[21] E na carta seguinte: "Recebi os telegramas. Ballet impossível. E a exposição? Se também impossível, vorte! Visite antes Poiret e Patou".[22] Em mensagem do dia 31 de outubro, outra vez ele incentiva Tarsila a divulgar sua produção artística e fala nos mesmos costureiros: "Mostra os quadros e informa-te do movimento nas galerias, vem bem elegante, bem-bem, visita Patou, Poiret etc. etc., chapéu também".[23]

O interesse que Oswald de Andrade demonstrou por Paul Poiret pode estar relacionado ao fato de o poeta ter visitado a Europa pela primeira vez em 1912, quando o costureiro estava no auge da fama. Oswald contou em suas memórias:

> Ficaram alguns pontos altos na minha memória visual e emotiva dessa primeira visão duma Europa, onde se viajava sem passaporte, onde havia carros em Nápoles, tílburis em Londres, e em Paris os primeiros táxis que se celebrizariam depois na primeira batalha do Marne. Estávamos nas vésperas da primeira guerra mundial mas, psicologicamente, muito longe dela. O século XIX perdurava tanto na moda como na literatura e nos costumes. Havia duelos na França e camorra na Itália. Ser boêmio era um privilégio de artistas. A Rússia ainda era a Rússia dos czares e dos grãos-duques.[24]

A memória de Oswald da Europa de 1912 remete a um momento em que a alta-costura funcionava sob os moldes do século XIX, nutrida pela clientela aristocrática. Ficou cristalizada no imaginário do poeta uma Europa idealizada, forjada entre o fascínio com a modernidade, a excitação da boêmia artística e o luxo aristocrático de duelos e cortes. A silhueta do século XIX que perdurava na moda talvez fosse a acentuada forma em S — predominante, no Ocidente, entre as mulheres da elite desde a década de 1890. Mas, é provável que Oswald tenha tido notícia da figura e das criações de Paul Poiret. Pois foi justamente entre o final da década de 1900 e o início da Primeira Guerra que Poiret propôs os vestidos de cintura alta, longilíneos, que seguiam a linha neoclássica do Diretório e tendiam a contornar as formas do corpo sem modificá-las acentuadamente, ao contrário do efeito obtido com o uso do espartilho. E ainda, roupas com cores vivas e contrastantes, diferentes dos tons monótonos e esmaecidos anteriormente adotados.

Em Paris, a partir de 1908, uma série de fenômenos artísticos e culturais criou o cenário propício para que o público feminino adotasse mudanças no vestuário que estavam em consonância com as inovações estéticas ocorridas em outros campos culturais, como é o caso das artes plásticas e da dança. As cores fortes, puras, estiveram presentes na pintura dos *fauves*, nas apresentações com temas orientais dos *Ballets Russes* e nas roupas de Paul Poiret. As inovações estilísticas de Poiret conjugavam a simplicidade do corte com a riqueza na ornamentação. Há um processo de modernização nas roupas femininas europeias que começa antes da Primeira Guerra Mundial, com a adesão da silhueta tubular e de cores contrastantes no lugar da linha em S e dos tons pastel, atrelado ainda a uma ideia de "exotismo", de orientalismo, explorada na adesão ao corte reto e nos trajes afastados do corpo, que manifestam a oposição clássica às roupas ajustadas, predominantes no vestuário ocidental. Esse horizonte de modernização na roupa feminina se confirma nos anos que se seguiram ao término do conflito, com o gradativo abandono dos ornamentos em prol da valorização dos cortes e de formas que privilegiassem o movimento, como ocorrera, cem anos antes, com a roupa masculina.

Os tempos modernos — a tecnologia, a velocidade, a mobilidade — se infiltrariam progressivamente nas roupas das mulheres da elite, favorecendo uma silhueta geométrica e versátil que passa a ser valorizada. Trata-se de uma transição fundamental, momento em que a imobilidade do ócio foi sendo substituída pela agilidade da ação. Na década de 1920, é configurada a ideia da mulher ativa, que tem uma agenda repleta de atividades. Cada vez mais, e entre as classes ricas, o público feminino conquista o direito ao trânsito — mesmo que exíguo — em relação a uma tradição que as encerrava no espaço do lar. O encurtamento das saias participa de uma atitude moderna na medida em que está ligado à valorização do movimento e vinculado à liberdade necessária às práticas da nova mulher.

Thérese Bonney, Tarsila do Amaral veste o Écossais *na abertura de sua primeira exposição individual. Galerie Percier, Paris, 7 jun. 1926.*

Por outro lado, a nova silhueta projeta um corpo sem curvas. No lugar dos espartilhos, surgem outros tipos de suporte, como as cintas, que ajudam a manter o busto em seu lugar e a disfarçar os volumes do corpo, proporcionando uma aparência longilínea, reta. Com a simplificação dos vestidos, para a alta sociedade parisiense, a elegância feminina se torna a encenação de um gesto cada vez menos ostensivo e mais natural. O centro da moda gira da roupa para o corpo que a veste. Cito, como exemplo, o vestido pretinho básico, cuja autoria Chanel sempre reivindicou, transformado em 1926 num dos ícones da moderna moda feminina ao ser comparado pela revista *Vogue* norte-americana ao automóvel Ford T. No mesmo ano, Tarsila do Amaral inaugurava sua primeira exposição individual em Paris, usando o vestido *Écossais*, da *maison* Poiret, que em nada se assemelha ao pretinho básico.[25]

Feito num tecido xadrez, o modelo é colorido e tem saia comprida e volumosa. É nesse contexto que Yvonne Deslandres declara: "Chanel é efetivamente a líder inconteste da moda, onde Paul Poiret, relegado ao posto da teatralidade exuberante, já havia, e para sempre, perdido sua aura".[26]

O lugar de prestígio de Paul Poiret na moda francesa começa a mudar depois da Primeira Guerra Mundial, na qual ele havia servido. Em 1922, apresentou trajes largos e longos, alimentados de reminiscências de pufes e crinolinas, que despertaram reações pouco entusiasmadas na imprensa.[27] Poiret reprovava a nova moda moderna. Ele se referiu às formas simplificadas, geométricas e neutras, criadas pelos nomes que proliferavam na alta-costura, como "Mulheres de papelão", "Silhuetas côncavas, ombros angulosos e bustos achatados", "Gaiolas sem pássaro, colmeias sem abelhas", "Telegrafistas magras", "Colegiais desenganadas em vestidos pretos".[28] É preciso considerar que, nos anos 1920, no contexto da alta-costura francesa, o eixo da inovação se deslocava do ornamento para o corte. Localizam-se aí as roupas de Paul Poiret, tachadas como excessivamente artísticas, teatrais, exuberantes. A utilização de contrastes de cores, de penas e plumas, babados e sobreposições, tafetás e volumes produziu trajes de visualidade em tons excêntricos, considerados antiquados, principalmente se comparados ao estilo neutralizado e dinâmico de Jeanne Lanvin, Gabrielle Chanel, Madeleine Vionnet e Jean Patou, para mencionar alguns dos que se destacaram na moda feminina francesa no entreguerras.

O casal Tarsila e Oswald se torna cliente da *maison* Poiret durante o período mais difícil de sua carreira. A despeito de ter estreitado a relação comercial com o mercado estrangeiro, composto de milionárias da América, especialmente estadunidenses, mas também argentinas, chilenas e, claro, brasileiras, Poiret, por conta de dívidas, em dezembro de 1924, vende parte de sua marca a uma associação de banqueiros, que pouco a pouco o afasta do comando da *maison*. Ele logo percebeu que estava sendo alijado das decisões importantes de sua casa de alta-costura. Entre a primeira visita de Oswald à Europa, em 1912, e seu retorno, no encalço de Tarsila, em meados da década de 1920, novas formas de distinção emergiram, o sistema social de legitimação do luxo girou, nas palavras de Maria Lúcia Bueno, do "esnobismo mundano, que tinha como referência um segmento social específico, a aristocracia, para um esnobismo de moda, que se diferenciava pela adoção e promoção de estilos de vida associados a modelos estéticos e culturais inovadores".[29] Para Tarsiwald, o hábito de se vestir com roupas da moda implicou práticas de consumo relacionadas aos círculos sociais da elite, vinculadas à alta-costura, como frequentar a *maison*, escolher os modelos, ou ir ao *Bal de la Couture* e assistir aos desfiles.

Oswald de Andrade, por exemplo, acompanhado de Paulo Prado, visitou um dos barcos que Paul Poiret criara para a Exposição de Artes Decorativas em Paris, em 1925. Escreve Oswald numa carta a Tristão de Athayde, em que rebate críticas à sua poesia: "Foi numa noite de julho findo, em Paris, que Paulo Prado, jantando na *péniche* de Poiret, da Exposição de Artes Decorativas, tirou de uma carteira um retalho de jornal e mo deu. Era a sua primeira ofensiva contra a Poesia Pau Brasil".[30] A referência ao jantar na *péniche* de Poiret ao lado de Paulo Prado não deixa de ser uma demonstração de força, a exibição de um poder financeiro, mas também simbólico, social e político. As *péniches*, três barcos que Paul Poiret idealizara para a Exposição de Artes Decorativas, ficaram atracadas à margem do rio Sena: *Amours*, *Délices* e *Orgues*. *Amours* abrigou o mobiliário produzido pela *maison* Martine e os perfumes de Rosine, seus outros negócios, lojas com os nomes de suas filhas. O segundo, *Délices*, era um restaurante onde Paul Poiret recebia seus convidados, local onde jantaram Oswald e Paulo Prado. No terceiro barco, *Orgues*, estavam expostos catorze papéis de parede elaborados por Raoul Dufy, que representavam cenas da vida parisiense, sendo possível reconhecer trajes da *maison* Paul Poiret.[31] Acontece que a atuação de Poiret na Exposição de Artes Decorativas significou exatamente sua derrocada financeira. Os sócios investidores não aprovaram a iniciativa de produzir as *péniches* e foi ele mesmo quem as financiou. O resultado foi catastrófico e, no ano seguinte, os barcos, que custaram caríssimo, foram vendidos por preços irrisórios. Não obstante os desentendimentos e o assalto à autonomia de Poiret, ele continuou à frente da direção artística da casa até 1929, quando, completamente falido, tendo se tornado insustentável sua relação com os banqueiros, vendeu definitivamente a grife que levava seu nome e foi obrigado a deixar sua própria *maison*.[32]

Ressalto que, nas cartas a Tarsila, Oswald se refere a Poiret e Patou como se não fossem dois criadores de roupas femininas de estilos totalmente diversos. As clientes de Poiret procuraram associar-se ao campo simbólico da emancipação estética por meio da garantia de uma aparência marcante, exuberante, afastada do vocabulário discreto proposto por Patou. Tendo aberto sua *maison* imediatamente após o término da Primeira Guerra, Jean Patou está ligado à modernização do vestuário de luxo feminino que explorou a adoção de elementos do traje esportivo, como o tricô. Seus modelos estavam relacionados à ideia de simplicidade estudada, estreitando a relação entre a alta-costura e a confecção. As roupas de Paul Poiret e Jean Patou encarnam oposições que emergiam no cenário da alta-costura francesa na década de 1920: ornamento/corte, exuberância/movimento, adereço/simplicidade, trabalho manual/produção em maior escala. Oswald cita os dois nomes e parece desconhecer essas diferenças, que em 1924 eram notórias. Apesar de suas cartas recomendarem constantemente as casas de Poiret e Patou, a documentação que associa o casal Tarsiwald à alta-costura francesa comprova largamente sua relação com a *maison* Poiret.

Para José Carlos Durand,

> o estilo de trabalho de Poiret reassegurava melhor o valor e a atualidade dos "exotismos" estrangeiros que, por meio da costura, das artes visuais e da decoração, se incorporavam ao repertório parisiense da moda (no duplo sentido do termo). É justamente o caráter cumulativo e multiplicador desse efeito de reasseguramento do valor simbólico das coisas brasileiras que importa aqui reter.[33]

O que Durand nomeia "estilo de trabalho de Poiret" é sua relação com os "exotismos estrangeiros", continuamente explorados desde meados da década de 1900. Da parte de Tarsila e Oswald, se o interesse pela alta-costura é compreensível nas redes de legitimações sociais, a opção por Poiret também se explica porque, assim como o costureiro, mobilizavam o "exotismo" em suas obras. Além de uma estratégia de validação social, a convivência de Tarsila e Oswald com a *maison* Poiret reafirma o andamento das práticas artísticas que o casal adota, sobretudo a partir de 1923. De fato, os trajes de Jean Patou não serviriam à intenção de reassegurar, por meio do consumo da alta-costura, ou seja, por meio da aparência de Tarsila, os mesmos "'exotismos' estrangeiros" como modo de inserção no "repertório parisiense da moda". Quanto à indicação "no duplo sentido do termo", como tenho procurado defender, é necessário avaliar com calma a quais sentidos da moda feminina francesa está associada a escolha do casal Tarsiwald pela *maison* Poiret.

Em 1936, na crônica "Fernand Léger", Tarsila do Amaral se refere a uma reunião em que usou um vestido de Poiret:

> Mas um dia, numa reunião de artistas, estava eu com um vestido de Poiret, o genial criador de modas femininas que evocavam ora a Grécia antiga, ora claustros silenciosos ou tribos selvagens da Oceania. O vestido era todo preto, na frente um finíssimo bordado chinês sobre fundo jade com mangas brancas, compridas e justas, recobertas de rendinhas franzidas superpostas. Léger, que tem parentesco em arte com Paul Poiret, não se cansava de admirar a criação do célebre costureiro e disse a Cendrars que se achava ao seu lado: "Dá às vezes vontade de a gente fazer um retrato bem parecido, como os antigos, e desenhar essas rendinhas uma por uma, com toda a graça desse franzido minucioso". Foi um momento de fraqueza, um pecado por pensamento. Léger nunca pintou esse retrato.[34]

Tenho a impressão de que um dos motivos que leva Tarsila a chamar o costureiro de "genial criador de modas femininas" é a utilização da estética do exótico, constantemente reatualizada ao longo das décadas, nas roupas de Paul Poiret. Ao dizer que os trajes "evocavam", é provável que Tarsila faça referência aos títulos das roupas, além de suas cores e formas. Prova disso é sua menção aos modelos inspirados em "tribos selvagens da Oceania", já que um dos itens que ela adquiriu *chez* Poiret foi o *manteau Casoar*, uma vestimenta bastante incomum, feita com plumas do pássaro casuar, originário da Oceania, cuja cor é acinzentada.[35]

 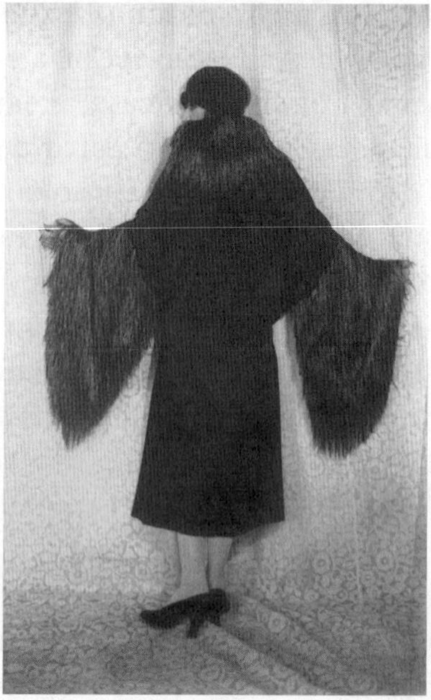

Registro fotográfico do* manteau Casoar *nos* dépôts de modèles, *frente e costas, 25 fev. 1926.

É da família da avestruz, cujas penas são valorizadas na alta-costura, especialmente na moda feminina do início do século xx. No *manteau* criado pela *maison* Poiret, modelo que provavelmente pertenceu a Tarsila, a gola e as mangas, na altura dos antebraços, são adereçadas com as plumas abundantes do casuar. Esse traje, criado a partir da temática do exótico, reúne a exuberância e a teatralidade de Poiret. Embora não haja registro fotográfico em que Tarsila apareça usando o *manteau Casoar*, presumo que o modelo registrado nos *dépôts de modèles* em 25 de fevereiro de 1926, mencionado anteriormente, tenha feito parte de seu guarda-roupa. Além da referência às modas femininas geniais que evocavam tribos da Oceania, aqui reproduzida, no recibo de abril de 1927, endereçado a "Madame Tarsila de Andrade", consta o item "*Manteau Casoar soldé*", comprado por 2 mil francos a 28 de julho de 1926. Cruzando as datas do registro e da compra, acrescentando o fato de ser uma peça em liquidação, tudo indica que o *manteau* com plumas do casuar tenha sido um dos modelos escolhidos por Tarsiwald.

Voltando à crônica, na descrição que Tarsila faz de seu vestido, além das cores, preto, verde e branco, podemos visualizá-lo como um traje ornamentado por "finíssimo bordado chinês" e "rendinhas franzidas". As rendinhas, aliás, têm grande destaque. São elas que provocam o desejo em Fernand Léger de, num "momento de fraqueza", conta Tarsila, "fazer um retrato bem parecido, como os antigos" e desenhá-las "com toda a graça desse franzido minucioso". Seu traje, usado por ela numa ocasião que reuniu artistas modernos, participa de um vocabulário decorativo que remete à moda anterior à década de 1920. A estética decorativa da alta-costura em voga priorizava a sobriedade e o caráter funcional, com círculos, preenchidos ou vazios, linhas, quadrados, triângulos e losangos.

Anos mais tarde, em maio de 1971,[36] Tarsila seria taxativa:

> Era Paul Poiret que fazia meus vestidos. Era uma coisa que chamava atenção e os outros costureiros demoravam três anos para fazer uma coisa mais ou menos como ele. Tinha muito talento e viajava para o Oriente também, para poder ver aqueles bordados, antigos, tudo... Ele estudava.

Ao entrevistá-la, Oswald de Andrade filho, Nonê, que convivera intensamente com Tarsila nos anos 1920, lembra do perfume usado pela artista, e se interessa pelo modo de funcionamento da alta-costura:

> Nonê: Eu me lembrei de uma coisa também, que eu gostaria que você dissesse. Nós estávamos falando há pouco do Poiret. Havia um perfume que ele fabricava, era Fruit défendu,[37] não era? E que você usava...
> TA: Fruit défendu. A filha dele que tinha uma lojazinha no mesmo prédio que ele.
> Nonê: E os vestidos que ele fazia, eram especialmente feitos, assim, modelo único? Era sempre modelo único?[38] Fala um pouco sobre Poiret. Era um homem do tipo muito interessante.
> TA: Foi um homem muito curioso, viajou muito para poder fazer aquelas coisas tão bonitas que ele fez. Mas, tudo era uma coisa muito pessoal. Por exemplo, um vestido roxo, bem vivo, naquele tempo não se usava nada assim, e verde. É, roxo e verde. A saia era verde e tudo por aqui roxo, assim, todo misturado. Era um vestido que fez muito sucesso também.

Mas agora os outros costureiros não copiaram, sabe, porque achavam tudo muito avançado.

Nonê: Você se lembra de um vestido que você tinha dele, que era cor-de-rosa, com o qual você foi num baile da Ópera de Paris? Fale sobre isso.

TA: [Ela ri.] Fale sobre isso... Mademoiselle Monnier tinha uma livraria que recebia todos os poetas, que frequentavam a livraria dela, ela vinha assim perto de mim e depois falava "Voilà madame Tarsila, elle est si belle qu'on ne peut pas s'empêcher de le dire" ["Vejam madame Tarsila, ela é tão bonita que não se pode deixar de dizer"]. Eu aceitava aquelas coisas, achava graça. Mas isso tudo já é do passado, tudo isso é do passado.

Analiso as cores dos trajes descritos por Tarsila do Amaral em seu depoimento: o cor-de-rosa no baile da Ópera e o vestido roxo, bem vivo, com a saia verde. Talvez, aqui, Tarsila esteja se referindo ao vestido *Esméralda*, da *maison* Paul Poiret, registrado nos *dépôts de modèles* em 9 de março de 1926.

Há fotografias de Tarsila usando esse traje em pelo menos três circunstâncias luxuosas, sempre acompanhada de Oswald de Andrade: no baile à fantasia num transatlântico e numa ocasião formal num navio, ambas, provavelmente, em 1926, e na festa em sua homenagem no Palace Hotel, no Rio de Janeiro, em agosto de 1929.

"Uma festa de alegria" diz a matéria da revista *Para Todos*, de 10 de agosto de 1929, que publicou uma fotografia do evento, e continua: "O salão de frente do Palace Hotel abrigou uma porção de criaturas inteligentes que foram contar à Tarsila o bem que lhe querem".[39] Tarsila está sentada, séria, mas simpática, ao centro da imagem, os corpos convergindo para sua presença. É um evento solene em que, para saudá-la, seus amigos estão vestidos de modo bastante formal. Oswald, um pouco distante, de pé à direita de Tarsila, usa smoking, com gravata-borboleta e *cummerbund*. Até pelo nome da roupa, é provável que a saia do *Esméralda*, pregueada e comprida, realmente fosse verde, feita de tafetá de seda.

É um guarda-roupa colorido, que endossa a exuberância da *maison* Poiret e se opõe à neutralidade do preto, defendido por Chanel, ou do bege, usado por Patou. Efetivamente, o roxo não foi uma cor

Registro fotográfico do traje Esméralda *nos* dépôts de modèles, *frente e costas, 9 mar. 1926.*

Tarsila do Amaral usa o Esméralda *na festa em sua homenagem no Palace Hotel. Rio de Janeiro, ago. 1929.*

usual nos modelos da alta-costura francesa entre 1919 e 1929.[40] Mas, se Tarsila atesta que "naquele tempo não se usava nada assim", poderíamos dizer também "*já* não se usava nada assim". Compreendo a frase "tudo era uma coisa muito pessoal" como se as criações de Poiret fossem bastante originais, o que, ao mesmo tempo, significa que elas estavam um pouco deslocadas das tendências modernas da alta-costura. Parece que, para aquelas mulheres vestidas *chez* Poiret, seus trajes ajudavam a elaborar uma imagem de si, uma autorrepresentação muito própria e original. Talvez tenha sido nesse sentido que Flávio de Carvalho afirmou, em 1969, que "Tarsila era individualíssima, inconfundível, seu gosto criativo não se limitando a imitar a moda chegada de Paris, mas ao contrário, contrastando com o lugar-comum da moda em voga".[41]

Na segunda metade da década de 1920, no emaranhado cultural, social e econômico que sustenta a legitimação de Tarsila como artista moderna e brasileira, ela e Oswald manejaram a seu favor a projeção de uma imagem que lidava com elementos relacionados a uma expectativa de "exotismo" por parte dos europeus. Souberam explorá-la no cardápio dos almoços oferecidos no ateliê parisiense, nos temas da pintura de Tarsila e na maneira de construir sua aparência ao optar por roupas assinadas por um costureiro que tradicionalmente empregava a ideia do exótico em seu trabalho. Para além do desejo de estar *à la page*, como disse Tarsila, a utilização da moda feminina e o interesse pela *maison* Poiret mostram, é claro, a vontade do casal de se aproximar de uma roupa que flertasse com o meio artístico, mas também podem ser interpretados como uma atitude um tanto conservadora, se pensada no contexto das alterações em direção à modernidade ocorridas na alta-costura francesa. Nesse sentido, a escolha pela *maison* Poiret espelha a ideia defendida por alguns críticos do modernismo, entre eles, Silviano Santiago, do "apego à tradição",[42] que diz respeito à maneira de o movimento modernista ser moderno, atravessada pela persistência da tradição que, por sua vez, é materializada, a partir de 1924, "na presença nítida de um discurso de restauração do passado dentro do modernismo".[43] Indo mais adiante na reflexão, a opção pelas criações de Poiret e o gosto pelo "exotismo" na aparência se coadunam à evocação da tradição (a restauração de um passado) e à valorização do primitivo em arte. Seja como for, é nessa dinâmica, em que estão mobilizados exploração do "exotismo", presença luxuosa e meio artístico, que Tarsila e Oswald produziram a originalidade de suas aparências.

Quando o assunto é moda e modernismo nos anos 1920, é preciso atentar para o fato de que o verso de Oswald de Andrade, as crônicas de Tarsila do Amaral, as menções a Paul Poiret nos depoimentos e nas memórias dos modernistas e o que foi dito sobre o costureiro na crítica sobre o modernismo são discursos que ajudaram a vincar um lugar para Poiret na historiografia do movimento modernista brasileiro que, para além de acentuar o caráter exótico de suas roupas e sua vinculação com o círculo da arte moderna francesa, oblitera uma dimensão tradicional, e até mesmo antiquada, de suas criações. A exuberância e a opulência das cores, dos ornamentos, da silhueta volumosa, se afastam de uma ideia de modernidade no vestuário feminino, entendida como uma estética racional, pautada na economia de meios (análoga à arte moderna), na neutralidade, no conforto e na praticidade. O traje é um recurso privilegiado de criação de uma identidade visível que ao longo da história sobrevive nas fotografias, nas obras de arte, nos escritos e em inúmeras fontes materiais, visuais e discursivas. A relação do casal Tarsiwald com a *maison* Poiret, concretizada na aparência de Tarsila, não deixa de revelar a riqueza de aspectos contraditórios que estão na base de nosso modernismo: os trânsitos entre tradição e modernidade, as negociações, com os agentes das vanguardas artísticas, em torno do gosto conservador das elites brasileiras, e o próprio gosto antiquado de Tarsila e Oswald. A escolha por Poiret também manifesta, enfim, uma aparência que esteve na moda e exibiu uma modernidade fora de moda.

NOTAS

1. Pierre Bourdieu, *A produção da crença: Contribuição para uma economia dos bens simbólicos*. 3. ed. Trad. de Maria da Graça Jacintho Setton. Porto Alegre: Zouk, 2014, p. 160.
2. Em Aracy A. Amaral, *Tarsila: Sua obra e seu tempo*. 3. ed. São Paulo: Ed. 34; Edusp, 2010, p. 184. Essa frase é citada por inúmeros comentadores da obra de Tarsila, entre eles: José Carlos Durand, Lucia Teixeira, Maria Alice Milliet, Maria Izabel Branco Ribeiro e Nádia Battella Gotlib.
3. Aracy A. Amaral, *Tarsila: Sua obra e seu tempo*, op. cit., pp. 183-4.
4. Id., "As artes plásticas (1917-1930)". In: Affonso Ávila (Org.), *O modernismo*. São Paulo: Perspectiva, 1975, p. 125.
5. Id., *Tarsila: Sua obra e seu tempo*, op. cit., pp. 226-7.
6. José Carlos Durand, *Arte, privilégio e distinção: Artes plásticas, arquitetura e classe dirigente no Brasil, 1855/1985*. São Paulo: Perspectiva; Edusp, 1989. Durand diz que buscou no artigo "Les Hommes d'affaires et les arts en France au 19ème siècle" ["Homens de negócios e as artes na França no século XIX"], de Albert Boime, "indicações acerca da posição de Poiret na moda e nas artes visuais dos anos vinte" (p. 82).
7. Id., ibid.
8. De acordo com o catálogo da exposição *Paul Poiret et Nicole Groult: Maîtres de la Mode Art Déco* (Paris: Paris Musées, 1986. Catálogo da exposição realizada no Museu Palais Galliera, de 5 jul. a 12 out. 1986), em 18 de novembro de 1925, Poiret promove uma venda de sua coleção de arte, de modo a sanar suas dívidas. Entre outros artistas, havia obras de Derain, Van Dongen, Raoul Dufy, Paul Iribe, Max Jacob, Modigliani, Picabia, Picasso, Utrillo, Vuillard.
9. Albert Boime aborda especificamente Paul Poiret nas páginas 68-9. Cf. Albert Boime, "Les Hommes d'affaires et les arts en France au 19ème siècle". *Actes de la recherche en sciences sociales. Les Fonctions de l'art*, Paris, v. 28, pp. 57-75, jun. 1979. Disponível em: <https://www.persee.fr/doc/arss_0335-5322_1979_num_28_1_2640>. Acesso em: 19 jun. 2021.
10. Fundo Mário de Andrade, Arquivo IEB-USP, código de referência MA-C-CPL599. Entre 1923 e 1925, enquanto corria o processo de anulação do primeiro casamento de Tarsila, o casal viveu uma relação mais ou menos clandestina, marcada por uma correspondência cifrada em que certos cuidados foram tomados. Segundo Aracy Amaral e José Carlos Durand, nos anos iniciais de namoro, Oswald assinava como mulher e os nomes dos filhos eram trocados e mencionados por apelidos (Aracy A. Amaral, *Tarsila: Sua obra e seu tempo*, op. cit., p. 172; José Carlos Durand, *Arte, privilégio e distinção*, op. cit., p. 79).
11. Fundo Aracy Abreu Amaral, Arquivo IEB-USP. O grifo é de Tarsila.

12. Dos livros de Voltaire, Victor Hugo, Alfred de Musset aos vinhos e alimentos franceses, Château-Lafite, ou Lormont, ou Chablis, água de Vichy Hôpital ou Célestin, e a "sopa Julienne — coleção autêntica de legumes secos, chegados da França em pacotinhos". A fita métrica era decorada, num dos lados, com "os retratos de todos os reis da França". Sabonetes, cremes, perfumes, dentifrício, cosméticos, tesourinha, tecidos, tudo vinha da França. O texto de Tarsila foi publicado na *Revista Acadêmica*, Rio de Janeiro, ano XII, n. 67, pp. 74-5, nov. 1946; reproduzido em Tarsila do Amaral, *Crônicas e outros escritos de Tarsila do Amaral*. Org. de Laura Taddei Brandini. Campinas: Ed. da Unicamp, 2008, pp. 725-6.
13. Rubens Borba de Moraes, *Testemunha ocular (Recordações)*. Org. e notas de Antonio Agenor Briquet de Lemos. Brasília: Briquet de Lemos, 2011, p. 170. O gosto de Oswald de Andrade pela marca Sulka é confirmado por um recibo em seu nome, com data de 8 jul. 1929, documento guardado no Fundo Oswald de Andrade, Cedae, IEL-Unicamp, código de referência OA 01 00008.
14. Bruno Remaury; Lydia Kamitsis, *Dictionnaire international de la mode*. Paris: Éditions du Regard, 2004, pp. 554-5.
15. Fundo Oswald de Andrade, Cedae, IEL-Unicamp.
16. Como já disse Sérgio Miceli, em *Nacional estrangeiro: História social e cultural do modernismo artístico em São Paulo* (São Paulo: Companhia das Letras, 2003), particularmente no capítulo "Tarsila do Amaral: A substituição de importações estéticas", pp. 124-49.
17. A segunda folha do recibo de 20 de abril de 1927 foi publicada em Aracy A. Amaral, *Tarsila: Sua obra e seu tempo*, op. cit., p. 226. O recibo de 17 de julho de 1928 pôde ser reconstituído integralmente, mas suas folhas estão dispersas. A primeira foi reproduzida no catálogo *Tarsila do Amaral*. São Paulo: Finambrás, 1998, p. 206, e a segunda, em Nádia Battella Gotlib, *Tarsila do Amaral: A modernista*. 3. ed. São Paulo: Senac São Paulo, 2003, p. 155. Os valores em reais foram calculados em março de 2021. Para estimar o valor atual, utilizei o site <https://www.insee.fr/fr/information/2417794>, em que é possível converter francos antigos (vigentes até 1960) em euros.
18. As fontes consistem em fotografias dos *dépôts de modèles*, revistas de moda francesas do início do século XX, o clipping da *maison* Paul Poiret e peças de vestuário confeccionadas pela *maison*. Para garantir a propriedade intelectual de suas criações, as casas de alta-costura davam títulos às peças e as registravam por meio dos *dépôts de modèles*, como prática de proteção dos modelos. Esses documentos podem ser consultados no Arquivo de Paris, onde se reúnem objetos de vestuário de inúmeras casas de alta-costura depositados entre 1881 e 1950 e, em maior número, entre 1917 e 1937. Os registros de Paul Poiret começam em junho de 1919 e terminam em março de 1928. A prática da *maison* Poiret de registro dos trajes compreende uma reprodução do mo-

delo (em sua maioria, fotografias, mas também croquis), frente e costas, título e data.

19. Carta de Oswald de Andrade a Tarsila do Amaral, reproduzida em Aracy A. Amaral, *Tarsila: Sua obra e seu tempo*, op. cit., p. 174.
20. Id., ibid.
21. Id., ibid., p. 173.
22. Id., ibid., p. 175.
23. Id., ibid., p. 176.
24. Oswald de Andrade, *Um homem sem profissão: Memórias e confissões. Sob as ordens de mamãe*. São Paulo: Globo, 2002, p. 117.
25. A fotografia de Tarsila do Amaral na Galerie Percier, usando o *Écossais* na abertura de sua primeira exposição individual, está guardada no Fundo Mário de Andrade, Arquivo IEB-USP. O vestido *Écossais*, da *maison* Paul Poiret, foi registrado nos *dépôts de modèles* em 2 de março de 1926.
26. Yvonne Deslandres, *Paul Poiret*. Paris: Éditions du Regard, 1986, p. 150.
27. *Paul Poiret et Nicole Groult: Maîtres de la Mode Art Déco*, op. cit., p. 190.
28. De acordo com Palmer White, *Poiret, o magnífico: O destino de um grande costureiro*. Trad. de Bertha Halpern Gurovitz e Yvonne Felice Gonçalvez. São Paulo: Globo, 1990, p. 210; Yvonne Deslandres, *Paul Poiret*, op. cit., p. 149.
29. Maria Lúcia Bueno, "Moda, gênero e ascensão social. As mulheres da alta-costura: De artesãs a profissionais de prestígio". *Dobras*, São Paulo, v. 11, n. 24, p. 111, nov. 2018. Disponível em: <https://doi.org/10.26563/dobras.v11i24.776>. Acesso em: 19 jun. 2021.
30. A carta a Tristão de Athayde foi depois reproduzida na crônica "Um documento", publicada na coluna "Feira das Quintas", *Jornal do Commercio*, São Paulo, 7 abr. 1927. In: Roberta Fabron Ramos, *Feira das Quintas: Crítica e polêmica nas crônicas oswaldianas*. 257 fl. Campinas: IEL-Unicamp, 2008, p. 197. Dissertação (Mestrado em Teoria e História Literária).
31. *Paul Poiret et Nicole Groult: Maîtres de la Mode Art Déco*, op. cit., p. 204.
32. A *maison* Paul Poiret continuou sem ele até 1933. Enquanto esteve impossibilitado de usar seu nome, sequestrado pelo contrato com a associação de banqueiros, Poiret criou (entre 1932 e 1933) a *maison* PASSY-10-17, número telefônico do novo estabelecimento (Id., ibid., pp. 204-6).
33. José Carlos Durand, *Arte, privilégio e distinção*, op. cit., p. 82.
34. Publicado no *Diário de S. Paulo*, São Paulo, 2 abr. 1936; reproduzido em Tarsila do Amaral, *Crônicas e outros escritos de Tarsila do Amaral*, op. cit., pp. 56-8.
35. Archives de Paris D12U10 315.
36. Depoimento concedido ao Museu da Imagem e do Som, São Paulo, 13 de maio de 1971. Entrevista em duas partes. Disponível em: <https://acervo.mis-sp.org.br/audioentrevista-de-tarsila-do-amaral-parte-12> e <https://acer-

vo.mis-sp.org.br/audio/depoimento-de-tarsila-do-amaral-3>. Acesso em: 19 jun. 2021.

37. O Fruit défendu foi um perfume criado por Paul Poiret em 1916.
38. A maior parte dos modelos criados pelas casas de alta-costura não era única. Depois de registrados, devidamente protegidos os direitos autorais, eram divulgados em desfiles e revistas femininas. As clientes iam à *maison* escolher seus trajes, a partir dos modelos que haviam sido propostos pelo costureiro para aquela estação. Em sua autobiografia, Paul Poiret afirma que, entre as clientes francesas, era comum que elas pedissem alguma modificação na roupa, uma saia mais justa, ou mangas mais curtas etc. Já as clientes estrangeiras tinham por hábito usar os trajes tais como eram propostos, sem pedir alterações na forma da roupa. Thérèse e Louise Bonney também mencionam esses diferentes modos de consumir alta-costura no primeiro capítulo do livro *A Shopping Guide to Paris*, "*The Dressmaking World*". Nova York: Robert M. McBride & Company, 1929.
39. *Para Todos*, Rio de Janeiro, ano 11, n. 556, p. 29, 10 ago. 1929.
40. No catálogo da exposição *Les Années Folles*, realizada com peças do acervo do museu Palais Galliera, em Paris, dos 103 trajes reproduzidos, apenas quatro têm a cor roxa. Entre os trajes roxos, está o conjunto *Bengale*, criação de Paul Poiret, 1925. Cf. *Les Années Folles: 1919-1929*. Paris: Paris Musées, 2007. Catálogo da exposição realizada no Museu Galliera, de 20 out. 2007 a 29 fev. 2008.
41. O depoimento de Flávio de Carvalho sobre Tarsila está em Celina Luz, "Tarsila, a arte brasileira em linguagem universal". *Jornal do Brasil*, Rio de Janeiro, 20 abr. 1969, publicado por ocasião da abertura da exposição *Tarsila: 50 Anos de Pintura*, no Museu de Arte Moderna do Rio de Janeiro. Na biblioteca do Museu Nacional de Belas-Artes, existe uma pasta de recortes sobre Tarsila do Amaral, em que pude consultar esse documento.
42. Silviano Santiago, "Permanência do discurso da tradição no modernismo". In: Gerd Bornheim et al., *Cultura brasileira: Tradição/contradição*. Rio de Janeiro: Jorge Zahar Editor, 1987, p. 126.
43. Id., ibid., p. 127.

BIBLIOGRAFIA COMPLEMENTAR

1931: FACE-DOS-PROFIL [*dossier de presse*]. Exposição realizada na Galerie du Crédit Municipal de Paris, de 28 mar. a 6 jul. 2013. Disponível em: <https://www.palaisgalliera.paris.fr/sites/galliera/files/cp_dp_visuels/dossiers_de_presse/dp_1931facedosprofil.pdf>. Acesso em: 19 jun. 2021.

AGUILAR, Gonzalo; CÁMARA, Mario. *A máquina performática: A literatura no campo experimental*. Trad. de Gênese Andrade. Rio de Janeiro: Rocco, 2017. (Coleção Entrecríticas).

ANDRADE, Oswald de. *Poesias reunidas*. São Paulo: Companhia das Letras, 2017.

DELBOURG-DELPHIS, Marylene. *Le Chic et le look: Histoire de la mode féminine et des mœurs de 1850 à nos jours*. Paris: Hachette, 1981.

DESLANDRES, Yvonne. "L'Influence du costume traditionnel sur les créations de Paul Poiret". *I Colloque du Musée de L'Homme. Vêtement et sociétés*. Paris, 2-3 mar. 1979.

DURAND, José Carlos. *Moda, luxo e economia*. São Paulo: Babel Cultural, 1988.

MILLIET, Maria Alice. *Tarsila: Os melhores anos*. São Paulo: MIO Editora e Design, 2011.

PAGÈS-DELON, Michèle. *Le Corps et ses apparences: L'Envers du look*. Paris: L'Harmattan, 1989.

POIRET, Paul. *En Habillant l'époque*. Paris: Bernard Grasset, 1930.

RIBEIRO, Maria Izabel Branco. "Tarsila: Modernismo e moda nos anos 1920". *Nava*, Revista do Programa de Pós-graduação em Artes, Cultura e Linguagens, Instituto de Artes e Design, Juiz de Fora: UFJF, v. 1, n. 1, pp. 108-127, jul./dez. 2015. Disponível em: <https://periodicos.ufjf.br/index.php/nava/article/view/32199>. Acesso em: 19 jun. 2021.

ROUFF, Marcel. "Une Industrie motrice: La Haute couture parisienne et son évolution". In: *Annales. Économies, Sociétés, Civilisations. 1er année*, Paris, n. 2, 1946, pp. 116-133. Disponível em: <https://www.persee.fr/doc/ahess_0395-2649_1946_num_1_2_3196>. Acesso em: 19 jun. 2021.

TEIXEIRA, Lucia. "Tarsila do Amaral, musa do modernismo". *Itinerários*, Araraquara, n. 14, pp. 43-57, 1999. Disponível em: <https://periodicos.fclar.unesp.br/itinerarios/article/view/3383>. Acesso em: jun. 2021.

TOUCHES D'EXOTISME: XIVe-XXe Siècles. Paris: Union Centrale des Arts Décoratifs; Musée de la Mode et du Textile, 1998. Catálogo da exposição realizada no Museu de Artes Decorativas de Paris, de 24 jan. 1998 a 1 mar. 1999.

TROY, Nancy. *Couture Culture: A Study in Modern Art and Fashion*. Cambridge: The MIT Press, 2003.
VOLPI, Maria Cristina. *Estilo urbano: Modos de vestir na primeira metade do século XX no Rio de Janeiro*. São Paulo: Estação das Letras e Cores, 2018.

TRANS-MATRIARCADO DE PINDORAMA

BEATRIZ AZEVEDO

Só um poeta é capaz de ser mulher assim.
OSWALD DE ANDRADE

O pensamento do poeta Oswald de Andrade, um dos fomentadores da Semana de Arte Moderna de 1922, ainda alimenta discussões contemporâneas; algumas reflexões colocadas por ele há cem anos são relevantes e tocam em pontos paradoxais de nossa história. Lembremos que a Semana de 22 foi também, ela mesma, uma celebração dos cem anos da Independência do Brasil. Mas, como sabemos, em 1822, houve uma independência conservadora, que perpetuou a monarquia no poder. Assim, de fato, como escreveu Oswald, "a nossa independência ainda não foi proclamada". E hoje acrescento que a escravidão também ainda não foi, de todo, abolida.

Nesse contexto, este ensaio aborda um tema que entendo como central para a constituição do pensamento de Oswald de Andrade — a terra mesma onde ele plantou sua utopia filosófica da Antropofagia: o Matriarcado de Pindorama. Ao situar este locus, é preciso entender que o autor não procurou fazer um resgate histórico ou antropológico das sociedades matriarcais. Longe de haver descaso com a etnologia, ele preferiu projetar no presente e no futuro sua própria visão. Elaborando um regime estético e político próprio, questionando o patriarcado e o capitalismo, Oswald inventou, no campo da arte, um território mitopoético: o *seu* Matriarcado de Pindorama.

Assim, ao revisitar a Antropofagia e o Matriarcado de Pindorama, na perspectiva da contemporaneidade, este texto segue uma trilha de invenção e pensamento transdisciplinar, articulando insights do século XX com reflexões sobre nossas questões atuais, no calor da hora. No aforismo 34 de seu "Manifesto Antropófago",[1] Oswald valorizava o "comunismo" Tupi, coerente com a utopia de seu Matriarcado de Pindorama: "Não tivemos especulação. Mas tínhamos adivinhação. Tínhamos Política que é a ciência da distribuição. E um sistema social planetário". Concebendo um sistema social planetário, sem especulação, mas com adivinhação, ciência, distribuição, e muita feitiçaria, o autor nos inspira a vislumbrar uma cosmopolítica transmatriarcal.

"A alegria é a prova dos nove, no Matriarcado de Pindorama", diz um aforismo do "Manifesto Antropófago", lembrando que Oswald associou sua visão pessoal da importância da alegria e do papel feminino à filosofia do matriarcado, chegando a inspirar a Antonio Candido o uso da palavra "feminista" para descrever o autor paulista:

> Havia nele o respeito pela mulher num plano essencial. Daí o fervor com que preconizava a sua liberdade e valorizava o seu papel. Verdadeiro precursor, Oswald queria vê-la como eixo da sociedade, remontando para justificar-se a teorias mais ou menos válidas sobre o matriarcado, que lhe serviram como ponto de apoio para condenar o patriarcalismo autoritário e abrir a perspectiva de um estado de coisas onde a preponderância feminina permitiria a igualdade econômica e o fim da violência. Convenhamos que a ser o Barba-Azul da lenda, Oswald seria um curioso Barba-Azul familiar e feminista.[2]

Não sabemos ao certo se este "barba-azul" era realmente feminista, na acepção que temos hoje desse termo, mas, de toda maneira, não há dúvida de que o poeta era fascinado pela figura feminina. O escritor casou-se sete vezes com mulheres à frente de seu tempo, artistas brilhantes com quem desenvolveu parcerias que marcariam as artes, o comportamento do século XX e sua própria obra. "Oswald retornou à Europa em dezembro de 22, viajou ao encontro de Tarsila do Amaral por quem estava perdidamente apaixonado. A pintora estava em Paris, e começaria um período de estudos e contatos com os expoentes da pintura de vanguarda."[3] O casal manteve residência em Paris de dezembro de 22 até 1929, período em que conheceu e conviveu com a intelectualidade francesa e com diversos artistas como Brancusi, Jean Cocteau, Erik Satie, De Chirico, Picabia, Aragon, Picasso, entre outros, alimentando mútuas influências em suas próprias obras, tanto na literatura de Oswald como nas artes plásticas de Tarsila.

Em 11 de janeiro de 1928, a pintora Tarsila do Amaral preparava em seu ateliê um quadro para presentear Oswald por seu aniversário. Pés gigantes, cabeça pequena, fundo azul, um cacto verde e um sol de abacaxi, a pintura com a figura exótica não tinha ainda nome. Oswald, surpreso e fascinado com o quadro, sugeriu batizá-lo de Antropófago. Tarsila então correu para buscar o dicionário de Tupi, organizado por Montoya, e lá começou a vasculhar até que encontrou as palavras "aba", significando "homem", e "poru", "comer".

Tarsila e Oswald, Tarsiwald — como era chamado por Mário de Andrade o casal frisson da pauliceia desvairada nos anos 1920 —, criaram juntos o título *Abaporu* (o homem que come) para o quadro que se tornou emblemático da arte brasileira moderna, recebeu uma das maiores ofertas em leilão para uma pintura nacional, foi comprado pelo Malba, Museu de Arte Latino-americana de Buenos Aires, em 1995, e exposto no MoMA em Nova York na mostra *Tarsila do Amaral: Inventing Modern Art in Brazil*, em 2018.

A cabeça apoiada na mão, à maneira de um "pensador" tropical, certamente me inspira a ver no *Abaporu* [imagem n. 10] uma aposta no pensamento selvagem não domesticado, que seria a base para a criação do "Manifesto Antropófago" de Oswald de Andrade, escrito a partir desse presente de Tarsila, e publicado meses mais tarde, em maio de 1928, no primeiro número da *Revista de Antropofagia*.

Depois de separar-se de Tarsila e unir-se a Patrícia Galvão, Oswald intensifica suas percepções sociais, fazendo a crítica e o deboche da elite cafeeira da qual fazia parte, tendendo para a defesa do proletariado, inspirado pela nova companheira. Juntos, Pagu e Oswald fundam o jornal *O Homem do Povo*; Pagu era editora da coluna "A Mulher do Povo", com a "intenção de procurar na causa dos oprimidos a finalidade para minha vida. Vontade de ser honesta e corajosa". Brigas de Pagu e Oswald com os estudantes da Faculdade de Direito viraram caso de polícia e abriram novas conexões:

> [...] Fechado o *Homem do Povo*, embarcamos juntos para Montevidéu. [...] fomos procurados por um homem de aparência medíocre. Eu estava só e quase despedi o nosso visitante, que era Luis Carlos Prestes. Conversamos três dias e três noites, num cafezinho fechado e deserto. [...] [...] Tive de Prestes uma impressão magnífica e foi essa impressão que, em grande parte, me jogou na luta política.[4]

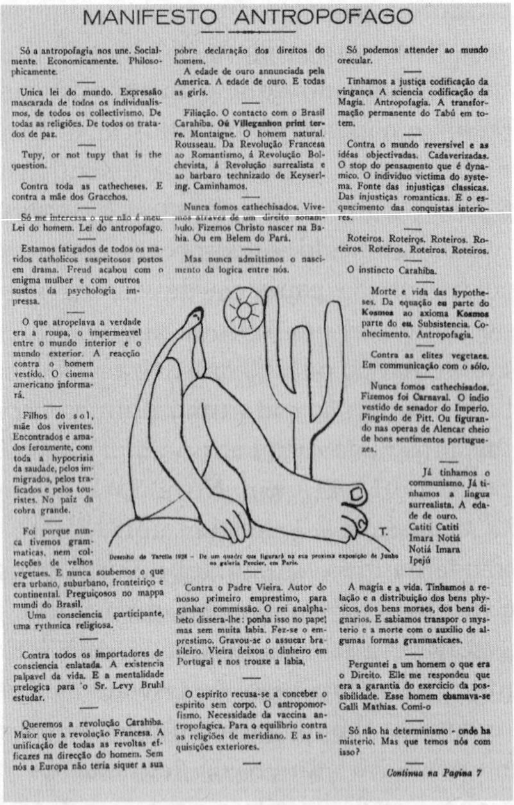

MANIFESTO ANTROPOFAGO

Só a antropofagia nos une. Socialmente. Economicamente. Philosophicamente.

Unica lei do mundo. Expressão mascarada de todos os individualismos, de todos os collectivismo. De todas as religiões. De todos os tratados de paz.

Tupy, or not tupy that is the question.

Contra toda as cathecheses. E contra a mãe dos Gracchos.

Só me interessa o que não é meu. Lei do homem. Lei do antropofago.

Estamos fatigados de todos os maridos catholicos suspeitosos postos em drama. Freud acabou com o enigma mulher e com outros sustos da psychologia impressa.

O que atropelava a verdade era a roupa, o impermeavel entre o mundo interior e o mundo exterior. A reacção contra o homem vestido. O cinema americano informará.

Filhos do sol, mãe dos viventes. Encontrados e amados ferozmente, com toda a hypocrisia da saudade, pelos immigrados, pelos traficados e pelos touristes. No paiz da cobra grande.

Foi porque nunca tivemos grammaticas, nem collecções de velhos vegetaes. E nunca soubemos o que era urbano, suburbano, fronteiriço e continental. Preguiçosos no mappa mundi do Brasil.
Uma consciencia participante, uma rythmica religiosa.

Contra todos os importadores de consciencia enlatada. A existencia palpavel da vida. E a mentalidade prelogica para o Sr. Levy Bruhl estudar.

Queremos a revolução Carahiba. Maior que a revolução Francesa. A unificação de todas as revoltas efficazes na direcção do homem. Sem nós a Europa não teria siquer a sua pobre declaração dos direitos do homem.
A edade de ouro annunciada pela America. A edade de ouro. E todas as girls.

Filiação. O contacto com o Brasil Carahiba. **Oú Villeganhon print terre.** Montaigne. O homem natural. Rousseau. Da Revolução Francesa ao Romantismo, á Revolução Bolchevista, á Revolução surrealista e ao barbaro technizado de Keyserling. Caminhamos.

Nunca fomos cathechisados. Vivemos atravez de um direito sonambulo. Fizemos Christo nascer na Bahia. Ou em Belem do Pará.

Mas nunca admittimos o nascimento da logica entre nós.

Desenho de Tarcila 1928 – De um quadro que figurará na sua proxima exposição de Junho na galeria Percier, em Paris.

Contra o Padre Vieira. Autor do nosso primeiro emprestimo, para ganhar commissão. O rei analphabeto dissera-lhe: ponha isso no papel mas sem muita labia. Fez-se o emprestimo. Gravou-se o assucar brasileiro. Vieira deixou o dinheiro em Portugal e nos trouxe a labia.

O espirito recusa-se a conceber o espirito sem corpo. O antropomorfismo. Necessidade da vaccina antropofagica. Para o equilibrio contra as religiões de meridiano. E as inquisições exteriores.

Só podemos attender ao mundo orecular.

Tinhamos a justiça codificação da vingança A sciencia codificação da Magia. Antropofagia. A transformação permanente do Tabú em totem.

Contra o mundo reversivel e as idéas objectivadas. Cadaverizadas. O stop do pensamento que é dynamico. O individuo victima do systema. Fonte das injustiças classicas. Das injustiças romanticas. E o esquecimento das conquistas interiores.

Roteiros. Roteiros. Roteiros. Roteiros. Roteiros. Roteiros. Roteiros.

O instincto Carahiba.

Morte e vida das hypotheses. Da equação **eu** parte do **Kosmos** ao axioma **Kosmos** parte do **eu**. Subsistencia. Conhecimento. Antropofagia.

Contra as elites vegetaes. Em communicação com o sólo.

Nunca fomos cathechisados. Fizemos foi Carnaval. O indio vestido de senador do Imperio. Fingindo de Pitt. Ou figurando nas operas de Alencar cheio de bons sentimentos portuguezes.

Já tinhamos o communismo. Já tinhamos a lingua surrealista. A edade de ouro.
Catiti Catiti
Imara Notiá
Notiá Imara
Ipejú

A magia e a vida. Tinhamos a relação e a distribuição dos bens physicos, dos bens moraes, dos bens dignarios. E sabiamos transpor o mysterio e a morte com o auxilio de algumas formas grammaticaes.

Perguntei a um homem o que era o Direito. Elle me respondeu que era a garantia do exercicio da possibilidade. Esse homem chamava-se Galli Mathias. Comi-o

Só não ha determinismo - onde ha misterio. Mas que temos nós com isso?

Continua na Pagina 7

***Oswald de Andrade*, "*Manifesto Antropófago*".**
Revista de Antropofagia, *São Paulo, ano I, n. 1, p. 3, maio 1928.*

Mergulhando de cabeça na atuação política, Pagu foi presa diversas vezes; tanto ela como Oswald precisaram viver como fugitivos, juntos ou separados, escondendo-se em casebres com o filho pequeno, Rudá. Uma vida conturbada, procurando manter os ideais de liberdade de ambos, mesmo dentro da vida conjugal nada convencional.[5]

> Oswald nunca mentira para mim. Essa honestidade, essa lealdade dentro da vida comum quase não foi sentida no início, mas depois explicou a aliança que me prendeu tanto tempo. Quantas vezes desejei beijar-lhe as mãos por essa franqueza maravilhosamente violenta, [...]. Eu lhe agradeço ainda hoje, Oswald.[6]

Novamente, na relação com a escritora Patrícia Galvão, percebemos a imensa influência mútua, a capacidade de engajamento e de desapego das comodidades burguesas. Se Tarsila abriu a percepção do escritor para um rico mundo pictórico e cultural, atraindo-o para a vivência em Paris no epicentro das vanguardas europeias, Pagu nutriu em Oswald a paixão revolucionária, levou-o às periferias e à vivência marginal no Brasil. E mais ainda, causou uma verdadeira metamorfose existencial, revelada neste texto de Oswald no diário mantido em parceria com Pagu, entre 1929 e 1931:

> Pagu quer que eu escreva mais.
>
> Escrever o quê? Que esta noite tenho o coração menstruado. Sinto uma ternura nervosa, materna, feminina. Que se desprega de mim como um jorro lento de sangue. Um sangue que diz tudo porque promete maternidades.
>
> Só um poeta é capaz de ser mulher assim. [...]
>
> Nesse mundo bruto saberei guardá-la como num útero, defendê-la como num berço, amamentá-la da minha bravura e do meu sentimento sentimental.[7]

Se pensarmos em termos da mentalidade dos anos 1928 a 1930, é extremamente emblemático acompanhar um homem tido como dom-juan escrever que vê em seu próprio corpo o sangue e a menstruação feminina, afirmando-se como um poeta que sangra, fica grávido, tem útero e amamenta. Este é o poeta que escreverá sobre o Matriarcado de Pindorama, já nutrido por duas grandes artistas mulheres, Tarsila e Pagu. Nessas imagens, poderíamos vislumbrar um Oswald grávido, um poeta homem que é mulher, e na entidade "Tarsiwald", batizada por Mário de Andrade, uma figura hermafrodita, ou uma busca de algo além do binarismo vigente àquela altura?

Por outro lado, é importante pensar que este mesmo homem moderno e libertário fazia piadas indigestas sobre seu colega Mário de Andrade, chamando-o de "miss Macunaíma", o que é politicamente incorreto de todos os pontos de vista. Ao mesmo tempo, estas contradições só aumentam a complexidade das contribuições da figura de Oswald de Andrade, visto que até quando erra, o poeta acerta o alvo das mentalidades preconceituosas, já que atuava em uma época em que a homossexualidade era silenciada no Brasil. De maneira antropofágica, ele estava ecoando uma coisa não dita, transformando o tabu em totem. Segundo se sabe, Oswald fazia essas "brincadeiras" de maneira infantil, como apontou Manuel Bandeira, e não "maldosa" ou perversa. Tratava-se sobretudo de uma provocação e do desejo de "tirar do armário" a hipocrisia da moral cristã, coisa que ele fará tanto no plano pessoal como em sua produção intelectual, como veremos a seguir.

A CRISE DA FILOSOFIA MESSIÂNICA

Na primeira metade do século xx, Oswald de Andrade desenvolveu sua criação literária e aprofundou o conceito da antropofagia, nutrindo-se dos relatos dos primeiros cronistas e da filosofia de Montaigne, Nietzsche, Marx, num arco que vai do "Manifesto Antropófago" (1928) à tese *A crise da Filosofia Messiânica* (1950), dialogando diretamente com as forças do período. De Piolim a Lévi-Strauss, de Tarsila do Amaral a Patrícia Galvão, parece-me que Oswald se alimentou de tudo que fosse vital, num impulso antropófago de amalgamar o picadeiro e a universidade, o Brasil e o mundo, a floresta e a escola, termos que já despontavam no "Manifesto da Poesia Pau Brasil" (1924).

Efetivamente, o que caracteriza sua produção intelectual é a alquimia original entre crítica e invenção, intuição e conceito, presentes em toda a sua obra acerca do tema da Antropofagia, tanto no "Manifesto Antropófago", de 1928, como na tese *A crise da Filosofia Messiânica*, de 1950, além de transpassar os textos "Meu testamento", "A marcha das Utopias", "Um aspecto antropofágico da cultura brasileira: o homem cordial", "Variações sobre o matriarcado", "Ainda o matriarcado", "O achado de Vespúcio" e "O antropófago", todos incluídos postumamente nos volumes *Do Pau-Brasil à Antropofagia e às Utopias* (1972) e em *A Utopia antropofágica* (1990).

Se, no texto fundador, "Manifesto Antropófago", o que desponta é o chiste, a síntese metafórica, aforismos inventivos e provocativos, o insight e a alegoria, outra feição se apresenta décadas depois, quando o autor retoma o mesmo tema visando o projeto de desenvolver um ensaio filosófico na tese *A crise da Filosofia Messiânica*, que seria apresentada à Universidade de São Paulo.

Em *A crise da Filosofia Messiânica*, abordando a passagem ancestral do Matriarcado ao Patriarcado, Oswald de Andrade, via Nietzsche e Bachofen, recorre à *Oresteia*, trilogia de Ésquilo. Em sua interpretação da tragédia, Oswald diz: "o matriarcado tomba ante o voto de Minerva que absolve Orestes matricida. Com o matriarcado cai a propriedade comum do solo e inicia-se dialeticamente o 'progresso' — a propriedade privada, fortalecida desde então pelo direito paterno e pela herança".[8] Em suas colocações e apontamentos, fica evidente a visão crítica do poeta quanto ao Patriarcado. Oswald concluirá que, desse momento em diante,

> seria aceito na Hélade o direito paterno e suas consequências. Fundava-se assim o instituto da herança patrilinear. Não quer isso dizer que o patriarcado tivesse sido uma invenção grega, mas foram os gregos, através de Ésquilo, que definitivamente fixaram as transformações da era matriarcal para a do poder paterno.[9]

Estabelecendo as diferenças entre o matriarcado e o patriarcado, em "A marcha das Utopias", Oswald dizia que o matriarcado "tem presidido à pacífica felicidade dos povos marginais, dos povos a-históricos, dos povos cuja finalidade não é mais do que viver sem se meterem a conquistadores, donos do mundo e fabricantes de impérios".[10] Ele toma partido, evidentemente, dos povos ameríndios e da felicidade que havia em Pindorama antes da chegada dos colonizadores europeus, "fabricantes de impérios". Fica nítido que, mesmo sendo um homem branco de origem privilegiada, não é desse lado que Oswald se posiciona. O movimento de Oswald vai no sentido contrário, criticando a noção de propriedade advinda do patriarcado e valorizando experiências coletivas e compartilhamentos comunais indígenas que ele tanto admira.

Através do arsenal teórico da Antropofagia, discutindo a "crise da Filosofia Messiânica", título de sua tese de 1950, Oswald retomou a metáfora do "bárbaro tecnizado" como síntese da dialética exposta no formato tese/antítese, enquanto utopia de uma possível "era do homem natural tecnizado". Ele dividiu o tempo histórico em dois: "E tudo se prende à existência de dois hemisférios culturais que dividiram a história em Matriarcado e Patriarcado. Aquele que é o mundo do homem primitivo. Este, o do civilizado. Aquele produziu uma cultura antropofágica, este, uma cultura messiânica".[11] O autor traça o momento da substituição forçada do matriarcado pelo patriarcado: "A ruptura histórica com o mundo matriarcal produziu-se quando o homem deixou de devorar o homem para fazê-lo seu escravo".[12]

A dialética desenvolvida por Oswald inclui a utopia de um terceiro movimento que viria com a instauração de um "neomatriarcado" por meio do desenvolvimento da técnica,[13] que supostamente nos libertaria da escravidão do trabalho e nos levaria a uma nova "Idade do Ócio": "No mundo supertecnizado que se anuncia, quando caírem as barreiras finais do Patriarcado, o homem poderá cevar a sua preguiça inata, mãe da fantasia, da invenção e do amor".[14] Seguindo esse movimento, a "Antropofagia é simplesmente a ida (não o regresso) ao homem natural".[15]

Nota-se que o "homem natural" não existe por origem fenotípica, social, sexual ou familiar, mas pela relação que estabelece com o meio e com o outro: se canibal messiânica (destrutiva, acrítica, consumista, patriarcal) ou antropófaga (nutritiva, crítica, ritual, matriarcal). "O homem natural que nós queremos pode tranquilamente ser branco, andar de casaca e de avião. Como também pode ser preto e até índio. Por isso o chamamos de 'antropófago' e não tolamente de 'tupi' ou 'pareci'."[16]

No pensamento de Oswald, o patriarcado representa tanto a propriedade como a pátria. Se Marx, tematizando a luta de classes, opõe burguesia e proletariado, Oswald vai opor o patriarcado ao matriarcado, na mesma simetria de polarizações. Ele criticava Marx por não estar atento à força matriarcal como potência de renovação: "o marxismo militante engajou-se na economia do Haver (Patriarcado) escapando às injunções históricas da economia do Ser (Matriarcado)".[17]

Oswald dirá, no aforismo 25 do "Manifesto Antropófago", que "já tínhamos o comunismo", aludindo à vivência tribal dos Tupis no século XVI, muito anterior à formulação da teoria marxista, no século XIX. Ou seja, parece querer afirmar em seu manifesto que a contribuição ameríndia determinará sua visão diante dos marcos históricos. Os Tupis, no século XVI, já seriam comunistas antes de Marx, assim como a língua dos ameríndios já teria sido surrealista antes das vanguardas europeias do início do século XX.

O principal ataque de Oswald é em relação à colonização e às tentativas de catequização. Para o poeta paulista, "o jesuíta deixou entre nós uma psique neurastênica"; "as religiões de salvação o desidentificaram, levando-o aos piores desvios (catolicismos, teosofia, puritanismo, comunismo ideológico)".[18] Com a colonização e a catequização, aconteceu o pior para o Brasil: "Estavam instituídos na selva matriarcal o trabalho escravo, a divisão da sociedade em classes e a herança".[19] Diante da colonização e do patriarcado personificado no Estado, em Deus, no pai, na nação e no capitalismo, a Antropofagia vai inspirar-se no ameríndio tribal, no corpo nu, na existência livre, sem deus, sem propriedade, sem legislação e sem gramática.

Segundo Oswald, "o índio não tinha o verbo sêr. Dahi ter escapado ao perigo metafísico que todos os dias faz do homem paleolítico um cristão de chupeta, um maometano, um budista, enfim um animal moralizado. Um sabiozinho carregado de doenças".[20] Na *Revista de Antropofagia*, publicada em São Paulo de 1928 a 1929, Oswald de Andrade costumava assinar artigos com pseudônimos. Ele misturou os nomes de Freud e Friedrich Nietzsche para criar a personagem chamada Freuderico. Em outro momento, faz uma homenagem a Karl Marx associando o nome ao ato de mastigar, peculiar dos antropófagos, criando o pseudônimo de Marxillar. É exatamente Marxillar quem vai explicar:

> O índio é que era são. O índio é que era homem. O índio é que é o nosso modelo.
>
> O índio não tinha polícia, não tinha recalcamentos, nem moléstias nervosas, nem delegacia de ordem social, nem vergonha de ficar pelado, nem luta de classes, nem tráfico de brancas, nem Ruy Barbosa, nem voto secreto, nem se ufanava do Brasil, nem era aristocrata, nem burguez, nem classe baixa.
>
> Por que será?
>
> O índio não era monogamo, nem queria saber quais eram seus filhos legítimos, nem achava que a família era a pedra angular da sociedade.[21]

Oswald de Andrade foi assertivo ao demarcar este território utópico como Matriarcado de Pindorama, e não como "Brasil"; afinal, para os indígenas, aqui era Pindorama, o nome do país veio depois, nascendo exatamente da exploração de nossas riquezas, do "pau-brasil", o pau patriarcal colonizador que estuprou milhares de índias no "achamento" dessa terra. Nesse sentido, ao propor a dissolução do patriarcado, da propriedade, do casamento e da família, sua crítica é ainda mais contundente que a de Marx, pois, como demonstra a teórica política Carole Pateman, no livro *O contrato sexual*,[22] foi o patriarcado com sua burocracia contratual — incluindo o casamento — que forjou a base de construção para o capitalismo. Embutida na tentativa civilizatória está também a imposição da noção de família tradicional. Assinalo que a crítica da família realizada por Oswald em seus textos filosóficos no século XX está afinada com a mais recente produção teórica de autoras como Judith Butler, Silvia Federici, Angela Davis, Paul Beatriz Preciado e outres.

O humor oswaldiano revelava toda a hipocrisia da colonização:

> Parece uma piada grotesca o fato de os jesuítas que aqui aportaram fazerem traduzir o "Decálogo" para o tupi.
>
> Soa como uma bufoneria de mau gosto a insistência de se querer incutir no índio nu, polígamo e ocioso o respeito à mulher do próximo (Nono Mandamento) e a guarda do domingo para o descanso (Terceiro Mandamento).[23]

Curiosamente, ao criticar a família tradicional, Oswald mais uma vez anunciava parte dos dilemas que enfrentaríamos no século XXI, quase cem anos depois de seu manifesto; afinal, a crise da democracia causada pela imposição de uma onda de nacionalismo, religião, moral, tradição, e outras pautas reacionárias da extrema direita, tem como base a defesa fervorosa da família. Confirmando a intuição de Oswald de Andrade, teóricas políticas como Wendy Brown e Melinda Cooper[24] explicam como o neoliberalismo procurou restabelecer a família como unidade básica da vida social, recorrendo a lógicas morais que ajudam a mantê-lo e justificar os ideais de propriedade privada.

No século xx, Oswald já alertava: "Vivemos num país tenebroso, cheio de preconceitos ultrapassados e descabidos. A picaretagem preponderа e os otários se reeducam. Há uma nefasta inversão dos valores que precisam ser reajustados".[25] Até parece que, de alguma maneira, estava antevendo as recentes cruzadas ortodoxas, o Antropoceno, o desenvolvimentismo destrutivo e o messianismo genocida do século xxi: "desejo apontar que se nós brasileiros continuarmos indiferentes e amáveis quanto aos costumes tanto políticos como domésticos que nos distinguem, veremos confirmar-se o calamitoso diagnóstico de que perdemos nossa Cultura sem chegar a ter uma Civilização".[26]

Na tese *A crise da Filosofia Messiânica*, Oswald de Andrade realiza, a seu modo, uma desconstrução selvagem da filosofia ocidental. Trata-se de uma bricolagem, uma pilhagem antropofágica com observações sobre o traçado da filosofia do Ocidente. Texto extremamente original que ainda não foi avaliado em todas as suas implicações, apresenta uma crítica do messianismo patriarcal cuja queda Oswald ambiciona.

Ao final da vida, em 1954, o poeta evoca Montaigne uma vez mais e deixa registrado seu postulado no manuscrito "Livro da convalescença". Nesse caderno, faz uma espécie de testamento e afirma que a Antropofagia é uma concepção que o Brasil deveria incorporar:

> Adotei de há muito um completo ceticismo em face da civilização ocidental que nos domou. Acredito que ela está nos seus últimos dias, vindo à tona a concepção oposta — a do homem primitivo que o Brasil podia adotar como filosofia. O Ocidente nos mandou com o messianismo todas as ilusões que escravizam. Montaigne, no seu grande capítulo dos *Essais*, onde exalta *les canibales* [sic], foi o primeiro que viu o caminho novo — o dado pela revolta e pelo estoicismo do índio. [...] Evidentemente o que eu quero não é o retorno à taba e sim o primitivo tecnizado.[27]

O ENIGMA MULHER

No sexto aforismo do "Manifesto Antropófago" de Oswald de Andrade, publicado em 1928 na *Revista de Antropofagia*, aparece o desabafo:

"estamos fatigados de todos os maridos católicos suspeitosos postos em drama. Freud acabou com o enigma mulher e com outros sustos da psicologia impressa".[28] Ao longo do "Manifesto Antropófago", o autor ao mesmo tempo incorpora e questiona ideias de Freud. No aforismo citado, em particular, ele menciona as contribuições do pensador austríaco refletindo sobre o papel atribuído à mulher, tema tão caro a Oswald em sua defesa do matriarcado.

Lembremos que em *Totem e tabu*, escrito em 1913, expõe-se uma teoria baseada na hipótese da horda primeva e no complexo de Édipo. Os protagonistas do texto de Freud são, sempre, homens. O pai primevo, os filhos e a narrativa do assassinato do pai pelos filhos. Levando em consideração que Freud afirma em *Totem e tabu* que o ato de devorar o pai teria sido o fundamento da sociedade, da moral e da religião, fica evidente o interesse de Oswald de Andrade ao se contrapor a essa linha de pensamento. Afinal, para que haja um pai, deve antes haver uma mãe.

A figura masculina, para Freud, está sempre em evidência, a sexualidade masculina é o padrão; o feminino permanece como enigma. Nesse sentido, pode-se inferir que Freud trabalha com uma "superioridade ontológica" (na acepção de natureza inerente ao ser) do masculino e do falo. Oswald, ao contrário, parece nutrir a ideia de uma "igualdade ontológica" do feminino em sua defesa do matriarcado. Apesar de questionar o patriarcado, penso que Freud acabou por fazer, digamos assim, uma crítica "patriarcal" do patriarcado. Muito diferente de Oswald, que procurou fazer uma crítica matriarcal do patriarcado. Daí a transformação permanente do tabu em totem, do valor oposto ao valor favorável, que aparece nos aforismos do manifesto do poeta brasileiro.

Deixando evidente que sua visão da Antropofagia é pós-freudiana e que ele não acata por completo a teoria de Sigmund Freud, pergunta: "que sentido teria num matriarcado o complexo de Édipo?". Segue a argumentação de Oswald, no texto "A psicologia antropofágica", evidentemente com as características de seu humor iconoclasta:

> Cabe a nós antropófagos fazer a crítica da terminologia freudiana, terminologia que atinge profundamente a questão. O maior dos absurdos é por exemplo chamar de inconsciente a parte mais iluminada pela cons-

ciência do homem: o sexo e o estômago. Eu chamo a isso de "consciente antropofágico".[29]

Dando um último diagnóstico, "dr. Oswald" afirma: "Seria necessário revisar Freud e seus epígonos despindo-os, em rigorosa psicanálise, dos resíduos vigentes da formação cristã-ocidental de que todos derivaram".[30]

Em uma conferência para psicanalistas na França, na École de la Cause Freudienne, falando sobre o tema Mulheres em Psicanálise, Paul Beatriz Preciado realiza, à sua maneira, a "rigorosa psicanálise" que Oswald recomendou:

> Todo o edifício freudiano está pensado a partir da posição da masculinidade patriarcal do corpo masculino, heterossexual, entendido como um pênis eréctil, penetrante e ejaculatório. É por isso que as mulheres em psicanálise, esses animais estranhos entre as flores, com útero reprodutor e clitóris, são sempre e, todavia, um problema. É por isso que vocês têm a necessidade, todavia, no início do século XXI, de uma jornada para falar das mulheres em psicanálise. Mas não me digam que a instituição psicanalítica não tem considerado, e não considera ainda, a homossexualidade como um desvio em relação à norma. O que lhes peço é o reconhecimento de uma posição de enunciação política, em um regime de poder hétero-patriarcal e colonial. Contrariamente ao que pensa a psicanálise, não creio que a heterossexualidade seja uma prática sexual ou uma identidade sexual. Penso que é sim um regime político que tem reduzido a totalidade do corpo humano, vivente, e sua energia psíquica, a um potencial reprodutivo; uma posição de poder discursiva e institucional.[31]

Somando a fala de Preciado ao que estamos desenvolvendo neste texto, podemos intuir que uma das razões pelas quais o patriarcado reforça a ideia de família tradicional, formada heterossexualmente, é querer reforçar a sujeição sexual e reprodutiva da mulher, para limitar as possibilidades plurais dos corpos.

Por seu turno, em sua *Verdade tropical*, Caetano Veloso responde com ironia ao psicanalista Contardo Calligaris, que teria afirmado que o Brasil se ressente da falta do "nome do pai". O músico baiano, refazendo o percurso da Tropicália e de sua geração, faz uma veemente defesa da filosofia de Oswald de Andrade: "esse 'antropófago indigesto', que a cultura brasileira rejeitou por décadas, e que criou a utopia brasileira de superação do messianismo patriarcal por um matriarcado primal e moderno, tornou-se para nós o grande pai".[32]

Na utopia antropofágica do poeta paulista, a civilização patriarcal, doente por natureza, deveria inspirar-se na cultura matriarcal das tribos ameríndias:

> Numa sociedade onde a figura do pai se tenha substituído pela da sociedade, tudo tende a mudar. Desaparece a hostilidade contra o pai individual que traz em si a marca natural do arbítrio. No Matriarcado é o senso do Superego tribal que se instala na formação da adolescência.
>
> Numa cultura matriarcal, o que se interioriza no adolescente não é mais a figura hostil do pai-indivíduo, e, sim, a imagem do grupo social.
>
> Nessa confusão que o Patriarcado gerou, atribuindo ao padrasto — marido da mãe — o caráter de pai e senhor, é que se fixaram os complexos essenciais da castração e de Édipo.[33]

Mais uma vez assinalo a consonância do pensamento de Oswald com o de autoras contemporâneas feministas. Em sua tese, o poeta citou Simone de Beauvoir como "grande escritora e autora do evangelho feminista", o livro *O segundo sexo*. Sobretudo, Oswald é certeiro ao traçar um painel histórico dos arquétipos negativos associados ao feminino pelo patriarcado:

> Na Gênese, Eva é a culpada, na Grécia homérica é Pandora que dispersou sobre o mundo todos os males saídos de sua concha.
>
> Nas duas versões, na bíblica como na helênica, ambas patriarcais, a Idade de Ouro, que mais tarde Ovídio cantaria, refulge na saudade do homem reduzido a escravo pelo Patriarcado.[34]

A "vacina antropofágica" quer atuar contra as escleroses urbanas e conservatórios, contra males catequistas e ideias cadaverizadas, contra a inveja, a usura, a calúnia e o assassinato, "peste dos chamados povos cultos e cristianizados". O Matriarcado de Pindorama luta "contra a realidade social, vestida e opressora, cadastrada por Freud" e quer uma sociedade "sem complexos".[35]

O arsenal feminino e indígena aparece no "Manifesto Antropófago" como reação à estabilidade das forças masculinas, estabilidade esta que vem sendo mantida pelo recalque produtor dos complexos da civilização. Vislumbramos no manifesto um arco que vai do selvagem ameríndio, das índias estupradas pelo colonizador, ao escravo negro, todos abusados pelo sadismo colonial. Oswald sabe que o Brasil é o país mais atrasado do mundo, o último a abolir sua escravidão, que em verdade nunca foi abolida. A Antropofagia denuncia a eterna manipulação para manter a mulher fora da prática política. No Brasil, o patriarcado é o latifúndio, a oligarquia, os coronéis que mandam executar quem desafia seu comando; o patriarcado é machista, misógino e feminicida.

O poeta viu, exatamente no indígena e na mulher, a potência vital capaz de abalar as estruturas patriarcais desta civilização equivocada em que vivemos. No texto "Variações sobre o matriarcado", vai invocar a força das Amazonas: "Evidentemente, a palavra Matriarcado traz consigo a ideia de predomínio materno. Seria Matriarcado o fabuloso poderio atribuído às Amazonas, no Brasil Colombiano".[36] Para Oswald, os princípios femininos e tribais são as bases da liberdade e igualdade universais que devem prevalecer diante do mundo capitalista. O corpo feminino é vital, potente e criador. Aproximando-se também do pensamento de Nietzsche, defende sua Antropofagia na perspectiva religiosa, vital, com o mesmo valor atribuído pelo filósofo ao Dionisismo. O almejado "instinto da vida" que Nietzsche encontrou na Grécia Antiga, Oswald de Andrade situou-o em seu Matriarcado de Pindorama. Tanto Nietzsche como Oswald criticam as imposições da catequese: o filósofo alemão ataca a manutenção do tabu da sexualidade; o poeta brasileiro quer transmutar o tabu da Antropofagia. Os dois autores celebram o corpo — morada tanto do tabu da sexualidade como do tabu da Antropofagia — como potência vital. É esta percepção que, em minha visão, une a visão transgressora de Oswald de Andrade à de Friedrich Nietzsche.

Antropofagia é uma *Weltanschauung*, uma concepção de mundo nascida em Pindorama. Trata-se de uma perspectiva original para rever a história do Brasil e do mundo a partir de uma proposta de subversão dos valores patriarcais, visando a inversão do vetor colonial, a partir do hemisfério Sul. Oswald queria que o Brasil deixasse de ser território explorado pelo colonizador e não fosse consumidor passivo dos modismos internacionais; deixasse de ser "importador de consciência enlatada" e assumisse seu protagonismo enquanto criador de uma "poesia de exportação".

Curioso perceber que, passado um século, as ideias de Oswald de Andrade continuam atualíssimas e podem ser colocadas para dialogar com uma pensadora contemporânea como Vandana Shiva, doutora em física pela Universidade do Canadá, ecofeminista e ativista indiana, que afirma:

> mercadoria não é comida e comida não é mercadoria. Ao elaborar os acordos da OMC (Organização Mundial do Comércio), as empresas decidiram que seriam donas do planeta. Cinco empresas decidiram que seriam donas da água. Cinco empresas decidiram que seriam donas das sementes. Uma economia verde autêntica é a economia da natureza, a economia da biodiversidade, dos direitos ao básico que é vital para a vida. A água que bebemos, as sementes que cultivamos, o ar que respiramos, devem ser nossos direitos, não podem ser transformados em mercadorias. Esse será o próximo desafio da humanidade: como defender os bens da natureza como nossos direitos.[37]

Ao associar as pautas da terra, da natureza, com as pautas feministas, Vandana Shiva soa afinada com o pensamento selvagem de Oswald de Andrade. Penso que tanto Paul Beatriz Preciado como Vandana Shiva e outras filósofas contemporâneas já citadas anteriormente podem ser lidas como expressões de "bárbaras tecnizadas", habitantes de um novo transmatriarcado de Pindorama:

Ao medirmos o crescimento, é essencial medirmos o crescimento da natureza. O crescimento dos rios, dos solos, das crianças. Um crescimento que ignora o que vai acontecer com as gerações futuras, com a base da nossa sobrevivência, com recursos como sementes, solo, água e florestas, é um crescimento distorcido. A condição da mulher no mundo hoje, na Índia, no Brasil, tem dois lados. Por um lado, a violência contra a mulher nunca foi tão grave. Temos mais estupros e mais assassinatos. Na Índia, há um fenômeno louco, que é matar a menina antes de nascer, o feticídio feminino. Ao mesmo tempo, esse é o momento em que as mulheres estão mostrando que existe outro caminho. Há outro caminho além dessa economia suicida e de autodestruição, da violência, exclusão e desigualdade. Muitas das estruturas que temos hoje foram criadas de forma consciente como um pensamento patriarcal. Descartaram o conhecimento da mulher, da ecologia, dos povos indígenas. E criaram um conhecimento destrutivo, que sabe destruir, mas não sabe criar. Esse período masculino acabou. Nós precisamos de um conhecimento feminino. As pessoas estão se dando conta disso, em toda parte. A nossa economia é masculinizada. Porque a base é a mercantilização de tudo, trazer recursos ao mercado e transformar todos em consumidores. E criaram o conceito artificial de crescimento — com o produto interno bruto — para parecer que algo está crescendo. Precisamos tornar a economia feminina. Fazendo isso, nos livraremos dessas regras de produção, do crescimento artificial. Não vamos medir o produto interno bruto, vamos medir a felicidade interna bruta, o bem-estar do povo. Uma economia feminina olha para o bem-estar. É baseada em cuidar e compartilhar. A economia patriarcal capitalista quer tirar, lucrar, dominar, e nesse processo, alega que provocou "crescimento", mas na verdade trouxe escassez para a natureza com a crise ecológica; escassez para a sociedade com a fome, as doenças, a má nutrição, o desemprego. Chegou a hora de um mundo feminino. E nesse mundo, as mulheres precisam liderar, claro, porque queremos líderes para a economia verde, e nós somos um pouco melhores em compartilhar os recursos e criar uma economia do cuidado.

É evidente a sintonia do pensamento de Shiva e Oswald de Andrade. O famoso aforismo do autor paulista no "Manifesto Antropófago", "a alegria é a prova dos nove", ecoa na proposta da autora indiana de não medir o produto interno bruto, e sim a felicidade interna bruta. Outro aforismo corrobora essa afinidade entre a física indiana e o autor paulista: "antes dos portugueses descobrirem o Brasil, o Brasil havia descoberto a felicidade".

Além de Vandana Shiva, vejo no pensamento contemporâneo de Paul Beatriz Preciado muitas das provocações contidas na concepção do matriarcado de Pindorama, por Oswald de Andrade. É nessa trilha, que passa por Pagu, Tarsila, Oswald, Beauvoir, Shiva, Preciado, que venho elaborando a proposta de um *transmatriarcado* que possa avançar no século XXI com ideais libertários e ecofeministas:

> Nos próximos anos, deveremos elaborar coletivamente uma epistemologia capaz de dar conta da multiplicidade de viventes, que não reduza os corpos a sua força reprodutora heterossexual, e que não legitime a violência hétero-patriarcal e colonial. Quando falo de uma nova epistemologia me refiro a começar um processo de ampliação radical do horizonte democrático, para reconhecer como sujeitos políticos todo corpo humano vivo, sem que a atribuição sexual ou de gênero seja a condição de possibilidade deste reconhecimento, social ou político. A violência epistemológica da diferença sexual posta em questão pelo movimento feminista, homossexual, intersexual, transexual, queer, e apoiado igualmente pela confrontação de novos dados científicos, está em trânsito de mudar. Estes processos de mudança deste paradigma científico e político conduzirão ao reconhecimento, enquanto sujeitos políticos soberanos, de todo um conjunto de corpos que até agora haviam sido marcados como politicamente subalternos.
>
> Vocês têm que saber de que lado querem colocar-se. Se querem permanecer do lado deste discurso patriarcal e colonial, e reafirmar a universalidade da diferença sexual e da reprodução sexual, heterossexual; ou entrar, conosco, os mutantes deste mundo, em um processo crítico de invenção de outras formas de subjetividade política. Hoje os corpos, outras vezes excluídos do regime da diferença sexual, falam e produzem um saber sobre eles mesmos. Os movimentos transfeministas, me too, nem uma a menos, operam uma transformação crucial. Vocês não podem seguir falando do complexo de Édipo ou do Nome-do-Pai em uma

sociedade onde as mulheres são objeto de feminicídios, onde as vítimas da violência patriarcal se expressam por denunciar a seus pais, maridos, chefes, namorados; onde as mulheres denunciam a política institucionalizada de violação; ou onde milhões de corpos descem às ruas para denunciar agressões homofóbicas, e as mortes, quase cotidianas, de mulheres trans, assim como as formas institucionalizadas de racismo. Nos enfrentamos com uma nova aliança necropolítica do patriarcado colonial e de novas tecnologias farmacopornográficas. Creio que a tarefa que nos resta por fazer é começar um processo de des-patriarcalização, des-heterossexualização e de-colonização da psicanálise.[38]

Ouvindo a fala de Paul Beatriz Preciado é impossível não lembrar da proposta oswaldiana para desvespuciar, descolombizar a América, e descabralizar o Brasil. Todas essas reverberações abrem questões pulsantes. O Brasil segue oscilando entre a alta e a baixa Antropofagia, de maneira vertiginosa. Não há dúvidas acerca da atualidade lancinante do pensamento selvagem do poeta Miramar. De todo modo, mais do que nunca, eu penso que é preciso também des-Bolsonarizar o Brasil.

Mesmo com os termos "matriarcado" e "Pindorama" geralmente associados pelo senso comum ao passado arcaico, acredito que o Matriarcado de Pindorama é uma formulação contemporânea, que aponta para o futuro. Por isso, este texto propõe a ideia de um novo momento, que chamei de *transmatriarcado de Pindorama*, com um pensamento anarcoutópico de base antropofágica. Escolhi chamar de *transmatriarcado* porque os lugares-comuns ou lugares sociais que foram normalizados pela lei, religião e Estado, tanto para homens como para mulheres, precisam transformar-se para que possamos habitar o presente e o futuro. Como encarar a potente utopia do Matriarcado de Pindorama, diante da realidade vivida pelos corpos femininos neste Pau Brasil que golpeou a democracia, arrancou a primeira presidenta mulher do poder, executou Marielle em plena via pública e mantém um aberrante índice de feminicídio e transfeminicídio?

Os temas das liberdades individuais e coletivas, do feminino, as questões atuais de gênero e a política contemporânea dos corpos inspiram nossas reflexões no fluxo da utopia do Matriarcado de Pindorama e do "Manifesto Antropófago", visto que o alvo da Antropofagia oswaldiana sempre foi "a velha luta contra o autoritarismo, expresso na imagem do pai e nos sistemas sociais que a prolongam, contra os quais fez a apologia do matriarcado", como bem lembrou o crítico literário Antonio Candido. Com sua renovada atualidade e impressionante capacidade visionária, observo que a tese de Oswald contra o patriarcado e o messianismo pode nos servir, nos dias de hoje, para combater um outro "messias", desta vez, o Jair.

Acredito não se tratar de mera coincidência, pois, ao observar os discursos ultraconservadores da direita extremista, as falas do filósofo de plantão Olavo de Carvalho, as declarações do ex-secretário especial da Cultura Roberto Alvim, percebe-se claramente que, de fato, para estes fundamentalistas, a modernidade é o mal, Oswald é o inimigo e a Antropofagia é uma ameaça.

Para não se pensar que estou exagerando, remeto a uma manifestação de Roberto Alvim, em que ele afirmou o seguinte (cito da maneira que Alvim escreveu, com letras maiúsculas que gritam, etc.):

> Todo o elogio estético da animalização, da selvageria, da bestialização do ser humano, começa na Semana de 22. A partir de lá, esse conceito se desdobrou e se alastrou por TODA a cultura brasileira, se reafirmando em movimentos como o TROPICALISMO, o funk carioca, e chegando a seu paroxismo de horror no teatro de Zé Celso. Foi ali, no Teatro Oficina, que a redução do homem a seus órgãos genitais e excretores atingiu seu grau extremo de sordidez. O mal que isso causou é irreparável — gerações de artistas foram contaminados por essa ideia e, em vez das obras de arte que poderiam ter criado, chafurdaram no lodo mais estéril da existência. Rechaçar a linhagem desse "modernismo" chulo e nefasto no Brasil é tarefa imperiosa para os artistas de agora.[39]

O bolsonarismo pode ser entendido como a encarnação fascista do messianismo patriarcal, como a própria baixa antropofagia de que Oswald falava: "a baixa antropofagia aglomerada nos pecados de catecismo — a inveja, a usura, a calúnia, o assassinato. Peste dos chamados povos cultos e cristianizados, é contra ela que estamos agindo". Não há dúvidas de que a baixa antropofagia está em voga, infelizmente. A "calúnia" de que falava Oswald atende agora por um novo apelido: *fake news.*

No atual messianismo, vemos o dualismo binário, a polarização encenada entre o "bem" e o "mal", ligada à fantasia de onipotência do "mito", marcada por uma imensa paranoia de que o "inimigo" vai tomar tudo a qualquer momento, de que o "comunismo" está infiltrado, de que o "marxismo cultural" é uma ameaça a ser destruída. Tanto o ex-secretário especial da Cultura citado anteriormente como o cantor Lobão atacaram frontalmente o modernismo e a Antropofagia como momentos culturais em que "tudo degringolou", em que os ideais de pureza e de uma arte "nobre" ruíram, culminando em uma "arte degenerada" — para citar o termo usado pelo nazismo do século passado.

Nesse cenário, a Antropofagia ressurge mais renovada do que nunca, como um verdadeiro antídoto à ortodoxia fundamentalista, exatamente porque a dimensão filosófica da teoria de Oswald defende a relação com o outro como a instância constitutiva do humano. A Antropofagia trata justamente da relação com a alteridade, em que o lugar do outro é reverenciado, deve ser incorporado, e não aniquilado. O perspectivismo antropofágico investe nas possibilidades de deslocamento das posições fixas, quando nem um nem o outro são mais os mesmos. Assim, a Antropofagia torna-se uma grande questão política da atualidade.

O Matriarcado de Pindorama é uma possibilidade sempre aberta, não está inscrito em uma temporalidade, é um movimento de criação permanente. Um possível transmatriarcado é também um território mitopoético, um devir selvagem em que o pensamento não seja domesticado; antes, seja uma terra transmatriarcal do porvir onde vigorem a invenção, a alegria e a liberdade. Liberdade que ainda precisaremos conquistar, afinal, "a nossa independência ainda não foi proclamada". Mas como "a gente escreve o que ouve, nunca o que houve", há esperança no fim do túnel: "o Brasil é um absurdo/ Pode ser um absurdo/ Até aí tudo bem/ Nada mal/ O Brasil é um absurdo/ Mas ele não é surdo/ O Brasil tem um ouvido musical/ Que não é normal". Cantando com Caetano, encerro meu texto desejando para aqui e agora a transvaloração de todos os valores, a subjetividade plural e libertária, as infinitas possibilidades abertas pela escuta da percepção, além da consciência, do sensorial, além da lógica. Avancemos para a insurreição cosmopolítica e o transmatriarcado de todo Pau Brasil, a favor da liberdade e da alegria.

NOTAS

1. Oswald de Andrade, "Manifesto Antropófago". *Revista de Antropofagia*, São Paulo, ano I, n. 1, p. 7, 1928. Ed. fac-similar. São Paulo: Abril Cultural; Metal Leve, 1976.
2. Antonio Candido, "Os dois Oswalds". In: *Recortes*. São Paulo: Companhia das Letras, 1993, p. 37.
3. Maria Eugenia Boaventura, *O salão e a selva: Uma biografia ilustrada de Oswald de Andrade*. São Paulo: Ex Libris; Campinas: Ed. da Unicamp, 1995, p. 83.
4. Patrícia Galvão, *Paixão Pagu, uma autobiografia precoce de Patrícia Galvão*. Org. de Geraldo Galvão Ferraz. Rio de Janeiro: Agir, 2005, p. 75.
5. Na segunda dentição da *Revista de Antropofagia* (ano II, n. 15, *Diário de S. Paulo*, São Paulo, p. 12, 19 jul. 1929), se anuncia o Primeiro Congresso Brasileiro de Antropofagia e "Algumas teses antropofágicas", sendo as duas primeiras o divórcio e a maternidade consciente. Entre os participantes do congresso, se incluiriam Oswald, Tarsila e Pagu.
6. Patrícia Galvão, *Paixão Pagu, uma autobiografia precoce de Patrícia Galvão*, op. cit., pp. 77-8.
7. Patrícia Galvão; Oswald de Andrade, "O romance da época anarquista ou Livro das horas de Pagu que são minhas". In: Augusto de Campos, *Pagu vida-obra*. São Paulo: Brasiliense, 1987, p. 74.
8. Oswald de Andrade, *Os dentes do dragão: Entrevistas*. Org. de Maria Eugenia Boaventura. São Paulo: Globo; Secretaria de Estado da Cultura, 1990, p. 123.
9. Id., "Variações sobre o matriarcado" In: *A Utopia antropofágica*. São Paulo: Globo, 2011, p. 301.
10. Id., "A marcha das Utopias". In: *A Utopia antropofágica*, op. cit., p. 277.
11. Id., "A crise da Filosofia Messiânica". In: *A Utopia antropofágica*, op. cit., p. 139.
12. Id., ibid., p. 143.
13. "Que só a restauração tecnizada duma cultura antropofágica resolveria os problemas atuais do homem e da Filosofia". Id., ibid., p. 205.
14. Id., ibid., pp. 145-6.
15. Poronominare [Oswald de Andrade], "uma adesão que não nos interessa". *Revista de Antropofagia*, São Paulo, ano II, n. 10, *Diário de S. Paulo*, São Paulo, p. 10, 12 jun. 1929. Ed. fac-similar, op. cit.
16. Id., ibid.
17. Oswald de Andrade, "A crise da Filosofia Messiânica". In: *A Utopia antropofágica*, op. cit., p. 191.
18. Id., "A psicologia antropofágica". In: *Os dentes do dragão*, op. cit., p. 50.
19. Id., "Variações sobre o matriarcado". In: *A Utopia antropofágica*, op. cit., p. 309.

20. Freuderico [Oswald de Andrade], "De Antropofagia". *Revista de Antropofagia*, ano II, n. 1, *Diário de S. Paulo*, São Paulo, p. 6, 17 mar. 1929. Ed. fac-similar, op. cit.
21. Marxillar, "Porque como". *Revista de Antropofagia*, ano II, n. 6, *Diário de S. Paulo*, São Paulo, p. 10, 24 abr. 1929. Ed. fac-similar, op. cit.
22. Carole Pateman, *O contrato sexual*. Trad. de Marta Avancini. Rio de Janeiro: Paz e Terra, 1993.
23. Oswald de Andrade, "Variações sobre o matriarcado". In: *A Utopia antropofágica*, op. cit., p. 308.
24. Melinda Cooper, em *Family Values*, apresenta o projeto normativo que uniu o neoliberalismo e o conservadorismo social e demonstra que dentro desse projeto sempre esteve a noção de família. Wendy Brown, no livro *In the Ruins of Neoliberalism: The Rise of Antidemocratic Politics in the West*, discorre sobre como o neoliberalismo fez renascer o capitalismo decadente da década de 1970 e "como também salvou tanto o sujeito como a família das forças em desintegração da modernidade tardia"; Wendy Brown, *Nas ruínas do Neoliberalismo: A ascensão da política antidemocrática no Ocidente*. Trad. e notas de Mario A. Marino e Eduardo A. Camargo Santos. São Paulo: Politeia, 2019, p. 51.
25. Oswald de Andrade, "Conversa com Oswald de Andrade". In: *Os dentes do dragão*, op. cit., 178.
26. Id., "Civilização e dinheiro". In: *Estética e política*. Org. de Maria Eugenia Boaventura. 2. ed. rev. e ampl. São Paulo: Globo, 2011, pp. 333-4.
27. Id., "Livro da convalescença". Caderno manuscrito a lápis, datado de 1954. Fundo Oswald de Andrade, Centro de Documentação Cultural Alexandre Eulalio (Cedae), IEL-Unicamp.
28. Id., "Manifesto Antropófago". *Revista de Antropofagia*, São Paulo, ano I, n. 1, p. 3, 1928. Ed. fac-similar, op. cit.
29. Id., "A psicologia antropofágica". In: *Os dentes do dragão*, op. cit., p. 51.
30. Id., "A crise da Filosofia Messiânica". In: *A Utopia antropofágica*, op. cit., p. 200.
31. Paul B. Preciado, Intervenção na 49. Jornada da Escola da Causa Freudiana (17 de novembro de 2019). Transcrição de Manuel Murillo, Jorge Reitter e Agustina Saubidet a partir do vídeo disponível em: <https://www.youtube.com/watch?v=vqNJbZR_QZ4&t=378s>. Acesso em: 15 jun. 2021.
32. Caetano Veloso, *Verdade tropical*. São Paulo: Companhia das Letras, 1997, p. 252.
33. Oswald de Andrade, "A crise da Filosofia Messiânica". In: *A Utopia antropofágica*, op. cit., pp. 200-1.
34. Id., ibid., p. 156.
35. Oswald de Andrade, "Manifesto Antropófago". *Revista de Antropofagia*, São Paulo, ano I, n. 1, p. 7, 1928. Ed. fac-similar, op. cit.
36. Id., "Variações sobre o Matriarcado". In: *A Utopia antropofágica*, op. cit., p. 299.

37. Vandana Shiva, Incertezas críticas. Depoimento transcrito. Disponível em: <http://cdn.avivavod.com.br/vodlab/pt/dialogos/49613_Vandana%20Shiva.pdf>. Acesso em: 15 jun. 2021.
38. Paul B. Preciado, Intervenção na 49. Jornada da Escola da Causa Freudiana, op. cit.
39. Roberto Alvim, postagem em sua conta pessoal no Facebook.

BIBLIOGRAFIA COMPLEMENTAR

AGAMBEN, Giorgio. *Profanações*. São Paulo: Boitempo, 2007.

_____. *O que é o contemporâneo e outros ensaios*. Chapecó: Argos, 2009.

AMARAL, Aracy. *Tarsila: Sua obra e seu tempo*. São Paulo: Perspectiva, 1975.

ANDRADE, Gênese. *Pagu/ Oswald/ Segall*. São Paulo: Museu Lasar Segall; Imprensa Oficial, 2009.

ANDRADE, Marília de. *Maria Antonieta d'Alkmin e Oswald de Andrade: Marco zero*. São Paulo: Edusp; Imprensa Oficial, 2003.

Correspondência Mário de Andrade & Manuel Bandeira. Org. de Marcos Antonio de Moraes. 2. ed. São Paulo: Edusp; IEB-USP, 2001.

ANDRADE, Oswald de. *Informe sobre o modernismo*. Original, onze folhas datilografadas, com correções do autor. 15 de outubro de 1946. Fundo Oswald de Andrade, Cedae, IEL-Unicamp.

_____. *Do Pau-Brasil à Antropofagia e às Utopias*. Rio de Janeiro: Civilização Brasileira, 1978.

_____. "Mundo das Letras da Antropofagia". *Jornal do Commercio*, Recife, 10 maio 1929.

AZEVEDO, Beatriz. *Antropofagia palimpsesto selvagem*. São Paulo: Cosac Naify, 2016.

_____. "Antropofagia distópica de um país em crise". *Sala Preta*, São Paulo: ECA-USP, v. 19, n. 1, pp. 33-49, 2019.

_____. "Antropófago manifesto". In: BACHMANN, Pauline; CARRILLO-MORELL, Dayron; MASSENO, André; OLIVEIRA, Eduardo de (Eds.). *Antropofagias: Um livro manifesto! Práticas da devoração a partir de Oswald de Andrade*. Berlim: Peter Lang Publishers, 2021, pp. 37-56.

AZEVEDO, Beatriz; FRANCIS, Laura. "Será esse o futuro do século XXI?". *Revista Das Questões*, Brasília: UnB, v. 11, n. 1, 2021.

BOAVENTURA, Maria Eugenia. *A vanguarda antropofágica*. São Paulo: Ática, 1985.

BOPP, Raul. *Vida e morte da Antropofagia*. Rio de Janeiro: Civilização Brasileira, 1977.

BRITO, Mario da Silva. *Ângulo e horizonte: De Oswald de Andrade à ficção científica*. São Paulo: Martins, 1969.

CAMPOS, Augusto de. "Revistas re-vistas: Os antropófagos". In: *Revista de Antropofagia*. Ed. fac-similar. São Paulo: Abril Cultural; Metal Leve, 1976, [s.p.].

CAMPOS, Haroldo de. "Da razão antropofágica: Diálogo e diferença na cultura brasileira". In: *Metalinguagem & outras metas*. São Paulo: Perspectiva, 2004, pp. 231-55.

CAMPOS, Haroldo de. "Uma poética da radicalidade". In: ANDRADE, Oswald de. *Poesias reunidas*. São Paulo: Civilização Brasileira; Brasília: MEC, 1972, pp. 9-59.

CANDIDO, Antonio. "Digressão sentimental sobre Oswald de Andrade". In: *Vários escritos*. 3. ed. rev. e ampl. São Paulo: Duas Cidades, 1995, pp. 67-103.

_____. "Estouro e libertação". In: *Vários escritos*. 3. ed. rev. e ampl. São Paulo: Duas Cidades, 1995, pp. 41-60.

_____. "Oswald viajante". In: *Vários escritos*. 3. ed. rev. e ampl. São Paulo: Duas Cidades, 1995, pp. 61-6.

DELEUZE, Gilles. *Nietzsche et la philosophie*. Paris: PUF, 1962.

_____. *Conversações*. Trad. de Peter Pál Pelbart. São Paulo: Ed. 34, 1992.

FERNANDES, Florestan. *A função social da guerra na sociedade tupinambá*. São Paulo: Pioneira, 1970.

_____. *A organização social dos Tupinambá*. São Paulo: Hucitec; Brasília: UnB, 1989.

FONSECA, Maria Augusta. *Oswald de Andrade: Biografia*. 2. ed. rev. e aum. São Paulo: Globo, 2007.

_____. *Por que ler Oswald de Andrade*. São Paulo: Globo, 2008.

FREUD, Sigmund. *Os chistes e sua relação com o inconsciente. Edição standard brasileira das obras psicológicas completas de Sigmund Freud*. Trad. de Jayme Salomão. Rio de Janeiro: Imago, 1995.

_____. *Totem e tabu e outros trabalhos. Edição standard brasileira das obras psicológicas completas de Sigmund Freud*. Trad. de Jayme Salomão. Rio de Janeiro: Imago, 1996.

HELENA, Lúcia. *Uma literatura antropofágica*. Fortaleza: UFCE, 1983.

LÉVI-STRAUSS, Claude. *O cru e o cozido — Mitológicas I*. Trad. e pref. de Beatriz Perrone-Moisés. São Paulo: Cosac Naify, 2004.

_____. *O homem nu*. Trad. de Beatriz Perrone-Moisés. São Paulo: Cosac Naify, 2011.

_____. *O pensamento selvagem*. Trad. de Maria Celeste da Costa e Souza e Almir de Oliveira Aguiar. São Paulo: Cia. Editora Nacional, 1976.

LÉVY-BRUHL, Lucien. *La Mentalité primitive*. Paris: PUF, 1922.

MÉTRAUX, Alfred. *A religião dos Tupinambás*. São Paulo: Edusp; Cia. Editora Nacional, 1979. (Coleção Brasiliana 267).

MONTAIGNE, Michel de. *Ensaios*. Livro I, *Les Cannibales*. São Paulo: Martins Fontes, 2002.

MOORE, Elke Aus Dem; RONNA, Giorgio. *Entre Pindorama: Arte brasileira contemporânea e a Antropofagia*. Stuttgart: Künstlerhaus Stuttgart, 2007.

NIETZSCHE, Friedrich. *A gaia ciência*. Trad., notas e posfácio de Paulo César de Souza. São Paulo: Companhia das Letras, 2001.

_____. *Genealogia da moral: Uma polêmica*. Trad., notas e posfácio de Paulo César de Souza. São Paulo: Companhia das Letras, 1998.

_____. *Para além de Bem e Mal* [1885-6]. São Paulo: Editora Nova Cultural, 1999. (Coleção Os Pensadores).

NODARI, Alexandre. *A posse contra a propriedade: Pedra de toque do direito antropofágico*. Florianópolis: UFSC, 2007.

NUNES, Benedito. "Antropofagia ao alcance de todos". In: ANDRADE, Oswald de. *A Utopia antropofágica*. São Paulo: Globo, 2011, pp. 7-56.

_____. *Oswald canibal*. São Paulo: Perspectiva, 1979.

PERRONE-MOISÉS, Leyla. "Un Grand écrivain joyeux: Oswald de Andrade Anthropophagies". *La Quinzaine Littéraire*, Paris, v. 375, pp. 16-31, 1982.

ROCHA, João Cezar de Castro. "Cinco séculos de Antropofagia: Uma releitura do 'Manifesto Antropófago'". *Ciência Hoje*, Rio de Janeiro, v. 25, pp. 44-9, 1º dez. 1998.

_____; RUFFINELLI, Jorge (Orgs.). *Antropofagia hoje? Oswald de Andrade em cena*. São Paulo: É Realizações, 2011.

SCHWARTZ, Jorge. *Brasil: Da Antropofagia a Brasília*. São Paulo: Cosac Naify, 2003.

_____. *Vanguardas latino-americanas: Polêmicas, manifestos e textos críticos*. São Paulo: Edusp; Iluminuras; Fapesp, 1999.

VIVEIROS DE CASTRO, Eduardo. *A inconstância da alma selvagem e outros ensaios de antropologia*. São Paulo: Cosac Naify, 2002.

_____. *Araweté, os deuses canibais*. Rio de Janeiro: Zahar; Anpocs, 1986.

_____. "O nativo relativo". *Mana: Estudos de Antropologia Social*, Rio de Janeiro: Museu Nacional, v. 8, n. 1, pp. 113-48, 2002. Disponível em: <https://www.scielo.br/j/mana/a/ZcqxxhqhZk9936mxW5GRrhq/?lang=pt&format=pdf>. Acesso em: 15 jun. 2021.

WISNIK, José Miguel. "Cultura pela culatra". In: *Sem receita*. São Paulo: Publifolha, 2004, pp. 108-20.

A SEXUALIDADE DE MÁRIO DE ANDRADE: A PROVA DOS NOVE

CÉSAR BRAGA-PINTO

... fui transcompreendido
MÁRIO DE ANDRADE,
"Carta-aberta", *Diário Nacional*, São Paulo, 4 dez. 1927.

Fora os que algarismam os amanhãs!
[...] *Ódio à soma!*
MÁRIO DE ANDRADE,
"Ode ao burguês",[1] 1922.

Anteriores ou contemporâneas à eclosão do modernismo paulista, uma constelação de obras literárias remontando às últimas décadas do século XIX permite que se formule não um sistema literário, mas um arquivo — não canônico, não linear, não filiativo — que, se hesito em chamar propriamente gay, consiste em representações literárias de dissidências de gênero e sexualidade, cujo grau de homofobia e impulso classificatório só pode ser avaliado caso a caso. Nesse arquivo heterogêneo, figuram as alusões relativamente explícitas ao homoerotismo e à homossexualidade em obras de Ferreira Leal (*O homem gasto*, 1885), Raul Pompeia (*O Ateneu*, 1888), Aluísio de Azevedo (*O cortiço*, 1890), Adolfo Caminha (*Bom-crioulo*, 1895), Nestor Vítor ("Sapo", em *Signos*, 1897), César Castro ("Dioscuros" e "Lésbica", 1909), Vinício da Veiga (*O homem sem máscara*, 1921) — este último que, em 1921, leu trechos de seu romance inédito *Adão*, na livraria Jacyntho, centro de encontro do grupo modernista[2] — e mesmo algumas das pouco conhecidas crônicas de Brito Broca, dos anos 1920.[3] Além disso, há toda uma galeria de personagens efeminados, machonas, travestidos e travestidas, desde o *Maria ou A menina roubada* (1852), de Teixeira e Sousa — cujo protagonista é precursor de Diadorim —, até *Luzia-Homem* (1903), de Domingos Olímpio, "O Sinhazinha" (1904), de João Luso, e o "Ganimedes tragicômico" (1922), de Carlos Vasconcelos, constituindo assim um corpus que intersecta, mas não necessariamente se confunde com a história da homossexualidade na literatura.

Um dos nomes mais significativos nesse arquivo em formação é o de Coelho Neto, alvo predileto das chacotas dos modernistas, cujas obras volta e meia aludiam à homossexualidade e à efeminação — seja em passagens breves de alguns de seus romances, seja nos textos em que assinava com o pseudônimo Caliban — e também, já no século XX, à transexualidade e à androginia, temas centrais de seu romance fantástico *Esfinge* (1908) e de sua comédia *O patinho torto* (1918). Durante a década de 1920, continuava em voga a literatura chamada "de escândalo" dos neonaturalistas, decadentes e mórbidos, literatura que Brito Broca definiu como socialmente anarquista e revolucionária, mas esteticamente reacionária.[4] Durante o mesmo período, também a imprensa ilustrada divulgava, geralmente sob pseudônimos, histórias homoeróticas nas páginas de jornais como *O Rio nu* (1898-1916) e, pouco depois, em *A maçã* (1920-9, dirigido por Humberto de Campos).

No âmbito das biografias e da dita vida literária, o ano de 1922 e os que imediatamente o precederam foram marcados, entre *muitas* outras coisas, pela morte de três escritores cariocas cuja homossexualidade era conhecida, comentada ou insinuada: o parnasiano Olavo Bilac (1865-1918), o cosmopolita Paulo Barreto/João do Rio (1881-1921) e, finalmente, o dramaturgo simbolista-decadentista Roberto Gomes (1882-1922) — este, hoje esquecido, mas extremamente respeitado em sua época, frequentador da casa de Di Cavalcanti, suicidou-se na véspera do Ano-Novo de 1922.[5] Posteriormente, há pouco conhecimento de escritores homossexuais de renome da elite letrada, não obstante o fato de alguns poucos modernistas — como Sérgio Buarque de Holanda e Prudente de Moraes, neto — terem se interessado por figuras como Febrônio Índio do Brasil, mulato e homossexual, acusado de crimes hediondos contra dois adolescentes em 1927 e autor de *As revelações do príncipe de fogo*, escrito um ano antes na prisão. Em seu exemplar, Mário de Andrade anotou à margem: "garboso testemunho" e "erudição deliciosa".[6]

O modernismo paulista parece ter interrompido aquela supervisibilidade de formas de representação — e classificação — da dissidência que, para o bem ou para o mal, circulavam entre romances, poesias, matérias de jornal, praças, becos e rodinhas de escritores. Horácio Costa tocou na questão ao apontar que a flagrante homofobia em *Retrato do Brasil* (1928), de Paulo Prado,[7] e as tentativas de silenciamento em torno de Mário de Andrade — os insultos de Oswald, a famosa rasura de um verso de seu "Girassol da madrugada" recomendada por Manuel Bandeira — revelam como "as convenções do dizer, ou ainda, o exercício caviloso da autoridade da heterossexualidade compulsória pesam mais, para nossos modernistas, do que a lealdade com o poeta possivelmente hipossuficiente em termos sociossexuais".[8] Com efeito, não custa lembrar algumas dessas instâncias de homofobia — e racismo —, intencionada ou não, a que se refere Costa: em 14 de abril de 1929, Oswald publicou na *Revista de Antropofagia*, encartada no *Diário de S. Paulo*, o artigo "Os três sargentos", em que critica a falta de "original idade" (sic) de Mário, se refere a ele como "Miss São Paulo traduzido em masculino" e, finalmente, assina "Cabo Machado" — título e assunto de um poema de Mário de *Losango cáqui* (1926), em que o poeta admira a figura sensual de um mulato — "dançarino, sincopado", "unhas bem tratadas", "não rejeita o bom-tom do pó de arroz". E também a mágoa de Mário em relação ao ex-amigo, expressa, entre outras vezes, em carta de 1944 a Murilo Miranda: "Ódio, nem é bem ódio: será ódio apenas pela obrigação moral de odiar um indivíduo que se chafurdou nas maiores baixezas do insulto e da infâmia pessoal".[9] E as chacotas na *Revista de Antropofagia*, como o "Miss Macunaíma", assinado por Octacílio Alecrim, que, talvez intencionalmente, podia ser interpretado como uma alusão a Mário de Andrade. Ou o anônimo que no Rio de Janeiro o teria chamado de "cretino, cabotino e pederasta".[10]

Enfim, o "segredo" da sexualidade de Mário de Andrade — a "selva escura"[11] desse "vulcão de complicações", como ele mesmo se definiu em carta a Sérgio Buarque de Holanda[12] —, a duras penas, deixa de ser uma das preocupações mais ou menos veladas da crítica do modernismo, cuja história e histórias permaneceram durante muito tempo mal acomodadas na narrativa heroica do movimento, parte de uma narrativa surpreendentemente velada — quando não homofóbica — no que diz respeito ao tratamento de dissidências sexuais ou de gênero. Ao mesmo tempo, desde os insultos iniciais até a fortuna crítica do poeta posteriormente desenvolvida em movimentos indecisos de aproximação, desautorização ou simplesmente negação do tema do homoerotismo e da sexualidade em sua obra, formou-se, pouco a pouco, e mesmo se a contragosto de alguns, um arquivo mariodeandradiano *queer* em expansão, no qual "Cabo Machado" e

"Girassol da madrugada", as mais bem realizadas representações eróticas do corpo e da subjetividade do poeta, ocupam posição central. Para melhor compreender o desenvolvimento desse arquivo esboçado e rasurado, proponho, nas próximas páginas, uma breve revisão da fortuna crítica mais influente, em particular da obra poética, na qual, justificada ou não, a inevitabilidade de identificação entre autor e obra, entre "eu lírico" e "eu empírico", tem criado problemas metodológicos e, por vezes, incômodos.

SOMADO, DIVIDIDO, MULTIPLICADO...

Em geral, a crítica tem abordado o "x" da sexualidade em/de Mário de forma mais ou menos homofóbica, às vezes com cuidado, às vezes com constrangimento, outras com dissimulação e, não raro, em gestos de desqualificação ou obliteração. Parte do problema provém da tentativa de dar coerência e de classificar os diferentes livros e períodos da produção do poeta. Particularmente espinhosa é a exigência de excluírem-se a biografia e a psicologia — seja lá o que isso signifique — da análise da poesia de Mário, em especial de sua porção lírico-amorosa. Mesmo aqueles críticos que defendem uma separação completa entre a obra e seu autor apenas com muito custo a realizam, reintroduzindo o biográfico conforme a conveniência. Ou seja, enquanto inúmeros aspectos contextuais-biográficos, desde detalhes de suas viagens até sua posição de funcionário público e sua relação com o Estado, além de muitos outros elementos disponíveis na imensa epistolografia do poeta, são considerados relevantes para a melhor compreensão de sua obra, a sexualidade de/em Mário tem sido considerada um problema menor, que só pode levar a leituras redutoras, quando não inoportunas.[13] Nem por isso deixou-se de apontar repetidamente elementos "extraliterários", como, por exemplo, a suposta "feiura" do escritor, sua relação com o Estado, ou o nome e o sobrenome desta ou daquela paixão — platônica. Em todo caso, como procurarei demonstrar, *esvaziamento* e *distorção* são dois dos principais movimentos da crítica diante do "segredo" de Mário.

+ Entre os pioneiros, Roger Bastide (1949) esboça os termos que seriam retomados por seus sucessores ao classificar o poeta em três estágios que, para ele, se acumulam, mas não se cancelam: (1) o modernista e arlequinal, feito de retalhos de São Paulo; (2) o da "confusão lírica" do poeta apaixonado pelo Brasil e pela língua brasileira; (3) o momento subjetivo, do espelho, do encontro consigo mesmo. Neste último lirismo, mais complexo, Bastide introduz dois ritmos: o da dança, exteriorizado no "Cabo Machado" e interiorizado no "Baile! Baile de mim no entre-sono!" ("Poemas da amiga", 1929-30); e o do diálogo, em que a dualidade não conduz à unidade, mas "em que [...] um é igual a dois"; em que "a procura no amor não é a comunhão, mas dualidade". Porém, sua procura constante de antagonistas e interlocutores — o burguês, Maria, o seringueiro — é inútil, e o poeta, diante do medo da solidão, divide-se em dois, exteriorizando-se ora na criança que não quer morrer, ora no irmão pequeno, somente para continuar o diálogo. Enfim, para Bastide, Mário de Andrade é essencialmente um poeta cercado de ausências. Nesse texto curto, mas complexo, introduzem-se termos como a necessidade de diálogo, do encontro físico com o outro cujo corpo esquiva-se ou ausenta-se e do poeta "forçado ao sortilégio e à magia de transformar todas estas obscuras ausências em presenças luminosas"[14] — termos de análise ricos de possibilidades *queer*, de que apenas algumas foram aproveitadas pela crítica posterior. Durante esse período, introduzem-se ainda temas como o do "amor platônico" e da "sublimação do amor sexual".[15]

+ Antonio Candido foi um dos primeiros críticos a ensaiar já em 1942 uma análise do conjunto da poesia de Mário — que, segundo ele, é "extremamente pessoal" e "fruto da aventura do homem Mário de Andrade" —, classificando as fases e faces do poeta segundo diferentes "aspectos", "maneiras" e "temas". Dentre os chamados "aspectos", estaria o do "poeta de si mesmo", exemplificado no "Girassol da madrugada"; dentre os "temas", está o do "conhecimento amoroso (amor falhado)"; e, dentre as "maneiras", a "que busca o essencial com a respiração presa".[16] Acertada e útil que seja a classificação, o gesto universalizante do crítico introduz uma rasura que será recorrente em críticas posteriores, ao chamar a atenção para o tema do conhecimento amoroso, mas também obliterando e *desautorizando* o que pode haver de pessoal, histórico e específico na escrita do amor — e do sexo — não consumado. Ou, melhor dito, a universalização que incorpora a dissidência — o fracasso — a uma história literária ocidental, patriarcal e heterossexual priva toda diferença afetivo-sexual do poeta da possibilidade de universalizar-se. Ao contrário da leitura de Bastide, aqui a ausência não é a do corpo do outro, mas sim a do poeta, que se disfarça ou se cala. O recorte caracterizará grande parte da fortuna crítica daí em diante, sintetizada aqui em um trecho frequentemente citado, em que, entre o biográfico e o literário, o nome próprio e o substantivo comum se confundem, ao mesmo tempo que se divorciam:

> Mário de Andrade é um poeta que gosta sempre de impor a sua presença; de falar alto através dos seus modismos de expressão e de ser. Nos poemas que tratamos, ele se retira nas pontas dos pés, e deixa apenas o sortilégio da sua ausência, que se funde na poesia do silêncio e revela realmente ignorados aspectos da alma [...] A sua grande habilidade está em fazer falar o silêncio; em apagar-se para fundir nele a poesia.[17]

Do ponto de vista da história das sexualidades, a retórica utilizada pelo crítico soa como um apelo à discrição, ao silêncio, à invisibilidade e uma supervalorização da separação entre o público e o privado — a "respiração presa" —, alcançados como se fosse em um passe de mágica — ou seja, na espiritualidade da poesia.

[*Em 1959, em sua análise do tema do "amor e medo" em Álvares de Azevedo, Candido faz um gesto semelhante de universalização do "amor falhado". Curiosamente, ele se apoia em um dos mais belos ensaios de Mário, a despeito das intenções expressas do autor, cheio de sugestões homossexuais. Publicado originalmente em 15 de setembro de 1931, na* Revista Nova, *"Amor e medo" trata dos poetas românticos brasileiros, particularmente de Álvares de Azevedo, e a "repugnância com que julga a parte* [*hétero*] *sexual do amor".*[18] *Mário mostra como em sua poesia todas as mulheres são, ou assexuadas — devido à* consanguinidade —, ou inatingíveis — virgens —, ou desprezíveis — prostitutas[19] —, o que contrasta com a "sexualidade viril" de um Castro Alves.[20] Como de contrabando, Mário desdobra — ou esconde — a discussão da "insensibilidade, a indiferença sexual com que ele [Álvares de Azevedo] trata a mulher", por um lado, e sua "feminilidade", por outro, em duas notas de rodapé: na primeira nota, comenta o desinteresse geral do poeta pelas mulheres, não fosse uma única ocasião em que, se algum interesse houve, fora somente por seus "vestidos de veludos"; ou seja, Mário mostra como o poeta romântico "femininamente presta mais atenção a cetins e escumilhas que a corpos gostosos da gente apertar na valsa".[21] Na segunda nota, comenta sua "feminilidade adquirida na educação entre saias", "prejudicial pro desenvolvimento masculino dos rapazes" e lembra a ocasião em que o poeta apareceu em um baile de Carnaval vestido de mulher. Um ministro, pretendente de sua irmã, teria se interessado pela mascarada, julgando-a uma prostituta, mas Álvares de Azevedo continua representando seu disfarce, que só desvenda na alta madrugada. Por fim, Mário convida o leitor a relacionar efeminação a sexualidade:

> Ao que se poderá juntar as conversas mais ou menos entendidas do poeta sobre crivos e bordados; as preocupações com toaletes femininas, principalmente a bonita descrição do vestido da condessa de Iguaçu; e o profundo desfervor sexual com que, além de se confessar "panteísta", na contemplação da moça bonita, insultou de bestas as moças piratininganas.[22]

No fim do ensaio, como se para não deixar mal-entendidos, o autor tenta se aprumar:

> Há várias constâncias e pormenores nos escritos de Álvares de Azevedo que poderiam nos levar a suposições psicopatológicas que não me interessam aqui por serem apenas deste ou daquele indivíduo. Não têm o valor universal do tema do amor e medo, que é de todos. Mas não me assusta imaginar que em grande parte, foi o medo de amor, a incapacidade que levou Macário a se morrer.[23]

Porém, a despeito da intenção manifesta de universalização e de restringir a reflexão à esfera do literário, Mário termina com uma interrogação sobre a "mulher-anjo-homem assexuado" do sonho de Macário. "Quem é?, Macário *pergunta. Mas Satã muda de conversa."*[24] *Entre as identificações com o poeta romântico, chama a atenção o elogio de seu panteísmo, reminiscente da autoproclamada pansexualidade do modernista.*[25]

Curiosamente, quando recorre ao texto de Mário de Andrade para explicar o tema do medo de amar em Álvares de Azevedo, Candido tenta mudar de conversa e esvaziá-lo de qualquer suspeita de homossexualidade: "Não desejo, nem de leve, sugerir nele qualquer incapacidade, desvio ou anormalidade afetiva, mesmo porque estou me referindo ao poeta que, em suas obras, fala na primeira pessoa; não ao homem Álvares de Azevedo, necessariamente". Como no "amor falhado" de Mário de Andrade, aqui o crítico novamente universaliza — "com a força ampliadora da arte" — e logo (hétero) normaliza o tema do medo do amor: "condição normal do adolescente burguês e sensível em nossa civilização". E também em nota de rodapé, Candido insiste que difere de Mário, pois se refere ao "problema da contradição entre a atitude erótica e a renúncia ao ato sexual enquanto ato de amor" e "não necessariamente à prática do mesmo como função orgânica".[26] *Apesar da ênfase, o "necessariamente" assim repetido, se não exclui sua possiblidade, esvazia o significado do ato ou da identidade sexual.*

— De minha parte: não digo que uma das leituras seja superior ou mais acertada do que a outra. Ao contrário, o que me parece mais interessante e revelador é, por um lado, o olhar interessado de Mário para as performances do gênero e da sexualidade na poesia e no poeta romântico e, por outro lado, o completo desinteresse de Antonio Candido pelo mesmo assunto. Ao mesmo tempo, não seria justo se não lembrasse sua leitura de "Louvação da tarde" (1925, publicado em 1930), poema que Candido define como "meditação ambulante"[27] *em "ar de amena paródia",*[28] *situado entre o dia, ou seja, a consciência — do poema "Louvação matinal" —, e a noite — da "Meditação sobre o Tietê" —, que, por sua vez, corresponde "à vida recalcada, aos desejos irregulares, ao inconsciente que assusta e a tudo que a sociedade oprime, [...] o momento das rebeldias e dos impulsos arriscados".*[29] *A análise restringe-se a "Louvação da tarde", no contexto do ciclo supostamente heterossexual dos poemas de "Tempo de Maria", que, segundo ele, "descreve o amor impossível por uma mulher casada e virtuosa".*[30] *De modo que ficamos sem saber o que seriam os "amores irregulares" do poema da noite e do inconsciente. Ao mesmo tempo, vale lembrar também que Candido tem plena consciência dos "Limites da biografia" tanto quanto da "Perenidade da biografia", tema e títulos de dois de seus ensaios luminosos.]*

+ Um ano depois de Candido, Álvaro Lins, ao definir Mário de Andrade como "mais uma personalidade [consciente de seu destino] do que um autor [consciente de sua obra], pelo menos no domínio da poesia",[31] expressa uma dificuldade, que também parece servir como solução para as tentativas de explicar a obra e a *figura* de Mário de Andrade. Segundo Lins, seja o "sentimento da terra" o predominante, seja o "sentimento íntimo",[32] a figura do poeta divide-se entre uma originalidade "intrínseca", em que há domínio da linguagem e síntese entre forma e conteúdo, e uma "falsa originalidade", "menos apreciável", que é a da técnica e do artifício, feita ou de "pitoresco a todo custo",[33] ou de um "preciosismo de roupas novas".[34] A porção da obra mais valorizada pelo crítico é a do "poeta solitário que canta o amor impossível, o amor irrealizado, o amor por si mesmo".[35] Para ele, a imagem que Mário transmite é a "imagem atormentada de um homem que procura a si mesmo",[36] de modo que a pesquisa formal de Mário se revela como a de "um homem multiplicado", movimento este que está refletido em seu poema mais "biográfico" — as aspas são do crítico —, em que se encontra a "imagem da figura do Sr. Mário de Andrade": "Eu sou trezentos, sou trezentos e cincoenta/ Mas um dia afinal eu toparei comigo". Curiosamente, o autobiográfico é evocado justamente no momento em que se faz mais elusivo. Já se anunciam aqui alguns dos becos sem saída da crítica à poesia de Mário: a questão da "intimidade", feminizada, mas quase nunca bem definida; a técnica como disfarce, artifício ou pose; a questão do eu multiplicado, reinterpretado como sujeito dividido, dilacerado; tudo isso acenando e, ao mesmo tempo, desviando o olhar do elemento biográfico. Assim, houve quem interpretasse a preocupação com a forma de Mário de Andrade simplesmente como "maneirismo efeminado".[37]

+ No ensaio que abre *A sereia e o desconfiado*, datado de 1961, Roberto Schwarz dá mais um passo nesse beco sem saída e esbarra na questão da intimidade, da espontaneidade e da experiência. A favor da autonomia do texto literário e contra o que ele chama de "psicologismo" de Mário de Andrade, o ensaio precede um outro em que critica o "biografismo" nas leituras de *O Ateneu*, de Raul Pompeia, e, mais especificamente, a leitura que Mário faz do romance e de seu autor. De fato, como já discuti em outra ocasião, Mário — e esta é, em minha opinião, a riqueza do ensaio, assim como daquele sobre Álvares de Azevedo — não só mistura autor, personalidade e obra, mas também se mistura na leitura do romance, às vezes com hesitação, mas outras vezes em plena entrega.[38] Assim, segundo Mário, Raul Pompeia — de mãos dadas com Sérgio, o protagonista — horroriza-se com a "brutalidade do macho" e distancia-se das formas dominantes de masculinidade, recorrendo a, digamos, um disfarce: "Assim guardado, assim escondido em si mesmo, é possível que ele arrastasse consigo algum segredo mau, uma tara, uma desgraça íntima que jamais teve forças para aceitar lealmente e converter ao elemento de luta e de realização pessoal".[39] Contra Mário, Schwarz esforça-se em excluir o "eu empírico" da análise do romance de Pompeia e manter o "eu ficcional" intacto; e, contra Mário — sua arte poética, mas também sua poesia? —, critica no poeta paulista a "exigência de *viver* o poema em lugar de *escrevê-lo*", o que, segundo ele, faz com que o "poético" acabe por perder para a "sinceridade" desejada: "Fosse Mário de Andrade menos psicologista e mais afeiçoado à imaginação, não associaria tanto valor à 'experiência imediatamente vivida' em detrimento da evocação fantasiosa".[40] Quando posteriormente a sinceridade expressa-se em termos de emoção coletiva — o folclórico, o nacionalista — e nela busca sua fonte de energia, apenas acrescida de técnica — máscara da sinceridade —, trata-se, segundo o crítico, de mera substituição, sem a desejada superação que somente a "experiência estética" — a síntese entre forma e conteúdo — é capaz de oferecer. No caso deste outro Mário, Schwarz italiciza: "*a técnica não faz mais que vestir as emoções*".[41] Em outro texto, Schwarz recorre ao vocabulário da misoginia e da homofobia para se referir a essa roupagem e ao mascaramento de Mário como "flexões exibicionistas e adamadas".[42] Finalmente, o crítico dialético entrevê um terceiro momento, de uma "possível superação",[43] em que a tônica é o social, o político, enquanto a técnica — a roupagem —, em vez de negar o lirismo, passa a ser a "condição de sua realização".[44] Enfim, alguém irá dizer que Schwarz quer um Mário com menos adorno e mais Adorno.

+ Em artigo publicado meses antes, em edição comemorativa dos quinze anos da morte de Mário de Andrade, no Suplemento Literário de *O Estado de S. Paulo* (27 de fevereiro de 1960), Anatol Rosenfeld, utilizando-se de termos correlatos, mas estabelecendo um diálogo mais direto com o poeta, afirma que a busca de Mário por uma linguagem brasileira liga-se "ao problema mais íntimo da descoberta da própria identidade através da procura da identidade nacional";[45] o antagonismo e a equivalência propostos enveredam novamente para a discussão da exigência da "sinceridade" na obra de Mário, "sintoma da crise, ou seja, do sentimento de fragmentação", cuja superação seria a busca da "genuidade na ingenuidade do tom popular".[46] A essa "dupla sinceridade", que fora sugerida pelo próprio Mário, e que Schwarz já pusera sob suspeita, corresponderiam "dois cabotinismos": "um feio, dos motivos profundos que impelem o artista e o homem à criação (motivos 'inconfessáveis' ou 'perniciosos') e outro, o cabotinismo da máscara, das razões oficialmente confessadas...".[47] Assim, a busca da sinceridade, assim como da autenticidade, explica o crítico, divide a autoidentidade, e esta se perde no momento mesmo em que é procurada: "[i]nfiltra-se então, devido a certos exageros, um momento de pose e artifício que nega a sinceridade e faz duvidar da própria sinceridade da sinceridade".[48] A análise transborda para a prosa de Mário, de modo que, ao comentar brevemente o conto "Frederico Paciência" — como hoje se aceita, o mais autobiográfico e homoerótico dos textos de Mário —, o crítico recorre à mesma imagem para definir a "verdade" — do narrador? do escritor? —, "constituída tanto pela face como pela máscara".[49] Aliás, generaliza a imagem para todos os textos reunidos em *Contos novos*, que, segundo ele, focalizam o "*derrière* da fachada", a miséria e o "lodo" que estão por trás do "pó de arroz" do cotidiano.[50] Dessa forma, prossegue, em "Primeiro de maio", "a própria 'autenticidade' descoberta é cabotina, a nobreza das atitudes é uma pose", parte de uma "antropologia que encara o homem como ser essencialmente mascarado".[51] Como voltarei a discutir, a retórica da efeminação — "pose", "pó de arroz", tal como o "adamado" de Schwarz — está no centro da discussão sobre o tão falado "cabotinismo" de Mário.

+ Percorrendo mais ou menos a mesma trilha, em 1973, Gilda de Mello Souza escreve que em Mário "o destino do Brasil se cruza e confunde com o destino pessoal do escritor"[52] e, em seguida, contrapõe "dois códigos poéticos", similares aos de Álvaro Lins: o do Brasil múltiplo ou multiplicado e o do "eu atormentado do artista", que resulta numa poesia que "não se furta ao exame, mas está sempre disfarçada por trás da multiplicidade das máscaras", de modo que o processo poético da chamada obra madura de Mário é "impenetrável para quem não tem um conhecimento mais profundo, tanto da realidade brasileira como da biografia do escritor".[53] Nada se revela sobre o conteúdo de tal biografia, ou como ela iluminaria (penetraria) a poesia de Mário e, contudo, afirma-se, pelo menos sobre *Remate de males*, a presença de várias gradações do amor, que, se supõe, é heterossexual, mesmo se não realizado: "amizade amorosa pela 'doce amiga', amor platônico pela 'rica senhora', relação carnal do 'Girassol da madrugada' e dos 'Poemas da negra'".[54] Já sobre o poema "Brasão", do mesmo livro, Gilda reconhece a complexidade de um texto que "atenta não apenas à enumeração dos *sinais*, mas aos *esquecimentos* e disfarces, que, não obstante o tom confessional do poema, insistem em preservar a intimidade e o segredo".[55] Já anteriormente, mas em outro contexto, a crítica, com fineza, por certo, acaba emulando os gestos, as poses mesmo do poeta, a quem chamará de Narciso desencantado, sugerindo um segredo e uma implícita confissão autobiográfica; mas logo recua e se cala junto a ele, denunciando "um negaceio constante, feito de confissão e recalque, abandono e reserva"; finalmente, com certo recato, convoca o leitor para que redirecione o olhar para outro lado: "[i]ndiferente ao aceno persistente de seu gesto, desviemos dele o nosso olhar, para ir descobrindo à nossa volta, no que recolheu com paciência e semeou com paixão, o rosto verdadeiro que ele não soube, ou não ousou divisar".[56]

+ O livro de João Luiz Lafetá, *Figuração da intimidade: Imagens na poesia de Mário de Andrade* (1986), o primeiro e mais frequentemente citado estudo de fôlego que ousou dar nome à sexualidade de/em Mário, repete a agora já repisada imagem da "máscara", classificando as fases da poesia de Mário — em ordem evolutiva — segundo máscaras sucessivamente usadas e abandonadas, respostas a momentos de crise individual e social, que correspondem a "instantes precisos dos movimentos ideológicos dessa burguesia e constituem verdadeiras cristalizações da autoimagem que ela procurava fazer".[57] Lafetá concentra-se na quarta, a "máscara de uma intimidade atormentada" dos livros *A costela do Grão Cão* (1924-1940) e *Livro azul*, publicados pela primeira vez em *Poesias* (1941). Ao analisar esses poemas em que parece identificar o melhor e o mais equilibrado momento da poesia de Mário, em que haveria maior síntese entre forma e conteúdo, entre a procura do eu e o "estar no mundo", o crítico, em última análise, quer identificar ali uma *política da intimidade*, superior tanto à chamada intencionalidade subjetiva dos livros anteriores como ao explícito engajamento político posterior. A proposta seria produtiva, não fosse o arcabouço teórico, uma abordagem simbólico-psicanalítica que mistura Freud, Jung e Marcuse com Northrop Frye e outros. Assim, o crítico quer mostrar que o momento do "despedaçamento" — o *sparagmós* de Frye — revela como "as dilacerações do indivíduo existem como resposta à dilaceração da sociedade".[58] E é a partir desse conceito — e seus correlatos "fragmentação", "desintegração", "cisão da consciência" —, e de um desdobramento psicanalítico apressado, senão questionável, que a questão da homossexualidade é pela primeira vez reconhecida e nomeada em toda a fortuna crítica do poeta, apenas uma vez em todo o livro, tão somente para ser mais tarde descartada: "[o] leitor terá observado que o tema da castração limita com o tema da homossexualidade e que várias das imagens apontam para este núcleo problemático".[59] Em todo caso, o crítico já havia alertado: "Podemos sem dificuldade prescindir do tema edipiano e do tema da castração, como realidades biográficas transpostas para o texto".[60]

A homossexualidade reconhecida é também negada em mais um desvio do olhar quando, por exemplo, ao analisar o "Poema tridente" (1933) — poema em que, segundo ele, "o fundo instintivo, violento, levanta-se contra a Lei, e o sexo, liberado, ganha a imagem da própria antilei"[61] —, Lafetá vê-se diante do perigo de "resvalar para uma impossibilidade crítica, a psicanálise da figura 'real' de Mário de

Andrade".[62] A solução, sugere, reside em transferir a análise para o âmbito da sociedade, flexibilizando-a; ou seja, distanciar-se do que possa parecer pessoal — íntimo — e pensar na relação do indivíduo perante o mundo — um indivíduo que, se infere, não tem, ou não se reduz a gênero nem sexualidade, e um mundo em que misoginia ou homofobia, se existem, são de menor relevância. Assim, diante da possibilidade de "aproximar a obra de arte às vivências emocionais contingentes de seu autor", o crítico acaba tropeçando e insiste que o que verdadeiramente interessa é avaliar em que medida o poeta consegue "arrancar-se à singularidade mesquinha dos eventos"[63] para "colocar-se no plano mais amplo da cultura".[64] A bidirecionalidade identificada na fragmentação, ou seja, o espelhamento que se manifesta entre indivíduo e sociedade, acaba por apagar o sujeito e enfatiza a máscara. A cisão entre vida íntima e vida pública, personalidade individual e personalidade social, centrais na análise do crítico, não deixa de depender de uma possível ocorrência e, ao mesmo tempo, rasura de tudo que lhe pareça circunstancial, isto é, do fato "mesquinho" que está fundado na experiência individual. Em alguns momentos, o crítico evoca, sem maiores explicações, o "eu" empírico, ao afirmar que o "Cabo Machado" tem muitas características do próprio Mário[65] — mas quais? e por que mencionar esse fato "mesquinho"? Finalmente, Lafetá escolhe evitar o risco de misturar as coisas e prefere permanecer no nível do estritamente literário, de modo que, ao analisar "a separação entre as esferas da vida social e da vida que, num primeiro nível, impõe ao indivíduo uma dupla existência", dá como exemplo "o sósia, o médico e o monstro..." quando, talvez, mais óbvio — *pelo menos para alguns de nós* — fosse pensar na vida dupla do solteirão e do homem casado, enfim, na figura do *homossexual enrustido*. Assim mesmo, Lafetá conclui, retomando um tópos recorrente desde os primeiros críticos: "A 'invisibilidade' do poeta é o mascaramento de sua intimidade"[66] de forma que, "quando o sujeito se retira, ele mais se mostra".[67]

Exclusão, silêncio, discrição: em nome da exploração da alma — individual e nacional —, fortifica-se a exigência de ocultar-se o corpo — e os trejeitos — do poeta que se impõe. Essas são estratégias — métodos? — recorrentes, usadas para evocar e ao mesmo tempo resguardar a dita intimidade de Mário-poeta, presentes não somente nas exegeses da poesia e nas postulações teóricas sobre a obra, mas também em decisões legais e editoriais. O que parece assombrar essas análises é a noção de "personalidade", sugerida primeiramente pelo crítico, e que perturba a estabilidade do conceito de "autor". Durante décadas, a crítica — em particular a que insiste em explicar toda a obra poética de Mário a partir de uma desejada coerência interna, ao mesmo tempo que se compromete com a dialética entre literatura e sociedade — bate na mesma nota das máscaras, do disfarce, do espelho, do segredo, do amor sublimado ou platônico, da sinceridade e do cabotinismo, do dilaceramento do sujeito, entre outras metáforas, eufemismos e catacreses afins, e a análise parece que não avança. Persistem os movimentos de esvaziamento e distorção na leitura da sexualidade de/em Mário.[68]

[*Não deixa de ser curioso que, mesmo aludindo a toda uma tradição literária da imagem da máscara, a fortuna crítica de Mário ignore o nome de Oscar Wilde, o grande* poseur *e entusiasta do mascaramento, autor justamente do famosíssimo ensaio "The Truth of Masks" (1886), e cuja figura, ao contrário do que se tem afirmado, ainda assombrava, ao mesmo tempo que fascinava a elite letrada do país.*[69] *Basta lembrar toda a obra ficcional e ensaística de João do Rio, seu mais célebre tradutor — em todos os sentidos —, cuja esquisitíssima história de máscaras, "O bebê de tarlatana rosa"* (1910), *Mário incluiria entre os dez — na verdade 21 — melhores contos da literatura brasileira.*[70] *Aliás, pouco antes de seu envolvimento com o movimento modernista, Menotti Del Picchia havia publicado o poema dramático* As máscaras (1920). *Ainda na década de 1920, autores como José Geraldo Vieira e Gastão Cruls buscavam inspiração no poeta irlandês em contos como, respectivamente, "A noiva de Oscar Wilde"* (Coivara, 1920) *e "Oscar Wilde"* (A ronda do alumbramento, 1922); *enquanto outros, como Cândido Mota Filho, um dos fundadores da* Klaxon *e, mais tarde, do Verde-amarelismo, recorriam ao nome de Wilde nas páginas do* Correio Paulistano *para orientar seus ideais de moralidade na vida e na literatura, sem por isso deixar de condenar a biografia do escritor irlandês e daqueles que o imitavam: "Wilde fez de suas 'poses', de seus atos de ousado cabotinismo, o ergástulo de sua própria arte. Oh, o desastre de Reading!...".*[71]

Conforme o conhecemos hoje, o conceito de "cabotinismo", aparentemente oriundo do vocabulário teatral, popularizou-se nas primeiras décadas do século XX e, no Brasil, assim como o mais ou menos equivalente "pernóstico", prestava-se a conotações tanto sexuais quanto raciais. Sobre João do Rio, o mesmo Mota Filho escreveria: "A sua delicadeza era um orgulho. A sua elegância, um cabotinismo. Falava bem e era um pernóstico".[72] Muito da discussão da originalidade da cultura brasileira e da importação de modelos europeus passou pela definição e redefinição de cabotinismo, central para compreender a transição entre a modernidade da belle époque e o modernismo das vanguardas paulistas. Não surpreende que justamente João do Rio e Mário de Andrade, ambos mulatos, ambos alvos de acusações de afetação e pernosticismo, e cuja sexualidade estava sempre sob suspeita, tenham se preocupado em definir — de formas distintas por certo — cabotinismo e, logo, controlar seu significado. João do Rio escreveu sobre o tema — e, no mesmo campo semântico, sobre "snobismo" — em diversas ocasiões, mas especialmente em um ensaio cujo título é justamente "Cabotinos", publicado em 1909, em A Notícia (RJ) e no Comércio de São Paulo, e depois reproduzido em Vida vertiginosa, em 1911. No texto, duas personagens discutem o livro de memórias Souvenirs et aventures d'un cabot (1909), de Pierre Hittemans (Paris: Louis-Michaud, 1911) — referem-se ao livro como Memórias d'um cabotino. Um deles define o cabotinismo como "o exibicionismo à outrance"[73] e aponta sua origem no teatro francês, "atores medíocres" exibicionistas, vontade de serem fotografados e que, "por condições de raça e meio, o Rio é o maior centro de cabotinismo",[74] "um país de revoltados em que todos, entretanto, são tratados como chefes", "doutores ou coronéis", "Rio dos exageros", "cabotinópolis",[75] "roda de pose alucinante" cuja causa são os órgãos de imprensa — "trombetas do cabotinismo". Estamos, é claro, também no território semântico do "medalhão" de Machado de Assis, outro que não foi invulnerável à caracterização de mulato pernóstico.

O assunto continuou a incitar o interesse da elite letrada carioca durante toda a década e chegou a ser tema de Os cabotinos, peça de Oscar Lopes, representada com relativo sucesso no Teatro Municipal do Rio de Janeiro, em 1913. Um ano depois, Afonso Taunay registra, em seu Léxico de lacunas: Subsídios para os dicionários da língua portuguesa, o verbete "cabotinismo", definido como "ânsia de exibição, demarcada presunção, amor ao reclamo".[76] Durante a década de 1920, porém, o termo foi logo associado aos modernistas de São Paulo. Já na semana de 22, Menotti Del Picchia procurou subverter seu sentido em tom de provocação: "Somos o escândalo com duas pernas, o cabotinismo organizado em escola".[77] No entanto, dois anos depois, já arrependido, renega e reprova a ruidosa iconoclastia anterior, em nome da "reconstrução", fazendo das "arlequinadas" de Mário seu alvo privilegiado: "Estou farto de toda essa ridícula grita extemporânea. O alarido que aí vai é, na sua maior parte, exploração de cabotinos. Cabotinos 'passadistas' e 'modernistas'. Mania de aparecer. Cartaz. Propaganda... Arlequinada. Truanice. Farsa de parlapatões".[78] Até Oswald de Andrade seria assim rotulado em uma crônica assinada por Roberto Aquino, chamada "Cabotinismo", em que o tacha de "o tipo acabado e perfeito do 'cabotino' [...] Ávido de notoriedade, mas inibido de consegui-la à força de talento..." (Folha da Noite, 2 de fevereiro de 1924). Em tom de blague, o próprio Mário ironizava, na Klaxon: "os futuristas de São Paulo são uns moços sem ideal, mais do domínio da patologia, que por serem ignaros e burros, tornaram-se cabotinos [...] imitam e copiam, no doido afã de se tornarem célebres. Coitados!".[79] Como se sabe, em 1926, na ocasião da publicação de Losango cáqui, acusações de pedantismo eram a tônica dos ataques mútuos entre Mário e Menotti, que chama a obra daquele de "arte-mulher-barbuda" ("Arlequinal", Correio Paulistano, 4 de fevereiro de 1926).

Não se pode perder de vista esses antecedentes e esse contexto ao ler-se o famoso ensaio de Mário de Andrade, "Do cabotinismo", publicado originalmente em 1939, em O Estado de S. Paulo, e referência do ensaio de Anatol Rosenfeld, discutido acima. Acontece que, se Rosenfeld chama a atenção para a estreita relação entre a personalidade e o poeta e, especialmente, a busca pela identidade pessoal e a da identidade nacional, é justamente a primeira que parece ser desvalorizada ou subestimada, e não a inextricabilidade das duas buscas. Espécie de revisão em mezzo del camin dos primeiros anos de sua carreira de poeta, a autobiografia intelectual denuncia, ao menos para o leitor interessado, algo da autobiografia, sentimental, psicológica e, mesmo, sexual do autor. É o próprio Mário quem contesta e logo afirma a questão da máscara enquanto postura dissimuladora:

> A rivalidade, a luta pela própria subsistência, a inveja, a vaidade sexual [...] os móveis secretos, ambições desprezíveis, imorais, antissociais e cabotinismos em geral, principalmente esse terrível e deformador de agradar aos outros, são a origem

primeira [não o móvel dirigente] de todos os nossos gestos de sociedade [...] consequentemente, a origem da maioria infinita das obras de arte também.

Assim, Mário faz uma distinção entre "móvel originário" e "móvel dirigente", em que o segundo é menos importante do que o primeiro: "Esses motivos secretos são recalcados, vencidos dentro de nós, embora vencidos só aparentemente, ou só momentaneamente derrotados", já que é necessário criar-se uma "ficção" para que "a forma social se organize e corra em elevação moral normativa".[80] E continua:

> [...] *Quem não tem coragem pra uma declaração de amor, pinta Vênus e esculpe várias Amazonas complacentes* [...]. *É que o maior tempo da nossa existência nós o empregamos em nos escondermos do que somos terrestremente. A nossa inteligência, em principal pela chamada "voz da consciência" ou que nome lhe derem, reconhece que o nosso indivíduo é por muitas partes coisa abjeta que a horroriza. Daí vencermos com paciência e infatigável atenção tudo o que de vil, de mesquinho, de repugnante possa originar a nossa vida e nossos gestos. Então surgem os móveis aparentes, as ideias passíveis de apresentações, não mais ideias-origens mas ideias finalidades, cujo destino é realmente caridoso e nobilitador. Pura falsificação de valores, cabotinismo puro. Cabotinismo nobre, necessário, maravilhosamente fecundo* [...]. *A sinceridade, queiram ou não* [...] *não morre por isso. Estes móveis aparentemente insinceros, máscaras de uma realidade primeira, fazem parte de nossa sinceridade total. As ideias secretas, os móveis desprezíveis foram sequestrados. Deles nasceu a intenção de escrever* [...]. *E vamos repetir esta mesma insinceridade cabotina, quando de noite a consciência nos parece com o seu espelho* [...]. *A ideia segunda, a diretriz desculpadora, a máscara é que realmente as realizou [a obra de arte].*[81]

O tema já estava presente no "Prefácio interessantíssimo" (1922), em que "o belo da arte" é associado ao arbitrário, ao convencional, ao transitório e à moda. Assim, para Mário, a arte opõe-se à natureza — contranatura? — e os grandes artistas são todos "deformadores da natureza": "Fujamos da natureza!".[82] Com as devidas diferenças, estamos, é claro, no campo temático não somente de "The Truth of Masks", mas também de "The Decay of Lying", dois ensaios de Oscar Wilde reunidos em 1891 no livro Intentions, traduzido por João do Rio em 1911, ele mesmo autor de "A delícia de mentir" e "O figurino", publicados no mesmo ano.[83]

Não se trata de querer buscar qualquer influência direta na obra, e certamente não na poesia de Mário, mas sim de considerar o nome de Wilde enquanto uma espécie de contexto-fantasma em que o emblema da homossexualidade moderna é invocado tanto para explorar como para cercear formas dissidentes de desejo e práticas sociais, assim como delimitar os contornos da masculinidade burguesa.[84] *O próprio Mário, tendo citado o* De Profundis *de Wilde — "Hearts are made to be broken" — em discurso de formatura no Conservatório Dramático e Musical, em 1923, seria objeto de ataques em um artigo antimodernista, "O crime de Oscar Wilde: São Paulo e seus homens de letras", publicado logo em seguida e assinado por Francisco Pati.*[85] *Dos "vícios" modernistas, Pati critica especialmente o que ele considera plágio: os paradoxos de Wilde.*[86] *Um ano antes, em* Pauliceia desvairada, *um raio de Wilde interrompia a triste garoa paulistana quando, no Largo do Arouche, o poeta de "Paisagem n. 3" abre seu "guarda-chuva paradoxal": "Ali em frente... Mário, põe a máscara! [...] E si pusesse um verso de Crisfal. No* De Profundis?".[87] *Como se sabe, muitos anos depois, Oswald esboçaria mais um insulto homofóbico ao associar Mário a Wilde, descrevendo-o como "[m]uito parecido pelas costas com Oscar Wilde", no manuscrito do seu* Dicionário de bolso.[88] *E mais tarde, também o jornal* Dom Casmurro *referir-se-ia a Mário como "sub-Wilde mestiço" ("A solidão é triste", 2 de setembro de 1939). Mais adiande, Mário, ao que parece, procura distanciar-se do nome e da obra de Wilde.*]

+ O primeiro estudo de fôlego a considerar sem grandes rodeios a questão do desejo homossexual na obra de Mário é *A apreensão do desconcerto* (2013), de Leandro Pasini. Refinados os termos — e tenho consciência do risco de estar simplificando —, o problema investigado não parece diferir muito dos antecessores e, se já não se fala de espelhamento e máscara, a questão reside no que o crítico chama de "entrelaçamento", quer dizer, a maneira como "a subjetividade lírica de Mário de Andrade busca constantemente tomar forma e expressar-se com traços de nacionalidade"[89] e, em particular, no resultado estético alcançado quando o "Brasil historicamente específico" entra em contato com "um sujeito igualmente específico".[90] Ainda assim, é a questão do desdobramento do poeta, do descompasso do mundo e do eu, e a pesquisa poética nas duas direções aparentemente opostas que se procura compreender: "O eu e o Brasil, na poesia de Mário de Andrade, criam uma complementaridade de formas incompletas";[91] e "a busca do 'eu' é permanentemente busca do outro".[92] Pasini, ao que parece, procura alcançar — e ampliar — os objetivos não alcançados pelo estudo de Lafetá que, segundo ele, não resolve os "pontos nevrálgicos da poesia de Mário no momento estudado: a indecisão política no plano histórico, a culpa e a autopunição no plano de sua consciência burguesa, a sexualidade ambivalente no plano amoroso".[93] Apesar da ambição de destrinchar a relação de entrelaçamento de eu lírico e sociedade, o crítico não evita o tema mais, digamos, "mesquinho", quando este se impõe e, ainda que com alguma hesitação, confronta-o, particularmente no capítulo III, "Amor".[94]

Segundo a análise do crítico, a vida amorosa do poeta é dirigida mais pela *filia* do que pelo *eros*, mesmo se este por vezes se rebela e transporta para o domínio daquela. Por um lado, haveria um movimento de renúncia — quase sempre incompleta e impraticável: repressão — católica —, sublimação e amor platônico, associados ao pudor do ato sexual e preocupação com a "respeitabilidade" — "imagem de origem biográfica que se projeta sobre o eu lírico". Por outro lado, a renúncia é erotizada, e o objeto do desejo é diversificado por uma sexualidade polivalente, uma "curiosidade inquietante", formando assim uma natureza pan-erótica, "que se relaciona com todos os objetos do mundo".[95]

[Minha intenção aqui não é decifrar a obra poética, muito menos a verdade do desejo do poeta, mas acho importante também ressaltar que os termos retomados por Pasini, anteriormente desclassificados, denegados, universalizados ou forçados a significados heterossexualizantes por parte da crítica, aparecem com mais ou menos franqueza e transparência, mas também com mais ou menos ambiguidade em toda a obra de Mário de Andrade, desde os primeiros poemas até a vasta epistolografia e entrevistas. Para citar alguns exemplos, já em 1920, escrevia: "Eu sei de coisas lindas, singulares, que Pauliceia mostra só a mim, que dela sou o amoroso incorrigível e lhe admiro o temperamento hermafrodita".[96] *Em resposta ao epíteto "meu poeta futurista", atribuí-*

do a ele por Oswald de Andrade, refere-se a si mesmo em terceira pessoa: "Ele consente em que o chamem de extravagante, original, atual, maluco, do 'domínio da patologia' (frase já estereotipada entre os zoilos) mas não admite que o prendam à estrebaria malcheirosa de qualquer escola".[97] *Em* Pauliceia desvairada, *os desejos, acobertados ou reprimidos, já se insinuam nas "noites de crime" — "Noturno" —; em* Losango cáqui, *o poema de número I declara "Amo todos os amores de S. Paulo... do Brasil",*[98] *e o poema de número XLIII canta um "Século Broadway de gigolôs, boxistas e pansexualidade!".*[99] *Assim também o sentido do verbo "tudoamar", flexionado no primeiro poema de* Carro da miséria (1930-1932),[100] *erotiza a tudo e a todos que encontra, ao mesmo tempo que os dessexualiza. Em carta a Carlos Lacerda, reflete sobre "a constância coreográfico-dionisíaca que atravessa toda a minha poesia".*[101] *Em carta de 1940, a Oneyda Alvarenga, comenta a não coincidência entre sexualidade e erotismo:*

> *O elemento, delicado de tratar, mas que tem uma importância decisória em minha formação: a minha assombrosa, quase absurda, o Paulo Prado já chamou de "monstruosa", sensualidade. O importante é verificar que não se trata absolutamente dessa sensualidade mesquinhamente fixada na realização dos atos do amor sexual, mas de uma faculdade que, embora sexual sempre e duma intensidade extraordinária, é vaga, incapaz de se fixar numa determinada ordem de prazeres que nem mesmo são de ordem física. Uma espécie de pansexualismo, muito mais elevada que se poderia imaginar. O Manuel Bandeira que me conhece muito intimamente, querendo me definir pra me compreender, uma vez, me disse: "Você... você tem um amor que não é amor do sexo, não é nem mesmo o amor dos homens, nem da humanidade... você tem o amor do todo". Estará certo desde que não se entenda aí a palavra "amor" em sentido mais elevado, capaz de heroísmos e santidades, mas no sentido mais particular e talvez precário de um gozo eternamente em ação de gozar-se.*[102]

Ao mesmo tempo, às vezes, fica a impressão de que o próprio Mário falava com maior desenvoltura sobre o tema da homossexualidade e do homoerotismo do que muitos de seus críticos. Por exemplo, em carta a Octávio de Faria, de 5 de novembro de 1937, sobre o encantamento que lhe causara o romance Mundos mortos, *de autoria do destinatário, segundo ele, um romance de "uma imoralidade bem sutil", Mário fala de Roberto, o "menos feliz dos três personagens" — que, aliás, Marcos Moraes compara ao personagem do conto "Frederico Paciência" —, e critica o autor, particularmente por sua dificuldade de lidar com a homossexualidade da personagem, chegando à "bestíssima conclusão moral de que o fenômeno da homossexualidade não passa de um grande engano de idade".*][103]

Ao analisar detidamente "Girassol da madrugada" (1931) — poema em que Lafetá, mais confundindo que explicando, contemplara uma "identidade intacta, máscara da sexualidade expandida sem entraves"[104] —, Pasini compara-o à "labilidade sexual" no conto "Frederico Paciência"[105] e nota que, no poema, Mário faz a "naturalização do homoerotismo, que é formulado como um amor destituído de taras, reprovações, sentimentos de anormalidade etc.".[106] Se às vezes o tema parece se dissolver e acaba perdendo sua especificidade — especialmente quando as conclusões repetem termos como o "pansexualismo", a "sexualidade polivalente",[107] o dionisíaco e a busca do poeta por *um absoluto amoroso*[108] ou, ainda, no caso de "Carnaval carioca", o "polimorfismo sexual" do poeta[109] —, o crítico também corrige: "O que Mário chama de *pansexualidade* [é] provavelmente um modo de transferência da homossexualidade, e a natureza pan-erótica é ao mesmo tempo, sexualmente múltipla e reprimida".[110] Há, por vezes, uma tendência em, com Freud, ou com um certo Freud, universalizar a bissexualidade que não se justificaria se o próprio Mário de Andrade não fosse adepto da teoria, pelo menos em algumas ocasiões, como discutirei adiante. Em todo caso, segundo Pasini, o poema "Girassol da madrugada" é o "mais cuidadoso de Mário de Andrade, aquele em que a honestidade do poeta consigo mesmo percorria um campo minado, em que sua mais íntima e frágil expressão amorosa, a mais difícil e a maior de todas, ilumina uma sexualidade ambivalente, um "pansexualismo", que não recuou diante de sua complexidade e que não atuou com violência sobre seus supostos inaceitáveis,[111] em que "o poeta resolve o problema essencial do poema: como tornar dizível aquilo que pela própria denominação religiosa é o indizível, o 'pecado nefando'".

Em determinado momento, Pasini vê-se obrigado a justificar a interferência do que pode parecer puramente biográfico em sua leitura, do “traço essencial do sujeito” que socialmente o torna “um sujeito inaceitável”, ou seja, a “imagem de origem biográfica que se projeta sobre o eu lírico”:[112]

> [...] cumpre esclarecer algo sobre a mistura de insinuações alcoviteiras e a opacidade sistemática em torno da sexualidade de Mário de Andrade. Do ponto de vista empírico, do homem Mário de Andrade, essa discussão tem interesse menor e ao longo do tempo se prendeu a intenções, ou de difamação, ou da proteção da respeitabilidade de um grande nome, sempre lidando com a pesada carga de preconceitos machistas de nossa vida prática e intelectual. Como disposição do eu lírico, no entanto, do ponto de vista prioritariamente literário, o que se tem é uma sexualidade complexa, polimorfa ou, mais propriamente, tendendo à homossexualidade.[113]

É curioso que um crítico inclinado aos estudos de literatura e sociedade se desinteresse pelo empírico e acabe por sugerir justamente aquilo que em capítulo anterior havia contestado: a existência de um “eu lírico” essencialmente autônomo. Nesse movimento de exclusão, do afastamento da homossexualidade de todo processo histórico, o crítico acaba por reforçar a “imagem” do poeta. Assim, “tentar reconhecer quem seria o destinatário desse poema é menos importante do que reconhecer a natureza *secreta*, no interior de uma obra poética pródiga de informações sobre a vida íntima e social do poeta”.[114] Enfim, se, por um lado, Pasini renuncia a decifrar o segredo do desejo, ou o objeto secreto do desejo do poeta, por outro, o aparente projeto de decifrar o segredo da poesia de Mário como um todo esvazia o que ela tem de mais específico.[115]

+ No polo *queer* dos estudos literários e culturais, é caso isolado o ensaio de Raul Antelo, por propor uma leitura do “Soneto” (1937), de *A costela do Grão Cão*, desde a perspectiva do “glass closet” — “armário de vidro” — de Eve K. Sedgwick, mostrando “que uma leitura tradicional do ‘Soneto’ esquece do fato que o *tu* a quem o poeta se dirige é adolescente” e “nada há que marque a figura do outro no poema".[116] Salvo engano, Antelo apenas propõe, mas infelizmente não percorre o caminho, pois nada indica que Sedgwick informe seu argumento. Também não está claro se Antelo insinua aqui que não há marca de gênero no "tu", mas acredito que seja justamente esse ponto obscuro que possibilita ler não só o homoerotismo em Mário, mas também a homofobia no discurso da fortuna crítica. Em todo caso, Sedgwick pode de fato iluminar a obra e o modo como a obra e a biografia de Mário de Andrade têm sido lidas no Brasil. Sem querer dar conta de seu complexo argumento, vale destacar que um dos pontos com que Sedgwick trabalha é que há duas definições de desejo e identidade — masculina — homossexuais que, apesar de contraditórias e incoerentes, regem a cultura — no caso, norte-americana do século XX: uma seria a perspectiva universalizante, a de que toda pessoa — no caso, todo homem — é, ao menos em diferentes graus, bissexual, seja na predisposição, seja na prática. A outra, minoritarizante, defende que certos indivíduos são irremediavelmente gays. No caso da fortuna crítica de Mário de Andrade, com raras exceções,[117] praticamente não existe — ainda — uma classificação ou uma reivindicação de sua figura como autor gay, mas a possibilidade pode estar subentendida na forma de um "segredo aberto" em muitas das leituras de sua obra que tratam do recalque, da culpa, da renúncia, da sublimação etc. Por outro lado, a leitura universalizante — inflada pela construção da autoimagem de Mário de Andrade, dentro ou fora da poesia — tem adquirido duas formas; uma delas universaliza o minoritário: a renúncia, o recalque, o platonismo não são temas ou experiências exclusivas do homossexual; a segunda, de certo modo, minoritariza, ou pelo menos individualiza, o universal: apesar de todo ser humano ser bissexual, Mário é um caso muito especial. Segundo Sedgwick, o termo "segredo aberto" designa um segredo específico, que é o segredo do "armário de vidro" em que há um movimento espiral de saber-poder totalizador que circula violentamente em torno de toda identidade homossexual masculina, exceto daqueles mais abertamente assumidos e reconhecidos;[118] já a retórica pública do segredo vazio — "empty secret" —, tipicamente modernista, serve ao propósito de universalizar, naturalizar e, logo, anular elementos de uma retórica específica e historicamente homossexual e masculina.[119] Em nosso caso, o segredo do poeta e sua potencial revelação, o sempre tenso efeito do armário, são organizados segundo identidades e comportamentos distribuídos ao longo de um extenso espectro: Mário não é; Mário parece, mas não é; Mário não sabe que é, mas sabe — ou não sabe — que parece; Mário sabe que é ou sabe que parece, mas finge que não sabe, ou seja, reprime ou renuncia; Mário — parece que — sabe que é, mas — parece que — não quer que outros saibam; Mário é, mas não sabe — ou sabe — que este ou aquele ou todo mundo sabe — e cala; Mário é, mas não faz; Mário talvez faça, mas isso não quer dizer que seja. Etc. Etc. Do silêncio sobre o segredo mais ou menos cuidadoso, mais ou menos assimétrico e violentamente compartilhado entre dois, muitos ou todos, passa-se para o excesso e para o esvaziamento que, segundo Sedgwick, é característico de um modernismo que desvaloriza os conteúdos e celebra a forma e a abstração: Mário é isto, mas também aquilo e mais tudo isso; talvez Mário seja, talvez não, mas sabê-lo em nada interessa; hoje sabemos que Mário era, mas e daí? — isso nós sempre soubemos![120] Ao tornar-se público, o segredo de Mário é reorientado para a esfera do privado: a sexualidade como ato ou fato íntimo e mesquinho. Nessa intersecção entre não saber e saber, e na passagem entre o segredo aberto — privado, mas compartilhado na ordem das cumplicidades — e o segredo vazio — público —, alguém poderá justificar que este ou aquele — Oswald, por exemplo — não tiveram — ou tiveram? — a intenção de insultar o companheiro Mário de Andrade, porque talvez não soubessem ou, se sabiam, não lhe atribuíam importância. A essa multiplicidade de formas de conceber o segredo acrescenta-se outra complexidade: Mário, Narciso, deseja-se a si mesmo, homens; Mário, curioso, deseja o outro, a outra e, quem sabe, a outra como metáfora do outro. Entre o ser — pansexual, dionisíaco — e o parecer — efeminado, rebuscado —, duas noções de sexualidade confundem-se, uma no âmbito do gênero, outra no âmbito do erotismo. Assim, em nome da discrição, se revela, ao mesmo tempo que se oculta, o segredo de Mário, ou Mário enquanto segredo aberto ou esvaziado.

+ Em contraste com a discrição — segredo aberto, armário de vidro — da crítica literária, depoimentos de amigos e relatos jornalístico-biográficos procuraram, de diversas formas, primeiramente ocultar — os secretários, ou seja, segundo o Houaiss, "aquele a quem se pode confiar um segredo" — e depois esclarecer o enigma sexual de Mário, com frequência esvaziando-o.[121] Os efeitos do "armário de vidro" adquirem características minoritarizantes em depoimentos como o de Rachel de Queiroz, que alega que Mário não ousava "assumir seu homossexualismo",[122] segredo aparentemente conhecido de todos, mas não comentado; de Antonio Callado, sobre as formas como Mário comportava-se diante dos rumores. E do próprio Mário, na recém-divulgada carta a Manuel Bandeira: "Está claro que eu nunca falei a você sobre o que se fala de mim e não desminto".[123] Mas foi a biografia afetiva escrita por Moacir Werneck de Castro, em 1989, que trouxe à tona o assunto da suposta "sexualidade irrealizada" de Mário de Andrade, que ele define como "sequestro (recalque) e sublimação", "sexualidade reprimida e transformada em difusa pansexualidade".[124] Jardim lança-se no caminho do esvaziamento do "mistério":

> Um verdadeiro tabu cerca a homossexualidade do poeta. A preocupação com o assunto ganhou tanta importância que existe a impressão de que ela é o elemento central da sua biografia. Aliás é curioso que a homossexualidade ganhe relevo em muitas biografias, como se fosse alguma forma bizarra de experiência.[125]

Mais recentemente, a biografia de Jason Tércio comenta: "Aos 25 anos Mário nunca fora visto com namorada, mas falava de mulheres com amigos e secretamente continuava fazendo incursões pelos lupanares da rua Líbero Badaró";[126] "ele nunca falava de namorada e aos 30 anos morava com a mãe".[127] E revela a evidência supostamente muito aguardada por todos, uma carta assinada com a inicial H, presumidamente de um rapaz com quem Mário teria passado as férias escolares em 1917: "Felizmente que durante a viagem tinha-te ao meu lado, sim, Mário, as tuas cartas, que estavam na maleta, foram um consolo [...] Não se esqueça de mim, Mário, sou infeliz e feliz por te possuir".[128] Porém, depois de comparar o conto "Vestida de preto" — segundo ele, sobre o amor platônico heterossexual — com seu análogo "Frederico Paciência", a conclusão é categórica: "Com base nesses indícios e vestígios, pode-se inferir que Mário era pansexual, andrógino, bissexual, não um homossexual, como se tenta enquadrá-lo".[129] Em crítica elogiosa ao livro, outro jornalista confirma: "A nova biografia tira esse assunto do caminho de uma vez"; e cita um comentário do próprio biógrafo: "[A sexualidade] é um aspecto irrelevante em um cara que teve uma vida épica. Esse foco sexual serve para desviar do mais importante, que é o papel intelectual dele".[130] Enfim, segredo esvaziado, caso encerrado. No veredicto, na presunção de controle do significado sexual da obra de Mário de Andrade, de seu nome próprio ou "assinatura", evidencia-se a operação de saber-poder que visa a garantir a estabilidade semântica da heterossexualidade, ao mesmo tempo que se mantém o domínio do sujeito heterossexual sobre o corpo e sobre a subjetividade dissidente.

= Resultado de inúmeras operações de divisão, subtração, multiplicação, intersecção e rasura, passo a passo, entre hesitações e desvios, denegando, desqualificando, velando ou escancarando o segredo — sexual — de Mário de Andrade, a soma das leituras de sua obra poética permite esboçar um arquivo que, em diferentes medidas, se presta a releituras, homossexuais e homoeróticas; mas sobretudo leituras em que o erótico e o sexual intersectam, mas não se confundem; em que "recalque", "sublimação e platonismo" — "Policiamentos interiores/ Temores de exceção" ("Carnaval carioca", 1923) — não são suficientes para explicar uma obra e uma subjetividade em que a diferença é constantemente afirmada — "Não posso fugir de mim! Não posso ser como os outros!" ("Reconhecimento de Nêmesis", 1926); "Não tenho forças bastantes para me universalizar? Paciência" ("Prefácio interessantíssimo") —, em que o gênero do poeta, de seus personagens e interlocutores está sempre aberto à reinterpretação — quem poderá afirmar sem hesitação que "Maria" é mulher?; em que o erótico é ambivalente, irritante, covarde, perverso, indecente, arrependido, sofrido e insiste em interromper a mediocridade cotidiana do trabalho; em que a masculinidade bélica está sempre sob contra-ataque pacifista, enquanto a dança e os requebros são celebrados — "Sou gira. Sou Louco. Sou oco, homem! Sou tudo o que quiserem! Mas que sou eu?" ("Danças", 1924); em que a paternidade — burguesa — está ausente e a lei é mulher. "Sois tão linda... você é a Lei!" ("Poema tridente", 1933); em que o erotismo é constantemente dessexualizado e ressexualizado; em que as crianças não são filhos, e a reprodução não é o motor da história; em que a felicidade não é sinônimo de sucesso e não exclui a dor ou a "tristura". E quem quiser que se identifique — ou não — com a (homo)sexualidade expressa neste belo "poema maldito":

Momento (1924)

Com este calor quem dormiria...

A escureza se ajunta em minha rua,
Encapuça a cabeça alemã dos lampiões.
Eu careço de alguém...

Meus olhos catam a escuridão
Porém calor somente se mexendo
Sob a vigilância implacável dos astros.

Parece que os burgueses dormem...
Casais suados
Virgens vazias
Crianças descobertas...
O que mais me comove é pensar nos solteirões.
Os solteirões mastigam o silêncio.
Os solteirões viram de lado
Ofegando em suspiros apertados.
São sonhos imorais...

A noite hesita em seguir pra diante.
De repente se deita nas hortênsias!

E eu velo...
Eu velo o sono dos burgueses,
Condescendentemente.[131]

Diante da então recente emergência da categoria do homossexual e da proliferação de discursos legais, médicos, psicológicos e literários em torno de dissidências sexuais, Mário inscreve seu silêncio entre o minoritário e o universal e propõe um arquivo alternativo. Um arquivo anti-homofóbico feito de vestígios, mais ou menos associado com o discurso biográfico em torno do poeta ele-mesmo, mas também potencialmente libertado de sua pessoa. Enfim, um arquivo afetivo e contraditório, guardado no passado e no futuro, na promessa de um esquecimento, como o projetado neste poema: "Meu amor terá seu fim [...] Toda paixão é esquecida [...] E a paixão será arquivada" ("Moda do corajoso", da série "Tempo de Maria", 1926).[132] Enfim, o arquivo, na definição de Mário, não é repressão, não é sublimação; talvez sequestro — depósito temporário nas mãos de outrem — seja outro nome para esse arquivo, ou melhor, para o movimento afirmativo de presença-ausência, silêncio-fala, esquecimento-memória — o "esquecimento que condensa", de "Eu sou trezentos" (1929) —, mais bem ilustrado em "Girassol da madrugada", no consenso atual o centro da produção poética "indiscutivelmente" homoerótica de Mário:

Tive quatro amores eternos...
O primeiro era uma donzela,
O segundo... eclipse, boi que fala, cataclisma,
O terceiro era a rica senhora,
O quarto és tu... E eu afinal me repousei dos meus cuidados.

NOTAS

1. Todos os poemas do autor são tirados de Mário de Andrade, *Poesias completas*. São Paulo: Livraria Martins Editora, 1980. 2 v.
2. Ver Jason Tércio, *Mário de Andrade: Em busca da alma brasileira*. Rio de Janeiro: Estação Brasil, 2019, p. 113.
3. Ver Brito Broca, "Espontâneo". In: Paulo José de Castro Andrade, *Memória, ficção e aforismos: O cronista Brito Broca em formação*. São Paulo: FFLCH-USP, 2008. Dissertação (Mestrado em Literatura Brasileira).
4. Ver Brito Broca, "Documento de uma época". *A Gazeta*, São Paulo, p. 2, 6 set. 1958.
5. Ver César Braga-Pinto, "Between Christmas Day (1895) and New Year's Eve (1922): Queer Suicide and the Brazilian Long Fin-de-Siècle". *Journal of Lusophone Studies*, Stanford, n. 4 (1), pp. 87-109, 2019.
6. Ver Carlos Augusto Calil, "Aí vem Febrônio!". *Teresa: Revista de Literatura Brasileira*, São Paulo, n. 15, p. 113, 2015.
7. Ver Horácio Costa, *Retratos do Brasil homossexual: Fronteiras, subjetividades e desejos*. Org. de Horácio Costa, Berenice Bento, Wilton Garcia, Emerson Inácio e William Siqueira Peres. São Paulo: Edusp; Imprensa Oficial, 2010, pp. 10-1.
8. Id., ibid., pp. 109-10.
9. Mário de Andrade, *Cartas a Murilo Miranda (1934-1945)*. Rio de Janeiro: Nova Fronteira, 1981, p. 167.
10. Ver "Carta de Mário de Andrade a Sérgio Milliet". In: Paulo Duarte, *Mário de Andrade por ele mesmo*. São Paulo: Edart, 1971, pp. 312-4. Note-se que o artigo "Miss Macunaíma", assinado por Octacílio Alecrim (*Revista de Antropofagia*, 2ª dentição, n. 12, *Diário de S. Paulo*, São Paulo, 26 jun. 1929), não é necessariamente uma referência a Mário. Vergara vê ainda uma alusão a Mário na expressão "'miss' Brasil". Ver Jorge Israel Ortiz Vergara, *Toda canção de liberdade vem do cárcere: Homofobia, misoginia e racismo na recepção da obra de Mário de Andrade*. Rio de Janeiro: UniRio, 2018. Tese (Doutorado em Música); mas, pelo menos no artigo "Coração de Angai (Tentativa de romance de antropofagia)", a expressão "'miss' Brasil" refere-se a Angai, a personagem feminina (*Revista de Antropofagia*, 2ª dentição, n. 8, *Diário de S. Paulo*, São Paulo, 8 maio 1929; o artigo está assinado Nelson Foot (filho de inglês)).
11. Maria Augusta Fonseca, *Por que ler Mário de Andrade*. São Paulo: Globo, 2013, pp. 15-6.
12. Apud Moacir Werneck de Castro, *Mário de Andrade: Exílio no Rio* [1989]. Belo Horizonte: Autêntica, 2016, p. 84.
13. Vergara faz um apanhado de como a crítica tem tocado e evitado o assunto. Ver Jorge Israel Ortiz Vergara, *Toda canção de liberdade vem do cárcere*, op. cit., p. 342. Pedro Meira Monteiro, que fez as notas para a publicação da corres-

pondência entre Mário e Sérgio Buarque de Holanda, argumenta que explicar Mário de Andrade apenas pelo ponto de vista da sexualidade é redutor: "Quando referida estritamente ao plano da vida sexual, a compreensão da existência convulsiva de Mário de Andrade costuma se empobrecer". Ver *Mário de Andrade e Sérgio Buarque de Holanda: Correspondência*. Org. de Pedro Meira Monteiro. São Paulo: Companhia das Letras; IEB-USP; Edusp, 2012, p. 342.

14. Roger Bastide, "Mário de Andrade". In: *Poetas do Brasil*. Curitiba: Ed. Guaíra Ltda., 1949, pp. 55-61.
15. Sérgio Milliet, "O poeta Mário de Andrade". *Revista do Arquivo Municipal*, São Paulo, ano 12, v. 106, pp. 53-68, jan./fev. 1946. Ver também, do mesmo autor, *Panorama da moderna poesia brasileira*. Rio de Janeiro: Ministério da Educação e Saúde/ Serviço de Documentação, 1952, p. 13.
16. Antonio Candido, "Mário de Andrade: *Poesias*". *Clima*, São Paulo, n. 8, pp. 72-8, jan. 1942. Reproduzido na *Revista do Instituto de Estudos Brasileiros*, São Paulo: IEB-USP, n. 36, pp. 136-7, 1994.
17. Id., ibid., p. 138.
18. Mário de Andrade, "Amor e medo" [1931]. In: *Aspectos da literatura brasileira*. 5. ed. São Paulo: Livraria Martins Ed., 1974, p. 202.
19. Id., ibid., p. 204.
20. Id., ibid., p. 207.
21. Id., ibid., p. 203.
22. Id., ibid., pp. 217-8.
23. Id., ibid.
24. Id., ibid., p. 229.
25. O comentário de Mário sobre a efeminação de Álvares de Azevedo tem sido usado para explicar sua própria sexualidade: "[...] o solteirão que sempre viveu na companhia da mãe, cercado de tias e familiares, todos muito católicos [...]". Ver Maria Augusta Fonseca, *Por que ler Mário de Andrade*, op. cit., p. 16.
26. Antonio Candido, "O poeta itinerante". In: *O discurso e a cidade*. São Paulo: Livraria Duas Cidades, 1993, p. 264 (grifo do autor).
27. Id., ibid., p. 263.
28. Id., ibid., p. 267.
29. Id., ibid., p. 268.
30. Id., ibid., p. 271.
31. Álvaro Lins, *Os mortos de sobrecasaca* [1943]. Rio de Janeiro: Civilização Brasileira, 1963, p. 40.
32. Id., ibid., p. 41.
33. Id., ibid., p. 42.
34. Id., ibid., p. 44.
35. Id., ibid.

36. Álvaro Lins, *Os mortos de sobrecasaca*, op. cit., p. 45.
37. Lêdo Ivo, *Lição de Mário de Andrade*. Rio de Janeiro: Ministério da Educação e Saúde, 1952, p. 8.
38. Ver César Braga-Pinto, "A morte do autor e a luta pela vida". In: *A violência das letras: Amizade e inimizade na literatura brasileira: 1888-1940*. Rio de Janeiro: Eduerj, 2018, pp. 137-42.
39. Mário de Andrade, "O Ateneu". In: *Aspectos da literatura brasileira*, op. cit., p. 175.
40. Roberto Schwarz, "O psicologismo na poética de Mário de Andrade" [1961]. In: *A sereia e o desconfiado*. Rio de Janeiro: Civilização Brasileira, 1965, p. 5.
41. Id., ibid., p. 8.
42. Roberto Schwarz, *Duas meninas*. São Paulo: Companhia das Letras, 1997, p. 142.
43. Id., "O psicologismo na poética de Mário de Andrade", op. cit., 1965, p. 9.
44. Id., ibid.
45. Anatol Rosenfeld, "Mário e o cabotinismo" [1960]. In: *Texto/Contexto*. São Paulo: Perspectiva, 1969, pp. 181-96. A edição do Suplemento Literário traz textos de Oneyda Alvarenga, Mário da Silva Brito, Florestan Fernandes, Lêdo Ivo, Arnaldo Pedroso d'Horta, Carlos Drummond de Andrade, Dantas Motta, Adolfo Casais Monteiro, Guilherme de Almeida, M. Cavalcanti Proença, Paulo Mendes Campos, Temístocles Linhares, Lourival Gomes Machado e Alberto Soares de Almeida.
46. Id., ibid., p. 185.
47. Id., ibid., p. 187. Em outro texto no mesmo volume, o crítico define o conceito de máscara como relacionado com "a concepção da pluralidade da pessoa humana, cuja dissociação [...] é tema frequente na literatura moderna [...]". Anatol Rosenfeld, "Prefácio" [1960]. In: *Texto/Contexto*, op. cit., p. 10.
48. Anatol Rosenfeld, "Mário e o cabotinismo", op. cit., p. 185.
49. Id., ibid., p. 191.
50. Id., ibid., p. 192.
51. Id., ibid.
52. Gilda de Mello e Souza, *O tupi e o alaúde* [1979]. São Paulo: Duas Cidades; Ed. 34, 2003, p. 53.
53. Id., "A poesia de Mário de Andrade" [1988]. In: *A ideia e o figurado*. São Paulo: Duas Cidades; Ed. 34, 2005, p. 31.
54. Id., ibid., p. 29.
55. Id., ibid., p. 35.
56. Gilda de Mello e Souza, "O colecionador e a coleção" [1984]. In: *A ideia e o figurado*, op. cit., p. 47.
57. João Luiz Lafetá, *Figuração da intimidade: Imagens na poesia de Mário de Andrade*. São Paulo: Martins Fontes, 1986, pp. 15-6.

58. João Luiz Lafetá, *Figuração da intimidade: Imagens na poesia de Mário de Andrade*, op. cit., p. 115.
59. Id., ibid.
60. Id., ibid., p. 87.
61. Id., ibid., p. 107.
62. Id., ibid., p. 113.
63. Id., ibid., p. 198.
64. Id., ibid., p. 200.
65. Id., ibid., p. 22.
66. Id., ibid., p. 165.
67. Id., ibid., p. 196.
68. Poderíamos acompanhar, mas reorientando, cada uma das leituras que Lafetá faz dos poemas dessa fase, começando com "Mãe" (1926), segundo ele, poema "ruim esquisito", demasiado confessional, sem tom, sincero e fingido, mas que exprime "uma interioridade rica de conflitos" (Id., ibid., p. 58). No tema do "retorno à mãe", não parece interessar ao crítico o que há de verdadeiramente esquisito no poema, ou seja, o fato de que — com ou sem ironia, tanto faz — "era bem melhor não existir mãe"; que há cumplicidade na mentira e no segredo confessado — "a verdade que a gente confessa por trás das mentiras"; e, quem sabe, na virgindade metafórica da mãe refletida na virgindade literal do poeta — "permanece virgem, e o filho também".
69. Ver César Braga-Pinto, "A morte do autor e a luta pela vida", op. cit., pp. 137-42. Ver também César Braga-Pinto, "Eccentrics, Extravagants, and Deviants in the Brazilian Belle Epoque; Or, How João do Rio Emulated Oscar Wilde". *Journal of Latin American Cultural Studies*, Londres, n. 28 (3), pp. 353-76, 2019. E, ainda, César Braga-Pinto, "The Pleasures of Imitation: Gabriel Tarde, Oscar Wilde and João do Rio in Brazil's Long Fin-de-Siècle". *Comparative Literature Studies*, University Park, PA, n. 56 (1), pp. 153-89, 2019.
70. Ver Mário de Andrade, *Entrevistas e depoimentos*. Org. de Telê Porto Ancona Lopez. São Paulo: T.A. Queiroz, 1983, p. 54.
71. Candido Mota Filho, "A lição de Júlio Dantas". *Correio Paulistano*, São Paulo, 3 jul. 1923.
72. Id., "A estranha individualidade de João do Rio". *Correio Paulistano*, São Paulo, 2 ago. 1929.
73. João do Rio [Paulo Barreto], "Cabotinos". In: *Vida vertiginosa*. Rio de Janeiro; Paris: Garnier, 1911, p. 188.
74. Id., ibid., p. 190.
75. Id., ibid., p. 194.
76. Afonso Taunay, *Léxico de lacunas: Subsídios para os dicionários da língua portuguesa*. Tours: E. Arrault, 1914, p. 47.

77. Menotti Del Picchia, "Arte moderna". *Correio Paulistano*, São Paulo, 17 fev. 1922.
78. Id., "Pela ordem". *Correio Paulistano*, São Paulo, 28 jun. 1924.
79. Mário de Andrade, "Despertar, de Hermes Fontes" (resenha). *Klaxon: Mensário de Arte Moderna*, São Paulo, n. 4, p. 15, ago. 1922.
80. Mário de Andrade, "Do cabotinismo". *O Estado de S. Paulo*, São Paulo, 23 jul. 1939. Reproduzido em *O empalhador de passarinho*. São Paulo: Martins, 1946, pp. 77-81.
81. Id., ibid., pp. 77-81.
82. Mário de Andrade, *Poesias completas*, op. cit., v. 1, pp. 19-20.
83. Ver César Braga-Pinto, "Sexualidades extra-vagantes: João do Rio, emulador de Oscar Wilde". *Revista da Abralic: Associação Brasileira de Literatura Comparada*, Porto Alegre, n. 35, pp. 88-100, dez. 2018. Sobre a questão da figura de Wilde e da "pose" dos modernistas hispano-americanos, ver Sylvia Molloy, "Too Wilde for Comfort: Desire and Ideology in Fin-de-Siècle Spanish America". *Social Text*, New Haven, CT, n. 31-2, pp. 187-201, 1992; Sylvia Molloy, "Decadentismo e ideologia: Economias de desejos na América Hispânica Finissecular". In: *Literatura e História na América Latina*. Org. de Ligia Chiappini e Flávio Wolf de Aguiar. São Paulo: Edusp, 1993, pp. 13-36; Sylvia Molloy, "The Politics of Posing". In: Sylvia Molloy e Robert Irwin (Orgs.), *Hispanisms and Homosexualities*. Durham, NC: Duke University Press, 1998, pp. 141-60.
84. Sobre o debate em torno do papel de Wilde — e o processo contra ele — na invenção do homossexual e da masculinidade burguesa, ver Ed Cohen, *Talk on the Wilde Side: Toward a Genealogy of a Discourse on Male Sexualities*. Nova York: Routledge, 1993; ver também Wayne Koestenbaum, "Wilde's Hard Labor and the Birth of Gay Reading". In: Joseph A. Boone; Michael Cadden (Orgs.), *Engendering Men: The Question of Male Feminist Criticism*. Londres; Nova York: Routledge, 1990, pp. 176-89; e, ainda, Jonathan Dollimore, *Sexual Dissidence: Auguste to Wilde, Freud to Foucault*. Oxford: Clarendon Press, 1991, entre outros.
85. Ver Jorge Israel Ortiz Vergara, *Toda canção de liberdade vem do cárcere*, op. cit., p. 30. Note-se, porém, que, aqui e em outras partes da tese, me parece haver exagero, quando não equívoco, na interpretação de Vergara sobre os "índices homofóbicos": no caso de Pati, a intenção de insulto à sexualidade de Mário, se existe, é mais por meio de uma vaga associação, já que a maior parte do texto é dirigida a todos os chamados "futuristas", criticados por plágio no uso de paradoxos; além disso, o autor diz julgar improcedentes as acusações que condenaram Wilde.
86. Ver Francisco Pati, "O crime de Oscar Wilde: São Paulo e seus homens de letras". *Folha da Noite*, São Paulo, p. 2, 27 abr. 1923.
87. Mário de Andrade, *Poesias completas*, op. cit., v. 1, p. 106.

88. Oswald de Andrade, *Dicionário de bolso*. Org. de Maria Eugenia Boaventura. São Paulo: Globo, 1990, p. 124.
89. Leandro Pasini, *A apreensão do desconcerto: Subjetividade e nação na poesia de Mário de Andrade*. São Paulo: Nankin, 2013, p. 16.
90. Id., ibid., p. 22.
91. Id., ibid., p. 81.
92. Id., ibid., p. 94.
93. Id., ibid., p. 32.
94. Id., ibid., pp. 125-70.
95. Id., ibid., p. 127.
96. Mário de Andrade, "De São Paulo I". *Ilustração Brasileira*, Rio de Janeiro, ano 8, n. 3, nov. 1920.
97. Mário de Andrade, "Futurista?!". *Jornal do Commercio*, São Paulo, 6 jun. 1921.
98. Mário de Andrade, *Poesias completas*, op. cit., v. 1, p. 69.
99. Id., ibid., v. 1, p. 105.
100. Id., ibid., v. 1, pp. 217-8.
101. Mário de Andrade, Carta a Carlos Lacerda, 5 de abril de 1944. *Revista do Instituto de Estudos Brasileiros*, São Paulo: IEB-USP, n. 36, p. 181, 1994.
102. Apud Moacir Werneck de Castro, *Mário de Andrade: Exílio no Rio*, op. cit., pp. 89-90.
103. Marcos Moraes, "Nos meandros de mundos mortos: Carta a Otávio de Faria". *Revista do Instituto de Estudos Brasileiros*, São Paulo: IEB-USP, n. 36, p. 189, 1994.
104. João Luiz Lafetá, *Figuração da intimidade*, op. cit., 1986, p. 195.
105. Leandro Pasini, *A apreensão do desconcerto*, op. cit., p. 164.
106. Id., ibid., p. 165.
107. Id., ibid., p. 118.
108. Id., ibid., p. 168.
109. Id., ibid., p. 129.
110. Id., ibid., p. 127.
111. Id., ibid., p. 169.
112. Id., ibid., p. 126.
113. Id., ibid., p. 159.
114. Id., ibid.
115. Refiro-me a generalizações do tipo: "[...] o destino das formas literárias na poesia brasileira se relaciona profundamente com o processo social brasileiro". Id., ibid., p. 148.
116. Raul Antelo, "Ser, dever ser e dizer". *Revista do Instituto de Estudos Brasileiros*, São Paulo: IEB-USP, n. 36, 1994, p. 112.

117. Os nomes mais significativos não vêm da crítica literária. Ver João Silvério Trevisan, *Devassos no paraíso*. Rio de Janeiro: Record, 2002, pp. 256-9. Ver também J. Green, "Challenging National Heroes and Myths: Male Homosexuality and Brazilian History". *Estudios Interdisciplinarios de América Latina y el Caribe*, Tel Aviv, v. 12, n. 1, pp. 63-5, 23 set. 2014.
118. Ver Eve Kosofsky Sedgwick, *Epistemology of the Closet*. Berkeley; Los Angeles: University of California Press, 1990, p. 167.
119. Id., ibid., p. 165.
120. O exemplo que Sedgwick cita de *O retrato de Dorian Gray*, de Oscar Wilde, é notavelmente análogo ao argumento de Antonio Candido discutido anteriormente: "He is never more present in my work than when no image of him is there". Ver Id., ibid., p. 166.
121. Ver Telê Ancona Lopez, *Mariodeandradiando*. São Paulo: Hucitec, 1996. O melhor exemplo é o dos depoimentos coletados em *Eu sou trezentos, eu sou trezentos e cincoenta*. Em particular, o conhecido caso do "secretário" de Mário, o jornalista Maurício Loureiro Gama, que, retórico, é tão misógino como homofóbico: "Eu fui secretário, mas não secretária, porque agora está na moda secretária contar tudo do chefe. Mas eu não sei de nada. Sei que o Mário de Andrade era uma grande figura e amou perdidamente várias pessoas, várias mulheres, teve vários amores". Telê Ancona Lopez (Org.), *Eu sou trezentos, eu sou trezentos e cincoenta*. São Paulo: Agir, 2008, p. 118.
122. Rachel de Queiroz; Maria Luíza Queiroz, *Tantos anos*. São Paulo: Siciliano, 1998.
123. Mário de Andrade, Carta a Manuel Bandeira, 7 de abril de 1928. Fundação Casa de Rui Barbosa.
124. Moacir Werneck de Castro, *Mário de Andrade: Exílio no Rio*, op. cit., pp. 86-7.
125. Eduardo Jardim, *Eu sou trezentos: Mário de Andrade, vida e obra*. Rio de Janeiro: Edições de Janeiro, 2015, p. 135.
126. Jason Tércio, *Em busca da alma brasileira*, op. cit., cap. 2, p. 78.
127. Id., ibid., cap. 4, p. 173.
128. Id., ibid., cap. 2, p. 59.
129. Id., ibid., cap. 4, p. 175.
130. Maurício Meireles, "Mário de Andrade ganha biografia de fôlego, que faz correções históricas". *Folha de S.Paulo*, São Paulo, 9 ago. 2019.
131. Mário de Andrade apud Oneyda Alvarenga, *Mário de Andrade, um pouco*. Rio de Janeiro: J. Olympio, 1974, pp. 125-6.
132. Na seção de *Devassos no paraíso* em que trata de Mário de Andrade, João Silvério Trevisan sugere, ainda no âmbito estritamente homoerótico — e não necessariamente o que estou chamando *queer* —, alguns títulos de poemas

tais como “Cabo Machado”, “Soneto”, “Poema tridente”, “Caindo do mal de amor”, “Reconhecimento de Nêmesis”, “Vinte e nove bichos”, “Os gatos”, “Estâncias”, “Dor”, “Quarenta anos”, “Lira paulista”. Ver João Silvério Trevisan, *Devassos no paraíso*, op. cit., pp. 256-9. Sobre gênero e sexualidade na obra de Mário, ver o ciclo de palestras “Gênero e sexualidade”, organizado pela Casa Mário de Andrade, em 2020.

BIBLIOGRAFIA COMPLEMENTAR

CANDIDO, Antonio. *Formação da literatura brasileira: Momentos decisivos*. Belo Horizonte: Itatiaia, 2000, v. 2.

LAFETÁ, João Luiz. *A dimensão da noite e outros ensaios*. Org. de Antonio Arnoni Prado. São Paulo: Duas Cidades; Ed. 34, 2004.

SEDGWICK, Eve Kosofsky. "A epistemologia do armário". *Cadernos Pagu*, Campinas, n. 28, pp. 19-54, jan./jun. 2007.

MODERNISMO BRASILEIRO: CRÍTICA LITERÁRIA PIONEIRA

MARIA AUGUSTA FONSECA

Decorridos cem anos da jovem Semana de Arte Moderna,[1] marco inaugural do movimento modernista brasileiro, é preciso que a distância não nos deixe naturalizar, banalizar ou mistificar este acontecimento ímpar de nossa vida cultural no século XX. Apesar do estardalhaço festivo, o evento não foi tirado de uma cartola de mágico. A Semana de 22 foi pensada e preparada por um grupo de artistas e intelectuais sérios e irreverentes, a maior parte pertencente à elite paulistana, em decidida atitude contra[2] o marasmo da vida intelectual de seu tempo. Numa avaliação em retrospecto do movimento modernista, feita em 1945, Oswald de Andrade revelou bastidores, simplificando com sua indefectível dose de humor:

> Queres saber com certeza como é que se produziu a Semana de Arte de 22? Vou dizer: Antonio foi à casa de Paulo, que o levou ao quarto de José, que lhe mostrou os versos de Pedro, que lhe contou que João era um gênio e que Carlos pintava. E saíram todos para descobrir Maricota. Apenas esses indivíduos entre outros chamavam-se Mário de Andrade, Menotti Del Picchia, Di Cavalcanti, Heitor Villa-Lobos, Anita Malfatti.[3]

A esses nomes somaram-se outros. De São Paulo, temos, por exemplo: Guilherme de Almeida, Victor Brecheret, Couto de Barros, Sérgio Milliet, Rubens Borba de Moraes, Cândido Motta Filho. Do Rio de Janeiro, destacam-se: Raul Bopp, Ribeiro Couto, Ronald de Carvalho, Manuel Bandeira, Sérgio Buarque de Holanda. No total, não mais de cem. Nos componentes dessa primeira cepa de intelectuais e artistas rebeldes, cravou-se, à época, o rótulo de "futuristas", termo que se propagara popularmente como sinônimo de loucura, disparate. De acordo com Oswald de Andrade, a palavra "futurista"

> que tanto pareceu infirmar o movimento de 22, foi utilizada em Portugal por Fernando Pessoa e Almada Negreiros. Eles lançaram um "ultimatum futurista" às gerações portuguesas do século XX. O Futurismo russo foi firmado por Maiakóvski. Era uma bandeira límpida, sadia, mecânica para exprimir as transformações da época.[4]

Passada a borrasca da Semana, seus integrantes preferiram adotar outra etiqueta — modernista e modernismo (como sugerido por Mário de Andrade),[5] entendendo que essa designação abrangente perfilava melhor o movimento e o grupo. Mais tarde, em 1942, Mário de Andrade avaliou a tempestade que havia começado em 22, nos seguintes termos, na abertura de sua já antológica conferência:

> Manifestado especialmente pela arte, mas manchando também com violência os costumes sociais e políticos, o movimento modernista foi o prenunciador, o preparador e por muitas partes o criador de um estado de espírito nacional. A transformação do mundo com o enfraquecimento gradativo dos grandes impérios, com a prática europeia de novos ideais políticos, a rapidez dos transportes e mil e uma outras causas internacionais, bem como o desenvolvimento da conciência [sic] americana e brasileira, os progressos internos da técnica e da educação, impunham a criação de um espírito novo e exigiam a reverificação e mesmo a remodelação da Inteligência nacional. Isto foi o movimento modernista, de que a Semana de Arte Moderna ficou sendo o brado coletivo principal.[6]

O interesse pelas obras desse período áureo só voltaria entre as décadas de 1940 e 1950, impulsionado por dois críticos atuantes no campo dos estudos literários e no da historiografia: Antonio Candido e Mário da Silva Brito, e particularmente centrados nas duas figuras de proa do movimento, Mário de Andrade e Oswald de Andrade. Entre o final de 1950 e as décadas de 1960 e 1970, outros críticos entrarão no rol desses estudos pioneiros, como: Haroldo de Campos, Telê Ancona Lopez, Benedito Nunes, Gilda de Mello e Souza.[7]

Com foco nesse elenco, procura-se trazer, aqui, de modo muito abreviado, uma amostragem das leituras pioneiras que, por diferentes seleções e perspectivas críticas (convergentes ou divergentes), esses autores elaboraram em seus estudos sobre a produção modernista dos anos de 1920. Tais leituras também comportam diferentes concepções da obra de arte literária, seja acatando-a como objeto totalmente autônomo, seja compreendendo-a como objeto de autonomia relativa. Levando em conta as variadas diretrizes, esta exposição de viés crítico-historiográfico objetiva recolher um pouco do que conceberam os referidos críticos sobre o movimento modernista, seus autores e obras, tendo como referência estudos sistemáticos, embasados por abordagens bastante distintas.[8]

MODERNISMO BRASILEIRO E PONTA DE LANÇA CRÍTICA: ANTONIO CANDIDO[9]

De notabilidade ímpar na vida intelectual brasileira, particularmente por sua atuação como crítico literário de máxima envergadura, Antonio Candido foi, na primeira metade da década de 1940, a ponta de lança dos estudos sistemáticos sobre o modernismo brasileiro. Sua exposição clara e criticamente densa, com matizes de ironia, por sua vez, acusa, na feição transgressora da linguagem, uma herança de procedência modernista. Entre suas primeiras abordagens sobre autores do movimento, encontram-se os dois principais expoentes — Mário de Andrade e Oswald de Andrade. Sobre o primeiro, Candido publicou, no calor da hora, uma resenha do livro *Poesias* (1941) na revista *Clima*,[10] dando destaque para o conjunto. Depois, foi a vez de "Estouro e libertação" (1944), análise interpretativa capital da produção literária de Oswald de Andrade, movida por uma querela, resultante de dois artigos de jornal contenciosos e um tanto cheios de arestas que circularam na *Folha da Manhã* "Romance e expectativa" (8 de agosto de 1943) e "Antes do *Marco zero*" (15 de agosto de 1943). Como era de se esperar, por certos conteúdos veiculados, tais escritos receberam de Oswald de Andrade uma forte reprimenda, que resultou num rebate jornalístico, denominado "Antes do *Marco zero*", em que aproveitou o título do último artigo de Antonio Candido. Foi então que o crítico, determinado a rever seus argumentos e levar em conta objeções feitas por Oswald sobre seus juízos apressados, dedicou-se com afinco à leitura e releitura da obra do escritor. Nesse exame apurado, Candido envolveu produção artística e traços biográficos de Oswald, que, para ele, estariam mais do que enredados na história do movimento modernista. Nesse conjunto, o crítico incluiu obras do período áureo do modernismo, como *Memórias sentimentais de João Miramar* e *Serafim Ponte Grande*, já raras nas livrarias e esquecidas pelo reduzido público leitor de Oswald.

Nessa avaliação de peso crítico, Antonio Candido sublinhou o arrojo dos experimentos literários de Oswald, levados a extremos em obras que romperam "barreiras entre poesia e prosa, para atingir a uma espécie de fonte comum da linguagem artística".[11] Destacou de algumas obras a linguagem "nua" e "incisiva", aliada à sátira social, assinalando a radical "subversão de todos os valores", esboçada "nas admiráveis *Memórias sentimentais de João Miramar*, culminando no fragmento de grande livro que é *Serafim Ponte Grande*".[12]

No exame das obras publicadas entre 1920 e 1930, mesmo admitindo contradições na fatura artística, como em *Os condenados*, o crítico detectou misturas de estilo falho e de ousadia técnica. Sobre este último aspecto, Candido confirma que Oswald "lançou ostensivamente e em larga escala (pelo menos no Brasil) a técnica cinematográfica".[13] Em outra chave, o crítico sublinhou na produção do escritor o vigor da linguagem sincopada, o estilo audacioso de suas experimentações estéticas, a irreverência satírica, acentuadamente presentes em *Miramar* e *Serafim*. Esse primeiro mapeamento sistemático da ficção de Oswald, que alcançou a primeira metade da década de 1940 e foi recebido com elogios e aval público do escritor, ainda hoje fertiliza análises e interpretações, tendo em vista a depurada e integradora análise dos elementos de expressão e de construção da obra, que assimila na dinâmica da interpretação. A respeito dessa leitura exigente e antecipadora, o crítico Haroldo de Campos assim se manifestou em "Marcação de percurso": "Antonio Candido, espírito sempre aberto ao novo e ao problemático a quem devemos estudos pioneiros sobre o modernismo (entre os quais esse marco fundamental da exegese oswaldiana que é 'Estouro e libertação', de *Brigada ligeira*, 1945)".[14]

Visto em perspectiva, desde o distante 1944, Antonio Candido foi o crítico que, a longo prazo, mais explorou meandros do modernismo brasileiro, tanto na compreensão de seu ideário como no exame da produção artística. Nessa investigação miúda, Oswald de Andrade foi a figura que mais se projetou em seus escritos. Em sua visão apurada, Antonio Candido considerou *Memórias sentimentais de João Miramar* "um dos maiores livros da nossa literatura", destacando a seriedade de "estilo e narrativa" nos processos experimentais avançados, aliados a uma espécie de estética do fragmentário, com espaços brancos na composição tipográfica e na própria sequência do discurso, procurando dividir a realidade em blocos sugestivos, cuja unificação é feita no espírito do leitor, dispensando a rigorosa concatenação lógica.[15]

Ainda, atento a elementos da realidade externa, assimilados na prosa fragmentária de *Miramar*, nela divisou "um primeiro esboço de sátira social", assim desnudando o meio em que gravitam suas personagens: "A burguesia endinheirada roda pelo mundo o seu vazio, as suas convenções, numa esterilidade apavorante".[16] Esse modus vivendi estéril, de certo filão expressivo da elite, filtrado com irreverência pelo autor das "memórias", e apresado na obra por uma grande variedade de procedimentos literários inusitados, foi traduzido por Antonio Candido nos seguintes termos:

> Miramar é um humorista *pince sans rire* que (como se diria naquele tempo) procura kodakar a vida imperturbavelmente, por meio de uma linguagem sintética e fulgurante, cheia de soldas arrojadas, de uma concisão lapidar. Graças a essa linguagem viva e expressiva, apoiada em elipses e subentendidos, Oswald consegue quase operar uma fusão da prosa com a poesia.[17]

Tempos mais tarde, em *O observador literário* (1959), Antonio Candido voltará aos dois ícones do movimento, desta vez diretamente afetado pelas perdas ocorridas, respectivamente, em 1945 e 1954. No primeiro texto, "Lembrança de Mário de Andrade" (1946), tratando da produção plural de Mário, e pondo em evidência os poemas "Meditação sobre o Tietê" e "Louvação da tarde", o crítico anteviu com acerto o interesse que o escritor despertaria, no futuro, pelo importante legado de sua correspondência. Em sua avaliação, para Mário de Andrade, "escrever cartas era tarefa de tanta responsabilidade moral e literária quanto escrever poemas ou estudos".[18] No mesmo livro, desta vez sobre o autor de *Miramar*, Antonio Candido publicou "Oswald viajante" (1956), ensaio em que explora o tema da viagem como aprendizado e arejamento de ideias,[19] mostrando que, no caso de Oswald, essa mobilidade ajudou a elevar a potência de sua produção mais ousada:

> Para a sua personalidade sabemos que foi decisiva a experiência da Europa, antes e depois da guerra de 1914. Na sua obra, talvez as partes mais vivas e resistentes sejam as que se ordenam segundo a fascinação do movimento e da experiência dos lugares. As *Memórias sentimentais de João Miramar* e *Serafim Ponte Grande* se desenrolam em torno do deslocamento de personagens entre o Novo e o Velho Mundo, exprimindo a posição do homem americano, que ele viveu com intensidade, ao adquirir consciência da revisão de valores tradicionais em face das novas experiências de arte e de vida.[20]

Outros textos de Antonio Candido, como "Digressão sentimental sobre Oswald de Andrade" (1970), continuam propondo questões, alimentando debates, reafirmando juízos. Assim, anotou, reavivando: "em 'Estouro e libertação' chamei *Serafim* de *Macunaíma* urbano. Acho que com razão, pois apesar de faltar-lhe a dimensão etnográfica e mitológica, há nele uma espécie de transposição do primitivismo antropofágico para a escala da cultura burguesa".[21] Seguindo essa pista, evoca-se uma vez mais a atilada percepção crítica de Antonio Candido, na seguinte conjectura:

> talvez tenha sido a diretriz primitivista que acentuou em Mário e Oswald o gosto rabelaiseano pelo palavrão e a obscenidade libertadora, que na obra de ambos tem um máximo de concentração em 1928-29, justamente em *Macunaíma* e *Serafim Ponte Grande*, em segmento à busca de traços indígenas, de 1925 a 1927, em *Pau Brasil* e *Clã do Jaboti*, tudo girando à volta de um eixo virtual, o "Manifesto Antropófago", de 1928.[22]

Formulações dessa leitura antecipadora não passaram despercebidas para o crítico Boris Schnaiderman, que, em "Paródia e 'mundo do riso'", ressaltou que, antes mesmo da divulgação entre nós de obras de críticos russos e da "teorização de Bakhtin" sobre o tema, Candido

> tratou desses elementos em "Dialética da malandragem", pondo em foco a "ocorrência no Brasil de uma 'comicidade' que 'foge às esferas sancionadas da norma burguesa e vai encontrar a irreverência e a amoralidade de certas expressões populares'", comicidade essa [prossegue Schnaider-

man, citando o crítico] que "se manifesta em Pedro Malasarte no nível folclórico e encontra em Gregório de Matos expressões rutilantes que aparecem de modo periódico, até alcançarem no modernismo as suas expressões máximas, com *Macunaíma* e *Serafim Ponte Grande*".[23]

No fluxo expandido desses escritos, caracterizando sumos de "devoração e mobilidade" na obra do escritor, temos, ao lado de "Estouro e libertação" (1944) e "Oswald viajante" (1945), outros, como "Prefácio inútil" (1954), que abre o primeiro volume de *Um homem sem profissão: Memórias e confissões. I. 1890-1919. Sob as ordens de mamãe* (1954),[24] e "Digressão sentimental sobre Oswald de Andrade" (1970). E mais escreveu Antonio Candido sobre o escritor. Em *Recortes* (1993), publicou "Os dois Oswalds", "Oswald, Oswaldo, Ôswald" e "O diário de bordo" (com foco no *Diário coletivo* da *garçonnière* do artista, *O perfeito cozinheiro das almas deste mundo*).[25] Enfim, ensaios, conferências, entrevistas podem ainda confirmar reflexões dianteiras de Antonio Candido sobre o movimento modernista, como exemplifica a conferência "Literatura e cultura de 1900 a 1945", texto por ele redigido em 1950.[26] Nessa exposição de grandes sínteses, o crítico concebeu nosso modernismo como um campo de forças dinâmico e efetivo entre o local (desejo de compreender o país em sua integridade) e o universal (esforço de atualização artística pelo contato com as vanguardas europeias). Por esse intermédio, Candido captou a subversão prismática de certa produção modernista que absorveu na arte culta, sem exotismo, uma grande variedade da expressão oral que escancara a mescla linguística do país. Ainda, nesse revolver de questões, o crítico também aferiu no repertório modernista a incorporação de traços dominantes da formação local miscigenada, identificando no texto artístico a presença do negro, do índio, do imigrante, do meio colonial de extrato ibérico, que, no seu entender, ajudaram a romper barreiras do preconceito, facultando atitudes de "desrecalque" em diferentes níveis. Para Antonio Candido, isso levou a mudanças de atitude que, por sua vez, contribuíram para firmar uma visão crítica do nacionalismo. Esse discernimento leva a outro traço que caracterizou as obras do movimento, o tom sério-cômico, extravasado em humor, ironia, sarcasmo, sátira.

Decorridos quase setenta anos de seus primeiros textos sobre o movimento de 22, Antonio Candido voltou ao tema, numa entrevista, reafirmando que, de modo geral, o nacionalismo dos modernistas "teve cunho crítico e desmistificador, procurando destacar aspectos considerados negativos pela ideologia tradicional, como o negro, o imigrante, o pobre, a fala e a cultura popular [...]".[27] Assim, crítico e autocrítico, ao longo de sua vida, Candido retomou e reafirmou questões, corrigiu rumos, aparou arestas, sempre exigente nas reflexões sobre o movimento e sobre seus participantes. E, desse modo, sem perder de vista os campos de tensão e o contraditório, Antonio Candido não deixou de revolver o território da contrarrebeldia. A fatia dissidente, responsável pela dissolução de princípios do movimento no final da década de 1920, era representada por adeptos do Verde-amarelismo, Escola da Anta, trazendo uma visão de superfície e errática do país. Isso levou à ruptura, irreversível, no grupo, configurando um efetivo "divisor de águas" no campo artístico e ideológico, acirrada nos anos 1930 e 1940.

O DIREITO À PESQUISA: MÁRIO DA SILVA BRITO[28]

A crítica do modernismo brasileiro, voltada para a história literária, cultural e também político-social do Brasil, tem na produção do historiador, jornalista, escritor e editor Mário da Silva Brito uma viga mestra. Seus conhecidos estudos sobre o movimento modernista, baseados em consultas a fontes primárias, arquivos particulares, entrevistas com integrantes do movimento, foram acrescidos de

> dez anos diários em cela da Biblioteca Pública Municipal (hoje, a Mário de Andrade), percorrendo o dia a dia de 1900 a 1930, em diversos jornais. Desse longo e exaustivo trabalho procedem *Antecedentes da Semana de Arte Moderna*[29] e *A revolução modernista*, capítulo de *A literatura no Brasil*, obra dirigida por Afrânio Coutinho — capítulo que é resumo da obra que pretendia escrever.[30]

A respeito desse trabalho ímpar, pesam palavras de Carlos Drummond de Andrade: "O que hoje se conhece da Semana de Arte Moderna repousa infalivelmente na informação e na crítica de Mário da Silva Brito".[31]

A ensaística singular de Brito, que flui numa linguagem livre, eivada de humor, também é um traço assimilado dos modernistas. Em suas obras, o crítico sintetizou características essenciais do movimento, pondo em dinâmica elementos da vida nacional, antes e depois da Semana de 22. Mário da Silva Brito compartilhou laboratórios de muitos artistas, registros de encontros, formação de grupos, tumultos, divergências, com documentação extraída de livros, jornais, revistas, recortes, testemunhos, depoimentos. Em *Antecedentes da Semana de Arte Moderna*, o historiador foi certeiro ao conceber a exposição de Anita Malfatti, realizada em São Paulo, em 1917, como o "estopim" do movimento modernista. É que, como relata, a mostra desandou em conflitos inesperados, causados pela exibição de óleos sobre tela e de desenhos, resultantes de aprendizado da artista na Alemanha e nos Estados Unidos, onde estudou, nutrindo-se do expressionismo alemão e, em parte, do cubismo francês. Como registrado e documentado por Brito, na provinciana Pauliceia, os conservadores não demoraram a esbravejar. Vozes contrárias à mostra transformaram-se em deboches de visitantes e devoluções de quadros já adquiridos. A manifestação reativa de insegurança, como é relatado, deveu-se primeiro a um artigo do já consagrado jornalista e escritor Monteiro Lobato, desqualificando a arte de Anita Malfatti com uma indagação: "paranoia ou mistificação?", como se lê no texto de origem, reproduzido pelo historiador.

O estardalhaço em torno daquela exposição de Anita pôs a descoberto o atraso reinante no meio intelectual paulistano, dessa vez, no âmbito das artes plásticas. Em meio a essa balbúrdia, informa Brito, houve uma singela defesa pública da artista, pouco depois do primeiro ataque. O artigo foi assinado por outro jornalista, mais jovem, mas muito conhecido naquele tempo, Oswald de Andrade. Em vão. O estrago estava feito. Depoimentos de Malfatti, que também ajudaram o crítico na reconstituição dos fatos, confirmam as consequências advindas das críticas pesadas. Aquelas manifestações contrárias certamente contribuíram para desnudar preconceitos de diversa natureza porque, além de mulher e sem atenuantes atributos físicos de beleza, Anita se arrojara saindo do país para aperfeiçoar sua arte, convivendo num meio artístico de vanguarda, altamente comprometedor para os padrões da época, na capital industrial do país. Fora isso, a artista era filha de imigrantes italianos, e, embora pertencente à classe média, a própria família, igualmente conservadora e ignorante em relação à arte de Anita, rejeitou vexada seu trabalho. Com opressão dos dois lados (pública e familiar), o estrago foi fatal. A talentosa e inovadora artista acabou por abandonar seu aprendizado de vanguarda, buscando outros caminhos menos ousados, e nunca mais se recuperou do trauma, como registrado por Brito. Na oportunidade, ganhou dois amigos, Oswald e Mário de Andrade.

Nesse ano de 1917, informa o historiador, aconteceu também o "encontro dos Andrades" (Mário e Oswald), em mais um episódio tumultuado, digno de nota, que envolveu o texto de uma fala de Mário de Andrade, proferida no Conservatório Dramático e Musical de São Paulo, disputado a tapas por dois jornalistas da provinciana Pauliceia. O vencedor, Oswald, publicou o texto e logo conquistou a amizade do orador-anfitrião. Seguiram-se novos acontecimentos, trazendo para o centro da roda o pintor Di Cavalcanti, o escultor Brecheret, que se juntaram a Oswald, Mário, Anita Malfatti, Menotti Del Picchia, Guilherme de Almeida e outros mais, aumentando o grupo de "futuristas" em torno do qual iria se consolidar o movimento de 22. Movido pelo desejo de mudanças, esse grupo de artistas e intelectuais, concentrado no eixo São Paulo-Rio de Janeiro, decidiu aproveitar a oportunidade do centenário da Independência política do Brasil (1822-1922) para dar visibilidade aos seus anseios de liberdade artística, propondo um novo brado de independência. De um lado, estava o desejo de arejar ideias, que vinha animado pelo contato com as vanguardas europeias; de outro, a vontade de suprir lacunas da formação local, trazendo o Brasil para o centro das discussões. Brito dedicou *Antecedentes da Semana de Arte Moderna* "à memória de Mário de Andrade e de Oswald de Andrade".

Na continuação desse estudo, "A revolução modernista", o historiador fez uma breve retomada dos "Antecedentes": pôs em foco a

"Semana de 22" (da organização às realizações) e articulou o movimento das artes "depois da Semana". Dela não deixou de examinar "consequências e repercussão", pondo em contraste os "grupos modernistas", tais como: "Antropofagia", "Pau-Brasil", "Verde-amarelo", "Anta". Incluiu também o "Congresso Brasileiro de Regionalismo", realizado no Recife em 1926. Entre os "Principais livros", situou *Serafim Ponte Grande* como a obra mais revolucionária de Oswald de Andrade. E foi incisivo: "talvez o mais destabocado livro da língua portuguesa e a sátira mais candente e dolorosa: 'gran-finale do mundo burguês entre nós', 'necrológio da burguesia', epitáfio de uma era".[32] Na sequência, completou seu veredito sobre *Serafim*: "Provindo das *Memórias sentimentais de João Miramar*, como processo e forma, o livro, 'um estouro rabelaisiano, espécie de Suma Satírica da sociedade capitalista em decadência'".[33] E, a isso, acrescentou: "conforme a visão de Antonio Candido, é um documento da autocrítica que Oswald de Andrade faz, agora que, participante do esquerdismo, se dispõe a 'ser, pelo menos casaca de ferro da Revolução Proletária'".[34] Por fim, o "Encerramento do ciclo revolucionário: 1930", como Mário da Silva Brito etiquetou no sumário do livro.

Outros textos de sua autoria, sobre o modernismo, estão espalhados em *Ângulo e horizonte: De Oswald de Andrade à ficção científica*; *As metamorfoses de Oswald de Andrade*; *Conversa vai conversa vem*, sendo Oswald de Andrade uma presença garantida. Mário da Silva Brito também escreveu prefácios para uma edição fac-similar de *O perfeito cozinheiro das almas deste mundo* e para a primeira reedição de *Os condenados*. E há que se lembrar a leitura da ficção do escritor em "O aluno de romance Oswald de Andrade", pondo em foco *Os condenados*, publicado em 1922, primeiro romance de *A trilogia do exílio*. Tratando da recepção da obra nas primeiras páginas de seu estudo, Brito dá destaque a leituras de percepção avançada da crítica, em sua estreia:

> Monteiro Lobato realçou-lhe o processo cinematográfico e aponta-lhe uma "série de quadros à Griffith", coincidindo com A. Couto de Barros, que escreve: "O livro inaugura em nosso meio técnica absolutamente nova, imprevista, cinematográfica". Mário de Andrade salienta que o processo dos capítulos, simultâneo, seguia a "beneficiação do cinematógrafo".[35]

Sua apreciação crítica encontrará espaço mais uma vez nos textos concisos das "orelhas" publicadas nos onze volumes de *Oswald de Andrade. Obras completas*, em 1972. Essa publicação, diga-se, seguiu na contracorrente do regime militar ditatorial vigente no país. Oferecida ao grande público, apesar de tardia, foi a primeira divulgação efetiva de um conjunto representativo da obra de Oswald de Andrade.[36] No volume 9, *Ponta de lança*, Brito ressaltou a importância do jornalismo na vida profissional do escritor — um trabalho de vida inteira. Nesse texto, chamou a atenção do leitor para a inteligência irrequieta e para a sensibilidade poética do escritor, com um gesto convidativo: "Aí está um pouco do Oswald discutidor e panfletário, que restaura a agressividade polêmica de Camilo através de uma escritura renovada, irrigada de humor, graça e ironia, repleta de irreverência, risonhas blagues, *trouvailles* sarcásticas e causticantes *boutades*".[37] Em seus escritos, o autor de "O alegre combate de *Klaxon*" também trouxe uma obra raras vezes examinada pela crítica, *O santeiro do Mangue* (1930-1950), da qual guardou um caderno de 1936 e outros manuscritos. O crítico considerou essa obra de fatura bastante irregular, "com altos e baixos" — e com "muitos detalhes inventivos". Essa composição feita e refeita ao longo de anos, que Oswald chamou de "mistério gozoso em forma de Ópera", é, no entender de Mário da Silva Brito, "um enxerto paródico dos mistérios sacros e didáticos com os dós de peito da cena lírica e, ainda, com quadros de chanchada e rápidos *sketches* do teatro de revista".[38]

Certamente, neste registro abreviado, fica-se em dívida com a importante contribuição de Mário da Silva Brito. Mas, dando um fecho a este esboço, valeria adicionar um feito alcançado pelo crítico em 1943: entrevistar Mário de Andrade, que, àquela altura, já andava bem doente.[39] Dessa conversa longa e variada, Brito destacou o romance *Café*, texto que Mário elaborava havia muito tempo. Para seu espanto, segundo conta, Mário de Andrade revelou que pensava transformar *Café* numa "ópera coral". E, a propósito desse empenho, o artista acrescentou: "De outubro a dezembro do ano passado, trabalhei de 14 a 15 horas por dia [...]".[40] Nessa troca de histórias, veio à tona uma passagem divertida envolvendo o professor, filólogo e jornalista João Ribeiro, que em tempos passados tinha considerado *Ma-*

cunaíma "uma besteira". Mas, a isso, Ribeiro adicionava: "se bem que uma besteira do sr. Mário de Andrade".[41]

Em 2002, numa entrevista,[42] ao ser questionado sobre o modernismo, cerne de seu campo de reflexão, e sobre as contribuições efetivas e duradouras do movimento, o historiador declarou que, na ocasião, Mário de Andrade sintetizou a grande contribuição do modernismo para a sua e outras gerações, nos seguintes termos: "O direito à pesquisa estética, a atualização da inteligência artística brasileira, a estabilização de uma consciência criadora nacional e, notadamente, a conjugação desses três elementos num todo orgânico de consciência coletiva".[43]

Nessa esteira, questionado sobre bastidores de seu trabalho crítico, em especial sobre seu processo investigativo, Brito foi categórico: "Pesquisa impõe infinita paciência, além de atenção concentrada e vigilante. Exige também sabedoria seletiva. Não admite que o pesquisador se deixe seduzir por assuntos laterais que nada tenham a ver com o objetivo principal. Foi assim que tentei trabalhar".[44] Essa prática difícil, que poucos alcançam, é lição que Theodor Adorno também nos ensina, por outras palavras, em uma passagem de *Minima moralia*: "Faz parte da técnica de escrever ser capaz de renunciar até mesmo a pensamentos fecundos, se a construção o exigir".[45]

OSWALD DE ANDRADE E O MODERNISMO NA MIRA DE HAROLDO DE CAMPOS[46]

Responsável por um expressivo aparato de leituras sobre a produção literária de Oswald de Andrade, o crítico e poeta Haroldo de Campos cedo começou a explorar o universo artístico desse extraordinário autor brasileiro. Em 1957, com o artigo "Oswald de Andrade" (Suplemento Dominical do *Jornal do Brasil*), seus escritos passaram a circular na grande imprensa nacional. Pouco mais tarde, em 1963, Haroldo publicou, no Suplemento Literário de *O Estado de S. Paulo*, a tríade "Lirismo e participação", "*Miramar* e *Macunaíma*" e "Raízes do *Miramar*". Em 1964, convidado por Antonio Candido a participar do projeto de reedição das obras de Oswald de Andrade pela Difusão Europeia do Livro, tendo à frente *Memórias sentimentais de João Miramar*,[47]

Haroldo publicou o ensaio introdutório, "Miramar na mira". Esse estudo abrangente identifica e examina vestígios da vanguarda europeia na obra do escritor. Nessa leitura, incorporou elaborações de seus textos anteriores e a elas somou novas reflexões, passando do universo das personagens à variedade de experimentos linguísticos. Na fieira da literatura comparada, engendrou aproximações entre *Miramar* e dois livros de ponta da literatura europeia, *A montanha mágica* (1924), de Thomas Mann, e *Ulysses* (1922), de James Joyce, obras que revolucionaram a arte ficcional no início do século xx. Aproximando o universo oswaldiano dessas duas obras, Haroldo adentrou o território da paródia, recorrendo a uma variante do conceito, para lembrar que a paródia "não deve ser necessariamente entendida no sentido de imitação burlesca, mas inclusive na sua acepção etimológica de *canto paralelo*".[48]

Na exploração de searas do artista, Haroldo trouxe para sua leitura de *Miramar* o exame em primeira mão de procedimentos artísticos que entendeu irmanar *Ulysses*, de James Joyce, e *Miramar*, incluindo essa obra de Oswald no panteão das grandes produções da literatura contemporânea brasileira. Nesse exame exploratório, o crítico também aproximou *Memórias sentimentais de João Miramar* de "Apollinaire, o poeta dos *Calligrammes*, cujas atividades formavam uma espécie de traço de união natural entre futurismo e cubismo, pois de ambos os movimentos participava".[49]

Da estética do fragmentário à montagem da prosa cinematográfica, Haroldo identificou na obra de Oswald várias técnicas apropriadas das vanguardas europeias canônicas. A obra será ainda explorada por Haroldo de Campos em "Estilística miramarina", que integra o rol de ensaios de *Metalinguagem*.[50] O estudo inclui concepções teóricas do formalista russo Roman Jakobson e do filósofo alemão Max Bense, propondo outras possibilidades de examinar o texto. Assim, nas palavras de Haroldo: "Estudando o romance-invenção *Memórias sentimentais de João Miramar*, de Oswald de Andrade, usamos a expressão 'cubo-futurismo plástico-estilístico' para definir o sentido da prosa miramarina".[51] Adiante, tipificando usos da metáfora e da metonímia a partir da teorização de Jakobson, o crítico retomou análises por ele praticadas, aproximando modos de ver, lembrando que ao tratar da "presença do cinema no estilo oswaldiano", abordou a técnica da montagem "que é sobretudo uma técnica de criação de contexto através da manipulação de contiguidade [...]".[52] Com respeito à "Teoria do texto cubista" de Max Bense, Haroldo utilizou, por exemplo, noções que distinguem "linguagem icônica e linguagem simbólica" para operar confrontos. Por esse intermédio, o crítico argumenta: "no caso da prosa miramarina, de Oswald de Andrade, o estilo cubista, a operação combinatória ou metonímica nele realizada, está do lado do cubismo histórico, é ainda residualmente icônica em relação ao mundo exterior".[53]

Além de "Miramar na mira",[54] outro ensaio de Haroldo de Campos integrou a edição conjunta da Editora Civilização Brasileira, "*Serafim*: um grande não-livro". A respeito desses estudos críticos, Mário da Silva Brito registra:

> Esta edição dos dois livros mais típicos e representativos da prosa de vanguarda de Oswald, é enriquecida de substanciais estudos introdutórios de Haroldo de Campos. Neles o ensaísta examina sob nova ótica os experimentos do escritor paulista, realçando sua contribuição pioneira para a abertura estilística.[55]

Por esse raciocínio, complementa:

> Particularmente nova e fascinante é a colocação crítica efetuada por Haroldo de Campos em relação a *Serafim Ponte Grande*. Trata-se de um admirável e original estudo que se vale das sugestões do estruturalismo e da nova linguística para valorizar esse insólito e agressivo texto oswaldiano — texto que é uma saudável e ruidosa gargalhada renascentista na cara triste dos preconceituosos e rotineiros de qualquer tempo.[56]

Haroldo de Campos observa, ainda, que, na obra em foco, Oswald "prosseguia o projeto de livro estilhaçado". Por esse viés, buscou destrinchar o arcabouço do livro por "*grandes unidades* (de superfície)". A propósito da pertinência desse estudo, em que o crítico examina a radicalidade dos procedimentos formais de *Serafim Ponte Grande*, Antonio Candido reavaliou sua própria abordagem da obra, nos seguintes termos:

> Aceito o reparo de Haroldo de Campos, bem aparelhado para ver estas coisas, e reconsidero o meu juízo. A leitura de *Serafim* não permite dizer que é inferior a *Miramar* ou, como me parecia, um "fragmento de grande livro". É um grande livro em toda a sua força, mais radical do que *Miramar*, levando ao máximo as qualidades de escrita e visão do real que fazem de Oswald um supremo renovador.[57]

Entre outros estudos que Haroldo dedicou ao trabalho do escritor, encontra-se "Uma poética da radicalidade", texto já bem conhecido dos leitores de *Poesias reunidas de Oswald de Andrade* (1966),[58] porque o acompanha de longa data.[59] Nesse ensaio, Haroldo de Campos rastreou o conjunto da produção poética oswaldiana — de *Pau Brasil* ("ovo de Colombo" no entender de Paulo Prado) a *Cântico dos cânticos para flauta e violão*. Acatando o procedimento dessacralizador do ready-made de Marcel Duchamp, por exemplo, o crítico interpretou a poesia de Oswald como destruição e construção, desordem e nova ordem, assim considerando que o escritor teria incorporado tais recursos em suas investidas linguísticas e na "frase pré-moldada". Nessa sondagem Haroldo expandiu suas investigações, rastreando na obra muitos outros tópicos relevantes: "Chave de ouro e 'camera eye'", "A aura do objeto", "Regional e contemporâneo", "Indianismo às avessas", "Língua e linguagem", por exemplo. Neles pontuou o primitivismo de *Pau Brasil* (1925) e também discutiu a exploração de elementos extraídos do campo visual (imagem, estrutura e síntese), que entende dinamizar *Primeiro caderno do aluno de poesia Oswald de Andrade* (1927). Para Haroldo, essa obra trouxe "um novo conceito de livro", uma vez mais dialogando com tendências artísticas contemporâneas. Nessa investigação crítica, incluiu *Cântico dos cânticos para flauta e violão* — "poema dedicado à celebração da mulher amada" (como registrou), avivando a carga lírica dos procedimentos estilísticos oswaldianos. Desse procedimento aproximou também *O escaravelho de ouro*, texto em que Oswald adentra o universo surreal da imaginação infantil, apurando sentidos desse poema que dedicou a sua filha Antonieta Marília.

Nesse recorte variado, cabe mencionar a coletânea *Oswald de Andrade. Trechos escolhidos*. Com seleção e "Apresentação" de Haroldo de

Campos, a obra apresenta um sumo da trajetória do escritor e de suas obras de primeira grandeza. Um ponto alto dessa seleta é a divulgação do genial e pouco conhecido manifesto de Oswald de Andrade, "Antologia". Nesse texto burlesco, o escritor engendrou um ataque contundente ao movimento da "Anta", que deu origem ao integralismo de Plínio Salgado. Utilizando alternadamente o vocábulo "anta" como prefixo, sufixo e enfixo, Oswald manipulou potencialidades da língua com intento crítico demolidor. Haroldo de Campos definiu-o como "um delicioso panfleto trocadilhesco, no qual Oswald, com verve e virtuosismo inexcedíveis, investe contra a superficialidade decorativa, a xenofobia paroquial [...]".[60] Esse grupo derivado do Verde-amarelismo foi classificado pelo crítico como um "indianismo de fachada" que "diluiu experimentos oswaldianos, transformando-os numa literatura de calungas em *tecnicolor*, classificada por O.A. de 'macumba para turistas'".[61] A produção poética de Oswald foi amealhada pelo crítico em outros escritos, a exemplo de "Comunicação na poesia de vanguarda" e "Poesia de vanguarda brasileira e alemã", que integram *A arte no horizonte do provável*.[62]

Em meio aos diversos textos perscrutados por Haroldo de Campos, no âmbito do modernismo brasileiro, não poderia faltar a referência ao longo estudo que dedicou à rapsódia de Mário de Andrade, *Macunaíma o herói sem nenhum caráter* (1928). Nesse estudo, recorrendo a postulações do formalismo russo e do estruturalismo, o crítico utilizou como ferramenta (inovadora à época no Brasil), e linha auxiliar de sua reflexão, o método aplicado por V. Propp em *Morfologia do conto maravilhoso*.[63] O trabalho foi apresentado como tese de doutorado na Universidade de São Paulo, em 1972, e publicado em 1973 sob o título de *Morfologia do Macunaíma: Para uma teoria da prosa modernista brasileira*. Vista com distanciamento temporal, essa leitura parece hoje conservar muito mais a vasta erudição do crítico Haroldo de Campos do que a total eficácia do método aplicado, dada a multiplicidade de elementos estruturantes descartados por necessidade do método que, em certa medida, não pôde dar conta de questões essenciais da fatura artística da rapsódia de Mário de Andrade. Em sua abordagem, por exemplo, Haroldo desconsiderou o papel importante que a carta de Macunaíma desempenha no relato, argumentando que *Memórias sentimentais de João Miramar* (1924) "anteciparam o *Macunaíma* [...], inspirando o conhecido episódio 'Carta pras icamiabas' deste último livro".[64] Na publicação de *Morfologia do Macunímа*, Haroldo de Campos assim historiou em sua abertura:

> Em 1967, depois daquele primeiro paralelo *Miramar/Macunaíma*, de 1963, em que ambos os livros já eram vistos como instâncias de um modo literário paródico, pude reencetar o meu percurso de reencontro com Mário de Andrade, tendo à minha disposição, como guia estrutural seguro, para a devassa do aparente labirinto macunaímico, a *Morfologia* de Vladimir Propp, de que surgira, um ano antes, uma cuidada edição italiana. Isto sem esquecer o inestimável *Roteiro* de Cavalcanti Proença, indispensável como elucidação de fontes e inventário artesanal.[65]

Outras análises e interpretações de *Macunaíma* seguiram-se com aportes diferentes, ora polemizando, ora acatando a leitura de Haroldo. Muito antes disso, porém, Oswald de Andrade definiu a rapsódia modernista num juízo cabal, ao anunciar a chegada de *Macunaíma*: "Mário escreveu a nossa Odisseia e criou duma tacapada o herói cíclico e por cincoenta anos o idioma póetico nacional" (*Revista de Antropofagia*, 1928).[66]

VIRAVOLTAS ARLEQUINAIS NA CRÍTICA DE TELÊ ANCONA LOPEZ[67]

Na base formadora dos estudos sistemáticos sobre o modernismo brasileiro, dando dimensão de profundidade tanto às suas propostas e questionamentos como ao torneio das obras e de seus autores mais expressivos, encontra-se Telê Ancona Lopez.[68] Intelectual de voo próprio, Telê começou seus estudos sobre a produção modernista na segunda metade dos anos 1960, dedicando-se à obra de Mário de Andrade. Seu trabalho investigativo sobre o movimento cedo colocou na roda um tópico raro, "Os modernistas e o circo" (Suplemento Literário de *O Estado de S. Paulo*, 20 de abril de 1969), texto em que registra a atenção dada pelo grupo a essa arte popular urbana. Nessa crônica, Telê destacou bastidores de uma homenagem dos modernistas ao grande palhaço Piolim (Abelardo Pinto), promovida pelo "Clube da Antropofagia", em 1928.

Pesquisadora do Instituto de Estudos Brasileiros (IEB-USP), desde sua formação, Telê Ancona Lopez teve acesso ao extraordinário Acervo Mário de Andrade, ali depositado no final de 1960.[69] Um de seus primeiros estudos sobre a obra do escritor foi *O sequestro da dona ausente* (1966). Um pouco mais tarde, Telê defendeu sua tese de doutorado, intitulada *Mário de Andrade ideologia e cultura popular* (1970). Veio depois o livro *Macunaíma a margem e o texto*, publicado em 1974. De acordo com o prefaciador, Antonio Candido, a ensaísta "movimenta um impressionante material disperso ou inédito: anotações, cartas, artigos remotos, — o que aliás constitui o seu terreno predileto pois faz muitos anos que vem se especializando na pesquisa do acervo deixado pelo grande escritor".[70] E, sobre a relevância desse estudo, que deu visibilidade à marginália de Mário, Candido acrescenta:

> Para compreender o método de trabalho de Mário de Andrade na construção de suas obras, é preciso levar em conta a Marginália, ligando os elementos oferecidos por ela aos processos de composição que se observam nos originais e que foram confirmados pelo depoimento do próprio escritor.[71]

Na introdução de outro importante trabalho, *Mário de Andrade: Ramais e caminho* (1972),[72] Telê Ancona Lopez tomou como vetor uma advertência de Georg Lukács, segundo a qual "as obras são revitalizadas pelo tempo, desde que possam responder a ânsias semelhantes às do período em que foram produzidas".[73] Por essa época, lembra-se, os estudos sistemáticos sobre o movimento modernista brasileiro ainda eram escassos. No rol de estudos da obra, Telê também enfatizou a importância de *Roteiro de Macunaíma*, trabalho filológico de Cavalcanti Proença, como contribuição fundamental para estudiosos da rapsódia marioandradina, assim anotando:

> Em 1950 Cavalcanti Proença mostrou que o caminho para a compreensão da obra de Mário de Andrade deveria ser o da pesquisa, pois ela poderia

proporcionar a interpretação correta, livre de apriorismos e projeções. Acredito que o caminho seja válido também para entender a totalidade dos escritores ligados ao modernismo e às demais estéticas que marcaram a Literatura Brasileira. Nossa crítica não pode ainda se dar ao luxo europeu da interpretação pura, enquanto a documentação continuar arqueologicamente sepultada.[74]

Entre outras leituras fecundas e pioneiras que Telê Ancona Lopez produziu sobre a obra do escritor, encontra-se "Uma difícil conjugação" — leitura centrada em *Amar, verbo intransitivo* (1927), romance experimental de Mário de Andrade, por ele concebido como "idílio". Nesse ensaio, reconheceu o narrador do "idílio" como "antecessor do rapsodo de *Macunaíma*, expressando-se na fala brasileira 'desgeograficada', cheia de 'brasileirismos', de todos os quadrantes do país".[75] Ainda, assinalando diretrizes do projeto modernista, com ênfase na determinação do autor, destaca seu interesse "em pesquisar e empregar a língua portuguesa tal como ela se configura no Brasil, vendo-a como um organismo vivo, dinâmico, recebendo por parte do povo constantes modificações".[76] Em suas incursões passou pelo território da poesia, da crítica, do jornalismo, dos estudos sobre música, artes plásticas, cultura popular. Parte desse conjunto é a edição crítica de *Macunaíma* (Unesco, Col. Archivos, 1988), obra que Telê Ancona Lopez coordenou e para a qual também contribuiu com aparato de texto, "valorizando subsídios da crítica genética", e com o ensaio "Rapsódia e resistência".

Digno de nota, por ser mais um texto pioneiro de sua pesquisa, temos ainda, de Mário de Andrade, *Taxi e crônicas no Diário Nacional*, de 1927 e 1932. Na apresentação da obra, Telê Ancona Lopez assinalou a importância desse exercício semanal, confirmada numa declaração do autor: "'No meio da minha literatura sempre tão intencional, a crônica seria o sueto, a válvula verdadeira por onde eu me desfatigava de mim'".[77]

Por fim, no ensaio "Arlequim e modernidade" (1976), centrado em *Pauliceia desvairada*, Telê projeta inquietações do espírito do artista, mobilizado por diferentes tendências da vanguarda europeia, como o futurismo, o *esprit nouveau*, remetendo ainda à irreverência e ao humor de tradição popular, como manifestações artísticas que nutriam seu tempo. Recolhido em *Mariodeandradiando* (1995),[78] temos mais um testemunho da dedicação de Telê à obra de Mário de Andrade. O crítico José Aderaldo Castello refere-se a *Mariodeandradiando* como "amplo trabalho preliminar de pesquisa e sistematização" e "caso único na história da crítica brasileira".[79]

A DEVORAÇÃO CRÍTICA DE BENEDITO NUNES[80]

Os ensaios do filósofo e ensaísta Benedito Nunes sobre o movimento modernista vêm de longa data, contemplando manifestos e teses de Oswald de Andrade. Em seus trabalhos acadêmicos, na década de 1960, Nunes abriu clareiras para estudiosos nesse campo da produção de Oswald, então ainda não explorado de modo sistemático. Exemplo disso é o ensaio "Antropofagia ao alcance de todos",[81] texto incluído na pioneira edição da Civilização Brasileira, em *Obras completas 6. Do Pau Brasil à Antropofagia e às utopias*. O estudo abrange o "Manifesto da Poesia Pau Brasil", o "Manifesto Antropófago", "A crise da Filosofia Messiânica" e outros escritos específicos, de cunho filosófico, sobre Antropofagia, matriarcado, utopias. O crítico extraiu ainda das conjecturas de Oswald sobre a realidade brasileira, desde os primeiros manifestos, a consciência de uma "sociedade traumatizada pela repressão colonizadora",[82] caracterizada pela "duplicidade cultural", passando da mistura étnica ao complexo amálgama linguístico, por sua vez aliada às desigualdades sociais. Além disso, em sua análise da produção crítica do escritor, de 1922 aos anos 1930 e 1940, Nunes não deixou de colocar em evidência opções políticas assumidas por Oswald, que, nesse período, tinha ingressado nas fileiras do Partido Comunista.

Em "Antropofagia ao alcance de todos", examinando pressupostos programáticos de Oswald, começando pelos primeiros passos, o crítico argumenta que a "visão pau brasil" abrange "o primitivismo de natureza psicológica" e a "experiência da forma externa na estética do cubismo", na esteira do *esprit nouveau* de Apollinaire. Depois, acerca-se da "Antropofagia", dando visibilidade ao símbolo da devoração explorado por Oswald, caracterizando-a como signo de rebeldia de um "espírito refratário à ordem". Para Benedito Nunes, a concepção de "Antropofagia" articulada por Oswald "é a um tempo *metáfora*, *diagnóstico* e *terapêutica*", resumindo: "*metáfora* orgânica, inspirada na cerimônia guerreira da imolação pelos tupis do inimigo valente apresado em combate", e nesse sentido alcança "tudo aquilo que deveríamos repudiar, assimilar e superar para a conquista de nossa autonomia intelectual; *diagnóstico*, da sociedade brasileira como sociedade traumatizada pela repressão colonizadora que lhe condicionou o crescimento [...]".[83] Quanto à *terapêutica*, terceiro aspecto assinalado em sua interpretação, representa uma "reação violenta e sistemática, contra os mecanismos sociais e políticos, os hábitos intelectuais, as manifestações literárias e artísticas".[84] Importa ainda assinalar que, na apresentação dessa reunião de textos, o crítico Mário da Silva Brito convoca a atenção do leitor para o "inteligente e instigante ensaio introdutório de Benedito Nunes, cujos estudos em torno da obra de Oswald o tornam um dos seus principais exegetas, tendo realizado inúmeras pesquisas [...] sobre as ideias filosóficas do discutido escritor paulista".[85]

Com *Oswald canibal*[86] — um pequeno livro publicado no final da década de 1970 —, ainda uma vez, Benedito Nunes retomará essa fértil formulação do escritor, nos seguintes tópicos: "Antropofagia", "A crise da Filosofia Messiânica", "A marcha das Utopias". Na primeira parte de sua leitura, "Antropofagia e vanguarda", acercou-se do modernismo e das diferentes correntes estéticas que fertilizaram o movimento, considerando que "a interferência das correntes europeias no desenvolvimento do nosso modernismo deu-se como um mal necessário, ou como uma espécie de ritual de passagem que a literatura brasileira teve de cumprir, antes de alcançar a normalidade da vida adulta",[87] acatando desse modo um juízo de Antonio Candido, exposto em "Plataforma da nova geração" (1943), em que afiança: "com os anos de 30 é que começa a literatura brasileira".[88] Para Benedito Nunes, nosso modernismo é parte de um processo histórico-cultural, portanto, circunscrito a um determinado tempo, com características específicas no âmbito das ideias, procedimentos, técnicas. Nesse entender, conferiu importância à recepção de mensagens teóricas vindas dos arraiais futuristas, expressionistas, cubistas, dadaístas e surrealistas, ou [ora] pelas leituras das obras representativas de tais correntes, ora mediante participação direta no clima intelectual europeu, Mário e Oswald jamais deixaram de acompanhar a marcha da revolução artística mundial.[89]

A esse respeito, Benedito Nunes observa que houve assimilação crítica na obra dos dois referidos escritores, com seleção e rejeição, sem traço epigonal ou subserviência. Tomou como exemplo *A escrava que não é Isaura*, de Mário de Andrade, ensaio teórico-crítico, em que o escritor, segundo seu grifo, reage "contra seduções da moda", com rigor e distanciamento, ao fazer suas escolhas. No mesmo livro, privilegiando também a leitura de Oswald, o crítico procurou mostrar a atualidade dos questionamentos do escritor, reavivando seu pensamento heterodoxo. Nesse sentido, também afirmou que muitas das problematizações estéticas de Oswald ainda guardam o frescor de seu caráter polêmico e a potência inovadora de suas ideias. Muito embora, não deixou de reconhecer a existência de questões ultrapassadas na obra desse artista, alertando para a necessidade de contextualizações no trato dos textos.

Em *A clave do poético*,[90] obra mais tardia, em que retomou a produção de alguns modernistas, Benedito Nunes publicou "Crítica literária no Brasil, ontem e hoje",[91] texto em que arrola estudiosos do movimento modernista que, em diferentes tempos, direções e facetas críticas, exploraram e questionaram esse importante marco da vida artística e cultural brasileira. Em sua exposição, argumenta:

> Um dos momentos de maior tensão, se não o maior, em nossa literatura, entre a leitura dos críticos e a escrita dos escritores, ocorreria no início da segunda década do século xx, com o advento do movimento modernista em 1922, lastreado, por um lado, pelas correntes estéticas europeias de vanguarda, do futurismo ao surrealismo, e, por outro, pelo critério de nacionalidade, menos como índice de um valor já possuído do que como meta de uma indagação da identidade brasileira a intentar ou como vocação artística, social e política a perseguir.[92]

Nessa obra, Nunes publicou uma entrevista que concedeu a Clarice Lispector, anunciada com o seguinte título — "O que está acontecendo com a literatura brasileira hoje". Nessa conversa com a autora de *Água viva*, sobre posicionamentos conflitantes no contexto do modernismo brasileiro, que colocaram em posição antagônica o poeta de *Pau Brasil* e o autor de *Pauliceia desvairada*, o crítico assim se manifestou: "não vejo razão para separar Oswald de Mário, quanto ao papel que tiveram na elaboração dessa perspectiva estética central, em que se condensou, além do propriamente *moderno* do nosso modernismo, o ponto de ruptura por ele operado".[93]

DOIS VÉRTICES DA CRÍTICA LITERÁRIA DE GILDA DE MELLO E SOUZA[94]

Em 1948, na dianteira de seu tempo como filósofa e professora de estética, Gilda de Mello e Souza publicou, no segundo número da *Revista Brasileira de Poesia*, um pequeno texto em que anunciava: "Dois dos nossos maiores poetas abrem o ano oferecendo-nos suas poesias. É um raro privilégio poder ter sobre a mesa as *Poesias completas* de Manuel Bandeira e *Poesia até agora* de Carlos Drummond de Andrade".[95] A junção não foi aleatória. Assinalada a distância geracional, Gilda aproximou os dois poetas pelo traço de rebeldia, reconhecendo na poesia de Drummond a forte presença de Bandeira. E, de modo inovador, alargando o campo de sua reflexão estética, postula que

> todo poeta se debate entre duas atitudes opostas de que sua arte se nutre: o exibicionismo e seu recalque, ou mais simplesmente, a confissão e o pudor. O poema reflete essa ambivalência, e nele o poeta ora se abandona, ora recua, conforme pese um ou outro termo da equação.[96]

Por esse vetor, Gilda reconheceu em Bandeira o pudor, em Drummond o exibicionismo. Como parte integrante dessa proposição, incluiu mais um poeta, Mário de Andrade, que considerou "encarnar" a "luta entre as duas tendências".[97] Ao longo da vida, sabe-se que Mário de Andrade e Manuel Bandeira foram alvo de suas inquietações estético-literárias. Sobre este último, Gilda escreveu em parceria com Antonio Candido um longo estudo, que serviu de "Introdução" para a obra *Estrela da vida inteira* (1966). Conforme registrado, o texto foi escrito em "Paris, setembro de 1965". As análises de poemas, de responsabilidade de Gilda, segundo Antonio Candido, o que se comprova pelo estilo da ensaísta, trazem uma ampla amostragem da variedade de recursos artísticos articulados nessa reunião de poesias e traduções poéticas de Bandeira, recolhidas de muitos anos de ofício. Nesse campo exploratório, Gilda detectou procedimentos artísticos assimilados da vanguarda europeia, apurando que o poeta "repetia no plano da palavra a experiência dos cubistas e surrealistas nas colagens (*papiers collés*)":

> Erguia-as do entulho estético a que o gosto médio as havia reduzido para de novo insuflar-lhes o sopro da Poesia, da mesma forma que os pintores retiravam dentre os detritos da cesta de papel, os pregos, rolhas, caixas de fósforos vazias, pedaços de barbante e de estopa com que iriam trabalhar a superfície da tela. Num caso como no outro, a emoção artística surgia dessa promoção do objeto, que, colocado num contexto novo, irradiava magicamente à sua volta um novo espaço artístico, onde ao fluente encadeamento lógico se substituía uma organização de choque.[98]

Esse filtro estético de Gilda foi expandido e ganhou maior complexidade em *O tupi e o alaúde*, análise interpretativa de *Macunaíma*, de Mário de Andrade. Publicado em 1979, o livro é um ponto alto dos estudos críticos sobre essa rapsódia e sobre o modernismo brasileiro. Nesse longo ensaio, Gilda questionou em muitos aspectos a tese defendida por Haroldo de Campos, em *Morfologia do Macunaíma* (1972), estudo amparado em procedimentos da *Morfologia do conto maravilhoso*, de Vladímir Propp. A leitura de Gilda seguiu por um caminho crítico diferente. Em seu entender, *Macunaíma* incorpora uma profunda reflexão estética de Mário, sendo um "livro construído a partir da combinação de uma infinidade de textos preexistentes, elaborados pela tradição oral ou escrita, popular ou erudita, europeia ou brasileira".[99] Na mutiplicidade de recursos utilizados na fatura da obra, a ensaísta identifica mascaramentos, transformações, deformações, pastiches, lembrando também que o escritor às vezes "dissolveu (sem que ninguém percebesse) frases populares no tecido da prosa".[100] Com isso em vista, aponta no relato de *Macunaíma* o "conflito da velha herança europeia e as fontes locais de inspiração [...] [que] não era a seu ver característico apenas das canções de roda, mas constituía um traço diferenciador permanente das manifestações do nosso folclore musical".[101] Nesse particular, Gilda atenta para as fortes ligações da fatura ficcional com a experiência musical de Mário de Andrade, advindas de um complexo sistema de empréstimos que mescla traços da música erudita e processos de composição popular. Tais processos estão aliados tanto a princípios de repetição e variação como ao nivelamento e desnivelamento, o que exemplifica, acompanhando em suas reflexões a teoria crítica de Charles Lalo.

Nessa variedade de elementos que subsidiam a rapsódia, Gilda reivindicou ainda traços da herança cultural ibérica presentes na formação local. Essas pistas foram por ela detectadas em resíduos de romances de cavalaria, já entranhados em nossa cultura popular e disseminados pela literatura de cordel, considerando exemplares as aventuras de Carlos Magno.[102] Nesse campo investigativo, a ensaísta injetou ainda uma questão crucial para o entendimento das reflexões acuradas de Mário de Andrade — em que se encontram as conflituosas relações entre o cá e o lá —, asseverando que "a rapsódia brasileira seria, por conseguinte, a última metamorfose do mito, a versão construída pelo Novo Mundo no momento em que as vanguardas questionam a supremacia do Ocidente".[103] Assim, consigna na argumentação que Mário de Andrade, em *Macunaíma*,

> à semelhança dos cantadores nordestinos, que estudara com tão aguda compreensão — "desmanchava" a linha melódica europeia, para que, rejuvenescida pelas acomodações locais, fecundada pelo riso popular, ela ascendesse novamente ao nível da grande arte; para que, nas palavras de Bakhtin, ela ainda uma vez revelasse "o mundo de maneira nova, sob o seu aspecto mais alegre e mais lúcido".[104]

Nesse rastrear, Gilda assinala outro aspecto nodal em *Macunaíma*, esse "herói de nossa gente", cujo caráter oscilante (como o da própria constituição rapsódica) é também sumo da incompletude de nossa formação. A história vazada numa "fala impura", permeada de ambiguidades, misto de arcaico e moderno, segundo Gilda, resume na demanda da pedra mágica a metáfora da busca de uma identidade perdida. Esperança vã de reconquista, dado o impasse criado pelo herói ao rejeitar sua própria cultura. De acordo com a ensaísta, essa questão leva a um ponto-chave do modernismo, a problemática identidade nacional, um aspecto medular nas investigações e nos questionamentos de Mário de Andrade. Sobre esse tema, Gilda também se manifestou no ensaio "Vanguarda e nacionalismo na década de 20" (1975), atestando que "o nacionalismo constitui, na década de 20, a solução mais adequada que os modernistas brasileiros encontraram para superar o período experimental das vanguardas, sem romper, no entanto, com algumas das suas conquistas fundamentais".[105] Assim, exemplifica: "Entre estas estavam a convicção de que o impulso artístico pode se exprimir através de formas diferentes das propostas pela tradição greco-romana e próximas das manifestações alógicas das culturas chamadas primitivas".[106] A questão da identidade, atrelada ao nacionalismo, sempre foi uma das "pedras de toque" em Mário de Andrade, como Gilda de Mello e Souza observou no prefácio de *Introdução à estética musical*.[107] E é consciente do conflito identitário enraizado na obra de Mário que Gilda afiança: "*Macunaíma* representou [...] uma meditação extremamente complexa sobre o Brasil, efetuada através de um discurso selvagem, rico de metáforas, símbolos e alegorias".[108] Em sua leitura de *Macunaíma*, descartando os triunfalismos das interpretações que consignam a obra como "devoração acrítica de valores europeus pela vitalidade da cultura brasileira",[109] Gilda extraiu dos elementos estruturais, e da significação profunda de certos episódios, o que entende ser a visão pessimista de Mário de Andrade, consignando que *Macunaíma* é "ambivalente e indeterminada, sendo antes o campo aberto e nevoento de um debate, que o marco definitivo de uma certeza",[110] em mais um ponto fecundo que agrega à leitura da rapsódia.

NOTAS

1. A Semana de Arte Moderna foi realizada nos dias 13, 15 e 17 de fevereiro de 1922, no Theatro Municipal de São Paulo — fundado em 1911.
2. "O tempo do contra". In: *Textos de intervenção*. Sel., apres. e notas de Vinicius Dantas. São Paulo: Duas Cidades, 2002, pp. 369-79. Trata-se de transcrição de uma fala de Antonio Candido.
3. Oswald de Andrade, "Informe sobre o modernismo". In: *Estética e política*. Org. de Maria Eugenia Boaventura. São Paulo: Globo, 1991, p. 99. Conferência realizada em São Paulo, em 15 de outubro de 1945.
4. Id., "Novas dimensões da poesia". In: *Estética e política*, op. cit., p. 116.
5. Mário de Andrade, "Entrevista" ao jornal *A Noite* (1925). In: *Entrevistas e depoimentos*. Org. de Telê Ancona Lopez. São Paulo: T.A. Queiroz, 1983, p. 16.
6. Id., "O movimento modernista". In: *Aspectos da literatura brasileira*. São Paulo: Livraria Martins Editora, 1974, p. 231.
7. Embora haja estudos pioneiros sobre o movimento modernista no campo das artes plásticas e da música, realizados por pesquisadoras como Marta Rossetti Batista, Aracy Amaral, Annateresa Fabris, Flavia Toni, por exemplo, a presente leitura não as agrega porque seu foco é apenas o campo da produção literária.
8. A variedade de perspectivas vem confirmar que a crítica literária e a teoria da literatura sofreram modificações consideráveis, durante o século XX, sob a influência de disciplinas próximas: linguística, psicanálise, sociologia, filosofia. O diálogo mantido pela cultura deu origem a novos métodos que colocaram um ponto-final na ideia de que havia uma maneira única de comentar textos. Jean-Yves Tadié, "Introdução". In: *A crítica literária no século XX*. Trad. de Wilma Freitas Ronald de Carvalho. Rio de Janeiro: Bertrand Brasil, 1992, pp. 13-4.
9. Antonio Candido de Mello e Souza. Rio de Janeiro, julho 1918 — São Paulo, maio 2017.
10. A resenha foi reproduzida na *Revista do IEB-USP*, São Paulo: IEB-USP, n. 36, pp. 135-9, 1994.
11. Antonio Candido; José Aderaldo Castello, *Presença da Literatura brasileira*. III. *Modernismo*. São Paulo: Difusão Europeia do Livro, 1974, p. 64.
12. Antonio Candido, "Estouro e libertação". In: *Vários escritos*. São Paulo: Duas Cidades, 1995, p. 44.
13. Id., ibid., p. 45.
14. Haroldo de Campos, "Marcação do percurso". In: *Morfologia do Macunaíma*. São Paulo: Perspectiva, 1973, p. 7.
15. Antonio Candido; José Aderaldo Castello, "Modernismo". In: *Presença da Literatura brasileira*. III. *Modernismo*, op. cit., p. 25.

16. Antonio Candido, "Estouro e libertação". In: *Vários escritos*, op. cit., p. 52.
17. Id., ibid.
18. Antonio Candido, "Lembrança de Mário de Andrade". In: *O observador literário*. São Paulo: Comissão Estadual de Cultura/ Comissão de Literatura, 1959, p. 83.
19. O texto antecipa para o leitor brasileiro o que depois leríamos em "O narrador", de Walter Benjamin, ensaio que, até aquela data, era desconhecido no Brasil.
20. Antonio Candido, "Oswald viajante". In: *O observador literário*, op. cit., p. 89.
21. Id., "Digressão sentimental sobre Oswald de Andrade". In: *Vários escritos*, op. cit., p. 99.
22. Id., ibid., p. 101.
23. Boris Schnaiderman, "Paródia e 'mundo do riso'". *Tempo Brasileiro*, Rio de Janeiro, n. 62, pp. 93-4, 1980. *Sobre a paródia.*
24. Capa de Oswald de Andrade Filho.
25. Antonio Candido, "Os dois Oswalds"; "Oswald, Oswaldo, Ôswald"; "O diário de bordo". In: *Recortes*. São Paulo: Companhia das Letras, 1993, pp. 35-42; 43-5; 47-9, respectivamente.
26. Id., "Literatura e cultura de 1900 a 1945". In: *Literatura e sociedade*. São Paulo: Cia. Editora Nacional, 1973, pp. 109-38.
27. Entrevista de Antonio Candido a Tatiana Tavares. *Diário Catarinense*, Florianópolis, 31 out. 2009. Caderno de Cultura.
28. Mário da Silva Brito. Dois Córregos, 1916 — Rio de Janeiro, 2008.
29. Mário da Silva Brito, *História do modernismo brasileiro*. 1. *Antecedentes da Semana de Arte Moderna*. Capa de Aldemir Martins. São Paulo: Saraiva, 1958. O livro foi reimpresso: Rio de Janeiro: Civilização Brasileira, 1964. Nos anos 1990, a obra teve uma nova edição.
30. Id., "Entrevista concedida a Maria Augusta Fonseca e Telê Ancona Lopez". Rio de Janeiro, 14 de setembro de 2002. Reproduzida em *D.O. Leitura*, São Paulo: Imprensa Oficial do Estado de São Paulo, p. 22, 11 nov. 2002.
31. Carlos Drummond de Andrade, "Mário rimando com sexagenário". In: Mário da Silva Brito, *O fantasma sem castelo*. Rio de Janeiro: Civilização Brasileira, 1980, p. 129.
32. Mário da Silva Brito, "A revolução modernista". In: *A literatura no Brasil*. v. *Modernismo* (1968). Org. de Afrânio Coutinho. Rio de Janeiro: Sul Americana, 1970, p. 36.
33. Id., ibid.
34. Id., ibid.
35. Id., "O aluno de romance Oswald de Andrade". In: Oswald de Andrade, *Alma*. São Paulo: Globo, 1990, p. 12.

36. Em 1964, Antonio Candido fez uma primeira tentativa de publicar um conjunto de obras de Oswald, mas o projeto não foi adiante. Só foram publicados dois títulos.
37. Mário da Silva Brito, "Orelha". In: Oswald de Andrade, *Ponta de lança*. Rio de Janeiro: Civilização Brasileira, 1972. *Obras completas* 5.
38. Id., "O santeiro do Mangue". In: Oswald de Andrade, *O santeiro do Mangue e outros poemas*. "Orelha" de Jorge Schwartz. São Paulo: Globo, 1990, p. 14.
39. Id., "Entrevista". In: Mário de Andrade, *Entrevistas e depoimentos*, op. cit., pp. 93-8.
40. Id., ibid., p. 97.
41. Id., ibid., p. 96.
42. Id., "Entrevista concedida a Maria Augusta Fonseca e Telê Ancona Lopez", op. cit.
43. Id., ibid., p. 20.
44. Id., ibid., p. 22.
45. Theodor Adorno, *Minima moralia*. Trad. de Luiz Eduardo Bicca. São Paulo: Ática, 1993, p. 73.
46. Haroldo de Campos. São Paulo, 1929 — São Paulo, 2003.
47. O projeto não progrediu. Hoje é uma raridade a edição de *Memórias sentimentais de João Miramar*. 2. ed. Capa de Flávio de Carvalho; "Orelha" de Haroldo de Campos. São Paulo: Difusão Europeia do Livro, 1964. Coleção coordenada por Antonio Candido.
48. Boris Schnaiderman, "Paródia e 'mundo do riso'", op. cit., p. 90. Citação que B. S. indica em nota ter extraído da "Apresentação" a *Oswald de Andrade. Trechos escolhidos*. Rio de Janeiro: Agir, 1967, pp. 15-6.
49. Haroldo de Campos, "Miramar na mira". In: Oswald de Andrade, *Memórias sentimentais de João Miramar*, op. cit., p. 37.
50. Id., *Metalinguagem*. Petrópolis: Vozes, 1970.
51. Id., "Estilística miramarina". In: *Metalinguagem*, op. cit., p. 87.
52. Id., ibid., p. 89.
53. Id., ibid., p. 91.
54. Texto reproduzido na edição conjunta de Oswald de Andrade, *Memórias sentimentais de João Miramar; Serafim Ponte Grande*. Rio de Janeiro: Civilização Brasileira, 1972. *Obras completas* 2.
55. Mário da Silva Brito, "Orelha". In: Oswald de Andrade, *Memórias sentimentais de João Miramar; Serafim Ponte Grande*, op. cit.
56. Id., ibid.
57. Antonio Candido, "Digressão sentimental sobre Oswald de Andrade" (1970). In: *Vários escritos*, op. cit., p. 99.
58. Oswald de Andrade, *Poesias reunidas de Oswald de Andrade*. São Paulo: Difusão Europeia do Livro, 1966.

59. Desde a reprodução em *Poesia reunidas*, *Obras completas* 7, pela Editora Civilização Brasileira (1972), até a última edição, publicada pela Companhia das Letras (2017).

60. Haroldo de Campos, "Apresentação". In: *Oswald de Andrade. Trechos escolhidos*, op. cit., p. 17.

61. Id., ibid.

62. Id., *A arte no horizonte do provável*. São Paulo: Perspectiva, 1969.

63. Vladimir I. Propp, *Morfologia do conto maravilhoso*. Trad. de Jasna Paravich Sarhan. Rio de Janeiro: Forense Universitária, 1984. Tradução "baseada na 2. edição soviética de 1969". Em 1970, Haroldo teve acesso ao texto por traduções estrangeiras.

64. Haroldo de Campos, *Oswald de Andrade. Trechos escolhidos*, op. cit., p. 15.

65. Id., *Morfologia do Macunaíma*. São Paulo: Perspectiva, 1972, p. 10.

66. Oswald de Andrade, *Revista de Antropofagia*, São Paulo, n. 5, set. 1928. *Revista de Antropofagia*. Reedição fac-similar da Revista Literária publicada em São Paulo 1ª e 2ª dentições — 1928-1929. São Paulo: Abril Cultural; Metal Leve, 1975.

67. Telê Ancona Lopez. São Paulo, 1938. Atuou como professora de Literatura brasileira do DLCV-FFLCH-USP. É Professora Sênior e pesquisadora do Instituto de Estudos Brasileiros da Universidade de São Paulo, IEB-USP.

68. Discípula de Antonio Candido, professor responsável por incluir o movimento modernista (com seus autores e obras) no currículo de graduação e de pós-graduação da Universidade de São Paulo, no início dos anos 1960.

69. Adquirido da família do escritor em 1968, integra o patrimônio do IEB-USP.

70. Antonio Candido, "Prefácio". In: Telê Porto Ancona Lopez, *Macunaíma a margem e o texto*. São Paulo: Hucitec, 1974, p. VII.

71. Telê Porto Ancona Lopez, *Macunaíma a margem e o texto*, op. cit., p. 4.

72. Id., *Mário de Andrade: Ramais e caminho*. São Paulo: Duas Cidades; SCCET-SP, 1972.

73. Id., ibid., p. 11.

74. Id., ibid.

75. Id., "Uma difícil conjugação". In: Mário de Andrade, *Amar, verbo intransitivo: Idílio*. Belo Horizonte: Itatiaia, 1982, p. 11.

76. Mário de Andrade, *Amar, verbo intransitivo: Idílio*, op. cit., p. 32.

77. Telê Ancona Lopez, "O cronista Mário de Andrade". In: Mário de Andrade, *Taxi e crônicas no Diário Nacional*. Estabel. de texto, intr. e notas de Telê Ancona Lopez. São Paulo: Duas Cidades; SCCET-SP, 1976, p. 37.

78. Id., *Mariodeandradiando*. São Paulo: Hucitec, 1995. A obra reúne os seguintes ensaios: "A estreia poética de Mário de Andrade" (1971); "Arlequim e modernidade" (1976-1979); "Uma difícil conjugação" (1981); "Rapsódia e resistência"

(1987); "Um contista bem contado" (1987); "A bagagem poética do Turista Aprendiz" (1986); "Mário de Andrade e a dona ausente" (1983).

79. José Aderaldo Castello, "Louvado assim merecido". In: Telê Porto Ancona Lopez, *Mariodeandradiando*, op. cit., p. IX.

80. Benedito Nunes. Belém, 1929 — Belém, 2011.

81. Benedito Nunes, "Antropofagia ao alcance de todos". In: Oswald de Andrade, *Do Pau Brasil à Antropofagia e às Utopias*. Rio de Janeiro: Civilização Brasileira, 1972, pp. XIII-LIII. *Obras completas* 6.

82. Id., ibid., p. XXVI.

83. Id., ibid., pp. XXV-XXVI.

84. Id., ibid., p. XXXVI.

85. Mário da Silva Brito, "Orelha". In: Oswald de Andrade. *Do Pau Brasil à Antropofagia e às Utopias*, op. cit.

86. Benedito Nunes, *Oswald canibal*. São Paulo: Perspectiva, 1979.

87. Id., ibid., p. 8.

88. Antonio Candido, "Plataforma da nova geração" (1943). *Textos de intervenção*, op. cit., p. 239.

89. Benedito Nunes, *Oswald canibal*, op. cit., p. 20.

90. Id., *A clave do poético: Ensaios*. Org. de Victor Sales Pinheiro. São Paulo: Companhia das Letras, 2009.

91. Id., "Crítica literária no Brasil, ontem e hoje". In: *A clave do poético*, op. cit., pp. 42-72.

92. Id., ibid., p. 49.

93. Id., "Entrevista a Clarice Lispector — 'O que está acontecendo com a literatura brasileira hoje'" (s.d.). In: *A clave do poético*, op. cit., p. 189.

94. Gilda de Mello e Souza. São Paulo, 1919 — São Paulo, 2005. Aluna e depois assistente de Roger Bastide na Universidade de São Paulo, foi professora de Estética da FFLCH-USP, até se aposentar em 1973. Ensaísta e escritora, foi a única mulher a integrar o grupo da revista *Clima*, em 1942.

95. Gilda de Mello e Souza, "Dois poetas" (1948). In: *A palavra afiada*. Org., intr. e notas de Walnice Nogueira Galvão. Rio de Janeiro: Ouro sobre Azul, 2014, p. 165.

96. Id., ibid.

97. Id., ibid., p. 166.

98. Gilda de Mello e Souza; Antonio Candido, "Introdução". In: Manuel Bandeira, *Estrela da vida inteira*. Rio de Janeiro: José Olympio, 1974, p. XXXVIII.

99. Gilda de Mello e Souza, *O tupi e o alaúde*. São Paulo: Duas Cidades; Ed. 34, 2003, p. 10.

100. Id., ibid., p. 26.

101. Id., ibid., p. 59.

102. Para Gilda de Mello e Souza, é neste momento de carnavalização crescente da literatura e ambiguidade progressiva do romance cavaleiresco, em que o núcleo central e dramático da *Demanda do Santo Graal* se transforma aos poucos na palhaçada de Rabelais e a inversão paródica de *Dom Quixote*, que devemos inscrever *Macunaíma*. Gilda de Mello e Souza, *O tupi e o alaúde*, op. cit., p. 67.
103. Id., ibid.
104. Id., ibid.
105. Id., "Vanguarda e nacionalismo na década de 20". In: *Exercícios de leitura*. São Paulo: Duas Cidades; Ed. 34, 2009, p. 343. O texto integra o catálogo da exposição *O Modernismo: Pintura Brasileira Contemporânea de 1917 a 1930*. São Paulo: Museu Lasar Segall, 1975.
106. Id., ibid.
107. Mário de Andrade, *Introdução à estética musical*. Org. de Flávia Toni; pref. de Gilda de Mello e Souza. São Paulo: Hucitec, 1995. Trata-se de um antigo projeto de Mário de Andrade que reúne apontamentos extraídos de um caderno de notas do escritor.
108. Gilda de Mello e Souza, *O tupi e o alaúde*, op. cit., p. 84.
109. Id., ibid., pp. 84-5.
110. Id., ibid., p. 85.

LUZ DA MEMÓRIA: TARSILA, REGO MONTEIRO, ANITA MALFATTI

MARIA IZABEL BRANCO RIBEIRO

Os colecionadores de arte brasileira da década de 1950 entendiam por *arte moderna brasileira* um conceito amplo, abrangendo três momentos diferentes. O primeiro deles era o dos *modernos históricos*, com Anita Malfatti, Tarsila do Amaral e Antonio Gomide, ainda atuantes, vistos com pouco entusiasmo pelo mercado de arte e com muitas de suas obras, hoje icônicas, ainda em suas mãos. O segundo grupo era composto de artistas dos anos 1930 ou 1940, como Candido Portinari e os do Grupo do Santa Helena. Os artistas mais avançados — *os mais modernos* — despertavam curiosidade por seu radicalismo, pelas propostas ligadas às abstrações e eram vistos com reservas pelos marchands.[1]

Alguns dos modernos da década de 1920 (Victor Brecheret, Emiliano Di Cavalcanti, Lasar Segall, Oswaldo Goeldi) foram convidados para expor na 1ª Bienal de São Paulo e outros modernos posteriores também (Candido Portinari, Alberto da Veiga Guignard, Lívio Abramo), mas a participação de Anita e Tarsila foi condicionada à submissão de suas obras ao júri de seleção. Tarsila ganhou o Prêmio de Aquisição de Pintura com a obra *Estrada de Ferro Central do Brasil*, 1924, que passou a integrar a coleção do Museu de Arte Moderna de São Paulo (MAM-SP). Os museus paulistas tinham portas abertas a eles, Sérgio Milliet planejava fazer exposições e publicar estudos sobre suas obras, a Bienal homenageava alguns deles com salas especiais, porém, outros de fato eram esquecidos. Não era nem repúdio, nem reverência aos primeiros modernistas. Os historiadores não ignoravam o modernismo. Contudo, nem todos os planos eram realizados e prioridades se atropelavam. O estudo sistemático desses artistas estava por se fazer e a história da arte das últimas décadas ainda estava sendo escrita.

A crise do MAM-SP — a doação de seu acervo para a USP em 1963 e a consequente criação do Museu de Arte Contemporânea — aconteceu em um momento em que a história da arte mudava de rumo na universidade.

Havia cursos de História da Arte na USP desde sua criação na década de 1930, ministrados por professores com conhecimento consolidado, mas sem formação específica. Ao chegar da França em 1962, Walter Zanini[2] foi o primeiro especialista a assumir a cadeira na FFCLH-USP e Annateresa Fabris indica que sua escolha como diretor do novo museu se devera à sua formação sólida, por ser um dos primeiros profissionais com perfil específico para a função e, em razão disso, cumpria plenamente o propósito do museu de estabelecer "ação articulada em duas frentes: o estudo crítico do legado moderno e a promoção das novas vertentes".[3] Zanini cumpriu à risca o compromisso. Promoveu exposições de jovens artistas, ampliou o acervo com coleções de fotografia, promoveu happenings, instalações e eventos com mídia eletrônica. Supriu lacunas de obras de artistas da primeira metade do século XX, e, a partir de 1968, exposições retrospectivas trouxeram novos olhares aos primeiros modernistas: Antonio Gomide, em 1968; Tarsila do Amaral, em 1969; Vicente do Rego Monteiro, em 1971; Anita Malfatti, em 1977; Di Cavalcanti, em 1978.

Para Walter Zanini, a partir de 1966, a cadeira de História da Arte ganhou mais corpo quando passou da Faculdade de Filosofia para a Escola de Comunicações e Artes da USP, e lá se fortaleceu com a implantação do programa de doutorado em 1970. A primeira defesa de tese teve como título *Tarsila: Sua obra e seu tempo*, de Aracy Amaral, orientanda de Zanini, em 1975. Resultou de apontamentos feitos por Aracy desde 1966 e fundamentou a exposição *Tarsila: 50 Anos de Pintura*, apresentada no MAC e no MAM-RJ em 1969. Observa-se que os caminhos entre museu e academia se cruzavam e a pesquisa fundamentava a curadoria.

Proponho aqui considerações sobre o "encontro" entre três artistas modernistas e três historiadores da arte, em um momento em que alterações aconteciam no campo da arte em São Paulo: a consolidação da história da arte e seus métodos dentro da universidade e o desenvolvimento de atividade conjunta com museus para produção e divulgação de conhecimento.

Os modernistas são: Tarsila do Amaral, musa modernista ausente da Semana de 22, que em Paris mesclou o perfume do café com a geometria de atmosferas azuis e bichos tropicais; Vicente do Rego Monteiro, pernambucano educado na França, participante da Semana por acaso, artista de sucesso em Paris, homem dos sete instrumentos e quase esquecido no Recife; Anita Malfatti, modernista das primeiras águas, estopim do movimento que resultou na Semana, sempre em busca da verdade da pintura.

Respectivamente, os historiadores são: Aracy Amaral, Walter Zanini e Marta Rossetti Batista.

TARSILA: LEMBRANÇAS DA MUSA

O envolvimento de Aracy Amaral com as artes vinha da vivência familiar na infância e se tornou mais formal quando, ainda estudante de jornalismo, entrevistava artistas e curadores presentes à Bienal de São Paulo em 1951. Na Bienal de 1953, após ter acompanhado o Curso para Formação de Monitores, ministrado pelo professor Wolfgang Pfeiffer e Sérgio Milliet, integrou o Serviço Educativo da exposição. Em seguida ao evento, trabalhou como redatora em diversos periódicos, sempre que possível optando pelas pautas de arte. Em 1958, viajou a Paris com bolsa de estudos oferecida pelo governo francês para estudar História da Arte na Universidade de Paris VIII. Mesmo na Europa, continuou a colaborar em jornais e paulatinamente concentrou sua atividade em temas culturais. Ela considera que começou de fato a fazer crítica de arte em 1961, por contribuir em veículos específicos. Em 1964, além de escrever para jornais, dava assistência a assuntos relacionados à arte para diversas editoras e passou a auxiliar Zanini em projetos do MAC-USP que demandavam pesquisa.

Tarsila e Aracy pertenciam a ramos diferentes da mesma família, mas com muito pouco contato. Aracy admirava a pintura de Tarsila, ainda quando estudante a visitou e chegou a conhecer algo de sua coleção de arte europeia. Em 1966, havia somente uma publicação sobre a artista, feita por Sérgio Milliet ainda em princípios dos anos 1950, quando organizou a exposição da pintora no MAM-SP. Nessa época, Aracy, com o objetivo de escrever um livro mais completo sobre Tarsila, começou a visitá-la semanalmente, a conhecer seus arquivos e a resgatar suas memórias. A princípio, queria conhecer mais sobre a formação da artista e seu trabalho nos anos 1920. Porém, à medida que mergulhava em seus documentos e cadernos, percebia que muito da história do modernismo brasileiro ali estava.[4] Daquele material, resultaram sua dissertação de mestrado apresentada à FFLCH-USP em 1968: *Artes plásticas na Semana de 22*, publicada em 1970,[5] e o livro *Blaise Cendrars no Brasil e os modernistas*, publicado no mesmo ano. Essas pesquisas forneceram a base para a divulgação da obra da pintora em São Paulo e no Rio de Janeiro, com a exposição *Tarsila: 50 Anos de Pintura*, apresentada no MAM-RJ e no MAC-USP, em 1969, como já mencionado.

Em carta escrita ao diretor do MAM-RJ para explanar o projeto, Aracy lembrou-lhe que aquela seria a primeira exposição de Tarsila no Rio após a retrospectiva no Palace Hotel em 1933 e que, por se tratar de "revisão do modernismo por geração dele distante no espaço e no tempo, possibilita um relacionamento com a realidade brasileira, não apenas no campo das artes plásticas, mas da literatura".[6] Naquele momento, já havia interesses voltados para os modernistas de 22 e reavaliar a obra de Tarsila depois da experiência da arte abstrata, concreta e neoconcreta nesse intervalo era uma boa ideia.

A exposição *Tarsila: 50 Anos de Pintura* reuniu uma centena de trabalhos, desde o tempo de aprendizado da artista até aquele ano, e mostrou parte de sua obra até então desconhecida: os desenhos feitos em Paris sob orientação de Gleizes, Lhote e Léger, os realizados na viagem a Minas Gerais (1924), os pré-antropofágicos, os antropofágicos, as anotações de sua viagem ao Oriente Médio (1926) e à URSS (1931), outros da década de 1930 e 1940. Havia ainda reproduções dos murais, as ilustrações para livros, documentos e fotografias.

A tese de doutorado de Aracy, *Tarsila: Sua obra e seu tempo*, foi publicada em dois volumes em 1975.[7] O primeiro contém dados sobre a formação, a obra e a singularidade de sua pintura nos anos 1920 e seu percurso até o final dos anos 1940. Na introdução de seu livro, Aracy diz ser impossível falar da Tarsila artista e esquecer a bela mulher, que encantava a todos por sua simplicidade. Uma vez que Tarsila era fruto de seu meio social e época, perfil de artista aberto e curioso, Aracy a contextualiza nesse ambiente e mostra como se processavam as mudanças da primeira metade do século XX e sua repercussão nas artes. O segundo volume traz levantamento e catalogação da obra da artista.

Entre 2007 e 2008, Aracy Amaral retomou essa tarefa e coordenou a equipe responsável pela elaboração do *Catálogo Raisonné* de Tarsila,[8] com informações de cerca de 1600 obras, que teve como ponto de partida a publicação de 1975.

REGO MONTEIRO: "SENTI O SUSTO DE TUAS SURPRESAS"[9]

Para Walter Zanini, Vicente do Rego Monteiro foi um dos personagens mais fascinantes do modernismo brasileiro, o único dentre eles a ter de fato carreira internacional e ser injustamente esquecido.[10]

Talvez fascínio seja a palavra que ele utilizava para expressar o apreço que tinha por sua pintura, o espanto provocado por sua imprevisibilidade — como diria João Cabral de Melo Neto no verso que abre esta seção —, manifesta na atividade de ilustrador, radialista, poeta e nas "aventuras e experiências que constituem sua excepcional existência".[11]

Sua produção pictórica foi fragmentada, irregular e por períodos substituída pela poesia. Por longo tempo, viveu entre o Brasil e a França, e em 1957, fixou residência no Recife, com viagens anuais à França. No começo dos anos 1960, voltou aos temas regionais e naturezas-mortas que havia experimentado na década de 1940, pouco depois retomou os esquemas geométricos de 1920 e retrodatou algumas obras. Em 1966, suas pinturas voltaram a circular, e, nas palavras de Zanini, após uma pequena exposição organizada no Masp, "despertaria interesse quase morno entre os críticos" e "foi por essa porta estreita que se abriu o caminho para a difícil recuperação".[12]

Os artigos publicados sobre o artista, com algumas informações relevantes e muitas lacunas, foram suficientes para despertar o interesse do historiador por esse pintor que tivera obras expostas na Semana de 22 e fora atuante na Escola de Paris. Essas poucas evidências levaram-no a começar a coleta de dados, principalmente em Pernambuco e na França. Em 1969, encontrou o artista no Recife e, em 1971, entrevistou sua esposa Marcelle Monteiro, em Paris.

A exposição *Rego Monteiro (1899-1970)* aconteceu em 1971 na sede do MAC-USP, no edifício da Bienal. Tinha o objetivo de

> coordenar ou pelo menos esboçar a exploração de uma obra escassamente divulgada, desvendar as alternativas das diferentes fases e situar o artista com veracidade num contexto de estudos ainda embrionários sobre a formação do nosso modernismo e assim oferecer ao público condições heuréticas ao seu próprio discernimento[,]

por meio do "agrupamento de obras dispersas pelo Brasil e Europa, revelando resultados de uma pesquisa já longa", mas que demandava novas diligências.[13]

Seu novo empenho resultou na exposição *Rego Monteiro: Artista e Poeta*, apresentada no MAM-SP em 1997. Foi a mostra mais completa até então exibida da obra do artista e, como o título bem indica, trouxe sua obra plástica e sua produção ligada à palavra. Além das pinturas e dos desenhos, mostrou sua escultura, opção artística da juventude. Exibiu sua obra poética composta de caligramas bilíngues, com claras referências a Mallarmé, e livros com poemas relacionados à vida cotidiana. Foram apresentadas as edições que produzia no Recife na década de 1940, para lançamento de jovens poetas da nova geração, como o pernambucano João Cabral de Melo Neto e o alagoano Lêdo Ivo, tempo em que exerceu grande atividade de renovação do meio literário local, conforme os documentos comprovam, tendo inclusive criado um Salão de Poesia. Também foram mostrados exemplares da Presse à Bras, editora artesanal que manteve em seu apartamento em Paris entre 1947 e 1957, responsável por edições primorosas de autores franceses e documentos de ações culturais como a promoção do Muro de Poesia no Salão de Maio.

Zanini afirmava que, em anos anteriores à Semana de Arte Moderna, Rego Monteiro se distinguia entre os futuros modernistas por sua formação e pioneirismo. Por formação entendia a experiência em ambiente cultural das vanguardas europeias, o repertório absorvido em museus, a frequência a academias, que apesar de tradicionais lhe possibilitaram a produção de imagens. Considerava sua obra artística, mesmo sendo juvenil, capaz de manifestar as potências formais, afetivas e conceituais de seu tempo. Como pioneirismo, compreendia quer sua adoção do indigenismo, quer o uso de lendas indígenas como tema ou a inclusão de padrões formais geométricos da cultura marajoara, como manifestação de brasilidade na arte em exposições apresentadas em 1919 e 1920 no Rio de Janeiro, São Paulo e Recife. Chegou a nomeá-lo como um antropófago *avant la lettre*, embora seu uso desses padrões fosse formal e não conceitual. Ainda em relação ao pioneirismo, Zanini o incluiu entre os fundadores do modernismo no Brasil pelos ataques que suas mostras anteriores à Semana de 22 sofreram. Seu uso de linguagem não tradicional o levou a ser considerado futurista, repetindo-se as agressões sofridas por Anita na exposição de 1917 e antecipando as que seriam dirigidas à Semana. O crítico considera o conjunto dessas situações como elos da cadeia de acontecimentos que desencadearam a Semana de Arte Moderna.[14]

A época áurea de Monteiro em Paris aconteceu entre 1922 e 1929. Definiu sua pintura entre 1923 e 1925 ao "conectar o estilo art déco, em plena ascensão na França, às suas raízes brasileiras e à arte marajoara". Zanini considerava que sua visualidade não realista do mundo, a sensação estática de movimento e a elementaridade morfológica eram tributárias da geometria marajoara; relacionava o desenho tátil da obra à sua experiência juvenil como escultor e vinculava o sentido de unidade da obra ao uso restrito da cor. Reconhecia que as características murais do trabalho de Rego Monteiro não eram devidas às grandes dimensões, mas à utilização adequada de proporções e de geometria.

Por participar realmente da Escola de Paris, Zanini entendia que ele estava plenamente integrado, isto é, contribuía com seu meio e dele absorvia elementos. Em outras palavras, se do ambiente francês captou aspectos do art déco e elementos formais da linguagem das vanguardas, também forneceu ao ambiente certa dose de "exotismo sul-americano" e adicionou ao repertório formal a geometria marajoara que havia estudado. Estava integrado a um grupo, era bem relacionado com artistas e galeristas (na época fazia parte do elenco da galeria L'Effort Moderne de Léonce Rosenberg, em companhia de Picasso, Braque, Léger, Severini, Gris e Ozenfant). Críticos como Jean Cassou, Maurice Raynal, Pierre Descargue e Géo-Charles não ficaram indiferentes à sua pintura. Realizava trabalhos em conjunto com outros artistas, que por sua vez colaboravam em seus projetos.

Entre as razões que contribuíram para que fosse esquecido, Zanini sugere algumas possibilidades. Ter residido por longos períodos na França e no Brasil, e estabelecido poucos vínculos pessoais e profissionais em ambos os lados do Atlântico. Seus muitos interesses levaram-no à dispersão e a não se dedicar convenientemente à profissão. A vida extravagante que levou em Paris nos anos 1920, e mesmo após a crise de 1929, trouxe-lhe dificuldades financeiras que o obrigaram a ocupar-se com atividades que lhe garantissem a sobrevivência. Sua inexplicável mudança de posicionamento político após meados da década de 1930 levou-o a atitudes radicais que o afastaram do meio cultural, tendo ele chegado a menosprezar a obra de artistas de posições opostas, com quem antes convivia amigavelmente. Não divulgava de maneira conveniente sua obra, afastava-se de críticos e pessoas que gostavam de seu trabalho. Por outro lado, Zanini era severo com a crítica brasileira por sua negligência e por haver fechado as portas ao artista, principalmente para a realização de murais, que era para onde seu trabalho apontava.

ANITA: O ESTOPIM DO MODERNISMO

Na apresentação de seu livro *Anita Malfatti no tempo e no espaço*, Marta Rossetti Batista conta a gênese de seus estudos sobre a obra de Anita Malfatti[15] e o desenrolar dos 42 anos de pesquisa que se seguiram sobre o tema.

Em 1964, Flávio Motta, professor da disciplina História da Arte na Faculdade de Arquitetura e Urbanismo da USP, propôs a seus alunos de graduação um projeto para documentar acervos de artistas, principalmente os ainda vivos, para posterior integração do material à biblioteca da escola. A pesquisa tinha como objetivo registrar o acervo de três modernistas: Anita Malfatti, Tarsila do Amaral e Flávio de Carvalho. O projeto dispunha apenas de duas bolsas de estudos para dividir por três. Os candidatos concordaram com a verba, o professor distribuiu as tarefas e coube a Marta pesquisar Anita Malfatti, por Flávio Motta intuir que "as duas iriam se entender bem".[16] A iniciativa, além de promover a gravação de depoimentos, registros fotográficos de coleções e arquivos, visava treinar metodologia e procedimentos para a formação de futuros pesquisadores. Marta realmente encontrou Anita — e a visitou regularmente por alguns meses. A lembrança que tinha dela era de uma senhora magrinha, delicada e gentil, de saúde frágil, generosa em abrir seu acervo "entre admirada e feliz observando toda aquela trabalheira".[17]

Anita faleceu em novembro daquele ano, Marta formou-se pouco tempo depois. Aquela pesquisa estava terminada, mas seu "projeto Anita" ainda não. Manteve contato com a família e contou com seu apoio para outras iniciativas. Em relação a Anita e sua obra, ainda tinha muitas dúvidas. Decidiu começar pela compreensão do ambiente das artes em locais e momentos referenciais para o trabalho da artista: Berlim, Estados Unidos e Paris. O levantamento das obras e da trajetória da pintora até 1922 resultou em sua dissertação de mestrado *Anita Malfatti no tempo e no espaço*, defendida na ECA-USP em 1980, publicada em 1986. A retrospectiva do MAC-USP de 1977 teve sua pesquisa como base. Sua tese de doutorado sobre os *Artistas brasileiros na Escola de Paris: Anos 1920* também incluiu o período dos cinco anos que Anita lá passou como bolsista do Pensionato Artístico do Estado de São Paulo, e, entre outros, trouxe ainda informações sobre Tarsila e Rego Monteiro. A partir de 1969, Marta Rossetti foi pesquisadora do Instituto de Estudos Brasileiros da USP e, entre 1994 e 1998, diretora da instituição. Seu conhecimento do acervo e do arquivo Mário de Andrade lá conservados lhe permitiu conexões com as informações que tinha sobre os artistas modernistas. Marta participou de diversas ações programadas para a comemoração do centenário de Anita em 1989, entre elas: a exposição retrospectiva no MAC-USP com obras do acervo do museu e da Coleção Mário de Andrade, a doação do arquivo da artista para o IEB-USP e a publicação das cartas a ela enviadas por Mário de Andrade. Em 1996, foi responsável por duas exposições promovidas pelo Centro Cultural Banco do Brasil e apresentadas no Rio de Janeiro e em São Paulo.

Em 2006, publicou *Anita Malfatti no tempo e no espaço*, em versão revista e ampliada, agora em dois volumes, com atualização de documentos e bibliografia. O segundo volume traz o *Catálogo Raisonné* da artista e, no ano de 2007, a publicação recebeu o Prêmio Jabuti in memoriam, na categoria Biografia.

Nessa edição, Marta explicitou seu objetivo de propor, por meio de seu livro, novos olhares sobre o papel da pintora e seu lugar na arte brasileira e, para isso, incluiu depoimentos e reações da própria época, de modo a permitir ao público leitura aberta a outras interpretações.

Marta Rossetti começa seu livro apresentando duas versões do mesmo fato: o artigo de Monteiro Lobato sobre a exposição de Anita de 1917 e o desencadeamento da polêmica com muitas manifestações negativas, a desaprovação dos familiares e a retração da artista.

A primeira versão ressalta o apoio dado a ela por um pequeno grupo, cujos integrantes consideraram a mostra uma resposta a algumas das ansiedades estéticas que intuíam e a definiram como marco para o início de um novo movimento. No festival organizado no Theatro Municipal de São Paulo em 1922, reservaram um local para homenagear a pintora com um resumo daquela exposição e reconhecer seu papel como estopim do modernismo, como dizia Mário da Silva Brito.[18] Constataram que as obras não eram apenas marcos, mas conservavam sua força. Foi verificado que eram marco histórico, de grande valor plástico. Em 1949, foram novamente apresentadas na primeira retrospectiva de Anita e reavaliadas como marco histórico da exposição de 1917, pela qualidade da pintura e pela primeira manifestação expressionista.

Também há a versão de que, após a exposição de 1917, Anita se tornou a "protomártir do movimento modernista",[19] e, intimidada, recuou diante das pressões e perdeu a importância. O abalo sofrido por Anita é indiscutível, contudo, diz Marta, era pintando que ela "se inseria na humanidade" e, por mais de cinquenta anos, foi esse seu meio de sobrevivência, com fases artísticas "que ainda pedem avaliação", como professora de desenho em escolas, em seu ateliê, ou organizando salões e exposições.

Há um aspecto em especial na discussão do modernismo e da obra de Anita que percorre o texto de Marta Rossetti. É a recusa do meio à compreensão da obra e sua insensibilidade ao instrumental requerido para sua compreensão. Talvez seja o caso da primeira reação de Menotti, que soube da exposição de 1917 pelo texto de Lobato e nele caiu pelo "visgo de seu estilo", mas, depois de visitar a exposição de 1920, fez um mea-culpa.[20] É diverso o caso da incompreensão individual, pela falta de referências — caso da gargalhada de Mário de Andrade ao sentir-se perturbado ao ver as obras da exposição de 1917 e constranger-se pela incompreensão.[21]

Segundo sua análise, Anita passou por três momentos: até 1918, nos anos de construção de sua linguagem, de descobertas, de emoções e desejo de comunicação que a conduziram ao Expressionismo. Após 1918, quando as muitas pressões trouxeram dúvidas, comportamento contido e pesquisa de fórmulas para melhor se comunicar pela arte. E, finalmente, quando dizia ter encontrado a paz, sem buscar o novo ou o antigo, e ter tranquilidade para pintar à sua maneira festas populares e imagens religiosas.[22]

LUZES DA MEMÓRIA

Em 1972, Walter Zanini, ao escrever sobre o retorno de Rego Monteiro ao circuito das artes, reportou que, após a exposição de 1966 no Masp, o artista, no final da vida, começava a "deixar o reino das sombras onde ainda jaz a pintura de seu irmão Joaquim".[23]

A pintura de Anita e Tarsila certamente não habitava sombras tão profundas, embora nem todas as suas obras hoje icônicas fossem amplamente conhecidas nos anos 1960 ou nos anos 1950.

As três análises se voltaram a estudar as realizações dos artistas e as características de suas obras no mesmo período, anos 1920, porém, com objetivos diversos. Marta queria conhecer os caminhos de Anita após a Semana de 22; Zanini buscava investigar o amadurecimento da pintura de Rego Monteiro a partir das descobertas feitas havia anos, ou seja, as referências das vanguardas, a geometria marajoara e a linguagem art déco; Aracy queria estudar o encontro de Tarsila com as vanguardas e sua redescoberta do Brasil. Nenhum dos três ficou restrito à década em foco. Buscaram as referências, as peculiaridades, as obras, o contexto e os desdobramentos.

Zanini considerava Rego Monteiro plenamente integrado à Escola de Paris, principalmente por ter absorvido elementos da arte europeia e por ter contribuído com sua pesquisa pessoal para a linguagem plástica da Paris dos anos 1920; era severo com Monteiro, identificava períodos de qualidade e fragilidade em sua obra, era rigoroso em relação ao esmaecimento de sua imagem e não eximia de responsabilidade o artista, nem brasileiros ou franceses. Marta, ao longo de seu trabalho, considerou Anita pioneira, como atesta cem anos depois a força de suas obras históricas, pessoalmente mobilizada pelas relações com o meio circundante e pela receptividade do público à sua pintura. Para Aracy, Tarsila era fruto de seu meio sociocultural e, ao estudá-la, não perde de vista esse contexto e suas transformações.

Aracy percebeu de imediato que, ao estudar um dos modernistas, puxaria um fio para desatar uma grande teia. Um artista levaria a outro, que levaria a um poeta, que se lembraria de um livro, que mencionaria um evento, que descreveria uma viagem. Assim seguiria avante até esboçar horizontes e trazer à luz facetas desconhecidas da obra de artistas e resgatar das sombras aspectos do modernismo.

NOTAS

1. Maria Lúcia Bueno, "O mercado de galerias e o comércio de arte moderna: São Paulo e Rio de Janeiro nos anos 1950-1960". *Sociedade e Estado*, Brasília, v. 20, n. 2, pp. 377-402, maio/ago. 2005. Disponível em: <https://www.scielo.br/scielo.php?pid=S0102-69922005000200006&script=sci_abstract&tlng=pt>. Acesso em: 12 fev. 2021.
2. Walter Zanini ficou de 1954 a 1961 na Europa com o objetivo de estudar História da Arte. Retornou em 1961, com graduação e doutorado pela Universidade de Paris VIII. Havia seguido cursos de especialização na Escola do Louvre, na Universidade de Roma e desenvolvido pesquisas no Instituto Courtauld, em Londres.
3. Annateresa Fabris, "Walter Zanini, o construtor do MAC-USP". In: *Anais do XXIX Colóquio CBHA*, 2009. Disponível em: <http://www.cbha.art.br/pdfs/cbha_2009_fabris_annateresa_art.pdf>. Acesso em: 8 fev. 2021.
4. "Aracy Amaral" (entrevista). *Revista Sesc Online*, n. 202, abr. 2014. Disponível em: <https://www.sescsp.org.br/online/artigo/7445_ARACY+AMARAL>. Acesso em: 16 fev. 2021.
5. Aracy Amaral, *Artes plásticas na Semana de* 22. 2. ed. São Paulo: Perspectiva, 1976.
6. Carta de Aracy Amaral ao MAM-RJ, 17 de janeiro de 1918 apud Cristiana Santiago Tejo, *A gênese do campo da curadoria de arte no Brasil: Aracy Amaral, Frederico Morais, Walter Zanini*. Recife: Universidade Federal de Pernambuco, 2017, p. 241. Tese (Doutorado em Sociologia). Disponível em: <https://repositorio.ufpe.br/bitstream/123456789/29890/1/TESE%20Cristiana%20Santiago%20Tejo.pdf>. Acesso em: 30 jan. 2021.
7. Aracy A. Amaral, *Tarsila: Sua obra e seu tempo*. São Paulo: Perspectiva; Edusp, 1975. 2 v.
8. Maria Eugenia Saturni, *Catálogo Raisonné de Tarsila do Amaral*. São Paulo: Base 7 Produtos Culturais; Pinacoteca do Estado, 2008.
9. Verso do poema "A Vicente do Rego Monteiro", de João Cabral de Melo Neto. In: *Obra completa: Volume único*. Org. de Marly de Oliveira. Rio de Janeiro: Nova Aguilar, 1994, pp. 80-1. (Biblioteca luso-brasileira. Série brasileira). Disponível em: <https://www.escritas.org/pt/t/12795/a-vicente-do-rego-monteiro>. Acesso em: 2 fev. 2021.
10. Walter Zanini, "Rego Monteiro: Um modernista internacional". *O Estado de S. Paulo*, São Paulo, n. 16.753, 2 jan. 1972. Suplemento Literário.
11. Id., ibid. Entre suas muitas ocupações, Rego Monteiro foi dançarino, construtor, mecânico, colecionador de motocicletas e automóveis, piloto do Grande Prêmio da França, produtor de cachaça, editor, poeta, ilustrador.
12. Id., ibid.

13. Walter Zanini, “Rego Monteiro: Um modernista internacional”, op. cit.
14. Id., *Rego Monteiro (1899-1970)*. Catálogo de exposição. São Paulo: MAC-USP, 1971.
15. Marta Rossetti Batista, *Anita Malfatti no tempo e no espaço*. São Paulo: Ed. 34; Edusp, 2006. 2 v.
16. Luis Olavo Baptista, “Orelha”. In: Marta Rossetti Batista, *Escritos sobre arte e modernismo brasileiro*. São Paulo: Prata Design, 2012.
17. Marta Rossetti Batista, “Esta edição”. In: Mário de Andrade, *Cartas a Anita Malfatti*. Rio de Janeiro: Forense Universitária, 1989, p. 1.
18. Id., *Anita Malfatti no tempo e no espaço*, op. cit., pp. 17-8.
19. Expressão de Lourival Gomes Machado, em id., ibid., p. 18.
20. Marta Rossetti Batista, *Anita Malfatti no tempo e no espaço*, op. cit., p. 256.
21. Id., ibid., p. 219.
22. Id., ibid., p. 469.
23. Walter Zanini, “Rego Monteiro, um modernista internacional”, op. cit.

BIBLIOGRAFIA COMPLEMENTAR

AMARAL, Aracy. *Tarsila cronista*. São Paulo: Edusp, 2001.

DIMITROV, Eduardo. "Vicente do Rego Monteiro: De expoente do modernismo a integralista esquecido". *Novos Estudos*, São Paulo: Cebrap, n. 103, pp. 193-208, nov. 2015.

MATTAR, Denise. *Rego Monteiro: Nem totem, nem tabu*. São Paulo: Galeria Almeida e Dale, 2017.

"Walter Zanini: formação de um sistema de arte contemporânea no Brasil" (entrevista). Disponível em: <http://www.forumpermanente.org/event_pres/entrevistas-1/entrevista-com-walter-zanini>. Acesso em: 2 fev. 2021.

ZANINI, Walter. "Arte contemporânea". In: ZANINI, Walter (Org.). *História geral da arte no Brasil*. São Paulo: Instituto Walther Moreira Salles; Fundação Djalma Guimarães, 1983, v. 2.

_____. "Rego Monteiro e a Escola de Paris". *O Estado de S. Paulo*, São Paulo, ano 7, n. 497, 3 fev. 1990. Disponível em: <https://acervo.estadao.com.br/pagina/#!/19900203-35267-nac-0068-cul-4-not/busca/Zanini+Rego+Monteiro>. Acesso em: 2 fev. 2021.

_____. *Vicente do Rego Monteiro: Artista e Poeta 1899-1970*. São Paulo: Empresa das Artes; Marigo, 1997.

MEMÓRIAS DO MODERNISMO

GÊNESE ANDRADE

O ESTOPIM DO ENTUSIASMO

Mas Oswaldo sofreu o golpe decisivo. Ficou doente. Doença deliciosa e gravíssima não registrada nos dicionários. Mania de descobrir gênios. De repente todos nós viramos gênios. Di Cavalcanti era gênio. Menotti Del Picchia era gênio. Brecheret outro. Também Anita, Guilherme de Almeida e todos nós. [...] *Foram momentos de gostosa ebriedade. Que entusiasmo!*
MÁRIO DE ANDRADE

Dois anos antes do centenário da proclamação da Independência do Brasil, Oswald de Andrade já anunciava um evento artístico que marcaria a efeméride, embora sem precisar exatamente o que seria:

> São Paulo, a melhor fatia racial a expor na vitrina do Centenário, tem a decidir o que dará em matéria de arte à curiosidade estrangeira acordada pelas fanfarras da bem-intencionada *réclame* destes dias de preparativos.
>
> [...]
>
> Cuidado, senhores da *camelote*, a verdadeira cultura e a verdadeira arte vencem sempre. Um pugilo pequeno, mas forte, prepara-se para fazer valer o nosso Centenário.[1]

Menotti Del Picchia, um ano antes dessa efeméride, foi mais explícito quanto à necessidade de fazer a independência política refletir-se na estética literária:

> Colocando o problema da reforma estética entre nós, pouco se salva do passado. Tudo, quase, vai raso. A liquidação literária, no Brasil, assume proporção de queima.
>
> [...]
>
> A nossa independência política não nos alforriou numa independência mental. O Brasil continuou colônia nas letras, [...]
>
> [...]
>
> É preciso reagir.[2]

Apenas dois anos depois da Semana de Arte Moderna, Mário de Andrade referiu-se a ela como "uma data que, creio, não poderá mais ser esquecida na história das artes nacionais". Considerou-a ainda

"Bruta sacudidela nas artes nacionais" e afirmou que "é indiscutível que jamais reviravolta de arte movimentou, apaixonou e enlouqueceu mais a monotonia brasileira que o chamado futurismo".[3]

Essa "manifestação coletiva" foi resultado de um "movimento de modernização, antes, de atualização das artes brasileiras", que contou com o fato de "se encontrarem um dia em São Paulo 7 ou 8 artistas paranoicos e mistificadores".[4]

Na verdade, foi a quinta "manifestação de arte moderna". A primeira havia sido em 1917, com a exposição de Anita Malfatti e o consequente escândalo causado pelo artigo de Monteiro Lobato. O segundo, a descoberta de Brecheret em 1920, a exposição de suas obras e o concurso para o *Monumento às Bandeiras*. O terceiro, a revelação, por Oswald, no artigo "O meu poeta futurista", nas páginas do *Jornal do Commercio*, dos versos de *Pauliceia desvairada*, de Mário de Andrade — livro aliás escrito sob o impacto de uma escultura de Brecheret, a *Cabeça de Cristo*, adquirida por Mário, e do escândalo que provocou em sua família. O quarto, a série, no mesmo jornal, de sete artigos "Mestres do passado", dura crítica do mesmo Mário aos poetas parnasianos e simbolistas, alguns ainda vivos então, evidenciando a necessidade e a defesa de uma nova estética literária.[5] Ao anunciar a colaboração de Mário no jornal, Oswald se referiu aos "mestres do nosso extinto parnasianismo"[6] e ainda antes afirmara categoricamente: "estamos atrasados de cinquenta anos em cultura, vivemos chafurdados em pleno parnasianismo".[7] Anita Malfatti endossou as posições, em carta a Tarsila do Amaral, que então se encontrava em Paris: "Uns artigos de Mário de Andrade pondo o pau no parnasianismo e nos versos de ouro", e mais: "Nunca ninguém teve a força e ousadia de criticar e dizer às claras que estes nossos ídolos eram de barro e não 'divinos'!".[8] Quase todos os textos da série "Mestres do passado" se iniciavam com uma epígrafe constituída por trechos de obras dos vanguardistas europeus, marcando sutilmente posição.

Paralelamente, Menotti Del Picchia também divulgava, no *Correio Paulistano* e n'A *Gazeta*, desde 1920, a então chamada arte nova ou futurista. Igualmente, criticara os poetas consagrados, referindo-se a Vicente de Carvalho como "o maior dos ex-poetas da minha terra..."[9] e "O grande artista que faz jus à aposentadoria...".[10]

Victor Brecheret, Di Cavalcanti, Menotti Del Picchia, Oswald de Andrade e Helios Seelinger em São Paulo, nos anos 1920.

Menotti já havia publicado vários livros, entre eles *As máscaras* (1919), cuja edição de luxo foi motivo para uma homenagem no Trianon nos primeiros dias de 1921, que contou com discurso de Oswald de Andrade, também de grande repercussão, por tornar pública a posição do grupo de artistas moços em defesa da arte nova, em um evento que contou com a presença de políticos e artistas conservadores.[11]

Di Cavalcanti, que já havia feito exposições de suas obras também em 1920 e 1921, foi quem sugeriu a Anita Malfatti a exposição de 1917, fez a capa do programa e do catálogo da exposição da Semana de 22, e se atribuem a ele a ideia e a articulação do evento, junto a Paulo Prado e Graça Aranha (que fez a conferência de abertura), embora haja controvérsias sobre como a concepção se deu de fato, assim como sobre a aproximação dos modernistas aos dois veteranos.

A ideia inicial era "um salão de pintura e escultura, com tardes literárias em que se recitariam versos e conferências",[12] para o qual Jacinto Silva ofereceu sua livraria O Livro, ponto de encontro do grupo, onde Di Cavalcanti realizou sua exposição em 1921 e onde todos conheceram Graça Aranha, recém-chegado da Europa. Mas o projeto se ampliou à medida que as discussões avançaram: uma tarde desdobrou-se em uma semana e o salão da livraria foi substituído pelo Theatro Municipal.

O grupo contou ainda com Guilherme de Almeida, grande amigo de Oswald, com vários livros e poemas publicados em revistas desde 1916, e Renato Almeida. E as adesões de outros artistas ao evento se devem à viagem que Oswald, Mário e Armando Pamplona fizeram ao Rio de Janeiro, em outubro de 1921, para encontrar-se com Ronald de Carvalho, Ribeiro Couto, Manuel Bandeira — a leitura de *Pauliceia desvairada* impressionou a todos, gerou amizades e participação na Semana, embora Bandeira e Couto tenham optado por não vir a São Paulo, mas tenham mandado obras. Em contrapartida, Ronald veio participar e ainda trouxe as obras de Rego Monteiro, que havia ido para Paris, mas deixara algumas com ele. O pintor pernambucano havia exposto em São Paulo em 1920 e conhecia o grupo, assim como o suíço John Graz. Também estavam em São Paulo e já tinham obra conhecida Ferrignac, Martins Ribeiro, J. F. Almeida Prado; os arquitetos Georg Przirembel e Antonio Moya, descoberto por Menotti, e o escultor Haarberg, descoberto por Mário de Andrade.

A programação da Semana incluiu ainda a pintora Zina Aita e o poeta Agenor Barbosa — ambos mineiros, ele residente em São Paulo —, a bailarina Yvonne Daumerie e os músicos Alfredo Gomes, Ernâni Braga, Fructuoso Viana, Guiomar Novaes, Heitor Villa-Lobos, Lucília Villa-Lobos, Paulina D'Ambrósio e outros. Embora estes não tenham participado do grupo previamente à Semana, a música dominou o programa.

A exposição no saguão do teatro durou de 11 a 18 de fevereiro de 1922. Várias obras de artes visuais expostas já haviam figurado em exposições anteriores realizadas em São Paulo. As sessões com conferências, leituras de textos literários e apresentações de música e

Zina Aita, Anita Malfatti e Mário de Andrade (sentados) na exposição individual de Zina Aita, em 1922.

dança foram distribuídas em três noites: 13, 15 e 17 de fevereiro.[13] Quanto aos textos literários, muitos trechos lidos pertenciam a obras cuja divulgação já havia se iniciado na imprensa e que seriam publicadas em 1922. As conferências eram inéditas e algumas foram publicadas na sequência. O formato do evento, que reunia música, dança, literatura e artes visuais, era frequente em saraus e nos salões, embora fosse inédito o predomínio da estética modernista.

A repercussão foi pequena, sem cobertura ampla nos jornais, com poucas notícias fora de São Paulo e sem que se tenha qualquer registro fotográfico localizado até o momento. Mas foi suficiente para manter o grupo coeso, a ponto de lançar uma revista meses depois,

Klaxon, que divulgou obras dos participantes da Semana, mas também de outros, e circulou até o início de 1923. O último número, duplo, foi dedicado a Graça Aranha, em um momento em que o grupo queria desvincular-se dele. O patrono da Semana forçou o número da revista em sua homenagem, mas a adesão dos participantes foi restrita.[14] De todo modo, a revista serviu para manter viva a chama do evento e perpetuar seu legado de forma mais perene que as apresentações ao vivo, cujo registro mais contundente ficara mesmo na memória.

O entusiasmo com a arte nova, por parte de quem a produzia e também dos que a apoiavam mutuamente, o desejo de torná-la pública, de se opor ao que era consagrado e de se alinhar ao que se produzia na Europa foram os catalisadores para a formação do grupo, a concepção do evento, a produção e a divulgação das obras e seus desdobramentos.

Ainda em 1924, Mário de Andrade se antecipou às críticas que atribuiriam aos modernistas de São Paulo uma postura excludente, acusando-os de ignorar outras manifestações Brasil afora:

> Vejam bem que não falo de precursores. Outras vozes pode haver surgidas antes. Mas viveram ilhadas; e realmente nenhuma influência tiveram nesse grupo, do qual partiu todo o movimento de modernização, hoje espalhado [...] Isso de precursores traz sempre discussões que não adiantam nada.[15]

Poucos meses depois da Semana, eclodiu o Levante do Forte de Copacabana, em julho.

O ano de 1923 foi de intensa temporada de modernistas na Europa: Rego Monteiro, Brecheret, Oswald, Tarsila, Anita, Di Cavalcanti, Villa-Lobos, Sérgio Milliet, Yan de Almeida Prado estavam todos em Paris, alguns tendo partido antes, e outros exatamente nesse ano.[16]

Blaise Cendrars, de quem o casal Tarsiwald se aproximou em 1923 e a quem apresentou Paulo Prado, viria agitar São Paulo em 1924, ano também do "Manifesto da Poesia Pau Brasil", de Oswald, de novas revistas e da publicação de *Memórias sentimentais de João Miramar*. Esse foi também o ano do rompimento de Graça Aranha com a Academia Brasileira de Letras, do ataque de Oswald a ele e da circulação dos traços de Tarsila de forma mais ampla, com a publicação de *Feuilles de route*, cujas ilustrações foram escolhidas por Cendrars entre as que a artista fez durante a viagem ao Rio de Janeiro, onde Blaise e o casal passaram o Carnaval.

Mas esse foi também o ano da Revolução de 1924, que os fez refugiarem-se nas fazendas. Dos modernistas, apenas Mário de Andrade permaneceu na cidade. Tarsila fez um desenho, no mesmo ano. Oswald mencionou-a em um poema publicado em 1927, no *Primeiro caderno do aluno de poesia Oswald de Andrade*. Menotti Del Picchia ficcionalizou-a no romance *A tormenta* e Mário de Andrade rememorou-a em uma crônica no *Diário Nacional*, ambos em 1931.

Alguns poemas de *Pau Brasil*, assim como seu prefácio, de autoria de Paulo Prado, foram antecipados em revistas em 1924, mas o livro, ilustrado por Tarsila, só saiu do prelo de Au Sans Pareil (a mesma editora que publicou o livro de Cendrars) em agosto de 1925. Livro de viagem, que causa impacto pelo formato, pelo estilo poético, a "poesia de exportação", e por abordar o cá e o lá, a cidade e a fazenda, Minas, São Paulo e Rio de Janeiro, os portos brasileiros e celebrar o amor à distância.

Ainda na década de 1920, Oswald publicou o mencionado *Primeiro caderno do aluno de poesia Oswald de Andrade*, *A estrela de absinto* — segundo volume de *A trilogia do exílio* —, que tem Brecheret transformado em personagem, lançou o "Manifesto Antropófago" [imagem p. 482], inspirado no *Abaporu* [imagem n. 10], de Tarsila, e a *Revista de Antropofagia*.

Mário de Andrade lançou *Losango cáqui*, *Amar, verbo intransitivo*, *A escrava que não é Isaura* e *Macunaíma*, ou seja, ampliou a ruptura poética, refletiu sobre o fazer poético e revolucionou o romance, dando continuidade à Antropofagia oswaldiana, ainda que criticasse o "Manifesto Antropófago".

Outros livros e revistas confirmam e ampliam o modernismo, mas há também rupturas: o Verde-amarelismo, o grupo da Anta, as polêmicas, o rompimento com Menotti e, com a quebra da Bolsa de Nova York, o fim das temporadas europeias. A *Revista de Antropofagia* mudou de rumo, acirrou ataques e acelerou rompimentos, ao mesmo tempo que Pagu entrou em cena e o casamento de Tarsiwald chegou ao fim.

Esses anos heroicos foram marcados pelo entusiasmo, destacado de forma recorrente pelos protagonistas, como veremos neste texto, em suas declarações, dos anos 1920 aos anos 1970, quando os mais atuantes e ativos divulgadores do modernismo deixaram de ser protagonistas para ser lembrados nos eventos e nas memórias impressas.

TEMPO DE REVOLUÇÃO (ANOS 1930)

Se 1922 anunciava uma sintaxe para a liberdade criadora de nossa gente, pode-se dizer que só 1930 e a revolução outubrista decidiram do aproveitamento e destino do modernismo.

OSWALD DE ANDRADE

A década de 1920 terminou com a Revolução de 1930 e São Paulo enfrentaria ainda, pouco depois, a Revolução Constitucionalista de 1932. Rupturas estéticas e crises políticas marcaram o contexto da celebração dos dez anos da Semana de Arte Moderna.

Menotti incorporou o vocabulário bélico ao registrar a efeméride:

> Dez anos! Caramba! O tempo metralha os dias como a cinta de uma arma automática! Vai para uma década que se realizou em São Paulo, o Estado líder da Federação, a Revolução intelectual do Brasil.
>
> [...] contra nosso grito de libertação trovejavam todos os jornais paulistas. Todos. Do vetusto e burguesíssimo *Estado* às folhas volantes e franco-atiradoras.[17]

Pontuando os contrastes, registrou o evento ocorrido uma década antes:

> Guiomar Novaes, romântica, deslocadíssima naquele ambiente de *sans-culottes*, tocava Chopin lunar enquanto Villa-Lobos fazia a orquestra executar coisas do arco da velha. A então senhorita Yvonne Daumerie, dan-

çaicava, bailadinhos clássicos, enquanto Mário de Andrade organizava batuques de rimas desvairadas! Brecheret expunha uns nus agressivos no hall do Municipal — desse Municipal cheio de douradinhos tal qual uma caixa de bombons... Di Cavalcanti mostrava telas cataclísmicas que berravam ao se chocarem contra as paredes melosas do nosso teatro de mau gosto máximo.[18]

Criticou o movimento antropofágico, com cujo grupo havia rompido, assim como a arte proletária que então despontava:

Depois vieram as adesões. Os cristãos-novos foram os mais ardentes na exaltação do novo credo. Seu furor era antropofágico. Queriam devorar os próprios pais no festim da ortodoxia revolucionária. Estandartizou-se, banal, superficial, sintético, esquelético, sem ondulações nem carne, o estilo novo. Tentaram-se fórmulas plebeias, pensando-se fazer arte proletária. Imitou-se o russo, o mongol, o africano. Todos os servilismos cobrejaram na mediocridade das imitações. Todos os macacos espirituais se antropomorfizaram grotescamente.[19]

Apesar disso, o saldo foi positivo e aproximado das questões políticas:

Mas a ideia venceu. O Brasil em 1922 fizera a sua verdadeira Revolução. E o *Correio Paulistano*, o jornal que "Outubro de 1930" engoliu como um bolo, foi a bandeira da liberdade espiritual desfraldada no céu do Brasil.

A Semana de Arte Moderna, como sempre dizia aos meus bravos companheiros de jornada, não se lindava nos propósitos estéticos: ela possuía uma radiosa projeção política.

Levou para a imprensa e para os Parlamentos o sentido pragmático do idealismo orgânico, a investigação sistemática das nossas realidades, redoiradas de um novo otimismo, não feito da ideologia libertária que acabou de desgraçar o país, mas traçando as linhas mestras das suas futuras reformas.[20]

Nos anos 1930, já se falava em pós-modernismo. O contexto econômico, político e ideológico favorecia a depreciação do esteticismo e a valorização do engajamento e da denúncia da desigualdade social, assim como do elemento regional e dos efeitos da outrora exaltada modernização e industrialização. Nessa produção, o foco está no engajamento e na temática social. Os modernistas — sobretudo Oswald de Andrade — faziam duras críticas ao romance de 1930. Provavelmente, o que mais os desagradava, embora não seja dito nestes termos, era a opção pela linguagem e pela estrutura do romance que não incorporam as inovações propostas nos anos 1920. Dito de outra maneira, se entre os literatos dos anos 1920 prevalecia a ênfase na renovação estética, para os que iniciam sua produção nos anos 1930 a principal preocupação é a questão ideológica. Sendo assim, não há consenso.

Nesse contexto de oposições, Oswald de Andrade, em seu segundo prefácio a *Serafim Ponte Grande*, datado de 1933, renegou seu passado e considerou essa obra "epitáfio do que fui". Trata-se do único texto em que fez uma dura crítica à produção dos anos 1920:

> O movimento modernista, culminando no sarampão antropofágico, parecia indicar um fenômeno avançado. São Paulo possuía um poderoso parque industrial. Quem sabe se a alta do café não ia colocar a literatura nova-rica da semicolônia ao lado dos custosos surrealismos imperialistas?
>
> [...]
>
> A valorização do café foi uma operação imperialista. A poesia Pau Brasil também. Isso tinha que ruir com as cornetas da crise. Como ruiu quase toda a literatura brasileira "de vanguarda", provinciana e suspeita, quando não extremamente esgotada e reacionária. Ficou da minha este livro. [...]
>
> [...] terminado em 1928. Necrológio da burguesia. Epitáfio do que fui.[21]

Mas essas afirmações, e até mesmo outras mais extremadas, foram contestadas pouco depois, no fim de 1935, no texto conhecido pela frase "A massa, meu caro, há de chegar ao biscoito fino que eu fabrico", o qual, de alguma maneira, concilia as oposições:

Nós, da Semana de 22, não produzimos grande safra. [...] Nós fizemos, paralelamente às gerações mais avançadas da Europa, todas as tarefas intelectuais que nos competiam. [...]

[...] Não podemos, sob nenhum pretexto geográfico, nos desfazer das linhagens e dos encargos intelectuais da época, sejam vindos de Montparnasse, do Bronx ou da Praça Vermelha. Sob o pretexto de que os surrealistas são burgueses, não podemos ignorar o fenômeno surrealista nem dele deixar de tirar o que houver de honesto e humano. Sob o pretexto de que o José Lins descobriu o marxismo, não podemos jogar de lado os consideráveis esforços que deram a grande poesia de *Cobra Norato* de Raul Bopp.[22]

Oswald aponta que a divergência ideológica não anula o valor estético das obras artísticas e que não é preciso negar o elemento estrangeiro. Na mesma ocasião, ele começou a externar sua visão da Semana de Arte Moderna e do movimento modernista não só como ruptura com o passado, mas como abertura de caminhos e responsável por inovações que teriam continuidade nas produções posteriores:

E com isso volto e insisto sobre a Semana de Arte Moderna. O Brasil tem alguma coisa incorporada ao melhor que o mundo fez nos laboratórios da literatura contemporânea. Tem *Cobra Norato* de Raul Bopp, tem *Macunaíma* de Mário de Andrade, [...]

Não há razão para se pôr isso fora, pois muito esforço útil representa. [...][23]

Defendeu que a produção anterior não fosse esquecida pelos jovens escritores em formação e criticou a obra de José Lins do Rego:

A novíssima geração deve pesquisar tudo isso, tem que conhecer a sucessão libertadora da Semana de 22, que eu orientei para o movimento "Pau Brasil" culminando com alguns dos melhores talentos literários do movimento — Bopp, Pagu, Geraldo Ferraz, Oswaldo Costa, nesse admirável sarampão de revolta que se chamou "Antropofagia" e que havia mais tarde de desembocar no marxismo.

Tudo isso é preciso, é necessário à formação de vocês que não podem ficar chupando o dedão gostoso do José Lins, porque é fácil de entender, porque satisfaz as curiosidades mais vivas da adolescência e desafoga seus correspondentes recalques e também porque não obriga ninguém a ter cultura especial nenhuma.[24]

O ataque a José Lins do Rego pode estar relacionado a críticas feitas pelo romancista ainda em 1922 aos modernistas de São Paulo. Publicado no periódico carioca *Dom Casmurro*, em 13 de novembro de 1922, o texto já no título antecipa seu conteúdo: "Enquanto os futuristas de S. Paulo fazem ridículos, uma geração no Rio salva a cultura brasileira". Destacam-se principalmente, no ataque de Oswald, talvez em resposta ao texto citado, o desapreço por sua produção literária e a crítica à estética considerada simplificadora, que ele menciona como "'narrativa direta' que nossos dias exigem".[25]

As duras críticas aos modernistas de São Paulo se intensificaram. Em 1936, a também carioca revista *Lanterna Verde*, em seu número 4, fez o primeiro grande balanço do movimento e nele já apareceu a referência à produção dos anos 1920 como "movimento modernista" — como vimos também no prefácio de Oswald, de 1933, citado — e à dos anos 1930 como pós-modernismo. Chama atenção que, no dossiê intitulado "O sentido atual da literatura no Brasil", a mesma publicação que consagrou essa produção como "movimento" a considerou ultrapassada ao nomear a subsequente como "pós-modernismo". Tristão de Athayde e Octávio de Faria, e não só eles, decretaram o fim do modernismo catorze anos depois da Semana de 22: "O modernismo morreu", afirmou o primeiro. Essa frase, em tom interrogativo, foi o mote para um inquérito que marcou a década seguinte.

As posições adotadas pelos críticos nos anos 1930 parecem confirmar a observação feita por Silviano Santiago no debate em torno de sua conferência "A permanência do discurso da tradição no modernismo": "Enquanto legado, a história é bastante cruel, porque ela é narrada sempre do ponto de vista dos grupos que aparecem e não dos grupos que permanecem".[26]

Em um texto de 1937, Oswald fez a defesa da Semana como anúncio de liberdade estética e condição para o surgimento da vanguarda política e social que ele apontou na produção dos anos 1930:

> Qualquer apreciação das letras brasileiras deve ser hoje precedida do exame da revolta manifesta de 1922 que tomou o nome de Semana de Arte Moderna. Essa famosa Semana foi uma parada de conjunto, feita para protestar contra a decadência da literatura e da arte no Brasil, [...]
>
> [...]
>
> Se 1922 anunciava uma sintaxe para a liberdade criadora de nossa gente, pode-se dizer que só 1930 e a revolução outubrista decidiram do aproveitamento e destino do modernismo.
>
> Aí a questão de forma e de técnica literária foi de repente superada. E o modernismo que era uma vanguarda expressional tomou posição na vanguarda política e social do Brasil.[27]

Ele começava a vincular o movimento estético ao político, como se isso aumentasse sua legitimidade. O momento pedia esse posicionamento.

NA BERLINDA: AS CONFERÊNCIAS E OS INQUÉRITOS (ANOS 1940)

> *Quanto me falou ao coração a lembrança daqueles anos delirantes de entusiasmo, de festas de encorajamento recíproco, de agressão ao convencional e estabelecido!*
>
> TARSILA DO AMARAL

No dia 30 de abril de 1942, Mário de Andrade pronunciou uma conferência no Rio de Janeiro, com o título "O movimento modernista", que apresentou um panorama do modernismo, seu surgimento, causas e consequências, concluindo com um balanço negativo no que se refere ao compromisso político e social do movimento e à relação mais efetiva dos protagonistas com seu contexto histórico.[28]

Considerado uma avaliação definitiva por grande parte da crítica, esse registro ofusca outros da mesma década, como se só fosse possível uma leitura do evento, e só coubesse avaliá-lo com parâmetros condizentes com o momento conturbado da Segunda Guerra, que então se vivia.

Por outro lado, é da maior relevância o autor apontar o período que antecede a Semana, a partir de 1917, como heroico:

> [...] E foi no meio da mais tremenda assuada, dos maiores insultos, que a Semana de Arte Moderna abriu a segunda fase do movimento modernista, o período realmente destruidor.
>
> Porque na verdade, o período... heroico, fora esse anterior, iniciado com a exposição de pintura de Anita Malfatti e terminado na "festa" da Semana de Arte Moderna.[29]

O destaque do entusiasmo que moveu o evento e seus desdobramentos resgata o espírito que marcou os anos 1920 e é certeira a referência metafórica aos modernistas dos anos 1920 como "alto-falantes" e à Semana como "brado coletivo":

> Manifestado especialmente pela arte, mas manchando também com violência os costumes sociais e políticos, o movimento modernista foi o prenunciador, o preparador e por muitas partes o criador de um estado de espírito nacional. [...] Isto foi o movimento modernista, de que a Semana de Arte Moderna ficou sendo o brado coletivo principal.
>
> [...] aqueles primeiros modernistas das cavernas [...] tenhamos como que apenas servido de altifalantes de uma força universal e nacional muito mais complexa que nós. Força fatal, que viria mesmo.[30]

E ainda: "ninguém bancava o incompreendido, nenhum se imaginava precursor nem mártir: éramos uma arrancada de heróis convencidos", "éramos gloriosos de antemão", culminando num êxtase: "vivemos uns oito anos, até perto de 1930, na maior orgia intelectual que a história do país registra".[31]

A indicação dos três princípios fundamentais do movimento modernista constitui sua melhor síntese:

> O que caracteriza esta realidade que o movimento modernista impôs, é, a meu ver, a fusão de três princípios fundamentais: o direito permanente à pesquisa estética; a atualização da inteligência artística brasileira; e a estabilização de uma consciência criadora nacional.[32]

A argumentação sobre o florescimento do modernismo em São Paulo e não no Rio de Janeiro é convincente, embora ainda não assimilada pelos detratores do modernismo paulista:

> Ora São Paulo estava muito mais "a par" que o Rio de Janeiro. [...] O Rio era mais internacional, como norma de vida exterior. Está claro: porto de mar e capital do país, o Rio possui um internacionalismo ingênito. [...] conservando até agora um espírito provinciano servil, bem denunciado pela sua política, São Paulo estava ao mesmo tempo, pela sua atualidade comercial e sua industrialização, em contato mais espiritual e mais técnico com a atualidade do mundo.[33]

Apontou no Rio um "exotismo nacional", a "interpenetração do rural com o urbano" considerando-o uma cidade folclórica e maliciosa, para concluir que lá a exposição de 1917 de Anita Malfatti não teria os mesmos desdobramentos que teve em São Paulo:

> no Rio malicioso, uma exposição como a de Anita Malfatti podia dar reações publicitárias, mas ninguém se deixava levar. Na São Paulo sem malícia, criou uma religião. [...] O artigo "contra" do pintor Monteiro Lobato, embora fosse um chorrilho de tolices, sacudiu uma população, modificou uma vida.[34]

Mário tinha claro que São Paulo não se pautava pelo que acontecia no Rio de Janeiro, então capital do país, mas pelo que acontecia na Europa. Negou ainda que alguns escritores que lá atuavam pudessem ser considerados precursores dos modernistas, já que o que eles produziam então era desconhecido e não teve impacto no restante do país nem antes nem depois da Semana de Arte Moderna. E até mesmo Manuel Bandeira, que se juntaria ao grupo a partir de 1922, só foi conhecido por Mário e seus companheiros "por um acaso de livraria"[35] e, sendo assim, não era possível falar em influência daqueles nesse momento.

Quando passa a refletir sobre aspectos individuais, a apreciação ruma para a quase negação de sua autonomia na participação do evento: "O meu mérito de participante é mérito alheio; fui encorajado, fui enceguecido pelo entusiasmo dos outros. [...] O entusiasmo dos outros me embebedava, não o meu".[36]

Nas leituras que se tem feito da conferência, destaca-se o interesse pelo caráter confessional e individualista do discurso, e mais pelo que ele renega e seu aspecto pessimista (abordagem que não chega a 20% do conjunto), do que pelo que ele exalta. Mário de Andrade é categórico na autocrítica, quase pondo em xeque o avanço estético, ao concluir que a produção artística estava desvinculada do cotidiano e não tinha compromisso explícito em "tornar o ser humano melhor":

> [...] Si tudo mudávamos em nós, uma coisa nos esquecemos de mudar: a atitude interessada diante da vida contemporânea. E isto era o principal!
>
> [...] Deveríamos ter inundado a caducidade utilitária do nosso discurso, de maior angústia do tempo, de maior revolta contra a vida como está. Em vez: fomos quebrar vidros de janelas, discutir modas de passeio, ou cutucar os valores eternos, ou saciar nossa curiosidade na cultura.
>
> [...] Eu não posso estar satisfeito de mim. [...]
>
> Eu creio que os modernistas da Semana de Arte Moderna não devemos servir de exemplo a ninguém. Mas podemos servir de lição. [...]
>
> [...] E apesar da nossa atualidade, da nossa nacionalidade, da nossa universalidade, uma coisa não ajudamos verdadeiramente, duma coisa não participamos: o amilhoramento político-social do homem.[37]

Paradoxalmente, o interesse pela leitura personalista desconsidera o momento pessoal de insatisfação que Mário de Andrade enfrentava, após o "exílio" no Rio de Janeiro. Em carta a Newton Freitas, dias antes da conferência, ele afirmou: "Não fiz nenhum estudo crítico do movimento, nenhuma análise. Recordei coisas e dessas coisas com os meus sentimentos de agora, saíram conclusões que nem eu mesmo esperava e umas confissões bastante cruéis".[38] Depois da conferência, em carta a Murilo Miranda, datada de 6 de maio, confessou: "Vim bastante derrotado do Rio. A tensão nervosa por causa da conferência me fatigou demais desta vez".[39]

Uma leitura mais produtiva deveria deter-se no caráter equivocado ou anacrônico da leitura do passado com os parâmetros do presente, como aponta Tarsila do Amaral:

> [...] na sua opinião, os modernistas da sua turma não souberam partilhar do "amilhoramento político-social do homem", apesar de que, naquela época, não se cuidava aqui de tal assunto. Na casa dos vinte e poucos anos

espiando a vida com deslumbramento, participando de todos os entusiasmos produzidos por um estímulo coletivo, ignorando as misérias escondidas, os modernistas da Semana foram um fruto do seu tempo e do seu meio. E agora, voltando os olhos para o passado, sentem um vazio naquilo tudo. Foram também as vítimas que abriram o caminho novo em que trilham gloriosamente e serenamente muitos dos nossos artistas e escritores de hoje. Achincalhados, vaiados, mas suportando tudo com sobranceria, numa convicção inquebrantável de ideias, os modernistas da Semana foram os pioneiros, cuja vida, não servindo de exemplo, serve, contudo, de lição.

> Mas, francamente, não vejo razão para que Mário de Andrade se atormente tanto por um passado que poderia ter sido mais belo, mais voltado às questões sociais. Tudo quanto artistas e literatos produziram naquele tempo poderia ter sido melhor, mas a verdade é que não estavam preparados para encarar a vida com o espírito de hoje.[40]

Essa interpretação que Tarsila fez da conferência é muito relevante, inclusive se levarmos em conta o fato de que ela não só participou dos momentos áureos do modernismo como também foi muito próxima de Mário durante toda a vida. Em suas cartas a ela,[41] o escritor sempre externou suas opiniões, insatisfações, entusiasmos, e isso provavelmente influenciou na lúcida apreciação que ela fez do balanço apresentado por ele.

Sérgio Milliet discordou abertamente da postura de Mário. Ao citar sua alusão "à carência de contato com a realidade dura, certos fracassos de 22", que foi "a seu ver, o que levou sua geração ao lirismo individualista", foi categórico: "Não posso aceitar a generalização do autor de *Macunaíma*, porque não faltou no grupo quem tivesse da realidade conhecimento mais íntimo. [...] Nem tudo era fácil para o grupo político que sonhava com 24 e já plantava os alicerces de 30".[42]

De todo modo, a conferência apresenta um rico panorama do espírito do grupo, dos espaços de sociabilidade, das relações pessoais e das aspirações que envolveram a produção em torno da Semana, que então completava vinte anos. O fato de Mário tê-la pronunciado no salão de conferências do Itamaraty, a pedido do Departamento Cultural da Casa do Estudante do Brasil, de alguma maneira ecoa o mesmo ato simbólico do discurso do Trianon pronunciado por Oswald em janeiro de 1921, na homenagem a Menotti Del Picchia. Mas o anticlímax em que aquele se constitui é inversamente proporcional às expectativas que este criara.

Essa conferência foi repetida em São Paulo, na Faculdade de Direito, para um público pequeno, devido ao boicote à divulgação pela imprensa paulistana, refletindo o contexto político conturbado e o ocaso que o momento representava para Mário em seu regresso à cidade.

Oswald de Andrade, por sua vez, pronunciou sua conferência em Belo Horizonte, em 1944, com o título "O caminho percorrido", no contexto da Exposição de Arte Moderna. Ao fazer o balanço dos vinte e dois anos da Semana de Arte Moderna, comemorava também os vinte anos do "Manifesto da Poesia Pau Brasil", da viagem de "redescoberta do Brasil" às cidades históricas, que ainda incluiu o poeta visitante Blaise Cendrars, cuja presença foi muito relevante para os rumos que a produção do casal Tarsiwald tomou:

> Se alguma coisa eu trouxe das minhas viagens à Europa dentre duas guerras, foi o Brasil mesmo. O primitivo nativo era o nosso único achado de 22, o que acoroçoava então em nós, Blaise Cendrars, esse grande *globe-trotter* suíço já chamado "pirata do lago Lemano", e que de fato veio se afogar, não numa praia nativa, mas num fundo de garrafa da política de Vichy. A Antropofagia foi na primeira década do modernismo, o ápice ideológico, o primeiro contato com nossa realidade política porque dividiu e orientou no sentido do futuro.[43]

Esse é o mote para a reflexão de Silviano Santiago — a partir da leitura de Brito Broca — sobre a permanência da tradição no modernismo,[44] considerando o impacto que causa a escolha de visitar o passado barroco e inconfidente para apresentar o país a um poeta de vanguarda.

Oswald também fez o paralelo entre os Inconfidentes, o ciclo do ouro e o Arcadismo e, respectivamente, os modernistas, o ciclo do café e a Revolta dos 18 do Forte de Copacabana, aproximando ainda a Revolução de 24 e o modernismo:

> Indagar por que se processou na nossa capital a renovação literária é o mesmo que indagar por que se produziu em Minas Gerais a Inconfidência. Como houve as revoluções do ouro, houve as do café. Naquelas culminaram os intelectuais de Vila Rica, nestas agiram como semáforos os modernistas de 22. Nunca se poderá desligar a Semana de Arte que se produziu em fevereiro, do levante do Forte de Copacabana que se verificou em julho, no mesmo ano. Ambos os acontecimentos iriam marcar apenas a maioridade do Brasil. [...]
>
> [...] Em 22, o mesmo contato subversivo com a Europa se estabeleceu para dar força e direção aos anseios subjetivos nacionais, autorizados agora pela primeira indústria, como o outro o fora pela primeira mineração.[45]

A relação entre estética e política é muito bem construída, mas também pode ser discutida. Em primeiro lugar, não houve nenhum vínculo dos modernistas com o Levante do Forte, de 1922 (no caso dos Inconfidentes, os poetas estavam envolvidos no evento que questionava a política dos portugueses com relação ao ouro brasileiro). Da mesma forma, Oswald atribuiu a Cendrars uma postura política que ele não teve com relação a Vichy, no contexto da Segunda Guerra — eles haviam rompido, por isso o ataque.

Além disso, a relação que Oswald estabelece com a Revolução de 1924, de alguma maneira, permite a ele contrapor-se à autocrítica de Mário de Andrade:

> Ainda em 24, quando as primeiras bombardas da revolta paulista atroaram o céu da cidade ninguém compreendia nada. Os escritores estavam ausentes do movimento telúrico que se agitava. Estavam nos salões. Mas, em 24, nem o governo, nem os próprios revolucionários compreendiam nada. É assim mesmo que se processa a história, ela toma sentido nas repercussões e na soma dos fatos, nas suas decisões proféticas, no seu final balanço ideológico e político.[46]

Nessa passagem, a afirmação de que os escritores estavam alheios à Revolução de 24 está correta. Mas ele não fez um mea-culpa, justificou a própria atitude e de seus pares. E vinculou o surgimento e desenvolvimento do modernismo ao contexto econômico paulista e mundial:

> É preciso compreender o modernismo com suas causas materiais e fecundantes, hauridas no parque industrial de São Paulo, com seus compromissos de classe no período áureo-burguês do primeiro café valorizado, enfim, com o seu lancinante divisor das águas que foi a Antropofagia nos prenúncios do abalo mundial de Wall-Street. O modernismo é um diagrama da alta do café, da quebra e da revolução brasileira.[47]

Além disso, apontou como o modernismo abriu caminho para o desenvolvimento da cultura mineira e da arte brasileira que então se apresentava no evento em Belo Horizonte, o qual foi marcado por sua conferência:

> [...] A Semana dera a ganga expressional em que se envolveriam as bandeiras mais opostas. Dela saíra o Pau Brasil, indicando uma poesia de exportação contra a velha poesia de importação que amarrava a nossa língua. E de Pau Brasil sairia na direção do nosso primitivo, do "bom selvagem" de Montaigne e Rousseau. Se me perguntarem o que é Pau Brasil, eu não vos indicarei o meu livro — paradigma de 1925 —, mas vos mostrarei os poetas que o superaram — Carlos Drummond de Andrade, Murilo Mendes, Ascenso Ferreira, Sérgio Milliet e Jorge de Lima. É o Norte e é o Sul.[48]

Silviano Santiago fez o balanço das conferências de Mário e Oswald comparativamente:

> Mário de Andrade coloca como padrão de aferição o ideal não alcançado pelos participantes da Semana de Arte Moderna e, por isso, o tom geral do balanço histórico traz as cores negras do mais profundo pessimismo. Já Oswald, colocando como parâmetro exemplos do atraso da cultura brasileira varridos pelo empenho modernista, sai sorridente e feliz de suas reminiscências históricas.[49]

Haroldo de Campos é mais incisivo quanto às oposições entre os Andrades ao analisar comparativamente as duas conferências. Aponta, na de Mário, "o tom de autocrítica" que, "espelhando no desabafo a 'consciência infeliz' que afligia o escritor, conclui com uma advertência nostálgica". E considera a de Oswald, "uma peça de combate, um texto de afirmação e de polêmica", que "termina com um apelo otimista e solidário". E ainda afirma que, às vésperas da morte, Mário "se convencera aparentemente do caráter sobretudo 'destruidor', nada exemplar, do modernismo heroico", enquanto Oswald "acentuava, antes, o caráter construtivo e, por isso mesmo, exemplar desse movimento divisor de águas em nossa cultura".[50]

Em 1945, Oswald pronunciou a conferência "Informe sobre o modernismo", na qual vemos o estabelecimento da relação entre estética e política, da mesma forma que ele já fizera relacionando a Semana de 22 à Revolta dos 18 do Forte de Copacabana e o modernismo à Revolução de 1924. Mas, no contexto do fim da Segunda Guerra Mundial, do fim da ditadura no Brasil, o paralelo se dá com a menção à presença dos modernistas no I Congresso Brasileiro de Escritores, que também ocorreu nesse ano, estabelecendo-se a ponte pelos mesmos protagonistas. E fez novamente a afirmação da abertura de caminho para os novos propiciada pela Semana de 22:

> Os elementos que utilizamos contra os velhos recursos da poesia sabida e metrificada são a plena liberdade da criação, a valorização do inconsciente, do cotidiano e do mecânico. Do cotidiano, que vai até o vulgar estão o popular e o revolucionário. No inconsciente escondem-se o primitivo, o nativo, o geográfico e o telúrico. Nesses caminhos se cria a poesia nova do Brasil.
>
> [...]
>
> [...] E o modernismo atinge suas últimas consequências políticas no I Congresso de Escritores, que, com a sua declaração de princípios, precede e encabeça a luta pela anistia e a subsequente queda da ditadura.
>
> [...]
>
> Nesse longo período a pintura criou seus jovens e mestres no caminho aberto por Anita Malfatti, Tarsila, Segall e Portinari.[51]

As conferências ocorreram em meio a vários "inquéritos" nos quais os protagonistas do movimento modernista foram convidados a se pronunciar. Tendo se popularizado na Europa no final do século XVIII, em torno de questões sociais e de saúde nas cidades, segundo Tânia Regina de Luca, eles se difundiram no Brasil no início do século XX, inclusive no campo da cultura, ocupando as páginas de jornais e revistas:

> Não são poucos os exemplos de enquetes e inquéritos feitos com personalidades do mundo da cultura a ocupar as páginas de jornais e revistas brasileiros das primeiras décadas do século XX, momento em que esses termos eram utilizados como sinônimos, ainda que se observe predominância no emprego do segundo.
>
> [...]
>
> As enquetes agitavam o mundo da cultura, assim como os prêmios literários, que se multiplicaram nas décadas de 1930 e 1940, momento de ampla expansão do mercado editorial. As propostas e os termos nos quais eram formuladas, os resultados parciais, a escolha dos participantes eram noticiados e comentados pelos demais órgãos de imprensa, suscitavam debates e davam origem a novas intervenções.[52]

No mencionado inquérito realizado em 1936 pela revista *Lanterna Verde*, dos integrantes da Semana de 22, apenas Renato Almeida participou, embora a publicação fosse bastante plural, reunindo colaboradores de direita e de esquerda.

Sendo assim, dois inquéritos literários realizados nos anos 1940, pela *Revista do Brasil* (1940) e por *Dom Casmurro* (1942), revelam-se mais abrangentes. O primeiro teve como tema "O inquérito da *Revista do Brasil* acerca das tendências atuais da literatura brasileira" e como questões centrais: "O modernismo representou um movimento crítico ou criador? Abriu novos rumos à literatura? Permanece o seu espírito?", e ainda: "Os acontecimentos do último decênio influíram sobre a nossa literatura?", "Quais as tendências atuais da literatura brasileira?".

Dele participou Mário de Andrade, colaborador frequente da revista, que fez uma apreciação mais geral, sem citar muitos nomes nem apresentar detalhes:

O movimento modernista se originou essencialmente de um estado de não conformismo. Em sua transcendência ele foi, portanto, uma força revolucionária, e se identificou com outras forças revolucionárias que, aberta ou caladamente, se desenvolviam no país e no mundo. Isso é tão verdade que não só os diversos extremismos políticos se aproximaram com simpatia do movimento, como os principais criadores do modernismo ou as principais figuras que a ele aderiram, logo manifestaram suas simpatias (quando não adesão franca) pelas extremas. Logicamente, deveria ter sido um movimento de caráter crítico. As nossas circunstâncias sociais, a falta de cultura universitária ou tradicional principalmente, e o desinteresse geral pela discussão das ideias exigiram que ele se tornasse um movimento criador. Mas a necessidade crítica interferiu, também logicamente, nessa criação, e a deformou. E o movimento se tornou, por excelência, experimentalista. Os que podiam aguentar o tranco, desde que o modernismo dominou, foram abandonando aos poucos o terreno da experiência, para criar mais livremente. Os outros ainda estão experimentando.[53]

Nesse momento que antecede a conferência, Mário se mostrava menos pessimista, mais equilibrado, destacou o experimentalismo e ainda fez ironia com aqueles que minimizaram o modernismo, no inquérito anterior:

Falta-me distância para decidir, desde já, se o modernismo abriu rumos novos. Os que vieram depois sentem-se naturalmente muito distantes deles, e o renegam. Sem reparar que são exatamente idênticos aos que do modernismo vieram, mas já lhe abandonaram a inquietação experimental.[54]

O inquérito de *Dom Casmurro*, conduzido por Osório Nunes, traz respostas dos participantes da Semana de Arte Moderna e outros, sendo vinte no total (os anteriores reuniram, respectivamente, opiniões de dez e onze escritores), à pergunta “O modernismo morreu?”. Entre os participantes da Semana de 22, contou com Oswald de Andrade, Manuel Bandeira, Ribeiro Couto, Renato Almeida e Villa-Lobos.

Responderam afirmativamente, entre outros, Tristão de Athayde, Renato Almeida, Cassiano Ricardo e Graciliano Ramos. Manuel Bandeira respondeu que "O modernismo está apenas evoluindo para maior liberdade e maior expressão".[55]

Entre os que responderam negativamente, além de Drummond, Ribeiro Couto e Villa-Lobos, estava Oswald de Andrade, que inclusive foi categórico: "— Não. Quem morreu foi a Academia Brasileira de Letras".[56]

A metáfora do divisor de águas, que Oswald usara em 1937, foi aqui retomada, mas se lá apontava para a produção de 1930, aqui se refere à Antropofagia, que divide o próprio grupo e orienta as tomadas de posição subsequentes. Acrescentou, na avaliação do modernismo, a questão da liberdade e da continuidade na produção posterior, considerando ainda a "abertura de caminhos" para o que paradoxalmente era apontado como elemento oposto ao que o antecede:

> O modernismo foi tumultuoso e caótico de 22 a 28, quando se produziu em São Paulo a Antropofagia. Aí, uma espécie de divisor das águas definiu posições e, melhor do que muita coisa, explica a linguagem reta da Semana e seu desenvolvimento revolucionário. [...] As raízes estéticas da Antropofagia estavam em Pau Brasil, naquela "poesia de exportação contra a poesia de importação" que fora o meu apelo em 22. De todas essas fases e posições de pesquisa nacional deveria sair a pesquisa social que deu o romance brasileiro de 30 para cá. Estavam abertos os caminhos da liberdade para os que viriam.[57]

Oswald de Andrade retomou a conferência de Mário de Andrade para criticar sua postura: "Acredito que o Sr. Mário de Andrade se penitencie, hoje, de ter dado o seu prestígio à corrente dos salões [da burguesia paulista]".[58]

Nesse inquérito, Drummond destacou: "O 'modernista' típico, com todos os seus defeitos e qualidades, encontra-se em Oswald de Andrade".[59] Mário de Andrade já se havia referido a ele, na conferência "O movimento modernista", como "a figura mais característica e dinâmica do movimento".[60] Talvez seja essa condição que deixe o antropófago à vontade para sustentar até o fim da vida essa postura com relação ao movimento, de forma a considerá-lo ao mesmo tempo ruptura com o passado e continuidade na produção subsequente, condição sine qua non para o que veio depois, ainda que alguns o reneguem. Ele defendeu a própria produção e inegavelmente a de Mário de Andrade, mesmo depois de haver rompido com este, e de forma mais veemente depois de sua morte.

Em 1941, Edgard Cavalheiro iniciou, nas páginas do jornal *O Estado de S. Paulo*, o inquérito *Testamento de uma geração*, que pretendia reunir cerca de quarenta depoimentos, se desenrolou durante todo o ano de 1942 e foi publicado em livro em 1944, mas não abordou especificamente o movimento modernista. O depoimento de Oswald de Andrade circulou na edição do jornal de 24 de maio de 1942. Mário de Andrade desistiu de participar e registrou o fato em carta a Murilo Miranda, datada de 4 de fevereiro de 1942:

> Talvez você já saiba que, contra a sua opinião, desisti de entregar o meu Testamento ao Edgard Cavalheiro. Aliás, depois que escrevi ao Carlos e ao Moacir livrando eles do compromisso de opinar, já passei por várias alternativas, já quase publiquei, já desisti, já estive a pique de publicar outra vez, mas a coisa escapou por um segundo e tornei a desistir. Creio que só um jeito me sossegava: destruir os originais. Mas não tenho coragem.[61]

Na edição do jornal de 3 de maio de 1942, Edgard Cavalheiro apresentou em detalhes o entusiasmo, a hesitação e a desistência de Mário de publicar seu depoimento, assim como o recuo de Monteiro Lobato, Manuel Bandeira e Carlos Drummond de Andrade.

Paralelamente, circulou no jornal *O Estado de S. Paulo*, assinado por Mário, "O movimento modernista", publicado em quatro partes — 22 de fevereiro, 1, 8 e 15 de março de 1942 —, que, provavelmente, serviu de base para a conferência do Itamaraty.

> [...] *Foi o que se deu com o advento da Semana de Arte Moderna. Ninguém a inventou, ninguém a descobriu. Foi nada mais, nada menos que o fim da época romântica e o ressurgimento do interesse vital e artístico em formas novas.*
>
> ANITA MALFATTI

Em 1951, foi a vez de Anita Malfatti fazer sua conferência. Na Pinacoteca do Estado, ela rememorou seu entusiasmo desde as primeiras temporadas de estudos no exterior — "O estopim do meu entusiasmo pela arte então pegou fogo!" —, o sofrimento causado pelas críticas à sua exposição de 1917 — "não houve uma única crítica construtiva" —, a Semana de Arte Moderna e seu impacto:

> [...] Foi em 9 de fevereiro de 1922, com a inauguração da Semana de Arte Moderna que se afirmou a nova era artística no Brasil.
>
> [...] Ninguém teve tempo de preparar algo de novo, mas a ideia moderna recém-nascida estava viva no coração deste pequeno grupo de artistas brasileiros. Tinta indelével que marcaria e viria dirigir toda uma geração de artistas paulistas.
>
> [...]
>
> Tínhamos feito algo que só vinte anos mais tarde seria comentado, invejado, pois se tornaria, como se tornou, um ponto luminoso na história da cultura da cidade de São Paulo. Foi a alegria de construir e sentir a força de ter feito um bem para a nossa geração. Este mesmo espírito de construção existe hoje perfeitamente vivo e vemos a seara deste grande surto de inspiração que foi a Semana de Arte Moderna.[62]

Apesar do revés que enfrentou em sua carreira, ela reconheceu a importância do movimento para sua geração e as seguintes, e destacou a importância da Semana para a cultura da cidade.

Em 1952, a Semana foi mencionada em um discurso do presidente Getúlio Vargas e também foi celebrada na Academia Brasileira de Letras. Os outrora iconoclastas de 1922 talvez não almejassem chegar a esses púlpitos, embora nesse momento alguns já houvessem tentado, e conseguido, entrar tanto na política como na Academia.

Menotti, tendo já conquistado cadeiras na Academia e na política, parece orgulhar-se da menção presidencial — "Em 1951 Getúlio Vargas podia proclamar que essas famosas jornadas abriram todos os novos rumos culturais, políticos, econômicos e sociais do Brasil", ele afirmou, e ainda: "Hoje seu triunfo foi proclamado oficialmente pelo próprio presidente da República".[63]

Ao rememorar, Menotti ressaltou o aspecto revolucionário do evento, "[...] 'Semana de Arte Moderna', revolução sem sangue que revolveu toda a mentalidade do país",[64] e sintetizou sua conferência realizada no palco do Municipal, na segunda noite do evento:

> [...] Expliquei ao público, como pude, nossas intenções: queríamos apenas uma revolução em todos os setores da cultura. Negávamos autenticidade artística ao que se fazia então e, no nosso conceito, um mundo novo de ideias surgia naquele instante fazendo tabula rasa de todo o passado estético. Fincávamos, no tempo, o marco zero da nova cultura brasileira. Daquele instante em diante o Brasil se bipartia entre o vasto cemitério do passado e a vida estuante da arte e dos conceitos novos.[65]

Destacou ainda a relação entre estética e política em torno do modernismo:

> [...] Todos os movimentos ideológicos da direita e da esquerda nasceram dessa famosa Semana que bipartiu suas hostes em esquerdistas e direitistas. Comunismo, integralismo, "bandeira", reivindicações liberais, revisão dos conceitos da democracia, tudo o que agitou a opinião nestes últimos trinta anos foi resultado do entrechocar das ideias proclamadas e debatidas originariamente na Semana de Arte Moderna. [...] sendo uma "revolução sem sangue", provocou todavia uma radical revisão de valores modernizando e atualizando o pensamento do Brasil.[66]

Também no trigésimo aniversário da Semana de 22, Oswald afirmou a perenidade do evento com seu poder de síntese e caráter espirituoso: "[...] um cavalheiro chamado Luis Martins declarou por um jornal que a Semana não houve. Evidentemente. Está havendo".[67] As efemérides confirmam a longevidade desse gerúndio. Nesse texto, ele chama a atenção para a abordagem do modernismo por estudiosos de peso: Lúcia Miguel-Pereira e Mário Pedrosa, que realizou, no Ministério da Educação, conferência em torno dos trinta anos da Semana.[68]

Numa entrevista concedida ao *Diário de Notícias*, em janeiro de 1954, Oswald criticou mais uma vez o romance de 30 e retomou a ênfase na abertura de caminhos em que se constituíram a Semana de Arte Moderna e a produção artística dos anos 1920:

> Em 1930, arriamos a bandeira. É que surgiram o que eu chamo os "Búfalos do Nordeste", trazendo nos cornos a questão social. Arriamos a bandeira, esmagados por uma espécie de sentimento de culpa: nós representávamos, embora inconscientemente, uma mentalidade capitalista exploradora. Não éramos capitalistas. Nem eu nem Mário éramos industriais. Mas sofríamos a ambiência, éramos impulsionados a realizar um certo tipo de pesquisa que nada tinha em comum com o problema social do resto do país. Vivíamos, em verdade, das sopas do capitalismo. Paradoxalmente, entretanto, abrimos caminho para uma coisa que não existia até então entre nós: uma literatura de pobre.[69]

O deslocamento do eixo do urbano para o rural, do cosmopolita para o regional e a incorporação de uma realidade até então pouco contemplada pela literatura, o povo, teriam sido propiciados pelo experimentalismo e pela ampliação de repertório que a produção dos anos 1920 proporcionou. Mas, dizer que antes não havia "uma literatura de pobre" é algo a ser examinado com cautela: antes de 1922, Lima Barreto trouxe protagonistas das classes menos favorecidas, e Alcântara Machado o fez em 1927, ou seja, antes da fase engajada da maioria dos modernistas. Ao fazer a autocrítica quanto à não abordagem da problemática social na produção anterior, Oswald remete à postura de Mário de Andrade na conferência de 1942.

Ao refletir sobre o legado da Semana de 22, Oswald apontou dois caminhos. A Bienal de Arte foi vista por ele como um grande legado. Nesse sentido, a Bienal causou o mesmo impacto e teve igualmente

Oswald de Andrade, em São Paulo, 1952.

uma repercussão polêmica. Hoje podemos dizer que o alcance internacional desta é muito maior, mas sua origem no Brasil sempre será vinculada aos eventos de 1922. No âmbito da literatura, a Geração de 1945 é apontada como um retrocesso em relação ao modernismo de 1920, mas a geração dos anos 1950 é uma esperança de renovação:

> — Ultimamente, porém, tenho tido esperanças. Está surgindo um grupo de jovens de vinte anos que constitui minha maior esperança. [...] Não esperava viver tanto para ver surgir uma geração assim, que encarnasse de modo tão completo o espírito de renovação da revolução modernista e se mostrasse tão capaz de levá-la às suas consequências verdadeiras.[70]

Se Oswald houvesse sobrevivido para acompanhar a I Exposição Nacional de Arte Concreta, em 1956, veria repetirem-se o intenso diálogo entre a literatura e as artes visuais e a repercussão polêmica da Semana de 22, assim como a incompreensão inicial e a consagração posterior da poesia concreta como um de seus importantes legados na literatura, além da fundamental participação dos poetas concretos no resgate de sua figura e na construção de sua fortuna crítica.

Silviano Santiago, em "A permanência do discurso da tradição no modernismo", dialoga, de alguma maneira, com a defesa da permanência feita por Oswald. Podemos dizer, na esteira desse crítico, que a leitura que Oswald fez do modernismo está relacionada aos conceitos de evolução, influência e tradição, mas só se chega a isso depois da ruptura instaurada pelos modernistas. E, ao mesmo tempo, podemos considerar que ele apontou também para certa circularidade quando evidenciou o recuo da Geração de 45.

O texto "O modernismo", publicado postumamente, foi dos últimos que Oswald escreveu. Integraria o segundo volume de suas memórias, não concluído. Ele recuou o início do modernismo a 1920, estreitou o vínculo com sua própria produção e destacou o desejo de mudança que representava:

> Na *garçonnière* da praça da República começou o modernismo. [...]
>
> Como qualquer movimento literário, esse se processou no início sem esquema, sem passaporte e sem justa definição. Tratava-se apenas de uma onda de oposição e de revolta que, refletindo as agitações da Europa, se erguia sobre o marasmo das letras e das artes nacionais.
>
> [...] A confusão reinava. Ninguém sabia ao certo o que era ser moderno. Esse conceito vinha se propondo através das mutações do século. Mas nossas forças, abafadas pelo servilismo colonial procuravam dele se libertar.
>
> [...]
>
> A literatura e as artes eram o que havia de frustrado e cadavérico.[71]

Ao destaque de Mário de Andrade, "Posso afirmar e já afirmo que sem a presença catalítica de Mário de Andrade, o modernismo teria sido, pelo menos, retardado",[72] somou Paulo Prado: "Sem a inteligência e a compreensão de Paulo Prado, nada teria sido possível. Ele foi o ativo agente de ligação entre o grupo que se formava e o medalhão Graça Aranha".[73]

Oswald estabeleceu a relação com o contexto histórico, destacando a imbricação com a cidade de São Paulo, e, apesar da indefinição inicial, apontou que o saldo foi positivo:

> [...] todos os movimentos se processam da mesma maneira, confusos, heteróclitos, desiguais. O que importa é o impulso e a meta. Esses foram atingidos pelo movimento de 22.
>
> Se procurarmos a explicação do porquê o fenômeno modernista se processou em São Paulo e não em qualquer outra parte do Brasil, veremos que ele foi uma consequência da nossa mentalidade industrial. São Paulo era de há muito batido por todos os ventos da cultura. Não só a economia cafeeira promovia os recursos, mas a indústria, com sua ansiedade do novo, sua estimulação do progresso, fazia com que a competição invadisse todos os campos de atividade.[74]

As últimas palavras de Oswald sobre o tema, em entrevista ao *Diário de S. Paulo*, publicada em novembro de 1954, um mês depois de sua morte, são emblemáticas de como ele levou a sério sua realização, teve sempre consciência de sua importância e antecipou seu reconhecimento: "A Semana de Arte Moderna foi a coisa mais séria que já se fez nas Américas em matéria de arte e literatura".[75]

ENTRE A EVANESCÊNCIA E A PERENIDADE (ANOS 1960 E 1970)

> *Nós, os modernistas nacionalistas de 22, eis o que encontramos após uma caminhada de quarenta anos: escombros de um mundo que foi e os primeiros sinais de um mundo que está por vir.*
>
> MENOTTI DEL PICCHIA

Logo depois dos trinta anos da Semana, Tarsila do Amaral já anunciava um dos principais documentos sobre seus antecedentes. Mário da Silva Brito, que já era próximo dos modernistas desde os anos

1940, havia iniciado as pesquisas e registro de depoimentos para sua obra monumental:

> Há poucos dias, em casa de Mário da Silva Brito, tive oportunidade de ouvir a leitura de alguns capítulos de seu belo livro que será dado à publicidade provavelmente no fim deste ano [...] revelações interessantíssimas a respeito de fatos importantes e esclarecedores sobre a mentalidade de 1922 e os anos subsequentes.[76]

O livro *História do modernismo brasileiro: Antecedentes da Semana de Arte Moderna* teve sua primeira edição em 1958. Ao registrar os quarenta anos da Semana, Menotti reconheceu a importância da publicação:

> [...] É esse o documento mais sério sobre o assunto, por ser uma versão documentada dos pródromos dessa revolução. Nela já o autor aponta os motivos determinantes do movimento que deixou de ser uma simples renovação de técnica e temática literária para ser uma revisão geral de todos os valores políticos, sociais, econômicos e culturais dentro de um país cuja estrutura se modificava com a queda da monocultura cafeeira, o começo da industrialização e a tomada de consciência das massas revolucionárias pela técnica.[77]

Para marcar o quadragésimo aniversário da Semana, Menotti realizou uma Oração na Câmara dos Deputados e, no jornal *A Gazeta*, destacou o momento de destruição e transformação pós-Segunda Guerra em que se dava a efeméride:

> Neste panorama conturbado, síntese auroreal do diálogo dialético travado entre o Oriente e o Ocidente e em que as formas plásticas nos parecem monstruosas porque são a negação de um passado superado, se entremostra, ainda misterioso mas promissor, o mundo que nasce. Mundo da desintegração atômica, da astronáutica, da técnica, enfim, o mundo da ciência.[78]

Nesse momento, imperou um tom pessimista poucas vezes visto nos registros de Menotti. A partir de 1964, ele começou a ser traído pela memória, ao afirmar, por exemplo, que "O meu poeta futurista", artigo que lançou Mário de Andrade e *Pauliceia desvairada* no *Correio Paulistano*, em maio de 1921, fora publicado na revista *Papel e Tinta*, fundada por ele e Oswald em 1920, cujo sexto e último número data de janeiro/ fevereiro de 1921.[79]

O pioneiro crítico Mário da Silva Brito, por ocasião dos cinquenta anos de carreira de Tarsila e dos quarenta anos de sua primeira exposição individual no Brasil, realizada em 1929, no Palace Hotel, no Rio de Janeiro, fez uma síntese do modernismo que se antecipou às reivindicações atuais quanto a gênero e representatividade, sem igual, inclusive, nas reflexões feitas pelas próprias artistas:

> Pode-se dizer que a pintura de vanguarda, no Brasil, enquanto luta e polêmica, tem o seu ponto de partida numa mulher e o de chegada em outra. A sua conquista de compreensão e a imposição de sua legitimidade, como expressão nova de arte, começam e terminam, respectivamente, em Anita Malfatti e em Tarsila do Amaral. Aquela é o acender do combate e esta é o término da batalha. [...] Antes de Anita, é o academismo. Depois de Tarsila, já é a aceitação das formas e teorias que informam, entre nós, as artes do século XX, o século mecânico e tecnizado. Com Anita se arvora a bandeira dos conquistadores. Com Tarsila retira-se do campo a flâmula atrevida: o academismo fora destruído e, agora, outra seria a luta, seria a guerra civil dos vanguardistas.
>
> Esses dois interregnos vão de 1917 a 1930 — do ano da primeira exposição de Anita à revolução de Vargas, que foi precedida pela revolução antropofágica, em que Tarsila teve relevante papel.[80]

Não é um dado menor reconhecê-las como balizas do movimento, quando as mulheres brilham por sua ausência na programação literária da Semana e, embora estivessem em número significativo no programa musical, não tenham sido aí destacadas com a mesma ênfase. O protagonismo de ambas, sempre mencionado, nunca fora apontado como marco dessa maneira.

Em 1972, o contexto político era o avesso dos anseios revolucionários da Semana que chegava ao cinquentenário. Falecidos seus protagonistas, exceto Menotti, caberia a Tarsila, a "musa (ausente)" da Semana, nas palavras de Leo Gilson Ribeiro, rememorar o impacto do evento do qual ela ficara ciente à distância, durante temporada em Paris, ao ser informada por carta de Anita Malfatti.

Nesta que seria sua última entrevista, publicada na revista *Veja*, em 23 de fevereiro de 1972, a pintora recordou seu período de aprendizado, as temporadas na Europa, a concepção do *Abaporu* e seus desdobramentos, o temperamento de Oswald e ainda as lendas que se criaram em torno dos modernistas:

> Havia invenções incríveis, diziam que meu atelier era como o atelier do Renoir, cheio de nus e não sei o que mais e que eu mandava espalhar pelo atelier inteiro divãs cobertos de veludos roxos, cada uma! E me confundiam com Anita Malfatti. Naquela época, o senhor imagina, uma jornalista do Rio chegou a escrever que o Oswald de Andrade nem chegara a se casar comigo! Falava de mim feito de um monumento em São Paulo, vale a pena conhecer Tarsila em São Paulo, virei atração turística, veja só![81]

Ela também acompanhou a abertura da exposição no Masp, *A Semana de 22: Antecedentes e Consequências*, que reuniu obras expostas cinquenta anos antes e outras posteriores. Conduzida em uma cadeira de rodas, concedeu uma entrevista ao chegar ao evento. O repórter da TV Cultura, ao anunciar sua presença, referiu-se a ela como "musa inspiradora de 22", "uma das grandes personalidades da Semana de 22".[82] Confirma-se assim o que ela dissera em uma crônica, sobre os entrevistadores: "Sacrificam então a verdade em favor do espirituoso, do interessante, do pitoresco ou do sensacional".[83]

O mais longevo dos protagonistas da Semana, Menotti (que morreu em 1988) acompanhou o falecimento de Mário (1945), Oswald (1954), Brecheret (1955), Anita (1964), Guilherme (1969), Tarsila (1973) e Di Cavalcanti (1976). Em um texto sem data, fez uma síntese certeira dos companheiros e da Semana, indicando o papel de cada um na concepção do evento:

> A "Semana" nasceu assim. Oswald de Andrade, que raspara suas barbas flamengas e o parnasianismo de que andava encharcado [...] procurou-me

Tarsila do Amaral, Sérgio Buarque de Holanda, pessoa não identificada e Menotti Del Picchia na exposição comemorativa dos 50 anos da Semana de Arte Moderna, no Masp, São Paulo, em 1972.

no Hotel Central, onde então me hospedava, vindo de Itapira. Fizemos aliança. Oswald sempre foi um inquieto. Nessa ocasião, era um reboliço! Fermentava um azedo tóxico revolucionário no seu cérebro de conspirador intelectual. Fizemos, então, a descoberta de uma personagem tenebrosa, solitária e rebelde [...]. Era Mário de Andrade.

Éramos dois. Viramos três. Mário redigia as estrofes incandescentes da *Pauliceia desvairada*. Oswald escrevia *Os condenados* e eu o lirismo delirante do *Homem e a morte*. Guilherme de Almeida e Monteiro Lobato eram nossos amigos mas não participavam da conjura. Monteiro sempre foi um livre atirador solitário. Guilherme, em pleno sucesso com a retumbante publicação de *Nós*, vivia para seu círculo fidalgo e fechado. Nós três éramos os petroleiros. [...]

Nessa ocasião, as coisas precipitaram. Di Cavalcanti, um Beardsley perdido na roça, expunha em São Paulo seus desenhos estranhos. E foi então que descobrimos Brecheret. Brecheret era, sozinho, uma revolução.[84]

Além de destacar o papel destrutivo, com relação ao passado, fez uma síntese dos acontecimentos no teatro, situando o evento entre o milagre e o terror:

> [...] E veio a Semana de Arte Moderna, uma coisa indefinível, eclética, amorfa, sem unidade interior como todas as revoluções. Sabia o que "não queria", isto é, destruir [sic] o "passadismo", mas não sabia o que queria. Era mais uma ameaça de destruição que um propósito de construção. Bastava isso: desmantelar o academismo, desmoralizar o parnasianismo, rasgar campo para as vocações novas, quebrar fórmulas, desentulhar o caminho.
>
> Ao lado de toda retórica, a documentação plástica da revolução em marcha: a escultura de Brecheret, projetos de Moya, pintura da Malfatti. O hall do grande Theatro parecia um pátio de milagres: quadros incríveis dependurados nas paredes e troços mutilados, figuras aos pedaços em cima dos socos. E o povo a urrar, a vociferar, a injuriar... Verdadeira Semana do Terror.[85]

Para os não simpatizantes da nova estética, a Semana e seus desdobramentos constituíram o terror, quase literalmente.

OS DETRATORES

E a tal semana veio com o seu inevitável fracasso.
MÁRIO GUASTINI

As memórias do modernismo também são pontuadas pelos que o renegam, mesmo tendo acompanhado tudo de perto e até mesmo participado da Semana e integrado o grupo.

Mário Guastini, já em 1926, reuniu em livro uma série de artigos que mostram sua discordância do modernismo. Seu título, *A hora futurista que passou*, dispensa argumentações. Já no prefácio, o autor menosprezava o movimento: "o incipiente movimento modernista que teve início nesta capital no nosso máximo teatro, com a famigerada semana de humorismo literário e pictórico" e considerava que ele já era passado: "um momento de passageira agitação literária que teve São Paulo por teatro".[86]

O primeiro texto é um violento ataque a Oswald de Andrade, *Os condenados* e o "Manifesto da Poesia Pau Brasil", assim como à Semana de Arte Moderna e à produção de seus demais protagonistas:

> [...] uma *semana teratológica* que, na opinião dos promotores, havia de embasbacar a gente desta retrógrada São Paulo... E a tal semana veio com o seu inevitável fracasso. Desesperado pelo desinteresse com que foi recebida, Oswald pedia, com empenho, aos jornalistas amigos, que metessem o pau nessa bambochata, pois, não se notabilizando ela pelos aplausos, se notabilizaria pelas bordoadas que lhe dessem...
>
> O suposto futurismo paulista, pois, nasceu sem base séria e sem sinceridade: nasceu para servir de trombeta a uma obra que de futurista nada tem, mas que desse rótulo carecia para ser mais rapidamente esgotada...[87]

Os textos de Guastini haviam sido originalmente publicados no *Jornal do Commercio*, edição de São Paulo, sob o pseudônimo Stiunirio Gama. O autor era ele próprio o diretor do jornal em que Oswald anunciava a nova estética desde 1920 e em que se divulgaram os artigos em torno de Mário de Andrade: "O meu poeta futurista", a réplica de Mário — "Futurista?!" — e a tréplica de Oswald, "Literatura contemporânea". A editora que publicou o livro foi a Casa Mayença, a mesma que trouxe à luz *Pauliceia desvairada*.

A referência à Semana como "teratológica" ecoa a crítica de Lobato à exposição de Anita Malfatti em 1917, na qual a arte nova é associada à "arte anormal ou teratológica: nasceu com a paranoia e com a mistificação".[88]

O conjunto de textos passa pelos livros publicados nos primeiros anos da década de 1920. Além dos já mencionados, *Memórias sentimentais de João Miramar* (1924) e *Pau Brasil* (1925), de Oswald; *Chuva de pedra* (1925), de Menotti; *Pathé-baby* (1926), de Alcântara Machado; *Losango cáqui* (1926), de Mário de Andrade. Aborda ainda a conferência de Blaise Cendrars no Salão do Conservatório (1924), a conferência de Graça Aranha na Academia Brasileira de Letras (1924), quando ele rompe com a instituição, a exposição de Lasar Segall em São Paulo

(1924), a revista *Terra Roxa e Outras Terras* (1926) e sua campanha para adquirir uma carta de Anchieta a ser doada ao Museu do Ipiranga. Reservando mais ataques a uns que a outros, o livro culmina com uma série de textos dedicados à passagem de Marinetti por São Paulo, visita que também não contou com o apoio dos então chamados "futuristas de São Paulo".

O título do livro constitui uma verdade, pois o futurismo já era passado quando começou a ser associado no Brasil a tudo o que era a nova estética nas artes e na literatura desde 1920. Mas os ataques que ele reúne — associando insistentemente as obras a uma produção de loucos (o que Lobato também fez na crítica de 1917, referindo-se às obras de arte) e a algo que causaria o riso e levaria a desopilar o fígado —, ainda que com espaço também para as réplicas e cartas de seus alvos, consistem, com poucas exceções, em análises tendenciosas e superficiais da produção do período.

Yan de Almeida Prado, que participou da Semana com desenhos e publicou ilustração em *Klaxon*, ao ser entrevistado pelo *Diário Carioca*, em 1952, lançou violentos ataques ao evento. De artista e elogiado romancista, ele passara a historiador, colecionador e detrator da Semana e do modernismo:

> [...] Eu era um rapaz de vinte anos de idade, portanto só pensava, dizia e fazia asneiras à procura de diversões numa cidade pouco divertida. Aquela iniciativa me pareceu muito própria ao fim e concorri ao certame com horríveis desenhos de Paim. [...]
>
> Foi, pois, com grande espanto que verifiquei a extrema importância atribuída à Semana pelos seus corifeus. Poetas, críticos, músicos do Rio e de São Paulo, engolfavam-se num movimento, que não distinguiam bem, mas supunham suscetível de lhes assegurar superioridade sobre os demais confrades não concorrentes. Das reuniões da Semana, deviam sair atestados de proeminência, assim sendo, enalteciam o Modernismo com M grande e atacavam o Passadismo sem poupar obras e nomes englobados em generalizações temerárias. [...]
>
> [...] A Semana se me afigurava cousa longínqua, participante de estroinices da mocidade, junto de recordações de cenas desagradáveis que assisti, decorrendo da inveja, intrigas e perfídias de alguns de seus compo-

nentes. Lá figuravam talentos autênticos e infelizmente zoilos venenosos, a espalhar peçonha e mau cheiro onde pudessem, fato impróprio em deixar recordações amenas.[89]

Apontou em Mário de Andrade "o pedantismo de que sempre padecera"; referiu-se a Villa-Lobos como "tocador de piano em cinemas de subúrbios, alvo da malquerença do meio musical"; afirmou que Graça Aranha padecia de "azedo antipaulistanismo" e mencionou um Espírito de Porco (provavelmente Oswald, o único nome não citado).

Embora tenha desqualificado o evento, não minimizou os resultados nesse momento: "Quanto aos resultados que deu a Semana é difícil para mim responder". E mais especificamente: "Trouxe mais a Semana de Arte Moderna realizada em São Paulo — e isto me parece indubitável, como diria René Thiollier — a vantagem de atualizar o Brasil, nem fosse por instantes, na evolução que em 1920 no mundo se processava".[90]

Por ocasião do cinquentenário da Semana, porém, Yan concedeu um depoimento em que a destruiu totalmente:

> A Semana de Arte Moderna pouca ou nenhuma ação desenvolveu no mundo das artes e da literatura. [...] rapidamente desvanecidos os sete dias hoje famosos, não fosse o interesse dos Andrades em mantê-los na lembrança do respeitável público. [...] A nossa atual situação nas letras e nas artes [...] nada deve à Semana, a qual não deveria ultrapassar, caso ocorresse em ambiente superior ao nosso, apenas certa cediça curiosidade, tão só útil a autores de escasso valor. Pensar-se de modo diverso, crer que a Semana descobriu gênios e influiu na evolução das artes e letras da Pauliceia e do Brasil, é imaginação de ingênuos ou cálculo de espertinhos.[91]

A crítica fulminante à Semana e aos modernistas teve continuidade em seu livro *A grande Semana de Arte Moderna*, publicado em 1976.

Nenhum outro evento artístico na América Latina rende uma bibliografia tão extensa nem entusiasmadas comemorações em publicações e em apresentações públicas a cada dez anos, chegando ao centenário com a mesma polêmica vitalidade, capaz de despertar as mesmas reações passionais para enaltecê-lo e detratá-lo.

BALANÇO DOS BALANÇOS

> [...] *a força dinâmica do movimento modernista brasileiro continua e continuará por muito tempo ainda atuando na história das artes no Brasil.*
>
> DI CAVALCANTI

Nos sucessivos balanços sobre a Semana de 1922 que acompanhamos ao longo das décadas, a apreciação feita por seus protagonistas oscila entre o entusiasmo, a minimização e a negação.

A análise da Semana não se desvincula da abordagem da produção artística que a sucedeu, marcada pela ruptura com o passado, a relação com as vanguardas europeias, a incorporação do elemento nacional e a proposta de novos temas e de novos elementos estéticos.

O *Diário Carioca* reuniu, em 1952, balanços contundentes por parte de vários integrantes da Semana: Anita Malfatti, Guilherme de Almeida, Renato Almeida, Yan de Almeida Prado, citado, além dos contemporâneos Sérgio Buarque de Holanda e Sérgio Milliet, entre outros. Destacam-se os de Di Cavalcanti e Manuel Bandeira, ambos figuras centrais entre os antecedentes e como participantes, e ainda na concepção, no caso do primeiro. Ele afirma:

> A partir da exposição de Anita Malfatti e das minhas, desde que se havia conseguido o prêmio de viagem a Brecheret, existia em São Paulo o grupo modernista. Deste grupo, não será exagero afirmar que o seu maior animador foi Oswald de Andrade — era o mais entusiasmado de todos e o que mais combatia. Mário de Andrade, Menotti Del Picchia, Guilherme de Almeida e ele foram os "quatro cavaleiros comandantes da cruzada".
>
> [...]
>
> A Semana foi a operação cirúrgica necessária à eclosão definitiva do modernismo brasileiro.[92]

Essa avaliação coincidiu com as palavras de Bandeira que, às vésperas do centenário, ganham um caráter visionário:

> Acho perfeitamente dispensável comemorar o trigésimo aniversário da Semana. Que esperem o centenário. Se no ano 2022 ainda se lembrarem disso, então sim.

[...]

[...] O movimento modernista marcou fundo a cultura brasileira. E marcou devido à sua vitalidade, à sua seiva: porque não movia os seus poetas uma mesquinha vontade de aparecer, antes pareciam eles instigados por uma força que estava no ar, uma necessidade de renovação que bulia em todos os departamentos da vida brasileira.[93]

Na mesma direção, Sérgio Milliet, nos anos 1940, fez uma das apreciações mais certeiras e lúcidas da Semana, cujas palavras continuam atualíssimas:

Ignorar a existência da Semana de Arte Moderna é tão infantil quanto absurdo dar-lhe importância excessiva. Esquecê-la é tão grave quanto tê-la sem cessar diante dos olhos. Emprestar-lhe sentido político reacionário ou esquerdista é não conhecer o que se passou na Europa de 1908 (época do Cubismo) até 1922; é embrulhar a cronologia toda das ocorrências internacionais, é esquecer a carreira multicor dos diversos grupos que precederam a nossa matança de acadêmicos e a nossa reconstrução do mundo artístico. O pior porém é esta pesquisa do indivíduo que "fez" a Semana. Os movimentos não são feitos por ninguém: nascem de circunstâncias favoráveis e se alguém os representa e caracteriza não é quem tem a ideia, mas quem melhor a exprime. Assim para 1922 o que importa é indagar quais os seus elementos representativos e qual a influência que tiveram.[94]

De alguma maneira, é essa indagação e algumas respostas a ela que é possível acompanhar nas memórias dos protagonistas do modernismo aqui apresentadas.

NOTAS

1. Oswald de Andrade, "Arte do Centenário". *Jornal do Commercio*, São Paulo, 16 maio 1920. A coleção do *Jornal do Commercio* consultada pertence à Biblioteca Mário de Andrade.
2. Menotti Del Picchia, "Na maré das reformas". *Correio Paulistano*, São Paulo, 24 jan. 1921. O *Correio Paulistano* está disponível na Hemeroteca Digital da Biblioteca Nacional: <http://bndigital.bn.br/acervo-digital/correio-paulistano/090972>. Acesso em: 12 nov. 2021.
3. Mário de Andrade, "Crônicas de Malazarte — VII". *América Brasileira*, Rio de Janeiro, pp. 144-5, abr. 1924. Reproduzida em *Brasil: 1º tempo modernista – 1917/29. Documentação.* Org. de Marta Rossetti Batista, Telê Porto Ancona Lopez e Yone Soares de Lima. São Paulo: IEB-USP, 1972, pp. 75; 74.
4. Id., ibid., pp. 74; 72; 74.
5. Oswald de Andrade, "O meu poeta futurista". *Jornal do Commercio*, São Paulo, 27 maio 1921; Mário de Andrade, "Mestres do passado I a VII". *Jornal do Commercio*, São Paulo, 2, 12, 15, 16, 20, 23 ago. e 10 set. 1921. A transcrição e abordagem dos artigos e seus desdobramentos estão em Mário da Silva Brito, *História do modernismo brasileiro: Antecedentes da Semana de Arte Moderna*. 6. ed. Rio de Janeiro: Civilização Brasileira, 1997, pp. 223-308. A análise exaustiva da relação do modernismo paulista com o futurismo está em Annateresa Fabris, *O futurismo paulista*. São Paulo: Edusp; Fapesp; Perspectiva, 1994; João Cezar de Castro Rocha, "O Brasil mítico de Marinetti". *Folha de S.Paulo*, São Paulo, 12 maio 2002.
6. Oswald de Andrade, "Questões de arte". *Jornal do Commercio*, São Paulo, 25 jul. 1921.
7. Id., "Paul Fort Príncipe". *Jornal do Commercio*, São Paulo, 9 jul. 1921.
8. Carta de Anita Malfatti a Tarsila do Amaral, datada de 14 de setembro de 1921. Manuscrito reproduzido em Aracy A. Amaral, *Tarsila: Sua obra e seu tempo*. 3. ed. rev. e ampl. São Paulo: Ed. 34; Edusp, 2003, p. 59.
9. Menotti Del Picchia, "Definições". *Correio Paulistano*, São Paulo, 2 ago. 1921.
10. Id., "Maravalhas (Futurismo sensacional)". *Correio Paulistano*, São Paulo, 16 nov. 1921.
11. "O almoço de ontem no Trianon". *Correio Paulistano*, São Paulo, 10 jan. 1921.
12. Mário de Andrade, "Crônicas de Malazarte — VII", op. cit., p. 74.
13. Cf. Aracy A. Amaral, *Artes plásticas na Semana de 22*. 5. ed. rev. e ampl. São Paulo: Ed. 34, 1998.
14. Cf. Gênese Andrade, "*Klaxon*: Uma revista gritante". In: Pedro Puntoni; Samuel Titan Jr. (Orgs.), *Klaxon. Revistas do modernismo 1922-1929*. São Paulo: Imesp; Biblioteca Brasiliana Guita e José Mindlin, 2014, pp. 11-37.
15. Mário de Andrade, "Crônicas de Malazarte — VII", op. cit., p. 72.
16. Cf. Marta Rossetti Batista, *Os artistas brasileiros na Escola de Paris: Anos 1920*. São Paulo: Ed. 34, 2012.

17. Menotti Del Picchia, "1922-1932: A revolta dos intelectuais". *Folha da Manhã*, São Paulo, 15 jan. 1932. In: *A "Semana" revolucionária*. Org. de Jacomo Mandatto. Campinas: Pontes, 1992, pp. 27; 28.
18. Id., ibid., pp. 28-9.
19. Id., ibid., p. 30.
20. Id., ibid.
21. Oswald de Andrade, "Objeto e fim da presente obra". In: *Serafim Ponte Grande*. São Paulo: Globo, 2007, p. 57.
22. Id., "Carta a Afrânio Zuccoloto". *Ritmo*, São Paulo, n. 1, nov. 1935. In: *Estética e política*. Org. de Maria Eugenia Boaventura. 2. ed. rev. e ampl. São Paulo: Globo, 2011, pp. 70-1.
23. Id., ibid., p. 72.
24. Id., ibid., p. 73.
25. Id., ibid., p. 71.
26. Silviano Santiago, *Nas malhas da letra: Ensaios*. Rio de Janeiro: Rocco, 2002, p. 141.
27. Oswald de Andrade, "O divisor das águas modernistas". *O Estado de S. Paulo*, São Paulo, set. 1937. Suplemento em Rotogravura. In: *Estética e política*, op. cit., pp. 78; 80.
28. Mário de Andrade, *O movimento modernista*. Rio de Janeiro: Casa do Estudante do Brasil, 1942.
29. Id., "O movimento modernista". In: *Aspectos da literatura brasileira*. 6. ed. Belo Horizonte: Itatiaia, 2002, p. 260.
30. Id., ibid., p. 253.
31. Id., ibid., p. 261.
32. Id., ibid., p. 266.
33. Id., ibid.
34. Id., ibid.
35. Id., ibid., p. 255.
36. Id., ibid., p. 254.
37. Id., ibid., pp. 277; 280.
38. Apud Silviano Santiago em *Carlos & Mário: Correspondência de Carlos Drummond de Andrade e Mário de Andrade*. Org. de Lélia Coelho Frota; pref. e notas de Carlos Drummond de Andrade e Silviano Santiago. Rio de Janeiro: Bem-Te-Vi, 2002, p. 472.
39. Mário de Andrade, *Cartas a Murilo Miranda: 1934/1945*. Rio de Janeiro: Nova Fronteira, 1981, p. 110.
40. Tarsila do Amaral, "O movimento modernista". *Diário de S. Paulo*, São Paulo, 6 set. 1942. In: *Crônicas e outros escritos de Tarsila do Amaral*. Org. de Laura Taddei Brandini. Campinas: Ed. da Unicamp, 2008, pp. 510-1.
41. Cf. *Correspondência Mário de Andrade & Tarsila do Amaral*. Org. de Aracy Amaral. São Paulo: Edusp; IEB-USP, 2001.

42. Sérgio Milliet, "12 dezembro 1944". In: *Diário crítico de Sérgio Milliet*. 2. ed. São Paulo: Martins; Edusp, 1981, v. II, p. 314.
43. Oswald de Andrade, "O caminho percorrido". *Diário de S. Paulo*, São Paulo, 23 e 30 jun. 1944. In: *Ponta de lança*. São Paulo: Globo, 2004, pp. 165-6.
44. Cf. Silviano Santiago, "A permanência do discurso da tradição no modernismo". In: *Nas malhas da letra*, op. cit., pp. 112; 121.
45. Oswald de Andrade, "O caminho percorrido", op. cit., pp. 162-3.
46. Id., ibid., p. 168.
47. Id., ibid., p. 165.
48. Id., ibid.
49. Silviano Santiago, "Sobre plataformas e testamentos". In: Oswald de Andrade, *Ponta de lança*, op. cit., p. 17.
50. Haroldo de Campos, "A recepção estética de Oswald de Andrade". In: Oswald de Andrade, *Obra incompleta*. Ed. crítica. Coord. de Jorge Schwartz. São Paulo: Edusp, 2021, tomo II, pp. 892; 893; 891. Col. Archivos.
51. Oswald de Andrade, "Informe sobre o modernismo". In: *Estética e política*, op. cit., pp. 147; 149.
52. Tânia Regina de Luca, "O inquérito da *Revista do Brasil* (1940) sobre os rumos da literatura brasileira". *Revista Territórios & Fronteiras*, Cuiabá, v. 9, n. 2, pp. 69; 71, jul./dez. 2016. Disponível em: <http://www.ppghis.com/territorios&fronteiras/index.php/v03n02/article/view/537/pdf>. Acesso em: 20 jun. 2021.
53. Mário de Andrade, "Inquérito da *Revista do Brasil* acerca das tendências atuais da literatura brasileira". *Revista do Brasil*, Rio de Janeiro, ano III, n. 22, pp. 107-8, abr. 1940. In: Mário de Andrade, *Entrevistas e depoimentos*. Org. de Telê Porto Ancona Lopez. São Paulo: T. A. Queiroz, 1983, p. 76.
54. Id., ibid., pp. 76-7.
55. Osório Nunes, "O modernismo morreu?". *Dom Casmurro*, Rio de Janeiro, 12 set. 1942. *Dom Casmurro* está disponível na Hemeroteca Digital da Biblioteca Nacional: <http://bndigital.bn.br/acervo-digital/dom-casmurro/095605>. Acesso em: 12 nov. 2021.
56. Id., "O modernismo morreu?". *Dom Casmurro*, Rio de Janeiro, 28 nov. 1942. In: Oswald de Andrade, *Os dentes do dragão*. Org. de Maria Eugenia Boaventura. 2. ed. rev. e ampl. São Paulo: Globo, 2009, p. 117.
57. Id., ibid., p. 119.
58. Id., ibid.
59. Id., "O modernismo morreu?". *Dom Casmurro*, Rio de Janeiro, 14 nov. 1942.
60. Mário de Andrade, "O movimento modernista", op. cit., p. 260.
61. Id., *Cartas a Murilo Miranda: 1934/1945*, op. cit., p. 105.
62. Anita Malfatti, "A chegada da arte moderna ao Brasil" [Conferência realizada na Pinacoteca do Estado, em 25 de outubro de 1951]. In: *Mestres do modernismo*. Coord. de Maria Alice Milliet. São Paulo: Imprensa Oficial; Fundação José e Paulina Nemirovsky; Pinacoteca do Estado, 2005, pp. 263; 269; 271; 274.

63. Menotti Del Picchia, “A ‘Semana’ revolucionária”. In: *A “Semana” revolucionária*, op. cit., pp. 33; 34.
64. Id., ibid., p. 33.
65. Id., ibid., p. 34.
66. Id., ibid., pp. 34-5.
67. Oswald de Andrade, “Telefonema. Do modernismo”. *Correio da Manhã*, Rio de Janeiro, 7 jun. 1952. In: *Telefonema*. Org. de Vera Maria Chalmers. 2. ed. aum. São Paulo: Globo, 2007, p. 537.
68. Mário Pedrosa, “Semana de Arte Moderna”. In: *Acadêmicos e modernos*. Org. de Otília Arantes. São Paulo: Edusp, 1998, pp. 135-52.
69. Heráclio Dias, “Oswald de Andrade explica por que a Semana de Arte Moderna aconteceu em São Paulo”. *Diário de Notícias*, Rio de Janeiro, 24 jan. 1954. In: *Os dentes do dragão*, op. cit., p. 352.
70. Id., ibid., p. 356.
71. Oswald de Andrade, “O modernismo”. In: *Estética e política*, op. cit., pp. 187-8.
72. Id., ibid., p. 190.
73. Id., ibid., p. 191.
74. Id., ibid., p. 196.
75. Homero Silveira, “A última entrevista”. *Diário de S. Paulo*, São Paulo, 21 nov. 1954. In: *Os dentes do dragão*, op. cit., p. 399.
76. Tarsila do Amaral, “A propósito da ‘Semana’”. *Diário de S. Paulo*, São Paulo, 29 jun. 1952. In: *Crônicas e outros escritos de Tarsila do Amaral*, op. cit., p. 701.
77. Apud Menotti Del Picchia, “Ainda a ‘Semana’”. *A Gazeta*, São Paulo, fev. 1962. In: *A “Semana” revolucionária*, op. cit., p. 70.
78. Id., ibid.
79. Menotti Del Picchia, “Oswald”. *A Gazeta*, São Paulo, 22 out. 1964. In: *A “Semana” revolucionária*, op. cit., pp. 89-90. Essa foi a razão pela qual não nos baseamos em seus livros de memórias, pois há informações inconsistentes.
80. Mário da Silva Brito, “Itinerário de Tarsila”. In: *Tarsila: 50 Anos de Pintura*. Rio de Janeiro: MAM-RJ, 1969. Reproduzido em Aracy A. Amaral, *Tarsila: Sua obra e seu tempo*, op. cit., p. 459.
81. Leo Gilson Ribeiro, “Tarsila do Amaral: A última entrevista”. *Veja*, São Paulo, 23 fev. 1972. Disponível em: <http://www.elfikurten.com.br/2016/04/tarsila-do-amaral-ultima-entrevista.html>. Acesso em: 20 jun. 2021.
82. Disponível em: <https://www.youtube.com/watch?v=4v-kG3RmAKM>. Acesso em: 20 jun. 2021.
83. Tarsila do Amaral, “Ainda a ‘Semana’”. *Diário de S. Paulo*, São Paulo, 28 jul. 1943. In: *Crônicas e outros escritos de Tarsila do Amaral*, op. cit., p. 539.
84. Menotti Del Picchia, “Como aconteceu a Semana de Arte Moderna”. In: *A “Semana” revolucionária*, op. cit., pp. 65-6.
85. Id., ibid., pp. 66-7.

86. Mário Guastini, *A hora futurista que passou e outros escritos*. Org. de Nelson Schapochnik. São Paulo: Boitempo, 2006, pp. 27; 31.
87. Id., ibid., pp. 35-6.
88. Monteiro Lobato, "A propósito da exposição Malfatti". *O Estado de S. Paulo*, São Paulo, 20 dez. 1917. Disponível em: <http://m.acervo.estadao.com.br/noticias/acervo,a-proposito-da-exposicao-malfatti--monteiro-lobato,13042,0.htm>. Acesso em: 20 jun. 2021.
89. Yan de Almeida Prado, "Talentos autênticos e zoilos venenosos participaram da Semana". *Diário Carioca*, Rio de Janeiro, 9 mar. 1952. O *Diário Carioca* está disponível na Hemeroteca Digital da Biblioteca Nacional: <http://hemerotecadigital.bn.br/acervo-digital/diario-carioca/093092>. Acesso em: 12 nov. 2021.
90. Id., ibid.
91. *Semana de 22: Antecedentes e Consequências*. Catálogo da exposição comemorativa do cinquentenário. São Paulo: Masp; Secretaria de Cultura, Esportes e Turismo, Conselho Estadual de Cultura, 1972, [s.p.].
92. "Di Cavalcanti conta como convidou Paulo Prado para fazer uma semana de escândalos". *Diário Carioca*, Rio de Janeiro, 3 fev. 1952.
93. "Bandeira está farto de falar e de ouvir falar em modernismo". *Diário Carioca*, Rio de Janeiro, 10 fev. 1952.
94. Sérgio Milliet, "4 julho 1943". In: *Diário crítico de Sérgio Milliet*. 2. ed. São Paulo: Martins; Edusp, 1981, v. 1, pp. 109-10.

MODERNISMO EM EXPOSIÇÃO: TARSILA, PORTINARI E QUATRO MOSTRAS

FABIO CYPRIANO

"A modernidade brasileira se lança com a filha de senhor de escravos vestindo Poiret", escreveu o curador Paulo Herkenhoff, ironizando a liderança de Tarsila do Amaral no modernismo nacional, em texto publicado no catálogo da mostra *Arte Brasileira na Coleção Fadel, da inquietação do moderno à autonomia da linguagem*, realizada no Centro Cultural Banco do Brasil do Rio de Janeiro e de São Paulo, em 2002 e 2003.

Exposições devem ser, de fato, ocasiões para rever narrativas oficiais da história da arte, seja analisando o contexto das obras produzidas ou apontando para inclusões de artistas às vezes apagados, entre outras possibilidades.

Tarsila, no entanto, é a face mais marcante do modernismo brasileiro, tanto do ponto de vista da crítica como do público e do mercado. Em 17 de dezembro de 2020, sua obra *A caipirinha* (1923) alcançou o recorde de venda de artista brasileira em leilão no país, com 57,5 milhões de reais (11,4 milhões de dólares). No exterior, outra tela de sua autoria, *A lua* (1928), foi vendida para o Museu de Arte Moderna de Nova York (MoMA), em 2019, por cerca de 20 milhões de dólares (valor aproximado de 100 milhões de reais), segundo o jornal *El País*,[1] estabelecendo aí o recorde de obras brasileiras. Telas da mexicana Frida Kahlo (1907-54), provavelmente a modernista latino-americana com maior repercussão internacional, chegam a valores próximos de 15 milhões de dólares, segundo a agência Reuters,[2] o que comprova a importância da brasileira em termos de mercado. Ainda para efeito de comparação, a modernista norte-americana Georgia O'Keeffe (1887-1986) teve seu recorde de venda, em 2014, com a pintura *Jimson weed/ White flower n. 1* (1932) por 44 milhões de dólares,[3] porém, nunca mais alcançou tal cifra.

A lua, aliás, foi adquirida pelo MoMA um ano após a retrospectiva *Tarsila do Amaral: Inventing Modern Art in Brazil*, realizada entre fevereiro e junho de 2018, com um conjunto significativo de 130 obras. A exposição — com curadoria de Luis Pérez-Oramas, Stephanie D'Alessandro e Karen Grimson — foi organizada em conjunto com o Art Institute Chicago, onde ficou em cartaz entre outubro de 2017 e janeiro de 2018.

Considerado um dos museus que mais agrega prestígio e com o poder de legitimar carreiras, o MoMA nunca dedicou espaço tão amplo a outro modernista brasileiro, com exceção de Candido Portinari (1903-62), em 1940.

Organizada a partir de um projeto de William R. Valentiner, diretor de The Detroit Institute of Arts, a exposição *Portinari of Brazil* foi vista no MoMA entre outubro e novembro de 1940, onze anos após sua fundação, e reuniu cerca de oitenta obras, entre pinturas, desenhos, estudos e gravuras, um reconhecimento em vida que Tarsila não alcançou. Naquela época, o MoMA comercializava obras expostas e dezoito delas[4] chegaram a ser vendidas, inclusive para o próprio museu. Portinari, aliás, foi o primeiro brasileiro a ter uma obra adquirida pelo MoMA, em 1939: a tela *Morro* (1933) foi escolhida por seu diretor, Alfred H. Barr, para participar da mostra *Art in Our Time*, que celebrou os dez anos da instituição. A importância dessa aquisição pode ser constatada em comparação com o próprio acervo do museu naquele ano, que possuía 271 pinturas.[5] Após a individual de Portinari no MoMA, outras doze obras foram adquiridas, seis delas litografias doadas pelo artista.

A presença de Portinari teve início nos Estados Unidos em 1935 de maneira triunfante: com a tela *Café*[6] (1935), ele recebeu a 2ª Menção Honrosa do Carnegie Institute, em Pittsburgh, em 1935.

A premiação é comentada por Florence Horn,[7] crítica de arte da revista *Fortune*, no catálogo do MoMA de 1940, em uma citação atribuída a Meyric Rodgers: "O Brasil está sendo resgatado da obscuridade por *Café*, de Portinari, que é um esforço eficaz em dizer algo com sabor distinto, sem estar baseado nos modelos de Paris".[8] Também impressionaram Horn os murais realizados pelo artista no prédio do Ministério da Educação, no Rio de Janeiro,[9] encomendados em 1938.

A Semana de Arte Moderna de 1922, no entanto, é citada pelo crítico Robert C. Smith, em outro texto do catálogo, como "o primeiro reconhecimento público da arte indígena e regional no Brasil",[10] uma leitura algo distorcida do evento, mas que reforça o que tanto Horn como o autor pretenderam apontar como original na obra de Portinari: o retratista de negros e mulatos. Para Smith, "diferentemente de Rivera[11] e os mexicanos, ele não possui uma mensagem didática social para expor... sem tocar em propaganda".

Atualmente, contudo, Portinari não chega perto dos valores de Tarsila — sua tela *Navio negreiro* foi vendida por 1,14 milhão de délares, em um leilão da Christie's de 2012 — e tampouco tem tido visibilidade em exposições, seja no Brasil ou no exterior. Em 2016, a pintura *Flautista* foi a leilão na galeria Canvas, em São Paulo, por um lance mínimo de 9 milhões de reais e, sem ter sido arrematada, seguia à disposição até o início de 2021, segundo seus proprietários.

Já Tarsila levou o Museu de Arte de São Paulo, o Masp, a recorde de público com a mostra *Tarsila Popular*, realizada entre abril e julho de 2019, com 120 obras, alcançando 402 850 visitantes, superando o recorde do museu com a mostra de Monet, em 1997, que chegou a 401 201 visitantes.[12]

Aqui se observa como são comuns reviravoltas nas narrativas da história da arte, que variam muito de acordo com o contexto. Nos anos 1940, Portinari se beneficiou por ser um dos criadores do imaginário nacionalista do Estado Novo de Getúlio Vargas, que durou de 1937 a 1945. Em 1939, obteve imensa visibilidade nos Estados Unidos graças à Feira Mundial de Nova York, onde o pavilhão brasileiro, projetado por Lucio Costa e Oscar Niemeyer, tinha três grandes pinturas do artista de Brodowski.

Portinari chegou a produzir, em 1938, um retrato a óleo de Vargas. Ao mesmo tempo, ele era muito respeitado por Mário de Andrade, que escreveu oito textos elogiosos sobre o pintor.

A afirmação de Portinari nos Estados Unidos também esteve relacionada a uma política de boa vizinhança na América Latina, inaugurada em 1940, com a criação do Office of the Coordinator of Inter-American Affairs (OCIAA), organismo do governo federal norte-americano ligado ao Conselho de Defesa Nacional, que teve à frente Nelson Rockefeller, filho de Abby Rockefeller, uma das criadoras do MoMA. Nelson acabou mantendo uma estratégia semelhante durante a Guerra Fria e foi um dos principais incentivadores da criação dos museus de arte moderna em São Paulo e no Rio de Janeiro, tendo doado obras para seus acervos.

A pecha oficialista de Portinari, no fim das contas, pode ser uma das razões da desvalorização de sua obra, ao contrário de Tarsila, que em vida nunca teve projeção significativa e apenas nas últimas décadas do século XX passou a representar a imagem do modernismo brasileiro. Ela chegou mesmo a ser desprezada quando um emissário

Pavilhão Brasileiro na Feira Mundial de Nova York, 1939.

do MoMA, ligado à OCIAA, Lincoln Kirsten, passou pelo Brasil, em 1941, selecionando obras para o museu, e não deu atenção ao seu trabalho, como consta em seu relatório:

> Mário de Andrade, o famoso poeta e musicólogo mulato que sofreu muito com Getúlio; Tarsila, a primeira esposa de Oswald de Andrade etc., compõem uma outra facção intelectual que, apesar de não ser amigável com a outra, são núcleos revolucionários agora, como eram para as revoluções de 1932 e 1937.[13]

Tarsila ganhou importância, nas últimas décadas, desde que o "Manifesto Antropófago", de 1928, foi resgatado pelo Tropicalismo e outros movimentos culturais nos anos 1960, e, mais recentemente, foi tematizado na 24ª Bienal de São Paulo, de 1998, com curadoria de Paulo Herkenhoff, em seu *Núcleo histórico: Antropofagia e Histórias de Canibalismos*. Com ampla repercussão internacional, a Bienal projetou Tarsila como figura central do modernismo brasileiro, especialmente por seu uso da cor: "Em relação ao trabalho de Tarsila, Herkenhoff destacou a cor local de suas expressões rústicas, selvagens, terrosas, melancólicas, silenciosas e estridentes".[14]

Não deixa de ser irônico, no entanto, que, ao organizar sua Bienal, Herkenhoff tenha escolhido como eixo uma temática ligada a uma artista "filha de senhor de escravos vestindo Poiret", em vez de Portinari, filho de modestos imigrantes italianos, sem conexão familiar com a elite local, que construiu sua obra retratando grupos marginalizados no país e sendo considerado um artista-operário.

Finalmente, ajudou também na projeção de Tarsila a venda do *Abaporu* (1928) [imagem n. 10] para o empresário argentino Eduardo Costantini, em um leilão na Sotheby's de Nova York, em maio de 1995, por 1,43 milhão de dólares, estabelecendo o primeiro recorde da artista no exterior. A emblemática tela está em exposição permanente no Museu de Arte Latino-americana de Buenos Aires, o Malba.

QUATRO EXPOSIÇÕES

Além de seus efeitos no mercado e na aceitação popular, as mostras são porém essenciais na construção das narrativas da história da arte, já que é esse campo que cria e destrói legitimidades, não só por conta da visibilidade, como pelo esforço teórico-conceitual que elas engendram. Recentemente, um campo de estudos mais sistemático para essas questões foi criado pela série de publicações *Exhibition Histories*, da editora Afterall, a mesma que se dedicou à 24ª Bienal de São Paulo e também tem buscado rever de forma crítica mostras importantes como a Bienal de Havana, de 1989, *Magiciens de La Terre*, organizada no Centro Pompidou, em 1989, ou *Live in Your Head: When Attitudes Become Form*, a antológica mostra de Harald Szeemann, de 1969.

Partindo de algumas ideias desenvolvidas nesses livros, vamos observar agora quatro mostras que buscaram rever o modernismo brasileiro de alguma forma: *Tradição e Ruptura: Síntese de arte e cultura brasileiras*, organizada pela Fundação Bienal de São Paulo, em 1984; *Mostra do Redescobrimento*, a megaexposição da Associação Brasil 500 anos de Artes Visuais, em 2000; *Da Antropofagia a Brasília: Brasil 1920-1950*, exibida no Museu de Arte Brasileira da Faap, em 2003, mas concebida para o IVAM — Institut Valencià d'Art Modern, em Valência, na Espanha, em 2000; e *Arte Brasileira na Coleção Fadel, da inquietação do moderno à autonomia da linguagem*, criada para o Centro Cultural Banco do Brasil, em 2002.

Essas exposições são bastante enciclopédicas, com dezenas de artistas e centenas de obras, que fazem leituras do modernismo em alguns contextos importantes, como *Tradição e Ruptura*, a primeira grande exposição de arte brasileira realizada após o fim da Ditadura Militar no Brasil, quando a Bienal de São Paulo já vinha reconquistando seu protagonismo na reflexão sobre arte a partir das mostras ousadas de Walter Zanini, à frente das edições de 1981 e 1983.

A crítica de arte Radha Abramo escreveu:

> O projeto *Tradição e Ruptura*, da Fundação Bienal de São Paulo, que se inaugura hoje, expressa uma ruptura conceitual nos objetivos programáticos da instituição, que se ocupou prioritariamente da produção cultural contemporânea de dois em dois anos. A ruptura está na ocupação do espaço da Bienal, somente usado até hoje bienalmente. O projeto põe fim a uma grande discussão de longa data, que criticou as discussões anteriores por não ocuparem o espaço do prédio com pesquisas culturais.[15]

A iniciativa foi de Roberto Muylaert, então presidente da Fundação Bienal de São Paulo, assistido na época por uma Comissão de Arte e Cultura. Fazia parte desse grupo o colecionador e especialista em arte sacra João Marino, coordenador-geral do projeto, dividido em cinco blocos: Pré-colonial e Descoberta; Séculos XVI a XVIII; Século XIX; Século XX — Modernismo; Contemporâneo. Os curadores do modernismo foram Ana Maria Belluzzo e Ivo Mesquita, mas, no catálogo da mostra, o texto sobre o tema, "A visão moderna", é assinado apenas por Belluzzo.

Nesse texto, a curadora já parte de um princípio poroso: "esta mostra é uma das histórias da arte brasileira, contada pelos artistas atuantes na primeira metade do século XX",[16] recusando-se, assim, a uma leitura definitiva e também trazendo um recorte temporal que não se atém à Semana de Arte Moderna, apesar de caracterizá-la como "o grito inicial da modernidade do Brasil".

Contrapondo-se aos esquemas rígidos do século XIX, Belluzzo aponta o modernismo como "o rompimento com a norma autoritária e unificadora da produção visual", momento marcado para "conquistar pela autonomia da arte os valores da linguagem". E enfatiza ainda que "o projeto modernista brasileiro configura-se na busca de um caráter nacional", o que, como se sabe, vai além da Semana de 22.

As exposições aqui abordadas serão analisadas principalmente a partir das informações contidas em seus catálogos, todos eles de ótima qualidade, como é o caso de *Tradição e Ruptura*, que traz imagens de 120 das 276 obras expostas e dados das 156 que não estão reproduzidas, estando disponível em formato digital no site[17] da instituição.

Um debate que costuma ser acalorado é sobre o início do modernismo: para alguns, o corte é a mostra de Anita Malfatti, de 1917. Não foi o que defendeu *Tradição e Ruptura*. Belluzzo selecionou também para a exposição obras de artistas com formação na Academia Imperial de Belas-Artes, como Belmiro de Almeida e Eliseu Visconti, que rompeu com a norma e se aproximou do impressionismo em pinturas como *Cura de sol*, de 1919, [imagem n. 15].

A partir daí, a mostra segue em uma seleção ampla e generosa, que inclui vasos de Visconti, mobiliário de Warchavchik e Tenreiro, ilustrações de J. Carlos e Belmonte, e uma grande seleção de gravuras, especialmente de Lívio Abramo e Oswaldo Goeldi, que representam um modernismo soturno diante das pinturas solares de Tarsila, entre elas o *Abaporu* [imagem n. 10], e de Di Cavalcanti, entre outros. Contudo, assim como na Semana de Arte Moderna, a exposição não incluiu fotografia e cinema, linguagens modernas por definição, que trouxeram, entre outras inovações, a possibilidade da reprodutibilidade, o que gerou o texto clássico de Walter Benjamin.

Porém, é preciso atentar que *Tradição e Ruptura* teve ainda três mostras paralelas dedicadas à Arquitetura, ao Desenho Industrial e à Fotografia, esta a cargo de Cristiano Mascaro e Thomaz Farkas, chamada *Autorretrato do Brasileiro — Cidade e Campo*, que, entretanto, não tratou da fotografia modernista.

Além de apresentar muitas obras de nomes incontornáveis como Di Cavalcanti, Cícero Dias, Portinari, Djanira, Pancetti, Guignard, Volpi e Lasar Segall, a seção modernista de *Tradição e Ruptura* buscou englobar artistas que não costumam estar nas narrativas oficiais, incluindo nomes como o peruano Percy Lau (1903-72), que se radicou em Olinda, em 1921, tornando-se um dos fundadores do Movimento de Arte Moderna do Recife, e viajou por todo o Brasil realizando desenhos a bico de pena. Os curadores incluíram ainda peças de cerâmica do pernambucano Mestre Vitalino (1909-63), estabelecendo aí um diálogo com a arte popular. Nesse sentido, é digna de nota a ausência de Heitor dos Prazeres (1898-1966), sambista e pintor negro, que encantou o emissário do MoMA, em 1942, e teve uma obra adquirida pelo museu norte-americano.

REDESCOBRIMENTO

Em outro contexto muito diferente, ocorreu a *Mostra do Redescobrimento*, em 2000. Naquele ano, a Fundação Bienal já havia passado por duas gestões (entre 1992 e 1996) do banqueiro Edemar Cid Ferreira, responsável por conferir a ela um caráter espetacular, fenômeno que Hal Foster define como "quando a indústria cultural penetrou o museu de arte".[18] É o momento em que a quantidade de público passa a ser importante nas definições das mostras dos museus e surge certo apelo sensacionalista, como a exposição paradigmática *The Art of Motorcycle*, que levou 2 milhões de visitantes ao Guggenheim de Nova York, em 1998, então sob a direção de Thomas Krens, o mesmo que criou as filiais do museu em Bilbao e Abu Dhabi, esta prevista para ser inaugurada em 2022, e tentou, sem sucesso, viabilizar uma no Brasil, aliado a Ferreira.

No caso da Bienal de São Paulo, o banqueiro introduziu em suas edições da mostra, a cargo do curador Nelson Aguilar, as Salas Especiais de artistas renomados, como Picasso, Munch e Andy Warhol — na Bienal de 1996 — e Diego Rivera, Rauschenberg e Mondrian — na de 1994 —, a rigor, artistas que participaram das primeiras edições da mostra, quando eram contemporâneos de seu tempo. No caso de

Picasso, ele havia participado de outras edições, especialmente da 2ª Bienal, de 1953, quando teve nada menos que 74 obras exibidas, escolhidas em diálogo com o artista, entre as quais sua obra-prima *Guernica*, o que seria impossível atualmente, não só pelos custos de seguro, mas porque a pintura não sai mais da Espanha.

Com isso, Ferreira transformou os objetivos do próprio conceito da Bienal, cuja missão essencial sempre foi ser a vitrine da produção do momento, e passou a dar destaque a artistas que já estão na história da arte em definitivo, tudo isso em busca de público. Ambicioso, o banqueiro deixou a direção da Bienal para criar a *Mostra do Redescobrimento*, prevista para o ano 2000, por meio da Associação Brasil 500 anos de Artes Visuais, uma instituição que usou do renome da Bienal e ocupou boa parte do parque Ibirapuera. O título já traz um conceito arcaico, uma vez que o evento foi criado para celebrar os quinhentos anos do "descobrimento" do Brasil, ideia que vem sendo revista pela historiografia.

A *Mostra do Redescobrimento* foi superlativa: totalizou 60 mil metros quadrados, ocupando quatro edifícios (Pavilhão da Bienal, Oca, Museu Afro e uma construção temporária, o Cinecaverna); exibiu 15 mil obras em treze módulos — da pré-história brasileira ao contemporâneo; custou na época 40 milhões de reais — em valores atuais, cerca de 120 milhões de reais; teve 1,88 milhão de visitantes. Realizada entre 23 de abril e 10 de setembro, partes da exposição ainda circularam por outras capitais do Brasil e nove cidades do exterior, incluindo o Museu Guggenheim, de Nova York, em 2002.

O caráter espetacular da mostra se deu não só pela monumentalidade, mas porque alguns módulos possuíam cenografias criadas por profissionais do teatro, como Daniela Thomas, Bia Lessa, Naum Alves de Souza e Paulo Pederneiras. A mais polêmica foi a realizada por Lessa para a arte barroca, composta por ambientes imersivos, com troncos de árvores cenográficas ou tapetes de flores de papel, que competiam com as obras expostas [imagem n. 16].

Os módulos de Arte Moderna e de Arte Contemporânea ficaram a cargo dos arquitetos Paulo Mendes da Rocha, Guilherme Wisnik e Martin Corullón, que organizaram uma cenografia bastante discreta, com paredes acinzentadas comuns a ambas as seções. "O mito da neblina. O universo e a vida são criados na neblina. Aqui temos um recomeço", escreveu Rodolfo Konder[19] — que na época era secretário de Cultura da cidade de São Paulo, na gestão Celso Pitta —, no texto do catálogo que reproduz as instalações da mostra.

A curadoria do módulo de Arte Moderna ficou a cargo de Nelson Aguilar, também organizador geral da exposição, inspirada, segundo ele,[20] no Museu das Origens, proposta de Mário Pedrosa.[21] Com 171 obras de 45 artistas, foi bastante convencional em sua organização, apresentando apenas pinturas e esculturas, sem abarcar fotografia, cinema ou mobiliário, entre outras possibilidades.

Assim como em *Tradição e Ruptura*, o modernismo da *Mostra do Redescobrimento* é visto já em obras dos acadêmicos "modernistas" Belmiro de Almeida e Eliseu Visconti, e, no texto do catálogo, Aguilar questiona a exposição de Anita Malfatti, em 1917, como o surgimento do modernismo: "partilhar desse ponto de vista significa reiterar o dogma dos companheiros de Mário de Andrade". Ele aponta, como exemplo dessa visão, a pintura *Maternidade em círculos* [imagem n. 17], de Belmiro de Almeida, de 1908, como um dos "primeiros exemplares do futurismo entre nós".

Aguilar amplia a narrativa do modernismo no Brasil, de fato, ao apresentar uma série de doze ilustrações de Henrique Alvim Correia (1876-1910) para o livro *A guerra dos mundos*, de H. G. Wells, realizadas em 1903, como um dos "primeiros desenhos de ficção científica do século".[22] A série completa reúne 132 desenhos, dos quais 32 foram inseridos em uma publicação belga do livro, editada em 1906, quando o artista já estava radicado na Europa. Dentre as escolhas do módulo, é a única que de fato escapa dos nomes mais recorrentes.

De resto, a mostra segue com artistas incontornáveis, caso de Anita Malfatti, com várias obras da polêmica exposição de 1917, como *O homem amarelo*, e Tarsila do Amaral, com *Antropofagia*, até os construtivos do limiar do modernismo, como Amilcar de Castro e Ivan Serpa. Portinari participa com *Café*, de 1935, a pintura que ganhou menção em Pittsburgh, no mesmo ano.

Quem tem uma participação que pode ser considerada um tanto exagerada é Alfredo Volpi (1896-1988), com 25 pinturas, presença bem desproporcional em relação aos demais selecionados. Sem querer reduzir a importância de sua poética, Volpi é um artista com uma história peculiar no mercado de arte, já que vendia suas obras diretamente no ateliê, em geral a um grupo pequeno de colecionadores que disputavam a compra da maior parte delas. Esse grupo criou o Instituto Volpi, que conseguiu eliminar os herdeiros do artista como administradores do espólio e faz ações pela valorização de sua obra com publicações e evitando a venda de obras falsas. Essas medidas e mais a imensa produção do artista fazem com que seu mercado seja muito ativo, apesar de sua circulação e prestígio internacionais serem ínfimos.

DA ANTROPOFAGIA A BRASÍLIA

Também em 2000, outra grande exposição se debruçou sobre o modernismo brasileiro: esta, porém, teve início na Espanha, no IVAM, o Instituto Valenciano de Arte Moderna, com curadoria-geral de Jorge Schwartz, dessa vez com um recorte mais preciso. *Brasil: 1920-1950. Da Antropofagia a Brasília* ficou em cartaz de outubro de 2000 a janeiro de 2001, em Valência, e, de novembro de 2002 a março 2003, foi exibida em São Paulo, no Museu de Arte Brasileira da Faap.

Segundo Schwartz, no catálogo da versão brasileira da mostra, a exposição representou "uma tentativa de retomar o espírito pluriartístico da Semana de 22".[23] Nesse caso, mesmo que a inspiração original não tenha incluído fotografia e cinema, essas áreas ganharam merecida presença na mostra, já que tiveram uma produção importante no período. Com isso, a exposição se dividiu em sete módulos, cada um com curadoria distinta, a não ser os dois primeiros aqui listados, a cargo de Schwartz: Literatura, Fotografia, Artes Plásticas (Annateresa Fabris), Cinema (Jean-Claude Bernardet), Música (José Miguel Wisnik), Presenças Estrangeiras (Carlos Augusto Calil) e, finalmente, Arquitetura e Urbanismo (Carlos A. Ferreira Martins).

Com cerca de setecentas obras de 144 artistas, de pinturas a partituras, de livros a filmes, os quase quarenta anos que a exposição abarca permitiram um olhar mais aprofundado para o que se pode considerar a produção modernista mais inovadora e com ênfase na reflexão sobre a cultura brasileira, o que, como se sabe, não era central na Semana de 22. Sem a necessidade de apontar para artistas que copiavam os estilos europeus sem ainda uma contribuição própria, a mostra trouxe, no entanto, o desenho *Antropófago*, de Vicente do Rego Monteiro, de 1921, que antecipa em sete anos o "Manifesto Antropófago", de Oswald de Andrade.

Ao se concentrar na produção mais arrojada, acabou dando destaque a Flávio de Carvalho (1899-1973), que não foi visto com a atenção merecida em *Tradição e Ruptura* e na *Mostra do Redescobrimento*. A produção do artista se divide em três áreas da mostra — artes plásticas, literatura e arquitetura —, apontando para um caráter multidisciplinar e transgressor.

Já em suas pinturas expostas, se percebe essa atitude: *Viaduto Santa Ifigênia* (1934), *Retrato do poeta Ungaretti* (1941) e *Paisagem mental* (1955) são trabalhos muito distintos, que atestam sua versatilidade e sintonia com o presente. Mas é no módulo dedicado à literatura que estão suas obras mais radicais: a "Experiência n. 2", a famosa protoperformance, quando ele, de chapéu, atravessou uma procissão no contrafluxo e quase foi linchado, em 1931, que se transformou em livro; e o traje "New look", a roupa para o *Novo homem dos Trópicos*, de 1956, um conjunto de saia com camisa bufante, que ele próprio desfilou na cidade, em outra ação performática. Também nesse módulo, se vê um de seus projetos arquitetônicos, como o *Farol de Colombo*, de 1931.

Aqui se percebe como a visão interdisciplinar da mostra deu a Carvalho um posicionamento mais adequado. Artista com produção restrita, ele é uma espécie de antítese de Volpi: sem especial atenção do mercado, mas com prestígio em curadorias. Sua presença vem sendo cada vez mais sentida no Brasil, desde 1983, quando foi tema de uma sala especial na 17ª Bienal de São Paulo, organizada por Walter Zanini, enquanto no exterior tem sido tema de mostras: na Espanha, em 2010, *Desvíos de la deriva*,[24] e na Alemanha, em 2020, a inspiração para a 2ª Bienal de Berlim.[25]

De qualquer forma, a visibilidade de Flávio Carvalho em *Da Antropofagia a Brasília* é reflexo da aposta na diversidade de linguagens.

Como afirma Annateresa Fabris, no texto do catálogo, "uma vez que o modernismo foi um evento multidisciplinar, as análises atuais devem se pautar por um enfoque múltiplo".[26] Curadora da seção de artes plásticas, ela selecionou 114 obras, que partem de trabalhos de Anita Malfatti e Victor Brecheret, a quem ela aponta como o símbolo dos modernistas, antes de 1922, por sua "linguagem eclética de escultor, na qual coexistem sem choque a poética do não acabado de Rodin, uma certa elegância de derivação art nouveau [...] e registros naturalistas". Aí começaria a "revolução modernista", um dos três momentos históricos no país, que segue com a "virada socializante" e, finalmente, a "linguagem abstrata construtiva", um percurso recorrente nas três mostras até agora observadas. Nesse roteiro, não há artistas na exposição que já não estejam incluídos nas narrativas hegemônicas do modernismo nacional.

Mas o essencial é perceber como *Da Antropofagia a Brasília* apostou em uma contextualização ampla, que não privilegiou as artes plásticas, como as outras mostras; afinal, de setecentas obras em exposição, esse recorte não alcançou 20% do total, possibilitando a criação de muitos diálogos entre cada área.

COLEÇÃO FADEL

Enquanto as três mostras até agora observadas tiveram um caráter abrangente e foram organizadas a partir de dezenas de coleções, *Arte Brasileira na Coleção Fadel, da inquietação do moderno à autonomia da linguagem*, a última a ser vista aqui neste texto, é feita a partir de um acervo particular. A escolha desta se deve especialmente ao catálogo recheado de textos ácidos e polêmicos do curador da mostra e da própria coleção, Paulo Herkenhoff.

Realizada no Centro Cultural Banco do Brasil do Rio de Janeiro, de fevereiro a abril de 2002, e no de São Paulo, de novembro de 2002 a janeiro de 2003, a exposição reuniu cerca de duzentas obras da coleção do casal de advogados cariocas Sergio e Hecilda Fadel, ele falecido em 2017.[27] Segundo Herkenhoff, a coleção "desenhou um singular arco que significa quatro séculos de história — nenhum acervo público ou privado poderia exibir igual percurso simbólico da arte brasileira".[28] Para ilustrar a abrangência, ele cita de Aleijadinho e Gillis Peeters, autor da *Vista panorâmica de Recife com frota holandesa fundeada no porto*, de 1640, às obras experimentais exibidas no MAM dos anos 1970.

A partir daí, o texto da Introdução no catálogo se converte em uma série de críticas com dois alvos em especial: o questionamento da Semana de 22 como marco inicial do modernismo no país e a busca por desvincular de Anita Malfatti a imagem de figura injustiçada por conta das críticas de Monteiro Lobato, em sua mostra de 1917, além de rever a originalidade atribuída à artista: "O expressionismo de Malfatti não é qualitativamente superior ao impressionismo de Castagneto a Visconti".

Herkenhoff, assim, propõe uma revisão da história da arte moderna do Brasil que "se fez como escritura 'hagiográfica' e moralista, onde há mártires (Malfatti) e a satanização reducionista do Rio de Janeiro (a cidade boêmia, o Mangue, a nudez do carioca). Há muita laudação onde faltou expor contradições e pensamento dialético".[29] O curador não indica as fontes de suas críticas, mas acaba reconhecendo que existe uma revisão em curso e cita como exemplo a *Mostra do Redescobrimento*, que incluiu tanto os "impressionistas" da Academia de Belas-Artes, no Rio de Janeiro, como as ilustrações de Henrique Alvim Correia.

Ele dedica os dois primeiros dos dezesseis ensaios do catálogo a embasar melhor sua posição sobre a Semana de 22 e Malfatti. Em "O moderno antes do modernismo oficial", Herkenhoff se volta a defender como o Rio de Janeiro do início do século XX já possuía "o *spleen* baudelairiano de modernidade", contrapondo-o a São Paulo como "o meio promíscuo entre desejo modernista e conservadorismo". Em seu ataque a Malfatti, ele força um pouco a mão, é preciso reconhecer, acusando a artista de dizer falsamente que havia estudado em Berlim com um professor expressionista, Lovis Corinth, considerando-o apenas impressionista, "a menos que a história alemã esteja errada", escreveu. Contudo, de acordo com o historiador alemão Ingo F. Walther, Corinth foi impressionista até 1911, quando, após um problema de saúde, passou a mudar seu estilo e "aproximar-se do expressionismo",[30] justo na época em que deu aulas para Malfatti. Quando da mostra, em 2002, publiquei um texto na *Folha de S.Paulo*[31] sobre as polêmicas do catálogo e confrontei Herkenhoff sobre essa versão. Sua resposta: "Corinth era um impressionista. Seu expressionismo era mais psicológico, e Anita não tinha maturidade para ser expressionista". No ensaio do catálogo, ele conclui de maneira mais enfática: "Era impossível ser pintor moderno em São Paulo [...] nossa 'independência' da Academia simbolizada por Malfatti tem a ingenuidade do 'grito do Ipiranga' e a 'força moral épica' de D. Pedro II. Chegamos a 1922 como em 1822".

No ensaio seguinte, "1922, um ano sem arte moderna", o curador se volta a apontar as falhas da Semana, como a ausência das linguagens mais modernas de fato, caso da fotografia e do cinema, e, na música, do samba, mas especialmente a falta de obras novas de Malfatti: "Em 1922, Malfatti tanto seria a mártir involuntária do Modernismo como uma espécie de índice da impossibilidade de ser moderna em sua terra".[32]

O caráter polemista do catálogo não se expandiu para a mostra em si, que não abordou apenas o modernismo, pois exibiu também contemporâneos, como Hélio Oiticica, com uma série de vinte guaches, entre outros trabalhos. Mas o hall de entrada da sede paulista deu destaque a Alberto da Veiga Guignard, que, com doze obras, foi o artista com maior presença. Poético, especialmente em suas paisagens imaginárias, Guignard não costuma ter a visibilidade dos modernistas mais reconhecidos, mas o foco em um artista destacado por retratar Minas Gerais evitou o debate Rio versus São Paulo do catálogo, ao menos quando da exposição na capital paulista.

A coleção exposta, no entanto, abarcou o modernismo brasileiro de forma bastante ampla, não muito distinta, aliás, das primeiras duas exposições analisadas que, inclusive, serviram de fonte para o que foi exibido no CCBB. *Maternidade em círculos*, de Belmiro de Almeida, que estava no *Redescobrimento*, por exemplo, é um dos exemplos do arrojo do modernismo carioca. E Tarsila do Amaral é vista em um conjunto com seis obras bastante representativas, entre elas: *Nu cubista* (1923), *Morro da Favela* (1924) [imagem n. 18], e *O lago* (1928). A exposição não traz visualmente novas contribuições à história da arte moderna brasileira, em comparação com as demais mostras aqui observadas.

Mas, certamente, é possível dar vários passos além da polêmica São Paulo versus Rio de Janeiro. Por conta dos cem anos da Semana de 22, em 2022, espera-se que outras exposições contribuam para aprofundar o debate sobre o modernismo no país. A efeméride certamente não irá passar em branco, e como há novas questões e demandas para a história da arte, em especial aquelas relacionadas à inclusão da produção negra, feminina e indígena, o momento de celebração pode ser também de reparação.

NOTAS

1. Disponível em: <https://brasil.elpais.com/brasil/2019/02/27/cultura/1551291870_688892.html>. Acesso em: 17 jan. 2021.
2. Disponível em: <https://www.reuters.com/article/us-art-auction-kahlo/frida-kahlo-painting-unseen-for-60-years-sells-for-1-81-million-idUSKBN13I2E7>. Acesso em: 17 jan. 2021.
3. Disponível em: <https://www.artmarketmonitor.com/2020/03/09/sothebys-okeeffe-stieglitz-auction/>. Acesso em: 30 jan. 2021.
4. Danielle Misura Nastari, *A gênese da coleção de arte brasileira do MoMA: A década de 1940, Portinari e artistas seguintes*. São Paulo: Programa de Pós-Graduação Interunidades em Estética e História da Arte-USP, 2016, p. 122. Dissertação (Mestrado em Estética e História da Arte).
5. Id., ibid., p. 47.
6. A data de realização da obra, que pertence ao Museu Nacional de Belas-Artes, também costuma aparecer como 1933, mas aqui se segue o que consta no site oficial do artista, disponível em: <portinari.org.br>. Acesso em: 30 jan. 2021.
7. A crítica de arte, que teve um retrato pintado por Portinari em 1940, esteve no Brasil, por cerca de três meses, para escrever o texto. (Danielle Misura Nastari, *A gênese da coleção de arte brasileira do MoMA*, op. cit., p. 88.)
8. No original: “Brazil is being rescued from obscurity by Portinari’s *Coffee*, which is a satisfactory effort to say something with distinct flavor not based on Paris models” (tradução nossa).
9. O edifício foi abordado em outra mostra no MoMA, em 1943, *Brazil Builds: Architecture New and Old, 1652-1942*, sobre arquitetura brasileira, organizada por Philip L. Goodwin, com farta documentação fotográfica realizada por G. E. Kidder Smith. O catálogo também está disponível no site do museu.
10. No original: “the first public recognition of indigenous and regional art in Brazil” (tradução nossa).
11. O mexicano Diego Rivera (1886-1957) foi o primeiro latino-americano a ter uma ampla retrospectiva no MoMA, em 1931, mas, durante a Guerra Fria, passou a representar a antítese do expressionismo abstrato, a estética defendida por Clement Greenberg, que se tornou a corrente hegemônica nos Estados Unidos.
12. Disponível em: <https://veja.abril.com.br/cultura/tarsila-popular-bate-recorde-de-visitacao-e-leva-mais-de-400-mil-ao-masp/>. Acesso em: 17 jan. 2021.
13. Danielle Misura Nastari, *A gênese da coleção de arte brasileira do MoMA*, op. cit., p. 181.
14. Lisette Lagnado; Pablo Lafuente (Orgs.), *Cultural Anthropophagy: The 24th Bienal de São Paulo 1998*. Londres: Afterall Books, 2015, p. 22 (tradução nossa).
15. Radha Abramo, “A ruptura de uma antiga tradição”. *Folha de S.Paulo*, São Paulo, 19 nov. 1984. Acontece, p. 28.

16. João Marino (Org.), *Tradição e Ruptura: Síntese de arte e cultura brasileiras*. São Paulo: Fundação Bienal de São Paulo, 1984, p. 181.
17. Disponível em: <http://www.bienal.org.br/publicacoes>. Acesso em: 17 jan. 2021.
18. Hal Foster, *O que vem depois da farsa?*. São Paulo: ubu, 2020, p. 82.
19. Rodolfo Konder (textos), *Brasil + 500: Mostra do Redescobrimento*. São Paulo: Fundação Bienal de São Paulo; Associação Brasil 500 anos de Artes Visuais, 2000, p. 150.
20. Em entrevista à *Folha de S.Paulo*. Disponível em: <https://www1.folha.uol.com.br/fsp/ilustrad/fq2412199926.htm>. Acesso em: 30 jan. 2021.
21. O Museu das Origens foi uma proposta para recriação do Museu de Arte Moderna do Rio de Janeiro, após o incêndio de 1978, que destruiu boa parte de seu acervo; propunha ampliar a temática da instituição para cinco seções: Museu do Índio, Museu de Arte Virgem (do Inconsciente), Museu de Arte Moderna, Museu do Negro e Museu de Arte Popular.
22. Nelson Aguilar (Org.), *Mostra do Redescobrimento: Arte Moderna*. São Paulo: Fundação Bienal de São Paulo; Associação Brasil 500 anos de Artes Visuais, 2000, p. 35.
23. Jorge Schwartz (Org.), *Da Antropofagia a Brasília: Brasil 1920-1950*. São Paulo: MAB-Faap; Cosac Naify, 2002, p. 11.
24. Com curadoria de Lisette Lagnado, a mostra foi realizada no Museo Nacional Centro de Arte Reina Sofía, em Madri.
25. Com curadoria de María Berríos, Renata Cervetto, Lisette Lagnado e Agustín Pérez-Rubio.
26. Jorge Schwartz (Org.), *Da Antropofagia a Brasília: Brasil 1920-1950*, op. cit., p. 43.
27. Em 2019, a filha do casal, Marta Fadel Lobão, foi envolvida em um dos desdobramentos da Operação Lava Jato, na operação Galeria, pois seu escritório de advocacia teria recebido "propina em espécie, ao menos entre 2008 e 2014", segundo matéria do jornal *A Tarde*. Disponível em: <https://atarde.uol.com.br/politica/noticias/2091243-operacao-galeria-e-aula-de-lavagem-de-dinheiro-diz-delegado-da-pf>. Acesso em: 17 jan. 2021.
28. Paulo Herkenhoff, *Arte Brasileira na Coleção Fadel, da inquietação do moderno à autonomia da linguagem*. Rio de Janeiro: Andrea Jakobsson Estúdio Editorial Ltda., 2002, p. 17.
29. Id., ibid., p. 20.
30. Ingo. F. Walther (Org.), *Kunst des 20. Jahrhunderts*. Colônia: Taschen, 2000, p. 52.
31. Disponível em: <https://www1.folha.uol.com.br/fsp/ilustrad/fq2011200206.htm>. Acesso em: 17 jan. 2021.
32. Paulo Herkenhoff, *Arte Brasileira na Coleção Fadel*, op. cit., p. 44.

REPRESENTAÇÃO, REPRESENTATIVIDADE E NECROPOLÍTICA NAS ARTES VISUAIS

RENATA APARECIDA FELINTO DOS SANTOS

Durante algum tempo, a obra *A negra* (1923), de Tarsila do Amaral, foi uma forte referência do que temos chamado de "representatividade" em relação à mulher negra. Evidentemente, esse entendimento é absolutamente errôneo e nos diz acerca da parca "representatividade" em relação às mulheres negras, seja como representadas, seja como "representadoras". Abordar essa tela ícone do modernismo brasileiro a partir dessa percepção denota nossas múltiplas falhas na compreensão dos conceitos de "representatividade" e de "representação", que, apesar dos radicais comuns, possuem acepções distintas.

Ao referendar essa pintura de Tarsila do Amaral como uma espécie de "elogio à mulher negra", procedimento comum nas salas de aula de educação formal do nível infantil ao universitário, confunde-se representatividade com representação. A palavra "representatividade", tão utilizada a partir do avanço das conscientizações de grupos sociais e étnico-raciais historicamente marginalizados — considerando, para tanto, a celeridade das discussões concebidas via internet —, neste caso, não é representativa de identidades de mulheres negras. Sobretudo, porque é construída a partir da perspectiva de uma mulher branca, com ênfase em sua vivência com mulheres negras em sua tenra idade, mulheres estas situadas no lugar de servidão.

A negra [imagem n. 9] consiste em uma representação de uma mulher negra que evoca memórias de infância da artista Tarsila do Amaral. Memórias certamente adocicadas pelas fantasias próprias desse universo pueril e, portanto, destituídas de qualquer análise crítica acerca dos lugares que ocupavam na sociedade brasileira as mulheres negras que serviram à família Amaral e as mulheres brancas que por aquelas outras eram servidas.

Desse modo, *A negra*, uma representação de mulher negra, suscita discrepâncias no acionamento dos conceitos de representatividade e de representação das mulheres negras, a tal ponto que não deveria ter sido convertida em um símbolo de representatividade desse grupo social e étnico-racial da forma como, por muito tempo, foi e ainda é apresentada e interpretada. Nesse quesito, há marcadores que são determinantes das relações entre mulheres negras e mulheres brancas, que compõem uma amostra, em dimensões micro, da sociedade paulistana daquela época, considerando as lentas modificações no que tange aos lugares que essas mulheres ocupam no imaginário brasileiro e na realidade social.

Essa tela, sendo das mais conhecidas do período modernista devido ao fato de sua autora ter sido, ano após ano, alçada ao posto de grande representante dessa corrente artística, motiva esta leitura que expressa a angústia gerada pelo vácuo de representatividade, superposta às camadas de violências que lhe são inerentes e que ficam, portanto, subjacentes. É tamanha e tão constrangedora a forma como nossa sociedade tratou e trata as mulheres negras que essa representação da mulher negra brutalizada e perdida em um ambiente supostamente natural, ou seja, realocada num estado idílico que remete ao conceito de "bom selvagem" de Jean-Jacques Rousseau, foi alçada ao status de ícone de representatividade. Neste caso, boa selvagem.

A mulher negra representada pela mulher branca de família de cafeicultores é a funcionária sem nome e sem sobrenome dos Amaral, confirmando os apagamentos de identidades de pessoas negras apontados por Lélia Gonzalez. Tarsila do Amaral afirmava que a recordação das presenças dessas mulheres eram "memórias recorrentes",[1] ela não se lembrava de como identificar essa pessoa que, provavelmente, a banhou, a alimentou, a ninou.

E é a partir dessa realidade do povo negrodescendente no pós-abolição que abordaremos o modernismo como acontecimento considerado de atualização dos cânones artísticos praticados no Brasil e implantados pela Academia Imperial de Belas-Artes, convertida em Escola Nacional de Belas-Artes em 1889. Concomitantemente, discutiremos as dimensões idílica e delirante a partir das quais a população afrodescendente é representada por artistas brancos e brancas, o que, ao mesmo tempo que visibiliza a população negra em pinturas e esculturas, invisibiliza todos os desafios enfrentados no intercurso do banimento da escravatura ao alvorecer da industrialização brasileira.

Ou seja, paralelamente ao protagonismo paulista e brancocêntrico no advento da Semana de Arte Moderna de 1922, constatamos que o negro como um tema reincidente desse pequeno grupo de artistas também revela a alienação destes quanto às realidades da população

Ao lado: Álbum de viagem de Tarsila do Amaral, em que, dentre outros papéis, consta a fotografia da mulher negra (abaixo à esq.) sem nome nem sobrenome, referência para a concepção da pintura A negra, 1923. *Abaixo à dir.: Família Amaral na Fazenda Santa Teresa do Alto, em companhia de uma das mulheres negras que, muito provavelmente, foi babá da artista.*

afrodescendente, em um contexto de nivelamento criminoso das oportunidades. Posteriormente, essa falsa equidade étnico-racial e socioeconômica entre os diferentes estratos da população brasileira é reiterada por intelectuais como Gilberto Freyre, que apazigua as tensões históricas entre brancos e pretos decorrentes do processo de escravização, buscando reiterar seu entendimento pessoal acerca desse convívio, considerando suas memórias de infância.

É curioso como as experiências pessoais de uma mulher branca e de um homem branco a respeito das relações entre grupos de brancos e negros em convívio, sendo este orientado pelo contato alicerçado no mundo do trabalho, são testemunhos poderosos de como o povo brasileiro, de modo geral, ainda percebe por um caráter personalista a existência do racismo, sempre tendo como parâmetro sua própria rede de relações. A ausência tanto de uma autocrítica como de um exercício de ampliação da observância da ação do racismo para além das zonas de segurança e de familiaridade está presente nas produções que representam a população negra brasileira a partir das lentes subjetivas de cada artista branco e branca pertencente às elites e que são considerados intérpretes do Brasil tendo como instrumento de inscrição as artes visuais.

Tarsila e Gilberto sintetizam as relações étnico-raciais no Brasil na percepção das pessoas brancas que têm como reguladores seus modos de vida e as relações a que assistiram e que vivenciaram durante a infância, e essa síntese exclui inúmeras questões não problematizadas, subtraídas do debate da representação da pessoa negra, como abordamos neste texto em especial.

Parte dos trabalhos produzidos e que estão alinhados à escola modernista do Brasil, a partir dos cânones revistos e com as incorporações estéticas, técnicas e conceituais transferidas das vanguardas europeias, é determinante na construção de um imaginário distorcido sobre as populações não brancas, especialmente a negradescendente. Esse imaginário permanece resistente nas mentalidades das classes médias do Brasil, as quais, em realidade, reforçam fantasias graves sobre as pessoas negras, pois se refletem de forma violenta nas relações sociais em todas as suas instâncias, do mundo do trabalho ao da afetividade. Consequentemente, influenciam também na maneira como mulheres negradescendentes são tratadas e referidas. Portanto, entendemos a partir desses apontamentos a naturalização com a qual tratamos a negra nua da tela de Tarsila.

Ainda sobre os delírios imagéticos acerca da população afro-diaspórica de fenótipo marcadamente africano e sobre a nudez da mulher de *A negra*, lembremos que o período de estadia da pintora em Paris culminou com a explosão do interesse pelas populações negras e suas culturas. Ressaltamos que esse interesse não se deu numa perspectiva de ampliação de conhecimento e de equidade no tratamento dessas populações. Ao contrário, era no início do século XX que se efetivava a partilha do continente africano entre nações europeias, a partir de acordos estabelecidos na Conferência de Berlim, ocorrida entre os anos de 1884 e 1887, inaugurando o neocolonialismo.

Então, um sem-número de informações sobre a África e seus povos chegava à Europa de muitas maneiras, e relatos de viajantes foram decisivos para a construção dos estereótipos e das imagens de controle que se desenharam acerca dessas pessoas e de seus diferentes modos de vida. Nesse lugar do desconhecido, residiam também as distorções espetaculosas, e os corpos das mulheres negras eram um assunto de interesse devido à novidade de corpos femininos nus e a necessidade de aproximá-los do mundo animal, natural e selvagem como justificativa para sua exploração.

Não são parcos os exemplos. Voltando mais para o início do século XIX, poderíamos avançar numa análise do lamentável caso de Sarah Saartjie Baartman, mulher do povo *khoisan*[2] que ficou notabilizada como a "Vênus Hotentote". Convidada pelo irmão de seu patrão a ir para Londres em 1810, se viu obrigada a apresentar-se exaustivamente em espetáculos nos quais sua humanidade, conformada numa corporalidade robusta, foi animalizada, hipersexualizada e violentada. Sendo considerada primitiva, estava, assim, autorizada a exploração desse ser visto como sub-humano, inclusive como objeto de estudo das teorias científicas racistas.

No início do século XX, desenvolveu-se um discurso acerca do primitivo e do primitivismo inerente a essas populações, que, segundo a ciência fraudulenta desenvolvida apenas e exclusivamente com o intuito de justificar a barbárie sobre povos não brancos, não ocidentais, deveriam ser dominadas como que atendendo a uma suposta "lei natural". As produções de artes visuais não estavam a salvo dessa incorporação conceitual. Segundo a historiadora da arte Gill Perry:

> [...] "primitivismo" é visto como uma complexa rede de interesses (isto é, "discursos") sociológicos, ideológicos, estéticos, científicos, antropológicos, políticos e legais que são introduzidos numa cultura e a determinam. Como discurso, ele envolve, segundo Foucault, uma relação de poder; ele entende, por exemplo, que aqueles que, na sociedade ocidental, analisam, ensinam, pintam ou reproduzem uma visão do "primitivo" estariam, por meio dessa atividade, dominando, reestruturando e tendo autoridade sobre aqueles que eles definem como "primitivos". Por volta da virada do século, aquilo que era descrito como primitivo abrangia com frequência os produtos de um país recém-colonizado.[3]

Às populações da África, efetivamente invadida sob o embuste da modernização, atribuía-se a pecha de primitivas. Também é salutar recordar que a Paris que encantou Tarsila e a motivou a incorporar o tema da mulher negra estava tomada pelas estéticas negro-africanas, fenômeno cultural batizado de negrofilia.[4] Do fim do século XIX ao início do século XX, a intelectualidade que circulava pela região já havia incorporado o assunto às suas pesquisas como expressão tanto de repúdio a uma modernização desenfreada e homogeneizadora como de oxigenação criativa inspirando outros ares estético-conceituais tidos como menos "domesticados". Nesse direcionamento encontramos iniciativas de Charles Baudelaire, Paul Guillaume, Jean Cocteau e Blaise Cendrars, dentre os interessados nessa discussão. Avultamos a amizade germinada do encontro entre Tarsila do Amaral, Blaise Cendrars e outros modernistas, a qual fez do suíço um elemento influente no que se refere à evolução do Movimento Pau Brasil, iniciado em 1924.[5]

Essa Paris é a mesma de outra Vênus, Josephine Baker, vedete que se apresentava seminua realizando danças e movimentos que acentuavam a noção de estranhamento na leitura que a população europeia fazia sobre esses "outros" e "outras".

Não podemos nos furtar ao reconhecimento de que os espetáculos apresentados por Josephine Baker certamente fortaleceram as muitas maneiras de hipersexualização dos corpos das mulheres negras no século xx. Acerca dessa nudez, Danúbia de Andrade Fernandes nos diz que:

> Era comum que elas ficassem nuas e essa nudez era também símbolo de sua vulnerabilidade. O que permitia que essas mulheres fossem expostas nuas e a questão não fosse discutida em relação às regras morais do período é que elas não eram vistas como sujeito. O negro simplesmente não pertencia à mesma raça dos humanos e portanto, não possuía as mesmas necessidades.[6]

Josephine Baker (1906-75), década de 1920, com sua famosa saia estruturada por bananas.

Isso posto, salientamos que, entre a realização de *A negra* e a atualidade, há um século de intervalo. De forma que analisar essa e outras obras modernistas e seus contextos de elaboração com as ferramentas desenvolvidas durante o transcorrer desses anos é uma estratégia para desnudar a suposta "celebração das raças" e, principalmente, das pessoas do grupo negro por parte de artistas de nosso modernismo. Ao mesmo tempo, nos provoca a investigar a existência ou não de produções de artes visuais concebidas por artistas não brancos e não brancas nesse mesmo período ou um pouco mais adiante.

Por isso, considerando o que já expomos anteriormente, interessa-nos apontar lacunas e apresentar pessoas que produziram artes visuais a partir de suas condições de existência que incluem as lutas por sobrevivência num contexto de pós-abolição recente. Quais as outras faces que teriam as mulheres negras pintadas pelas próprias pessoas negras? Quais os semblantes do povo preto nestas décadas de 1920, 1930, 1940, 1950 e um pouco mais à frente?

No pós-abolição, não existiram políticas públicas que visassem a promoção de inserção da população negra na sociedade brasileira. Isso é algo que já sabemos, pois amargamos as implicações desse crime contra a humanidade até os dias atuais. A marginalização do povo negrodescendente tem relação com um projeto de nação que o considerava naturalmente incapaz de adequar-se ao que era compreendido enquanto civilização como uma deficiência biológica, fundamentada pseudocientificamente. É sempre pertinente frisar que o discurso moralizante e reducionista basilar nessas concepções não pode ser chamado de ciência.

Manter a si, aos seus e às suas com vida era (e é!) o grande desafio da maioria esmagadora dessa população, e, nas primeiras décadas do século XX, havia também a competição por postos de trabalho devido à importação de mão de obra europeia e branca, que se acentuou consideravelmente no intervalo entre 1890 e 1900, apresentando-se como um agravante para essa subsistência. A população recém-liberta foi, portanto, assistindo à substituição de mão de obra escravizada e negra por essa outra mão de obra branca e chamada de "qualificada". Talvez seja redundante mencionar que as populações africanas traficadas para o Brasil foram por séculos mão de obra qualificada e não eram corpos destituídos de saberes. Inúmeras tecnologias, como a metalurgia, considerando que na África central se concentrava uma antiga indústria do ferro estabelecida anteriormente ao contato com os europeus, foram determinantes para o empreendimento da colonização.[7]

Juntamente com o processo de industrialização e de urbanização do país, consolidou-se o discurso de que as pessoas ex-escravizadas não teriam condições de se adaptar ao trabalho remunerado como proletárias. De repente, esse contingente populacional não se encaixava em nenhum outro espaço da vida brasileira, passando a ser, ostensivamente, acossado e abandonado. Sobre essa questão, o pesquisador Ramatis Jacinto analisou que, no período entre 1872 e 1890, no que se refere aos tipos de profissões e ocupações exercidas por pessoas negras, há uma incidência de exercícios que exigem baixa qualificação e parca remuneração, tais quais os de trabalhadores domésticos, jornaleiros, carregadores, operários da construção civil, artífices, ainda que saibamos das existências, muito localizadas, de exercícios que demandavam formação intelectual.[8] Ele também frisa que, entre 1912 e 1920, os boletins de ocorrência eram os poucos documentos oficiais em que constavam informações sobre os quesitos cor, raça e etnia, numa explícita tentativa de criminalização da população negra, marcada pela necessidade de identificar as pessoas que, supostamente, infringiam as leis vigentes.

Somados ao advento da imigração europeia como também conformadora de uma nova realidade no mundo do trabalho para as pessoas negras do Brasil Republicano, estavam os trânsitos migratórios do Nordeste para o Sudeste, que se intensificavam com a mesma pujança da propagação do preconceito de raça e de classe, e empurravam as populações não brancas para regiões precárias das capitais, destino das pessoas migrantes.

Essas cidades, por sua vez, no afã de se modernizarem ao gosto arquitetônico do art nouveau ou do neoclassicismo europeu, elaboraram planos de reformas com fins de urbanização que promoveram demolições de construções utilizadas como moradias coletivas por famílias negras, os chamados cortiços. Essa transformação radical na paisagem não necessariamente deu origem a novas edificações que fossem exemplos da adoção dos estilos art nouveau e de neoclassicismo;

Carregadores, *Bahia*, 1900-10.

muitas vezes, prevaleceu uma estética eclética. Entretanto, essas famílias sofreram o malogro de, rapidamente, terem que se deslocar de regiões mais centrais para as mais periféricas.

Tais recursos, diretos e indiretos, de marginalização e de eliminação estavam previstos no projeto de um país moderno na medida em que as pessoas não brancas sequer eram vislumbradas como operariado das fábricas e indústrias que se instalaram nos grandes centros urbanos. De forma que a precarização da vida no pós-abolição e nas décadas subsequentes era um plano governamental que expressava nas entrelinhas ações excludentes ao suprimir essas pessoas, ou, como identificou o artista, dramaturgo, escritor e ativista Abdias Nascimento, era e é um genocídio em curso, que não ocorria apenas considerando a morte física do corpo, mas também a do direito de existência condigna que atendesse a todas as necessidades básicas desses corpos de forma satisfatória. Estamos tratando do corpo sem adentrarmos nas dimensões emocionais, morais, mentais, epistemológicas e psicológicas do ser e estar que também abrangem o conceito de genocídio do negro brasileiro desenvolvido por Nascimento.

Quanto à educação, existiram políticas educacionais que promoveram o epistemicídio desse segmento populacional, o apagamento do reconhecimento da participação africana e afrodescendente na construção do Brasil. Evidenciamos também as medidas de controle e de opressão de práticas culturais de origens africanas e afro-brasileiras, como a capoeira, o samba e o candomblé, que, inclusive, foram criminalizados legislativamente. A filósofa Djamila Ribeiro afirma que: "[...] foram várias legislações que visavam criminalizar a população negra, como a Lei da Vadiagem, de 1941, que perseguia quem estivesse na rua sem uma ocupação clara justamente numa época de alta taxa de desemprego entre homens negros".[9]

E ainda, quando mencionamos o termo "epistemicídio", devemos considerar que as políticas públicas educacionais elaboradas pelas elites no início do século XX também tinham como fundamento a "melhoria da raça brasileira". Ou seja, se não houvesse a possibilidade de subtração do sujeito negrodescendente, que, ao menos, sua herança cultural fosse suprimida da vida social do país, tornando as pessoas não brancas culturalmente embranquecidas. Sobre esse branqueamento cultural por meio das políticas de educação, o historiador Jerry Dávila afirma que:

> Esses educadores buscavam "aperfeiçoar a raça" — criar uma "raça brasileira" saudável, culturalmente europeia, em boa forma física e nacionalista. As elites brasileiras da primeira metade do século XX tendiam a acreditar que os pobres e não brancos eram, em sua grande maioria, degenerados [...] Definiram as escolas como clínicas em que os males nacionais associados à mistura de raças poderiam ser curados.[10]

Nessa abordagem, faz-se mister salientar que, no contexto desse período de início de século XX, eram consideradas artistas as pessoas que tinham acesso à educação formal em artes a partir de sua incorporação pelos cânones vigentes, que eram os acadêmicos, ou seja, os mesmos cânones que foram confrontados pelo grupo que compõe o núcleo duro do modernismo.

Causa-nos ojeriza a forma como as narrativas sobre o Brasil e sobre as artes aqui empreendidas têm sido conduzidas, de maneira a fazer-nos crer que a ausência de protagonismo de alguns grupos sociais e humanos em episódios históricos que foram definidos como marcos de transformação deu-se em consequência de uma incapacidade, inabilidade, desinteligência dos grupos excluídos deliberadamente de sua plena participação nesses acontecimentos.

Logo, é temível que continuemos, por tanto tempo, a reiterar as narrativas que destacam determinados grupos sociais e humanos, como os que lideraram os eventos que engendraram as histórias sociais e culturais do país, como se, naturalmente e "biologicamente", estes estivessem mais aptos a essa missão.

Na maioria das abordagens históricas e nas incorporações dessas abordagens pela população, residem doses de cinismo, de hipocrisia e de sadismo que autorizam os grupos hegemônicos a continuar a replicá-las. É ultrajante o desprovimento do exercício de uma análise "sócio-histórico-cultural-artística" crítica sobre as causas das ausências de outros grupos sociais e humanos não brancos.

Se, durante a escravidão, as pessoas negras estavam privadas de suas liberdades, no período republicano, elas não tinham direitos, não havia nenhum interesse por parte das instâncias governamentais em garantir-lhes o bem-estar. Não é preciso muita imaginação para reconstituir o que era ser uma pessoa negra justamente no período no qual se desenvolveram as bases da arte modernista no Brasil. Anteriormente, já vimos como à mulher branca era possível ser artista enquanto à mulher negra restava servi-la.

De tal modo que nos é sensível identificar e explicitar o diminuto número de artistas negrodescendentes que tinham contato com as artes em termos de profissionalização e, mais do que isso, que possuíam alguma consciência étnico-racial e de classe a ponto de compreender o quanto as pessoas de seu grupo estavam apartadas dessa possibilidade de estudo e de formação profissional. E — por que não dizer — também abstraídas da probabilidade de representação de si e de suas realidades históricas. Quando mencionamos o termo "realidades históricas" é com foco nas continuidades de tradições e de práticas africanas no Brasil, adaptadas, recriadas, combinadas. Esses intercâmbios com e entre os diferentes grupos de etnias africanas assentadas no Brasil, bem como o contato com outros grupos humanos autodenominados brancos e estes que denominaram outros grupos genericamente como indígenas, engendraram recriações sociais, culturais e artísticas chamadas afro-brasileiras, muitas vezes com preponderância de procedência africana, contudo, designadas genericamente como culturas populares.

Mobiliza-nos sensivelmente tentar compreender o que significava o status de artista para pessoas que viviam nas condições de vulnerabilidade já expostas: uma população negradescendente recém-liberta. Interessa-nos também entender como era possível a elas vislumbrar os estudos artísticos e, especialmente, o ingresso nos lugares habilitados a realizar essa formação. Talvez fosse uma espécie de delírio aos olhos das famílias dessas pessoas, que sequer tinham garantidos a moradia e o alimento, uma vez que esse grupo social se estruturava após o trauma da escravatura como natureza originária de sua presença e existência na sociedade brasileira.

Pensamos, portanto, em quais representações da população negradescendente eram possíveis para além das imagens que já conhecemos e que, comumente, reiteram lugares sociais fixos para pessoas negras.

Libertando-nos da historicidade dos registros modernistas e considerando os desdobramentos que exploramos previamente, propomos que artistas negrodescendentes que estão fora das centralidades das metrópoles, seja pela localidade de nascimento, seja por habitarem as bordas dos grandes centros, tenham aqui suas biografias, contextos e produções reconsiderados no que tange à inscrição de seus nomes como artistas modernistas.

As categorizações que visam organizar as produções em artes visuais e que estão instituídas por meio de critérios tais como recorte cronológico-temporal e um conjunto de características estilísticas e conceituais que definem plasticamente o que é a criação que atende aos parâmetros da arte moderna podem ser flexibilizadas ante a contextualização de tantas faltas apresentadas. Tal flexibilização visa o agrupamento de outras pessoas nesse conjunto de artistas modernistas, cujas realizações foram desconsideradas sobretudo por serem desconhecidas naquele momento histórico, sendo reveladas posteriormente.

As pesquisas de várias pessoas da intelligentsia brasileira contribuíram para a notabilização de artistas negrodescendentes cujo nascimento e trajetórias de vida, bem como a produção de suas obras, se desenvolveram apartados dos eixos metropolitanos ou dos círculos de sociabilidade que lhes garantiriam circulação no sistema hegemônico das artes visuais. Dentre esse grupo de intelectuais cujas sensibilidades e senso de realidade não foram tão marcadamente colonizados a ponto de ignorarem que tanto a sociedade como o sistema das artes visuais são excludentes, podemos mencionar Clarival do Prado Valladares, José Roberto Teixeira Leite, Lélia Coelho Frota e Lina Bo Bardi, dentre outras pessoas. Antirracistas em suas práticas curatoriais e de pesquisa, ainda que a palavra e sua prática não fossem uma questão considerada pertinente no recorte temporal que estamos abordando, esses profissionais da pesquisa de cor branca, "brancodescendentes" ou "eurodescendentes", desenvolveram o olho treinado para identificar obras de vigor criativo, estético e conceitual para além do alinhamento com as escolas das vanguardas que, a princípio, caracterizaria as obras de arte qualificadas como modernistas.

Ainda enfocando o olhar treinado para o reconhecimento de produções pujantes, destacadas e alheias aos lugares de exposição e de celebração das artes visuais, entre as pessoas negradescendentes que se dedicaram também à pesquisa e ao registro de seus e de suas pares como artistas visuais, situamos a importância inquestionável do já mencionado e profissionalmente multifacetado paulista Abdias Nascimento, do baiano Emanoel Araújo e da pernambucana Raquel Trindade de Souza.

Curiosamente, essa tríade que atuou na produção, no registro e na gestão da cultura de matriz africana e afro-brasileira também desenvolveu, cada um a partir de uma escola artística, suas próprias pesquisas e poéticas como artistas visuais. Sobretudo, dentro de suas limitações e de seus enfrentamentos de vida cotidiana, reuniram esforços para garantir a redação e organização de textos e de documentos escritos, fotográficos e artísticos que desmontassem a farsa da incompetência intelectual, cultural e artística da pessoa negra.

Abdias Nascimento contribuiu de forma incisiva com a proposta de constituição de um acervo de artes visuais afro-orientado que apresentasse o que, até então, era chamado de "estética negra". Essa coleção viria a tornar-se o acervo do MAN (Museu de Arte Negra), no Rio de Janeiro, que nunca chegou a consolidar-se a ponto de ter uma sede. No entanto, obteve êxito na organização de uma única exposição no Museu da Imagem e do Som, no Rio de Janeiro, em 1968. Para aquisição das obras, o Teatro Experimental do Negro, criado e dirigido também por Abdias Nascimento, promoveu um Concurso de Artes Plásticas com o tema "Cristo negro". Um trabalho da pintora paulista Djanira da Motta e Silva conquistou o primeiro lugar.[11]

Emanoel Araújo, por sua vez, cedeu sua coleção particular reunida ao longo de sua vida para a formação do Museu Afro-Brasil, em São Paulo, no ano de 2004. Nessa instituição, inaugurada a partir de uma iniciativa da Prefeitura da Cidade de São Paulo e que, na atualidade, é uma Organização Social de Cultura subordinada ao Governo do Estado de São Paulo, estão reunidas e são apresentadas as participações das populações africanas e afro-brasileira, cuja narrativa se dá na perspectiva do homem negro que é seu diretor-curador, e que se evidencia desde as artes da África até a produção artística contemporânea — ainda que existam ressalvas à representatividade de artistas coetâneos, especialmente de artistas mulheres, com biografias e obras presentes no acervo. Notadamente, o museu é o desdobramento da exposição *A Mão Afro-Brasileira: Significado da contribuição artística e histórica*, ocorrida no Museu de Arte Moderna de São Paulo, em 1988, ano do centenário da abolição da escravidão.

Por fim, Raquel Trindade, com o objetivo de preservar o legado de seu pai, o poeta Solano Trindade, fundou, logo após o falecimento dele, o Teatro Popular Solano Trindade, em Embu das Artes. A instituição, gerida pelos herdeiros culturais de Raquel Trindade e de seu pai, preserva e propaga a cultura afro-brasileira materializada na corporeidade das danças, como o samba-lenço rural paulista. A Kambinda, como se autonomeou, também escreveu um importante livro-registro da presença de artistas que afluíram para Embu das Artes, sobretudo nas décadas de 1960 e 1970.[12]

Além dessas três notáveis figuras que buscaram preservar e reescrever a história cultural e artística da população africana e de sua descendência no Brasil, podemos mencionar um pequeno grupo de artistas que também nos legou trabalhos em pintura e escultura, assim como buscou representar as pessoas negras nas mais variadas abordagens. Nesse grupo, há nomes mais celebrados e que gozaram de consagração profissional em vida, como o fluminense Heitor dos Prazeres, o paulistano Octávio Araújo e o baiano Agnaldo Manoel dos Santos.

Heitor dos Prazeres, talvez o mais popular dentre eles, realizou uma brilhante leitura da vida boêmia ligada aos sambistas e à vida nas comunidades negras do Rio de Janeiro, das décadas de 1940 a 1960, até a data de seu falecimento, desenvolvendo suas pinturas a partir de estética e poética inconfundíveis. Esteve na 1ª Bienal Internacional de São Paulo (1951), na qual foi premiado com a tela *Moenda*, e na segunda edição do mesmo evento (1953), na qual foi homenageado com uma sala especial.

Agnaldo Manoel dos Santos, diríamos que segue pelo mesmo caminho no que diz respeito a encontrar soluções visuais para suas esculturas em madeira que, devido à originalidade e às prováveis aproximações que podemos estabelecer com uma arte escultórica de tradição iorubana, também inscreve seu nome entre os artistas negrodescendentes de maior aderência dentro do sistema hegemônico das artes visuais. Como Heitor dos Prazeres, participou de exposições de abrangência internacional.

Já Octávio Araújo, apesar de seu contundente *Cristo favelado*, de 1950 [imagem n. 19], que visita a estética expressionista tanto pelo tema de denúncia da violência policial como pela fatura pictórica, em algum momento se perde no quesito representação das pessoas negras, pois que enveredou por realizar uma vasta produção em pinturas e litografias nas quais, recorrentemente, há o elogio dos corpos de mulheres brancas apresentadas quase como deidades, em meio a outros elementos que nos sugerem o diálogo com a escola surrealista.

Além desses três artistas, há outros e outras que tiveram menos holofotes sobre suas trajetórias e produções, e quanto mais pesquisamos, mais percebemos que os parcos livros acerca de algumas dessas pessoas hoje são objetos raros por não terem tido reedições, como é o caso de *Mitopoéticas de 9 artistas brasileiros*, de 1973, da crítica de arte Lélia Coelho Frota. Nessa publicação, constam raras entrevistas com artistas modernos que estão também categorizados como naïfs,[13] ou como artistas populares, o que é mais usual, ou como definiu a professora Ana Gonçalves Magalhães em uma mesa-redonda da qual também participamos: arte não hegemônica.

Na obra, Lélia Coelho Frota divide conosco a designação arte ínsita, em substituição a termos em desuso como arte primitiva e a outros ainda correntes, e que indicamos como naïf, e justifica essa escolha. Essa opção se dá, sobretudo, pelas relações que a autora estabelece entre as obras desse grupo de artistas, o inconsciente de cada uma dessas pessoas criadoras e os arquétipos articulados nessas obras.

A publicação apresenta três entrevistas que nos interessam pelas minuciosas informações exprimidas pelas pessoas artistas, já há quase cinquenta anos, e também por serem artistas negrodescendentes que criam representações de seu próprio grupo social e étnico-racial profundamente enraizadas nas memórias da vida rural, entre eles o carioca e babalorixá Paulo Pedro Leal, a mineira e já amplamente reconhecida Maria Auxiliadora da Silva e a baiana Madalena dos Santos Reinbolt. Afirma Lélia Coelho Frota:

> Devo chamar a atenção para o fato dos artistas aqui representados serem, em sua maioria, provenientes de áreas rurais, refletindo a sua obra o processo dinâmico representativo de uma cultura de raízes agropastoris que vai se permeando celeremente, no Brasil, de "ethos Urbano". [...] Este livro é deles, é instrumento de sua fala, das suas vidas, das suas manifestações artísticas: elas nos contarão da sua visão de mundo. E terá valor enquanto exprimir a verdade de cada um deles, para a qual abri com emoção o espaço destas páginas, acrescentando-lhes apenas a sucinta análise que visa contribuir para a sua correta conceituação no âmbito das artes plásticas que denominamos culta.[14]

Vemos a dedicação da museóloga e crítica de arte tanto em preservar a fala desse agrupamento de artistas, livre de preconceitos linguísticos, como em documentar detalhadamente influências, memórias e referências que impulsionavam seus processos de criação e as poéticas emergidas. Dessa forma, Lélia Coelho Frota estabeleceu relações entre as explicações apreendidas e as pesquisas do psiquiatra e psicanalista suíço Carl Gustav Jung (1875-1961), especificamente sobre o inconsciente e os arquétipos.

Desse trio de artistas, gostaríamos de enfatizar os legados menos difundidos de Paulo Pedro Leal e de Madalena dos Santos Reinbolt, considerando que Maria Auxiliadora da Silva teve, em 2018, sua segunda exposição individual no Museu de Arte de São Paulo, tendo sido a primeira em 1981. Na recente mostra, de ampla abrangência, que apresentou 82 pinturas, além de documentos, fotografias e registros impressos, um dos curadores, Fernando Oliva, mencionou em seu texto a visão elitista de Pietro Maria Bardi, então diretor-fundador da instituição quando se deparou com as obras da coletividade de artistas negrodescendentes com exposição agendada. A este "bonde"[15] estava associada Maria Auxiliadora da Silva e, numa espécie de liderança, estava Raquel Trindade de Souza:

> Bardi de fato não gostou das pinturas que viu. Ressaltou que o museu, desde a sua fundação, adquiriu e expôs, "até em sua Pinacoteca", obras de negros, "pela verdade artistas de cor e não consumidores de pincéis e formões que se autoatribuem o título de artistas".[16]

O trecho expressa o incômodo do ilustrado Bardi com a liberdade criativa, a divergência temática e a insubordinação técnica com as quais essas pessoas exerciam seu direito de serem artistas para além de rotulações concebidas de cima para baixo, ordenadas por aqueles e aquelas que dirigiam os espaços de exibição, que escreviam os textos de apreciação, que precificavam e comercializavam as produções. Bardi, talvez, tenha manifestado a insatisfação pela impossibilidade de exercer um controle absoluto sobre novas configurações de arte e de gosto pela arte que se assinalaram nas décadas de 1960 e 1970 com mais vitalidade, tendo como incentivo inquestionável a recepção de trabalhos de Heitor dos Prazeres e de Agnaldo Manoel dos Santos. É interessante que a pessoa negra como tema representado nas artes elaboradas por pessoas brancas, aquela realizada pelos artistas modernistas, era bem recebida.

Todavia, essa receptividade se repetia em relação ao movimento "empoderado" de artistas negros e negras que se agarraram soberbamente às suas origens étnico-raciais e aos fragmentos históricos, estéticos, conceituais, culturais, enfim, que nos chegam como permanência e resistência das participações de povos africanos nas experiências de vida dessa congregação de artistas, que se unem e se apoiam mutuamente a fim de tecer outras tramas modernistas, uma trama afro-orientada, afro-centrada.

Por exemplo, artistas de cor branca representaram cultos afro-brasileiros ou afro-indígenas com certa regularidade, porém o mesmo assunto raramente era tratado por artistas de cor negra. Certamente, não só por essas práticas espirituais e religiosas terem sido alvo de repressão social com o uso do aparato policial, mas também por todos os estigmas que se fixaram às pessoas de cor negra que professam publicamente suas doutrinas. Não estamos tratando de abstrações geométricas, e sabemos que há um número de artistas negrodescendentes que abordaram o viés afro-religioso tendo a referência da tradição abstracionista formal como guia.

Dentre os enfoques da representação da pessoa negra em cerimônias afro-indígenas, há pouco destaque às obras de Paulo Pedro Leal, que exerceu atividades profissionais como empregado doméstico de família abastada, estivador, biscateiro e, ao se ver desempregado e adoecido, dedicou-se à pintura e ao exercício do sacerdócio na Umbanda como babalorixá. Mais conhecido por suas pinturas de marinhas que nos revelam também seu fascínio pelas possibilidades de viagens, de conhecimento de novos territórios que jamais chegou a desbravar, ele também possui uma produção que envereda pelo desvelamento dos cultos da Umbanda, representando adeptos e adeptas, como na obra *Cena de terreiro* [imagem n. 20], sem data, muito representativa da diversidade étnico-racial que, em verdade, se apresenta nas cerimônias umbandistas.

Essa e outras obras confirmam reverência e altivez do artista por partilhar em imagens seu mundo e os costumes que dele são constituintes, inclusive representando uma grande quantidade de pessoas negras como ele. Veio a falecer devido à arteriosclerose, aos 74 anos de idade, em condições de extrema precariedade de recursos e de saúde.

Por sua vez, Madalena dos Santos Reinbolt afirmava ser católica, pois já havia começado nessa religião e não tinha motivos para mudar sendo uma mulher madura, ainda que algumas pessoas a tivessem convidado a frequentar outros círculos religiosos. Nascida e crescida em ambiente rural no interior da Bahia, sua produção é repleta de representações de memórias de sua infância, nas quais identificamos a abundância de conhecimentos de sua mãe e de seu pai. As tecnologias de aparelhamento da vida na fazenda são incorporadas para fazer suas obras ou mesmo para serem motivos de composições. Madalena dos Santos Reinbolt contou a Lélia Coelho Frota:

> Meu pai era fazendeiro lavrador. Minha mãe fazia loiça de barro, fazia renda, fazia cobertor, tocava algodão com a roda e fazia roupa para a casa inteira [...] Ela queimava loiça num fogo de forno, lá fora no barreiro. Ela fazia renda de almofada, às vezes ela fazia um vestido pra ela com 14 m só de renda. Teve 21 filhos, criou 16.[17]

Ela também foi empregada doméstica e, para tanto, migrou para o Rio de Janeiro quando tinha em torno de vinte anos de idade. Na casa de sua patroa Lotta de Macedo Soares, grande estimuladora de seu investimento na carreira artística, foi que ela conheceu um funcionário de ascendência alemã com quem se casou, o que explica seu sobrenome. Das pinturas a óleo que iniciou em 1950, ela migrou, por questões práticas como não ter que limpar as mãos borradas de tinta, para as linhas, com as quais trabalhava utilizando 150 agulhas nos quadros de lã. Ao substituir o pincel pelas agulhas, ela coloriu inúmeras composições que podemos aproximar da estética expressionista, que oniricamente deixam afluir as narrativas de felicidade da farta vida no campo dentre pessoas negras como ela [imagem n. 21]. Pertencimento de cor de que ela dizia gostar, tanto em sua pele como nos tecidos com os quais criava suas vestimentas. Suas obras apresentam-nos as memórias de sua infância envolta em fartura de recursos alimentares e técnicos no ambiente rural, contradizendo um certo discurso da escassez como propulsora das rotas de migração do campo para as cidades.

Findamos este conciso escrito de ideias em maturação, que socializam elucubrações quase inexprimíveis acerca do construto histórico do modernismo, enfatizando a representação e a representatividade das pessoas negradescendentes, com a confissão de um sonho. Também temos um sonho — uma porção deles, em verdade, no entanto, este é bem plausível. Seria realista agirmos com honestidade no campo das artes visuais e migrarmos das escritas que põem em disputa narrativas, "certas" e "erradas", sobre um determinado objeto? Seriam possíveis as revisões do que foi relegado ao baú do esquecimento e do silenciamento, ou, ainda, ao buraco sem fundo da aniquilação? E, mais delicado, por que não temos reunido coragem para reconhecer artistas negros e negras em vida, para celebrarmos que tenham sobrevivido ao projeto genocida que é o país Brasil e, "apesar de vocês", se mantido artistas?

O modernismo deleita-se na fonte das culturas ditas autóctones, populares, africanas, contudo se remexe nas cadeiras quando nos sentamos à mesa e pedimos nosso copo de gozo. Nós queremos apenas sentar e conversar — olho no olho — sobre como podemos modificar os critérios que definem quais os nomes e as imagens que merecem viver e quais devem morrer no mundo das imagens da necropolítica[18] das artes visuais.

Saudemos, no aqui e agora, João Candido da Silva, irmão de Maria Auxiliadora da Silva, homem preto-resistência, para que ele possa deleitar-se com reconhecimento artístico e financeiro decorrente de sua vasta e singular produção artística enquanto está entre nós em matéria [imagem n. 22]!

Em memória e homenagem a todas as pessoas artistas negras, pretas, afro-brasileiras, negradescendentes que não tiveram seus nomes e obras inscritos em nossa história das artes visuais.

NOTAS

1. "Em entrevista de 1972, Tarsila do Amaral comentou que modela *A negra* a partir de 'memórias recorrentes' que tinha de seus cinco ou seis anos, de ter visto uma 'velha escrava' que vivia na fazenda da família". Irene V. Small, "Plasticidade e reprodução: *A negra* de Tarsila do Amaral". In: Adriano Pedrosa et al. (Orgs.), *Tarsila Popular*. Catálogo de exposição. São Paulo: Masp, 2019, p. 42.
2. Essa população está situada hoje em diversos países do centro para o sul do continente africano: Botsuana, Namíbia, Angola, Zâmbia, Zimbábue, Lesoto e África do Sul. No caso de Saartjie Baartman, sua procedência é do território no qual hoje está situada a África do Sul.
3. Gil Perry, "O primitivismo e o 'moderno'". In: Charles Harrison; Francis Frascina; Gill Perry, *Primitivismo, Cubismo, Abstração: Começo do século XX*. Trad. de Otacílio Nunes. São Paulo: Cosac Naify, 1998, pp. 4-5.
4. A respeito da negrofilia, ver Petrine Archer-Straw, *Negrophilia: Avant-garde Paris and Black Culture in the 1920s*. Londres: Thames & Hudson, 2000. Também indicamos Antônio Sérgio Alfredo Guimarães, *Modernidade negra*. Dossiê Teoria e Pesquisa 42 e 43. São Carlos: Programa de Pós-Graduação em Ciência Política Universidade Federal de São Carlos, jan./jun. 2003, pp. 41-61. Disponível em: <http://www.teoriaepesquisa.ufscar.br/index.php/tp/article/view/56>. Acesso em: 10 mar. 2021.
5. Sobre essa questão, ver Eduardo Luís Araújo de Oliveira Batista, "Blaise Cendrars – O terceiro elemento do Movimento Pau Brasil(?)". *Revista Crítica Cultural (Critic)*, Palhoça (SC): Unisul, v. 6, n. 1, pp. 287-301, jan./jul. 2011. Disponível em: <http://www.portaldeperiodicos.unisul.br/index.php/Critica_Cultural/article/view/739>. Acesso em: 31 mar. 2021.
6. Danúbia de Andrade Fernandes apud Thaís dos Reis Ferreira, *A negra: Diálogos entre a obra de Tarsila do Amaral e o feminismo negro*. São Paulo: Universidade de São Paulo, 2017, p. 15. Monografia. Disponível em: <http://celacc.eca.usp.br/sites/default/files/media/tcc/negra_-_projeto_thais_dos_reis.pdf>. Acesso em: 5 mar. 2021.
7. Em relação a essa indústria, Ver Juliana Ribeiro da Silva, *Homens de ferro: Os ferreiros na África Central do século XIX*. São Paulo: Alameda, 2011.
8. Ver Ramatis Jacinto. In: Valéria Dias, "Após abolição, negro foi excluído do mercado de trabalho". Agência USP de Notícias, São Paulo, 11 mar. 2013. Disponível em: <http://www.usp.br/agen/?p=130331>. Acesso em: 10 mar. 2021.
9. Djamila Ribeiro, *Pequeno manual antirracista*. São Paulo: Companhia das Letras, 2019, p. 97.
10. Jerry Dávila, *Diploma de brancura: Política social e racial no Brasil – 1917-1945*. Trad. de Claudia Sant'Ana Martins. São Paulo: Ed. da Unesp, 2006, pp. 21-2.
11. Para mais informações, acessar o site do Instituto de Pesquisas e Estudos Afro-Brasileiros, gerido pela viúva de Abdias Nascimento, a pesquisadora

Elisa Larkin Nascimento. Disponível em: <http://www.abdias.com.br/>. Acesso em: 10 mar. 2021.

12. Raquel Trindade, *Embu: De Aldeia de M'Boy a Terra das Artes*. São Paulo: Noovha América, 2010.
13. Sobre a adequação e atualidade do termo naïf, ver as digressões dos textos curatoriais tecidos por nós e pela professora e crítica Ana Cândida Avelar, em *Bienal Naïfs do Brasil 2020: Ideias para adiar o fim da arte*. São Paulo: Sesc São Paulo, 2020.
14. Lélia Coelho Frota, *Mitopoéticas de 9 artistas brasileiros*. Rio de Janeiro: Fontana, 1973, p. 7.
15. Termo que a juventude "geração tombamento" usa para se referir a coletividades que são parceiras, vinculadas pela amizade e interesses em comum.
16. Fernando Oliva, "Maria Auxiliadora: vida cotidiana, pintura e resistência". In: Fernando Oliva; Adriano Pedrosa et al., *Maria Auxiliadora: Vida cotidiana, pintura e resistência*. São Paulo: Masp, 2018, p. 25.
17. Lélia Coelho Frota, *Mitopoéticas de 9 artista brasileiros*, op. cit., p. 14.
18. Sobre o conceito de necropolítica, ver o livro de Achille Mbembe, *Necropolítica: Biopoder, soberania, estado de exceção, política da morte*. São Paulo: N-1 Edições, 2018.

BIBLIOGRAFIA COMPLEMENTAR

ARAUJO, Emanoel (Org.). *Museu Afro-Brasil: Um conceito em perspectiva*. São Paulo: Secretaria Especial de Políticas da Promoção da Igualdade Racial; Instituto Florestan Fernandes; Petrobras, 2006.

PEDROSA, Adriano; TOLEDO, Tomás. (Orgs.). *Histórias Afro-Atlânticas*. Catálogo de exposição. São Paulo: Masp; Instituto Tomie Ohtake, 2018, v. I.

QUATRO VEZES *MACUNAÍMA*

MARCOS ANTONIO DE MORAES

MÁRIO
Mas alguém ainda lê *Macunaíma*?

CURADORA
Sim, Mário. [...] Muitos dizem que é a obra-prima da literatura brasileira.

MÁRIO
Emocionado.
Verdade? Eu não imaginava isso. Era um livro tão difícil...

PROF. RUSS [PHD]
Sim, Mário, mas é tido como o livro que encapsulou a essência do brasileiro [...] Não era isso que o modernismo queria? Algo genuinamente brasileiro? Dar sentido a essa sociedade que era a mistura de tantas culturas? [...]

MÁRIO
Visivelmente emocionado.
Eu não sei mais se era isso que eu queria...

TAUREPANG ET AL.,
Makunaimã: O mito através do tempo, 2019.

"DE TODAS AS MINHAS OBRAS, A MAIS SARAPANTADORA"

Endereçando-se ao jovem poeta gaúcho Augusto Meyer, em 20 de maio de 1928, Mário de Andrade rastreia sua formação poética, tributária da França e dos parnasianos brasileiros, detendo-se na própria obra, dos versos pacifistas de *Há uma gota de sangue em cada poema*, de 1917, ao nacionalismo programático que enformava *Clã do jabuti*, em 1927. Ele a caracteriza em termos de intencionalidade, afirmando não haver livro seu que não tivesse sido "raciocinado friamente". *Pauliceia desvairada*, de 1922, a seu ver, tomara uma "feição orientadora e abridora de caminho", pois "um livro maluco daqueles tornava aceitáveis as tendências novas quando *apareciam moderadas pelos outros*". Em relação a *Losango cáqui*, de 1926, considerava ter resgatado conscientemente a lírica amorosa, sequestrada pelos vanguardistas. O escritor assumia a inquietude como força motriz de sua criação ("chamo a atenção pra uma coisa porém não fico nela, vou pra diante"), reconhecendo uma orientação implacável, mas cuidando em resguardar sua liberdade de criação. Em *Clã do jabuti*, "toda a tentativa de abrasileiramento psicológico e necessariamente temático, linguístico etc. etc., é consciente. Tive a intenção de, e tenho". Nesse livro, localizava a imersão no lendário nacional, que lhe oferecia "caracteres psicológicos" identitários, à semelhança do que notara nos Lieder dos românticos Goethe, Heine, Lenau e em outros poetas de expressão alemã. Ao encerrar a carta, Mário anuncia, para breve, o envio de *Macunaíma*: "esse sim, livro que estou tremendo de publicar. De fato, é uma coisa tremenda...".[1]

Um dos oitocentos exemplares de *Macunaíma*, brochura impressa nas oficinas paulistas de Eugenio Cupolo, em julho de 1928, logo chegaria às mãos de Meyer. O livro informava no "Fim" da rapsódia a data de sua escrita: "Dezembro de 1926/ a/ Janeiro de 1927". Cartas de Mário de Andrade, postadas desde o início de 1927 até meados do ano seguinte, dirigidas a Manuel Bandeira, Carlos Drummond de Andrade, Anita Malfatti, Luís da Câmara Cascudo, Alceu Amoroso Lima e a outros amigos, testemunham seu devotamento à aventura editorial. Historiam, modalizando estrategicamente as autofigurações, a gestação, os propósitos, as fontes, as técnicas compositivas empregadas, as campanhas de redação; nomeiam a arquitetura dos capítulos ("Torre Eiffel" é um deles, suprimido no processo de reescritura), situando a obra em um projeto nacionalista de fôlego crítico. O manuscrito, submetido à leitura de Bandeira, passa por reestruturação, "Ci, Mãe do Mato" acrescendo-se de novos jogos sexuais ("brincadeiras") do herói com a amazona, a fim de sublinhar a importância da icamiaba no entrecho. Nas missivas, o autor explicita o árduo corpo a corpo com sua criação ("poli e repoli tantas vezes que careci recopiar três vezes o original"), sobreposto ao fulgor inventivo que ensejou o complexo tecido literário tramado "inteirinho em seis dias", como relatou ao crítico literário Alceu Amoroso Lima, o Tristão de Athayde.[2]

Mário de Andrade titubeia em relação ao gênero a que deveria pertencer *Macunaíma*, prosa de ficção enraizada na substância etno-

Mário de Andrade, Macunaíma o herói sem nenhum caráter. *São Paulo: Oficinas Gráficas de Eugênio Cupolo, 1928.*

gráfica, lendária e popular, que tem sua gênese na leitura de *Vom Roroima zum Orinoco: Ergebnisse einer Reise in Nordbrasilien und Venezuela in den Jahren 1911-1913* [Do Roraima ao Orinoco: observações de uma viagem pelo norte do Brasil e pela Venezuela durante os anos de 1911 a 1913], do etnógrafo alemão Theodor Koch-Grünberg, palmilhando, depois, uma caudalosa e heterogênea bibliografia.[3] Em princípios de 1927, Mário se refere à sua criação, nas cartas, como "romance", "romance engraçado", "romance ou coisa que o valha";[4] nesse mesmo ano, em fragmento de manuscrito de uma "versão definitiva" da obra, rasura a palavra "romance", substituindo-a por "história".[5] Na página de rosto da primeira edição, o autor prefere não fixar uma designação, que apenas em 1937 será estabilizada, quando o livro, firmado como "rapsódia", passa a integrar o catálogo da José Olympio. Antes, em março de 1933, escrevendo ao crítico português José Osório de

Almeida, o autor intenta a caracterização: "o livro é uma verdadeira rapsódia [...] Não tem quase fato, costume, frase falada, que não pertençam ao povo do Brasil".[6] Por esse tempo, as fichas que ele reunia para um almejado dicionário musical brasileiro, em marcha a partir de 1929 pelo menos, já acolhiam possivelmente as acepções de "rapsoda", como "aquele que recita ou canta histórias populares adaptando-as a seu modo", e "rapsódia", "forma livre de composição musical, peça característica, sem conteúdo programático", aludindo à *Rapsódia sertaneja* para piano, de Luciano Gallet.[7]

Na carta a Augusto Meyer que acompanhava o *Macunaíma*, Mário mostra-se ambivalente em sua avaliação, inclinado ora a considerá-lo "horrível", ora "muito bom". Admite que o escrevera "divertidamente", no enlevo de constatar a "coincidência dum herói ameríndio tão sem caráter e a convicção" a que ele chegara "de que o brasileiro não tinha caráter moral, além do incaracterístico físico de uma raça inda em formação". Contudo, a "pândega", ao longo dos dias, acabara por revelar para ele outra face, sombria, posto que *Macunaíma* lhe parecia concebido sob o signo da "sátira perversa", "tanto mais perversa" pois não supunha que fosse possível corrigir "os costumes por meio da sátira". Macunaíma como figuração identitária do brasileiro também não se garantiria em plataforma estável. O autor assegura ao destinatário que não tivera "a intenção de fazer Macunaíma um símbolo do brasileiro. Mas se ele não é *o* brasileiro ninguém não poderá negar que ele é *um* brasileiro e bem brasileiro por sinal". O livro e a personagem gingam, sem sossego, nas categorizações concebidas por seu criador para compreendê-los.

Macunaíma escapole de rígidos enquadramentos interpretativos, mesmo para aquele que se percebia seguro na condução de seus desígnios literários. Em carta a Drummond, em fevereiro de 1927, Mário de Andrade afirma ter procurado em *Macunaíma* "caracterizar mais ou menos [...] a falta de caráter do brasileiro". Entre os "caracteres mais principais" da personagem figurados no livro, enumera "a sensualidade, o gosto pelas bobagens um certo sentimentalismo melando, heroísmo coragem e covardia misturados, uma propensão pra política e pro discurso". Em cartas a outros companheiros, como a Bandeira, em novembro do mesmo ano, garante, duas vezes, que

"Macunaíma não é símbolo do brasileiro", personagem cujo caráter, em sua percepção, "é justamente o de não ter caráter". Ou, radica-se no meio-termo, flagrando nuanças: "não é um símbolo totalizado, é um símbolo restrito", ao endereçar-se a Drummond, em outubro de 1928. O autor, sondando camadas mais fundas de significado, tanto convalida como recusa a dimensão satírica da narrativa. Na "Carta pras Icamiabas", atesta, a Bandeira, em novembro de 1927, seu propósito de "satirizar os cronistas nossos (contadores de monstros nas plagas nossas e mentirosos a valer)" e "o estado atual de São Paulo, urbano, intelectual, político, sociológico". Quando se dirige a Alceu Amoroso Lima, em maio de 1928, explica que o livro "parece uma sátira tremenda. E não é não". Se Macunaíma, personagem, em seu estado incaracterístico, pode sugerir ao crítico católico uma visão pessimista do brasileiro, Mário reage, oferecendo a Drummond, contrariamente, em outubro de 1928, uma "concepção otimista" dele. Em abril de 1929, em face do paraibano Ademar Vidal, vislumbra promissores horizontes no ethos coletivo, no retrato de Macunaíma "saltando com todos os desesperos da raça que não é raça ainda, mas se preparando para ser estupenda raça nos fixados caracteres.[8] Quando quando? Não sabemos que o mistério do sempre grave amanhã não deixa brecha para se saber seguro". Mário de Andrade intuía, desde novembro de 1927, ser Macunaíma "uma contradição de si mesmo", percepção partilhada com Bandeira. É possível supor que a dificuldade em construir uma sistematização estética (em base antropológica) coesa o impediu de levar a cabo o prefácio previsto para a obra, dele restando apenas alguns fragmentos mais ou menos desenvolvidos. A narrativa, celeiro de paradoxos, resistia a interpretações cabais.

Expunha Mário de Andrade a Alceu Amoroso Lima, em maio de 1928, que o herói indígena dos relatos colhidos por Koch-Grünberg se lhe afigurava "sem nenhum caráter nem moral nem psicológico", concordando talvez "um bocado bastante com a época". Essa representação cultural de Macunaíma, contudo, passaria por reconfigurações ao longo do tempo na correspondência do escritor. Em dezembro de 1930, no rescaldo do crash econômico mundial e em face das expectativas em torno da instauração de novo regime político no

Brasil, quando a norte-americana Margaret Richardson Hollingsworth traduzia *Macunaíma* para o inglês, Mário reavalia o alcance da personagem e do livro, em carta a Bandeira:

> muito secretamente o que me parece é que a sátira além de dirigível ao brasileiro em geral, de que mostra alguns aspectos característicos, escondendo os aspectos bons sistematicamente, o certo é que sempre me pareceu também uma sátira mais universal ao homem contemporâneo, principalmente sob o ponto-de-vista desta sem-vontade itinerante, destas noções morais criadas no momento de as realizar, que sinto e vejo tanto no homem de agora.

Em suas releituras de *Macunaíma*, Mário de Andrade estima a insuficiência de sua criação, sem, contudo, desqualificá-la integralmente. O posicionamento crítico tensiona-se em contradições. Em julho de 1929, diante de Manuel Bandeira, supõe: "ratei *Macunaíma* — a obra-prima que não ficou obra-prima". Em janeiro de 1931, volta à carga, nos mesmos termos; toma o livro como "notável", "importante", mas como uma "obra-prima ratada". O neologismo, a partir do francês "rater", engendrando o oximoro, consubstancia a ideia de uma produção fracassada, inabilmente concretizada. Ou seja, uma "obra-prima" apenas em potência. Em abril de 1935, em abrangente apreensão de seu projeto nacionalista (que recusava patriotadas: "sou um homem-do-mundo"), exposta ao filólogo carioca Sousa da Silveira, Mário divisa os poemas de *Clã do jabuti* como "visibilíssima busca de Brasil e de fusão brasileira", engajamento estético que encontraria em *Macunaíma* o "coroamento". Consolida uma definição da obra que demarcava a conclusão de uma demanda em seu ideário estético-político:

> Um poema herói-cômico, caçoando do ser psicológico brasileiro, fixado numa figura de lenda, à maneira mística dos poemas tradicionais. O real e o fantástico fundidos no mesmo plano. O símbolo, a sátira e a fantasia livre, fundidos. Ausência de regionalismos, pela fusão das características regionais. Um Brasil só, e um herói só.

Em 1942, a Segunda Guerra Mundial e o Estado Novo no Brasil moldando a realidade coletiva, *Macunaíma* emerge nas cartas de Mário de Andrade. Em 1937, a obra, reelaborada, impressa em mil exemplares, havia entrado novamente em circulação, no catálogo da José Olympio do Rio de Janeiro. Desapareciam de suas páginas três das "artes de brincar" de "Ci, Mãe do Mato". Represando outra ousadia de cunho sexual, o autor eliminava igualmente o capítulo "As três normalistas". A "Carta pras Icamiabas" reaparecia um pouco mais enxuta. A pontuação, repensada, desejava-se melhormente ajustada à elocução cantada do narrador, que ponteava na violinha "as frases e os casos" do "herói da nossa gente".[9] Dirigindo-se ao jovem Fernando Sabino, em fevereiro de 1942, percebe o grosso de seus leitores compreendendo superficialmente a rapsódia, seja na clave do ufanismo (recusando a sátira e seguindo "satisfeitos da vida"), seja apenas como "reforço consciente" do "amoralismo... nacional". Esta última espelhava-se na desistência de Macunaíma, renunciando às fricções com o mundo, para resguardar-se na impassibilidade apenas observadora das estrelas. Mário, por essa época, fustigava os abstencionismos (em "Elegia de abril", por exemplo), em tempos de autoritarismo, incumbindo literatos e artistas da defesa da democracia que periclitava. O escritor sofria ao constatar "a falta de organização moral" de Macunaíma e "do brasileiro, que ele satiriza". Lamenta: "*Macunaíma* é uma 'obra-prima' que falhou". A existência do herói, movida pelo princípio do prazer, equivalia a um "rebaixamento".[10] Em julho, diante do crítico Álvaro Lins, a angústia recrudesce, ao figurar o Macunaíma que "desiste dos combates", em um livro que sabia não ser "ruim", mas que "sentimentalmente" detestava:

> Mas a verdade é que eu fracassei. Se o livro é todo ele uma sátira, um não conformismo revoltado sobre o que é, o que eu sinto e vejo que é o Brasileiro, o aspecto "gozado" prevalecem. É certo que eu fracassei. Porque não me satisfez botar a culpa nos brasileiros, a culpa tem de ser minha, porque quem escreveu o livro fui eu. Veja no livrinho [*O movimento modernista*, edição da Casa do Estudante do Brasil], a introdução com que me saudaram! Pra esses moços, como pra os modernistas da minha geração o Macunaíma é "a projeção lírica do sentimento brasileiro, é a al-

ma do Brasil virgem e desconhecida", que virgem nada! que desconhecida nada! Virgem, meu Deus! será muito mais um cão de nazista! Eu fracassei.

Para Mário de Andrade, *Macunaíma* forjava uma experiência literária aberta, sujeita a (auto)críticas severas, passível de ressignificações ao responder, no arco temporal, a diferentes situações da experiência social e política brasileira. Confessa a Alceu Amoroso Lima, em maio de 1928: era sua obra "mais sarapantadora". Apresentando-se como um texto-enigma, o autor anseia, sem repouso, atingir seus diferentes estratos de significação. Em julho de 1943, o artigo "Notas diárias", estampado na revista *Mensagem*, de Belo Horizonte, empenha-se em lançar luz sobre uma das alegorias que indiciavam a pusilanimidade do herói, que o impedia de consolidar um caráter mais organizado, portanto mais fecundo. Mário assombra-se com a "versidade de intençõezinhas, de subentendidos, de alusões, de símbolos" que dispersara na rapsódia: "Talvez eu devesse escrever no livro, pelo menos ensaio, *Ao lado de Macunaíma*, comentando tudo o que botei nele. Até sem querer!".[11]

A rapsódia, no loquaz memorialismo epistolar mariodeandradiano, vai ganhando ou perdendo qualidades, podendo ser apreciada tanto como obra de circunstância quanto como literatura com potencial para perdurar no cânone da história literária. Em novembro de 1927, retomando *Macunaíma* em manuscrito, perante Bandeira, julga o "reconto" de Naipi, no capítulo "Ci, Mãe do Mato", "a coisa mais perfeita como língua literária prosa" que escrevera até aquele momento. No ano seguinte, em maio, pouco antes do aparecimento de *Macunaíma*, informa a Alceu que, mesmo se considerando "incapaz de julgar qualquer coisa" acerca de sua narrativa, tinha a "impressão" de que era "a única obra de arte, de deveras artística, isto é, desinteressada" que fizera em sua vida. Em outubro de 1929, o polímata formula, em carta a Prudente de Moraes, neto, moço que estivera à frente da revista carioca *Estética*, ao lado de Sérgio Buarque de Holanda, um balanço singularizador de sua produção, já, nesse momento, bastante variada, reunindo poesia, prosa de ficção, ensaísmo (*A escrava que não é Isaura*, de 1925), crítica literária, de cinema, de música, de artes (matéria esparsa em jornais e revistas), estudo musicológico (*Ensaio sobre música brasileira*). Divide suas criações em duas partes: a primeira, a "messiânica", pragmática ("arte-ação"), portanto a "mais transitória", na qual o "sentido satírico de *Macunaíma*" impunha-se também como representativo; a outra parte, "evasão", espelhava o "individualista" fomentando "parte lírica, desinteligente", tocada pelo hermetismo. Em relação a essa parcela, na qual Prudentico vislumbrava "possibilidade maior de ficar", Mário assegurava gostar mais, pois lhe dava "prazer artístico".

A ideia de consagração póstuma parece não seduzir Mário de Andrade, afinal, "não adianta pra ninguém". Nessa direção, aconselha o mineiro João Etienne Filho a publicar seus versos, caso ele se sentisse verdadeiramente "fatalizado", com disposição para acolher o "veredito" dos contemporâneos, vivenciando embates fecundos.[12] O polígrafo valorizou os julgamentos a respeito de *Macunaíma*, vindos em sua correspondência e por meio da imprensa, a eles não se mostrando infenso, ao sabê-los francos, desimpedidos e substanciosos. Diferentes juízos interpretativos, segundo ele, ajudavam-no a "formar uma opinião geral", dirimindo as dúvidas que o assaltavam — percepção confessada a Augusto Meyer, na carta de julho de 1928. Em maio de 1943, discutindo a "atitude crítica" de Álvaro Lins, que, a Mário, parecia pouco atenciosa (e irritadiça) em relação aos livros de fôlego estético mais curto ("arte de segunda classe"), perfaz um autorretrato, exigindo do amigo reavaliações de visadas interpretativas: "O que V., vocês os que me estimam ou repudiam jamais não perceberam é que eu sou um artista de 2ª classe dotado de uma inteligência muito provavelmente de 1ª classe". Não sendo do primeiro escalão, vislumbrava a possibilidade de estar "condenado fatalmente a desaparecer por fragilidade 2ª classe de poder criador", embora isso não lhe parecesse significar o apagamento sumário de seu nome e de sua produção. Alerta seu interlocutor: "convém não esquecer que há um transitório relativo, um transitório polêmico epidêmico. É o que fará com que talvez no ano 2000, por causa de uma nova 'semana de arte moderna' meu nome possa voltar à tona e o 'autor de *Macunaíma*' ser exaltado".[13]

Em 1924, Mário, admitindo a almejada provisoriedade de suas criações literárias, vincadas pelo experimentalismo, acolhendo formalizações linguísticas mais abrangentes (o "escrever brasileiro"), circunscritas a um projeto nacionalista, concebe uma postura intelectual em que a plenitude do viver se sobrepunha a idealizações ou a projeções narcísicas: "meu destino não é ficar. Meu destino é lembrar que existem mais coisas que as vistas e ouvidas por todos. [...] Que me importa ser louvado em 1985?".[14] Anseia a vitalidade do presente, presumindo ignóbil o posar para o imponderável futuro.

Tratava-se de conceber um destino gizado com firmeza de propósitos, não se deixando seduzir pelas glórias da posteridade, essa pérfida Uiara. Mário de Andrade garante, em março de 1942, a Álvaro Lins: "a verdade é que toda a minha obra e meus gestos estão sob o signo do Querer".[15] Esse destino, contudo, segundo seu entendimento, não era o de ser um "grande artista não, nunca seria um Machado de Assis ou Gonçalves Dias" — verificava, ao escrever a Sousa da Silveira, em fevereiro de 1935.[16] Identificava-se mais com a personalidade do carioca Valentim Magalhães (1859-1903), um dos fundadores da Academia Brasileira de Letras, "um artista menor",[17] a quem Mário evocaria em algumas oportunidades nas cartas. Magalhães, esclarece ao filólogo, "viveu quanto viveu", cabendo-lhe "a glória de ser só ativo, de atiçar os outros, de ser um eterno convite à criação... dos outros, que foi utilíssimo, bem mais útil do que bom". Situando-se entre os artistas "pouco doadores de Beleza, mas fortes agenciadores do movimento", autodenomina-se (não sem se sentir "um pouco amargado"), ele também, "valentim-magalhães".[18]

Euclides da Cunha, sucessor de Valentim Magalhães na Cadeira 7 da Academia Brasileira de Letras, eleito em 1903, em seu discurso de posse, toma-o como a figura mais representativa de uma geração marcada pelo ecletismo de tendências. Formado em direito em São Paulo, à frente de periódicos no Rio de Janeiro, "franco-atirador do espírito", faltara-lhe uma "diretriz à atividade dispersiva", seu talento se dissolvendo "espalhado pelos aspectos enumeráveis da vida". O autor de *Os sertões*, antípoda de seu antecessor, ao concluir o retrato, inverte, malabaristicamente, valores, para compreender aquele a quem julgava ter faltado "concentração intelectual": "Ele entregou-se de corpo e alma ao turbilhão sonoro e fulgurante da existência.// Foi o seu grande defeito — o seu maior defeito — é a mais bela imperfeição da nossa vida: o defeito de viver demais".[19]

No tempo de *Pauliceia desvairada*, Mário depara-se com o perfil biográfico de Valentim Magalhães na *Revista do Brasil*, figuração que o arrebatara,[20] registrando a fonte em sua enciclopédia pessoal, o Fichário Analítico.[21] No número de maio de 1920 do periódico paulistano dirigido por Monteiro Lobato, Arthur Motta assina a "Notícia biográfica e subsídios para um estudo crítico" de Magalhães, que se abre com a gravura do autor a bico de pena: dândi, cabelos curtos e bigode bem cuidados, rosto afilado e sério, gravata-borboleta, adereço na lapela, óculos como aqueles de que fazia uso o autor de *Dom Casmurro*. O arrolamento de 38 obras, de diversificados gêneros, indicando ainda a existência de inéditos, principia a colaboração. O escrito compõe uma trajetória de vida e traça um panorama das obras do acadêmico. O escorço resulta, como o de Euclides, algo desprestigioso:

> Valentim Magalhães constitui, no meio literário do Brasil, um caso singular. Escreveu muito; manteve-se na arena durante 25 anos, em labor ativo e incessante; empunhou o bastão de comando dos novos; doutrinou em assuntos literários; mas não nos legou obra compatível com o seu mérito e o talento de que era dotado. A sua bagagem é extremamente leve; é superficial o valor do acervo de livros e opúsculos que escreveu. [...] O escritor disseminou a sua prodigiosa atividade por todos os gêneros literários, [...] numa ânsia de produção febril e amontoou rumas de livros e resmas de papel, sem que deixasse uma única obra representativa da sua inteligência robusta. [...] Caracterizavam o homem a sinceridade, a coragem, a honestidade, temperamento combativo, sentimentos afetivos e muita capacidade de trabalho. Como escritor distinguiam-se-lhe a desenvoltura do estilo, a verve, as qualidades de polemista, de prosador elegante e fluente, e de poeta imaginoso.[22]

"Sem falsa modéstia", assegura Mário de Andrade a Álvaro Lins, ele se considerava "francamente superior" a Valentim Magalhães, mas o "dera por ideal", esse "ativo, fazedor de coisas".[23] Em 1936, comentando o estudo que Andrade Muricy publicara sobre sua obra e atuação no modernismo, em *A nova literatura brasileira: Crítica e antologia*, perfaz uma autorrepresentação decalcada no irrequieto autor de *Bric-a-Brac* (1896):

> Se você quiser minha opinião cem-por-cento sobre mim, sem humildade, é esta, pura e simples: represento em nosso período a função exata de V. Magalhães no dele: um homem intelectual ativo, de enorme utilidade, mas sem força pra criar pessoalmente obras que possam ter duração permanente. Jamais não escreverei uma obra cuja perfeição ou utilidade social possa transformá-la em obra de duração permanente. Mas pela obra e principalmente pela ação sou, como o outro, um homem extremamente útil e até necessário.[24]

MACUNAÍMA, MATRIZ GERADORA: CINEMA, TEATRO, MÚSICA

Carlos Drummond de Andrade, em sua crônica "O filme, as garotas", no *Jornal do Brasil*, de 13 de novembro de 1969, saudava, com entusiasmo, o lançamento de *Macunaíma*, dirigido por Joaquim Pedro de Andrade, que trazia no elenco principal Grande Otelo, Paulo José, Jardel Filho, Dina Sfat, Rodolfo Arena e Milton Gonçalves. O poeta mostrava-se surpreso com a redescoberta de "uma das minas de diamante do Brasil, esquecida há mais de 20 anos": "o filme é uma festa, uma graça, um rodopio, um churrasco, uma pancada na cuca, uma ocasião de rir e de expelir solitárias que comprometiam a paisagem intestinal". Ao chamar a atenção para a comicidade da fita, pergunta-se: "rimos do herói sem nenhum caráter, ou de nós mesmos?".[25] A terceira edição da rapsódia, inserida no conjunto das *Obras completas* de Mário de Andrade, havia sido impressa em setembro de 1944, em São Paulo, pela Livraria Martins Editora, pouco antes da morte do escritor, ocorrida em 25 de fevereiro de 1945; e uma nova tiragem, pela mesma casa editorial, circularia somente a partir de 1955.[26] Macunaíma saltava das páginas do livro modernista para a tela do Cinema Novo, mas não sem muitos percalços.

A escrita do roteiro, a produção e a filmagem deram-se sob o céu cor de chumbo da ditadura militar brasileira, instaurada no Brasil em abril de 1964 e enrijecida no Ato Institucional número 5 (AI-5), de dezembro de 1968, com a suspensão das garantias constitucionais. Joaquim Pedro almejava uma formalização cinematográfica original e problematizadora da narrativa modernista de Mário. Reconhecia que a personagem do livro era "mais gentil" do que aquela que fizera movimentar-se no filme, "mais agressivo, feroz, pessimista". Historia o caminho percorrido e os percalços da criação, no texto difundido na estreia do filme:

> escrevi duas adaptações que me consumiram quatro meses, mais ou menos, de fevereiro a junho de 1968. Na primeira, eu tentava racionalizar, de certa forma, domar o livro. Mas as coisas colidiam. Iam em várias direções e não se completavam. Já na segunda, quando entendi que *Macunaíma* era a história de um brasileiro que foi comido pelo Brasil, as coisas ficaram mais coerentes e os problemas começaram a ser resolvidos uns atrás dos outros.[27]

A censura, em julho de 1969, empregou implacavelmente a tesoura, sem, contudo, compreender o potencial corrosivo do filme, pois exigiu, em uma primeira intervenção, supressões inusitadas, quinze cenas, em sua maioria, de nudez das personagens, do uso de baixo calão ou sugestão maliciosa. Intuía críticas subliminares, pois se incomodava com a rústica indumentária de Sofará, trazendo estampada a referência à Alliance for Progress, ação política do presidente J. F. Kennedy, criada para tutelar países da América Latina. E interditava o ácido dístico do herói: "Muita saúva e pouca saúde os males do brasil são". O responsável pela avaliação, sem qualquer estofo intelectual, bosqueja o enredo, em termos de (pornô)chanchada: "Macunaíma, um preto que vira branco e vai para a cidade dar vazão aos seus instintos sexuais, voltando depois para a selva de onde viera".[28] Couberam ao diretor matreiras negociações com as instâncias repressoras do poder, para que o filme fosse exibido no Brasil, argumentando que "cortado" perderia "todo o sentido".[29] Em 3 de setembro de 1969, *Macunaíma* foi assistido integralmente no Festival de Veneza, princípio de uma trajetória ascensional no exterior.

Dias antes, na entrevista ao *Correio da Manhã*, do Rio de Janeiro, em 31 de agosto, Joaquim Pedro propaga sua intenção ("fazer um filme sem estilo predeterminado", "seu estilo seria não ter estilo"), não admitindo "concessões ao bom gosto". Considerava *Macunaíma* "indomável", uma cornucópia de significados e de sugestivas implicações ideológicas, sendo isso "sua maior riqueza". Fornece à repórter a razão de seu desacordo com o protagonista, a quem negava o caráter atual, por deixar de possuir uma "consciência coletiva". Em destaque, as conexões percebidas entre o "herói de nossa gente" e a Antropofagia, ideário estético e crítico de Oswald de Andrade, contemporâneo da obra de Mário. O cineasta alça a Antropofagia a um perverso arquétipo capitalista, trazendo à baila um debate de natureza política, pois "a antropofagia se institucionaliza e se disfarça". Lança aos quatro ventos sua interpretação alegórica, que continha o fermento das inquietações sociais: "Macunaíma é a estória de um brasileiro que foi comido pelo Brasil".[30]

Mário de Andrade, em maio de 1928, escrevendo a Alceu Amoroso Lima, reage em face do "Manifesto Antropófago" [imagem p. 482], assinado por Oswald de Andrade, no primeiro número da *Revista de Antropofagia*, desse mesmo mês. *Macunaíma*, nessa altura, já se encontrava no prelo. Em junho, trecho inicial da rapsódia seria acolhido no periódico modernista, dirigido, em São Paulo, por António de Alcântara Machado. Na missiva, Mário lastimava o acaso, a publicação de sua obra sucedendo-se, em poucos meses, à divulgação do manifesto, que ele, dignamente (pois assegurava que o autor conhecia sua opinião), nem podia chamar de "horrível", pois não o entendia "bem". E, em aguda dissidência, os trechos que compreendia, "em geral", não concordava com eles. Expõe sua verdade dos fatos a quem poderia, eventualmente, difundi-la na imprensa:

> Lamento um bocado essas coincidências todas, palavra. Principalmente porque *Macunaíma* já é uma tentativa tão audaciosa e tão única (não pretendo voltar ao gênero absolutamente), os problemas dêle são tão complexos apesar de ele ser um puro divertimento (foi escrito em férias e como férias) que complicá-lo ainda com a tal de antropofagia me prejudica bem o livro. Paciência.

Em 7 de novembro de 1969, na última página do Caderno B cultural, do *Jornal do Brasil*, reuniu-se hábil equipe de críticos de cinema, a fim de colocar à prova *Macunaíma*. Na seção "O filme em questão", colaboraram Alberto Shatovsky, Alex Viany, Ely Azeredo, José Carlos Avellar, Miriam Alencar, Ronald F. Monteiro e Valério Andrade. No calor da hora, o sentido de contemporaneidade da rapsódia de Mário de Andrade vigora, em maior ou menor grau, nas apreciações lavradas nessa página, certamente margeadas pela censura prévia vigente. Shatovsky vê o "herói hippie e tropicalesco" em uma "comédia do absurdo", pautando o "anacronismo brasileiro". O protagonista do filme, a seu ver, "encontrava, nos anos 1970, um correspondente bem ajustado ao espírito contemporâneo". Alex Viany concebe o filme como produto do Cinema Novo, tematizando o subdesenvolvimento nacional, que inaugurava sua terceira fase (*Vidas secas*, de Nelson Pereira do Santos, consolidando a primeira, *Deus e o Diabo na Terra do Sol*, de Glauber Rocha, a segunda), a que chamou "antropofágica-tropicalista". Valendo-se de um discurso imagético (encobridor e revelador ao mesmo tempo), funde filme e potencialidade reflexiva:

> Num esplêndido elogio da grossura, o cineasta bota mesmo pra derreter, em sua fedorenta feijoada, a carne seca dos preconceitos, a linguiça do mau-caratismo, as costelas magras do subdesenvolvimento, o toucinho do Tropicalismo, temperando tudo com os mais variados condimentos das tais três praças [sic] tristes.

Joaquim Pedro de Andrade, em seus depoimentos, defende a especificidade do filme, não o vendo como "paternalista, no sentido em que talvez fossem paternalistas os primeiros filmes do Cinema Novo: 'dando uma lição'. Ele procura ser feito do povo para o povo, é uma orquestração mais simples possível, mais direta de motivos populares".[31] Para Ely Azeredo, o diretor, recusando a "seriedade impostada" do cinemanovismo, instaurava o humor contestatório, revigorando suas produções. O burlesco, em seu entendimento, não deixava de "substantivar" a crítica ao "herói de nossa gente (e de outras gentes subdesenvolvidas)". Um herói "instável, flagelado, subnutrido, pasmo ante a civilização tecnológica, esse herói [que] vive e morre de esperteza, sem saber onde termina a realidade e onde começam os mitos". José Carlos Avellar flagra o cineasta irmanando-se a Mário, em seu obstinado projeto estético modernista de "revelar o Brasil", contribuindo para "devolver ao brasileiro o seu retrato". Ronald F. Monteiro, escusando-se de elaborar um juízo de valor, encara a película como a mais "saudável do ano", talvez contrabandeando alguma sibilina ironia, em face dessa inusitada percepção, a que imediatamente se seguia trecho da composição de Villa-Lobos na cena inaugural: "Glória aos homens desta pátria, a terra feliz do Cruzeiro do Sul". Valério Andrade, em rasa paráfrase, ressalta a proeza do diretor, ao "filmar um livro infilmável". Miriam de Alencar, na equiparação entre livro e filme, vislumbra a arte cinematográfica descolando-se da prosa mariodeandradiana, valendo-se dela para "extra[ir] as ideias básicas" e alçar voo "quase autônomo, vibrante, agressivo, reformador".[32]

Joaquim Pedro de Andrade, em seu texto de divulgação de *Macunaíma*, em 1969, tomava ("para ser honesto") o filme como "um comentário do livro" de Mário de Andrade. Aplicava-se, contudo, em afastar-se do ideário sustentado pela rapsódia. No datiloscrito do roteiro, exibindo ainda o título "O herói sem caráter", rasura o "sem", substituindo-o por "mau", desencaminhando, assim, a reflexão do modernista acerca da amorfia do ethos brasileiro, propondo uma outra vertente de interpretação, agora negativa ("mau").[33] No mesmo documento, indica ter produzido uma "adaptação" do romance para o cinema, diferentemente do que se lê no cartaz *Macunaíma*, "extraído do livro". Adaptar, em sua fonte latina, carrega o sentido de "ajustar, acomodar", portanto, a ideia de dependência de um modelo ao qual o produto derivado se assujeitaria, dele não se distanciando muito. "Extrair", verbo empregado por Miriam de Alencar, prevê, contrariamente, um vigoroso labor criativo, no "tirar, arrancar", a partir das raízes, pressupondo, desse modo, um gesto ativo de autonomia na invenção. Heloisa Buarque de Hollanda foi quem melhor formulou os termos da discussão sobre relações intersemióticas entre texto e cinematografia, fundamentando a ideia de que *Macunaíma*, o filme, não se apresentava como uma "expressão secundária e parasitária do livro".[34] Impunha-se, na realidade, a "independência da leitura crítica e radicalizante do cineasta".[35]

Desde a concepção artística do próprio cartaz, *Macunaíma* imprime valores de enfrentamento político, nos vínculos entre arte e sociedade. Na ilustração, puxando para o grotesco caricatural, as personagens do filme apresentam-se nuas, o título do filme em letras grandes desenhadas em uma faixa branca, como uma tarja de censura, servindo para encobrir as genitálias delas, enquanto a sobreposição de linhas figurativas da ilustração funciona com o mesmo propósito.

Em depoimento, Joaquim Pedro de Andrade descortina as cogitações presentes em seu projeto cinematográfico, em termos de apreensão das potencialidades semânticas do livro: "Custei a ver claro no conjunto do livro, até que entendi como funcionava em relação aos problemas do Brasil e até em relação aos problemas do mundo. Mas afinal a coisa se resolveu com bastante facilidade, quando consegui entender politicamente o livro".[36] Randal Johnson, em seu iluminador ensaio de 1977, mergulhou, em profundidade, nas entranhas cênicas de *Macunaíma*, para apreender a maneira como o cineasta evocava o subdesenvolvimento brasileiro, por meio de estratagemas que visavam burlar a censura. Refinadas subversões, subentendidos, alegorias intentavam a corrosão de ideologias conservadoras. Para ele, o "potencial do filme como uma obra política" materializava-se (mascaradamente) sob a forma do humorismo e da irreverência. O "código erótico", marcante no filme, fundia-se também com o "código político". Integralmente, a seu ver, o filme se efetivava, com arte e artifícios, como um "comentário da situação política do Brasil sob o regime militar".[37] Ci, "guerrilheira", o discurso de Macunaíma no dia do Cruzeiro do Sul e tantas outras cenas e sugestões de imagens manifestam reações de enfrentamento ao poder ditatorial.[38] À revista peruana *Hablemos de Cine*, em seu número de setembro/outubro de 1969, o engajado diretor antevê a formação de uma consciência problematizadora a partir de sua criação:

> Acho que com *Macunaíma* conseguirei uma boa acolhida por parte de um público que não tem o costume de ir, frequentemente, ao cinema, pes-

soas menos instruídas, talvez até o público analfabeto, que, acho, poderá ir ao cinema para ver o filme, gostar dele e se interessar. Apesar disso, não se trata de um filme que procure só agradar a quem o veja [...] o espectador será levado a uma atitude crítica e reflexiva em relação a tudo aquilo que viu, e isso porque o filme é a descrição de uma vida inteira, a trajetória do herói desde o nascimento até a morte. Então, um enfoque dado assim é naturalmente crítico, no sentido de que o público vê alguém que vive e morre, e é levado a pensar sobre a utilidade, o valor, o significado dessa vida.[39]

Em 1978, 29 de setembro, o crítico teatral Sábato Magaldi, em sua colaboração no *Jornal da Tarde* de São Paulo, debruçava-se sobre *Macunaíma*, peça teatral do Grupo Pau Brasil, dirigida por Antunes Filho, que estreara no dia 20 desse mês, no Teatro São Pedro, na rua Dr. Albuquerque Lins, 207. O edifício de arquitetura eclética na região central de São Paulo, reduto da cena de vanguarda nos anos 1960, não ficava muito distante da rua Lopes Chaves, 546, na Barra Funda, onde residiu Mário de Andrade. Segundo o crítico, os espectadores puderam ter a oportunidade de presenciar a "primeira criação coletiva brasileira plenamente sucedida no teatro brasileiro".[40] Décio de Almeida Prado, observando, nos anos 1970, o teatro alternativo que propunha "vivências específicas" do trabalho "em equipe e para a equipe", destaca a qualidade de algumas companhias no período. Os grupos Asdrúbal Trouxe o Trombone, do Rio de Janeiro, encenando *Trate-me leão* (1977), e Pessoal do Victor produzindo *Na carreira do divino* (1979), de Carlos Alberto Soffredini, em São Paulo, podiam ser incluídos entre "as mais originais representações" daquele tempo. Completa a avaliação: "não falta no haver desta tendência nem mesmo uma obra-prima, a transcriação para o palco, feita por Jacques Thiériot e Antunes Filho, do *Macunaíma* de Mário de Andrade".[41]

"*Macunaíma* foi para mim um ponto de decisão", explica Antunes Filho, em entrevista. A ditadura se estendendo, "os autores mais interessantes estavam proibidos, as peças mais interessantes estavam proibidas", e havia restado aos artistas de teatro, segundo ele, a opção pelos espetáculos meramente comerciais (o "teatrinho de quarenta dias"), a "sobrevivência" nos trabalhos para televisão, ou um forçado alheamento, fosse o exílio, fosse a autoaniquilação, no refúgio alienante dos bares. Diante do impasse, a rapsódia provocara nele um salto criativo, direcionando-o para algum tipo de participação, portanto de resistência. Era um "ato de fé". Esclarece: "o que eu consegui com *Macunaíma* foi convencer a garotada a tentar um espetáculo que tivesse um sentido, que devolvesse a fé outra vez, na arte, num país que passava por um estado de exceção, devido à censura". Por meio da obra de Mário de Andrade, vislumbrou "entender a gênese, o caráter do homem brasileiro". Acreditava estar cumprindo, com esse trabalho inovador, um papel social, dando uma "resposta" a ele mesmo e "aos outros seres humanos", um "compromisso com o povo brasileiro: abrir trilhas", embora não chegasse a saber bem "que trilhas [eram] essas, elaboradas no campo da arte". Voltava-se, assim, para discutir "essências da realidade brasileira", dando vazão ao verdadeiro sentido de sua existência: "vivo inquieto e sou inquieto".[42]

Para Antunes Filho, ter levado *Peer Gynt* de Ibsen aos palcos, em 1971, pavimentara seu caminho em direção a *Macunaíma*, intuindo entre as duas obras "muito paralelo".[43] Tinha em conta ainda a peça *Vida e época de Dave Clark*,[44] do estadunidense Bob Wilson, a que ele assistira no Theatro Municipal paulistano, em 1974, sem mesmo ter contido um grito de exultação. Em 1978, a qualidade de sua atuação como diretor era amplamente reconhecida, tendo levado aos palcos, entre tantas outras peças, *As feiticeiras de Salém*, de Arthur Miller, em 1960; *Vereda da salvação*, de Jorge Andrade, em 1964; *A megera domada*, de Shakespeare, em 1965; *Bodas de sangue*, de García Lorca, em 1973; *Esperando Godot*, de Samuel Beckett, em 1977, fazendo jus a diversos prêmios. A sugestão de encenação de *Macunaíma* viera de Thiériot, diretor da Aliança Francesa de São Paulo, o tradutor da rapsódia para o francês, que seria editada pela Flammarion de Paris, em 1979. Trocava a cena profissional por mergulhos no teatro experimental. A Comissão Estadual de Teatro, que o contratara, facultava-lhe ousados voos no ensino da interpretação no Sindicato dos Artistas.

A recriação de *Macunaíma*, segundo Antunes Filho — "uma obra literária que ninguém entendia" —, resultou de intensa laboração. Iniciou-se a partir de "cenas improvisadas", o diretor instigando os atores novatos, propiciando-lhes autonomia criativa. Em grupos, os alunos incumbiam-se de explorar passagens da obra. As "cenas" construídas, no final do processo de explosão inventiva, dariam para "seis horas de espetáculo". Os ensaios estendiam-se por até dez horas, entrando pela noite. Dos exercícios de interpretação, para a dramaturgia:

> Aí, a gente chamou [...] Thiériot. "Fica ali na mesinha escrevendo", outro ficava fazendo a cena, e foi assim. Foi assim que foi criado, na base da improvisação o tempo todo. E depois eu precisava armar também as cenas, para dar o fluxo. Eu dava, aí ele pegava e colocava dentro das especificações solicitadas pelo sr. Mário de Andrade.

O trabalho coletivo radicava-se em "muita pesquisa", em escutas e interações: "muito vídeo, tudo que é livro, milhões de fotografias. Índios também: quando vinham para São Paulo, a gente trazia para o ensaio. Os irmãos [Cláudio e Orlando] Villas-Boas [sertanistas] também foram de muita ajuda para a gente".[45] Claude Lévi-Strauss e seu *Tristes trópicos*, o marxista húngaro Georges Politzer, autor de *Princípios elementares de filosofia* e de *Filosofia e mito*, assim como o pensamento zen-budista, integravam a bibliografia de mais de 140 títulos explorados pelo grupo.[46] Recorreu-se a Erasmo Magalhães, professor de Tupi na Universidade de São Paulo. Estudiosos da obra de Mário de Andrade, como Telê Ancona Lopez, professora da USP, também foram chamados para colaborar. Dona Maria de Lourdes, irmã de Mário de Andrade, aos 77 anos, acompanhou o ensaio público, os convidados em cadeiras arrodeando a encenação.

Em sua estreia, formado o Grupo Pau Brasil, *Macunaíma* trazia no papel do herói Carlos Augusto (Cacá) Carvalho, ator revelação que o acaso encaminhara para a seleção de atores.[47] Na direção de arte, cenografia e figurinos, Naum Alves de Souza; na produção musical, Murilo Alvarenga. Naum valeu-se de materiais prosaicos (como jornais velhos) e os objetos cênicos iam saindo das mãos dos jovens artistas. Murilo incentivou igualmente o artesanato coletivo, na produção de instrumentos musicais rústicos. Novas sonoridades friccionavam-se com a produção erudita, valsas e óperas conhecidas, nutrindo paródias. A montagem estendia-se por quase quatro horas e meia. Houve, entre os críticos de jornal, quem dissesse que o espetáculo resultara tedioso ou irregular, mas a avaliação mais geral, arrebatada, distinguia uma obra-prima teatral. Sábato Magaldi, no *Jornal da Tarde*, aplaudia a "festa incrível no palco", distinguindo o "reinado" dos atores, em sua vigorosa interação com o público. Observa a cenografia desornamentada ("despojamento clássico"), em tudo diferente da que se tinha visto no "belo filme" de Joaquim Pedro, que "se encharcava da linguagem do Tropicalismo e da Antropofagia". Admira os movimentos das personagens, "massas inteligentemente equilibradas".[48]

No programa do espetáculo, Isa Kopelman, assistente de direção, explicitava o diálogo pretendido com Mário de Andrade, intérprete da realidade brasileira. Macunaíma, sucumbindo indestinado, representava um "enigma incômodo: nosso encontro coletivo, nossa utopia, esfacelada, destruída".[49] Figurava, nesses termos, um herói trágico, percepção enfatizada pela crítica, que traça a ponte entre os descaminhos do passado e a experiência contemporânea. Nirlando Beirão, na revista *IstoÉ*, apontava a "dimensão trágica do homem da terra, que, apesar de sua autocelebrada malícia e esperteza, sai, no fim, derrotado, massacrado, destruído. A propósito, quem perguntou sobre a atualidade de Macunaíma?".[50] Macksen Luiz, no *Jornal do Brasil*, recupera questões candentes que o haviam tomado de assalto: "Metáfora da pureza indígena perdida? Autofagia dos valores nacionais? Radiografia do processo de colonização? Protesto contra a expressão nacional manipulada do exterior?".[51] A escolha infecunda feita pelo herói (o vasto campo do céu), pensada em termos de "falha trágica", levava Antunes Filho a refletir sobre a personagem e a oportunidade de presentificá-la: "sua falha é a fome. [...] Fome de comida, fome de conhecimento. Isso é o que Mário de Andrade fala em todo o seu livro, a grande miséria brasileira. Pois desde 1928 nossa fome continua a mesma. Ganhamos talvez alguns direitos mais, mas a fome continua igual".[52] Jefferson Del Rios, na *Folha de S.Paulo*, distingue a dimensão pedagógica da peça: "a transformação da consciência do público passa pela exploração das suas reservas de fantasia".[53] Se a dimensão social adquiria relevo, favorecendo reflexões, a crítica devotou-se igualmente a pensar a originalidade e a potência artística da montagem, as relações entre arte e Estado (*Macunaíma*, para sua realização, recebera aporte financeiro da Secretaria de Cultura, Ciência e Tecnologia do Estado de São Paulo) etc.

Macunaíma conquistou prêmios APCA, Mambembe, Ziembinski e Molière, que distinguiram, principalmente, a direção, a cenografia e a atuação de Cacá Carvalho. Recebeu, ainda, a indicação do Serviço Nacional de Teatro (SNT) como um dos melhores espetáculos de 1978. A peça retornaria aos palcos, Antunes Filho à frente do Centro de Pesquisa Teatral do Sesc de São Paulo, em 1984, 1985 e 1987, com duração abreviada. Voltava a cada vez em nova configuração, sem pretender a manutenção de um elenco estável, diversificando cenografias, mas sempre com a boa acolhida do público, no Teatro Anchieta paulistano. Guardava, de acordo com Sábato Magaldi, em 1984, a "capacidade de surpreender".[54] Apresentou-se, em suas diferentes conformações artísticas, em dezessete países, 67 cidades estrangeiras e trinta brasileiras.[55]

Em 2010, em um olhar retrospectivo, Antunes Filho compreendeu as peças sob sua direção como gestos de intervenção na realidade: "em todo espetáculo, procuro discutir alguma coisa viva, que interfira no meu cotidiano".[56] Embora *Macunaíma* suscite densos empuxos introspectivos, talhando o acordar de uma percepção crítica em relação à realidade brasileira, a montagem não se limitou a explicitar uma "função social". Teatro para ele é uma forma de reencontro com o humano. E é também um "grande jogo".[57] Ambas as dimensões se enraízam na obra de Mário de Andrade. O arte-fazer possui uma ética e uma poética. O processo criativo também é uma força criadora. Cláudia Beatriz Carneiro Araújo expressa lapidarmente a singularidade da "recriação" cênica de *Macunaíma:*

> ao traduzir a poesia contida na narrativa em uma transposição de signos, Antunes produz uma recriação, não uma cópia idêntica da rapsódia ou uma fôrma para colocá-la, servindo aos interesses políticos da época, mas a repetição do próprio ato de criação de Mário de Andrade, quebrando assim, a muralha interpretativa que se instaurou ao redor do livro modernista e, portanto, confirmando o potencial artístico da rapsódia, que se repete no teatro.[58]

Em 2018, noventa anos depois da publicação de *Macunaíma*, a cantora, instrumentista e atriz Iara Rennó leva ao palco a *Macunaíma Ópera Tupi — Trans_criação* da obra de Mário de Andrade. Duas horas e meia de música, dança, interpretação, artes visuais, com Iara e Gert Seewald à frente da direção artística, 22 artistas no palco do Sesc Vila Mariana em São Paulo, entre 6 e 10 de fevereiro. A impactante produção originara-se do álbum *Macunaíma Ópera Tupi*, do selo fonográfico do Sesc, lançado dez anos antes, e de uma primeira bem-sucedida materialização cênica das canções, em 2010, no Teatro Oficina Uzyna Uzona. O professor de literatura e crítico musical José Miguel Wisnik, em face do "ambicioso espetáculo" a que assistira, ilumina os mecanismos inventivos impulsionados pela artista:

> Iara não quer narrar nada, não quer contar mais uma vez a famigerada história do herói sem nenhum caráter. Ela extrai de *Macunaíma* aqueles fragmentos de cantilenas mântricas, aqueles vestígios de música que estão no livro [...] por toda parte, e nos envolve num banho hipnótico que é pura atmosfera de palavras-sons. Entra no livro por uma orla menos consciente dele, mas que é a chave de tudo, no caso desse escritor músico.[59]

Tempos e criações entrelaçados. O jovem compositor Camargo Guarnieri, em maio de 1939, escrevia a Mário de Andrade, lembrando-o: "uma feita você me prometeu transformar uma passagem do *Macunaíma* em uma ópera. No que ficou a promessa?".[60] O escritor logrou esboçar o plano de uma "ópera em seis quadros", em duas páginas datilografadas, preservando-as em seu arquivo. Na recriação, privilegiava a ligação de Macunaíma com Ci, Mãe do Mato, fixando-se na experiência amorosa e no luto, ficando inteiramente ausentes as peripécias em torno do amuleto Muiraquitã e as viagens a São Paulo e ao Rio de Janeiro. No resumo de cada uma das partes ("Macunaíma imperador", "Amores de Macunaíma", "Filho de Ci", "O Guaraná", "Tristura de Macunaíma", "A Iara"), Mário imagina a cenografia, sugestões de falas (advertindo: "estou dando só sínteses das frases") e andamentos músico-instrumentais, visualizando a movimentação de massas vocais ("a cena do enterro bem desenvolvida

Cena de Macunaíma Ópera Tupi — Trans_criação, *de Iara Rennó, 2018.*

com danças, coros e solos das carpideiras"). A descrição permite uma boa visualização do fluxo de imagens, sugerindo soluções cênicas (a do ato sexual, "meio representada e meio dançada porque é preciso estilizar" para não "chocar ninguém"). O autor, no derradeiro ato, "A Iara", prevê dois possíveis encerramentos, concebendo sua ópera como experiência artística a desabrochar no ato de sua realização:

> [...] a Iara faz tais encantamentos que ele [Macunaíma] se atira na água e espirra água pra todos os lados. Vai anoitecendo. Entra um grupo de sacis (ou sai da água meio corpo um grupo de iaras e em grandes gargalhadas se ri do herói que foi enganado [...] Danças corais. Afinal se escuta um grito que afugenta as iaras (ou os sacis, veja como prefere) e aparece um braço de Macunaíma depois outro e afinal Macunaíma inteiro consegue sair pra fora d'água todo ferido e moribundo [...] E Macunaíma morre invocando a marvada [...] enquanto escuta o coral alegre das iaras.
>
> Agora pode ter outro final mais apoteótico. Macunaíma consegue se reerguer (é assim no romance, onde todas as personagens viram estrelas) e diz que não pode mais viver sem Ci. Então planta um cipó filho da Lua e no meio da cena nasce o cipó e por ele Macunaíma vai pros céus aos adeuses festivos dos manos e do coro das iaras.[61]

Em agosto de 1928, Mário de Andrade já havia se devotado à elaboração do libreto de uma "ópera-cômica num ato", inspirado no ciclo folclórico de Pedro Malazarte, partilhando a notícia com Manuel Bandeira. Desejava "um espetáculo musical bonito, movimentado cheio de possibilidades musicais e coloridas, nada mais". Seguia o mesmo princípio de sua rapsódia recém-publicada, ao embaralhar geografias culturais brasileiras, introduzindo na adaptação uma "ciranda amazônica passando por baiana em Santa Catarina". O libreto aguardava uma partitura de "Mozart Camargo Guarnieri, 21 anos, moderno, brasileiríssimo, inteligente".[62]

Em sua nova empreitada, a ópera *Macunaíma*, Mário instiga seu interlocutor: "estude bem tudo que vai aí e veja se não dá pra uma ópera interessante. Bem espetaculosa e bem rica de alegrias e dores e danças e música variada".[63] O repto ecoa temporalmente, encontrando em Iara Rennó não exatamente a concretização dessa proposta de encenação, mas de uma outra, enraizada na obra modernista, mas em diálogo frutífero com a contemporaneidade, suas indagações e demandas de novas soluções estéticas. A formação musical e a sociabilidade com artistas lhe permitiram, em sua graduação em Letras, perceber a "melodia" essencialmente entranhada na rapsódia de Mário de Andrade ("a prosa apresentou[-se a ela em] seu ritmo, sua ginga, cheia de rimas e aliterações, reverberações dos sons"), intuição confirmada na leitura dos estudos seminais de Gilda de Mello e Souza (*O tupi e o alaúde*, de 1979, explorando a suíte e a variação como processos musicais estruturantes da obra ficcional), de Haroldo de Campos, Telê Ancona Lopez e José Miguel Wisnik.[64] O "cancioneiro" de Iara ganhava vigorosos contornos entre 1999 e 2006, catorze composições. Detiveram-se tanto em passagens em prosa da narração (o trecho inaugural do livro, a lenda de Naipi, o episódio da surra em Venceslau Pietro Pietra, por meios mágicos, na macumba de tia Ciata) como nos versos e ditos linguísticos de extração folclórica nele aderidos. Apropriava-se da forma romanesca, permitindo-se rearticular trechos, a fim de favorecer a fluência e a expressividade no canto, mas não se autorizando a acrescentar formulações linguísticas estranhas à narrativa. Em seu horizonte de invenção, o amálgama, cruzando as linhas de força da milionária riqueza de sonoridades brasileiras, suas fontes estrangeiras, acomodamentos e rupturas, transfigurações estéticas incessantes: "as formas da música popular do Brasil se misturaram com tudo quanto é música contemporânea" que escutara, a imaginação sem peias "conservando e corrompendo a tradição, colando e recriando", à maneira do escritor em quem ela se espelhava.[65]

As músicas do álbum, levadas aos palcos, fabricam o amálgama de heterogêneas vertentes, aspirando evidenciar e superar os tensionamentos culturais, a partir de seguras experimentações. A dança dramática e outros registros do folclore (rodas infantis, ciranda, boi, embolada etc.), timbres regionais (frevo), as sintonias afrodiaspóricas sacras e profanas, os veios fundos da MPB, incluindo o inconfundível legado da geração Lira Paulistana, nos anos 1980, o tecno-pop das batidas eletrônicas, o rap em seu andamento vocal característico etc., mostram Iara empenhada em não "se restringir" a um "estilo musical ou a instrumentos únicos", aventura plenamente cumprida, com a colaboração das talentosas parcerias e vozes plurais convocadas por ela.[66] Instrumentos variadíssimos, em orquestração harmoniosa, articulam-se a aparentes ruídos e sons da natureza; ritmos e gêneros negaceiam seus estatutos, a compositora visando não apenas a originalidade, como também a densidade estética e crítica. Em cada faixa, o universo mariodeandradiano atualiza-se energicamente, para tocar em fibras do sentimento de pertença coletivo, na realidade dos desajustes na base e na formação da história nacional, para tangenciar arquétipos da existência humana, suas misérias e grandezas.

Walter Garcia, estudioso das relações entre literatura e música popular brasileira, nota, na faixa "Conversa", excepcional dueto (reversível) de Iara Rennó e Tom Zé, o refinamento da fusão de ritmos e sua textura complexa. Na base dessa mistura de ritmos, um padrão predomina, servindo de modelo para a melodia do canto. Esse padrão (ou clave) é chamado de *tresillo* e está na base da embolada, do coco, do samba de roda, entre outros gêneros, mas de todos se distancia com inaudita originalidade, ao incorporar até mesmo o sintetizador. No espetáculo de 2010, "Conversa" associa à apresentação musical a imagem dos desajustes sociais percebidos nas grandes cidades, ao trazer para a cena a figuração dos excluídos que dormem nas ruas, que estão nos faróis com os malabares, lançados com violência à margem.[67] *Macunaíma* de Iara também coloca em pauta questões raciais e de gênero, impondo a superação de realidades injustas. *Macunaíma*, no espetáculo de 2018, será representado por ela própria e por outros "corpos", como "o da multiartista transgênero Aretha Sadick, do artista macuxi Jaider Esbell, das cantoras Luz Marina e Vanessa Negravat".[68] Mostrava-se consciente de explorar "material [...] repleto de alimento para as discussões de gênero, raça, cultura nacional, identidade e tudo o mais. A própria música, literatura, teatro, dança".[69]

O *Macunaíma* de Joaquim Pedro de Andrade, o de Antunes Filho e o de Iara Rennó nascem a partir da criação de Mário de Andrade, mas anseiam provocar novas indagações. Resultam de fôlego coletivo, ao envolver equipes afinadas e talentosas. Engendram diálogos intertextuais e processos intersemióticos, descolando-se da obra modernista, ao ensejar (re)invenções substanciosas e inovadoras. Resultam, portanto, autônomas e contemporâneas do tempo de sua produção, perquirindo a inquieta polissemia da personagem e de sua (triste) história. Apenas circunstancialmente orbitam em torno da ficção datada de 1928, porque se constituem elas próprias matrizes, excepcionais mecanismos geradores de ideias, posturas, sentimentos, ultrapassando fronteiras geográficas, interessando a amplos estratos geracionais. Por meio dessas três obras-primas da cultura brasileira, Mário segue instaurando diálogos profícuos na seara da literatura, das artes visuais, da música, da vida social e política brasileira. A rapsódia instigava o autor, escapulindo de suas mãos, recusando uma cristalização. *Macunaíma*, em sua ambiguidade e ambivalência, incita reações multifárias, forja-se enquanto esfinge, devorando-nos e sendo devorado.

Este ensaio, à luz de Clio, rapsódico e polifônico, entretecendo tantas vozes autorais, também reconhece Macunaíma, desassossegadamente multiplicado, nas criações de Tarsila, Carybé, Pedro Nava, Arlindo Daibert, Rita Loureiro, nos quadrinhos (HQ) de Ângelo Abu e Dan X, nos saltos transcriativos de músicos, de ficcionistas, de poetas, de autores teatrais (o *Macunaíma — Uma rapsódia musical*, de Veronica Stigger, dirigido por Bia Lessa, em 2019, por exemplo). Reconhece "o herói de nossa gente" na concepção estética, crítica e lúdica da memorável exposição *Coração dos Outros! Saravá, Mário de Andrade*, no Sesc Belenzinho de São Paulo, em 1999. E no *Makunaimã: o mito através do tempo* (Editora Elefante, 2019), dramaturgia reflexiva coletivamente construída, que dá voz a Mário de Andrade e que nos interpela. E ainda nas dramatizações viscerais de Pascoal da Conceição. *Macunaíma* redivivo. Quatro vezes “trezentos, trezentos-e-cinquenta” Macunaímas.[70]

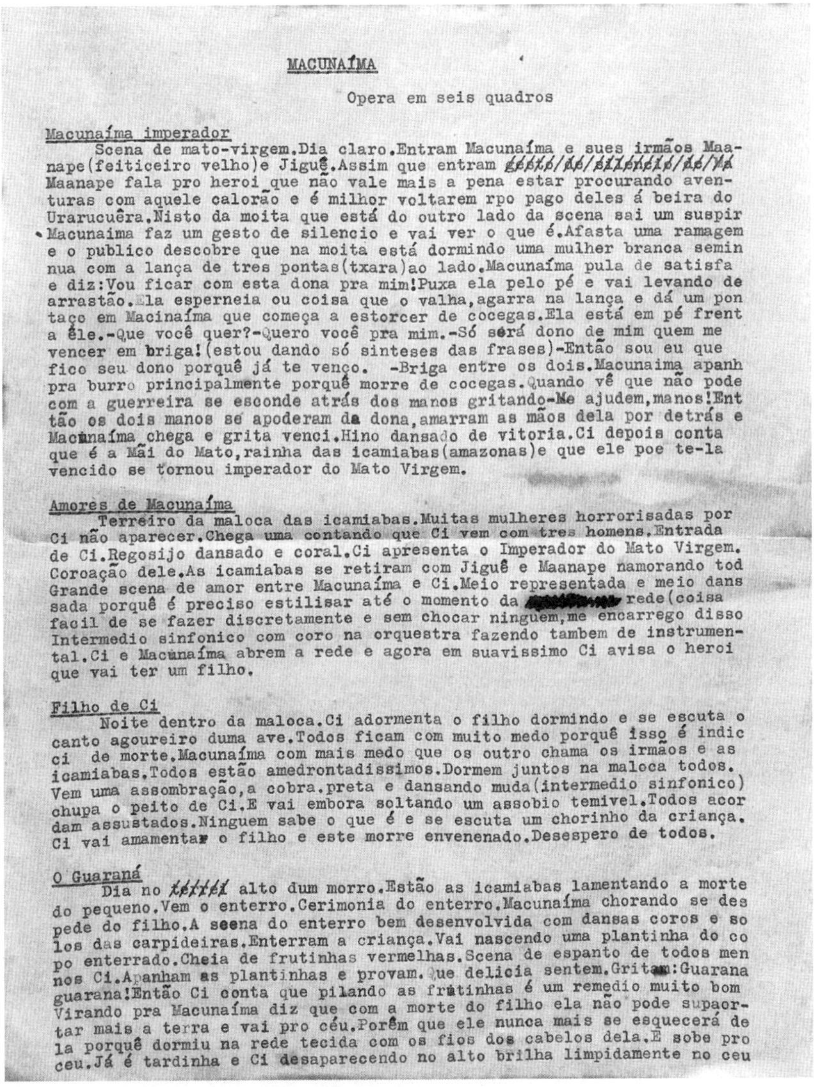

MACUNAÍMA

Opera em seis quadros

Macunaíma imperador

Scena de mato-virgem.Dia claro.Entram Macunaíma e sues irmãos Maa-
nape(feiticeiro velho)e Jiguê.Assim que entram ~~gesto de silencio de Ma~~
Maanape fala pro heroi que não vale mais a pena estar procurando aventuras com aquele calorão e é milhor voltarem rpo pago deles á beira do
Urarucuêra.Nisto da moita que está do outro lado da scena sai um suspir
Macunaima faz um gesto de silencio e vai ver o que é.Afasta uma ramagem
e o publico descobre que na moita está dormindo uma mulher branca semin
nua com a lança de tres pontas(txara)ao lado.Macunaíma pula de satisfa
e diz:Vou ficar com esta dona pra mim!Puxa ela pelo pé e vai levando de
arrastão.Ela esperneia ou coisa que o valha,agarra na lança e dá um pon
taço em Macinaíma que começa a estorcer de cocegas.Ela está em pé frent
a êle.-Que você quer?-Quero você pra mim.-Só será dono de mim quem me
vencer em briga!(estou dando só sinteses das frases)-Então sou eu que
fico seu dono porquê já te venço. -Briga entre os dois.Macunaima apanh
pra burro principalmente porquê morre de cocegas.Quando vê que não pode
com a guerreira se esconde atrás dos manos gritando-Me ajudem,manos!Ent
tão os dois manos se apoderam da dona,amarram as mãos dela por detrás e
Macunaíma chega e grita venci.Hino dansado de vitoria.Ci depois conta
que é a Mãi do Mato,rainha das icamiabas(amazonas)e que ele poe te-la
vencido se tornou imperador do Mato Virgem.

Amorès de Macunaíma

Terreiro da maloca das icamiabas.Muitas mulheres horrorisadas por
Ci não aparecer.Chega uma contando que Ci vem com tres homens.Entrada
de Ci.Regosijo dansado e coral.Ci apresenta o Imperador do Mato Virgem.
Coroação dele.As icamiabas se retiram com Jiguê e Maanape namorando tod
Grande scena de amor entre Macunaíma e Ci.Meio representada e meio dans
sada porquê é preciso estilisar até o momento da [redacted] rede(coisa
facil de se fazer discretamente e sem chocar ninguem,me encarrego disso
Intermedio sinfonico com coro na orquestra fazendo tambem de instrumen-
tal.Ci e Macunaíma abrem a rede e agora em suavissimo Ci avisa o heroi
que vai ter um filho.

Filho de Ci

Noite dentro da maloca.Ci adormenta o filho dormindo e se escuta o
canto agoureiro duma ave.Todos ficam com muito medo porquê isso é indic
ci de morte.Macunaíma com mais medo que os outro chama os irmãos e as
icamiabas.Todos estão amedrontadissimos.Dormem juntos na maloca todos.
Vem uma assombração,a cobra.preta e dansando muda(intermedio sinfonico)
chupa o peito de Ci.E vai embora soltando um assobio temivel.Todos acor
dam assustados.Ninguem sabe o que é e se escuta um chorinho da criança.
Ci vai amamentar o filho e este morre envenenado.Desespero de todos.

O Guaraná

Dia no ~~terrei~~ alto dum morro.Estão as icamiabas lamentando a morte
do pequeno.Vem o enterro.Cerimonia do enterro.Macunaíma chorando se des
pede do filho.A scena do enterro bem desenvolvida com dansas coros e so
los das carpideiras.Enterram a criança.Vai nascendo uma plantinha do co
po enterrado.Cheia de frutinhas vermelhas.Scena de espanto de todos men
nos Ci.Apanham as plantinhas e provam.Que delicia sentem.Gritam:Guarana
guarana!Então Ci conta que pilando as frutinhas é um remedio muito bom
Virando pra Macunaíma diz que com a morte do filho ela não pode supaor-
tar mais a terra e vai pro céu.Porêm que ele nunca mais se esquecerá de
la porquê dormiu na rede tecida com os fios dos cabelos dela.E sobe pro
ceu.Já é tardinha e Ci desaparecendo no alto brilha limpidamente no ceu

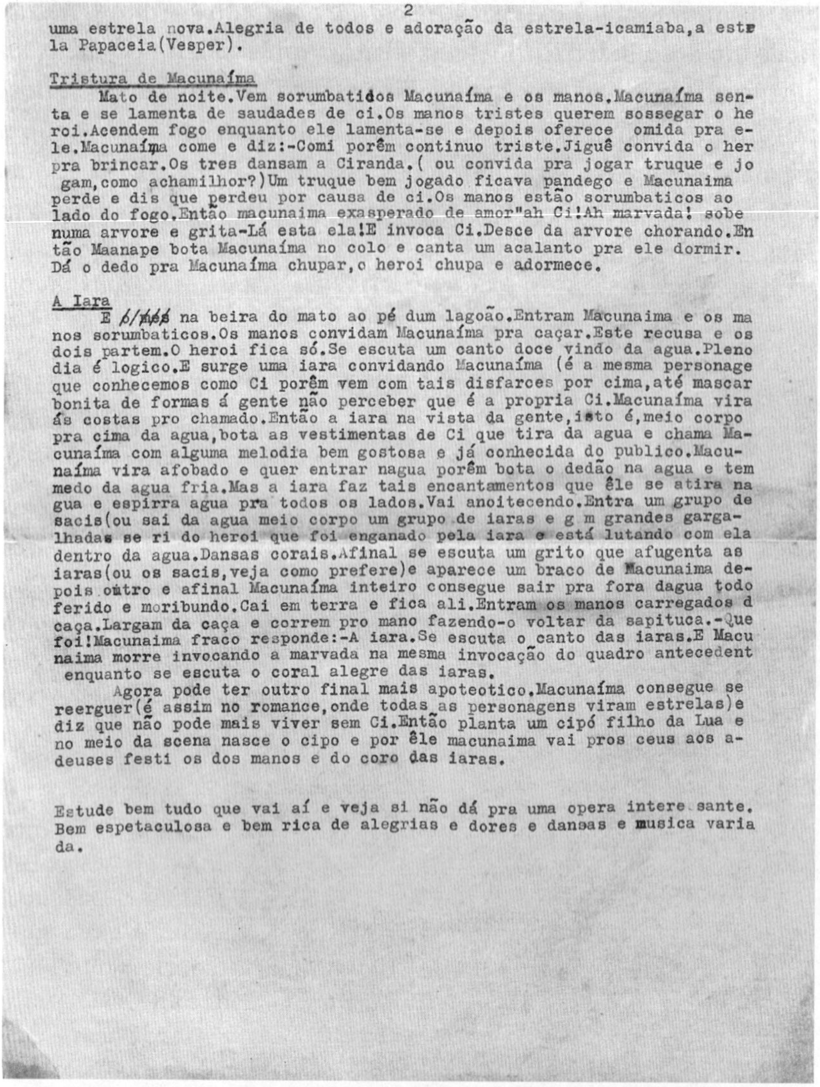

2

uma estrela nova.Alegria de todos e adoração da estrela-icamiaba,a estr la Papaceia(Vesper).

Tristura de Macunaíma

Mato de noite.Vem sorumbatidos Macunaíma e os manos.Macunaíma senta e se lamenta de saudades de ci.Os manos tristes querem sossegar o heroi.Acendem fogo enquanto ele lamenta-se e depois oferece omida pra ele.Macunaíma come e diz:-Comi porêm continuo triste.Jiguê convida o her pra brincar.Os tres dansam a Ciranda.(ou convida pra jogar truque e jogam,como achamilhor?)Um truque bem jogado ficava pandego e Macunaima perde e dis que perdeu por causa de ci.Os manos estão sorumbaticos ao lado do fogo.Então macunaima exasperado de amor"ah Ci!Ah marvada! sobe numa arvore e grita-Lá esta ela!E invoca Ci.Desce da arvore chorando.Então Maanape bota Macunaíma no colo e canta um acalanto pra ele dormir. Dá o dedo pra Macunaíma chupar,o heroi chupa e adormece.

A Iara

E ~~d/~~ ~~dia~~ na beira do mato ao pé dum lagoão.Entram Macunaima e os manos sorumbaticos.Os manos convidam Macunaíma pra caçar.Este recusa e os dois partem.O heroi fica só.Se escuta um canto doce vindo da agua.Pleno dia é logico.E surge uma iara convidando Macunaíma (é a mesma personage que conhecemos como Ci porêm vem com tais disfarces por cima,até mascar bonita de formas á gente não perceber que é a propria Ci.Macunaíma vira ás costas pro chamado.Então a iara na vista da gente,isto é,meio corpo pra cima da agua,bota as vestimentas de Ci que tira da agua e chama Macunaíma com alguma melodia bem gostosa e já conhecida do publico.Macunaíma vira afobado e quer entrar nagua porêm bota o dedão na agua e tem medo da agua fria.Mas a iara faz tais encantamentos que êle se atira na gua e espirra agua pra todos os lados.Vai anoitecendo.Entra um grupo de sacis(ou sai da agua meio corpo um grupo de iaras e g m grandes gargalhadas se ri do heroi que foi enganado pela iara e está lutando com ela dentro da agua.Dansas corais.Afinal se escuta um grito que afugenta as iaras(ou os sacis,veja como prefere)e aparece um braco de Macunaima depois outro e afinal Macunaíma inteiro consegue sair pra fora dagua todo ferido e moribundo.Cai em terra e fica ali.Entram os manos carregados d caça.Largam da caça e correm pro mano fazendo-o voltar da sapituca.-Que foi!Macunaima fraco responde:-A iara.Se escuta o canto das iaras.E Macunaima morre invocando a marvada na mesma invocação do quadro antecedent enquanto se escuta o coral alegre das iaras.

Agora pode ter outro final mais apoteotico.Macunaíma consegue se reerguer(é assim no romance,onde todas as personagens viram estrelas)e diz que não pode mais viver sem Ci.Então planta um cipó filho da Lua e no meio da scena nasce o cipo e por êle macunaima vai pros ceus aos adeuses festi os dos manos e do coro das iaras.

Estude bem tudo que vai aí e veja si não dá pra uma opera intere sante. Bem espetaculosa e bem rica de alegrias e dores e dansas e musica variada.

Datiloscrito de Mário de Andrade, "Macunaíma/ Ópera em seis quadros".

NOTAS

1. Lígia Fernandes (Org.), *Mário de Andrade escreve cartas a Alceu, Meyer e outros*. Rio de Janeiro: Editora do Autor, 1968, pp. 49-57.
2. Cf. "Considerações em cartas: 1927-1945". In: Mário de Andrade, *Macunaíma o herói sem nenhum caráter*. Ed. crítica de Telê Ancona Lopez. 2. ed. Madri: ALLCA XX, Universidade de Paris X, 1996, pp. 490-519. Col. Archivos. Todos os trechos de cartas de Mário de Andrade a diversos remetentes citados na sequência encontram-se no referido capítulo da obra. As citações que não estão nele receberam notas específicas.
3. Fontes e intertextos de *Macunaíma* foram explicitados, extensivamente, em *Roteiro de Macunaíma* (1955), de Manuel Cavalcanti Proença. Telê Ancona Lopez, estudiosa da marginália de Mário de Andrade, em *Macunaíma: A margem e o texto* (1974), ilumina a gênese da rapsódia, debruçando-se sobre os volumes da obra do etnógrafo alemão que pertenceram ao escritor modernista. A biblioteca de Mário, assim como seu acervo documental e coleção de artes visuais, pertence, desde 1968, ao patrimônio do Instituto de Estudos Brasileiros da Universidade de São Paulo.
4. Cf. "Considerações em cartas: 1927-1945", op. cit., p. 492.
5. Cf. fac-símile "Versão definitiva" — 1927. In: Mário de Andrade, *Macunaíma o herói sem nenhum caráter*, op. cit., p. 447.
6. Carta de Mário de Andrade a José Osório de Oliveira, 10 de março de 1933. In: Arnaldo Saraiva, *Modernismo brasileiro e modernismo português: Subsídios para o seu estudo e para a história das suas relações*. Campinas: Ed. da Unicamp, 2004, p. 392.
7. Mário de Andrade, *Dicionário musical brasileiro*. Coord. de Oneyda Alvarenga; Flávia Camargo Toni. Belo Horizonte: Itatiaia; São Paulo: Instituto de Estudos Brasileiros da Universidade de São Paulo; Edusp; Brasília: Ministério da Cultura, 1989, p. 427.
8. Ensina Telê Ancona Lopez: "O que Mário chama de 'valores circunstanciais de raça' são, na realidade os do povo, porque o escritor, assim como seus contemporâneos, confunde continuamente a aplicação de ambos os conceitos. E os valores do povo encontram-se magnificamente autoespelhados na literatura popular. Ela é o ponto de contato mais expressivo no relacionamento do escritor com o povo brasileiro, a quem conhece, mais pela análise de suas projeções na criação artística, que por uma sistemática sociológica". Telê Ancona Lopez, *Macunaíma: A margem e o texto*. São Paulo: Hucitec; Secretaria da Cultura, Esportes e Turismo, 1974, p. 12.
9. Processos escriturais de Mário de Andrade, na reelaboração da rapsódia, bem com as parcelas subtraídas da narrativa, podem ser conhecidos na edição crítica de *Macunaíma o herói sem nenhum caráter*, op. cit.

10. Em novembro de 1928, escrevendo ao jovem Rosário Fusco, na época ligado ao grupo da revista *Verde*, de Cataguases, Minas Gerais, Mário de Andrade orienta: "[...] tenha uma organização, não seja Macunaíma na vida que isso rebaixa o homem. [...] Eu quero quando você chegar na *força do Homem*, sentir olhando pra você e pra outros, ter esperança de ver o caráter, a nobreza, a organização, a força do homem, enfim, quotidianizados neste país desgraçado".
11. Mário de Andrade, "Notas diárias". *Mensagem*, Belo Horizonte, ano 2, n. 26, 24 jul. 1943. In: Mário de Andrade, *Macunaíma o herói sem nenhum caráter*, op. cit., p. 525.
12. Carta de Mário de Andrade a João Etienne Filho, 8 de janeiro de 1944. In: João Etienne Filho; Mário de Andrade, *Cartas do Irmão maior*. Belo Horizonte: Mazza Edições, 1994, p. 38.
13. Carta de Mário de Andrade a Álvaro Lins, 22 de maio de 1943. In: *Cartas de Mário de Andrade a Álvaro Lins*. Org. e comentários de José César Borba e Marco Morel. Rio de Janeiro: José Olympio, 1983, pp. 76; 84-5.
14. Carta de Mário de Andrade a Manuel Bandeira, 10 de outubro de 1924. In: *Correspondência Mário de Andrade & Manuel Bandeira*. Org. de Marcos Antonio de Moraes. São Paulo: Edusp; IEB-USP, 2001, p. 137.
15. Carta de Mário de Andrade a Álvaro Lins, 24 de março de 1942. In: *Cartas de Mário de Andrade a Álvaro Lins*, op. cit., p. 47.
16. Carta de Mário de Andrade a Sousa da Silveira, 15 de fevereiro de 1935. In: Lígia Fernandes (Org.), *Mário de Andrade escreve cartas a Alceu, Meyer e outros*, op. cit., p. 148.
17. Carta de Mário de Andrade a Sousa da Silveira, 26 de abril de 1935. In: Lígia Fernandes (Org.), *Mário de Andrade escreve cartas a Alceu, Meyer e outros*, op. cit., p. 167.
18. Carta de Mário de Andrade a Sousa da Silveira, 15 de fevereiro de 1935. In: Lígia Fernandes (Org.), *Mário de Andrade escreve cartas a Alceu, Meyer e outros*, op. cit., p. 149.
19. Euclides da Cunha, Discurso de posse na Academia Brasileira de Letras, em 18 de dezembro de 1906. Disponível em: <https://www.academia.org.br/academicos/euclides-da-cunha/discurso-de-posse>. Acesso em: 12 nov. 2021.
20. Cf. Carta de Mário de Andrade a Álvaro Lins, 24 de março de 1942. In: *Cartas de Mário de Andrade a Álvaro Lins*, op. cit., p. 47.
21. Mário de Andrade preservou em seu arquivo duas fichas que fazem referência a Valentim Magalhães. No tópico "Literatura Brasileira": "Trechos" e "Crítica Individual". Neste último, a indicação: "Dados por A. Motta R. do B. 1920, V". Fundo Mário de Andrade, IEB-USP.
22. Arthur Motta, "[Valentim Magalhães] Notícia biográfica e subsídios para um estudo crítico". *Revista do Brasil*, São Paulo/ Rio de Janeiro, n. 53, pp. 57-66, maio 1920. Agradeço a Tânia Regina de Luca pelo envio de cópia do texto.

23. Carta de Mário de Andrade a Álvaro Lins, 22 de maio de 1943. In: *Cartas de Mário de Andrade a Álvaro Lins*, op. cit., pp. 76-7.
24. Carta de Mário de Andrade a Andrade Muricy, 6 de agosto de 1936. Fundo Andrade Muricy, Fundação Casa de Rui Barbosa, Arquivo-Museu de Literatura Brasileira (AMLB).
25. Carlos Drummond de Andrade, "O filme, as garotas". *Jornal do Brasil*, Rio de Janeiro, 13 nov. 1969.
26. Em 1957, circula a edição de *Macunaíma* impressa pela Sociedade dos Cem Bibliófilos do Brasil, ilustrada com 43 águas-fortes de Carybé; e em 1962, 1965 e 1969, novas tiragens da Livraria Martins Editora de São Paulo. Cf. "Edições de *Macunaíma* [1928-1978]". In: Mário de Andrade, *Macunaíma o herói sem nenhum caráter*. Ed. crítica de Telê Porto Ancona Lopez. Rio de Janeiro: Livros Técnicos e Científicos; São Paulo: Secretaria da Cultura, Ciência e Tecnologia, 1978.
27. "Com a palavra Joaquim Pedro de Andrade". In: Encarte DVD *Macunaíma*. DVD Vídeo/ Video Filmes, 2006.
28. Cf. Leonor Souza Pinto, "Dezesseis anos de luta contra a censura". In: Encarte DVD *Macunaíma*, op. cit. Esse importante texto documenta as vicissitudes enfrentadas pelo filme, em sua difusão no cinema e na televisão, de 1969 a 1985.
29. Thereza Cezário Alvim, "Joaquim Pedro de Andrade: *Macunaíma* é indomável". *Correio da Manhã*, Rio de Janeiro, 31 ago. 1969. 2º Caderno, p. 3.
30. Id., ibid. Randal Johnson, em *Literatura e cinema. Macunaíma: Do modernismo na literatura ao cinema novo* (São Paulo: T. A. Queiroz, 1982, p. 181), em vista da ostensiva adesão do diretor ao pensamento antropofágico, considera que "o filme é Mário de Andrade e Oswald de Andrade 'revistos' por Joaquim Pedro de Andrade à luz da situação socioeconômica enfrentada pelo Brasil nos anos 60".
31. Heloisa Buarque de Hollanda, *Macunaíma: Da literatura ao cinema*. Rio de Janeiro: José Olympio; Embrafilme, 1978, p. 124.
32. Percepções críticas estampadas na seção "O filme em questão: *Macunaíma*". *Jornal do Brasil*, Rio de Janeiro, 7 nov. 1969. Caderno B.
33. "Com a palavra Joaquim Pedro de Andrade", op. cit.
34. Heloisa Buarque de Hollanda, *Macunaíma: Da literatura ao cinema*, op. cit., p. 67.
35. Id., ibid., p. 74.
36. "Joaquim Pedro de Andrade" apud Heloisa Buarque de Hollanda, *Macunaíma: Da literatura ao cinema*, op. cit., pp. 112-3.
37. Randal Johnson, *Literatura e cinema. Macunaíma: Do modernismo na literatura ao cinema novo*, op. cit., pp. 141; 143; 148.
38. Acerca do potencial político do filme, acrescento o depoimento inédito de Telê Ancona Lopez: "Amarga e áspera é a transposição de Joaquim Pedro, no

filme que principia e se fecha ao som da marcha *Desfile aos heróis do Brasil*, composta por Villa-Lobos, música pra banda, pra ser tocada na rua. Essa música anima o verde de tons múltiplos, borrados – o Brasil –, pano de fundo dos créditos do filme, na abertura; e, heroica, domina nas cenas finais quando o verde da roupa do Macunaíma estraçalhado pela uiara mistura-se ao sangue dele que brota no centro, um núcleo na tela de água verde-oliva! A música de Villa-Lobos glorifica, então, o sacrifício de heróis daquele momento; ultrapassa o enredo criado por Mário de Andrade, e dá lugar a outros 'heróis desta pátria', num filme realizado em 1969, em plena ditadura militar. A censura azucrinou, mas não percebeu a candente alegoria. E o mundo aclamou o *Macunaíma* de Joaquim Pedro".

39. Apud Randal Johnson, *Literatura e cinema. Macunaíma: Do modernismo na literatura ao cinema novo*, op. cit., pp. 176-7.
40. Sábato Magaldi, "Como se fosse um bom sonho, os personagens do livro mágico viram gente. E dão uma festa incrível no palco". *Jornal da Tarde*, São Paulo, 29 set. 1978. Apud Igor de Almeida Silva, "Macunaíma no palco: Itinerário de sua recepção". *Revista Investigações — Linguística e Teoria Literária*, Recife: Programa de Pós-graduação em Letras da Universidade Federal de Pernambuco, v. 21, p. 170, 2008.
41. Décio de Almeida Prado, *O teatro brasileiro moderno*. São Paulo: Perspectiva; Edusp, 1988, pp. 129-30.
42. "Antunes Filho revolucionando o teatro brasileiro com *Macunaíma* e *Nelson Rodrigues o Eterno Retorno*". Entrevista a Ana Lúcia Vasconcelos, em 1981. *Vitabreve: Revista Digital de Arte e Cultura*. Disponível em: <http://vitabreve.com/artigo/68/antunes-filho-revolucionando-o-teatro-brasileiro-com-macunaima-e-nelson-rodrigues-o-eterno-retorno/>. Acesso em: 21 jun. 2021.
43. Id., ibid. Em 21 de março de 1942, Mário de Andrade, escrevendo ao jovem Fernando Sabino, elenca obras que poderiam levá-lo a adquirir "uma cultura literária geral", livros que ele "carec[ia] conhecer e gostar". Entre os livros, indica a peça *Peer Gynt*, do norueguês Henrik Ibsen, publicada em 1867. Cf. *Cartas a um jovem escritor: De Mário de Andrade a Fernando Sabino*. Org. de Fernando Sabino. Rio de Janeiro: Record, 1981, p. 45.
44. A peça original de Robert Wilson intitula-se *The Life and Times of Joseph Stalin: An Opera*, título modificado no Brasil para burlar a censura.
45. "Antunes Filho [entrevistado] por Nelson de Sá e Marcelo Rubens Paiva". In: Adriano Schwartz (Org.), *Memórias do presente: 100 entrevistas do Mais! Conhecimento das artes*. São Paulo: Publifolha, 2003, pp. 536-8.
46. Carmelinda Guimarães, *Antunes Filho: Um renovador do teatro brasileiro*. Campinas: Ed. da Unicamp, 1998, p. 62.
47. Cf. "Entrevista concedida pelo ator Carlos [Cacá] Augusto Carvalho, em 19 jun. 2011". In: Márcio Alex Pereira, *De Mário de Andrade a Antunes Filho:*

A adaptação teatral de Macunaíma. Maringá: Universidade Estadual de Maringá, 2012, pp. 163-7. Dissertação (Mestrado em Letras).

48. Sábato Magaldi, "Como se fosse um bom sonho, os personagens do livro mágico viram gente. E dão uma festa incrível no palco". *Jornal da Tarde*, São Paulo, 29 set. 1978. Apud Igor de Almeida Silva, "Macunaíma no palco: Itinerário de sua recepção", op. cit., p. 169.
49. Apud Igor de Almeida Silva, "Macunaíma no palco: Itinerário de sua recepção", op. cit., p. 167.
50. Nirlando Beirão, "O herói levou 50 anos para subir ao palco, mas, enfim, São Paulo verá um Macunaíma trágico". *IstoÉ*, São Paulo, 20 set. 1978. Apud Igor de Almeida Silva, "Macunaíma no palco: Itinerário de sua recepção", op. cit., p. 167.
51. Macksen Luiz, "O teatro brasileiro está vivo e morando em São Paulo". *Jornal do Brasil*, Rio de Janeiro, 30 set. 1978. Apud Igor de Almeida Silva, "Macunaíma no palco: Itinerário de sua recepção", op. cit., p. 173.
52. Cf. Jairo Arco e Flexa, "Cada vez mais vivo". *Veja*, São Paulo, 27 set. 1978. Apud Igor de Almeida Silva, "Macunaíma no palco: Itinerário de sua recepção", op. cit., pp. 166-7.
53. Jefferson Del Rios, "Macunaíma: O endiabrado baile das artes dessa gente brasileira". *Folha de S.Paulo*, São Paulo, 23 out. 1978. Ilustrada. Apud Igor de Almeida Silva, "Macunaíma no palco: Itinerário de sua recepção", op. cit., p. 179.
54. Sábato Magaldi, "Macunaíma, seis anos depois: ainda uma surpresa". *Jornal da Tarde*. São Paulo, 4 maio 1984. Apud Carmelinda Guimarães, *Antunes Filho: Um renovador do teatro brasileiro*. Campinas: Ed. da Unicamp, 1998, p. 78. Cf. também, nessa obra, a ficha técnica dos espetáculos, pp. 155-9.
55. Carmelinda Guimarães, *Antunes Filho: Um renovador do teatro brasileiro*, op. cit., p. 64.
56. Entrevista a Fátima Saadi. *Revista Folhetim* — Teatro do Pequeno Gesto, Rio de Janeiro: Pão e Rosas, n. 29, 2010-2011. Apud Márcio Alex Pereira, *De Mário de Andrade a Antunes Filho*, op. cit., p. 81.
57. Cf. Entrevista de Antunes Filho no programa *Roda Viva*, da TV Cultura, em 1999.
58. Cláudia Beatriz Carneiro Araújo, *Revista Literatura em Debate*, Frederico Westphalen: Programa de Pós-Graduação — Mestrado em Letras da Universidade Regional Integrada do Alto Uruguai e das Missões, v. 5, n. 8, p. 259, jan./jul. 2011. Disponível em: <file:///C:/Users/morae/Downloads/595-2848-1-PB.pdf>. Acesso em: 12 nov. 2021.
59. José Miguel Wisnik, "Macunaópera" apud Iara Rennó, "Macunaíma Ópera Tupi — Trans_criação". Disponível em: <https://iararenno.com/macunaimaoperatupi.html>. Acesso em: 21 jun. 2021.

60. Carta de Camargo Guarnieri a Mário de Andrade, 13 de maio de 1939. In: Flávia Toni (Org., intr. e notas), "Correspondência Camargo Guarnieri–Mário de Andrade". In: *Camargo Guarnieri: O tempo e a música*. Org. de Flávio Silva. São Paulo: Funarte; Imprensa Oficial, 2001, p. 248.
61. "Macunaíma/ Ópera em seis quadros". Fundo Mário de Andrade, IEB-USP.
62. Carta de Mário de Andrade a Manuel Bandeira, 10 de setembro de 1928. In: *Correspondência Mário de Andrade & Manuel Bandeira*, op. cit., pp. 404-5. Cf. também Telê Ancona Lopez, "Mário de Andrade — Malazarte". *Revista do IEB*, São Paulo: IEB-USP, n. 33, pp. 33-50, 1992.
63. "Macunaíma/ Ópera em seis quadros". Fundo Mário de Andrade, IEB-USP.
64. Haroldo de Campos, *Morfologia do Macunaíma* (1973); Telê Ancona Lopez, *Macunaíma: A margem e o texto* (1974) e as edições críticas de *Macunaíma* (1978 e 1996); José Miguel Wisnik, "Cultura pela culatra" (2000).
65. Iara Rennó, "Macunaíma Ópera Tupi — Trans_criação". Disponível em: <https: //iararenno.com/macunaimaoperatupi.html>. Acesso em: 21 jun. 2021.
66. Cf. ficha técnica do álbum *Macunaíma Ópera Tupi*. Serviço Social do Comércio (Sesc), 2008.
67. Cf. Iara Rennó, "Conversa". Disponível em: <https://www.youtube.com/ watch?v=SWDbZ5nFPMA>. Acesso em: 21 jun. 2021.
68. Iara Rennó, "Macunaíma Ópera Tupi — Trans_criação". Disponível em: <https://iararenno.com/macunaimaoperatupi.html>. Acesso em: 21 jun. 2021.
69. Denise Soares, "Macunaóperaímatupi: uma 'satisfa enorme'". *Revista Re-produção*. Entrevista com Iara Rennó [agosto 2017]. Casa Guilherme de Almeida, São Paulo. Disponível em: <http://www.casaguilhermedealmeida.org.br/revista-reproducao/ver-noticia.php?id=85>. Acesso em: 21 jun. 2021.
70. Dedico este texto rapsódico a Telê Ancona Lopez e Tatiana Longo Figueiredo, revivendo nosso apaixonado cotidiano mergulho no acervo de Mário de Andrade, no Instituto de Estudos Brasileiros da Universidade de São Paulo. Expresso meu agradecimento a Carlos Augusto de Andrade Camargo.

OS HERDEIROS DA ANTROPOFAGIA

GONZALO AGUILAR

No dia 24 de outubro de 1964, o Suplemento Literário de *O Estado de S. Paulo*, dirigido por Antonio Candido, comemorou os dez anos da morte de Oswald de Andrade. Reunindo colaborações de Haroldo de Campos, Paulo Emílio Sales Gomes, Geraldo Ferraz, Sérgio Milliet, João Marschner, Flávio de Carvalho, Décio Pignatari, Benedito Nunes e uma pequena antologia de textos de Oswald, a publicação iniciava a reabilitação do escritor que, alguns anos depois, se transformaria em um clássico da literatura brasileira. Não que antes não o fosse, mas, se nos anos imediatamente posteriores à sua morte era como um busto de mármore nas galerias da história da literatura, a partir de 1964 se tornaria uma figura muito significativa e atual.

Nesse décimo aniversário de morte, iniciaram-se as reedições de vários de seus textos: em 1964, *Memórias sentimentais de João Miramar*, com estudos críticos de Antonio Candido e Haroldo de Campos (o que mostrava uma convergência entre modos de leitura muito diferentes), e, dois anos depois, *Poesias reunidas de Oswald de Andrade* e *A marcha das Utopias*, um extenso ensaio escrito no final de sua vida.[1] Em 1967, *O Rei da Vela* foi publicado e estreou no Teatro Oficina, com encenação de Zé Celso Martinez Corrêa. Sua presença se tornou cada vez maior nas revistas e seus manifestos ("Manifesto da Poesia Pau Brasil", de 1924, e "Manifesto Antropófago", de 1928) passaram a circular de mão em mão, chegando ao ponto de, em 1968, Torquato Neto e Gilberto Gil inserirem várias de suas frases em "Geleia geral". Essa canção foi incluída no disco *Tropicália ou panis et circenses*, que tem Oswald como uma de suas maiores inspirações. Mas talvez o mais significativo seja que muitas de suas frases se tornaram um barulho de fundo, cotidiano e insistente. No período de quatro anos, Oswald realizou um percurso meteórico que o situa no centro da cena cultural brasileira e o transforma em um autor contracanônico do cânone.

Alguns meses antes da publicação da homenagem em *O Estado de S. Paulo*, mais exatamente no dia 31 de março de 1964, ocorreu o golpe militar, dando início a uma ditadura no Brasil, que durou vinte anos. Embora esses fatos não se relacionem diretamente, sua coexistência explica, em certa medida, o lugar que Oswald de Andrade começa a ocupar na cultura brasileira. O autoritarismo do novo governo, que enfrentou a resistência de uma militância de esquerda de longa tradição, deu lugar também a um movimento contestador mais anarquista e inovador, que teve Oswald como ídolo.

A diferença entre *militante* e *aventureiro*, proposta por Roger Stephane e divulgada por Jean-Paul Sartre,[2] é válida aqui para os militantes que pensam sua ação a partir de uma razão constituída (dada pelo partido ou pelas organizações sociais) e para os aventureiros que se opõem ao poder de um modo menos disciplinado, mas igualmente explosivo. Oswald participou de ambas as categorias: foi um aventureiro vanguardista nos anos 1920, um militante comunista a partir de 1929 e buscou uma síntese fora do Partido Comunista a partir de 1945. Na avaliação de ambas as tendências em sua obra e em sua vida, é central o prefácio que escreveu para *Serafim Ponte Grande*, uma autocrítica feroz a seu passado vanguardista diante da veemente adesão ao Partido Comunista, mas que, nos anos 1960, será lida de modo invertido: aquilo de que Oswald se arrepende é o que seus leitores (os jovens aventureiros alimentados com a contracultura e a jovialidade) resgatam.[3] As frases "O anarquismo da minha formação" (p. 9) ou "Do meu fundamental anarquismo jorrava sempre uma fonte sadia, o sarcasmo" (p. 10), ditas com um tom um pouco pesaroso no prefácio, serão as mais citadas e celebradas a partir de 1964.[4] O "palhaço de classe" que Oswald lamentava ter sido era o que deleitava as gerações por vir em uma noção de anarquismo que, embora vaga, não era menos eficaz. Esse *anarquismo* não tinha raízes na militância do início do século xx, era mais uma atitude que ofereceu uma resposta em tempos de ditadura em pelo menos três aspectos: a crítica à autoridade e a toda forma de paternalismo; uma temporalidade que não se manifestava evolutivamente (como queria o desenvolvimentismo que os grupos de esquerda, e também alguns de direita, compartilhavam) e sim por sobrevivências, repressões e desvelamentos, e uma visão sarcástica, satírica ou crítica do nacionalismo, em favor de uma ampliação dos universalismos.

PRIMEIROS ARQUEJOS

No décimo aniversário da morte de Oswald de Andrade, não era a primeira vez que o legado do modernismo estava sendo revisado. A disputa em torno de sua herança havia começado muito antes: em 1942, quando se completaram vinte anos da Semana de Arte Moderna, os jornais estamparam rememorações, críticas e debates. Iniciou-se então uma série de balanços retrospectivos em um contexto — da Segunda Guerra Mundial — que não permitia entusiasmos e até mesmo questionava o ímpeto destrutivo das vanguardas (eram momentos em que a destruição da civilização tinha um significado muito mais atroz do que os artistas dos anos 1920 poderiam imaginar). O entusiasmo da Semana parecia muito distante e seu poder de intervenção estava totalmente esgotado. Por isso, não era casual que a compilação de entrevistas de Edgar Cavalheiro (que começou como uma série publicada em *O Estado de S. Paulo*) tivesse o melancólico título *Testamento de uma geração*, como se essa geração já estivesse morta, ou quase morrendo, e tivesse que deixar algo para seus sucessores — Oswald, que participou da coletânea, tinha então 52 anos.[5] A série foi publicada no jornal simultaneamente à publicação de outro balanço: o texto confessional "O movimento modernista", de Mário de Andrade, que se negou a participar da compilação de Edgar Cavalheiro. As anotações distanciadas do texto de Mário seriam reforçadas na conferência realizada em 30 de abril de 1942, no Itamaraty, a pedido da Casa do Estudante do Brasil.[6] Se o livro de Cavalheiro recorria a essas vozes com o fim de recolher uma lição do que havia sido o modernismo, os textos de Mário de Andrade estavam mais para pessimistas e estimulavam as novas gerações a buscar caminhos menos equivocados: "O modernismo no Brasil foi uma ruptura, foi um abandono consciente de princípios e de técnicas, foi uma revolta contra a Inteligentzia nacional [...] Mas o espírito e as modas foram diretamente importados da Europa", escreveu em "O Movimento Modernista", publicado em 22 de fevereiro de 1942, em *O Estado de S. Paulo*. E, na conferência no Itamaraty, se mostra ainda mais desencantado. Afirma que "[fomos] arrebatados pelos ventos da destruição"; repete várias vezes a palavra "engano"; faz uma citação bíblica, "vaidade, tudo vaidade"; termina invocando um "amilhoramento político-social do homem" e dá um conselho: "marchem com as multidões" — algo que o modernismo não havia conseguido fazer. "Foi a vez do salão de Tarsila se acabar [...] Na rua, o povo amotinado gritava: — Getúlio! Getúlio!"[7]

Mário estava decidido a encerrar o ciclo modernista em seu perfil mais de vanguarda (é evidente, em sua conferência, o pouco destaque dado às figuras de Tarsila e Oswald), embora reforçasse uma ideia que se tornaria um lugar-comum da cultura brasileira: o modernismo como um movimento que incluía todas as formas de inovação que se produziram desde a Semana de 22, incluindo de Gilberto Freyre a Jorge Amado. O modernismo foi "criador de um estado espírito nacional" e de "uma liberdade (*infelizmente só estética*), uma independência, um direito às suas inquietações e pesquisas que não tendo passado pelo que passaram os modernistas da Semana, ele [o artista brasileiro] nem pode imaginar que conquista enorme representa".[8]

Diante da visão crítica de Mário, Oswald, na série de textos que escreve entre 1942 e 1944, se preocupa sobretudo em dotar o modernismo de um correlato político que o redimensione: a Semana é contemporânea do Levante dos 18 do Forte de Copacabana e a Antropofagia, da crise de Wall Street. A importância dos movimentos artísticos e literários adquire sentido histórico ao se completar com os acontecimentos políticos. Era uma defesa e, ao mesmo tempo, uma ancoragem do acontecimento no contexto, como se a esfera política legitimasse o movimento artístico. No ensaio breve de 1937, "O divisor das águas modernistas", escreve: "E o modernismo que era uma vanguarda expressional tomou posição na vanguarda política e social do Brasil".[9] Nesses balanços, Oswald não menciona seus livros de poemas, seus romances, nem mesmo os manifestos: está mais preocupado em mostrar como alguns vanguardistas (entre os quais ele estava incluído) se tornaram comunistas ou militantes de esquerda, enquanto outros haviam aderido ao fascismo ou se incorporado ao Estado Novo. No contexto da guerra e a partir de sua adesão ao Partido Comunista, Oswald atenuava o poder estético específico das vanguardas e sua rebeldia política que não admitia subordinações a instâncias exteriores. Entretanto, foi a visão mais pessimista e melancólica de Mário que projetou com mais força a Semana de 22 e o modernismo como categoria geral para entender o percurso da literatura e da arte brasileiras.

COMPANHEIRO DE JORNADA

No artigo "Depoimentos: Oswald de Andrade no cotidiano", escrito por João Marschner e incluído na comemoração do décimo aniversário da morte de Oswald no Suplemento Literário de *O Estado de S. Paulo*, há testemunhos de Guilherme de Almeida, Tarsila do Amaral e outros companheiros de jornada. É particularmente interessante o que diz Flávio de Carvalho, o artista que preserva a herança anárquica oswaldiana, que será a que acabará se impondo nos anos 1960. Flávio e Oswald foram colegas no movimento antropófago, aliados nos tempos do jornal *O Homem do Povo* — em 1931, a *Experiência n. 2*, na qual Flávio caminha em direção oposta à procissão de Corpus Christi, pode ser vista paralelamente aos conflitos de Oswald e Pagu com os estudantes da Faculdade de Direito — e sobretudo no CAM (Clube de Artistas Modernos), onde Flávio apresentou a obra *O bailado do deus morto* (censurada) e Oswald estrearia (mas foi impedido porque o teatro tinha sido fechado) *O homem e o cavalo*, que faz referências explícitas à *Experiência n. 2* — foi também nessa época que Oswald escreveu *O Rei da Vela*.

"Ele era um anarquista, antes de mais nada", recorda Flávio em sua evocação do amigo. Isso posto, a consequência mais forte desse anarquismo em ambos era o questionamento da autoridade (que Flávio chamou "estado anti-hierárquico do começo"), que os levava a revisar o passado naqueles pontos em que o Estado ou os setores dominantes haviam imposto sua versão discursiva, seu poder de interpretação e a expulsão ou supressão do que a questionava. Esse modo de ler a história a contrapelo, em busca do reprimido para reconstruir os restos do Matriarcado, é denominado por Oswald "Errática" ou "ciência do vestígio errático". Tratava-se, a partir da hipótese de J. J. Bachofen, de que o Matriarcado havia sido universal antes do Patriarcado, de buscar seus restos ou indícios para imaginar um mundo pós-patriarcal. Desse modo, a Antropofagia transformava-se em um modo de ler a temporalidade, e o Matriarcado, que era em definitivo o questionamento do Estado, da propriedade privada e das formas de dominação patriarcal, se tornava a chave para fazer a crítica do presente.

Em meados da década de 1950, Flávio de Carvalho inicia os estudos sobre moda que culminarão com a *Experiência n. 3*. Nesses textos, reunidos depois no livro *A moda e o novo homem*, aplica a Errática ao estudo da história e se baseia em aspectos marginais, como as vestimentas, a bijuteria ou os babados das roupas. Os objetos da moda são vistos como "sobrevivências-vestígios" que adquirem sentido quando são deslocados de uma posição marginal (um colar, as meias, a própria moda) para um lugar central. Com esse gesto, *transforma* o vestígio anacrônico em sintoma, revelando uma contradição que torna a leitura produtiva. Como Oswald aprendeu com Bachofen, o primitivo não é o antigo, mas sim algo que age permanentemente nas diferentes constelações históricas do presente.[10]

Em 1958, Flávio realiza a *Experiência n. 4*, com uma viagem ao Amazonas em busca de uma tribo supostamente perdida de índios loiros de olhos azuis, mencionados por Fray Carbajal em 1541, quando percorreu a selva amazônica com a expedição de Francisco Orellana.[11] Com essa experiência, transforma o olhar especulativo do movimento antropofágico, baseado em fontes históricas e escritas, em uma etnografia da ação. Embora a expedição de Flávio de Carvalho tenha sido um fracasso (brigou com seus companheiros de empreitada e nunca pôde concluí-la), suas experiências foram uma encarnação e uma performance dos princípios antropofágicos postulados no fim dos anos 1920.[12]

Os anos do pós-guerra, até sua morte, foram difíceis para Oswald em termos de reconhecimento. Sua ausência na *Apresentação da poesia brasileira, seguida de uma pequena antologia*, de Manuel Bandeira, publicada em 1946, com diversas reedições, não era um dado menor, em se tratando de um poeta como Bandeira que, por um lado, atuava como legitimador do cânone e, por outro, havia sido aliado em antigas batalhas. "Tanto os 'poemas' de *Pau Brasil* como os do *Primeiro caderno* e os de *Cântico dos cânticos*", escreve Bandeira, "são versos de um romancista em férias."[13] Embora houvesse publicado *Poesias Reunidas O. Andrade* em 1945, o neoclassicismo da geração de 45 não dava espaço propício para a apreciação de sua obra. Ainda que a arte concreta não parecesse ser o programa mais adequado para resgatar sua figura (se compartilhavam o impulso construtivo, divergiam na concepção do elemento racional), são Décio Pignatari, Augusto e Haroldo de Campos — os jovens poetas que depois criarão a poesia concreta — que o visitam em seu apartamento, intermediados por Mário da Silva Brito, e se interessam por sua poesia concisa, antimetafórica e alheia ao verso lírico convencional. Outro poeta jovem que se aproximou de Oswald foi Ferreira Gullar, que narra seu encontro da seguinte maneira: "Creio que foi em 1953 que eu, ao entrar na livraria da editora José Olympio, então na rua do Ouvidor, deparei-me, sobre um balcão, com vários exemplares do livro *Serafim Ponte Grande*, de Oswald de Andrade, a preço de liquidação".[14] Oswald estava em "liquidação", algo que a antologia de Bandeira havia referendado: tinha um lugar na história do modernismo por sua liderança, mas sua poesia não passava de uma "brincadeira".

Em "nova poesia: concreta", manifesto publicado na revista *ad — arquitetura e decoração*, em maio de 1957, Décio Pignatari não só cita um fragmento de Oswald, mas também utiliza o mesmo método do poema ready-made "Biblioteca Nacional", de *Pau Brasil*, para fazer um poema com os títulos dos livros de poesia publicados nos últimos anos:

praia oculta
claro enigma
narciso cego
a obscura efígie[15]

É o reconhecimento de poetas que ainda estavam começando a trilhar seu caminho, mas que anos depois seriam fundamentais para a consagração de Oswald.

Zé Celso Martinez Corrêa não gostava de *O Rei da Vela*. Mais do que isso, o texto o irritava. Na leitura coletiva que fez no início dos anos 1960, achou o texto "modernoso e futuristoide".[16] Foi preciso que se passassem alguns anos para que a obra surgisse sob uma nova luz. O que havia ocorrido entre a leitura irritada do início da década e a adaptação celebrativa que estreou em 1967 com o Teatro Oficina? Muito simples: haviam mudado os modos de ler, a interpretação da cultura e a função da literatura. No Brasil cultural do início dos anos 1960, marcado pela crença no desenvolvimento e as políticas de esquerda, a obra não permitia um distanciamento brechtiano e muito menos a possibilidade de construir um ponto de vista exemplar e de algum modo superior sobre a realidade (como era habitual no teatro progressista desses anos). O golpe de 64, ao mesmo tempo que instaurou o autoritarismo e empoderou os setores mais reacionários, revelou também a apatia popular, a incapacidade dos dirigentes políticos e uma ditadura na qual não faltaram passos de comédia. Para aqueles que se opunham ao golpe militar e já não acreditavam nas

Divulgação da peça O Rei da Vela, *de Oswald de Andrade, com direção de José Celso Martinez Corrêa, 1967.*

táticas políticas culturais tradicionais (uma pedagogia de esquerda que havia calado fundo), a saída irreverente, autocrítica e iconoclasta acabou sendo uma opção. Lida nesse contexto, a peça *O Rei da Vela* se revelava repleta de possibilidades.

Embora o cineasta Glauber Rocha nunca tenha sido um fã de Oswald (tinha, na verdade, algumas restrições a ele que cederam parcialmente no final da década), a estreia de *Terra em transe* foi fundamental para Zé Celso, e por isso este dedica a encenação a Glauber. Nas palavras de Ismail Xavier, o filme "desmontava o teatro populista"[17] e punha a ênfase na tragicomédia da sociedade brasileira (sem ceder a discursos fáceis ou a tramas redentoras). Personagens como os dois intelectuais de *O Rei da Vela*, como Cristiano de Bensaúde e Pinote, continuavam sendo "irritantes", mas, depois do golpe militar e de *Terra em transe*, sintomáticos, representativos e com uma pitada de graça absurda (e, em definitivo, mais pedagógicos que qualquer modelo impoluto de intelectual que pudesse representar a esquerda). O filme de Glauber e outros textos de Oswald revelarão a Zé Celso lógicas que haviam ficado ocultas na leitura anterior: o sarcasmo, a crítica ao nacionalismo e ao colonialismo, o aspecto circense e uma crítica ao poder que diferia do teatro militante que nesse momento se opunha à ditadura.

Mas não foram só o Cinema Novo e Glauber que modificaram a postura do diretor teatral. No mesmo ano em que a obra estreou, Chacrinha desembarcava na TV Globo com dois programas: *A Buzina do Chacrinha*, exibido aos domingos à noite, e *A Discoteca do Chacrinha*, às quartas-feiras, às 20h30. No "Manifesto do Oficina", Zé Celso fala da "*chacriníssima* realidade nacional", em um gesto que recorda a atitude de Oswald com relação a Piolim. A palhaçada, o clownesco, que em uma primeira leitura pareciam não ser condizentes com a seriedade que a militância e a crise política exigiam, retorna em 1967 como grotesco crítico, ambivalência carnavalesca e, de quebra, possibilidade de participar do picadeiro dos meios de comunicação de massa. O palhaço descarta o distanciamento brechtiano e encarna o drama cômico da repetição, o incomunicável e o absurdo. Na releitura de 1967, *O Rei da Vela* traz outro modernismo: o que trabalha com clichês, a desmesura, o mau gosto e todos os elementos dos meios de comunicação de massa desprezados pela cultura de elite. A experiência posterior ao golpe de 64 encontrava na obra — lida à luz não da militância do Oswald que a escreveu na década de 1930, mas do manifesto de 1928 — a possibilidade de questionar o estado da cultura brasileira, seus limites e seu alcance: uma ferramenta para criticar o nacionalismo e a distância entre a cultura de elite e a cultura de massa.

O legado de Oswald funcionava, ainda que de forma heterogênea, em todas as artes: a Antropofagia foi invocada nas artes visuais por Hélio Oiticica, na poesia e na música pelos integrantes do grupo Invenção e no polêmico mundo da canção pelos tropicalistas.

A incorporação dos meios de comunicação de massa a uma obra de arte de alto repertório foi o que Hélio Oiticica fez em seu fundamental *Bólide Caixa 18 — Poema Caixa 2, Homenagem a Cara de Cavalo*: a foto tirada de um jornal implicava o retorno não só da figura humana (em uma arte, a concreta, que a vetava), mas de uma linguagem dos mass media, que dava conta da necessidade de posicionar o artista diante do que estava acontecendo politicamente. Por um caminho diverso do de Zé Celso, como declarou em um de seus textos, Oiticica destacava que a Antropofagia só poderia atualizar-se segundo uma "vontade construtiva geral".[18] Anarquista de formação (seu avô foi um destacado militante no início do século XX), Oiticica interessava-se mais em acoplar os processos orgânicos a traços construtivos e tirar o máximo partido dessa tensão. Assim fez em *Tropicália*, obra de 1967 que inspirou a Caetano Veloso o nome do movimento e que incluía construções geométricas com animais vivos (papagaios) e o corpo do espectador em espaços que denominou *penetráveis*. Trata-se, nas palavras de Oiticica, da "obra mais antropofágica da arte brasileira", tanto por seu ambiente tropical irônico quanto porque devora o corpo do espectador e o transforma. Essa visão construtiva do corpo, como campo de experimentação e sensorialidade, será central também na obra de Lygia Clark, que se inspirará no dispositivo oswaldiano sobretudo em suas obras *Canibalismo* (1973) e *Baba antropofágica* (1981), nas quais a artista se interroga se esta simbiose comunitária dos corpos não seria a antropofagia arcaica.[19]

Os integrantes do grupo Noigandres, que publicavam a revista *Invenção*, situaram Oswald como a origem da possibilidade de superar o nacionalismo fechado e a diferença entre cultura de elite (Jaspers) e cultura de massa (Tarzan).[20] Em um texto sem assinatura, que funciona como um manifesto no que foi o último número, temos:

> & lançam mão do folclore outra vez que chato & se necessário lançarão mão da palavra nacionalismo & o que estamos vendo de novo em processo é a provincianização da cultura & não é à toa que certos trechos do *Bicho* lembram o *Juca Mulato* & que na capa da *Revista Civilização Brasileira* aparece aquele pescador típico dos velhos bons tempos & a rede de nylon não apodrece não precisa secar pesa sete vezes menos & os grandes países pesqueiros com barcos-fábrica e *sonar* para localizar cardumes são os primeiros interessados em financiar o nosso folclore... [...] & Oswald mostrou que é possível radicalizar-se a média com Sócrates & Tarzan & que são revoluções senão radicalizações da média?[21]

A radicalização dos mass media que aparece descrita no mesmo texto como "geleia geral" (em referência à propaganda de um xarope que curava todos os males) foi retomada por Torquato Neto e Gilberto Gil na canção "Geleia geral", em que também foram incluídos vários fragmentos do manifesto de 1928, como "a alegria é a prova dos nove" e "Pindorama, país do futuro". Nesse percurso de citações e referências, Oswald se transformava no fio que unia as diferentes pérolas tropicalistas. Nas palavras de Caetano Veloso:

> De fato, se eu fora rejeitado pelos sociólogos nacionalistas de esquerda e pelos burgueses moralistas da direita (ou seja, pelo caminho mediano da razão), tivera o apoio de — atraíra ou fora atraído por — "irracionalistas" (como Zé Agrippino, Zé Celso, Jorge Mautner) e "super-racionalistas" (como os poetas concretos e os músicos seguidores dos dodecafônicos). Uma figura, contudo — eu estava agora descobrindo em São Paulo entre 67 e 68 —, era visível por trás desses dois grupos que nem sempre se aceitaram mutuamente: Oswald de Andrade.[22]

A metáfora da devoração permitia, em um movimento brusco, desvencilhar-se do nacionalismo defensivo e de divisões culturais rígidas entre cultura de elite e cultura de massa. "Geleia geral", de Gilberto Gil e Torquato Neto, cria um caleidoscópio, mas dispõe as imagens como se fosse um relicário, combinando barroco histórico e cultura pop, folclore e poesia de vanguarda, natureza e cultura:

Não vê no meio da sala
As relíquias do Brasil
Doce mulata malvada
Um LP de Sinatra
Maracujá, mês de abril
Santo barroco baiano
Super poder de paisano
Formiplac e céu de anil
Três destaques da Portela
Carne seca na janela
Alguém que chora por mim
Um carnaval de verdade
Hospitaleira amizade
Brutalidade jardim

Ê bumba-yê-yê boi
Ano que vem, mês que foi
Ê bumba-yê-yê-yê
É a mesma dança meu boi[23]

O fato de haver entre as relíquias "um LP de Sinatra" ou "formiplac" é o efeito da visão anticolonialista de Oswald, que não passava por uma rejeição do elemento estrangeiro, mas por uma crítica dos universais metropolitanos ou europeus. O fato de conviverem o "bumba meu boi", o "yê-yê-yê", "brutalidade jardim" (citação de *Memórias sentimentais de João Miramar*) e "pilão de concreto" revela conexões entre a cultura de elite e a de massa mediante montagens e atritos. E o fato de haver um "santo barroco" e um "céu de anil" é, entre outras coisas, a expressão de uma temporalidade que não corresponde à imagem de um Brasil moderno e desenvolvido. A Antropofagia dotava todas essas operações artísticas de uma teoria e uma autoconsciência.

A presença de Oswald jamais abandonou os integrantes da Tropicália, Zé Celso, os poetas concretos ou Hélio Oiticica e Lygia Clark. Funcionou como um dispositivo que às vezes se ocultava, mas que continuava operando, como se pode ver em *Os últimos dias de Paupéria* (1973), de Torquato Neto, ou nas revisões de Augusto de Campos, desde a *Revista de Antropofagia* (edição fac-similar em 1975) até seu *Pagu vida-obra* (1982). Em Caetano Veloso, as referências a Oswald continuaram desde a musicalização de seus poemas ("Escapulário", em *Joia*) até a utilização de metáforas antropofágicas ("Vamo comer", em *Caetano*) e o uso dos desenhos de Hélio Eichbauer para a cenografia de *O Rei da Vela* na capa de *Estrangeiro*. Porém, mais do que uma citação em particular, é muito mais importante o que a Antropofagia oswaldiana permitiu ao músico baiano: uma incorporação sem limites, uma devoração de todos os repertórios (que incluem o latino-americano em *Fina estampa*, o norte-americano em *A Foreign Sound*, o italiano em *Federico e Giulietta*) e uma preocupação com o nacional que não está relacionada a uma atitude prévia de aceitação e rejeição, mas à capacidade de apropriar-se de todas as canções e, nesse gesto, colori-las com a diferença nacional. "A ideia do canibalismo cultural servia-nos, aos tropicalistas, como uma luva. Estávamos 'comendo' os Beatles e Jimi Hendrix. Nossas argumentações contra a atitude defensiva dos nacionalistas encontravam aqui uma formulação sucinta e exaustiva."[24] O resgate de Oswald foi uma resposta ao autoritarismo e também uma maneira de pôr em circulação um dispositivo (a antropofagia como metáfora da devoração) que permitiu redesenhar a produção e o consumo cultural dos anos posteriores ao golpe de 1964.

UM OSWALD AFETIVO

O processo de canonização de Oswald de Andrade iniciou-se então em 1964 e durou aproximadamente quatro anos. Nesse novo contexto, posterior ao AI-5, ele continuará sendo uma fonte saudável de anarquismo, mas não tanto como teoria da cultura. O Oswald que se apresenta agora é mais afetivo (em consonância com o anti-intelectualismo do período[25]), mais sexual e comunitário. As leituras começam a ser feitas a partir de políticas menores ou marginais e recuperam o aspecto coloquial e irônico de sua poesia e de sua prosa. A dura objeção de Bandeira, de que Oswald como poeta se expressava "ironicamente como se estivesse a brincar",[26] era lida agora de modo celebrativo. Os escritos jornalísticos de Torquato Neto, o cinema marginal, mas também o Cinema Novo, os "poemas piada" e o "poema minuto" da poesia marginal, o *Jornal Dobrabil* e o "Manifesto Coprofágico" de Glauco Mattoso, o neologismo "antropofálico" do movimento poema pornô — a partir de diferentes grupos e com diferentes objetivos se recuperou um Oswald de bolso, de formas breves, que podiam funcionar, no duro panorama posterior ao AI-5, como pílulas antiditatoriais. Embora não tivesse a mesma centralidade de que desfrutou no Tropicalismo (Drummond, Cabral e o próprio Bandeira também eram referências importantíssimas), alguns de seus poemas, de suas anedotas e de seus escritos (sobretudo o "Manifesto Antropófago") já faziam parte do ar cultural que se respirava. Se, nos anos 1960, Oswald e a Antropofagia serviram para ocupar o centro da cena cultural para opor-se à imagem da ditadura,[27] nos anos 1970, colaboram na formação de grupos que fazem um culto à marginalidade como meio de escapar do clima sufocante imposto pelo governo.

Para os poetas da chamada geração mimeógrafo, a síntese do poema-piada permitiu fazer poemas de comunicação rápida e com toda a cumplicidade que os silêncios e os subentendidos supõem. Nessas composições, recupera-se a dicção mais coloquial e infantil de Oswald, mas agora, diversamente do Concretismo e também dos tropicalistas, buscando dicções da intimidade e de uma subjetividade que se sente ameaçada. E, embora a presença de Drummond seja a predominante, é impossível não evocar Oswald em poemas como "Jogos florais" de Cacaso ou em seu livro *Grupo escolar* (1974), que guarda reminiscências do *Primeiro caderno do aluno de poesia Oswald de Andrade* (1927). Também Leminski ou Chacal têm um "verso twitável" que recorda o Oswald dos manifestos, das polêmicas, dos poemas ou do *Dicionário de bolso*.[28]

Outro grupo marginal, mais vinculado à poesia concreta e ao Tropicalismo, se expressou por meio de uma série de revistas experimentais em que a presença de Oswald — explícita ou não — é inegável. São muitas, de vida efêmera ou intermitente: *Poesia em Greve*, *Código*, *Artéria*, *Através*, *Bric a Brac* e, sobretudo, *Navilouca*, dirigida por Torquato Neto e Wally Salomão, que publicou apenas um número. No poema "Soneterapia", incluído em *Navilouca*, Augusto de Campos utiliza uma forma tradicional (o soneto) com fins irônico-terapêuticos:

na geleia geral da nossa história
sousândrade kilkerry oswald vaiados
estão comendo as pedras da vitória[29]

Augusto de Campos foi fundamental para legar aos poetas mais jovens várias das obras de Oswald, que ainda nos 1970 eram de difícil acesso, e principalmente uma atitude de resistência às vaias — uma tradição de vaiados, na qual seu poema "Viva vaia", dedicado a Caetano Veloso, teve um caráter de amuleto. Em "Soneterapia", Oswald aparece acompanhado por Sousândrade e Kilkerry, em torno dos quais Augusto de Campos havia feito um trabalho de ReVisão (do primeiro, junto com seu irmão, Haroldo de Campos). A ReVisão consiste em um percurso invertido do arquivo, com critérios de valor atuais para resgatar obras ou autores esquecidos (esquecimento produzido pela radicalidade dessas intervenções e pela resistência que produziam na estética de sua época). Essas revisões foram fundamentais. Em 1975, Augusto prefaciou uma edição fac-similar da *Revista de Antropofagia*, com o título "Revistas Re-Vistas: Os antropófagos", e, em 1984, a edição também fac-similar de *O Homem do Povo*, jornal dirigido por Oswald e Pagu.[30] Este último resgate fez parte de uma pesquisa maior que ele realizou com Lygia Azeredo sobre Patrícia Galvão, a Pagu, que resultou no livro *Pagu vida-obra*, de 1982. Augusto destacou o Oswald mais rebelde, reconstruiu seu confronto com os estudantes da Faculdade de Direito e pôs em circulação documentos que, juntamente com a reabilitação de uma militante política e feminista como Pagu, mostraram os aspectos mais revolucionários da Antropofagia. Assim, a edição fac-similar da *Revista de Antropofagia* revelou que o

"Primeiro Congresso Brasileiro de Antropofagia", anunciado em 1929, propunha o "divórcio", o aborto (a "maternidade consciente") e a eutanásia (ou a "impunidade do homicídio piedoso"). A Antropofagia era não só uma metáfora cultural gastronômica, mas também um programa que implicava mudanças muito profundas.[31]

Tão forte é a presença de Oswald, uma vez construído seu monumento, que também no cinema há uma disputa sobre seu legado. Joaquim Pedro de Andrade adapta, em 1969, *Macunaíma*, de Mário de Andrade, com uma visão claramente antropofágica (insere na adaptação anacronismos e apropriações audazes), e filma, em 1981, *O Homem do Pau-Brasil*, no qual o personagem de Oswald é interpretado por um ator (Flávio Galvão) e uma atriz (Ítala Nandi), ressaltando a matriz erótico-afetiva pela qual sua obra era lida nos anos 1970. Outros diretores do Cinema Novo também se animaram com Oswald: Zelito Viana adapta *Os condenados* (1975) e Nelson Pereira dos Santos realiza *Como era gostoso o meu francês* (1971), no qual a Antropofagia lhe permite traçar uma crítica ao colonialismo.[32] As leituras feitas pelo Cinema Novo são basicamente históricas, compõem alegorias do nacional, de algum modo marcadas pelo único texto que Glauber dedicou integralmente a Oswald, "Tropicalismo, antropologia, mito, ideograma", de 1969, no qual faz uma interpretação tropicalista de *Antônio das Mortes* e clama a "superar o desenvolvimento com os meios do subdesenvolvimento" e a rejeitar a "cultura ocidental".[33] Trata-se de aproximações que, de todo modo, sempre guardam uma distância com a postura antropofágica, pois o Cinema Novo nunca se livrou de certo messianismo, isto é, da esperança de que o Estado assumisse seus princípios, suas alegorias e suas imagens. Para descolonizar antropofagicamente, então, segundo o Cinema Novo, era necessário voltar a contar a história, fosse a dos anos modernistas (*O Homem do Pau-Brasil*) ou a dos tempos da conquista (*Como era gostoso o meu francês*). Essa óptica não pode desvincular-se da fundação da Embrafilme em 1969 e da tentativa de disputar a produção de imagens com o Estado em seu próprio território, assim como de uma busca do povo (impulso no qual não é difícil ver um messianismo muito próprio de Glauber, que emanava de sua figura paternal para com outros diretores).

Em compensação, para o Cinema Marginal ou udigrúdi, como era chamado depreciativamente, era preciso inserir-se no discurso dos meios de comunicação e, a partir das margens, fazer explodirem as imagens da nação e da cultura oficial.[34] Daí a importância de considerar a linguagem do cinema e desarmá-la a partir de dentro. Não havia, como no Cinema Novo, uma ideia de construir um nacional alternativo, mas sim de desintegrá-lo. A inspiração de Oswald foi fundamental. Rogério Sganzerla destacou a importância da Antropofagia em sua obra em diversas ocasiões e Júlio Bressane não só fez um filme em que glosa o "Manifesto Antropófago" — *O monstro caraíba*, de 1975 —, mas também transformou o escritor em personagem de um de seus filmes — *Tabu*, de 1982.[35] Ao criar um encontro de Oswald de Andrade com Lamartine Babo (interpretado por Caetano Veloso), Bressane resgata o legado no qual convivem a cultura de elite e a cultura de massa. Para além do fato de que consiste em uma projeção que não se ajusta a dados históricos, não se trata — mais uma vez — do Oswald que realmente existiu, mas do que sua figura possibilitou. Daí a importância que adquiriu sua frase "a massa ainda comerá o biscoito fino que fabrico", que Haroldo de Campos pôs em circulação em "Uma poética da radicalidade", a partir de um artigo de jornal de Mário da Silva Brito.[36] A frase, que admite uma leitura elitista, foi lida como profética.

A liberdade sexual que se viveu nos anos 1970, no Brasil, apesar da ditadura, também atingiu Oswald. Não era difícil unir o desbunde ao homem nu. O legado expressa-se em posturas vanguardistas como as que Glauco Mattoso assumiu no "Manifesto Coprofágico", do *Jornal Dobrabil* ("A justificativa era a ANTROPOFAGIA oswaldiana"[37]), mas também na revista pioneira de ativismo gay, *Lampião da Esquina*, cujo primeiro número incluía um poema intitulado "Antropofagia", de Franklin Jorge (integrante de movimento de poesia pornô), para referir-se ao ato sexual. Também o filme de um dos membros de seu conselho editorial, João Silvério Trevisan (*Orgia ou O homem que deu cria*, 1970), incluía a declamação de um poema de Oswald. No número 33 (1981) da revista, o crítico Jorge Schwartz escreveu sobre Mattoso e comentou: "Ao meu ver, Glauco é um *enfant terrible* de Oswald de Andrade. Do fechadíssimo clube da Antropofagia, ele revela-se um dos membros mais devoradores da tribo".

A GUINADA CONCEITUAL

Em 1980, Haroldo de Campos escreveu o ensaio "Da razão antropofágica: Diálogo e diferença na cultura brasileira", no qual reivindica a Antropofagia como modo de leitura e ferramenta de construção de uma história da literatura. Para ele, os antropófagos são os novos bárbaros que fazem uma "expropriação, reversão, desierarquização" da literatura universal.[38] Essa operação supõe várias inovações na interpretação do legado oswaldiano: propõe um "Nacionalismo Modal", aberto aos fluxos universais, que se opõe ao "Nacionalismo Ontológico", fechado e endógeno. Implica, para além do título do ensaio, a *latino-americanização* de Oswald, cuja teoria passa a fazer parte de uma constelação maior, com Alfonso Reyes, Jorge Luis Borges, Lezama Lima e Octavio Paz, entre outros.[39] E, finalmente, opera uma *guinada conceitual*: embora continue tendo relevância nas práticas artísticas, o fundamental é como atua nos debates teóricos.[40]

O ensaio de Haroldo de Campos aparece em um contexto em que o conceito de *cultura* começa a ocupar um lugar central e os debates sobre a modernidade, uma modernidade não autoritária, se ampliam em função do que já se anuncia como um retorno da democracia na região. As intervenções no presente dependem agora da leitura da história, dos modos de percorrer o arquivo e de entender a diferença da cultura latino-americana no debate pelos universais. Por isso, Haroldo ataca com tanta ênfase o conceito de "subdesenvolvimento",[41] que havia sido chave nos anos 1960: por um lado, reivindica a modernidade das produções literárias e artísticas que não podem ser subordinadas ao contexto socioeconômico (tese de Ferreira Gullar, em *Vanguarda e subdesenvolvimento*, 1965) e que têm valor universal; e, por outro, propõe, diante das concepções lineares e evolutivas da história literária — entendida como *formação*, outro conceito-chave nos debates brasileiros —, um pensamento por constelações, isto é, por atualizações sincrônicas do passado e relações analógicas. Haroldo combina assim a visão antropofágica com as metáforas astronômicas, um dos dispositivos mais produtivos de sua invenção poética, como demonstram alguns de seus títulos: *Xadrez de estrelas (percurso textual 1949-1974)*, *Signantia quasi coelum/ Signância quase céu*, *Galáxias*,

A máquina do mundo repensada. Já em "Lirismo e participação", publicado originalmente no Suplemento Literário de *O Estado de S. Paulo*, em 6 de julho de 1963, e depois incluído em *Poesias reunidas de Oswald de Andrade* (1966), ele havia comparado os poemas de Oswald a *Hiroshima mon amour* (1959), de Alain Resnais, resgatando o "pensamento por imagens". Em vez de proceder por acumulação e crescimento (como faz a formação), Haroldo propõe a constelação, a montagem e a atualização.

O conceito de "antropofagia" é uma ferramenta, então, para enfrentar a questão da temporalidade cultural e literária e as relações entre a Europa e a América. Aplicado ao poeta barroco Gregório de Matos, revela sua potência heurística e polêmica. Em 1977, Augusto de Campos chamou-o "nosso primeiro antropófago"[42] e, em 1972, Caetano gravara uma versão antropofágica de "Triste Bahia", em seu disco *Transa*. A operação é rejeitada por alguns críticos por ser considerada anacrônica, mas é justamente o anacronismo o motor de conhecimento do método haroldiano, seja porque é sincrônico-retrospectivo — o presente é reconhecido como critério de valor — ou porque realiza, ao modo de Oswald — como fez, por exemplo, quando rejeitou o calendário gregoriano e datou o manifesto a partir da devoração do bispo Sardinha pelos índios caetés —, percursos alternativos, a contrapelo da história oficial.

A metáfora da antropofagia (devorar o outro para absorver suas forças) era tão ampla quanto efetiva: continha uma pitada de autossatisfação e permitia sair de um processo que frequentemente havia sido compreendido de um modo unilateral e simplista, como quando se sugeria que as vanguardas latino-americanas eram uma imitação da europeia ou se afirmava que a cultura brasileira estava subordinada ao que chegava de fora. Esse senso comum era substituído por outro, mais triunfalista — é verdade —, mas também mais produtivo. Transformado pela guinada conceitual em um modo transversal de entender a cultura, alguns usos mostram a eficácia e a pertinência do conceito em diferentes áreas, como nas artes plásticas, a Bienal de São Paulo de 1999, intitulada "Antropofagia"; na antropologia, os estudos de Eduardo Viveiros de Castro; na literatura marginal, com a Semana de Arte Moderna da Periferia/ Antropofagia, de 2007.

Se a intervenção de Haroldo de Campos produziu uma latino--americanização da figura de Oswald e uma teorização de suas produções críticas, a 24ª Bienal de São Paulo, de 1999, com curadoria de Adriano Pedrosa e Paulo Herkenhoff, implica uma internacionalização e um ponto de vista possível para ler a produção artística universal. De fato, o *Núcleo histórico: Antropofagia e Histórias de Canibalismos*,[43] começa com *São Paulo* (1924), de Tarsila do Amaral, e *Le Radeau de la Méduse* (1819), de Théodore Géricault, que retrata um naufrágio e o subsequente canibalismo entre os sobreviventes. A montagem não só exibe uma operação temporal deslocada, mas também serve principalmente para fazer uma crítica do eurocentrismo na história da arte: um conceito lançado da periferia destrói os esquemas hierárquicos e derivativos com os quais as histórias das artes foram construídas. Ao evitar uma seleção temática, a Antropofagia confirma seu caráter teórico e sua capacidade para questionar a autoridade eurocêntrica em termos temporais, nacionais e também estéticos: substitui-se a figura da árvore pela figura da diferença. A Antropofagia é anticolonialista, mas não a partir do regionalismo, do nacionalismo fechado ou da particularidade, mas sim porque amplia drasticamente o universal cosmopolita e questiona o modo como os universais foram dados historicamente ("a *pobre* declaração dos direitos do homem", como diz o "Manifesto Antropófago").

Outra contribuição a partir de outra disciplina (a antropologia) foi de Eduardo Viveiros de Castro. Sua importância reside no fato de que as visões de Oswald pareciam desvinculadas do trabalho de campo, etnográfico e antropológico. O índio de Oswald era mais literário do que etnográfico, e, embora destruísse o índio romântico, dependia dele. No movimento antropofágico, o índio (a figura do índio) era empregado para fazer a crítica do Estado e da sociedade patriarcal. A diferença com o romantismo não estava tanto na mudança de signo da valorização do índio (de bom selvagem para mau selvagem), mas no fato de que *separava* o índio do Estado (especificamente o Estado nacional, que se havia construído em torno do índio como figura emblemática), opondo-os. Aqui é possível estabelecer uma relação entre os textos que os modernistas haviam compilado para a "bibliotequinha antropofágica" e a tese de Pierre Clastres, de pensar as tribos tupis como "sociedades contra o Estado".[44] Entretanto, o antropólogo Eduardo Viveiros de Castro foi mais longe e, a partir de sua teoria do perspectivismo ameríndio, defendeu que:

> a Antropofagia foi a única contribuição realmente anticolonialista que geramos [...] Oswald projetava os índios para o futuro e para o ecumênico; não era uma teoria do nacionalismo, de retorno às raízes, do indianismo. Era e é uma teoria realmente revolucionária [...] Não fez trabalho de campo como Mário de Andrade mas tinha uma verve retórica superior: sua inconsequência era visionária. Tinha um *punch* incomparável. Se Mário foi o grande pesquisador da diversidade, Oswald foi o grande teórico da multiplicidade, uma coisa muito diferente.[45]

A frase do manifesto, "só me interessa o que não é meu", que inspirou tantos escritores e artistas, encontrou no "perspectivismo" uma confirmação de que a posse entre os índios podia ser pensada em oposição ao conceito de propriedade.

Outra releitura foi realizada pelos movimentos da chamada literatura periférica ou marginal no início do século XXI:

> No dia 4 de novembro de 2007, na principal avenida da Zona Sul de São Paulo, os comerciantes foram surpreendidos pela caminhada de um grupo de pessoas vestidas com camisetas que estampavam a expressão "Semana de Arte Moderna da Periferia", e que avançavam aos gritos de: "É tudo nosso!". Tratava-se, sem dúvida, de uma referência à famosa Semana de 1922 que teve a Antropofagia como principal ramificação.[46]

As escritas e leituras que desencadearam esses encontros, chamados saraus, realizados principalmente na periferia da cidade de São Paulo, retomaram a noção de *apropriação* da Antropofagia, mas agora com um sentido de crítica à elite cultural brasileira e destacando a necessidade de abrir a literatura a novas vozes e outros valores para considerar os produtos literários. Embora Oswald não só fizesse parte da elite, mas ainda cultivasse o elitismo tão característico da literatura brasileira, as diferentes releituras a que foi submetido e sobretudo seu poder aforístico e seu sarcasmo contra tudo o que fosse oficial fizeram com que aqueles que irrompiam no centro da cidade vindos da periferia (como o grupo Cooperifa, da chamada "literatura marginal") pudessem invocar seu nome como alguém estratégico porque estava tanto dentro como fora, o que os legitimava sem oficializá-los.

Nos movimentos feministas, a Antropofagia aparece como problemática e com pouca relevância. Segundo Heloisa Buarque de Hollanda, em seu texto "O estranho horizonte da crítica feminista no Brasil", a crítica feminista encontrou obstáculos para constituir-se diante da tradição hegemônica que considerava a mulher como "civilizadora", mas principalmente por sua "capacidade reprodutiva", excluindo-a do "pacto simbólico" que constituiu a ideia de Nação.[47] A autora defende que, embora de uma maneira diversa, a Antropofagia pertence à mesma linhagem e a construção de subjetividade que o movimento propõe é devedora de uma posição incluída na metáfora da devoração, realizada com "extrema cordialidade".[48]

Porém, nos textos de Oswald, a metáfora da devoração ocupa um lugar importante, mas muitíssimo menos relevante do que aquele que as interpretações posteriores deram a ela. O que é mais exatamente central na teoria oswaldiana é a possibilidade de construir subjetividades a partir de indícios e restos de um Matriarcado reprimido. Essa proposta fez com que ele fosse um dos primeiros pensadores brasileiros a abordar a queda do patriarcado. Na tese *A crise da Filosofia Messiânica*, Oswald comenta um livro que havia sido publicado na França no ano anterior, *Le Deuxième Sexe* (1949), de Simone de Beauvoir, e o situa "no pórtico da nova era matriarcal". Semelhante sintonia não deveria passar despercebida.[49]

Algumas escritoras incluíram Oswald na proposta feminista, como Verônica Stigger, na exposição *Útero do Mundo*, a partir do que ele afirma no diário que escreveu com Pagu:

> Oswald de Andrade declara que tem "o coração menstruado" e que sente "uma ternura nervosa, materna, feminina", que se despregava dele "como um jorro lento de sangue": "Um sangue que diz tudo, porque promete maternidades. Só um poeta é capaz de ser mulher assim".[50]

A presença de Oswald reforça a linha argumentativa da mostra que, a partir de Clarice Lispector, trabalha com a relação entre útero e arte.

Entretanto, onde houve mais afinidade das propostas oswaldianas com um olhar feminino foi no universo da música popular, com as cantoras e compositoras Adriana Calcanhoto, Beatriz Azevedo e Marisa Monte, esta sobretudo em sua parceria com os Tribalistas, Arnaldo Antunes e Carlinhos Brown. Adriana Calcanhoto, com *A mulher do Pau-brasil* e suas constantes referências à obra de Oswald, reivindica a arte como espaço crítico, celebração do ócio e rejeição do negócio (a negação do ócio etimologicamente e como Oswald ressalta diversas vezes).

Obviamente, a Antropofagia oswaldiana não avançou no aprofundamento das consequências feministas de suas propostas, mas resta o caso de Pagu, cujos escritos são ainda um canteiro incrível de lutas e perspectivas de gênero.

A chave de leitura, a partir dos anos 1980, foi marcada pela guinada conceitual que, embora corresse o risco de dissolver-se em uma metáfora vazia, também serviu como um dispositivo que ativou diferentes práticas e poéticas. Oswald já está no ar, não é propriedade de ninguém, apenas daqueles que decidem possuí-lo e comê-lo.

Ana Maria e Arduíno Colasanti em fotograma de* Como era gostoso o meu francês *(1971), de Nelson Pereira dos Santos.

NOTAS

1. *Memórias sentimentais de João Miramar*. 2. ed. São Paulo: Difusão Europeia do Livro, 1964 (Antonio Candido, "Prefácio", pp. 5-7; Haroldo de Campos, "Miramar na mira", pp. 9-46); *A marcha das Utopias*. Rio de Janeiro: Ministério de Educação e Cultura, 1966. Os Cadernos de Cultura 139; *Poesias reunidas de Oswald de Andrade*. São Paulo: Difusão Europeia do Livro, 1966 (Haroldo de Campos, "Uma poética da radicalidade", pp. 7-54; Paulo Prado, "Poesia Pau Brasil", pp. 59-63); *O Rei da Vela*. São Paulo: Difusão Europeia do Livro, 1967 (Sábato Magaldi, "Teatro: Marco zero", pp. 7-16; Mário Chamie, "A vela do pan-sexualismo", pp. 17-27; Fernando Peixoto, "Uma dramaturgia lúcida e radical", pp. 28-44; "*O Rei da Vela*: Manifesto do Oficina", pp. 45-53; "orelha" de Haroldo de Campos).
2. Jean-Paul Sartre, "Prólogo". In: Roger Stephane, *Retrato del Aventurero*. Buenos Aires: La Flor, 1968, pp. 11-24.
3. Oswald de Andrade, *Serafim Ponte Grande*. São Paulo: Globo, 1990.
4. Ver, por exemplo, a rememoração de Décio de Almeida Prado, "Uma perspectiva crítica sobre Oswald de Andrade". *O Estado de S. Paulo*, São Paulo, 8 out. 1967.
5. As entrevistas começaram a ser publicadas em *O Estado de S. Paulo* em 1941, sendo reunidas posteriormente em livro: Edgar Cavalheiro (Org.), *Testamento de uma geração*. Porto Alegre: Livraria do Globo, 1944.
6. "O movimento modernista" foi publicado em quatro partes em *O Estado de S. Paulo*: 22 de fevereiro, 1, 8 e 15 de março de 1942. O texto da conferência, com alterações comparativamente ao que circulou no jornal, teve a primeira publicação no mesmo ano: *O movimento modernista*. Rio de Janeiro: Casa do Estudante do Brasil, 1942.
7. Mário de Andrade, "O movimento modernista". In: *Aspectos da literatura brasileira*. São Paulo: Martins, 1968, pp. 241, 255, 242, respectivamente. Note-se que ele diz "salão de Tarsila" e suprime Oswald, algo de que o autor do "Manifesto da Poesia Pau Brasil" reclamou em um de seus textos.
8. Id., ibid., pp. 231; 251.
9. Oswald de Andrade, "O divisor das águas modernistas". In: *Estética e política*. Org. de Maria Eugenia Boaventura. São Paulo: Globo, 1992, p. 54.
10. Flávio de Carvalho acompanhou a publicação do livro com uma performance que consistiu em caminhar pelas ruas de São Paulo com seu traje tropical. Flávio foi, nas palavras de Diana Taylor, o primeiro performer da América Latina. Ver Diana Taylor, *Perfomance*. Buenos Aires: Asunto Impreso, 2012.
11. Sobre esta experiência, ver a reconstrução que Luz Horne faz a partir do arquivo de Flávio, depositado na Universidade de Campinas, em *Futuros menores. Suspensión del tiempo moderno y nuevos modos de habitar el mundo (Brasil 1950-2020)*. Santiago de Chile: Ediciones Universidad Alberto Hurtado, 2021.

12. É difícil determinar por que Flávio não foi incluído na reivindicação de Oswald que ocorreu nos anos 1960. Talvez sua oposição à arte concreta, com a qual teve uma relação conflituosa, explique seu isolamento ou sua aproximação a outras figuras (nos anos 1960, por exemplo, a Gilberto Freyre).
13. Ver Manuel Bandeira, *Apresentação da poesia brasileira, seguida de uma antologia*. São Paulo: Cosac Naify, 2009, p. 164. A exclusão não era um esquecimento ou uma supressão de Oswald. Ele estava, na realidade, incluído em meio ao texto de Bandeira, em que foram reproduzidos vários de seus poemas, mas não na seleção de textos propriamente. Em uma rejeição que confirmava seu lugar vanguardista, Oswald ficava como um antilírico que não entrava no "panorama da poesia brasileira". A antologia foi muito importante em sua época, como mostra a publicação em castelhano, em 1951, pela prestigiosa editora mexicana Fondo de Cultura Económica, o que deixava Oswald – paradoxalmente – fora da *poesia de exportação*.
14. Ferreira Gullar, "Redescoberta de Oswald de Andrade". *Folha de S.Paulo*, São Paulo, 17 jul. 2011. Ilustrada. Disponível em: <https://www1.folha.uol.com.br/fsp/ilustrad/fq1707201122.htm>. Acesso em: 23 jun. 2021.
15. Incluído em Augusto de Campos; Haroldo de Campos; Décio Pignatari, *Teoria da poesia concreta: Textos críticos e manifestos 1950-1960*. São Paulo: Ateliê, 2006, p. 70. O poema de Oswald coloca em versos títulos da Biblioteca Nacional aparentemente tomados ao acaso, em um método que recorda o ready-made duchampiano, o objeto artístico feito com materiais tirados da realidade.
16. Zé Celso Martinez Corrêa, "Manifesto do Oficina". In: Oswald de Andrade, *O Rei da Vela*. São Paulo: Companhia das Letras, 2017, p. 91.
17. Ismail Xavier, "Considerações sobre a estética da violência". In: *Sertão mar: Glauber Rocha e a estética da fome*. São Paulo: Cosac Naify, 2007, p. 196.
18. "No Brasil os movimentos inovadores apresentam, em geral, esta característica única, de modo específico, ou seja, uma vontade construtiva marcante. Até mesmo no Movimento de 22 poder-se-ia verificar isto, sendo, a nosso ver, o motivo que levou Oswald de Andrade à célebre conclusão do que seria nossa cultura antropofágica, ou seja, redução imediata de todas as influências externas a modelos nacionais. Isto não aconteceria se não houvesse, latente na nossa maneira de apreender tais influências, algo de especial, característico nosso, que seria essa vontade construtiva geral." Hélio Oiticica, "Esquema geral da nova objetividade". In: *Aspiro ao grande labirinto*. Rio de Janeiro: Rocco, 1986, p. 85. O texto no qual Oiticica se distancia da encenação de *O Rei da Vela* tem a data de "4 de março de 1968" e está na p. 106.
19. Ver "Writings by Lygia Clark 1968- MID 1980s". In: Vários autores, *Lygia Clark*. Nova York: MoMA, 2014, p. 243.
20. As menções remetem às comparações que Oswald faz entre Sócrates, o DIP e André Gide, e entre Karl Jaspers e Tarzan na tese *A crise da Filosofia Messiânica*:

"Um filósofo como *Karl Jaspers não* compreende o que significam para a massa democrática que sobe, o esporte, o recordismo, a glória de *Tarzan* e a *glamour girl*". Ver Oswald de Andrade, *A Utopia antropofágica*. São Paulo: Globo, 1990, p. 145.

21. *Invenção*, São Paulo, ano 6, n. 5, dez. 1966/jan. 1967.
22. Caetano Veloso, *Verdade tropical*. São Paulo: Companhia das Letras, 1997, p. 245.
23. As citações foram tiradas de Gilberto Gil, *Todas as letras*. Org. de Carlos Rennó. São Paulo: Companhia das Letras, 2003, pp. 105-6; porém, Gil fez a música e a autoria da letra é de Torquato Neto.
24. Caetano Veloso, *Verdade tropical*, op. cit., p. 247.
25. Para um retrato da época, ver Heloisa Buarque de Hollanda, *Impressões de viagem: CPC, vanguarda e desbunde: 1960/70*. São Paulo: Brasiliense, 1980.
26. Manuel Bandeira, *Apresentação da poesia brasileira, seguida de uma antologia*, op. cit., p. 164.
27. Ver Flora Süssekind, *Literatura e vida literária: Polêmicas, diários & retratos*. Rio de Janeiro: Jorge Zahar, 1985.
28. A expressão é de Chacal. Paulo Henrique Pompermaier, "Chacal: O poeta dos silêncios" [entrevista]. *Cult*, São Paulo, 13 jul. 2016. Disponível em: <https://revistacult.uol.com.br/home/63970-2/>. Acesso em: 23 jun. 2021.
29. A frase "as pedras da vitória" é de Sousândrade. O terapêutico faz referência ao efeito negativo que teve em Augusto a entrada na Academia Brasileira de Letras de seu admirado João Cabral de Melo Neto, em 1968. A revista saiu, depois de muitas dificuldades, em 1974, quando Torquato Neto já havia morrido. Sobre a produção de revistas marginais, ver Omar Khouri, *Revistas na Era Pós-Verso: Revistas experimentais e edições autônomas de poemas no Brasil, dos anos 70 aos 90*. São Paulo: Ateliê, 2004.
30. A edição fac-similar da *Revista de Antropofagia* (São Paulo: Abril; Metal Leve, 1976) traz o prefácio "Revistas Re-Vistas: Os antropófagos", que foi reproduzido também em Augusto de Campos, *Poesia, antipoesia, antropofagia*. São Paulo: Cortez & Moraes, *1978*; há uma reedição, com novos textos sobre Oswald: *Poesia antipoesia antropofagia & cia*. São Paulo: Companhia das Letras, 2015. A edição fac-similar de *O Homem do Povo* teve a primeira edição em 1984, pela Imprensa Oficial do Estado. O prefácio de Augusto de Campos, "Notícia impopular de *O Homem do Povo*", foi incluído também em seu livro *À margem da margem*. São Paulo: Companhia das Letras, 1989. *Pagu vida-obra* foi reeditado em 2014, pela Companhia das Letras.
31. *Revista da Antropofagia*, ano II, n. 15, *Diário de S. Paulo*, São Paulo, 19 jul. 1929. Ed. fac-similar, op. cit. Os outros itens a serem discutidos são os seguintes: "III — Impunidade do homicídio piedoso./ IV — Sentença indeterminada. Adaptação da pena ao delinquente./ V — Abolição do título morto./ VI — Organização tribal do Estado. Representação por classes. Divisão do país em

populações técnicas. Substituição do Senado e Câmara por um Conselho Técnico de Consulta do Poder Executivo./ VII — Arbitramento individual em todas as questões de direito privado./ VIII — Nacionalização da imprensa./ IX — Supressão das academias e sua substituição por laboratórios de pesquisas./ (Outras teses serão posteriormente incluídas)". As primeiras teses são avançadas e se referem à família e ao corpo: defendem o divórcio (que no Brasil chegaria 48 anos depois, em 1977), o direito da mulher de decidir sobre seu corpo e o aborto (que ainda não foi legalizado) e a eutanásia (sobre a qual se legislou em 2012). As três primeiras teses dão uma ideia da radicalidade do grupo e do foco político posto na família e na mulher.

32. Houve outros filmes do Cinema Novo com essa revisão da história do ponto de vista dos índios, como *Uirá* (que se inspirou em uma pesquisa de Darcy Ribeiro), que não necessariamente estão na órbita da Antropofagia.
33. Glauber Rocha, "Tropicalismo, antropologia, mito, ideograma 69". In: *Revolução do Cinema Novo*. Rio de Janeiro: Alhambra; Embrafilme, 1981, p. 119.
34. Para as polêmicas do período entre os cinemanovistas e o cinema marginal, ler o instigante livro de Frederico Coelho, *Eu brasileiro confesso minha culpa e meu pecado: Cultura marginal no Brasil das décadas de 1960 e 1970*. Rio de Janeiro: Civilização Brasileira, 2010.
35. "Minha ligação com esse pessoal todo, Caetano Veloso, Gal Costa, Gilberto Gil, é nossa disposição de voltar a Oswald de Andrade. Oswald é o ponto de ligação entre o meu trabalho e Caetano, Gil, os poetas concretistas de São Paulo, que têm essa nova perspectiva estética, e Fernando Coni Campos, Zé do Caixão" (Rogério Sganzerla, *Encontros*. Rio de Janeiro: Beco do Azougue, 2007, p. 40). Sobre Bressane, ver Vários Autores, *Júlio Bressane Cinepoética*. São Paulo: Massao Ohno, 1995.
36. A frase de Oswald foi transcrita por Mário da Silva Brito em "Mesa-redonda ou diálogo?". *Jornal de Notícias*, São Paulo, 30 out. 1949. A frase tornou-se emblemática a ponto de um selo discográfico muito importante ter se inspirado nela para escolher seu nome: Biscoito Fino.
37. *Jornal Dobrabil*. Ed. fac-similar, São Paulo: Iluminuras, 2001.
38. O texto de Haroldo de Campos, publicado originalmente na revista portuguesa *Colóquio: Letras* ("Da razão antropófaga: A Europa sob o signo da devoração". *Colóquio: Letras*, Lisboa, n. 62, pp. 10-25, jul. 1981), foi traduzido ou republicado em diferentes lugares e idiomas: em castelhano, em 1982 e 1986; em inglês, em 1986; em francês e em italiano, em 1989; em alemão, em 1990. No Brasil, foi publicado no *Boletim Bibliográfico* da Biblioteca Mário de Andrade (São Paulo, v. 44, n. 1-4, jan./dez. 1983, e incluído, com o título indicado, em *Metalinguagem & outras metas*. São Paulo: Perspectiva, 2004, pp. 231-55).
39. Em 1981, foi publicada ainda *Obra escogida*, de Oswald de Andrade, na célebre Biblioteca Ayacucho, fundada por Ángel Rama, que incluiu pela primeira vez vários de seus textos em castelhano. O prefácio é de Haroldo de Campos.

40. Isso também será visto nos trabalhos da academia norte-americana, com o uso do conceito de antropofagia nos debates críticos. Ver, por exemplo, os livros de Carlos Jáuregui, Sarah Castro-Klarén ou K. David Jackson, e ainda: Jorge Ruffinelli; João Cezar de Castro Rocha (Orgs.), *Antropofagia hoje? Oswald de Andrade em cena*. São Paulo: É Realizações, 2011; Carlos Jáuregui, *Canibalia, canibalismo, calibanismo, antropofagia cultural y consumo en América Latina: Ensayos de Teoría Cultural*. Madri: Iberoamericana, 2008.

41. Além do importantíssimo "Literatura y subdesarrollo" (1970), de Antonio Candido, publicado originalmente em *América Latina en su literatura*, outros ensaios escritos no Brasil na década de 1960 têm como tema a relação entre cultura e subdesenvolvimento: Celso Furtado, *Desenvolvimento e subdesenvolvimento*, 1961; Antonio Candido, "Literatura e subdesenvolvimento", 1969; Ferreira Gullar, *Vanguarda e subdesenvolvimento*, 1965; Glauber Rocha, "Subdesenvolvimento e estrutura cinematográfica", 1969; Paulo Emílio Sales Gomes, "Cinema: Trajetória no subdesenvolvimento", 1973, entre outros. Candido menciona, no início de seu ensaio, o livro de Mario Vieira de Mello, *Desenvolvimento e cultura: O problema do estetismo no Brasil*. São Paulo: Cia. Editora Nacional, 1963, que polemiza, justamente, com os teóricos do desenvolvimentismo (principalmente Furtado e Jaguaribe).

42. "Sem a boca do inferno de nosso primeiro antropófago, esse baiano e estrangeiro que deglute e vomita o Barroco europeu e o retempera na mulatália e no sincretismo tropical, não há formação — por mais bem-intencionada — que informe o que há de vivo por trás dessa coisa engraçada chamada literatura brasileira." Augusto de Campos, "Da América que existe: Gregório de Matos". In: *Poesia antipoesia antropofagia & cia.*, op. cit., p. 121.

43. Paulo Herkenhoff (Org.), *24ª Bienal de São Paulo. Núcleo histórico: Antropofagia e Histórias de Canibalismos*. São Paulo: Fundação Bienal, 1998.

44. A história da "Bibliotequinha" é narrada por Raul Bopp em seu livro *Vida e morte da antropofagia* (2. ed. Rio de Janeiro: José Olympio, 2008, pp. 73-4). Nesse contexto, Raul Bopp recupera um dos textos exemplares do cânone de um de "nossos indigenistas", que serviria para incluir, nas sessões do congresso de 1931, as investigações sobre a "Índole Pacífica do Gentio": "O chefe de uma tribo, por atributos sobrenaturais, tinha poderes soberanos, marcadamente legítimos dentro de uma determinada área (por exemplo, a situada entre dois rios confluentes). No momento, porém, que o grupo ficava desgostoso com o chefe (por uma conduta tirânica ou por não haver cumprido o que prometeu) os componentes do clã não iam tramar uma revolução ou uma sublevação para usurparem o poder. Nada disso. Toda a tribo, simplesmente, se deslocava para outro lugar, fora dos limites de sua jurisdição, e deixava o chefe sozinho". Para a tese de Pierre Clastres, ver *A sociedade contra o Estado*. São Paulo: Cosac Naify, 2003.

45. Entrevista de Pedro Cesarino e Sergio Cohn, incluída em *Eduardo Viveiros de Castro*. Org. de Renato Sztutman. Rio de Janeiro: Beco do Azougue, 2008, pp. 168-9.

46. Lucía Tennina, *Cuidado com os poetas! Literatura e periferia na cidade de São Paulo*. Porto Alegre: Zouk, 2017, p. 99.

47. Heloisa Buarque de Hollanda, "El extraño horizonte de la crítica feminista en Brasil". *Nuevo Texto Crítico*, Stanford: Center of Latin American Studies, ano VII, n. 14-5, jul. 1994/jun. 1995; "O estranho horizonte da crítica feminista no Brasil". In: Flora Süssekind; Tânia Dias; Carlito Azevedo (Orgs.), *Vozes femininas: Gênero, mediações e práticas de escrita*. Rio de Janeiro: 7 Letras; Fundação Casa de Rui Barbosa, 2003, pp. 15-25.

48. A cordialidade, seja no sentido proposto por Sérgio Buarque Holanda ou em um sentido amplo, não parece estar nos postulados do programa do Congresso Antropofágico nem em um quadro como *Abaporu*, a primeira obra plástica brasileira na qual se representa um corpo para além da definição de gênero.

49. A defesa que Oswald faz do livro de Simone de Beauvoir é bastante curiosa, dado que a autora destrói Bachofen, um dos pilares intelectuais de sua tese. Entretanto, interessa mais a Oswald ressaltar a crítica à edipização do desejo. A crítica à categoria de "matriarcado" como instância originária e "passado distante", que Judith Butler faz na atualidade (algo que estão fazendo os movimentos feministas que defendem a queda do patriarcado), não se aplica a Oswald, que utilizava o matriarcado como uma categoria operativa. Ver Judith Butler, *El género en disputa: El feminismo y la subversión de la identidad*. Buenos Aires: Paidós, 2016.

50. "O Romance da época anarquista ou livro das horas de Pagu que são minhas 1929-1931", do qual Stigger extrai as citações, está incluído em Augusto de Campos, *Pagu vida-obra*. São Paulo: Companhia das Letras, 2014, pp. 113-30.

BIBLIOGRAFIA COMPLEMENTAR

ANDRADE, Joaquim Pedro de. *Vida en movimiento*. Buenos Aires: Malba, 2007.
CAMPOS, Haroldo de. "Estilística miramarina". *O Estado de S. Paulo*, São Paulo, 24 out. 1964. Suplemento Literário.
PINHEIRO FILHO, Fernando Antonio. *Lasar Segall: Arte em sociedade*. São Paulo: Cosac Naify; Museu Lasar Segall, 2008.
VÁRIOS AUTORES. *Hélio Oiticica*. Barcelona: Fundació Antoni Tàpies, 1992.

FILMES

Antônio das Mortes, 1967, Glauber Rocha.
Como era gostoso o meu francês, 1971, Nelson Pereira dos Santos.
Os condenados, 1975, Zelito Viana.
O Homem do Pau-Brasil, 1981, Joaquim Pedro de Andrade.
Macunaíma, 1969, Joaquim Pedro de Andrade.
O monstro caraíba, 1975, Júlio Bressane.
Tabu, 1982, Júlio Bressane.
Terra em transe, 1969, Glauber Rocha.

MODERNISMO EM 1922, 1992 E 2022: UM DEPOIMENTO

WILSON ALVES-BEZERRA

Nos primeiros tempos dos anos 1990, quando a Semana de Arte Moderna de 1922 era apenas uma respeitável septuagenária que não pensava ainda sobre comemorações seculares, os modernistas já estavam incorporados a um certo imaginário de poesia por toda a cidade de São Paulo. Mesmo que a Pauliceia já fosse outra que não a de Mário, e que suas margens tivessem se movido muitos quilômetros adiante, chegando a rincões antes inimagináveis, até mesmo para aquele homem que havia virado o Brasil do avesso com sua navegação exploratória de turista aprendiz. As fronteiras da capital já lindavam então, ao sudoeste, com municípios como Taboão da Serra, Embu e Itapecerica da Serra, onde o rural ia se fazendo favela antes mesmo de poder transformar-se em urbe moderna. Lá onde Brecheret algum jamais havia podido erguer seu concreto armado, na longa trajetória entre o sul e o centro, a única escultura bandeirante a fitar o transeunte era a de Borba Gato apoiado sobre sua garrucha, erguida por Julio Guerra no início dos anos 1960, ao longo da avenida Santo Amaro, a poucos metros de um McDonald's igualmente ostensivo.

Se pela arquitetura o modernismo não chegara às margens da cidade, se não havia casa modernista para apreciar nos confins de São Paulo, ao menos por lá era possível ver a cara de alguns poetas do movimento. Por aqueles anos, o dinheiro nacional — ainda que escasso — já era modernista: um Drummond recém-falecido começara sua carreira como estampa de cédula de 50 cruzeiros, para logo mudar para 50 cruzados novos, seja lá o que isso pudesse significar. Cecília Meireles, por sua vez, valia o dobro: 100 paus. O grande Mário de Andrade, entre eles o mais pobre, glória suprema, três anos depois, valia 500 mil cruzeiros. Todo o parnaso modernista, no entanto, logo seria carcomido pela inflação, dando lugar a bichos que até hoje povoam nossas alquebradas cédulas nacionais.

Filho de retirantes nordestinos que se estabeleceram na periferia no grande êxodo dos anos 1970, meus pais tinham uma banca de jornais. A cultura letrada vinha-me, portanto, não apenas da escola, mas, principalmente, de revistas, fascículos, livros, jornais e suas muitas coleções. Foi lá que travei contato, por exemplo, com a coleção Literatura Comentada, da editora Nova Cultural, com os primeiros volumes temáticos de poesia. Embora na primeira versão da coleção, publicada no princípio dos anos 1980, a oferta fosse mais diversificada, com direito a um volume sobre *Poesia concreta*, *Poesia jovem anos 70*, *Gilberto Gil* e *Chico Buarque*, o que restou em termos de poesia do século XX na reedição dos anos 1990 foi uma seleção muito menos ousada, que fechava os olhos aos contemporâneos, limitando-se, em termos de ousadia, aos poetas modernistas: *Mário de Andrade*, *Manuel Bandeira* e *Carlos Drummond de Andrade*.[1] A última fronteira, então estabelecida, era mesmo a da Semana de 22.

Assim, para quem quisesse naquele momento saber de poesia contemporânea em língua portuguesa e dependesse da indústria cultural, a resposta seria esta, não outra: o modernismo. De toda forma, era promissor, para quem, como eu, vinha de uma infância na década anterior na qual a poesia que mais circulava eram:

(1) as quadrinhas das Gotas de Pinho Alabarda, umas balas verdes açucaradas que traziam na embalagem quatro versos igualmente edulcorantes sobre o amor, impressos numa figurinha autocolante e quase sempre assinados por um tal Querubim ou por uma tal Colombina;
(2) as frases de amor de corte hippie do álbum de figurinhas *Amar é...*, verdadeiro sucesso da banca;
(3) os cadernos de versos adolescentes de minhas irmãs mais velhas.

Naquele Brasil recém-saído da ditadura, percebia-se sem grandes dificuldades que a última grande poesia brasileira socialmente aceita era aquela produzida ainda antes do Estado Novo. Oswald de Andrade, Mário de Andrade, Manuel Bandeira eram o cânone contemporâneo e Drummond, o desdobramento daquele movimento. Cecília Meireles, de menor fama, seguia-os e era a leitura obrigatória do vestibular de 1995, com seu *Romanceiro da Inconfidência*, e estamos conversados. No entanto, havia tutano no osso daqueles versos, que eu com prazer roía, sem conhecer ainda nada do que se versejava noutras paragens.

A procura da poesia se deu, em meu caso, passando da banca de jornal ao sebo, da escola ao cinema, da periferia ao centro. Foi assim que, no Centro Cultural São Paulo, na Sala Lima Barreto, vi atônito exibirem-se diante de meus olhos, no escuro, Grande Otelo e Dina

Sfat. Ele, na primeira parte do filme, bebê negro e malandro, verdadeiro fauno nas selvas do norte. Ela, na segunda parte, a um só tempo guerrilheira urbana e amazona, os seios nus e a insubmissão, tão diferente das mulheres obedientes do começo do filme... Era a versão cinematográfica de *Macunaíma*, dirigida por Joaquim Pedro de Andrade, capaz de fazer qualquer adolescente perder a cabeça. Na sala de cinema, eu me dava conta de que não via aquelas cenas pela primeira vez: ecoava do fundo dos tempos, aquela mesma voz, vinda de um televisor preto e branco valvulado, que dizia "Carne de minha perna... carne de minha perna..." e a outra: "Aaaai, que preguiça". Era o mesmo filme que, exibido na televisão para toda a família e recortado por comerciais uns sete anos antes, não me falara à alma, ao corpo, como naquele reencontro proporcionado pelo cinematógrafo, no qual o chiado característico do som daquela sala, o feixe de luz que se projetava sobre a tela, o espocar das imperfeições na película faziam tudo ganhar outra dimensão. Algo acontecia. Ao sair da sala, a rua Vergueiro e a avenida 23 de Maio já não eram as mesmas. A penumbra do cinema permaneceria como possibilidade.

Não me dei por satisfeito com aquele filme que começava na mata e se resolvia numa canção melancólica no leito de um rio. Quis saber mais daquele tal Mário de Andrade. Ao ler seus *Contos novos*, percebi que para ele os homens não mudavam apenas de cor, também seu desejo poderia enveredar por caminhos imprevistos, como no caso de seu personagem Frederico Paciência, do conto homônimo. Em Mário, também o filho podia ocupar o lugar do pai, tornando uma ceia de Natal ensombrecida pelo luto do patriarca em uma festa na qual não era desonroso comer o naco mais carnudo do peru. Era 1993 — o ano de seu centenário — e um programa especial da TV Cultura trazia um coro de mulheres falando do autor: "Mário de Andrade era o homem que me dava livros e se ocupava de minha formação". Na gravação em cassete que se mantém até hoje, aqueles versos "Eu sou trezentos, sou trezentos-e-cincoenta,/ mas um dia afinal eu toparei comigo..." se repetem. Ainda que o sentido me escapasse, a possibilidade de ser múltiplo era sedutora.

Era ainda cedo para saber o que fazer com Mário de Andrade. De momento, o que me ocorria era continuar a lê-lo. *Amar, verbo intran-*

sitivo, seu romance psicanalítico, com a promessa de investigar o amor e a iniciação sexual do jovem burguês por sua professora de alemão e de amor: aquela narrativa que gostosamente não avançava, aquela narrativa que animava mais pelas palavras laterais do narrador falastrão, que discutia Darwin, Freud, Fliess, Hitler, com uma soltura invejável, fazendo o leitor se interessar por tudo. Além disso, havia uma frase de efeito que insistia, verdadeiro achado: "Ninguém o saberá jamais". Então eu pensava: era possível um narrador que se demite da onisciência, um narrador que conta as histórias, que vê todos os personagens, que se dirige ao leitor e que, ao mesmo tempo, confessa faltar-lhe a compreensão daquilo mesmo que ele está contando. Com Mário de Andrade, descobria a psicanálise e a movência do desejo. Um dia ainda escreveria um livro como aquele, pensava.

Nas páginas de um manual escolar do colegial, de Faraco & Moura, ousado a ponto de trazer surrealismo francês e poemas de Herberto Helder, chegaram-me dois outros autores: primeiro foi Alcântara Machado e seu *Brás, Bexiga e Barra Funda*. Bairros distantes e uma linguagem distante. A críptica escrita para quem não tinha o ouvido trabalhado pelos ecos de italiano; afora isso, o ruído restante, feito por tanto automóvel, tanto bonde, algo tinha de familiar. Não era difícil também compreender que o monstro de rodas atropelara o Gaetaninho. Coitado.

O acontecimento, o grande acontecimento, embora começasse páginas adiante, tardaria um pouco mais, como todo grande acontecimento, para se dar em toda a sua plenitude. Respondia pelo nome de Oswald de Andrade. O poema era "erro de português", do livro *Pau Brasil*. Aqueles poemas sintéticos, engraçados, que falavam não de amores, que tinham trocadilhos, que pensavam nos primeiros tempos da história do Brasil, encafifaram-me. A poesia das Gotas de Pinho Alabarda confrontava-se com a ironia de Oswald. Aquela engenhosa simplicidade abria uma possibilidade de escrita, bem diversa da outra, que também se apresentava a todo adolescente: ser um drummondzinho. Oswald dizia: você pode ser um escritor com o espírito de porco.

Todos aqueles poemas, que iam se sucedendo, da primeira fase do modernismo, "Ode ao burguês", de Mário de Andrade, "Pronominais", de Oswald, davam a noção de que se podia escrever com simplicidade e vigor. Era a coisa mais contemporânea que me chegava ao longo daqueles dias. A real possibilidade de sair da poesia amatória adolescente para o território selvagem da mordacidade, da crítica social e histórica.

Não se falava nada, tanto na escola pública como no cursinho pré-vestibular, sobre as propostas radicais que se seguiram àquela dos modernistas: nem uma palavra sobre o Concretismo dos irmãos Campos e Décio Pignatari, dos anos 1950; nenhuma palavra sobre o movimento beat surrealista dos anos 1960, com Roberto Piva, Claudio Willer e Rodrigo de Haro. Nada. Isso não serve para arrumar emprego, isso não cai no vestibular. As condições do momento e o sistema educacional levavam quem quisesse escrever poesia a fazer uma ligação direta de praticamente setenta anos entre a vanguarda paulistana e o presente.

Alternativamente, claro, podia-se passar também pela canção contemporânea. Pois o texto poético que falava do presente era o que soava no rádio, num espectro que passava por Chico Buarque — que acabara de lançar *Paratodos* —, Legião Urbana — com seu *Descobrimento do Brasil* —, ou os Racionais MC's — com *Raio X Brasil* —, este último, um disco que se podia escutar quase completo no rádio. A obsessão pelo significante "Brasil", vista com esses anos de distância, fica evidente.

Embora fosse bonito, era difícil identificar-se com a árvore genealógica do poeta Chico, que abria o disco cantando "O meu pai era paulista/ Meu avô, pernambucano/ O meu bisavô, mineiro/ Meu tataravô, baiano/ Meu maestro soberano/ Foi Antonio Brasileiro", pois eu, com dificuldade, chegava até à terceira geração de minha família, na zona da mata alagoana. Pobre e migrante não tem árvore genealógica.

Ouvir o hit dos Racionais, "Fim de semana no parque", tinha efeito bem diverso: era como de repente ser confrontado a um tipo de produção artística que falava, sem mediação, com o aqui e o agora; além da batida hipnótica, da voz agressiva de Mano Brown, ouvia o nome de todos os bairros do entorno, o que produzia uma estranha sensação de familiaridade. Ao mesmo tempo, Brown cantava outra coisa inquietante, os assassinatos que aconteciam na região, como o réquiem que surgia a certa altura de uma letra quilométrica: "Como se fosse ontem ainda me lembro/ 7 horas sábado 4 de dezembro/ Uma bala uma moto com 2 imbecis/ mataram nosso mano que fazia o morro mais feliz/ E indiretamente ainda faz,/ mano Rogério esteja em paz". Aquilo ficava na cabeça, porque tudo era do mais sinistro e cotidiano, para quem já vivera aquelas experiências na vizinhança. Se, por um lado, a estrutura da letra era a dos versos rimados, ignorava tudo o que eu descobrira na escola com o modernismo brasileiro; por outro, parecia mesmo que o mundo da escrita não tinha acabado nos anos 1920. Havia uma força naquele conjunto, trazida pela forma de dizer e cantar aqueles versos. Luiz Gonzaga e Jackson do Pandeiro, que eu descobrira em casa, tampouco pareciam dialogar com nenhuma daquelas tradições ou descobertas. Começava a haver, para o adolescente que então eu era, uma série de referências literárias e musicais, mas ainda pouco se podia fazer com elas.

Se algo se impunha com clareza, era a necessidade de escrever poesia. De publicar. Na conjunção explosiva entre introspecção, hormônios, sensação de desconformidade com o mundo, era preciso perseguir uma forma. Num primeiro livro, uma edição de autor, custeada com o dinheiro de meu trabalho na banca de jornal — então remunerado pela família —, foi que escrevi algo que, à distância de 25 anos, percebo o quanto emulava o modelo do poema-piada de Oswald, o quanto perseguia aquela aparente simplicidade de Drummond. Claro, as Gotas de Pinho Alabarda também se faziam presentes. Conto isso para mostrar o quanto daquela referência forte e sólida, do modernismo brasileiro, seguia em vigência. Entretanto, como já disse, havia uma espécie de fosso cultural entre os anos 1920 e os anos 1990, preenchido com os mais heterogêneos materiais da cultura de massa, da canção popular, do rock americano, do rap. Enquanto não pudesse resgatar parte da trajetória da poesia nacional entre o fim do Estado Novo e o Regime Militar de 1964-1985, nunca poderia compreender meu lugar naquela tradição. Dito nos termos de minha professora de Introdução aos Estudos Literários da USP, que me estimulou, corretamente, a não mais escrever poesia em versos, pelos idos de 1998: "Você é um poeta em prosa, irônico, mas você precisa conhecer sua família. Com estes versos que você escreve, você se agride". Disse ela: vá ler Baudelaire! Rimbaud! Fui.

Em 1999, um acontecimento decisivo nas letras nacionais, ao menos para o poeta que eu começava a ser: o lançamento do compact disc *Ouvindo Oswald*. Era uma confluência de gestos artísticos em torno à obra do poeta: Décio Pignatari, Augusto e Haroldo de Campos, Arnaldo Antunes, Lenora de Barros, Omar Khouri, Paulo Miranda e Walter Silveira emprestavam suas vozes e sua dicção para dizer os poemas de Oswald, num disco que era uma celebração ao modernista.

Pignatari mascava chicletes enquanto lia o "Manifesto da Poesia Pau Brasil" e o "Manifesto Antropófago". Na voz grave de Arnaldo Antunes, "As meninas da gare" ganhavam uma dimensão de gravidade que contrastava com a leveza dos versos. Ademais, a migração daquela mesma voz que eu descobrira antes, como um dos líderes dos Titãs, para o território da poesia indicava que os comentários que algum colega fazia a meus versos de que "pareciam letra de música" poderiam ser pensados de outra forma.

Em chocante oposição, *Ouvindo Oswald* começava com uma gravação rara do próprio poeta lendo seus textos num tom monocórdico e solene. Não se escutava na dicção de Oswald a ironia de seus versos. Entretanto, no registro de Pignatari, que o sucedia, o que acontecia era de outra ordem: transbordava mordacidade na leitura do "Manifesto da Poesia Pau Brasil". Não era apenas um chiclete o que Pignatari trazia na boca para ler os textos: era o corpo vivo de Oswald. Ele o devorava diante do microfone do estúdio. Aquilo era uma lição de poesia: era a dimensão vocal do poema, por meio da qual os concretistas haviam trazido o modernista léguas adiante, décadas adiante, até nosso tempo.

A audição do disco, no lançamento da Bienal Internacional do Livro de São Paulo, deu contornos de acontecimento literário único àquilo, com a presença de vários dos poetas no evento. Era música para os ouvidos. Era um ritual. E era uma tecnologia da qual era possível apropriar-se. A trajetória cumprira-se. Aquilo que se revelara para mim na noite de 1º de maio de 1999, os poetas concretistas já haviam anunciado com todas as letras no "plano-piloto para poesia concreta", quarenta anos antes, quando disseram que sua proposta não era apenas vocal, mas verbivocovisual:

> o poema concreto, usando o sistema fonético (dígitos) e uma sintaxe analógica, cria uma área linguística específica — "verbivocovisual" — que participa das vantagens da comunicação não verbal sem abdicar das virtualidades da palavra. com o poema concreto ocorre o fenômeno da metacomunicação: coincidência e simultaneidade da comunicação verbal e não verbal, com a nota de que se trata de uma comunicação de formas, de uma estrutura-conteúdo, não da usual comunicação de mensagens.[2]

Meu gap cultural se comprazia daquela descoberta A trajetória pessoal do poeta em formação que eu era, no entanto, e mesmo os meios materiais dos quais dispunha para produzir o poema, e até mesmo meus objetivos com a lírica, faziam com que a visualidade me importasse menos: a disposição livre dos caracteres na página já tinha se banalizado em minha geração, sem a força da visualidade; quanto ao videoclipe, o cinema já tinha ido fundo naquela direção, não me interessava, enfim. O importante mesmo era a força da elocução e da vocalização do poema, que já apreendera na canção brasileira, e que então se encontrava com o texto irônico oswaldiano e possibilitava que a palavra e a voz do poema produzissem efeitos, em tempo real, no público. Ali estava uma poesia possível.

No entanto, não era o poema-piada que me serviria para isso. Como dizer um epigramático poema-piada em público? Era preciso que o poema durasse, como dizia Poe, em "A filosofia da composição". Em busca de uma forma, aproximei-me de um grupo de poetas do centro de São Paulo, que se dedicava à leitura de poesia em público; o grupo chamava-se Sampoesia e estava já em um estado de desagregação: eles eram muitos e conheci apenas dois remanescentes, Lisa Lago e Mauro Cunha Filho, poetas, editores e agitadores culturais. Pela primeira vez, eu pertencia a um movimento. Fizemos saraus, oficinas, lemo-nos uns aos outros. Como ambos eram performers, a poesia oral começou a ganhar corpo para mim. Isso se resolveu em leitura de poesia no rádio e um desejo imenso de seguir investigando aquelas possibilidades: fizemos juntos um programa de poesia numa rádio comunitária da Cidade Ademar, Rádio Verde; experiência que eu repetiria anos depois, na Rádio UFSCar, com um programa coletivo chamado *Ouvindo vozes*.

Assim, com a parte inicial deste texto, arrisco dizer que para minha geração, gente nascida no fim dos anos 1970, escolarizada nos anos 1980 e que ingressou na universidade nos anos 1990, o modernismo não foi — num primeiro momento — uma escolha estética, mas a única opção. É possível que nas escolas centrais da capital, dedicadas a educar as classes mais abastadas, o processo tenha sido outro. Em meu entorno, definitivamente não.

A sedução da aparente simplicidade da arte dos modernistas, da poesia de Oswald e Drummond aos quadros de Tarsila, nos cativava, pois parecia muito mais possível ser artista naquela perspectiva. Ao mesmo tempo, paradoxalmente, dava a estranha impressão de que não nos cabia ser artistas, porque a poesia parecia ter já chegado ao fim com aquela geração, já que nos ficava a falsa impressão, no ambiente escolar, de que depois não havia acontecido nada.

As escolhas pela poesia, por moto próprio, deram-se fora do ambiente escolar e universitário: o episódio dos concretos devorando um Oswald redivivo, mas também Haroldo e Augusto traduzindo o *Cantar dos Cantares*, Mallarmé, Rimbaud, Joyce, dando nós em minha cabeça de leitor. O mundo, mundo, vasto mundo, era maior que o horizonte raimundo de Drummond.

Foi assim que cheguei, ainda nos anos 1990, pelas mãos do poeta e editor Mauro Cunha Filho, a um então ostracizado Roberto Piva, que ministrava seus cursos órficos na Funarte. Ele generosamente nos trazia, com suas mãos já bastante trêmulas pelo Parkinson, a chama de uma poesia nada olímpica. Apresentava-nos, numa sucessão vertiginosa, Dante, Pasolini, Ferenczi e o xamanismo; declamava em português, enquanto traduzia, trechos da *Divina comédia*, exibia vídeos de rituais xamânicos, comentava-os, depois lia nossos poemas e dava conselhos para evitarmos os sobrenomes compostos, que eram mais difíceis de lembrar. Nos irreverentes intervalos daqueles encontros, na companhia de Roberto Bicelli e Claudio Willer, contava piadas. Aproximando-nos, Mauro, Lisa Lago e eu, de Claudio Willer, então assessor de cultura da prefeitura de São Paulo, propusemos oficinas e saraus na Casa Mário de Andrade, na rua Lopes Chaves, onde vivera o poeta, e às vezes éramos recebidos por um sobrinho de Drummond, inquietantemente parecido com o tio.

Foi o mesmo Willer, que então generosamente nos abria aquelas portas, que, já em 2011, iria me apresentar o disruptivo Herberto Helder, de "joelho, salsa, lábios, mapa", fazendo-me lembrar o que dissera minha professora uspiana tantos anos antes: que eu era um poeta em prosa. Escrevi um livro de poemas em prosa chamado *Vertigens* e ganhei um Jabuti com ele.

O PAU DO BRASIL E OUTROS OSWALDS

Quando os outros poetas chegaram e começaram a se mover diante de meus olhos, lendo e deslendo a tradição, produzindo outras identificações, intervindo na poesia que eu mesmo escrevia, foi que a coisa mudou de figura. Só assim foi possível compreender, na vida e na escrita, a afirmação de Jorge Luis Borges em sua conferência "O escritor argentino e a tradição", de que o poeta mais importante é mesmo o jovem, aquele que pode embaralhar o cânone e as cartas e distribuí-las de novo, de acordo com a sensibilidade e a necessidade de seu projeto e de seu tempo.

Foi mais ou menos o que me aconteceu em 2016. Depois de meu início como poeta independente no fim da adolescência e o posterior longo silêncio impresso — década e meia sem publicar —, depois de finalmente retomar a poesia, sob o estímulo imediato da leitura de Helder, que resultou em *Vertigens*, de 2015; depois de tudo isso, bem, houve outra coisa.

O ano, já disse, era 2016 e o Brasil era um país em carne viva. Depois de quase três décadas da Constituição de 1988 e da construção coletiva chamada Nova República, o país se tornara um lugar estranho para mim: leitor de jornais, como disse, desde a infância, mas também professor universitário, poeta, comecei a ter sintomas de uma disjunção perigosa. Uma escabrosa descoincidência entre o discurso da imprensa — jornais, rádios, televisão — e o meu. A forma de narrar os acontecimentos do cotidiano político bem como sua análise passaram, cada vez mais, a me produzir vertigens, tamanha a divergência que se estabelecia entre meu modo de apreender o que se nos apresentava e o que se comentava na mídia. Educado em escola pública e tendo cursado História e Letras na universidade pública, com mestrado e doutorado na área de literatura latino-americana, ficava pasmo. Não me refiro à mera divergência ideológica entre o autor destas linhas e a crônica política, mas ao processo de *lawfare* ao qual iam sendo submetidos o ex-presidente da República, Luiz Inácio Lula da Silva, e a então presidenta, Dilma Rousseff. Sem nunca ter sido militante político, a reavaliação à qual a imprensa e as redes sociais submetiam a última década e meia da história do país implicava-me pessoalmente em minhas escolhas de vida: artista, intelectual, professor.

No arco dos dias entre a aceitação do processo de impeachment da presidenta Dilma Rousseff, em dezembro de 2015, e o vazamento na imprensa, em horário nobre, do diálogo entre ela e o ex-presidente Lula, em março de 2016, cumpria-se uma trajetória discursiva que, na dita sociedade polarizada, me relegava ao polo da esquizofrenia. Parecia que o país passara a viver noutra realidade, na qual era possível que diversos comentaristas políticos discutissem a forma e os termos de uma conversa íntima entre a chefe de Estado e seu antecessor — destacando linguagem chula, palavrões etc. —, mas sem se perguntar, no entanto, como uma gravação sem autorização do Supremo Tribunal Federal era divulgada por um juiz de primeira instância e estrategicamente enviada para as televisões e rádios no horário dito nobre.

Outras figuras, até então desconhecidas, como a professora de direito Janaina Paschoal — autora do pedido de impeachment e chamada por parte da imprensa de *a musa do impeachment* —, passavam a protagonizar performances singulares, como numa inesquecível aparição na Faculdade de Direito do Largo São Francisco, em que a advogada dizia com o rosto transido em êxtase, aos berros, que o Brasil não seria a República da Cobra. Quando começava a girar com uma bandeira do Brasil — pombajira e personagem de Glauber Rocha —, o mundo desaparecia a seu redor. O Brasil começava a ser, como nunca, uma interrogação. Os significantes sobre o país se multiplicavam: "República da Cobra", "República de Curitiba", "República Bananeira". O que era o Brasil? Por aqueles dias, já em abril, Oswald de Andrade, tantos anos depois, mostrava, por vias travessas, sua pertinência. Se havia um livro, um procedimento, uma literatura que precisava ser revisitada, rememorada, devorada, era a sua.

Em uma semana, escrevi os dezoito poemas que compunham a primeira edição de *O Pau do Brasil*. Misto de homenagem e apropriação, e escrito 91 anos depois do *Pau Brasil* (1925) de Oswald, o livro era a chance de arrancar versões alternativas dos dizeres públicos cujas interpretações já nasciam calcificadas e monológicas. Interessava-me, sobretudo, a seção "História do Brasil", do livro de Oswald, na qual ele recortava textos da Colônia e, por meio de títulos certeiros, de ironia ferina, despertava discursos adormecidos pela reiterada leitura escolarizante e ideologizada de sucessivas gerações.

Penso, por exemplo, no escrivão Caminha, o autor da *Carta*, tornado *flâneur* baudelairiano pelo poeta, por meio do potente gesto de obrigar que lêssemos o sobrenome do autor como verbo no poema "Pero Vaz caminha". Na parte assim denominada "As meninas da gare", Oswald transcrevia literalmente uma das descrições do escrivão Caminha sobre as indígenas nuas:

> aly amdavam entre eles tres ou quatro moças bem moças e bem jentijs com cabelos mujto pretos comprjdos pelas espadoas e suas vergonhas tam altas e tã çaradinhas e tam limpas das cabeleiras que de as nos mujto bem olharmos nõ tinhamos nhuua vergonha.[3]

tornando-a em um poema demolidor:

> As meninas da gare
>
> *Eram três ou quatro moças bem moças e bem gentis*
> *Com cabelos mui pretos pelas espadoas*
> *E suas vergonhas tão altas et tão saradinhas*
> *Que de nós as muito bem olharmos*
> *Não tínhamos nenhuma vergonha*[4]

O fragmento oswaldiano, ao jogar com a ambivalência entre as vergonhas das moças e a falta de vergonha dos que a olhavam, sempre despertara risos de desconcerto nas salas de aula que frequentei, seja como aluno, seja como professor. Desde que eu assumira as aulas de literatura hispano-americana, no interior de São Carlos, fora impelido a ressaltar que as meninas da gare eram como as da rodoviária, as prostitutas; destacava como Oswald mostrava em sua releitura da *Carta* a origem do olhar gringo à brasileira, vista como a mulher disponível e sem-vergonha.

Sua vigência era aferida quando olhávamos, por exemplo, o cartaz da Embratur, de 1983, então sob a gestão de João Dória, uma espécie de versão renovada do encontro oswaldiano, mas já sem qualquer ironia.

Entre o sexismo naturalizado da descoberta em 1500, o poema de 1925 e o grotesco literal da ditadura, em 1983, dei-me conta de como a ironia era ainda a melhor artilharia para a desnaturalização. Era preciso fazer uso amplo dela. Essa foi a gênese de *O Pau do Brasil*.

Inserir o artigo *o* e a preposição *do* no sintagma que dava título ao livro de Oswald buscava semear a dúvida com a polissemia do termo

Propaganda da Embratur, 1983.

“pau”, introduzindo indiretamente uma interrogação. Não mirava a Colônia diretamente, mas apenas por alusão da permanência do pensamento colonial: os documentos dos quais partia eram fragmentos de discursos do Brasil Contemporâneo, recortados e nomeados em chave irônica. A *Carta de Caminha* dava lugar à Carta de Temer à então presidente Dilma; as descrições dos viajantes, ao grampo de Lula descrevendo a República de Curitiba; e também havia trechos do processo de impeachment; a “Ponte para o Futuro” do PMDB, entre outros. Tudo sem atribuição de autoria. Além da colagem à maneira modernista, promovia um labirinto polifônico, para provocar e pôr à prova a escuta dos leitores. Eis aqui um exemplo:

Vida de gado

Este pato representa a indignação das pessoas.
O povo brasileiro é um povo do bem.
O pato, com este olhar de paz, é a forma brasileira de protestar.[5]

O livro, em sua primeira versão, lançada em junho de 2016, era composto de dezoito poemas, intercalando séries de seis poemas autorais e seis colagens. Foi acolhido com estranheza e certa ambiguidade, pois, na lógica da dita sociedade polarizada, havia dificuldade da parte de muitos em compreender de que lado os poemas — e o poeta — estavam. Compreendendo que havia certa força no projeto, decidi levá-lo adiante, à maneira de um *work in progress*, acrescentando sempre novas partes, que comentavam os acontecimentos dos últimos tempos. Tal como o projeto *Imprensa cantada*, do tropicalista baiano Tom Zé, passei a fazer edições sucessivas do livro, sempre aumentadas e com capas diversas (do artista Wladimir Vaz, sempre em alusão à capa que Tarsila do Amaral fizera para o livro de Oswald, mas variando as cores) [imagem n. 23]. O livro conta, até o momento, com cinco diferentes edições brasileiras e duas portuguesas. A última edição, de 2019, foi lançada em janeiro de 2020.

Afora o já dito, *O Pau do Brasil* era um jeito de responder a uma demanda de Piva, que dissera, em 1991, numa entrevista ao também poeta e jornalista Ademir Assunção, da precária recepção de Oswald naqueles tempos: "Comemorou-se o centenário de Oswald de Andrade mas ele não foi comido. Não tem penetração nesta estética que está no poder atualmente no Brasil".[6]

Queria devorar não apenas Oswald, mas lançar mão de sua tecnologia para torcer o cânone: tal como ele, reescrevi "Canção do exílio", de Gonçalves Dias. Aproveitei ainda para revisitar outros poemas do cânone, como "Vou-me embora pra Pasárgada", de Manuel Bandeira, "Llanto por Ignacio Sánchez Mejías", de García Lorca, "The Raven", de Edgar Allan Poe, entre outros. Toda a poesia escolarizada tinha que se torcer. Intimamente, queria que aquele poeta descoberto pouco a pouco desde a adolescência circulasse em sua ironia, no presente, com a virulência do rap, mas sem suas rimas. O que terminou acontecendo, algo inadvertidamente, na medida em que avançava o projeto, porém, foi outra coisa: a ironia foi dando passagem ao desejo de intervenção. Nas palavras de Frankel, o livro foi "saindo de uma ironia fina para uma proposta *interventora*".[7] Não seria a primeira vez, como o demonstra a própria obra de Oswald de Andrade, que o engajamento político iria tomar o centro da cena.

A SESSÃO DE OSWALD

Em tempos recentes, desde aquele fatídico 2016, outra poesia e outras poéticas têm circulado em torno ao modernismo. Da impossibilidade de me espraiar na selva de publicações, vou trazer duas obras, uma do Rio e uma de Belo Horizonte, singulares ambas e feitas por poetas nascidos, respectivamente, nos anos 1980 e 1990. Estou pensando em Roy David Frankel (1987) e Bruna Kalil Othero (1995).

Sincronicamente, no Rio de Janeiro, o poeta carioca Roy David Frankel lançava mão de procedimento semelhante ao meu para tratar do mesmo contexto político. A fatídica sessão da Câmara dos Deputados, ocorrida em 17 de abril de 2016, presidida pelo então presidente Eduardo Cunha, ao longo de um singularíssimo domingo, também produzira no poeta carioca a ideia de um livro, seu primeiro livro de poemas. O procedimento de Roy foi oswaldiano, partindo da edição das notas taquigráficas da longa sessão para transformar em poemas alguns de seus discursos estapafúrdios, nos quais, falando para a televisão, congressistas evocavam os maiores disparates para conjurar e celebrar antecipadamente a queda da presidenta. O presente, como nunca, tornara-se matéria viva para a poesia.

Dizer o presente é dizer pouco, seria preciso acrescentar: nosso presente colonialista. Os ecos da Colônia, que sempre estiveram tão presentes na obra dos artistas da Semana de 22, tornaram-se muitíssimo vigentes na distopia brasileira. Assim, não é coincidência que poetas contemporâneos, de diferentes gerações, como David, tenham encontrado nos modernistas o procedimento para reagir aos acontecimentos. Nesse sentido, no posfácio ao livro, Eduardo Coelho pondera:

> É como se a obra de Roy David Frankel atualizasse a "Carta às Icamiabas", de *Macunaíma*: a velha política se torna mais definida a cada página que lemos, e não podia faltar o pedantismo retórico e a poesia ufanista ruim da Moral e Cívica, absolutamente acrítica e legitimadora do movimento colonizador.[8]

Arrisco ainda uma hipótese de leitura. O contexto da crise política, que culminou no impeachment de Dilma Rousseff como seu primeiro ato, se dá num momento histórico que traz um elemento novo: nele, todos têm palco e voz. Seja a mídia hegemônica, seja a mídia alternativa, seja cada pessoa em sua rede social. Tem-se enfrentado muito ruído na contemporaneidade. Projetos como o de Frankel lançam mão de uma estratégia outra: pinçar, enquadrar o efetivamente dito e colocá-lo sob questão. *Sessão* faz uma aposta na linguagem, na possibilidade de haver escuta.

Se, no início de *Pau Brasil*, de Oswald, promovia-se o riso, ao se carnavalizar, de certo modo, o passado colonial, em *Sessão*, quer-se desnaturalizar o grotesco e devolver-lhe sua dimensão de horror. Não há riso em *Sessão*, e, mesmo sendo tão oswaldiano, essa é sua característica que menos alude ao fazer do precursor.

Há, enfim, uma dimensão de trauma naquela sessão do Legislativo, que leva inclusive a que se possa ler *Sessão* em sua dimensão psicanalítica: sessão — o livro — como lugar de escuta, reelaboração e deslocamento.

Aquela tarde de domingo caracterizou-se, enfim, pelo desvelamento grotesco do horror nacional, reatualizado pela fala do então deputado Bolsonaro, que fez não apenas a defesa do impeachment de Dilma Rousseff, mas a apologia do general que a torturou, e ainda logrou falar contra a imprensa livre.

O poeta, então, empresta sua voz ao facínora, escreve seu poema em primeira pessoa, faz falar por seu corpo mais um deputado, para dar dimensão de arte, de performance, àquilo que de outro modo só poderia ser apreendido como horror:

Neste dia
de glória para o povo
                                        brasileiro,
um nome entrará
para a história nesta
data pela forma como
conduziu os trabalhos desta
Casa: parabéns, Presidente
Eduardo Cunha!

Como vota, Deputado?

Perderam em 1964.
Perderam agora em 2016.
Pela família e pela inocência
das crianças em sala de
aula, que o PT nunca teve...

Contra o comunismo, pela nossa
liberdade, contra a Folha de
S.Paulo, *pela memória do Cel.*
Carlos Alberto
Brilhante
Ustra,
o pavor de Dilma
Rousseff!

Como vota, Deputado?

Pelo Exército de
Caxias, pelas nossas Forças
Armadas, por um
Brasil
acima de tudo, e por Deus
acima de todos, o meu voto é
sim![9]

OSWALD RECONSIDERADO

Outra obra explicitamente oswaldiana, esta ainda mais recente, é a da mineira Bruna Kalil Othero: *Oswald pede a Tarsila que lave suas cuecas*. Publicado em 2019, o livro foi selecionado pelo Prêmio de Incentivo à Publicação Literária — 100 anos da Semana da Arte Moderna, do Ministério da Cultura.

Cabem duas considerações: primeiro, é uma obra de encargo, com vistas à celebração da Semana de 22, o que num primeiro momento a situaria no universo a que já aludi de um certo oficialismo em torno à Semana de Arte Moderna como o cume artístico da produção nacional. Segundo, a despeito dessa premissa empoeirada e engessada, Bruna relê Oswald e o modernismo com um vigor e um frescor que são a marca de sua geração e de seu tempo.

Oswald, que em minha adolescência era lido como o mais divertido, o mais irônico, o mais livre dos modernistas, foi, como muitos outros escritores, ganhando contornos menos generosos nos últimos anos. As novas leituras, promovidas em tempos recentes, pouco toleram, da biografia do poeta, suas ambiguidades em relação a Pagu. Por um lado, Oswald propagava a ideia da liberdade sexual, que era aceita pela escritora, como relata Pagu em suas memórias precoces:

> Cheia de emoção, estive ao lado de Oswald, esperando que ele terminasse um artigo para eu passar à máquina. Justamente quando estava termi-

nando de datilografar, Oswald me falou que tinha marcado um encontro com Lelia. "É uma aventura que me interessa. Quero ver se a garota é virgem. Apenas curiosidade sexual." Ocultei o choque tremendo que essas palavras produziram. Tínhamos decidido pela liberdade absoluta pautando nossa vida. Era preciso que eu soubesse respeitar essa liberdade. Sentia o meu carinho atacado violentamente, mas havia a imensa gratidão pela brutalidade da franqueza. Ainda hoje o meu agradecimento vai para o homem que nunca me ofendeu a piedade.[10]

Por outro, a aventura dolorosa, ainda que justificada, ganharia outra dimensão, quando fosse Pagu a demitir-se de sua condição de objeto sexual e avançar na pesquisa de sua própria sexualidade. Então, o discurso libertário de Oswald encontrava seu limite e se resolvia em agressividade contra a descoberta do desejo que lhe trazia a companheira:

> Então, comecei a compreender que se podia conseguir mais do ato sexual, que para mim nunca passara de uma dádiva carinhosa de meu corpo ausente. Mas quando todos os meus nervos, que só conheciam a oferta, começaram a procurar, quando toda a extensão começou a se fazer pequena para minha sensibilidade, surgiu a chicotada brutal, ferindo mortalmente os meus sentimentos afetivos. Todo o respeito por esses sentimentos desapareceu diante do que me pareceu imundície, jogada por Oswald naquele momento definitivo. Em nada compreendeu do que significava para mim o descobrimento sexual que meu filho me trouxera, nem das reações. "Você quer gozar com o empregadinho que traz o café? Não é verdade que você o deseja?" Essa, no meio de outras frases que me afastaram, afastaram... [...] E tive-lhe nojo. Nojo e ódio pela decepção que me feria.[11]

Esse livro de Pagu, escrito nos anos 1940, quando a escritora fora viver em Santos e encontrara uma estabilidade que não conhecera ainda, era um escrito íntimo, dirigido ao seu então marido Geraldo Ferraz. Ele veio a público apenas em 2005, numa edição da editora Agir, que contou com a participação dos filhos Geraldo Galvão Ferraz e Rudá de Andrade, os quais permitiram a publicação do manuscrito.

Textos íntimos de escritoras e intelectuais têm vindo à luz nos últimos anos, permitindo que se lancem novos olhares ao cânone. O interesse de trazer o depoimento de Pagu neste texto serve para mostrar a inevitável releitura da figura — mas também da obra — de Oswald nesta virada de século XXI, quando as fissuras do edifício do patriarcado são apresentadas com maior frequência e vigor. O que há aqui é tão somente um exemplo. Sem fazer uso de textos íntimos, a poeta mineira Bruna Kalil Othero confronta e devora Oswald com seus próprios procedimentos.

E, ao fazer isso, a poeta coloca o corpo feminino com a irreverência com que anteriormente os poetas apenas colocavam olhares, enquadramentos e insinuações. O corpo feminino, o corpo próprio, surge como fonte de trabalho e gozo — próprio ou alheio — que recusa a objetificação. Logra encontrar ainda, nos não ditos e nas naturalizações da família patriarcal — lavar as cuecas —, um lócus privilegiado para interrogar sobre relações de gênero e poder:

oswald pede a tarsila que lave suas cuecas

os homens dominam o mundo há séculos
e não conseguem lavar as próprias cuecas.
limpar, com suas mãos, os suores produzidos:
esse gesto mais íntimo no âmago do corpo.
o pai usou a mesma cueca dois dias seguidos
porque as outras estavam sujas.
é que ele trabalha muito, filha.
os homens dominam o mundo
há séculos.
você também trabalha muito, mãe.[12]

Haveria outros saborosos exemplos, e um índice da eficácia da poesia inteligente e disruptiva de Othero é a vontade de citá-la, de compartilhá-la com os amigos. Diferentemente dos dois poetas citados antes, ela consegue um frescor em sua poesia, que permite um riso, ainda que amargo, diante da própria situação nacional:

o matriarcado de pindorama

queimamos sutiãs
manchamos quadros de sangue
menstrual
fomos às ruas gritar
no vácuo
tarsila do amaral quando pintou-se a si
de manto vermelho
não pensava que
anos depois
viraria propaganda da boticário.[13]

A devoração de Bruna avança não somente sobre o patriarcado, mas também sobre o mundo hiperconectado das redes sociais. Com ela, o poema-piada desbrava novos territórios e alcança uma nova forma.

Vejamos um exemplo de seu "Prefácio menos interessantíssimo". Primeiro ela se apropriara de uma postagem na rede social Twitter que trazia uma foto da cantora estadunidense Lady Gaga chegando na cerimônia de premiação do Video Music Awards de 2010 trajando um vestido de carne sob o olhar atônito de outros participantes do evento. Bruna reproduz a postagem oferecendo-lhe novo enquadramento: "Os modernistas de 1922 chegando na Semana de Arte Moderna/ a plateia com Monteiro Lobato e Amigos".

Não bastasse a digitalização da piada — que ganhará estatuto de poema ao ser incorporada ao livro —, a poeta reproduz ainda, pouco adiante, as estatísticas de alcance de sua publicação, que atingira meio milhão de pessoas (479692 visualizações), para, em seguida, lançar seu autoirônico lamento que atinge a impermeabilidade do discurso universitário: "a minha dissertação, com sorte, será lida por cinco pessoas. minha orientadora, a revisora e a banca. expulsar os deuses do Olimpo. ir além dos muros da universidade. (tentar) universalizar".[14]

No restante do livro, Othero paga também seus impostos na aduana modernista: reescreve "Vou-me embora pra Pasárgada", de Bandeira,

Poema-postagem-piada de Bruna Kalil Othero, publicado em 2019.

reescreve Drummond e revisita Oswald com sua própria seção "História do Brasil", sempre a partir dessa visada singular.

Bruna, enfim, submete o modernismo brasileiro a um teste de estresse, usa o potencial de ruptura do movimento contra ele próprio: insere a questão insidiosa do lugar da mulher nessa história toda e, ao fazê-lo, inscreve-se nela. A poeta tem a estratégia adequada para reconhecer as fissuras e a força da poética modernista, e, a partir de nossa distopia do século XXI, repensa-a.

Ela se ri da universidade e do mercado, as duas instâncias institucionalizadoras, para, do outro lado da travessia, mostrar que, nos dias de hoje, ainda faz sentido recorrer ao modernismo, essa superstição brasileira.

NOTAS

1. Se, da primeira versão da coleção, que data de 1981, publicada pela Abril, constavam quarenta volumes temáticos, dentre os quais: Dias Gomes, Nelson Rodrigues, Antônio Callado, Clarice Lispector, José J. Veiga, Cesário Verde, Caetano Veloso, Murilo Rubião, Manuel Bandeira, Graciliano Ramos, Poesia Concreta, Noel Rosa, João Cabral de Melo Neto, Cecília Meireles, Ziraldo, Gilberto Gil, Chico Buarque de Hollanda, José Louzeiro, Carlos Drummond de Andrade, Poesia Jovem anos 70, Oswald de Andrade, Lima Barreto e Mário de Andrade; a edição seguinte, de 1988, reduziu-se bastante; e a de 1990, à qual tive acesso, foi a que circulou menos e a que trazia menos autores.
2. Augusto de Campos; Décio Pignatari; Haroldo de Campos, "plano-piloto para poesia concreta". In: *Teoria da poesia concreta: Textos críticos e manifestos. 1950-1960*. 5. ed. São Paulo: Ateliê, 2014, pp. 216-7.
3. Pero Vaz Caminha (1500), "Carta". In: Silvio Castro, *A carta de Pero Vaz de Caminha. O descobrimento do Brasil*. Porto Alegre: L&PM, 2005, p. 49.
4. Oswald de Andrade, *Pau Brasil* (1925). Ed. fac-similar. São Paulo: [s.n.e.], 2003, p. 26.
5. Wilson Alves-Bezerra, *O Pau do Brasil*. São Paulo: Urutau, 2016, p. 38.
6. Ademir Assunção, "A poesia selvagem e de possessão de Roberto Piva". In: Sergio Cohn (Org.), *Roberto Piva*. Rio de Janeiro: Azougue Editorial, 2009, p. 101.
7. Roy David Frankel, *O front das palavras: Poesia engajada no Brasil 2016-2018*. Rio de Janeiro: UFRJ, 2019, p. 183. Tese (Doutorado em Ciência da Literatura).
8. Eduardo Coelho, "Ressaca do ano seguinte". In: Roy David Frankel, *Sessão*. São Paulo: Luna Parque, 2017, p. 243.
9. Roy David Frankel, *Sessão*, op. cit., pp. 144-5.
10. Patrícia Galvão, *Paixão Pagu: A autobiografia precoce de Patrícia Galvão*. Rio de Janeiro: Agir, 2005, p. 63.
11. Id., ibid., p. 68.
12. Bruna Kalil Othero, *Oswald pede a Tarsila que lave suas cuecas*. Belo Horizonte: Letramento, 2019, p. 42.
13. Id., ibid., p. 49.
14. Id., ibid., p. 11.

BIBLIOGRAFIA COMPLEMENTAR

ALVES-BEZERRA, Wilson. *O Pau das araras*. São Paulo: Iluminuras, 2022.

KAJIHARA, Kelly Akemi. *A imagem do Brasil no exterior: Análise do material de divulgação oficial da Embratur, desde 1966 até os dias atuais*. São Paulo: ECA-USP, 2008. Trabalho de Conclusão de Curso.

JAIDER ESBELL, MAKUNAIMÃ MANIFESTO[1] E A COSMOPOLÍTICA DA ARTE INDÍGENA CONTEMPORÂNEA

MARÍLIA LIBRANDI[2]

Acredito clarear aqui que o meu ponto de escrita é, sobretudo, turvo, contudo é do lado de cá que escrevo, dessa trincheira, por detrás dessa ideia-bananeira que nasce junta, na mesma raiz e sai por outros terrenos aventurando horizontes pondo cachos próprios de si em outros mundos.
JAIDER ESBELL[3]

PREÂMBULO

Este texto mescla registro de vozes diferentes, escritas em momentos distintos, seguindo o fluxo dos acontecimentos ocorridos durante sua escrita preparatória, e que abalaram sua estrutura e moldura. De início, uma tentativa de dar espaço para a complexidade do que vem sendo debatido por pesquisadores e artistas indígenas na atualidade. Depois, segue com uma voz narrativa que pode ser chamada "escrevivência teórica", termo que homenageia a poética negra, na expressão de Conceição Evaristo,[4] a sabedoria, *Véxoa*, na expressão de Naine Terena,[5] a escrita *mestiza* de Gloria Anzaldúa[6] e, sobretudo, agora, a livre liberdade do escritor e artivista Jaider Esbell.

Começava assim...

Este texto fala da arte e do pensamento indígenas contemporâneos, expandindo-se no Brasil, por todos os lados, em textos, exposições, estudos, ações, de modo belo, forte e potente. E o modo como podemos re-pensar as artes e o pensar modernistas, não como um re-trospecto, mas com O REVER,[7] no sentido inverso ao comemorativo e celebratório dos monumentos oficiais: as estátuas de mármore estão sendo derrubadas pelas e a favor da arte das murtas.[8]

Jaider Esbell é o proponente principal da AIC, a Arte Indígena Contemporânea, termo que ele cunhou e que se transformou, na última década, no movimento que responde, re-avalia, retoma e re-antropofagiza o movimento modernista da arte brasileira e a arte europeia. A partícula "re-" inscreve a re-tomada, o re-torno e as respostas dessa re-volta. Sua potência foi manifesta na exposição *ReAntro-*

pofagia, ocorrida no Centro de Artes da Universidade Federal Fluminense, em 2019, com curadoria de Denilson Baniwa e Pedro Gradella. Como disseram, no texto curatorial: "a *ReAntropofagia*, um Manifesto, um grito de urgências sobre a arte produzida pelos povos originários, quebrando assim séculos de silenciamento e exotização dos que sempre estiveram aqui". A exposição é aberta com o que Daniel Dinato chama de "uma tela-documento" de Denilson Baniwa, que se tornou uma das principais "murtas" da AIC. Nela, se oferta a cabeça de Mário de Andrade para deglutição antropofágica, com um bilhete que avisa: "Aqui jaz o simulacro Macunaíma, jazem juntos a ideia de povo brasileiro e a antropofagia temperada com bordeaux e pax mongólica. Que desta longa digestão renasça Makunaimî e a antropofagia originária que pertence a nós, indígenas".[9]

A AIC não começou como movimento de uma Semana, mas de uma Semente, que Jaider plantou aos pés do Monte Roraima, e se espalhou pelo Brasil e o mundo.[10] O modernismo foi entendido como ação cosmopolita, já a AIC é cosmopolítica, e acontece em estado de emergência climática.[11] Na AIC, a arte indígena torna-se protagonista, tomando posse de lugares (academia, museus, falas), que antes lhes eram vedados ou ocultos ou silenciados, e os não indígenas tornam-se espectadores e aprendizes das práticas e conceitos ameríndios:

> estamos ocupando um território simbólico e hegemônico que historicamente construiu um imaginário da identidade nacional de forma excludente e discriminatória. Essa ocupação se verifica justamente pelo não reconhecimento que indígenas possam ser produtores de arte e conhecimento além do que está preestabelecido pelo imaginário da Academia e da sociedade. Os povos nativos sempre foram representados, expostos e estudados por meio do seu silenciamento.[12]

> Pois se há uma certa unanimidade entre os indígenas, é de que já chega de tanta gente falando pela gente. O que a gente quer é esse espaço da fala.[13]

LUGAR DA ESCUTA

Só podemos atender ao mundo orecular.

OSWALD DE ANDRADE

O lugar da escuta é o lugar da des-autoria. Por isso, importa a prática de escrever no lugar da escuta, para não apenas reproduzir as falas de outrem, mas tentar deixar que outras falas falem por nosso corpo textual. Trata-se então de um movimento duplo e reverso: a autoria indígena desautorizando a autoria brasileira. O que a AIC vem fazendo é mostrar que o que tem de ser alterado, transformado, transubstanciado, é o adjetivo-selo de propriedade "brasileira" — é um desfazer da autoridade — um desfazer pelas vozes e artes indígenas — que já não são "indígenas" genericamente, mas têm local, nome e etnia, e línguas outras que as línguas portuguesa e brasileira. Retomada, que põe em questão os artistas e pensadores modernistas e da Antropofagia, ou sua institucionalização representativa da "cultura brasileira" e das interpretações do Brasil, e dos estudos brasileiros, e das instituições artísticas, e dos manuais educacionais, e da história pátria.[14] Ou as/os artistas-pensadores modernistas e da Antropofagia, em 1922, 1924, 1928, e depois, e os de hoje, atuais, são afiliados, parentes, pajés também, *brothers and sisters* da amerindianidade, ou não. Estamos presenciando uma virada epistêmica, que acentua a diferença entre indígenas e não indígenas, sem eliminar o diálogo entre as partes que manifestem *interesses* de devires em comum...[15]

Voltando ao lugar da escuta, o melhor é mesmo des-falarmo-nos, e abrir espaço para que sejam ouvidas as falas e artes indígenas, e revertermos nossa escrita imperativa em escuta. Ouvir, reverberar, prestar atenção, "num abrir e não fechar de ouvidos"[16] para escutarmos a filosofia do pensar, em relação "à única lei do mundo" que pode nos salvar do fim do mundo...

Continuava assim...

O TUFÃO PERSPECTIVISTA E O PARAQUEDISMO DE OSWALD DE ANDRADE

O meu destino é de um paraquedista que se lança sobre uma formação inimiga: ser estraçalhado.

OSWALD DE ANDRADE

De que lugar se projetam os paraquedas? Do lugar onde são possíveis as visões e o sonho. [...] *Alguns xamãs ou mágicos habitam esses lugares ou têm passagem por eles.*

AILTON KRENAK

Nós vivemos, hoje, após um dos mais potentes renascimentos oswaldianos via o pensamento tradutor conceitual e sua máquina de deglutição da racionalidade ocidental posta à prova, em alto calibre e voltagem, pela revolução projetada em conjunto com os povos indígenas por Eduardo Viveiros de Castro junto com Tânia Stolze Lima: o perspectivismo ameríndio veio como um tufão, difundido a partir dos artigos de 1996, e os estudos da primeira década dos anos 2000.[17] Aquelas palavrações deram-nos um avatar para que nós (não indígenas, afiliados por afetividade às causas e dores e saberes originários) reativássemos nossa potência índia, latente e crescente: foi como uma lua-sol em Ci, a mãe do mato, e de Guaraci, a mãe dos viventes, acenando-nos nas páginas lidas daqueles ensaios; um religamento, afinal, com a potência do que se abriu depois da Semana de Arte Moderna de 1922, via "Manifesto da Poesia Pau Brasil", "Manifesto Antropófago", via *Macunaíma*, *Cobra Norato*, *Abaporu*... Foi como uma espécie de volta para casa, sem casa dentro, mas fora de nós, no espaço inocupado e nunca colonizado dos corpos e mentes, que um dia foram originários porque sua força se alastra nessa terra para essa terra...

No entanto, o que fazer quando se percebe que os heróis culturais modernistas podem ter sido ou passam a ser descritos como potenciais usurpadores e saqueadores de povos indígenas, que eles mesmos defendiam em suas estéticas, éticas e políticas? Seriam Oswald, Mário, Bopp, Tarsila expropriadores de narrativas e artes indígenas?

Ou seus recriadores e co-inventores, *tricksters*, eles próprios? Ou seja, como repensar o movimento da Antropofagia hoje, depois das contribuições da etnologia americanista, com os conceitos de perspectivismo e multinaturalismo ameríndios e, sobretudo, com a re-emergência e ressurgência da arte e da literatura indígenas contemporâneas no Brasil? As perguntas são muitas e a complexidade das questões demanda o tempo de um pensar que vem ocorrendo e se desdobrando coletivamente entre pensadores indígenas e não indígenas, pesquisadores, curadores, artistas e escritores em conjunto.[18]

A definição de "equivocação" como "alteridade referencial entre conceitos homonímicos"[19] tem permitido um melhor cuidado ético, político e estético nas comparações entre mundos distintos em relação tradutória.[20] Como bem diz Álvaro Faleiros, "Ao se assumir a equivocação como o fundamento do gesto tradutório, o que passa a interessar é a experiência compartilhada de impossibilidades e o modo como são transformadas em potência".[21]

Ainda no campo da tradução, uma sugestão que proponho considerar é a de re-descrever artistas e autores da tradição brasileira, como tradutores, transcriadores, de modo a des-autorizar a autoria nacional, e re-situá-los como co-elaboradores e co-interlocutores de cosmogonias, que se situam além e aquém do Estado-nação e seus marcos temporais, suas cercas territoriais e suas práticas genocidas.

Outro caminho que vem sendo trilhado no campo conceitual é o de marcar a dívida brasileira e acentuar o dom (a dádiva) indígena. A dívida modernista, por exemplo, com as fontes indígenas, que foi uma dádiva para a cultura brasileira, agora está sendo cobrada pelos povos originários como "coisa nossa" — e quem fala por "nós", finalmente, não somos "nós"... Trata-se de desfazer os nós do "nós" — zerá-los, aumentando a dívida, que é impagável,[22] também ela, ancestral e futurística.

Assim Ailton Krenak vem delineando a questão de um modo incisivo e diplomático:

> Não tem dúvida, uma das acusações que vai aparecer agora sobre a Semana de 22 é a de que não tem coisa mais bandeirante do que o modernismo, mas é necessário que a gente faça mesmo essa conversa, esse

diálogo, e tomara que ele seja criativo [...] Não para polemizar, mas para iluminar a presença desses povos ocultados na história...[23]

E em outra conversa, no lançamento da exposição *Moquém_Surarî: Arte Indígena Contemporânea*, com curadoria de Jaider Esbell, no Museu de Arte Moderna de São Paulo, em debate com Jaider, Paula Berbert e Pedro Cesarino, diz Krenak:

> Tem sido muito discutida a questão da apropriação cultural, mas e a expropriação essencial que se fez para criar mundos e, no caso, para criar um mundo colonial? O vasto desenho do mundo colonial, ele é feito de conchinhas catadas nas nossas praias para decorar esse maravilhoso painel. [...] Então, nós estamos, na verdade, é reivindicando, pelo menos, a declaração de que a maior parte da produção do que chamam de arte no Ocidente, ela resulta de expropriação de outras culturas, de outros povos, e que a própria construção do edifício que chamam de cultura é uma ruptura com o equilíbrio da vida de povos, não só do continente americano, mas da África, da Ásia, povos que viveram milhares de anos suas viagens poéticas, suas subjetividades, criando mundos [...]. Então, existe um saque nisso, que se instituiu como sistema da arte, que precisa ser criticado, que não pode ser estabilizado, e a gente simplesmente entre no século XXI como se fosse o século XIX. [...] Interessante, que no campo dessa arte agora do século XXI, existe uma disposição anunciada para a colaboração. Algumas Bienais já fazem esse movimento colaborativo... Quem sabe se aproximem daquilo que o Eduardo Viveiros chama de perspectivismo ameríndio, o que seria enxergar em várias direções todas as possibilidades de humano [...] Então, quem sabe, a gente esteja também animando esse coro das pessoas que são capazes de estourar a moldura.[24]

PAUSA. SILÊNCIO

No sábado, dia 30 de novembro de 2021, às 22h01, depois de passar um bom tempo lendo os textos de Jaider Esbell, disponíveis em seu site, rascunhei esta mensagem para ele:

Jaider, meu amigo Jaider, aqui é marília, marília librandi, lendo você, no seu site, é um deleite inspirador... pois que estou escrevendo o capítulo de um livro (Modernismos 1922-2022), *e queria usar uma foto sua, maravilhosa, que está no seu site, mas não se diz quem fez (a foto), e preciso de sua autorização. vc dá? "Vento sopra de todo lado, bananeira é coisa que se dá..."*[25]

"A última frase evocava uma frase de João Guimarães Rosa, em Grande sertão: Veredas, *que eu sabia, mas não lembrava com exatidão naquele momento. Interrompi a escrita, e o envio, e pensei: vou procurar, e mando depois... No domingo, dia 31, continuei escrevendo o texto, que já estava bem atrasado. Na segunda, dia 1º de novembro, ligo para a querida Gênese, e sugiro falarmos com Jaider para talvez incluirmos textos dele neste livro...*

Na terça-feira, 2 de novembro, vou a um café para continuar a trabalhar neste texto, cada dia mais atrasado. Sento no balcão, e o som do celular avisa que chegou mensagem. Vejo que é de Pedro, Pedro Meira Monteiro, que foi quem me apresentou Jaider em 2019 no encontro "Poéticas Ameríndias"... Olho rapidamente, e vejo que tem a palavra "triste" no meio. Abro correndo:

Marília, como estão as coisas aí?
Tenho uma notícia muito triste para dar:
o Jaider faleceu hoje de manhã...

"Que noticia arrasadoramente triste!", gritou-postou André Vallias, no Facebook, mais tarde, no mesmo dia... Ligo imediatamente para o Pedro, em seguida para o Sérgio Bairon, logo para a Jamille P. Dias, e nos abismamos todos... Pensamos na Daiara Tukano, no Denilson Baniwa, no Gustavo Caboco, na Paula Berbert, no Ailton Krenak, no Pedro Cesarino, na Lúcia Sá, na Deborah Goldemberg, na Iara Rennó, na Cristine Takuá e no Carlos Papá, e em tantos colegas e amigos afetados por essa notícia terrível. Como escrever esse texto impossível agora?

Mais tarde, o mal-estar contínuo deu lugar a uma saída. Ligo para a Gênese, e sugiro fazermos do texto um vozerio em homenagem a Jaider... Ela responde: "hoje mesmo, pensei em lhe dizer que você podia ficar à vontade para escrever um texto mais pessoal... Vamos encerrar o livro com ele. Vai ficar bonito. Escreve e me manda...".

Estou (ou melhor, estamos) aqui escrevendo, Jaider.

A frase exata de Guimarães Rosa, que eu não me lembrava, diz assim: "Bananeira dá em vento de todo lado. Homem? É coisa que treme".[26]

RE-COMEÇO...

Jaider Esbell morreu a caminho da aldeia Guarani, do rio Silveira, em Bertioga, São Paulo, no dia 2 de novembro de 2021.[27] Makunaimã levou de nós seu neto para viver ao lado da vó Bernaldina, na constelação do Monte Roraima...

Conheci Jaider pessoalmente no primeiro encontro "Poéticas Ameríndias", no Rio de Janeiro, em junho de 2019.[28] Estávamos hospedados no mesmo hotel, em Ipanema. Eu fui tomar café e o vi sentado na portaria. Sentei-me ao seu lado e começamos a conversar. Pegamos juntos o táxi para irmos até a Gávea, no Instituto Moreira Salles, onde Jaider abriria o encontro. Jaider falava sem intervalos, emendando uma frase na outra, enquanto o táxi atravessava as ruas cariocas. E sua fala me levava para outros lugares, os lugares de um artista xamânico de uma liberdade livre e plena. Ele me disse que tinha saído de todas as estruturas, que tinha trabalhado entre os brancos, e caído fora; que sua educação tinha sido muito conflitada, e que depois da graduação em geografia ele tentou fazer mestrado na universidade, mas não aceitava as diretrizes, e que, então, tinha saído fora dessa estrutura também. Ele me disse: "agora, ao invés de ter de escrever citando os outros, são os universitários que vão escrever me citando!". De personagem secundário e invisível a protagonista de sua fala e dono de sua voz. Ele também me falou de Paula Berbert, parceira em seus trabalhos, e de como ele estava mobilizando as pessoas sem precisar de nenhuma estrutura: "não é preciso nada demais para fazer uma ação, não precisa de nenhuma instituição, basta dizer: a gente se reúne aqui mesmo, em volta dessa árvore, nessa praça, e fazemos a Arte Indígena Contemporânea ou qualquer outro movimento".

Jaider era movimento puro, pró-ativo, agenciador e artivista. E tantas coisas mais. Como disse o fotógrafo Marcelo Camacho, em publicação post mortem: "Ele não era um pintor. Ele nem gostava de ser chamado assim. Era um exagero de gente. Em tudo". Sim, era mesmo, "um exagero de gente". Jaider contou-me também de seu período na Califórnia, onde passara cerca de oito meses. Mas, de tudo, o que me lembro bem, o que guardei comigo foi sua livre liberdade plena, sua autodeterminação, sua força telúrica, com os pés na terra e a mente a mil, junto com seus traçados coloridos em fundo escuro, criando mil e uma narrativas, que se podem ler em cada uma de suas telas... [imagem n. 24].

Quando chegamos no IMS, Jaider espalhou no chão sua arte, *It was Amazon* [Era uma vez a Amazônia], uma série-denúncia, acusatória de todos os crimes assaltando a Amazônia.[29] Estava um pouco tenso para abrir o encontro, eu reparei, mas sentou ali, e começou sua fala. Ele nos mostrou o vídeo de uma performance com a muiraquitã, gravada no estúdio de Ronald Duarte, artista carioca, com música de Guilherme Vaz, e depois leu o seguinte texto, matriz da AIC, que importa reproduzir aqui para ser relido com atenção (e, melhor ainda, ouvi-lo, em sua própria voz):[30]

"ARTE INDÍGENA CONTEMPORÂNEA NAS PRÁTICAS" POR JAIDER ESBELL[31]

O termo ARTE INDÍGENA CONTEMPORÂNEA é um dos lugares centrais e estratégicos para se perceber no mundo, perceber o mundo, os mundos, as imundícies e as maravilhas do talvez.

Tudo bem, vamos aos detalhes. Imaginemos que o termo é um lugar de "se encontrar" como tem por aí, os lugares onde as pessoas marcam de se encontrar, com uma placa, depois de seus volteios no ambiente, a modo de não se perderem para sempre.

O termo é uma arapuca, uma armadilha artesanal tradicional, orgânica e que funciona muito bem. Se você cair na arapuca da ARTE INDÍGENA CONTEMPORÂNEA alguém precisa aparecer para lhe resgatar, talvez para lhe avisar, lhe alertar, advertir, saudar, lhe dar as boas-vindas, ou lhe ser hostil, acontece, ué.

O resgate também pode ser o seu momento de fuga, quando você escapa da mão do caçador e volta a voar livremente. Ou talvez prefira se entregar em sacrifício e se deixar ser comido para antropofagar?

Então, esse lugar imaginário só cabe mesmo no imaginário, pois na cidade não cabe, não tem espaços e na floresta não dá, ela está invadida. O espaço-tempo-X que é a arte indígena contemporânea está mesmo suspenso no ar, está por aí como Makunaímas, Hauxs Hauxs, Añus, TXAÍSMOS.

É como uma sala de estar, lugar onde haverá constantes trocas de abordagens (etiquetas sociais gerais). É um ambiente revolucionário? É um vomitório? Um cemitério onde as coisas mortas devem estar? É um lugar de semeadura, de tortura ou de tipos de liberdades?

Aqui, embaixo da grande árvore dos mistérios (que serão para sempre MISTÉRIOS) tá vindo comer uma grande caça chamada CIÊNCIA ACADÊMICA ou a academia e seus filhotes. Tá vindo outro bicho grande e desconhecido, o SISTEMA DA ARTE e seus corpos. Tá vindo em arrodeio, ressabiado, o bicho de mil cabeças chamado POLÍTICA, ESTADO, ESCOLA, JUSTIÇA, SISTEMAS RELIGIOSOS, todos.

E o tal do artista nesta história toda? A tal ARTE OU O ARTEFATO? É fato? A Arte indígena contemporânea é o lugar de encontro do momento.

Encontrem-se, entendam-se, curem-se ou se devorem, por favor façam alguma coisa, eu vou tentar fugir!

A REDE NA PERSPECTIVA DO PEIXE

No mesmo encontro, "Poéticas Ameríndias", eu apresentei minha pesquisa "A rede na perspectiva do peixe",[32] ecoando a fala de Jaider citada acima: "A Arte indígena contemporânea é o lugar de encontro do momento. Encontrem-se, entendam-se, curem-se ou se devorem, por favor façam alguma coisa, eu vou tentar fugir!". Minha ideia é pensar a rede na perspectiva do peixe em fuga... [imagem n. 25]. Reproduzo aqui o início de minha fala, escutada por Jaider e pelos colegas ali presentes. Falando sobre aldeias Tupinambá e Guaranis na época da conquista, diz Carlos Fausto:

> Aldeias aliadas formavam conjuntos multicomunitários, *como nós de uma rede sem centro*: não existia um núcleo regional, político-cerimonial, onde

residisse um chefe ou sacerdote supremo; os grandes xamãs tupi-guarani, conhecidos como karaí ou karaíba, não exerciam uma força centripetal — eram eles que circulavam pela terra, de aldeia em aldeia, profetizando e curando. [33] (grifo meu)

Foram esses nós de "uma rede sem centro" que foram capturados, e centralizados, gerando dizimação, genocídio e epistemicídio, que vivemos até hoje. As perguntas dessa pesquisa são: como escapar da rede colonial, e como desenredarmo-nos das redes do pensamento que aprisiona, ou que não pensa o que é estrangeiro a ele? Como pensar com outros pensamentos? Como sair pela tangente, ou melhor, como sair pelos buracos da rede?[34]

João Guimarães Rosa, o mais perspectivista dos escritores da literatura brasileira, e que gostava muito de inventar palavras e definições, roubou, ou melhor, pescou uma definição de "rede", que vem de um provérbio irlandês, e incorporou-a a um dos prefácios de seu livro *Tutameia* (1967). Em "Aletria e hermenêutica", lemos: "Rede é uma porção de buracos amarrados com barbante". No entanto, a essa frase-provérbio, Rosa adicionou um comentário fundamental:

> Rede é uma porção de buracos, amarrados com barbante
> cujo paradoxo traz-nos o ponto de vista do peixe.[35]

Está dada a virada perspectivista. Para além da graça da lógica invertida, Rosa acrescenta a visão que o peixe tem da rede. Para o peixe, o buraco é mais importante do que a malha porque é pelo buraco que se pode fugir, e escapar da malha que prende.

É justamente essa ideia de fuga, a possibilidade de pensar a rede como escape pelos buracos, que me interessa pensar. Pensar a rede de pesca não apenas como armadilha que prende peixes, mas como espaço vazio por onde os peixes podem fugir. Ao invés de pensar a rede (material, narrativa ou digital) como teia de nós entrelaçados, pensar a rede, não pelos fios que prendem, mas pelos buracos que libertam, na perspectiva do peixe em fuga, e a literatura, na perspectiva do pensamento ameríndio. Em tempos em que a floresta queima e a política transforma-se em um pesadelo concreto e aterrorizante, são essas linhas de escape que estamos cada vez mais tentando e precisando pensar juntos: como fugir e criar refúgios como possibilidade de libertação?

Meu texto seguia falando das redes de dormir Yanomamis; das iscas acústicas da "Floresta poliglota", e depois, já no segundo encontro "Poéticas Ameríndias", apresentei uma videomontagem, com a canção "agora" de Beatriz Azevedo,[36] mostrando uma série de imagens de obras relativas a peixes, redes e bananeiras, de Jaider, Denilson Baniwa e Gustavo Caboco.[37]

POST SCRIPTUM

A rede... agora começo a entender que esse texto era pra você mesmo, Jaider, na perspectiva do peixe, a saída pelos buracos, a fuga das armadilhas... No dia 25 de outubro de 2021, uma semana antes de sua morte, você publicou o seguinte post no Facebook:

> Um dia joguei a linha com o anzol. Era tipo de manhã. A linha fez ploc na água e o peixe pegou o anzol sem isca. Mas o que aconteceu? Muitas coisas podem ter acontecido, mas o fato é que o peixe se fisgou. Foi reflexo do peixe? Ele estava com muita fome? Nada de extraordinário fora o pescador? Não sei, só sei que foi real.

Hoje entendo que o peixe é você,
A rede é a AIC,
Mas numa pesca invertida (os peixes pescam os pescadores e a rede é feita de uma série de buracos entrelaçados)
Você saiu pelos buracos da rede, não foi, Jaider?
E nós estamos dentro dela
Olhando você
Do lado de fora
O peixe que *se fisgou* foi o que te levou de nós para o mundo das águas
Para "O coração do mundo", "Pata Ewa'n"

Título de sua pintura,[38] imagem de uma vida ancestral e genésica, de onde tudo vem e para onde tudo volta, acompanhada de um remo para a gente navegar...

RETORNO

Em novembro de 2019, Jaider e Denilson Baniwa foram até a Universidade de Princeton, nos Estados Unidos, para o segundo encontro "Poéticas Ameríndias". Foi uma alegria, uma partilha de conversas, pesquisas e artes à qual se uniram todos os colegas que estiveram juntos naqueles dias.[39] Na ocasião, o Programa de Estudos Latino-Americanos (PLAS) adquiriu uma obra de Jaider, *Xamãs da Amazônia*. Durante minha intermediação da conversa, perguntaram-lhe se ele tinha um nome indígena, ao que Jaider respondeu, "Kaika'n", um tipo de tatu.[40]

"O que o tatu ensina pra gente?", perguntou Marília Pisani,[41] e ela mesma respondeu:

> o tatu é um animal de cooperação porque o seu habitat, os buracos que ele cava na terra servem como abrigo para os tamanduás-mirins, para a cotia, para a irara, para a jaguatirica, sobretudo, quando a gente está num processo de queimadas e de extinção... O tatu é um animal que cria refúgio e esconderijo debaixo da terra, nesse espaço de umidade e de uma temperatura adequada pra que outros animais possam viver junto com eles...

Podemos entender melhor o bordão sempre repetido por Jaider (Kaika'n) Esbell Macuxi, "o buraco é mais embaixo",[42] assinalando que não, ainda não entendemos, e que sim, é preciso buscar abrigo e proteção coletivos.

MAKUNAIMÃ MANIFESTO

A partir de agora começa a memória viva[43] e a construção de nossos espaços coletivos de abrigo e proteção, no campo da AIC, em seu porvir, e os convido a re-escutarem estas frases de Jaider Esbell Macuxi, selecionadas a partir de quatro de seus textos, de modo a realçar seus conceitos.[44]

- É preciso teimar em matar o trauma, pois ele continua a nos matar antes da morte certa.
- (AIC) É armadilha para pegar armadilhas por diversas razões, sobretudo para o campo da autocrítica, autoanálise e autodesenvolvimento.
- É claro que lanço este ensaio aberto para o todo e gostaria que este material pudesse ser inserido nos conteúdos dos cursos de nível superior. Que estejam a lê-lo nas pós-graduações, nos cursos de formação de professores e meios afins.
- Temos hoje como identificar, por meio de dúzias de sujeitos indígenas que se expressam abertamente para o grande público, que tratamos de fato de um sistema extremamente complexo de visibilização de pluralidades.
- Da prática artística como composto de atos mais elevados. Como conjunto ritualístico mais que mítico chegando a pajelagem. Como prática xamânica, curativa e psicomedicinal. Como um conector para fatos históricos e como um disparador de sinapses para mundos que existem, mas não são como os que a gente tem acesso.
- Por fim não vou deixar de lembrar que em tudo há armadilhas e que nós, os indígenas, precisamos de uma armadilha para identificar armadilhas e quem sabe esta não seja exatamente a AIC — Arte Indígena Contemporânea, feita e contextualizada por seus autores próprios.
- Armadilhas para armadilhas. Sistemas de poder. Conceitos coloniais. Práticas mescladas de valores e referências. Identidade e autoconsciência. Função forma e conteúdo. A questão do território e territorialidade vista deste ponto aqui, repito: eu vivente, um artista de ascendência Makuxi...
- Eu não iria sem meu coletivo anterior, isto seja, a minha identidade ancestral. Mais que um circuito entre ancestralidade e atualidade, essa questão é uma base para se navegar em águas revoltas, visto que, se não bem entendidas ou explicadas, essas duas palavras acabam por fazer parte do jogo epistemológico colonial.

• Rastrear suas raízes mais profundas é um exercício que se faz quando se decide pela hora de enfrentar de fato as camadas de soterramento que a tentativa de apagamento depositou sobre os corpos coletivos.

• Estendemos para milênios nosso marco temporal apenas para ilustrar a nossa capacidade de consciência jurídica quando sabemos que somos atemporais.

• Quando um de nós, os tidos como minoria, consegue ventilar essas questões é muito mais legítimo que quando pesquisadores "brancos" o fazem.

• Faço saber ainda que não temos definição, que viemos de um tempo contínuo, sem estacionar.

• Devo lhe avisar que estas estórias são parte da minha vida e que realmente Makunaima é meu avô; isso é um fato. Makunaima e muitos outros vovôs são daqui do extremo norte da Amazônia. Nós temos uma história e uma geografia. Somos parentes diretos. É uma relação biológica, genética, material e uma parte substancial em espírito, ou energia.

• Eu, quando assumo e reivindico o meu laço familiar com Makunaima, estou convidando a ir ao além no discutir decolonização ou colonização.

• Existe todo um entremeio não de explicação, mas de possibilidade de entendimento.

• Sem adentrar as portas das cosmovisões dos povos originários não há como discutir decolonização. Sem considerar as culturas mexidas e hoje abertas para a discussão com parte humana representada não há como discutir fronteira alguma.

• Tanto quanto outros ou todos os atores fantásticos colonizados com nossa gente Makunaima deve ser retirado da ala dos folclores. Significativamente, Makunaima é envolvido nas leituras que são propostas por diversos influentes sobre o caráter duvidoso do brasileiro. Isso está relacionado também com a Semana de Arte Moderna de 1922, tempo de quase um século quando surgimos com mais essa demanda.

• Pena Mário não estar mais aqui para ver e sentir esses outros lados dos movimentos. Mas não tem problema, suas crias, que também o sou, estão por aqui. Makunaima sabia sempre o que fazia; parto deste pressuposto. Ele expôs-se sozinho e em estratégia. Agora é outro tempo. O tempo que ele pensou que chegaria não levou nem um século. Onde me couber, vou. Vou além de minha relação direta com ele. Como artista também dou um salto na colonização e vou antes do tempo disso tudo. Acredito e sinto que em determinado momento posso estar em um tempo anterior, em um tempo de nossas diversidades pré-colonialistas.

• Aos leitores é requerido um vácuo total interior, um nudar-se por dentro para ter espaço. Em uma grande concepção, é requerido um esvaziamento total de um ser para outro ser caber. O ser vem pleno e ele mesmo traz seu caber. O novo ser não fica portanto onde não lhe caiba pleno.

• Repito, não ando só, não falo só, não apareço só. Reitero, toda a visualidade que me comporta, todas as pistas já expostas do meu existir são meramente um passo para mais mistérios. Somos por nós mesmos o poço de todos os mistérios.

• Reforço, tanto meu avô Makunaima quanto eu mesmo, parte direta dele, somos artistas da transformação.

• Alegre está e ao passar perto de minha rede lhe puxo pelo dedo. Ele me vê. Seus olhos brilham e me absorvem. Fiz-me em meu avô, somos agora um só, de fato.

• Sou neto direto de Makunaima. É uma relação de família, algo íntimo e sagrado que só mesmo o respeito pode aproximar. Então, sou artista assim como meu avô; sou meio como o meu avô. Seguro no dedo do meu avô e vamos seguindo.

• Com o tempo vou crescendo e meu avô Makunaima vai diminuindo e vamos indo até ele virar criança e eu me tornar um velho e inverter a lógica da vida e da existência seguindo assim para sempre.

• Eis que tudo então é só o instante e logo já estará passando a outra coisa. Essa é a nossa linguagem, um ato contínuo em si mesmo, a transformação.

• Estou aqui para resgatar meu avô, levá-lo pra casa pra cuidar dele.

• Me disse que o exemplo maior para nosso entendimento contemporâneo foi lançar-se na capa do livro. Quando Makunaima decide lançar-se na capa do livro sabia o que estava fazendo. Meu avô sempre sabia o que estava fazendo. Não tinha escolha, era sua vida a acontecer. Makunaima deu o grande salto, comeu inteira a fruta proibida. Quando Makunaima decide expor-se faz estremecer o universo, algo novo realmente surge, algo urge latente no universo. Nada mais seria como antes, a decisão estava tomada.

• Quando Makunaima decide estar na capa do livro, sabia que a partir daquele momento sua vida ganharia outra dimensão. Sabia da grandiosidade do ato dessa representação de realidades ainda a vir a se extrapolar. Sabia da importância dos ícones na cultura que havia chegado. Sabia dos limites e da gana daquele povo. Sabia da sua missão e foi. Foi para o livro, foi para o cinema, foi sujeito e entregue para o mundo. Foi por saber, por lucidez, foi por querer. Sabia que estar na capa do livro era estar em um outro ambiente.

• Nos preservou se entregando, se fazendo caça ao caçador.

• Em lugar nenhum pode caber o que não tem alma para caber.

• Makunaima se volta em guerreiro do inconformismo como unicamente é e vai mostrar aos donos de cada coisa a alma-espírito de cada coisa.

• Voltamos a entrar pelas mesmas portas abertas, as veias abertas no mundo dos desconhecidos.

• Viemos de outras estruturas para nos fazer cabíveis aqui nessa ideia de tempo.

• Os caminhos deixados por meu avô se abrem para outros passeios, tempos de outras festas.

• Onde ele foi posto em desuso é o nosso destino ir além mostrando novas frestas.

• Ouvir a vida no caminhar de meu avô e traduzir, vivendo como ele quiser e o que ele quiser, na dimensão que me couber.

• Estaremos em tom de universo, cor de terra verde de floresta em arte em seu estado máximo de fluidez.

• Falamos aqui do tempo em que tudo poderia ser tudo. Falamos de um tempo em que as coisas mudavam de forma sob outras circunstâncias. É desse tempo que vem Makunaima.

• Em matéria de arte indígena, não algo externo, europeu ou emoldurado, carecemos, nós artistas, de algo dinâmico (agência?) para que se alcance a condição exata de transpor e fazer transpor mundos.

• A materialização de Makunaima em uma figura emoldurável pode ser uma forma de puxar um fator complicador. Assim quem sabe temos as bases ou as pistas para a sua devolução a um estado anterior, o estado que se espera, o estado pleno da arte, o estado de energia, quando a visão vê o que é abstrato, pois aí é onde reside o todo sentido.

• Neste quase um século de máxima exposição o que ainda é possível falar sobre meu avô? Defendo que tudo o que nunca foi dito. Nunca foi dito exatamente por não haver o que dizer.

• As linhas gerais de Makunaima devem, em alguns momentos, desalinhar Makunaíma para compor com tantas outras o Makunaimî (como se grafa na língua Makuxi).

• Adianto, Makunaima não é só um guerreiro forte, másculo, macho e viril distante de uma realidade possível, não senhores. Ele é uma energia densa, forte, com fonte própria como uma bananeira.

• Os detalhes substanciais dessa agência estão em publicar este texto como convite-provocação na condição de neto direto da entidade. Seria um risco se de fato estivéssemos pleiteando compreensão. Arriscado seria amargar a incompreensão de algo tão íntimo e particular como as relações familiares.

• Deixo saber o tamanho grandioso do nosso bem estar em viver tal protagonismo. Não é uma tentativa audaciosa de reescrever a história. Não é ainda nada relacionado com uso estratégico de mídia ou furos de ineditismo. Nada tem a ver com usar e ser usado. O sentido está em acharmos um veio fértil para que o lado morto do mito surja vivo como algo testemunhal e não mais como antes fora feito.

• "A arte indígena contemporânea veio para ficar!"

ENCERRAMENTO

Concluo com as perguntas suscitadas por Paula Berbert:

> Como as produções dos artistas indígenas contemporâneos e suas circulações pelos sistemas das artes ocidentais podem gerar contextos de escuta ativa e produção de alianças afetivas?

Como desmontar as armadilhas dos extrativismos e da tutela que facilmente se forjam nos encontros interculturais? O que é possível movimentar, criar junto? Poderíamos ser refeitxs como boas/bons aliadxs nos espaços das artes? Como transmutar nossos conhecimentos e ferramentas em linhas maleáveis e resistentes o suficiente para tessituras coletivas de redes de alianças afetivas?[45]

E termino este texto-homenagem dizendo:

Tanta gente hoje que nem se conhecia, unidas via Jaider.

Tanta gente que você amou e que te ama e que te conhecerá para te amar...

Freud apontou o mal-estar da civilização; Jaider morreu desse mal.

Na semana da cúpula do clima, em Glasgow, da emergência climática.

Essa morte vem como um não a uma ideia pífia de sucesso, como apontou Denilson Baniwa em seu texto.[46] O antropólogo e amigo Paulo Maya publica um post em seu Facebook com a tela em preto e os dizeres, "Fracassamos, mais uma vez!".

Ficamos com a tela preta... quanta tristezura.

Amamos Jaider como se ama a inocência de uma criança e a sabedoria de um idoso na mesma pessoa...

Obrigada, Jaider, por ter nos apresentado à sua avó, Vó Bernaldina, *Ouveavó*!

Agradecemos ao tanto de vida que você nos trouxe como coletivo num momento de morte, genocídio, epidemia, violência, assassinatos e tantos desflorestamentos...

Ainda levaremos tempo para entender e traduzir o acontecimento de sua morte. Sua arte, você nos deixou como presente e recado.

"Eu estou depois das tempestades", *diz Riobaldo, assim que narra a morte de Diadorim...*

A AIC está depois das tempestades.
Jaider se foi,
E deixou-nos as bananeiras a se multiplicarem:
Jaider virou estrela
Virou star
Virou pedra
Virou árvore
Virou vento
Virou magia
Vira virou
Jaider, nosso pajé
Nosso amigo
Nosso inspirador
Nosso artista
Que falta imensa
Que saudade imensa
Que vida
Intensa
Jaider,
Obrigada...

É o que mais vemos nas mensagens, nas redes, na semana de seu falecimento, quando escrevo (hoje, dia de seu enterro): "Obrigada, Jaider!", ecoam vozes e vídeos e imagens e desejos e votos...

Jaider fez uma revolução, unindo centenas de pessoas no Brasil e no mundo em ondas de expansão, Jaider vulcão!

Sabemos que a força de Jaider, sua presença, ancestral no A.G.O.R.A., estará sempre reverberante nas linhas de suas telas, que desenharam centenas de milhares de paraquedas coloridos para nos salvar e adiar o fim do mundo.

Vamos nos segurar nestas linhas e em suas aberturas de mundos:

"... a gente segura a nossa linha, e a gente deixa a pipa voar... A gente vai se encontrar, e percorrer, e vai fazer o voo mais bonito possível...", disse Glicéria Tupinambá, re-criadora e "majé" dos mantos Tupinambá.[47]

E nas linhas de Paula Berbert: "Tentei organizar as inquietações que apresento aqui a partir de alegorias com fios, linhas e redes, que me parecem dar concretude visual ao fazer cosmopolítico que Ailton Krenak formulou como *alianças afetivas*".[48]

Nas linhas de Jaider, há centenas de narrativas ali, basta seguirmos as linhas com o olhar, e tanta história é narrada em suas telas, baseadas em transformação, uma coisa que vira outra, que vira outra, até o além, além daqui, além de nós, além da linha, além do fim,

> Quando tachamos algo de indígena eu suspeito que este algo ainda caia em um campo comum de referências ou de descartes (?). Não mais deveria estar associado com pejorativos, mas com os aspectos mais singulares de nossa conexão com o tão desejado além.[49]

NOTAS

1. A expressão "Makunaimã Manifesto" refere a entidade da cosmologia dos povos Pemon e Kapon, tal como manifestada (ex-corporada) por Jaider Esbell, seu neto Macuxi, em suas telas, falas e seus escritos. A grafia segue a do livro de Taurepang, Macuxi, Wapichana, Marcelo Ariel, Mário de Andrade, Deborah Goldemberg, Theodor Koch-Grünberg, Iara Rennó. *Makunaimã: O mito através do tempo*. São Paulo: Elefante, 2019. Aparece também grafado Makunáima, para distingui-lo do herói da rapsódia de Mário de Andrade, Macunaíma. Manifesto porque remete também a um arranjo de falas de Jaider Esbell, reunidas e citadas com destaque neste texto, como sugestão para que outros arranjos surjam em processo contínuo porvir para ampliarmos e ecoarmos sua escuta.
2. Assino como organizadora (e não autora) para afirmar uma autoria coletiva, que envolve as pessoas aqui citadas, e, inclusive, as não citadas, mas que podem vir a se reconhecer, por estarem juntas, na trajetória de Jaider Esbell e na da Arte Indígena Contemporânea.
3. Jaider Esbell, "Literatura indígena brasileira contemporânea: Autoria, autonomia e ativismo — o que dizer e para quem?". In: Julie Dorrico, Fernando Danner e Leno Francisco Danner (Orgs.), *Literatura indígena brasileira contemporânea: Autoria, autonomia, ativismo*. Porto Alegre: Editora Fi, 2020, pp. 20-5.
4. A escritora afirma que "Em 1994, na minha dissertação de mestrado, fiz um jogo de palavras entre escrever, viver, escrever-se vendo e escrever vendo-se e aí surgiu a palavra escreviver. Mais tarde comecei a usar escrevivência. Em 2005, se não estou enganada, estive num seminário sobre mulher e literatura, no Rio de Janeiro, e houve uma mesa de escritoras bem diversa. Termino meu relato dizendo que nossa escrevivência não era para adormecer a casa-grande, e sim para acordá-la de sonos injustos". Conceição Evaristo, "Esse lugar também é nosso". Entrevista para a revista *PUCRS*. Disponível em: <https://www.pucrs.br/revista/esse-lugar-tambem-e-nosso/>. Acesso em: 11 nov. 2021.
5. Referência ao título da exposição *Véxoa: Nós Sabemos*, na Pinacoteca do Estado de São Paulo, com curadoria de Naine Terena, de outubro de 2020 a março de 2021. Perguntei a Naine o significado de "véxoa", e ela respondeu: "em relação ao nome é muito difícil explicar. [...] quando eu encontrei essa palavra, é uma palavra Terena, em alguma coisa escrita, e falei 'é isso'. Nós sabemos porque se não soubéssemos, nós não estávamos aqui como estamos hoje. Então, eu sabia que tinha algo que reunia tudo o que eu queria que reunisse; porque nós sabemos a dimensão desse momento, todas as dores, todas as alegrias, e tudo o que o país viveu em 520 anos de colonização. Nós sabemos o quanto é difícil sobreviver". [transcrição minha]. Naine Terena, Fernanda Pitta, Sérgio Bairon e Marília Librandi. Live "Curadoria e Cura", 26 de no-

vembro de 2020. Disponível em: <https://www.youtube.com/watch?v=6tqgGEB_-z0&t=2313s>. Acesso em: 6 nov. 2021.

6. Glória Anzaldua, *Borderlands/La Frontera: The New Mestiza*. San Francisco: Aunt Lute Books, 2012.

7. Referência ao poema "Rever" (1970), de Augusto de Campos, palavra palíndroma.

8. Referência a Eduardo Viveiros de Castro, "O mármore e a murta". In: *A inconstância da alma selvagem e outros ensaios de antropologia*. São Paulo: Cosac Naify, 2002. Análise magistral que revê e reposiciona os sentidos da antropofagia Tupinambá, e fornece as bases para a crítica posterior da domesticação da antropofagia oswaldiana como ideologia da identidade e da brasilidade. A esse respeito, ver os estudos de Alexandre Nodari: "'O Brasil é um grilo de seis milhões de quilômetros talhado em Tordesilhas': notas sobre o Direito Antropofágico". *Prisma Jur.*, São Paulo, v. 8, n. 1, pp. 121-41, jan./jun. 2009; "A única lei do mundo". In: João Cezar de Castro Rocha; Jorge Ruffinelli (Orgs.), *Antropofagia hoje? Oswald de Andrade em cena*. São Paulo: É Realizações, 2011, pp. 455-83; "Transformar-se em nós-outros". Entrevista por Ricardo Machado. *IHU On-line*, São Leopoldo, ed. 543, 21 out. 2019. Disponível em: <http://www.ihuonline.unisinos.br/artigo/7686-transformar-se-em-nos-outros>. Acesso em: 11 nov. 2021.

9. Cf. análise dessa obra e da exposição por Daniel Dinato, "*ReAntropofagia*: A retomada territorial da arte". *MODOS*, v. 3, n. 3, pp. 276-84, set. 2019. Disponível em: <https://www.publionline.iar.unicamp.br/index.php/mod/article/view/4224>. Acesso em: 11 nov. 2021. Cf. também Ilana Seltzer Goldstein, "Da 'representação das sobras' à 'reantropofagia': Povos indígenas e arte contemporânea no Brasil". *MODOS*, v. 3, n. 3, pp. 68-96, set./dez. 2019; Clarissa Diniz de Moura, "Street fight, vingança e guerra: Artistas indígenas para além do 'produzir ou morrer'". *Espaço Ameríndio*, Porto Alegre, v. 14, n. 1, pp. 68-88, jan./jul. 2020. Fernanda Mendonça Pitta, "A 'breve história da arte' e a arte indígena: A gênese de uma noção e sua problemática hoje". *MODOS*, v. 5, n. 3, pp. 223-57, out. 2021. Disponível em: <https://periodicos.sbu.unicamp.br/ojs/index.php/mod/arti-cle/view/8666380>. Acesso em: 11 nov. 2021.

10. Como disse Gustavo Caboco "[...] precisamos pontuar que esta ideia da AIC, esse conceito-sistema, é proposto e nomeado pelo artista do povo Macuxi, Jaider Esbell. Pelo menos é de onde ouvi a primeira vez (me corrijam pesquisadores, por favor!). Depois, ouvi a boca de muitos outros [...]. Entendo essa ideia como um lugar, um ponto de encontro entre nós, parentes de vários povos, a ciência acadêmica, os museus, o sistema da arte contemporânea, os centros culturais, galerias de arte indígena, museus nativos, a literatura, o cinema, a roça, a casa da tia, da vovó, e tantos outros campos. Mais que isso, um ponto de articulação e caminhos da autonomia: a nossa sobrevivência".

Gustavo Caboco, “Sobre a Arte Indígena Contemporânea, disse o Caboco”. Transcrição de sua fala em live na UFPR, em 29 de abril de 2020. Disponível em: <http://www.jaideresbell.com.br/site/2020/05/02/sobre-a-arte-indigena-contemporanea-disse-o-caboco/>. Acesso em: 12 nov. 2021.

11. Na expressão cosmopolítica de Jaider Esbell, passa-se da representação a “um estado pleno de identidade cosmo-consciente [...] para compor a grande urgência de sustentar o céu acima de nossas cabeças”. Jaider Esbell, “Arte Indígena Contemporânea e o grande mundo”. *Select*, São Paulo, n. 39, 2018. Disponível em: <http://www.jaideresbell.com.br/site/2018/06/14/territorios/>. Acesso em: 27 out. 2021.

12. Denilson Baniwa, “O ser humano como veneno do mundo”. Entrevista a Julie Dorrico e Ricardo Machado. *IHU On-line*, São Leopoldo, n. 527, 2018. Disponível em: <http://www.ihuonline.unisinos.br/artigo/7397- o-ser-humano-como-veneno-do-mundo>. Acesso em: 28 out. 2021.

13. Jaider Esbell em Sérgio Cohn; Idjahure Kadiwel (Orgs.), *Jaider Esbell*. Rio de Janeiro: Azougue Editorial, 2018, p. 47.

14. Como escreve Clarissa Diniz, “os artistas indígenas que estão decapitando Mário de Andrade e reantropofagizando Oswald de Andrade ou Tarsila do Amaral o fazem como uma espécie de vingança que, mais do que nos aniquilar, nos responsabiliza”. Clarissa Diniz de Moura, “Street fight, vingança e guerra: Artistas indígenas para além do ‘produzir ou morrer’”, op. cit., pp. 81-2.

15. Como explicita Nodari: “Talvez agora estejamos em condições de responder à questão inicial, a saber, a do sentido da redução de toda lei a uma ‘Única lei do mundo’, dotada de um único preceito, o de que ‘Só me interessa o que não é meu’. É só aquilo que *não* sou, que *não* me é próprio, que produz meu *inter-esse* no (ou melhor, com o) Outro, e é este interesse o que temos em *comum*, ele é o nosso *ser-entre*, nosso *mundo*. Só com o que não nos é próprio, com o que não nos é exclusivo, ou seja, só nos despojando das ‘roupas’, só naquele contato com o Outro que não leva a uma nova propriedade, é que podemos produzir um espaço-tempo comum, aquilo que se costumava chamar de Utopia”. Alexandre Nodari, “A única lei do mundo”, op. cit., p. 482.

16. João Guimarães Rosa, *Tutameia — Terceiras estórias*. Rio de Janeiro: José Olympio, 1979.

17. Tânia Stolze Lima, “O dois e seu múltiplo: Reflexões sobre o perspectivismo em uma cosmologia tupi”. *Mana*, v. 2 n. 2, pp. 21-47, 1996. De Eduardo Viveiros de Castro, além de *A inconstância da alma selvagem e outros ensaios de antropologia*, op. cit., refiro-me aos ensaios: “O campo na selva, visto da praia”. *Estudos Históricos*, Rio de Janeiro, v. 5, pp. 170-99, 1992; “Os pronomes cosmológicos e o perspectivismo ameríndio”. *Mana*, Rio de Janeiro: UFRJ, v. 2, n. 2,

pp. 115-44, 1996; "O Nativo Relativo". *Mana*, Rio de Janeiro: UFRJ, v. 8, n. 1, pp. 113-48, 2002; "Filiação intensiva e aliança demoníaca". *Novos Estudos*, São Paulo: Cebrap, v. 77, n. 3, pp. 91-126, 2007.

18. Jaider Esbell elenca algumas dessas questões, no debate indígena hoje: "Talvez se espera discutir sobre tal arcabouço questões como se índio faz arte, artesanato ou artefato. Questionar usos e apropriações de ambos os lados. Discutir questões de autoria coletiva, a autonomia do artista ou mesmo obter parâmetros que digam quem pode ser considerado artista ou não entre os sujeitos indígenas. Talvez ir além a ponto de forçar limites e fronteiras que são tênues em muitos pontos como a legitimação de uma reivindicação autoidentitária ou a miscigenação ou a dupla identidade étnica quando os nativos se fundem com os afrodescendentes". Em Jaider Esbell, "A arte indígena contemporânea como armadilha para armadilhas", 9 de julho de 2020. Disponível em: <http://www.jaideresbell.com.br/site/2020/07/09/a-arte-indigena-contemporanea-como-armadilha-para-armadilhas/>. Acesso em: 2 dez. 2021. Cf. também Pedro Cesarino, "Conflitos de pressupostos na Antropologia da Arte: Relações entre pessoas, coisas e imagens". *Revista Brasileira de Ciências Sociais*, São Paulo, v. 32, n. 93, fev. 2017.
19. Eduardo Viveiros de Castro, "A antropologia perspectiva e o método de equivocação controlada". Tradução de Marcelo Giacomazzi Camargo e Rodrigo Amaro. *Aceno: Revista de Antropologia do Centro-Oeste*, Cuiabá: UFMT, v. 5, n. 10, p. 251, ago./dez. 2018.
20. O campo de estudos de tradução das artes verbais ameríndias tem fornecido os mais férteis debates. Cf. Jamille Pinheiro Dias, "Para não recortar a terra pelo meio: Tradução xamânica e ecologia sem naturalismo em *A queda do céu*". *Letterature d'America*, Roma: Facoltà di Scienze Umanistiche dell'Università di Roma "La Sapienza", ano XXXVI, n. 160, Brasiliana. Natura, Cultura ed Ecologia, 2016; Pedro de Niemeyer Cesarino, "Eventos ou textos? A pessoa múltipla e o problema da tradução das artes verbais amazônicas". In: Andrea Daher (Org.), *Oral por escrito: A oralidade na ordem da escrita, da retórica à literatura*. Chapecó: Argos/EdUFSC, 2018; Álvaro Faleiros, *Traduções Canibais. Uma poética xamânica do traduzir*. Florianópolis: Cultura e Barbárie, 2019.
21. Álvaro Faleiros, "Poiéticas não europeias em tradução — refundações e reescritas desde Brasis". *Cad. Trad.*, Florianópolis, v. 39, pp. 10-46, p. 12, set./dez. 2019.
22. Cf. Denise Ferreira da Silva, *A dívida impagável*. Trad. de Amílcar Packer e Pedro Daher. São Paulo: Oficina de Imaginação Política; Living Commons, 2019.
23. Ailton Krenak, minha transcrição da live de lançamento do livro *O som do rugido da onça*, de Micheliny Verunschk. Disponível em: <https://www.youtube.com/watch?v=OfA3U99W-Y8>. Acesso em: 10 mar. 2021.
24. Ailton Krenak, minha transcrição da live de apresentação da exposição *Moquém_Surarî: Arte Indígena Contemporânea*, com Jaider Esbell, Pedro Cesarino e

Paula Berbert. Disponível em: <https://www.youtube.com/watch?v=zT5q2zID2Ac&t=4007s>. Acesso em: 16 set. 2021.

25. A foto referida pode ser vista no site do artista: <http://www.jaideresbell.com.br/site/2020/04/16/abril-indigena-2020-o-sistema-aic/>. Acesso em: 11 nov. 2021.
26. João Guimarães Rosa, *Grande sertão: Veredas*. São Paulo: Companhia das Letras, 2019, p. 114.
27. Informação transmitida por Cristine Takuá.
28. O evento foi organizado por Pedro Meira Monteiro, André Botelho e Carlos Fausto; uma segunda edição ocorreu na Universidade de Princeton, em novembro de 2019, organizada por Pedro Meira Monteiro, Carlos Fausto e por mim, junto com os colegas Miqueias Mugge e João Biehl.
29. Jaider Esbell, *It was Amazon*, 2016. As imagens podem ser vistas no site do artista: <http://www.jaideresbell.com.br/site/2016/07/01/it-was-amazon/>. Acesso em: 11 nov. 2021.
30. Jaider Esbell lê seu texto "Arte Indígena Contemporânea nas Práticas". Vídeo gravado por Marília Librandi, no evento "Poéticas Ameríndias", IMS, 2019. Disponível em: <https://www.youtube.com/watch?v=9bOe3fKJQT8&t=21s>. Acesso em: 11 nov. 2021.
31. Texto publicado em seu site em 27 de junho de 2019. Lido no evento em 20 de junho do mesmo ano. Disponível em: <http://www.jaideresbell.com.br/site/2019/06/27/731/>. Acesso em: 11 nov. 2021.
32. Esse texto foi apresentado oralmente em diversas ocasiões. Na versão inicial, chamava-se "Encontros da escuta" e foi lido no curso "Lugar das Redes", oferecido pelo núcleo Diversitas da USP, no Teatro do Faroeste, São Paulo, em 6 de junho de 2018. Depois, a fala foi crescendo ao ser apresentada na Universidade da Pennsylvania, em 23 de fevereiro de 2019; no XVI Congresso Internacional da ABRALIC, UNB, em 17 de julho de 2019; no Center for Latin American Studies, na Universidade de Stanford, em 1º de novembro de 2019; e nos dois encontros do "Poéticas Ameríndias".
33. Carlos Fausto, *Os índios antes do Brasil*. Rio de Janeiro: Zahar, 2000, p. 77.
34. A elaboração dessa pesquisa coincidiu com a exposição *Vaivém* (2019-2020), com curadoria de Raphael Fonseca. Seu catálogo é fonte riquíssima de imagens e textos sobre redes. Raphael Fonseca (Org.), *Vaivém*. São Paulo: Conceito, 2019. Disponível em: <https://ccbb.com.br/wp-content/uploads/2021/07/VaiVem.pdf>. Acesso em: 11 nov. 2021.
35. João Guimarães Rosa, *Tutameia — Terceiras estórias*, op. cit., p. 5.
36. Beatriz Azevedo, *A.G.O.R.A.* Biscoito fino, 2019.
37. Marília Librandi e Sérgio Bairon, videomontagem "A rede na perspectiva do peixe". Disponível em: <https://www.youtube.com/watch?v=IhPBeN3pnoE>. Acesso em: 11 nov. 2021.

38. A pintura de 2016 pode ser vista no site do Prêmio Pipa. Disponível em: <https://www.premiopipa.com/pag/jaider-esbell/>. Acesso em: 11 nov. 2021.
39. Sobre esse encontro e a leitura do livro-performance, *Makunaimã: O mito através do tempo*, cf. Pedro Meira Monteiro, "Mário Makunaimã", 2019. Disponível em: <https://meiramonteiro.com/mario-makunaima/>. Acesso em: 11 nov. 2021. Participaram do "Poéticas Ameríndias II" , na Universidade de Princeton, em novembro de 2019: Denilson Baniwa, Carlos Fausto, Thiago Nogueira, Lucas van Hombeeck, Vinicius Furuie, Maria Virgínia Ramos Amaral, Nian Pissolati Lopes, Jamille Pinheiro Dias, Valeria Vega, Thyago Nogueira, Marina M. Bedran, Javier Uriarte, Jaider Esbell, Pedro Meira Monteiro, Katrina Dodson, Lilia M. Schwarcz, Sérgio Bairon e eu.
40. Comunicação pessoal por WhatsApp, em novembro de 2019.
41. Marília Pisani, Transcrição minha da live "Maternidade maquinista e placentas de gaia", programa "Transe", 2021. Disponível em: <https://www.youtube.com/watch?v=DbrMGQxnVTs>. Acesso em: 11 nov. 2021.
42. A expressão foi título de uma de suas exposições, "TransMakunaima, o buraco é mais embaixo", que incluía: *Meu Avô Makunaima* — com quinze telas de 90 cm × 90 cm e *It was Amazon!* — com dezesseis telas A3, além de exibição audiovisual. Casa das Artes, Manaus, 2018.
43. Expressão de Gustavo Caboco na mensagem de despedida a Jaider Esbell publicada em seu Instagram: "Nossa família é muito grande! Não acredito ainda que nosso irmão se vai. Esta passagem. Aqui ficamos: na rede universal, onde tudo se conecta nos caminhos de ida e vinda. Entre mundos? Um mundo. Vide: tentaram nos apagar mais uma vez, mais um grito, mais um susto. Ataques kanaimarticos? Mas nosso espírito é vivo e nosso avô Makunaima está aqui em forma de noite. Re-vide: não apagarão as nossas memórias! Redes Makuchana / Wapixi irão continuar brotando. Viva a memória viva de Jaider Esbell!".
44. Frases dos seguintes textos, disponíveis no site do artista: Jaider Esbell, "A arte indígena contemporânea como campo de manifestação de inconscientes e o disparador político para o além (r)evolutivo", 11 de julho de 2020; "A arte indígena contemporânea como armadilha para armadilhas", 9 de julho de 2020; "Autodecolonização — uma pesquisa pessoal no além coletivo", 9 de agosto de 2020. Disponível em: <http://www.jaideresbell.com.br/site/category/noticias/>. Acesso em: 11 nov. 2021; Jaider Esbell, "Makunaima, o meu avô em mim!". *Iluminuras*, Porto Alegre, v. 19, n. 46, pp. 11-39, jan./jul. 2018.
45. Paula Berbert, *Tecendo redes de alianças afetivas: Algumas notas sobre arte indígena contemporânea e práticas curatoriais*. São Paulo: Fundação Armando Álvares Penteado, 2019, pp. 22 e 16. Monografia (Pós-graduação Lato Sensu em Estudos e Práticas Curatoriais).
46. Denilson Baniwa, "A arte em luto", Jornalistas Livres, 6 de novembro de 2021. Disponível em: <https://jornalistaslivres.org/a-arte-em-luto/?fbclid=

IwAR27CbdmjVj_s9dfBUFEsfVpSN30BDkRSMwAyWFB-zuQxyRoMhl9u-jv58PQ>. Acesso em: 11 nov. 2021.

47. Refiro-me à deslumbrante exposição *Kwá yapé turusú yuriri assojaba tupinambá /Essa é a grande volta do manto tupinambá* (Prêmio Funarte Artes Visuais 2020/2021). Transcrevi a frase de Glicéria Tupinambá dita na live de lançamento da exposição, em 14 de outubro de 2021. Catálogo disponível em: <https://www.yumpu.com/en/document/read/65935132/catalogo-kwa-ye-pe-turusu-yuiri-assojaba-tupinamba>. Acesso em: 11 nov. 2021. Sobre o manto Tupinambá, ver o belíssimo poema "A volta do sol", de Edimilson de Almeida Pereira. *Piauí*, São Paulo, n. 157, out. 2019. Disponível em: <https://piaui.folha.uol.com.br/materia/o-manto-tupinamba-e-um-ninho-na-escuridao-do-mundo/>. Acesso em: 11 nov. 2021. O poema de Edimilson re-inspira o ar do manto Tupinambá (ao mesmo tempo que nos tira o ar, nas quebras dos versos, instaurando uma rítmica dissonante para libertar o voo dos pássaros das gaiolas coloniais).

48. Paula Berbert, *Tecendo redes de alianças afetivas*, op. cit., pp. 7-8.

49. Jaider Esbell, "Literatura indígena brasileira contemporânea: Autoria, autonomia e ativismo — o que dizer e para quem?", op. cit., p. 24.

SOBRE OS AUTORES

ORGANIZADORA

GÊNESE ANDRADE é doutora em Literatura Hispano-americana pela USP, com pós-doutorado em Literatura Comparada pela Unicamp. Professora universitária, pesquisadora e tradutora. Autora de *Pagu/ Oswald/ Segall* (2009), *Vicente do Rego Monteiro* (2013) e "Artistic Vanguards in Brazil, 1917-1967" (*Oxford Research Encyclopedia of Latin American History*, 2019). Organizadora de Oswald de Andrade, *Feira das Sextas* (2004) e da *Correspondência Mário de Andrade & Oswald de Andrade* (no prelo); coorganizadora de *Un diálogo americano: Modernismo brasileño y vanguardia uruguaya* (2006) e de Oswald de Andrade, *Manifesto Antropófago e outros textos* (2017). Coordenadora editorial, com Jorge Schwartz, da edição atual da obra de Oswald de Andrade (Companhia das Letras). Curadora das exposições *Trabalhos de um Poeta: Jorge de Lima* (Cedae-Unicamp, 2005), *Pagu/ Oswald/ Segall* (Museu Lasar Segall, 2009), *100 Orpheu* (BBM-USP, 2015) e cocuradora da *Ocupação Haroldo de Campos — H LÁXIA* (Itaú Cultural e Casa das Rosas, 2011).

CONSULTOR

JORGE SCHWARTZ é professor titular de Literatura Hispano-Americana da USP. Possui graduação em Estudos Latino-Americanos e Inglês pela Universidade Hebraica de Jerusalém, mestrado, doutorado e livre-docência em Teoria Literária e Literatura Comparada pela USP, orientado pelo professor Antonio Candido. Autor de *Murilo Rubião: A poética do uroboro* (1976), *Vanguarda e cosmopolitismo na década de 20: Oliveiro Girondo e Oswald de Andrade* (1983) e *Fervor das vanguardas: Arte e literatura na América Latina* (2013; Prêmio Jabuti, 2014). Organizador de *Vanguardas latino-americanas: Polêmicas, manifestos e textos críticos* (2. ed., 2008), *Borges no Brasil* (2001), *Nuevo homenaje a Girondo* (2007), *Borges babilônico* (2017) e *Oswald de Andrade: Obra incompleta*

(2021). Organizou também a *Caixa modernista* (2003), *Do Amazonas a Paris*, de Vicente do Rego Monteiro (2005). Curador de várias exposições, entre outras, *Da Antropofagia a Brasília* (IVAM, 2000 e Faap, 2002), *Horacio Coppola* (IMS e Telefónica/Madri, 2007), *Grete Stern* (Museu Lasar Segall, 2009) e *Profissão Fotógrafo: Hildegard Rosenthal e Horacio Coppola* (Museu Lasar Segall, 2010). Coordenou as *Obras completas* de Jorge Luis Borges (Globo, Prêmio Jabuti de Tradução, 1999) e coordena, junto com Gênese Andrade, a obra de Oswald de Andrade (Companhia das Letras). Foi diretor do Museu Lasar Segall, em São Paulo, de 2008 a 2018.

COLABORADORES

ANDERSON KAZUO NAKANO é graduado e mestre em Arquitetura e Urbanismo pela FAU-USP, onde fez também o pós-doutorado. Doutor em Demografia pelo Núcleo de Estudos de População da Unicamp. Autor de artigos e capítulos de livros sobre estudos urbanos, principalmente em relação a diferentes aspectos da cidade e da metrópole de São Paulo. Foi técnico do Instituto Pólis, gerente de projetos do Ministério das Cidades e diretor do Departamento de Urbanismo da Secretaria Municipal de Desenvolvimento Urbano da Prefeitura do Município de São Paulo. Atualmente é professor do Instituto das Cidades da Unifesp.

BEATRIZ AZEVEDO é doutora em Artes pela Unicamp e mestra em Literatura Comparada pela USP. Pesquisadora de pós-doutorado na Unicamp/Fapesp. Atualmente é Visiting Scholar na New York University. Estudou música no Mannes College of Music em Nova York e dramaturgia na Sala Beckett em Barcelona. Escreveu *Antropofagia: Palimpsesto selvagem* (2016), *Abracadabra* (2019), *Idade da pedra* (2002). Gravou os discos *Clarice Clarão* (com Moreno Veloso e participação de Maria Bethânia), *A.G.O.R.A.*, *AntroPOPhagia ao vivo em Nova York*, *Alegria* e outros. Mais em www.beatrizazevedo.com.

CAROLINA CASARIN é doutora em Artes Visuais e mestra em Letras. Professora de história do vestuário e da moda, e também de português, literatura e redação. É autora de *O guarda-roupa modernista: o casal Tarsila e Oswald e a moda* (2022). Além da carreira docente, atua como editora de livros e figurinista. Contemplada no Programa de Doutorado Sanduíche no Exterior (PDSE), pôde realizar pesquisas em Paris, onde levantou material inédito sobre a relação de Tarsila do Amaral com a moda francesa. Entre 2013 e 2017, foi professora dos cursos técnico, de graduação e pós-graduação do Senai CETIQT, no Rio de Janeiro. Atualmente, faz parte do coletivo Encruzilhadas do Sul global: moda e decolonialidade, que integra o grupo de pesquisa DiHCI — Direitos Humanos, Cultura e Identidade. Publicou artigos em revistas acadêmicas e blogs, entre eles "12 de outubro de 1927" (2020), no blog da Biblioteca Virtual do Pensamento Social; "Tarsila em seus vernissages" (2019), na revista *Transas: Letras y Artes de América Latina*; "Os modernistas e as roupas", na revista *Dobras* (2018); e "Elegância brasileira", no blog do Instituto Moreira Salles (2017).

CÉSAR BRAGA-PINTO é doutor em Literatura Comparada pela Universidade da Califórnia (Berkeley) e professor titular de literatura brasileira e comparada na Northwestern University, na região de Chicago, Estados Unidos. É autor dos livros *As promessas da História: Discursos proféticos e assimilação no Brasil Colonial (1500-1700)* (2003) e *A violência das Letras: Amizade e inimizade na literatura brasileira (1888-1940)* (2018), e coorganizador da antologia em dois volumes *Dissidências de gênero e sexualidade na literatura brasileira (1850-1930)* (2021). Publicou vários artigos sobre Raul Pompeia, José Lins do Rego, Gilberto Freyre, João do Rio, Clarice Lispector, entre outros.

DANIEL TRENCH é designer gráfico, sócio do CLDT, estúdio dedicado ao desenvolvimento de projetos para o campo da cultura. É editor de arte da revista *Serrote*, voltada para ensaios, publicada pelo Instituto Moreira Salles, e coordena, na Escola da Cidade, o curso de pós-graduação Design gráfico e a cidade. É mestre em Poéticas Visuais pela ECA-USP e bacharel em artes plásticas pela Faap.

ELIAS THOMÉ SALIBA é professor titular de Teoria da História na USP há trinta anos, pesquisador 1A do CNPq e especializado em História Cultural, com foco na história do humor e das formas cômicas. Entre suas publicações mais importantes estão os livros *Raízes do riso* (3. ed., 2010), *As utopias românticas* (2. ed., 2004) e *Crocodilos, satíricos e humoristas involuntários: Ensaios de História Cultural do Humor* (2018). Coordena o grupo de pesquisadores em História Cultural do Humor da USP e o site humorhistoria.wordpress.com.

FABIO CYPRIANO é livre-docente em Arte e Comunicação pela PUC-SP, onde é professor associado no Departamento de Comunicação. Jornalista e crítico de arte, escreveu para *O Estado de S. Paulo*, *Folha de S.Paulo*, *The Art Newspaper*, *Flash Art* e *Frieze*, entre outros. É do conselho editorial da plataforma ARTE!Brasileiros, do conselho consultivo da Associação Cultural Videobrasil e associado do Goethe Institut São Paulo. É autor de *Pina Bausch* (2018), *Histórias das exposições: Casos exemplares* (2016), entre outros.

FELIPE CHAIMOVICH é doutor em Filosofia pela USP. Foi curador do *29º Panorama da Arte Brasileira* (2005), de *Ecológica* (2010), dos *Encontros de Arte e Gastronomia* (2012), de *Museu Dançante* (2015) e de *O Impressionismo e o Brasil* (2017), no Masp. É autor de "Greenberg after Oiticica", em *The States of Art Criticism* (2007); de "Mirrors as the Origin of Contemporary Art", em *Proceedings of the 34th World Congress of Art History* (2019); e de "Brazil: Art after 1980", em *Grove Oxford Art Online*. É professor de estética, curadoria, crítica e história da arte.

GONZALO AGUILAR é doutor em Letras pela Universidad de Buenos Aires, onde atualmente é professor titular de Literatura Brasileira. Pesquisador do Consejo Nacional de Investigaciones Científicas y Técnicas (Conicet) e coordenador do Mestrado em Literaturas de América Latina da Universidad Nacional de San Martín, de Buenos Aires. Autor de *Poesia concreta brasileira: As vanguardas na encruzilhada modernista* (2005); *Otros mundos: Ensayos sobre el nuevo cine argentino* (2005), publicado em inglês com o título *Other Worlds: New Argentine Film* (2008); *Más allá del pueblo: Imágenes, indicios y políticas del cine*

(2015) e *Hélio Oiticica, a asa branca do êxtase: Arte brasileira 1964-1980* (2016). Curador da exposição *Madalena Schwartz: As Metamorfoses — travestis e transformistas na SP dos anos 70* (Instituto Moreira Salles e Malba, 2021).

HUMBERTO HERMENEGILDO DE ARAÚJO é mestre em Teoria e História Literárias (Unicamp), doutor em Literatura Brasileira pela UFPB e fez estágio de pós-doutorado em Teoria Literária e Literatura Comparada na FFLCH-USP. É professor titular, aposentado, da UFRN; membro da Academia Norte-rio-grandense de Letras. Autor de *Modernismo: Anos 20 no Rio Grande do Norte* (1995), *O lirismo nos quintais pobres: A poesia de Jorge Fernandes* (1997), *Asas de Sófia: Ensaios cascudianos* (1998), além de organizador de publicações coletivas. Publicou também capítulos de livros e artigos em revistas especializadas. Na área da escrita criativa, é autor de *Rastejo* (romance, 2017), *Argueirinha* (poesia, 2017, premiado pela Universidade Federal de Goiás) e *Arredado pé* (poesia, 2018).

JASON TÉRCIO é escritor de não ficção e ficção, com oito livros publicados, o mais recente dos quais é a biografia de Mário de Andrade, *Em busca da alma brasileira* (2019).

JOÃO CEZAR DE CASTRO ROCHA é professor titular de Literatura Comparada da Universidade do Estado do Rio de Janeiro (UERJ) e pesquisador do CNPq. Autor de treze livros, seu trabalho foi traduzido para o inglês, espanhol, alemão, francês, italiano e mandarim.

JOSÉ MIGUEL WISNIK é músico, ensaísta e professor sênior de literatura brasileira da USP. Entre seus livros publicados, encontram-se *O coro dos contrários: A música em torno da Semana de 22* (1977), *O som e o sentido: Uma outra história das músicas* (1989), *Sem receita: Ensaios e canções* (2004), *Machado maxixe: O caso Pestana* (2008), *Veneno remédio: O futebol e o Brasil* (2008) e *Maquinação do mundo: Drummond e a mineração* (2018). Atuou como professor convidado na Universidade da Califórnia (Berkeley) e na Universidade de Chicago. Recebeu mais de uma vez o prêmio Jabuti de Literatura e o prêmio da Associação Paulista de Críticos de Arte, além do prêmio do Festival de Cinema de Gramado e o Prêmio Literário da Fundação Biblioteca Nacional.

KENNETH DAVID JACKSON é professor de literatura luso-brasileira na Yale University, onde organizou o simpósio centenário *Joaquim Nabuco at Yale: Statesman, Author, Ambassador* (2008) e promoveu congressos sobre literatura, arte, música e etnografia. Autor de *Cannibal Angels: Transatlantic Modernism and the Brazilian Avant-Garde* (2021), *Machado de Assis: A Literary Life* (2015), *Adverse Genres in Fernando Pessoa* (2010), *Joaquim Nabuco e Yale* (2010), *Oxford Anthology of the Brazilian Short Story* (2006), *Haroldo de Campos: A Dialogue with the Brazilian Concrete Poet* (2005), *A vanguarda literária no Brasil* (1998), *As primeiras vanguardas em Portugal* (2003), o CD-ROM *Luís de Camões and the First Edition of* The *Lusiads, 1572* (2003) e *A prosa vanguardista na literatura brasileira: Oswald de Andrade* (1978). Coeditou o livro *Experimental-Visual-Concrete: Avant-Garde Poetry Since the 1960s* (1996). Pesquisou no IEB-USP, na Índia e no Sri Lanka, foi professor e pesquisador da Fulbright no Brasil e atuou como violoncelista em várias orquestras e num quarteto de cordas.

LILIA MORITZ SCHWARCZ é professora sênior do Departamento de Antropologia da USP, Global Scholar (até 2018) e atualmente Visiting Professor em Princeton. Publicou vários livros, tais como: *Retrato em branco e negro* (1987), *Espetáculo das raças* (1993), *As barbas do Imperador* (1998), *A longa viagem da biblioteca dos reis* (2002), *O sol do Brasil* (2008), *Brasil: Uma biografia* (com Heloisa Starling, 2015), *Um enigma chamado Brasil* (com André Botelho), *Dicionário da escravidão e da liberdade* (com Flavio Gomes) (2018), *Lima Barreto, triste visionário* (2018), *Sobre o autoritarismo no Brasil* (2019). Recebeu vários prêmios literários, como o Jabuti (sete vezes), o prêmio APCA (três vezes), o prêmio Biblioteca Nacional e o prêmio da Anpocs de livro do ano em 2019. Foi curadora de algumas exposições, como: *Histórias Mestiças* (com Adriano Pedrosa, 2014, São Paulo), *Histórias da Infância* (2016, São Paulo), *Histórias da Sexualidade* (2017, São Paulo), *Histórias Afro-Atlânticas* (com Adriano Pedrosa, Airson Hieráclito, Helio Menezes e Tomás Toledo, 2018, São Paulo), *Histórias das Mulheres* (2019, São Paulo). Teve bolsa da Guggenheim Foundation (2006/ 2007) e da John Carter Brown Library (2007). Foi Professora Visitante nas Universidades de Oxford, Leiden e Brown, e Tinker Professor na Columbia University (2008), membro do Harvard Brazilian Office (2008-2012). Recebeu a Comenda do Mérito Científico em 2010, e é membro do American comitê do Humans Rights Watch. Escreve regularmente em jornais e sites brasileiros como *Folha de S.Paulo*, *O Estado de S. Paulo*, *O Globo* e *Nexo*, no qual tem uma coluna desde 2016. Desde 2015, é curadora-adjunta para histórias do Masp.

LUIZ RUFFATO estreou em 2001 com o romance *Eles eram muitos cavalos*, ao qual se seguiram *De mim já nem se lembra* (2007), *Estive em Lisboa e lembrei de você* (2009), *Flores artificiais* (2014), *Inferno provisório* (2016) e *O verão tardio* (2019), além da coletânea de contos *A cidade dorme* (2018), todos publicados pela Companhia das Letras. Lançou também *Minha primeira vez* (2014) e *Ninguém em casa* (2021), crônicas; *Manhãs de sabre* (2021), poemas; *A história verdadeira do sapo Luiz* (2020), infantil; e *A Revista Verde, de Cataguases* (2022), ensaio. Seus livros ganharam os prêmios APCA, Jabuti, Machado de Assis e Casa de las Americas e estão publicados em treze países. Em 2016, recebeu o Prêmio Internacional Hermann Hesse, na Alemanha.

MARCOS ANTONIO DE MORAES é professor de literatura brasileira do IEB-USP e do programa de pós-graduação em literatura brasileira da FFLCH-USP. Coordena o Núcleo de Estudos da Epistolografia Brasileira, NEEB (CNPq). Investiga as relações entre memorialismo e literatura, a partir da abordagem da epistolografia no Brasil. Bolsista de produtividade em pesquisa 1-D, CNPq. Publicou, entre outros livros, *Correspondência Mário de Andrade & Manuel Bandeira* (2000), *Orgulho de jamais aconselhar: A epistolografia de Mário de Andrade* (2007) e *Câmara Cascudo e Mário de Andrade: Cartas, 1924-1944* (2010).

MARCOS MORAES é doutor pela FAU-USP, bacharel em Direito e Artes Cênicas pela mesma universidade, especialista em Arte-Educação-Museu e Museologia. Professor de história da arte na graduação e pós-graduação, coordenador dos cursos de Artes Visuais (Bacharelado e Licenciatura) e da Residência Artística da Faap, e do Programa de residência da Faap, na Cité des Arts, Paris. Integrou os Conselhos da Escola São Paulo, da Escola Municipal de Iniciação Artística, da Secretaria Municipal da Cultura de São Paulo e o Conselho Consultivo do MAM-SP. Membro do ICOM Brasil, do College of Arts Association CAA e, como representante da Faap, da Res Artis. Integra o Conselho Científico do Grupo de Pesquisa Extremidades, bem como do Conselho Editorial da Coleção Extremidades, além do Colegiado de Cursos e do Conselho Acadêmico da Faculdade Armando Alvares Penteado. Curador independente, seus mais recentes projetos curatoriais são: *Jandyra Waters: Caminhos e Processos*; *Entretempos* e *Lotada* (MAB-Faap); *Imagens Impressas: Um Percurso Histórico pelas Gravuras da Coleção Itaú Cultural* (São Paulo, Santos, Curitiba, Fortaleza, Rio de Janeiro, Ribeirão Preto, Brasília, Florianópolis); *Os Anos em que Vivemos em Perigo* (MAM-SP); *Paris Está em Chamas* (MAB-Faap). Integra o Conselho Consultivo de Artes Plásticas do MAM-SP e a Comissão de Indicação do Prêmio PIPA 2020. Tem publicações sobre artistas como Luiz Sacilotto, Adriana Varejão, Rodolpho Parigi, Mauro Piva, além de textos sobre residência artística, exposições e formação artística.

MARIA AUGUSTA BERNARDES FONSECA é professora sênior livre-docente do Departamento de Teoria Literária e Literatura Comparada da FFLCH-USP. Foi bolsista da Fapesp, da Fundação Vitae e do CNPq. É autora de *Palhaço da burguesia: Serafim Ponte Grande e o universo circense* (1979), *Oswald de Andrade: Biografia* (2. ed., 2008). Entre os ensaios, estão: "A carta pras icamiabas", na edição crítica de *Macunaíma o herói sem nenhum caráter* (2. ed., 1999); "Tai: É e não é. *Cancioneiro Pau Brasil*", na revista *Literatura e Sociedade* 7 (2003-2004); "Rebeldia e semeadura", na revista *Remate de Males* 33/1-2 (2013). Organizou, com Roberto Schwarz, o livro *Antonio Candido 100 anos* (2018). Participou da edição crítica *Oswald de Andrade: Obra incompleta* (2021).

MARIA DE LOURDES ELEUTÉRIO é doutora em Sociologia pela USP. Autora dos livros *Oswald, itinerário de um homem sem profissão* (1989), *Vidas de romance: As mulheres e o exercício de ler e escrever no entresséculos 1890-1930* (2005). É professora do curso de Artes Visuais da Faap.

MARIA IZABEL BRANCO RIBEIRO é graduada em Artes pela Faap, mestra e doutora em História da Arte pela ECA-USP. Dirigiu o Museu de Arte Brasileira da Faap entre 1995 e 2016. É professora de História da Arte do curso de graduação em Artes Visuais e dos cursos de Pós-Graduação Lato Sensu em História da Arte, Design de Interiores e Design Gráfico da Faap. Realiza curadoria de exposições de arte e pesquisa temas relacionados a coleções, museus, preservação de patrimônio cultural, arte e cultura brasileira.

MARÍLIA LIBRANDI é pesquisadora afiliada ao *Brazil Lab*, da Universidade de Princeton, e professora colaboradora do núcleo de pesquisa e de pós-graduação *Diversitas*, da Universidade de São Paulo. Lecionou literatura e cultura brasileiras na Universidade Estadual do Sudoeste da Bahia, na Universidade de Stanford e na Universidade de Princeton. É curadora do programa *33' Brazil Lab Review*, no YouTube. Autora de *Escrever de ouvido: Clarice Lispector e os romances da escuta* (2020), *Maranhão-Manhattan: Ensaios de literatura brasileira* (2009).

PAULO ROBERTO PIRES é jornalista e editor, doutor em Literatura Comparada pela UFRJ e professor da Escola de Comunicação da mesma universidade. Organizou *Torquatália* (2004), que reúne a obra de Torquato Neto, e a antologia *12 ensaios sobre o ensaio* (2018). É autor dos perfis biográficos *Hélio Pellegrino: A paixão indignada* (1998) e *A marca do Z: A vida e os tempos do editor Jorge Zahar* (2017), e dos romances *Do amor ausente* (2000) e *Se um de nós dois morrer* (2011). É editor da *Serrote*, revista de ensaios do IMS.

REGINA TEIXEIRA DE BARROS é doutora em Estética e História da Arte pela USP, especialista em arte moderna no Brasil. Foi professora de História da Arte e Estudos sobre Museus na Faculdade Santa Marcelina (2002-2016). Coordenou a equipe de pesquisa e a edição do *Catálogo Raisonné de Tarsila do Amaral* (2006-2008). Atuou como curadora da Pinacoteca do Estado de São Paulo entre 2003 e 2015, onde realizou diversas exposições, entre as quais *Tarsila Viajante* (Pinacoteca e Malba, Buenos Aires, 2008), *Arte no Brasil: Uma História do Modernismo* (2013) e *Arte Construtiva na Pinacoteca* (2014). Em 2018, recebeu prêmios da ABCA e da APCA pela mostra *Anita Malfatti: 100 Anos de Arte Moderna* (MAM-SP, 2017). Em parceria com Aracy Amaral, curou as mostras *Tarsila: Estudos e Anotações* (Fábrica de Arte Marcos Amaro, Itu, 2020) e *Moderno Onde? Moderno Quando?* (MAM-SP, 2021).

RENATA APARECIDA FELINTO DOS SANTOS nasceu em São Paulo e vive no Crato, Ceará, Brasil. Doutora e mestra em Artes Visuais pelo Instituto de Artes da Unesp e especialista em Curadoria e Educação em Museus pelo MAC-USP. Artista visual e professora adjunta de Teoria da Arte da Universidade Regional do Cariri/CE, na qual compôs o Comitê de Pesquisa Científica, foi coordenadora do Curso de Licenciatura em Artes Visuais e do subprojeto PIBID do mesmo curso. Realizou trabalhos na Pinacoteca do Estado de São Paulo, Instituto Itaú Cultural, Centro Cultural São Paulo, Sesc, Sesi/Fiesp, dentre outros espaços. Compôs o conselho editorial da revista *O Menęlick 2º ato* e é membro da Comissão Científica do Congresso CSO da Faculdade de Belas-Artes de Lisboa. Coordenou o Núcleo de Educação do Museu Afro-Brasil. Foi curadora da *15ª Bienal Naïfs do Brasil* (Sesc Piracicaba, 2020) e é curadora-adjunta para cosmologias do Instituto Oficina de Cerâmica Francisco Brennand, Recife. Recentemente participou das exposições *FIAC* (La Colonie, Paris, 2017), *Negros Indícios* (Caixa Cultural, São Paulo, 2017), *Diálogos Ausentes* (Itaú Cultural, São Paulo; Galpão Bela Maré, Rio de Janeiro, 2016 e 2017), *Histórias Afro-Atlânticas* (Instituto Tomie Ohtake, São Paulo, 2018) e *Beethoven Moves* (Viena, Áustria, Pipa Prize 2020 e Vencedora do Prêmio Select 2020). A arte produzida por mulheres e homens negrodescendentes tem sido o tema principal de suas pesquisas.

ROBERTO ZULAR é professor de Teoria Literária e Literatura Comparada na USP. Juntamente com Álvaro Faleiros e Viviana Bosi, organizou o livro *Sereia de papel: Visões de Ana Cristina Cesar* (2015) e, com Claudia Amigo Pino, *Escrever sobre escrever: Uma introdução crítica à crítica genética* (2007). Organizou também o livro *Criação em processo: Ensaios de crítica genética* (2002). Desde 1993, dedica-se aos escritos de Paul Valéry e sua recepção entre os poetas brasileiros, o que o levou ao estudo da poesia moderna e contemporânea, especialmente quanto às relações entre corpo, linguagem, historicidade, ritmo e voz.

WALNICE NOGUEIRA GALVÃO é professora emérita da FFLCH-USP. É autora de cinquenta livros sobre Guimarães Rosa, Euclides da Cunha, crítica da literatura e da cultura. Foi professora visitante em várias universidades fora do Brasil. Colabora assiduamente com jornais, revistas, sites e blogs.

WILSON ALVES-BEZERRA nasceu em 1977 em São Paulo e é poeta, tradutor, crítico literário e professor de literatura. É autor das seguintes obras literárias: *Histórias zoófilas e outras atrocidades* (contos, 2013), *Vertigens* (poemas em prosa, 2015, que recebeu o Prêmio Jabuti 2016), *O Pau do Brasil* (poemas em prosa, 2016-2020), *Vapor barato* (2018) e *Malangue Malanga* (2021). Tem livros publicados também em Portugal, Chile, Colômbia e El Salvador. Atua como tradutor literário, tendo traduzido autores latino-americanos como Horacio Quiroga, Luis Gusmán, Sergio Bizzio e Alfonsina Storni (*Sou uma selva de raízes vivas*, 2020, com bolsa da Fundação Pro Helvetia e Casa do Tradutor Looren). Sua tradução de *Pele e osso*, de Luis Gusmán, foi finalista do Prêmio Jabuti 2010, na categoria Melhor tradução literária espanhol-português. É professor do Departamento de Letras da Universidade Federal de São Carlos, onde atua na graduação e na pós-graduação. Atualmente é diretor da EdUFSCar.

AGRADECIMENTOS

Este livro teve origem em 2019, em uma proposta de Lilia Schwarcz para que Jorge Schwartz organizasse um "Dicionário do modernismo", que se somaria aos brilhantes *Dicionário da escravidão e da liberdade* e *Dicionário da República*, de cuja concepção e organização ela participou. Ao declinar do convite, ele me incentivou a elaborar o projeto da publicação, que resultou em *Modernismos 1922-2022*. Faltam-me palavras para expressar minha gratidão a ambos, sempre admiráveis e inspiradores.

Sou imensamente grata a Jorge Schwartz, por atuar como consultor deste livro, com enorme generosidade, paciência e entusiasmo.

Todos os autores aqui reunidos não mediram esforços para proporcionar textos luminosos e instigantes, em um contexto nem sempre favorável, marcado por restrições diversas, angústias, imprevistos e sobrecarga de tarefas, impostos pela pandemia em 2020 e 2021. A eles, meus mais sinceros agradecimentos.

Sou grata também àqueles que infelizmente não puderam aceitar o convite para colaborar, devido a questões pessoais, mas nos deram seu apoio e incentivo.

Agradeço a Emilio Fraia, pela acolhida e confiança durante a concepção do projeto; pelo carinho, atenção e rigor que caracterizam seu trabalho como editor, absolutamente incrível durante todo o processo.

Muito obrigada a Daniel Trench, pela capa e projeto gráfico brilhantes e vigorosos.

Meu reconhecimento aos profissionais da Companhia das Letras: Erica Fujito, Fernanda Belo, Lara Salgado, Lucila Lombardi, Max Santos, Otávio Marques da Costa e suas respectivas equipes, e todos os demais envolvidos na produção editorial, na divulgação e nos bastidores, que nos acompanharam com maestria e imensa dedicação.

Todas as palavras são insuficientes para agradecer aos meus queridos amigos e familiares, sem cujo apoio e entusiasmo de sempre este livro não seria possível.

CRÉDITOS DAS IMAGENS

Todos os esforços foram feitos para reconhecer os direitos autorais das imagens. A editora agradece qualquer informação relativa à autoria, titularidade e/ou outros dados, se comprometendo a incluí-los em edições futuras.

MIOLO

p. 19: Guilherme Gaensly/ Acervo Instituto Moreira Salles
p. 21: Claude Lévi-Strauss/ Instituto Moreira Salles
p. 41: Fotógrafo desconhecido/ Acervo Instituto Moreira Salles
pp. 78-9: *O Pirralho*, São Paulo, ano VI, n. 233, 27 mar. 1917. Acervo Fundação Biblioteca Nacional — Brasil
p. 121: Marcos Moraes
p. 141: *Careta*, Rio de Janeiro, ano XIX, n. 936, 29 mai. 1926. Acervo Fundação Biblioteca Nacional — Brasil
p. 145: Museu Villa-Lobos — Ibram/ Ministério do Turismo (MTUR), autorização nº 02/2021
p. 235 (acima): Acervo Núcleo Caravelas
p. 235 (abaixo): Yan de Almeida Prado. Aracy A. Amaral, *Artes plásticas na Semana de* 22 (São Paulo: Ed. 34, 2010)
p. 249: Chrysanthème, *Gritos femininos* (São Paulo: Monteiro Lobato e C. Editores, 1922)
p. 256 (esq.): Ercília Nogueira Cobra, *Virgindade anti-higiênica* (São Paulo: Companhia Gráfica e Ed. Monteiro Lobato, 1924)
p. 256 (dir.): Ercília Nogueira Cobra, *Virgindade inútil: Novela de uma revoltada* (Edição da Autora, 1927). Coleção particular. Reprodução de Leonel de Barros
p. 260: Maria Lacerda de Moura, *Amai e... não vos multipliqueis* (Rio de Janeiro: Civilização Brasileira, 1932). Arquivo Edgard Leuenroth/ Unicamp
p. 275: In: Paulo Prado, *Paulística etc.* (São Paulo: Companhia das Letras, 2004)
p. 280: DR /Jeroly. Oswald de Andrade, *O perfeito cozinheiro das almas deste mundo: diário coletivo da garçonnière de Oswald de Andrade* (Ed. fac-similar. São Paulo: Ex Libris, 1987)
p. 313: *Floreal*, Rio de Janeiro, ano I, n. 1, 25 out. 1907. Biblioteca Brasiliana Guita e José Mindlin
p. 340: *Careta*, Rio de Janeiro, ano XIX, n. 937, 5 jun. 1926. Acervo Fundação Biblioteca Nacional — Brasil

p. 352: *Brazílea*, Rio de Janeiro, ano I, n. 3, mar. 1917. Acervo Fundação Biblioteca Nacional — Brasil

p. 353: *América Latina*, Rio de Janeiro, tomo I, ano I, n. 5, dez. 1919. Acervo Fundação Biblioteca Nacional — Brasil

p. 354: *Árvore Nova*, Rio de Janeiro, ano I, n. 2, set. 1922. Acervo Fundação Biblioteca Nacional — Brasil

p. 355: *Terra de Sol*, Rio de Janeiro, v. III, mar. 1924. Coleção particular

p. 358: *Estética*, Rio de Janeiro, ano I, v. I, set. 1924. Acervo Fundação Biblioteca Nacional — Brasil

p. 360: *A Revista*, Belo Horizonte, ano I, n. I, jul. 1925. Acervo Fundação Biblioteca Nacional — Brasil

p. 364: *Eléctrica*, Itanhandu, ano II, 2ª série, n. I, jan./fev. 1928. Coleção particular

p. 366: *Leite Criôlo*, Belo Horizonte, ano I, n. I, 13 maio 1929. Coleção particular

p. 369: *Joaquim*, Curitiba, ano I, n. I, abr. 1946. Coleção particular

p. 384 (esq.): *Revista de Antropofagia*, ano I, n. 2, jun. 1928. Biblioteca Brasiliana Guita e José Mindlin

p. 384 (dir.): *Verde*, Cataguases, ano I, n. 5, jan. 1928. Biblioteca Brasiliana Guita e José Mindlin

p. 409: *Klaxon*, São Paulo, n. I, maio 1922. Biblioteca Brasiliana Guita e José Mindlin

p. 414: Heitor Villa-Lobos, "Sextetto mystico". Museu Villa-Lobos — Ibram/ Ministério do Turismo (MTUR), autorização nº 02/2021

p. 416: *Festa*, Rio de Janeiro, ano I, n. I, 1º ago. 1927. Coleção particular

p. 417: *Revista de Antropofagia*, 2ª dentição, n. 3. *Diário de S. Paulo*, São Paulo, p. 6, 31 mar. 1929. Biblioteca Brasiliana Guita e José Mindlin

p. 424: *Jornal do Brasil*, Rio de Janeiro, 29 jun. 1958 e mar. 1959. CPDOC — Jornal do Brasil

p. 437: Arquivo do Instituto de Estudos Brasileiros (USP) — Fundo Mário de Andrade, código de referência: MA-C-CP428

p. 441: Arquivo do Instituto de Estudos Brasileiros (USP) — Fundo Anita Malfatti, código de referência: AM-10.01.0022

p. 456: Fundo Oswald de Andrade, Centro de Documentação Cultural Alexandre Eulalio

p. 461: Arquivo do Instituto de Estudos Brasileiros (USP) — Fundo Mário de Andrade, código de referência: MA-F-0126

pp. 466 e 469 (acima): Archives de Paris

p. 469 (abaixo): *Para Todos...* Rio de Janeiro, ano XI, n. 556, 10 ago. 1929. Biblioteca Mário de Andrade

p. 482: *Revista de Antropofagia*, São Paulo, ano I, n. I, p. 3, maio 1928. Biblioteca Brasiliana Guita e José Mindlin

p. 599: Aracy A. Amaral, *Artes plásticas na Semana de 22* (São Paulo: Ed. 34, 1998)

p. 601: Arquivo do Instituto de Estudos Brasileiros (USP) — Fundo Mário de Andrade, código de referência: MA-F-0056
p. 625: Folhapress
p. 631: Gabriel Georges Bonduki/ Museu da Imagem e do Som de São Paulo (MIS-SP)
p. 647: F. S. Lincoln. In: *Pavilhão do Brasil: Feira Mundial de Nova York de 1939* (Nova York: H. K. Publishing, 1939)/ Acervo Fundação Biblioteca Nacional — Brasil
p. 665 (acima): Tarsila do Amaral, página do álbum de viagem, 1922-6. Fotografias e papéis colados. Coleção particular. Reprodução de Eduardo Ortega/ Acervo do Centro de Pesquisa do Museu de Arte de São Paulo Assis Chateaubriand (MASP)
p. 665 (esq.): Fotógrafo desconhecido, sem data. Fotografia do álbum de viagem, 1922-6, de Tarsila do Amaral. Fotografias e papéis colados. Coleção particular. Reprodução de Eduardo Ortega/ Acervo do Centro de Pesquisa do Museu de Arte de São Paulo Assis Chateaubriand (MASP)
p. 665 (dir.): Fotógrafo desconhecido, sem data. Aracy A. Amaral, *Tarsila: Sua obra e seu tempo* (São Paulo: Ed. 34, 2010). Reprodução de Daniel Cabrel/ Acervo do Centro de Pesquisa do Museu de Arte de São Paulo Assis Chateaubriand (MASP)
p. 669: Alamy/ Fotoarena
p. 672: The New York Public Library
p. 690: Arquivo do Instituto de Estudos Brasileiros (USP) — Fundo Mário de Andrade
p. 711: Rodrigo Barja para o espetáculo *Macunaíma Ópera Tupi — Trans_criação*, de Iara Rennó. Com Iara Rennó, Aretha Sadick, Paschoal da Conceição e Jaider Esbell.
pp. 715-6: Arquivo do Instituto de Estudos Brasileiros (USP) — Fundo Mário de Andrade, código de referência: MA-MMA-087
p. 731: DR/ Teatro Oficina/ *O Estado de S. Paulo*, 19 ago. 1967/ Estadão Conteúdo
p. 746: Nelson Pereira dos Santos, *Como era gostoso o meu francês*, 1971. Regina Filmes
p. 767: Embratur/ Ministério do Turismo (MTUR)
p. 776: Bruna Kalil Othero, *Oswald pede a Tarsila que lave suas cuecas* (Belo Horizonte: Letramento, 2019)

CADERNO DE FOTOS

1-3, 6, 9, 10 e 18: Reprodução de Romulo Fialdini/ Tempo Composto
4 e 5: Coleção Gregori Warchavchik
7: Denise Mattar (Org.), *No Tempo dos Modernistas — D. Olívia Penteado, a senhora das artes* (São Paulo: Faap, 2002). Reprodução de Fernando Aurélio Silveira.

8 e 15: Reprodução de Jaime Acioli
11 e 12: Coleção particular
13: Bridgeman Images/ Easypix Brasil
14: J. Carlos/ Coleção Eduardo Augusto de Brito e Cunha/ Instituto Moreira Salles
16: Denise Andrade
17: Arquivo Pinakotheke
21: Reprodução de Filipe Berndt
22: Reprodução de Jorge Bastos/ Acervo do Centro de Pesquisa do Museu de Arte de São Paulo Assis Chateaubriand (MASP)
24: Reprodução de Alice Rochette
25: Reprodução de Sérgio Bairon

Tradução do ensaio *Os herdeiros da Antropofagia*: Gênese Andrade

Grafia atualizada segundo o Acordo Ortográfico da Língua Portuguesa de 1990, que entrou em vigor no Brasil em 2009.

Capa e projeto gráfico
Daniel Trench

Preparação
Ana Cecília Água de Melo

Revisão
Angela das Neves, Ana Maria Barbosa e Clara Diament

Dados Internacionais de Catalogação na Publicação (CIP)
(Câmara Brasileira do Livro, SP, Brasil)

Andrade, Gênese
Modernismos 1922-2022 / Gênese Andrade (org.) — 1ª ed. — São Paulo : Companhia das Letras, 2022.

ISBN 978-65-5921-240-8

1. Arte 2. Arte – Brasil – História 3. Brasil – Modernismos – Comemorações de centenários, etc. 4. Modernismo 5. Modernismo (Arte) – Brasil 6. Semana de Arte Moderna (1922 : São Paulo, SP) I. Título.

21-92684 CDD-709.8109

Índice para catálogo sistemático:
1. Modernismos : História 709.8109

Maria Alice Ferreira – Bibliotecária – CRB-8/7964

[2022]

EDITORA SCHWARCZ S.A.
Rua Bandeira Paulista, 702, cj. 32
04532-002 — São Paulo — SP
Telefone: (11) 3707-3500
www.companhiadasletras.com.br
www.blogdacompanhia.com.br
facebook.com/companhiadasletras
instagram.com/companhiadasletras
twitter.com/cialetras

ESTA OBRA FOI COMPOSTA EM ADRIANE TEXT POR ACQUA ESTÚDIO, MARI TABOADA E SPRESS E IMPRESSA PELA GRÁFICA SANTA MARTA EM OFSETE SOBRE PAPEL PÓLEN SOFT DA SUZANO S.A. PARA A EDITORA SCHWARCZ EM JANEIRO DE 2022

FSC
www.fsc.org
MISTO
Papel produzido a partir de fontes responsáveis
FSC® C011188

A marca FSC® é a garantia de que a madeira utilizada na fabricação do papel deste livro provém de florestas que foram gerenciadas de maneira ambientalmente correta, socialmente justa e economicamente viável, além de outras fontes de origem controlada.